KB273444

다모다란의
기업 생애주기

다모다란의
기업 생애주기

투자, 사업, 경영을 아우르는 최강의 프레임워크

애스워드 다모다란 지음 | 김인정 옮김

에프엔미디어

훌륭한 선생님이 되어 나보다 더 열심히 교실에서 헌신하고 있는
미셸, 레베카, 켄드라에게,
그리고 내 인생에서 가장 소중한 두 사람, 노아와 릴리에게!

가장 강력하고 포괄적인 사고의 틀

　기업의 모든 행동은 생애주기라는 제약 조건 속에서만 온전히 이해할 수 있다. 테슬라는 왜 인간을 닮은 로봇을 만들려 하는가? 메타는 왜 메타버스에 올인하겠다고 했다가 사업을 축소했는가? 인텔은 왜 엔비디아처럼 되기 어려운가? 젊은 세대는 왜 스타벅스에 매력을 느끼지 못하는가? 이 질문들은 개별 기업의 전략 문제가 아니라 기업이 처한 생애주기의 문제일 수 있다. 인간이 생애주기를 거치듯 기업 또한 태어나 성장하고 성숙하며 결국 쇠퇴한다. 뉴욕대 다모다란 교수의 이 책은 기업을 단순히 '추상적인 재무 대상'이 아니라, 시간의 흐름 속에서 끊임없이 변화하는 '유기체'로 바라보게 만든다.

　저자는 기업의 일생을 창업기, 초기성장기, 고도성장기, 성숙성장기, 성숙안정기, 쇠퇴기로 세분화하고 단계마다 인적 구성, 자본 조달 방식, 재무제표의 상태, 그리고 의사결정의 우선순위가 어떻게 달라져야 하는지를 깊이 파고든다. 같은 기업이라도 생애주기의 어느 지점에 있느냐에 따라 '좋은 결정'의 기준은 달라지며, 어제의 정답이 오늘의 오답이 될 수 있다.

　이러한 관점은 투자자에게 각별한 의미를 갖는다. "가장 사업처럼 하는 투자가 가장 현명한 투자"라고 했던 벤저민 그레이엄의 격언에 대해 다모다란의 생애주기 프레임워크는 정교한 해답을 제시한다. 사업가는 단기적인 금리 변화나 주가 등락에 일희일비하여 사업을 팔거나 확장하지 않는다. 대신 자신이 처한 성장 단계에서 현실적으로 가능한 선택지가 무엇이며, 어떤 결정이 장기적 가치 창출로 이어질지를 치열하게 고민한다. 이 책을 따라가다 보면 투자란 결국 기업 경영자가 마주한 제약과 선택지를 함께 사고하는 과정이라는 사실을 자연스럽게 받아들일 수 있다. 이 훈련에 익숙해지면 우리는 재무제표의 숫자와 공시 자료 너머에 있는 경영진의 사고방식과 역량, 그리고 진정성까지 가늠해볼 수 있게 된다.

저자는 성장주 투자와 가치투자라는 논쟁도 생애주기의 틀 안에서 통합해낸다. 성장주 투자자가 왜 청년기 기업에 집중할 수밖에 없는지, 가치투자자는 왜 성숙기나 쇠퇴기 기업을 선호하는지, 그리고 각 접근법이 내포한 구조적 위험은 무엇인지를 차분히 풀어낸다. 독자는 '어떤 투자철학이 옳은가'라는 논쟁을 넘어, 각 투자철학이 겨냥하는 생애주기 단계와 그 한계를 파악할 수 있다.

저자는 생애주기 이론을 만능열쇠로 내세우지 않는다. 언제나 예외는 존재하며, 급격한 기술 변화와 시장 환경이 생애주기를 압축하거나 왜곡할 수 있음을 솔직하게 인정한다. 그럼에도 불구하고 그는 기업 생애주기가 여전히 가장 강력하고 포괄적인 사고의 틀임을 강조한다. 혼란스러운 데이터와 그럴듯한 스토리 사이에서 길을 잃기 쉬운 투자자와 경영자에게 이 책은 굳건한 생각의 기준점을 제공한다.

《다모다란의 기업 생애주기》는 기업을 깊이 이해하고, 경영진의 의사결정을 평가하며, 궁극적으로 '사업가처럼 생각하는 투자자'로 거듭나기 위한 사고 훈련서와 같다. 결과만을 좇기보다 맥락과 과정을 이해하려는 독자에게, 그리고 기업을 숫자가 아닌 '시간 속 선택과 제약의 연쇄'로 보고 싶은 모든 이에게 이 책을 기꺼이 추천한다.

홍진채
라쿤자산운용 대표

차례

1부. 기업 생애주기의 기초

2부 기업 재무와 생애주기

3부. 가치평가, 가격 산정과 생애주기

5부. 경영과 생애주기

서문

모든 분야에서 실무자들은 왜 그런지, 왜 그렇지 않은지, 만일의 경우는 어떨지 설명할 수 있는 틀을 찾는다. 기업 재무와 가치평가 분야에서도 보편적인 이론을 구축하려는 많은 시도가 있어왔다. 나는 그중에서도 가장 유망한 틀이 기업 생애주기 이론이라고 생각한다. 기업 생애주기는 기업이 탄생하고, 성장하고, 성숙하고, 결국 소멸하는 주기를 거친다는 개념이다. 나는 기업의 행동과 일탈, 투자 관점의 차이, 그리고 '다음 대세'의 매력을 이해하고 싶을 때 늘 기업 생애주기 개념으로 돌아온다.

기업 생애주기

이 여정을 시작하기에 앞서 기업이 어떻게 나이 들고 어떤 변화를 겪는지를 이해하는 것이 중요하다. 이 과정을 그림으로 설명하면 다음과 같다.

창업기 기업은 사망할 위험이 높은 영아와 같다. 관심과 정성을 쏟아붓지만 기획에서 제품 완성으로 넘어가는 기업조차 드물다. 초기성장기에는 수많은 운영상의

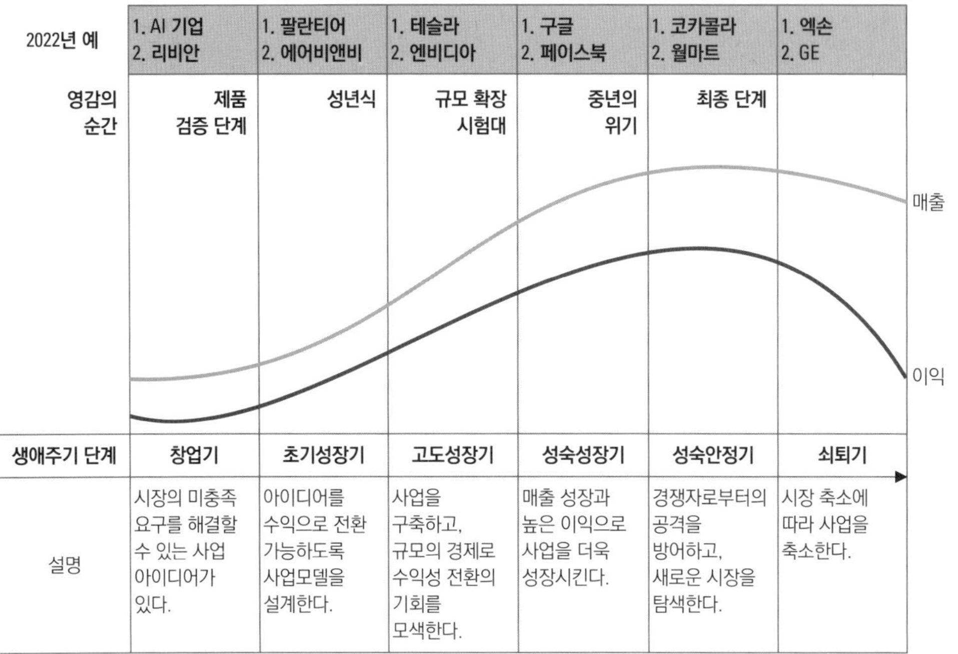

생애주기 단계	창업기	초기성장기	고도성장기	성숙성장기	성숙안정기	쇠퇴기
설명	시장의 미충족 요구를 해결할 수 있는 사업 아이디어가 있다.	아이디어를 수익으로 전환 가능하도록 사업모델을 설계한다.	사업을 구축하고, 규모의 경제로 수익성 전환의 기회를 모색한다.	매출 성장과 높은 이익으로 사업을 더욱 성장시킨다.	경쟁자로부터의 공격을 방어하고, 새로운 시장을 탐색한다.	시장 축소에 따라 사업을 축소한다.

어려움과 씨름하며 이를 해결할 수 있는 사업모델을 찾으려고 노력한다.

여기에 성공한 기업은 고도성장기에 진입한다. 이 단계에서는 매출 성장에 속도가 붙고 성장을 지속하기 위한 자본 투입이 요구된다. 단, 이익은 매출만큼 빠르게 성장하지 못한다. 이 시기에 크게 성공한 기업은 이익이 매출의 성장 속도를 따라잡는 효과적인 사업모델을 구축할 것이다. 자체적으로 자금을 조달할 수 있을 뿐만 아니라 소유주와 다른 자본 제공자들에게 현금흐름의 형태로 보상을 제공하기 시작한다.

특별히 뛰어난 기업은 성숙기에 들어선 후에도 영광의 시기를 이어가겠지만 모든 기업에는 성장 속도가 둔화되고 이익과 현금흐름이 견고해지는 중년의 시기가 찾아온다.

중년은 젊은 시절에 비하면 훨씬 재미가 없지만 그 후를 생각하면 나은 편이다.

나이가 들며 시장이 축소되고 이익이 줄어들다가 기업은 결국 끝을 맞는다. 기업의 생애주기는 인간의 생애와 유사하다. 사람들이 노화와 죽음을 지연시키기 위해 성형수술을 하고 개인 트레이너를 찾듯, 기업도 젊음을 되찾기 위해 컨설턴트와 은행가에게서 값비싸고 효과 없는 해결책을 구한다.

이 책의 여정

1부에서는 기업 생애주기에 대해 설명한다. 기업이 생애주기의 어느 단계에 있는지 보여주는 지표를 제시하고, 기업의 유형별로 생애주기의 형태와 시기가 어떻게 달라지며 이를 결정하는 요인은 무엇인지 살펴볼 것이다. 또 기업이 생애주기의 한 단계에서 다음 단계로 넘어가는 전환점과 이 과정에서 직면하는 도전 과제에 대해

[서문 1.2] 기업 생애주기의 동인과 결정 요인들

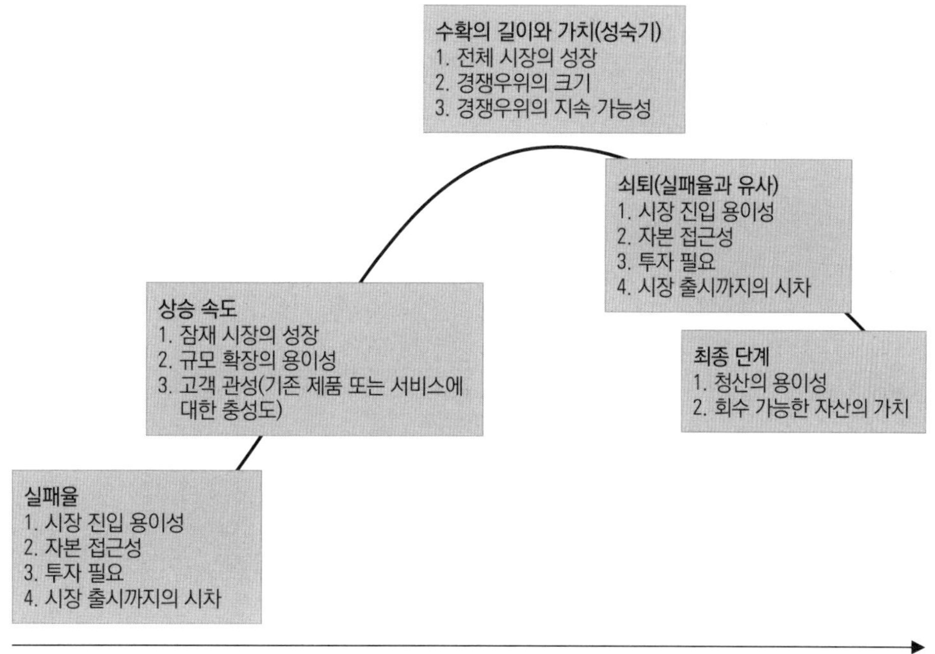

논의하겠다.

2부에서는 기업이 성장하면서 사업의 초점이 어떻게 달라지고 왜 변화해야 하는지 기업의 생애주기를 활용해 설명한다. 청년기에는 좋은 투자 기회를 찾는 데 집중하는 것이 이상적이다. 성숙기에는 자금 조달 구조와 방식이 달라져야 한다. 쇠퇴기에는 가장 효율적으로 현금을 환원할 방법을 고민해야 한다. 이 틀을 바탕으로, 기업이 자신이 처한 생애주기 단계에 걸맞지 않은 행보에 막대한 자금을 지출하는 것이 얼마나 파괴적인 행위가 될 수 있는지 이야기하겠다.

3부에서는 기업의 가치를 평가할 때 부딪히는 문제를 생애주기 단계별로 설명한다. 초기 단계에는 사업모델에 대한 정보가 부족하고 사업모델이 앞으로 어떻게 진화할지 불확실하다는 것이 가장 큰 장벽이다. 성숙기에는 과거의 정보에 지나치게 의존하며 과거에 효과적이었던 평가 방법이 미래에도 계속 유효할 것이라고 가정

[서문 1.3] 생애주기 단계별 기업 재무

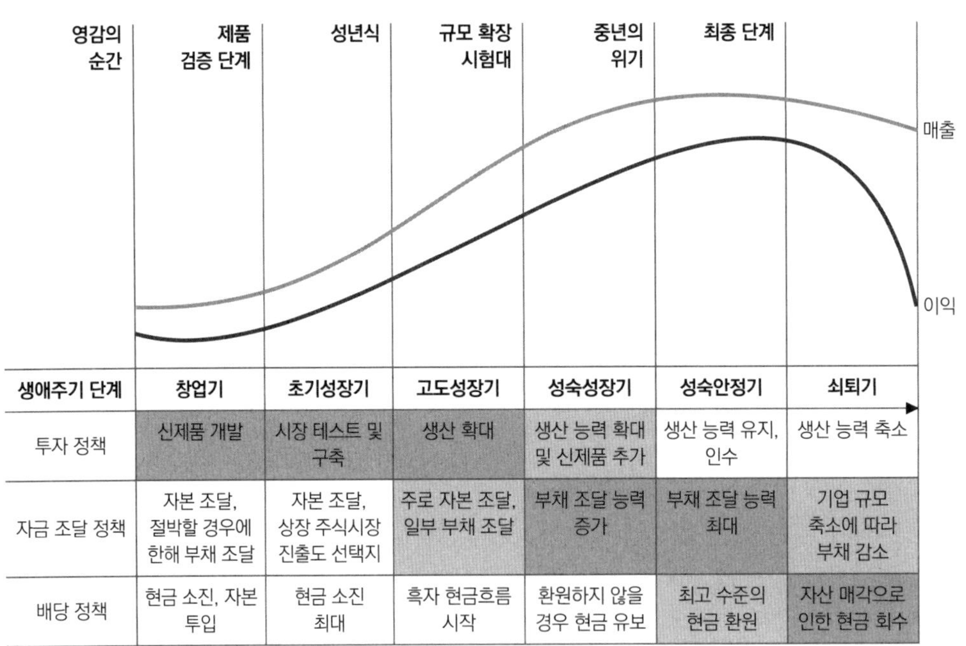

생애주기 단계	창업기	초기성장기	고도성장기	성숙성장기	성숙안정기	쇠퇴기
투자 정책	신제품 개발	시장 테스트 및 구축	생산 확대	생산 능력 확대 및 신제품 추가	생산 능력 유지, 인수	생산 능력 축소
자금 조달 정책	자본 조달, 절박할 경우에 한해 부채 조달	자본 조달, 상장 주식시장 진출도 선택지	주로 자본 조달, 일부 부채 조달	부채 조달 능력 증가	부채 조달 능력 최대	기업 규모 축소에 따라 부채 감소
배당 정책	현금 소진, 자본 투입	현금 소진 최대	흑자 현금흐름 시작	환원하지 않을 경우 현금 유보	최고 수준의 현금 환원	자산 매각으로 인한 현금 회수

하는 데서 문제가 발생한다.

쇠퇴기 기업의 가치를 평가할 때 가장 어려운 점은 시간이 지나면서 기업이 축소되고 결국 사라질 수도 있다는 가능성을 받아들이기 어렵다는 데 있다. 애널리스트들은 이에 대응해 특정 가격 지표를 활용해 기업의 가격을 매기는 방식으로 지름길을 찾는다. 이때 사용되는 기준 지표는 생애주기 단계에 따라 사용자·구독자 수(청년기)에서 이익(성숙기), 장부가치(쇠퇴기)로 달라진다.

4부에서는 기업의 생애주기를 활용해 투자철학의 차이, 특히 성장주 투자와 가치투자의 차이를 설명한다. 적어도 현재 실행되고 있는 가치투자는 이익과 장부가치에 초점을 맞추기 때문에 성숙기 기업을 추종하고, 성장주 투자는 생애주기의 초기단계에 있는 기업에 집중한다. 사실 생애주기는 각 투자철학에 내재된 위험을 경고한다. 성장주 투자자는 중년으로 넘어가기 직전의 기업을 젊은 성장 기업으로 인지하고 비싼 값을 지불할 위험이 있고, 가치투자자는 이미 쇠퇴기에 접어든 성숙한 기

[서문 1.4] 생애주기 단계별 서사

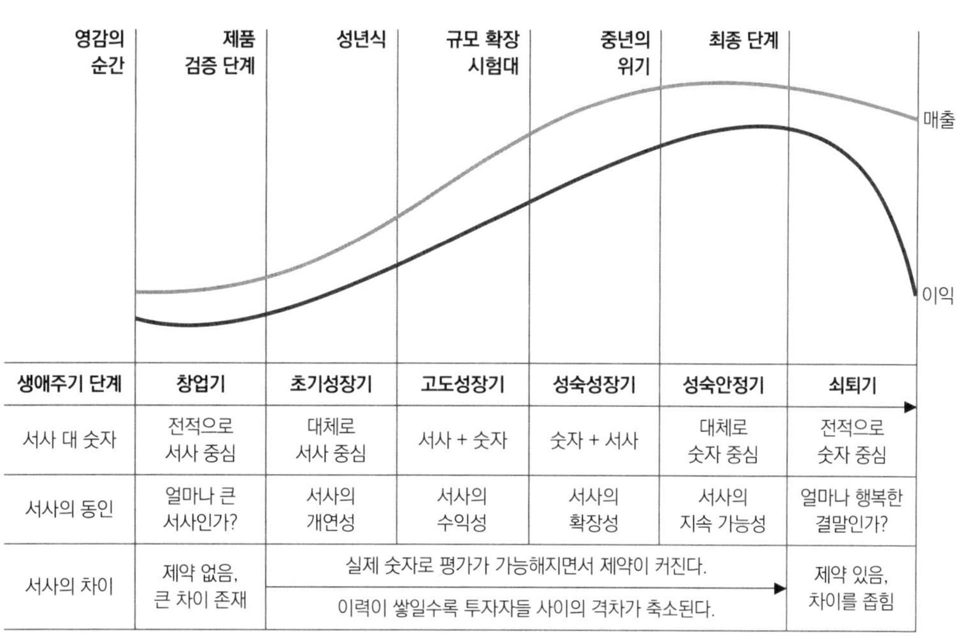

생애주기 단계	창업기	초기성장기	고도성장기	성숙성장기	성숙안정기	쇠퇴기
서사 대 숫자	전적으로 서사 중심	대체로 서사 중심	서사 + 숫자	숫자 + 서사	대체로 숫자 중심	전적으로 숫자 중심
서사의 동인	얼마나 큰 서사인가?	서사의 개연성	서사의 수익성	서사의 확장성	서사의 지속 가능성	얼마나 행복한 결말인가?
서사의 차이	제약 없음, 큰 차이 존재	실제 숫자로 평가가 가능해지면서 제약이 커진다.				제약 있음, 차이를 좁힘
		이력이 쌓일수록 투자자들 사이의 격차가 축소된다.				

업에 자금을 쏟아부을 위험이 있다.

5부에서는 기업의 생애주기를 이해함으로써 경영자가 얻을 수 있는 통찰과 확장된 관점을 제시한다. 먼저 훌륭한 경영자가 되기 위한 조건이 무엇인지 살펴보고, 젊은 성장 기업과 성숙한 기업을 운영하는 데 필요한 역량이 다른 만큼 모든 경우에 통용되는 획일적인 경영 방식은 있을 수 없음을 설명한다. 또 성숙기 기업의 경영자를 자극하는 재탄생과 환생의 꿈을 살펴보고, 그 꿈을 이루는 데 성공한 소수의 기업과 실패한 다수의 기업이 주는 교훈을 논의한다. 마지막으로 세계 경제의 중심이 제조업에서 기술로 이동하면서 기업의 생애주기를 어떻게 변화시키고 압축시켰는지 분석하고, 기존에 모범적이라고 여겨졌던 많은 경영 관행이 이러한 변화에 발을 맞추지 못하는 이유를 살펴본다.

1장
보편적 이론을 향하여

어떤 분야든 관찰되는 모든 행동을 설명하고 미래의 행동까지 예측할 수 있는 틀을 찾아 제시하는 것은 많은 연구자와 실무자의 꿈이다. 자연과학에서는 자연이 관찰된 현상에 질서를 부여하기 때문에 이러한 탐구가 더 용이하며 이론을 명확하게 검증할 수 있다. 반면 사회과학에서는 인간의 행동이 항상 예측 가능한 방식으로 이루어지는 것은 아니기 때문에 보편적 이론을 탐구하는 일에 상대적으로 덜 집중했다.

모든 현상을 설명하는 보편적 이론을 찾는 이유는 분명하다. 보편적 이론은 혼돈 속에서 질서를 회복할 가능성을 제시하기 때문이다. 그러나 보편적 이론을 탐색하는 데는 위험이 따른다. 가장 큰 위험은 무리수다. 타당한 이론을, 본래의 범위를 넘어서 설명할 수 없는 데까지 무리하게 적용하는 것이다. 어떤 이론이 한 분야에서 주류로 자리 잡으면 그 이론으로 모든 현상을 설명하려는 유혹이 걷잡을 수 없이 커진다.

두 번째 중요한 위험은 편향이다. 편향은 특정 이론을 열렬히 지지하는 이들이 증거를 선택적으로 평가하는 태도로 나타난다. 즉 데이터에서 보고 싶은 것만 보면서 이론을 뒷받침하는 증거에만 집중하고 이론을 반박하는 증거는 외면한다. 약점이 있거나 잘못된 이론은 이를 반박하는 데이터나 증거가 누적되면서 언젠가는 수정되거나 폐기될 것이다. 그러나 맹목적으로 그 이론을 추종하는 이들로 인해 이미 피해가 발생한 후에야 그렇게 될 것이다.

보편적 재무 이론을 향한 시도

경제학은 사회과학이지만 연구자들이 방대한 경제 데이터, 특히 시장 데이터에 쉽게 접근할 수 있다는 점에서 다른 사회과학과 차별화된다. 학계와 업계는 오랜 기간에 걸쳐 기업의 투자, 자금 조달, 배당 결정 방식부터 투자자들이 기업의 가격을 산정하는 방식까지 모든 것을 설명할 수 있는 경제 이론이나 모델을 개발하려고 시도해왔다. 이 장에서 지난 70년간 보편적인 재무 이론을 구축하려던 다양한 시도를 살펴보고 이 모든 시도가 한계를 가질 수밖에 없었던 이유를 설명하겠다.

경제 이론

재무가 경제학의 분과인 만큼 초기 재무 이론 가운데 상당수가 경제학에서 비롯된 것은 당연하다. 위험 회피와 효용함수에 대한 경제학자들의 연구는 시장가격 책정과 투자자 수익을 설명하는 재무 이론을 찾는 데 영감을 주었다.

현대 재무학은 해리 마코위츠(Harry Markowitz)가 통계학의 도움을 받아 현대 포트폴리오 이론을 제시하면서 시작되었다고 할 수 있다.[1] 마코위츠는 대수의 법칙을 활용해, 위험 수준이 동일하다면 개별 자산에 투자하는 것보다 상관관계가 낮은 여러 위험 자산에 분산 투자했을 때 더 나은 수익을 얻을 수 있다고 주장했다. 마코위츠의 효율적 경계선(efficient frontier)은 투자 과정을, 위험을 통제하면서 더 높은 수익을 추구하는 과정으로 간결하게 정리해냈다.

마코위츠 이론의 힘은 단순히 최적화된 포트폴리오를 만들 수 있다는 데서 그치

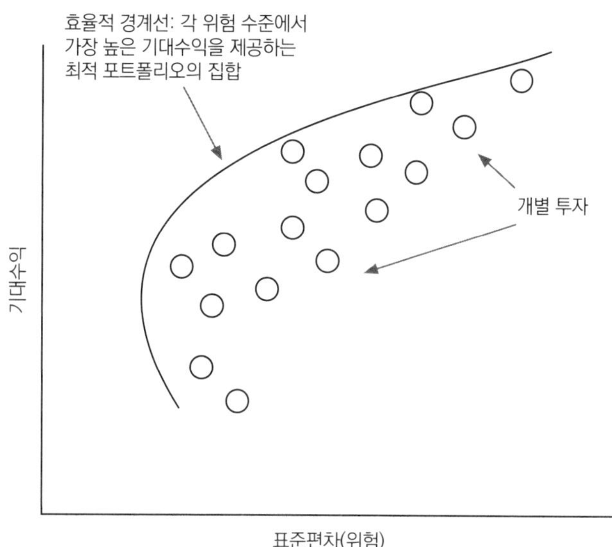

지 않았다. 마코위츠의 이론은 시장에서 위험의 개념 자체를 뒤바꾸었다. 개별 투자 자산의 위험을 독립적으로 평가한다는 통념에서 벗어나 개별 자산의 위험은 그것이 포트폴리오 전체에 추가하는 위험으로 평가해야 한다는 개념을 제시한 것이다.

존 린트너(John Lintner)와 윌리엄 샤프(William Sharpe)는 마코위츠의 이론에 무위험 자산(riskless asset) 개념을 도입해 효율적 경계선을 단순화했다. 그들은 투자자의 위험 회피 성향과 관계없이, 모든 자산을 시장가격에 비례해 보유한 극도로 분산된 포트폴리오(시장에서 거래되는 모든 자산을 포함하기 때문에 '시장 포트폴리오'라고 불린다)와 무위험 자산을 조합했을 때, 순수하게 위험 자산으로만 구성된 포트폴리오보다 더 높은 위험 대비 수익을 달성할 수 있음을 입증했다. 그림 1.2는 그 효과를 보여준다.

린트너와 샤프의 자본자산가격결정모형(Capital Asset Pricing Model, CAPM)은 위험 자산의 과거 수익을 설명하고 미래 수익을 예측하는 데 활용할 수 있는 선형 방

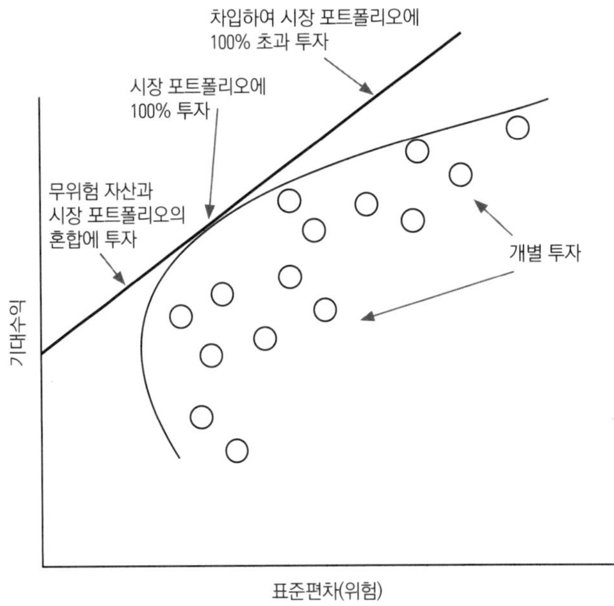

정식을 제시함으로써 투자 자산의 기대수익률과 위험 간의 관계를 설명하는 원래 목적을 넘어 광범위하게 활용되었다.

$$E(\text{투자 수익률}_j) = \text{무위험 이자율} + \text{베타}_i(\text{시장 포트폴리오의 기대수익률} - \text{무위험 이자율})$$

CAPM 방정식은 기업이 투자 여부를 판단하는 기준수익률*로, 또 투자자가 개별 주식과 포트폴리오의 기대수익을 추정하는 도구로 널리 이용되면서 역사상 가장 널리 활용되고 연구된 경제 모형이다. 그러나 연구를 통해 드러난 뼈아픈 진실은 CAPM이 시장의 상당 부분을 예측하지 못한다는 것이었다.

이론에 기반을 둔 모형, 즉 경제학의 기본 원칙에서 출발해 모형을 구축하는 접근

---

* 기준수익률(hurdle rate)은 투자안을 선택할 때 보장되어야 할 최소한의 수익률을 가리킨다.

법에 장점이 있다면, 관찰한 데이터를 기존 선입견에 끼워 맞추는 것이 모형을 개발하는 과정에서 제어된다는 점이다. 그러나 이러한 모형이 실질적으로 유용하려면 (인간이 효용을 이끌어내는 방식부터 인간의 합리성을 구성하는 요소에 이르기까지) 인간의 행동에 대한 단순화된 가정이 필요하다. 이러한 가정에 오류가 있으면 이론적으로는 우아해도 현실을 설명하지 못하는 모형으로 끝나고 만다.

데이터 기반 모형과 이론

마코위츠 포트폴리오 이론과 CAPM이 모든 재무 관련 질문에 해답을 제시한다고 여겨지며 발전하는 동안, 시카고대학교를 중심으로 한 연구진은 전혀 다른 접근법을 발전시키고 있었다.

이들은 시장이 효율적이며, 따라서 시장가격이 궁극적인 진실을 반영한다는 믿음에 기반을 두고 접근했다. 효율적 시장의 세계에서는 시장의 반응이 기업의 의사결정이 옳았는지 잘못되었는지 판가름한다. 옳은 결정은 시장의 긍정적인 반응을 이끌어내고, 잘못된 결정은 부정적인 반응을 초래한다. 또 시장에서 최적의 시점을 맞히고 최고의 종목을 선별하려는 적극적 투자 전략은 효율적 시장 관점에서 무의미하다. 이용 가능한 모든 정보는 이미 시장가격에 반영되었기 때문이다.[2]

수십 년 동안 시장과 기업에 대한 방대한 데이터에 쉽게 접근할 수 있었던 덕분에 재무 분야는 세상이 빅데이터의 매력에 주목하기 훨씬 이전에 이를 발견했다고 볼 수 있다. CAPM에 처음으로 본격적인 도전장을 내민 것은 차익거래 가격결정모형 (arbitrage pricing model)이었다. 연구자들은 관측된 자산 가격과 기대수익률을 통계적(이고 명시되지 않은) 요인과 연결했다.[3] 다시 말해 위험 자산의 가격이 시장에서 무위험 이익(차익거래)을 방지하는 수준으로 책정된다면 역으로 가격에서 위험 요인을 도출할 수 있다고 가정한다. 이러한 데이터 기반 가격 결정 접근법은 1970년대 후반에 시작되었고, 이후 거시경제와 미시경제 데이터에 대한 접근이 더욱 확대되고 심화되면서 팩터 기반 가격결정모형으로 발전했다.

1992년 유진 파마(Eugene Fama)와 케네스 프렌치(Kenneth French)는 1962년에

서 1990년 사이의 모든 미국 주식의 수익률을 조사해, 이 기간 동안 개별 주식의 연간 수익률 차이의 상당 부분을 시가총액과 주가순자산배수(PBR)로 설명할 수 있음을 밝혀냈다.[4] 구체적으로 시가총액이 작고 주가 대비 자산 가치가 큰(PBR이 낮은) 주식이, 시가총액이 크고 주가 대비 자산 가치가 작은(PBR이 높은) 주식보다 연간 수익률이 더 높은 경향이 있었다. 파마와 프렌치는 이러한 높은 수익률이 소형주와 저PBR 주식에 내재된 위험에서 비롯한다고 해석했다.

그 후 더욱 풍부하고 다양한 데이터에 접근할 수 있게 되면서 연구자들은 시장 수익률의 차이를 설명하는 요인, 즉 '팩터'를 계속 추가했는데 이것을 크게 팩터 기반 가격결정모형으로 범주화할 수 있다. 2019년까지 주요 재무 학술지에서 주가의 움직임과 수익률의 격차를 설명하는 것으로 확인된 팩터는 400개를 넘어섰다. 일부 연구자들은 이를 '팩터 동물원(factor zoo)'이라고 부르며, '시장을 설명'하는 팩터 대부분이 실제 시장의 행동보다는 데이터 마이닝(data mining)의 결과에 가깝다고 주장하기도 했다.[5]

학계에서는 투자자와 시장의 행동을 설명하는 능력 때문에 데이터 기반 가격결정모형에 주목했지만 실무자들에게는 더욱 현실적인 이유가 있었다. 이 모형이 시장에서 가격 오류를 찾아낼 수 있다면, 가격 오류가 발생한 주식을 찾아 그 가격이 수정되는 과정에서 이익을 얻을 기회가 생기기 때문이다. 수학자 출신 헤지펀드 매니저 짐 사이먼스(Jim Simons)는 이 모형을 일찍부터 활용한 인물로서 수학적, 통계적 역량을 바탕으로 데이터 기반 가격결정모형을 활용해 수십 년간 시장 평균을 뛰어넘는 수익을 올릴 수 있었다.[6]

최근 몇 년간 강력한 컴퓨팅 기술로 무장한 퀀트 투자자가 몰려들면서, 데이터를 활용해 투자 기회를 찾는 방식으로는 얻을 수 있는 수익이 줄어들었다. 간단히 말해 컴퓨팅 능력으로 무장한 새로운 투자자들이 시장에 진입하면서 2010년대 초반 고빈도(high-frequency) 트레이더들이 컴퓨터 실력을 이용해 수익을 창출했던 식으로 기회를 발굴하는 데는 이제 한계가 있다.

데이터 기반 모형은 관찰된 행동을 설명하는 데는 이론 기반 모형을 분명히 앞서

지만 이는 공정한 비교라고 보기 어렵다. 데이터 기반 모형은 설명력을 높이기 위해 변수를 늘리거나 다른 변수를 추가할 수 있는 유연성이 있는데, 이 과정에서 이론의 제약을 받지도 않고 특정 팩터의 경제적 타당성을 제시할 필요도 없기 때문이다. 데이터를 다뤄본 경험이 있는 데이터 신봉자로서, 나는 특히 강한 선입견을 가지고 있을 때 자신이 원하는 결과가 나오도록 데이터를 조작하는 일이 얼마나 간단한지 잘 안다. 데이터에 대한 높은 접근성은 재무와 투자 분야에서 양날의 검이 되었다. 데이터 분석으로 도출된 탄탄한 결과도 있지만, 데이터를 근거로 했다고 주장하는 많은 궤변이 섞여 있는 것이 현실이다.

행동주의 모형

앞서 설명했듯이 이론 기반 모델의 실패와 한계는 데이터 기반 모델을 탄생시켰다. 그리고 심리학에 뿌리를 둔 전혀 다른 움직임도 함께 촉발했다. 이 연구는 점점 풍부해지고 심화되어 심리학과 재무학을 융합한 행동재무학(behavioral finance)이라는 독립적인 영역을 형성했다. 이 흐름은 1970년대에 대니얼 카너먼(Daniel Kahneman)과 아모스 트버스키(Amos Tversky)가 인간의 행동에서 반복되는 패턴을 시장 연구에 접목하면서 시작되었다.

카너먼과 트버스키는 기존에는 설명할 수 없었거나 이상 현상으로 취급되었던 현상과 행동을 설명하고자 했다.[7] 이들은 심리학적 통찰을 바탕으로 사업과 투자 의사결정을 설명하는 새로운 이론인 '전망 이론(prospect theory)'을 제시했다. 이 이론에 따르면 사람들은 가능한(probable) 것은 과소평가하고 확실한(certain) 것은 과대평가해서, 확실한 이익이 있다면 더 이상 위험을 감수하려고 하지 않고(위험 회피), 손실이 확실할 때는 설령 더 큰 손실이 발생할 가능성이 있더라도 오히려 위험을 감수한다(위험 추구).

그 후 수십 년이 지난 현재 행동재무학은 재무적 사고의 중심에 자리 잡게 되었다. 리처드 세일러(Richard Thaler), 로버트 실러(Robert Shiller)를 비롯한 많은 이가 이 연구를 확장해 기업과 투자자의 의사결정을 설명했다. 세일러는 '제한된 합리성(bounded rationality)'이라는 개념을 받아들여 카너먼과 트버스키의 연구를 자산 가격결정이론으로 확장했다. 세일러는 사람들이 돈을 그 출처와 용도에 따라 분류한 후 돈을 지출할 때 각 범주에 따라 다른 의사결정 기준을 적용한다는 정신 회계(mental accounting) 이론을 발전시켰다. 한편 실러는 초기 연구에서 시간의 경과에 따른 주가 변동을 단순히 펀더멘털 요인만으로는 설명할 수 없음을 보여주었다. 그는 이 연구를 바탕으로 시장에는 '야성적 충동(animal spirits)'으로 설명이 가능한 거품이 존재한다는 견해를 제시했다.[8]

심리학과 재무학을 결합한 행동재무학 이론은 다른 이론에 비해 훨씬 흥미로워서 처음 금융시장에 진입하는 많은 투자자에게도 쉽게 다가갈 수 있다. 인간의 행동과 일탈에 대한 인식에서 출발하는 행동재무학은 현실에 근거를 두고 있다. 그러나 행동재무학 이론에는 오래된 두 가지 문제가 있다. 첫째, 투자자와 기업의 과거 행동을 설명하는 데 많은 자원을 할애한 반면, 실질적인 처방과 해결책을 제시하는 데는 상대적으로 소홀했다. 둘째, 데이터 기반 접근법에서 데이터 마이닝이 시장을 설명하는 팩터를 증식시켰듯 투자와 의사결정에서 발견된 행동 특성이 지나치게 많아져서, 아무리 터무니없는 행동이라도 행동주의적(behavioral) 관점에서 설명이 가능할 정도가 되었다.

정리

결론적으로 지금까지 재무 분야에서 활용해온 세 가지 주요 접근법(이론, 데이터, 행동주의)은 시장의 행동을 포괄적으로 설명하지 못하지만 각각 특정한 측면에서 유용한 통찰을 제시하기 때문에 이러한 접근법을 융합해 활용하는 것도 대안이 될 수 있다. 즉 이론에서 출발하되 그 한계를 명확히 인식하고, 데이터를 이용해 반복적으로 검증한 다음, 투자자들의 행동적 특성으로 결과의 편차를 설명하는 것이다. 이제 과거보다 훨씬 더 많은 데이터와 강력한 도구로 무장한 새로운 세대의 연구자들이 이 분야에 진입하고 있는 만큼 보편적 이론을 찾기 위한 노력은 멈추지 않을 것이다.

기업 생애주기 이론

나는 기업과 시장에서 일어나는 모든 현상을 설명하는 보편적 이론을 개발할 만큼 이론에 정통하지 않고 데이터과학이나 심리학에 능하지도 않다. 대신 기업 생애주기라는 개념을 차용할 것이다. 기업 생애주기 개념은 경영과 전략 분야에서 더 많이 연구되고 활용되어왔기에 아주 새롭지도 않고, 재무에 대한 모든 질문에 해답을 제시하지는 못한다. 그러나 나는 생애주기 개념이 재무 분야에서도 놀라울 만큼 포괄적인 설명력을 지닌 이론이라고 생각한다.

생애주기

기업의 생애주기는 경영, 전략 분야에서 수십 년 동안 논의되고 연구된 개념이다. 경영 전문가인 이차크 아디제스(Ichak Adizes)는 기업의 생애주기를 설명하는 10단계 모형을 개발했고, 이를 바탕으로 책을 쓰고 연구소를 설립해 자신의 사상을 발전시켰다.[9] 그림 1.3은 아디제스의 기업 생애주기 모형이다.

아디제스의 생애주기 모형은 기업이 생애주기의 단계별로 취해야 할 경영 및 전략적 선택에 초점을 맞추었다. 노화를 쉽게 되돌릴 수 없다는 관점에서 재무적 질문을 제기하고, 뛰어난 경영진이 있다면 그것도 가능하다는 여지를 남겼다. 그러나 학계에서도 기업의 생애주기가 몇 단계로 이루어지고 기업이 어떤 과정을 거쳐 쇠퇴하는지 합의된 견해는 아직 없는 듯하다. 대니 밀러(Danny Miller)와 피터 프리센(Peter H. Friesen)은 1984년에 발표한 논문에서 기업의 공통적인 생애주기를 탄생, 성장, 성숙, 회복, 쇠퇴라는 5단계로 제시했다. 이들은 36개 기업을 대상으로 161개 기간을 분석한 소규모 표본 연구에서 생애주기의 경로와 시기는 기업마다 크게 다르다는 결론을 내렸다.[10]

재무학에서 기업 생애주기는 주로 기업이나 투자자의 의사결정에서 특정 측면을 설명하는 데 제한적으로 활용되었다. 예를 들어 회계학자들은 부채비율과 수익성을 측정하는 회계 지표가 시간이 지남에 따라 어떻게 변화하는지를 기업 생애주기

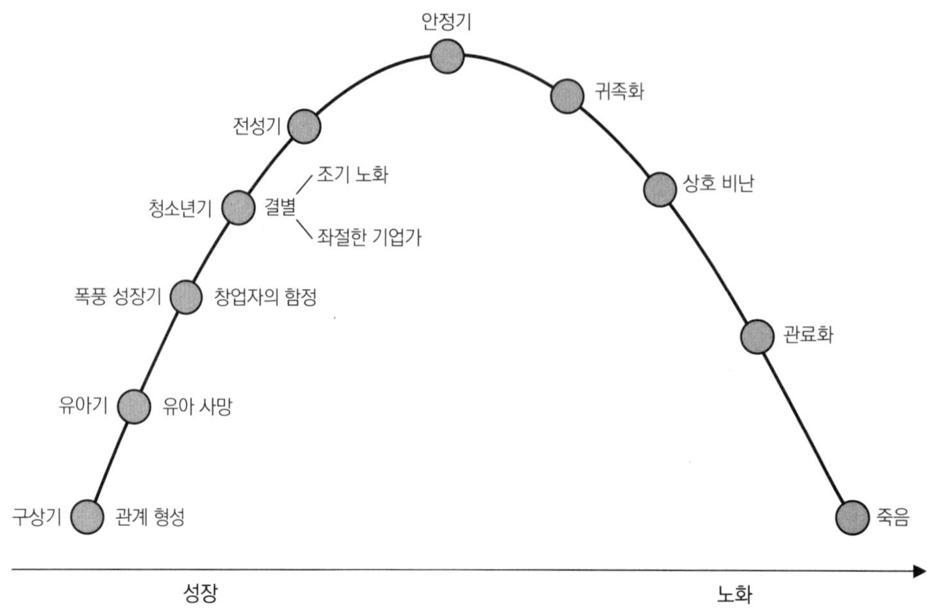

를 활용해 설명했다. 이러한 증거는 역으로 기업이 생애주기의 어느 단계에 해당하는지 판단할 수 있는 지표가 되었다. 기업 지배구조를 연구하는 학자들은 젊은 기업일수록 기업 지배구조 문제가 더 크고, 기업이 성숙함에 따라 지배구조 관행이 개선된다는 증거를 발견했다.

나는 기업 생애주기 개념을 가치평가에 활용해 생애주기 단계별로 가치평가의 어려움이 달라지는 이유와, 이에 대응해 가치평가 모델을 조정하는 방법을 살펴보았다.[11] 재무 분야에서 관련 연구는 많지 않고 주로 투자, 자금 조달, 배당과 관련된 재무적 의사결정이 생애주기 단계별로 어떻게 달라지는지에 초점을 맞추고 있다.

표준화된 기업 생애주기

기업 생애주기에 관해 여러 분야에 선행 연구가 존재하는 만큼 어떤 새로운 내용을 제시할 수 있을지 궁금할 것이다. 나는 기존 연구와 문헌을 바탕으로 논의를 시작해 기업 생애주기 전반에 걸친 재무 의사결정을 더욱 심도 있게 살펴보고, 이 개념을 활용해 기업의 가치를 평가할 때의 어려움이 생애주기 단계별로 어떻게 달라지는지 확인하며, 다양한 투자철학(가치투자, 성장주 투자, 정보 기반 트레이딩)이 기업 생애주기와 어떻게 연결될 수 있는지 검토할 것이다.

참고로 16쪽 그림의 6단계 구분은 생애주기의 일반적인 구조를 소개하기 위한 것이다. 기업의 생애주기는 5단계, 8단계, 심지어 10단계로 나눌 수도 있다. 기업의 생애주기를 몇 단계로 설정하든 앞으로 도출할 결론은 달라지지 않는다.

2장에서 생애주기를 단계별로 자세히 다루겠지만 여기에서 각 단계의 핵심을 간략히 정리하고자 한다. '창업기(start-up phase)'에는 창업자가 시장의 필요를 충족시킬 수 있다고 믿는 제품에 관한 아이디어를 실제 제품으로 전환하려고 시도한다. 많은 창업 기업이 이 단계에서 실패하지만, 이 시도가 성공한다면 '초기성장기(young-growth phase)'에는 그 제품이나 서비스를 사업으로 전환할 수 있는 사업모델을 구축해야 한다. 이때 사업모델은 매출을 창출하고 미래에 이익을 실현할 수 있는 경로를 제시하는 것이어야 한다.

사업모델을 구축한 일부 신생 기업은 '확장기(scaling up phase)' 또는 '고도성장기(high-growth phase)'로 나아간다. 이 단계에서는 창업자의 야망, 자본 제약, 제품이 겨냥하는 시장 규모에 맞추어 작은 사업을 더 크게 키우려는 노력이 이루어진다. 기업이 일정 규모로 확장한 후에는 성장을 지속하기가 더욱 어려워진다. 그러나 '성숙성장기(mature growth)'에 있는 기업은 기존 제품이 진출할 새로운 시장을 찾거나 새로운 제품을 개발해 아직 성장의 길을 모색할 수 있다.

그러나 결국 성장은 둔화되고 기업은 '성숙안정기(mature stable)'로 들어선다. 특히 수익성이 뛰어난 제품을 보유한 경우 경쟁자와 파괴적 혁신 세력의 도전이 거세지기 때문에 이 시기에는 방어 전략에 집중해야 한다. 생애주기의 마지막 단계는 '쇠퇴기(decline)'로, 한때 수익성이 높았던 시장이 축소되면서 기업의 매출과 수익성도 압박을 받으며 줄어들게 된다.

여기에서 의문이 생기고 이의를 제기할 수 있다. 2000년의 애플(Apple)이나

2013년의 마이크로소프트(Microsoft)처럼 노화를 되돌려 다시 성장기로 돌아가는 기업도 있지 않은가? 창업기에서 성숙기까지 성장하는 데 수십 년이 걸린 기업(GE, GM)도 있고, 이 과정을 초고속으로 진행한 기업(페이스북, 구글)도 있지 않은가? 수십 년을 넘어 수 세기 동안 존속하며 꾸준히 성장하고 이익을 창출하는 가족 소유 기업도 있지 않은가? 이와 관련해 3장에서는 기업 생애주기의 진행 속도와 성숙 기업의 지속 기간과 쇠퇴 속도를 결정하는 요인들을 살펴보겠다.

기업이 직면하는 도전 과제는 생애주기 단계별로 크게 다르고 이처럼 다양한 도전 과제에 대응하기 위해 기업은 반드시 전환에 성공해야 한다. 4장에서는 생애주기의 한 단계에서 다음 단계로 넘어가는 전환 과정을 논의할 것이다. 여기에는 운영상의 전환과 재무상의 전환이 모두 포함된다. 재무상의 전환과 관련해 벤처캐피털(VC) 자금 조달과 기업공개(IPO)를 살펴볼 것이다. VC 자금은 창업기 기업이 초기성장기로 나아가기 위해 이용하는 주요 경로다. IPO는 일부 성공적인 초기성장기 기업이 선택할 수 있는 일종의 출구 전략이다. 또 최근 수십 년간 나타난 VC와 IPO의 구조와 관행의 변화에 대해서도 이야기할 것이다. 아울러 생애주기의 후반부에 접어든 일부 상장기업이 사모펀드에 인수되어 비상장기업으로 전환되는 바이아웃(buyout) 과정과 그 배경이 되는 동기에 대해서도 함께 살펴볼 것이다.

기업 생애주기의 활용

기업의 생애주기는 그 자체로도 흥미로운 개념이지만, 이를 활용해 1) 기업이 생애주기의 각 단계에서 어떻게 행동하는지(기업 재무), 2) 생애주기 단계에 따라 가치를 결정하는 요인과 가치평가 방식은 어떻게 달라지는지(기업 가치평가), 3) 다양한 투자철학이 각기 다른 접근 방식으로 어떻게 투자 수익을 극대화할 수 있다고 주장하는지(투자) 설명할 때 더욱 흥미롭다.

기업 재무

기업 재무는 기업 운영에 근간이 되는 재무의 기본 원칙을 제시하며 기업이 내리는 모든 결정이 기업 재무의 영역에 속한다. 기업의 의사결정은 세 가지로 분류할 수 있다. 첫째, 투자할 자산이나 프로젝트를 결정하는 '투자 의사결정'이다. 둘째, 투자 자금을 조달하는 방식, 즉 타인자본과 자기자본의 비율과 조달 방법에 관한 '자금 조달 의사결정'이다. 셋째, 기업이 소유주에게 현금을 얼마나 어떤 형태로 환원할지에 관한 '배당 의사결정'이다. 기업 재무에 익숙하지 않은 독자를 위해 5장에서는 투자, 자금 조달, 배당의 기본 원칙을 설명하고 이를 실행하는 데 필요한 핵심 도구와 절차를 소개한다.

6장에서는 기업의 투자 의사결정을 생애주기 전반에 걸쳐 자세히 살펴보고 기업이 성장하고 성숙함에 따라 투자 유형과 투자에서 직면하는 어려움이 어떻게 달라지는지 분석할 것이다. 그리고 이러한 변화에 대응하기 위해 기업이 투자 기법과 의사결정 규칙을 어떻게 수정해야 하는지도 논의할 것이다. 7장에서는 기업의 차입금 규모를 결정하는 요인들을 살펴보고, 기업이 성장기에서 성숙기로 이동함에 따라 자본의 조합과 자금 조달 방법이 어떻게 달라지는지 알아본다.

8장에서는 기업이 주주에게 환원할 수 있는 현금 규모를 결정하는 절차를 설명하고, 이를 적용해 생애주기 단계를 고려한 적절한 현금 환원 규모를 평가할 것이다. 이와 함께 기업이 생애주기 단계에 맞지 않는 재무 정책을 채택할 때 초래하는 결과를 각 장에서 검토하겠다.

기업 가치평가

기업의 가치는 투자자가 해당 기업으로부터 기대하는 현금흐름과 그 현금흐름을 실제로 받을 수 있을지에 대한 불확실성의 함수다. 하지만 이 보편적 진리는 기업의 생애주기에 따라 매우 다르게 적용될 수 있다.

초기 단계 기업은 아직 사업모델이 완전히 정립되지 않았고 성장을 위한 재투자가 최우선 과제이기 때문에 단기적으로 예상 현금흐름이 적자일 수 있다. 이 단계에서는 현금흐름의 규모뿐만 아니라 기업의 생존 자체에 대한 불확실성도 크다. 성숙기 기업은 일반적으로 현금흐름이 흑자이고 예측 가능성도 높지만 파괴적 혁신과 경쟁이 기업 가치에 영향을 미칠 수 있다는 점이 우려 요인이다. 쇠퇴기 기업은 매출이 줄고 수익성이 하락해 예상 현금흐름이 감소할 가능성이 크다. 현금흐름이 감소한 상태에서 부채가 많을 경우 경영난을 겪거나 파산할 가능성이 있다.

9장에서는 가치평가의 기본을 살펴본다. 가치평가의 간단한 틀을 제시해 현금흐름, 성장, 위험이 기업 가치에 어떻게 반영되는지 설명할 것이다. 그리고 투자자들이 유사한 기업에 지불한 금액을 바탕으로 기업에 얼마를 지불할지 추정하는 가격 산정의 기본을 살펴본다. 가치평가와 가격 산정의 원칙을 바탕으로 10장에서는 창업 기업과 초기 단계 기업, 11장에서는 고도성장기 기업, 12장에서는 성숙기 기업, 13장에서는 쇠퇴기 기업의 가치를 평가하고 가격을 산정할 때 해결해야 하는 과제들을 검토할 것이다.

나는 새로운 모형이나 지표를 만드는 대신 동일한 모형을 활용해 각 장에서 다양한 유형의 기업들을 살펴볼 것이다. 단, 추정해야 하는 입력값의 우선순위를 기업의 생애주기 단계에 따라 달리하고, 생애주기 단계별로 직면하는 추정상의 과제를 반영해 추정 절차도 조정할 것이다.

투자

투자자들은 높은 수익을 올리면서도 가능한 한 하락 위험을 방어하기 위해 주식에 투자한다. 어쩌면 이것이 모든 투자자의 유일한 공통점일 것이다. 투자자들은 시장이 작동하는 방식(혹은 작동하지 않는 방식)에 대한 견해가 매우 다르고, 따라서 포트폴리오를 구성하는 주식의 유형도 크게 다르다.

벤저민 그레이엄(Benjamin Graham)의 증권 분석과 워런 버핏(Warren Buffett)의 투자 격언을 익힌 전통적인 가치투자자들은 안정적 수익, 견고한 성장, 방어 가능한 경제적 해자(moat)를 가진 기업을 찾는다. 성장주 투자자들은 성장 기업에 베팅하며 시장이 일부 기업의 성장률을 과소평가하고 있다고 전제한다. 정보를 기반으로 거래하는 트레이더들은 실적 발표와 언론 보도를 활용한다. 이들은 자신의 우월한 예측 능력과 중요한 발표 이후 시장의 과잉 반응이나 과소 반응을 이용해 수익을 올리려고 한다. 순수 트레이더들은 시장의 분위기와 모멘텀을 활용해 수익을 추구한다. 모멘텀이 상승하거나 하락할 때 그 흐름을 타고 모멘텀의 방향이 바뀌기 전에 빠져나오는 것이다.

이들은 저마다 자신이 '올바른' 투자 방법으로 우위에 있다고 주장하지만, 각 집단 내에서도 일관되게 성공하는 투자자는 극소수에 불과하다. 14장에서는 이처럼 상반된 투자철학을 살펴보고 각 철학을 추종하는 투자자들이 설정하는, 때로는 명시적이고 대부분은 암묵적인 가정에 대해서도 자세히 다룰 것이다.

이처럼 다양한 투자철학과 기업의 생애주기 사이에 별다른 연관성이 없어 보일 수 있다. 그러나 비상장시장(벤처캐피털)이든 상장 주식시장이든 성장주 투자는 초기성장기에 있는 기업에 대한 투자이며, 사업모델 구축과 확장에 대한 베팅이다. 15장에서는 이 내용을 논의할 것이다. 16장에서는 가치투자를 기업 생애주기의 성숙 단계와 연결해 살펴볼 것이다. 저평가된 주식을 찾는 패시브(passive) 선별 전략에서 역발상(contrarian) 투자 전략에 이르기까지 다양한 형태를 분석하고, 성공의 핵심 요소와 잠재적 위험을 다시 한번 제시할 것이다. 17장에서는 쇠퇴하는 기업이나 부실기업을 대상으로 하는 투자나 트레이딩에 필요한 성공 요건을 검토하며 논의를 마무리할 예정이다.

이 과정을 통해 나는 어느 하나의 투자철학을 최고의 철학이라고 주장할 수 없는 이유를 제시하고자 한다. 모든 투자철학은 성공을 위해 각기 다른 사고방식과 기술을 요구하며, 어떤 철학을 선택하는지에 따라 목표로 하는 기업 생애주기 단계도 크게 달라진다.

기업 생애주기와 경영진의 관계

기업은 사람이 운영한다. 나는 기업의 최고경영자가 갖춰야 할 특성을 오랫동안 논의해왔다. 학계와 실무 현장에서는 훌륭한 CEO의 원형이 있다고 가정하는 경향이 있다. 그러나 기업의 생애주기는 이를 반박한다. 성장기 기업의 최고경영진에게 기대하는 능력과 특성은 성숙기나 쇠퇴기 기업의 최고경영진에게 요구되는 것과는 매우 다를 것이다. 18장에서는 이 개념을 발전시켜 생애주기 단계별로 경영진이 직면하는 도전 과제를 살펴보고, 기업이 나이가 들어가며 최고경영진에게 필요한 역량도 달라진다는 주장을 제기한다. 변화에 유연하게 적응하는 경영자도 있지만 대부분은 그렇지 못하다. 여기에서 지배구조 문제가 발생한다.

19장에서는 경영자와 기업의 소유주가 의사결정을 내릴 때 노화라는 현실을 받아들이고 이에 적응하는 것이 성공 가능성을 가장 높이는 방법이라는 점을 강조하며 논의를 시작한다. 이어서 왜 많은 기업이 노화를 받아들이기보다는 노화에 맞서 싸우는 길을 더 자주 선택하는지 살펴본다. 또 노화 과정을 되돌려 젊음을 되찾은 기업들의 긍정적인 사례뿐만 아니라 건실하게 성장하던 기업들이 순식간에 몰락한 부정적인 사례도 살펴보고, 성패를 가르는 미묘한 차이를 분석할 것이다. 나는 성공이든 실패든 모두 최고경영진의 역할이 결정적이라고 주장한다. 기업이 재탄생할 때는 최고경영진이 긍정적인 역할을 수행하고, 기업이 몰락할 때는 부정적인 역할을 한다.

운을 비롯한 다른 여러 요인도 무시할 수 없다. 최근 재계에서 큰 무게를 갖게 된 '지속 가능성' 개념도 살펴볼 것이다. 여기에는 성장 단계에서 가치 창출을 이어가기 위해 기업이 취하는 조치들을 의미하는 긍정적 형태의 지속 가능성뿐만 아니라, 쇠퇴하는 기업이 '무슨 수를 써서라도' 생명을 연장하겠다는 부정적 형태의 지속 가능성도 포함된다.

마지막으로 20장에서는 좋은 기업을 경영하고 투자를 하기 위해 필요한 덕목인 평정심에 대해 이야기하며 이 책을 마무리할 것이다. 이는 기업의 노화를 인정한 뒤에야 비로소 노화를 되돌리거나 지연시키기 위한 야심 찬 계획을 세울 수 있음을 의미한다.

결론

기업도 인간과 마찬가지로 나이가 들고, 생애주기 단계별로 기업이 직면하는 과제가 달라진다는 것은 부인할 수 없는 사실이다. 그러나 기업의 생애주기는 인간의 생애주기보다 훨씬 더 다양한 변화를 겪으며, 인간에게는 허락되지 않는 환생과 부활의 기회가 있다. 나는 기업이 나이가 들어가면서 기업 재무의 초점과 실행 구조가 달라지는 이유를 기업 생애주기를 활용해 설명하고자 한다. 그리고 생애주기 단계별로 가치평가를 결정하는 요인과 과정을 분석하고, 각 단계에 적합한 투자철학을 탐색할 것이다. 다만 다른 경제 모형이나 이론과 마찬가지로 기업 생애주기 이론에도 예외와 변형이 존재하며, 때로는 이론과 실제 데이터가 충돌하기도 한다는 점을 염두에 두고 접근할 것이다.

THE CorPORATE LIFE CYCLE

1부. 기업 생애주기의 기초

2장
생애주기의 이해
: 기업의 탄생, 성장, 성숙, 소멸

1장에서는 기업 생애주기의 개념을 소개했다. 기업 생애주기는 경영과 전략 분야에서 오랜 역사를 가진 개념이며, 기업에 따라 기업 재무 전략의 초점과 실행, 가치평가의 결정 요인과 기법, 적합한 투자철학이 어떻게 달라지는지를 설명하는 유용한 도구라는 점을 논의했다. 이 장에서는 이 개념을 더욱 확장해 기업 생애주기에 대한 구체적인 설명과 함께 탄생에서 소멸에 이르는 생애주기의 각 단계를 자세히 살펴보겠다.

도입

앞서 인간의 생애주기를 토대로 기업의 생애주기를 설명했지만 기업의 생애주기에는 주목할 만한 특징이 있으며 인간의 생애주기와 차이점이 있다. 생애주기 단계별로 기업이 직면하는 주요 과제와 그 과정에서 발생하는 주요 위험에 주목하여 그림 2.1에서 기업 생애주기를 다시 살펴보자.

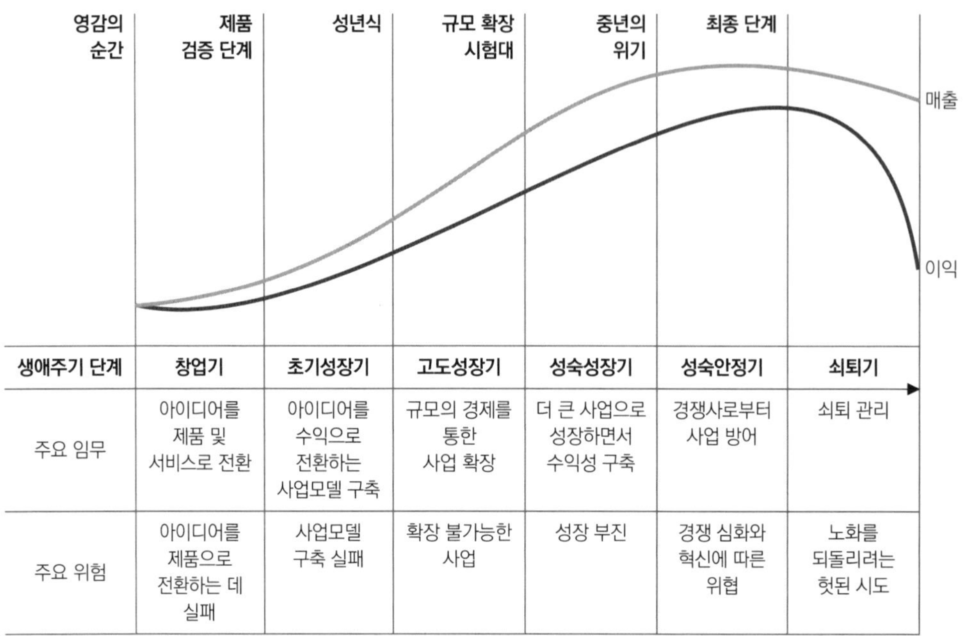

생애주기 단계	창업기	초기성장기	고도성장기	성숙성장기	성숙안정기	쇠퇴기
주요 임무	아이디어를 제품 및 서비스로 전환	아이디어를 수익으로 전환하는 사업모델 구축	규모의 경제를 통한 사업 확장	더 큰 사업으로 성장하면서 수익성 구축	경쟁사로부터 사업 방어	쇠퇴 관리
주요 위험	아이디어를 제품으로 전환하는 데 실패	사업모델 구축 실패	확장 불가능한 사업	성장 부진	경쟁 심화와 혁신에 따른 위협	노화를 되돌리려는 헛된 시도

1장에서 설명했듯이 나는 기업의 생애주기를 여섯 단계로 구분한다.

- **창업기:** 설립 후 창업자가 아이디어를 제품이나 서비스로 전환하려고 노력하며, 사업을 계속할 수 있도록 충분한 자본을 확보한다.

- **초기성장기:** 창업기에 제안한 제품이나 서비스로 매출과 수익을 창출할 수 있는 사업모델을 구축하는 데 집중한다. 그러나 이러한 사업모델이 존재하지 않을 수도 있으며, 그럴 경우 생존할 수 없다는 사실도 인식하고 있다.

- **고도성장기:** 새로운 제품이나 서비스로 창출한 매출과 이익을 확장할지 여부를 고민한다. 확장하기로 결정했다면 시장 규모, 경쟁, 자본 제약을 고려해 어느 정도까지 확장할 수 있을지를 모색한다.

- **성숙성장기:** 비록 성장률은 과거보다 낮지만 매출 성장을 지속하고 규모도 더욱 커진다.

이익률이 개선되어 매출 증가보다 이익의 성장세가 더 빠른 속도로 일어난다.

- **성숙안정기:** 매출성장률이 경제 성장률 수준으로 하락하기 시작한다. 실적에 어느 정도 일관성이 있고 이익률도 안정적이다.
- **쇠퇴기와 부실 단계:** 매출이 정체하거나 감소하고 이익률은 압박을 받는다. 부채까지 있다면 재정적으로 부실에 처할 위험이 커진다.

이제 기업 생애주기의 각 단계를 살펴보고, 그 단계마다 기업이 직면하는 사업적·재무적 과제들을 더욱 자세히 다룰 것이다. 기업이 나이 들어가며 소유 구조가 어떻게 변화하는지도 함께 살펴보겠다.

1단계: 창업기

기업은 시장에서 충족되지 않은 수요를 발견하고 이를 어떤 제품이나 서비스로 해결할 수 있다고 판단할 때 탄생한다. 이 충족되지 않은 수요는 대개 창업자의 상상 속에서만 존재한다. 실제로 이런 수요가 존재한다고 해도 기획한 제품이나 서비스가 그 요구를 충족하지 못할 수 있으며, 이것이 바로 생애주기 관점에서 사업 아이디어 대부분이 태어나기도 전에 사라지는 이유를 설명해준다. 초기 검증을 통과한 극소수 기업조차도 아이디어를 실제 제품이나 서비스로 전환하는 과정에서 운영, 자본, 경영과 관련된 다양한 과제에 직면한다.

숫자

창업 기업에 대한 논의는 숫자에서 시작한다. 매년 얼마나 많은 기업이 창업하며 산업별, 지역별 분포는 어떤지 살펴보는 것이다. 미국 인구조사국 집계에 따르면 2021년 미국의 창업 신청은 약 540만 건에 달했다. 그림 2.2는 매년 접수된 신규 사업 신청 건수와 고개연성(high propensity) 신청 건수를 보여준다. 고개연성 신청이란 미국 인구조사국이 고용 여부나 기타 관측 가능한 변수를 바탕으로 새로운 사

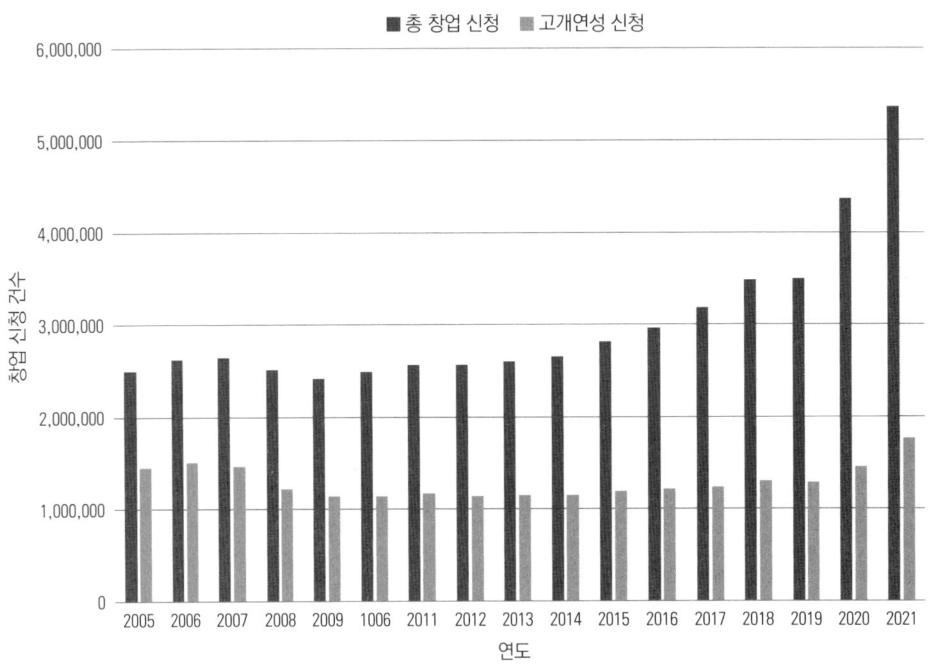

업으로 실제로 이어질 가능성이 높다고 판단한 신청을 의미한다.

창업 신청의 상당수는 건설 프로젝트나 정부 계약 이행처럼 단기적이고 기한이 정해진 사업을 위한 것이지만, 미국 인구조사국은 산업별로도 신청 건수를 추적한다. 그림 2.3에 이 데이터를 요약했다.

그림을 보면 2019년부터 2021년 사이에 창업 신청이 급증했고 신규 창업 분야가 다종다양함을 알 수 있다. 그러나 이 어마어마한 신청 건수를 볼 때, 이들 대부분은 실제 사업으로 이어지지 않았고, 설령 사업화가 되었다고 해도 창업자들이 사업의 지속 기간이나 성장 규모에 대해 제한된 목표만을 가지고 있었음을 알 수 있다.

창업 기업의 범위를 법인을 설립하고 자본금 조달을 완료한 경우로 좁히면, 물론 미국이 여전히 선두를 유지하고 있지만 전 세계적으로 창업이 증가하는 징후가 나타나고 있다. 그림 2.4는 2021년 국가별 창업 건수다.

[그림 2.3] 산업별 창업 신청 건수

자료: 미국 인구조사국

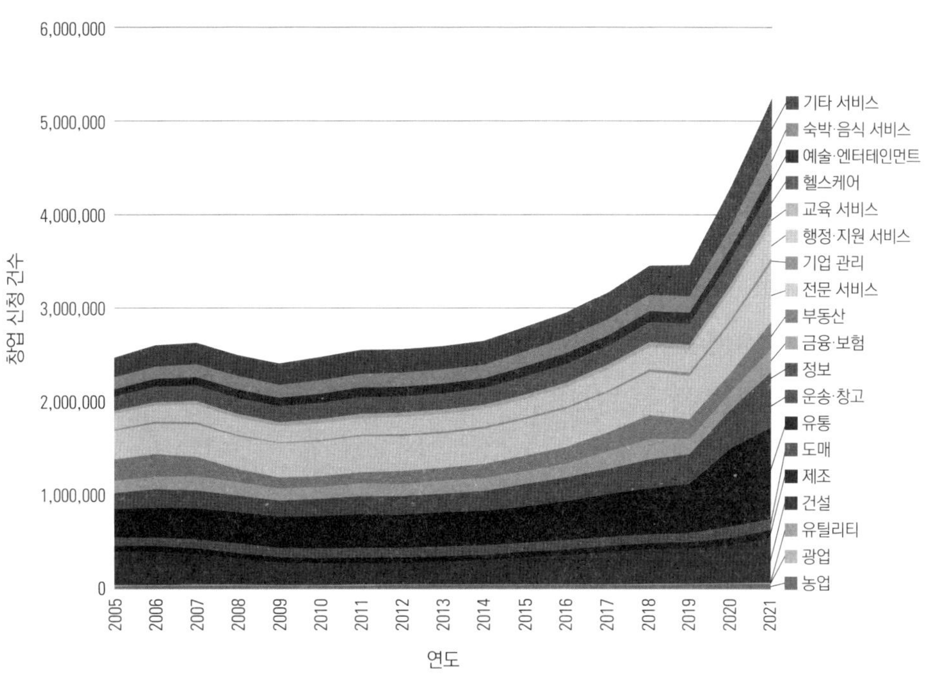

[그림 2.4] 국가별 창업 건수

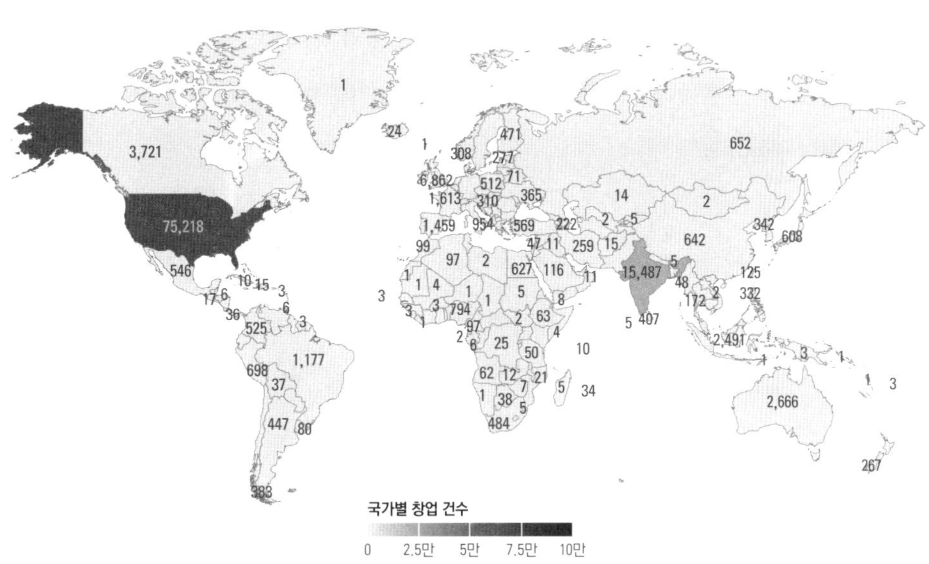

2021년 창업은 미국이 7만 5,218건으로 가장 많았고 인도 1만 5,487건, 영국 6,862건, 캐나다 3,721건, 호주가 2,666건으로 그 뒤를 이었다. 유럽, 중국, 일본은 전 세계 경제에서 차지하는 비중에 비해 창업 건수가 많지 않은 편이다.

창업자 효과

기업은 운영하는 사람의 강점과 약점을 모두 반영한다. 특히 창업자가 아이디어를 제품과 초기 사업모델로 구현하고자 노력하는 창업기, 초기성장기 기업에서는 이런 경향이 더욱 두드러진다. 하지만 성공하는 (소수의) 창업자와 그러지 못하는 대다수 창업자를 구분하는 몇 가지 요인이 있는 것으로 보인다.

- **나이:** 창업자는 대개 젊다는 통념이 있지만 〈하버드 비즈니스 리뷰〉에 따르면 성공한 창업자의 평균 나이는 45세로 나타났다. 물론 사례별로 편차는 크다(그림 2.5).[1] 어쨌든 30대라면 이미 창업하기에 최적의 시기는 지났다고 보는 기존 통념은 잘못되었고 50대, 60대에 창업해 성공한 사례도 의외로 많은 것으로 밝혀졌다.
- **성향:** 성공한 창업자들에게서 공통적으로 발견되는 성향이 있다. 그중 가장 두드러진 것은 위험 감수 성향이 높고 때로는 과신에 가까운 강한 자기 확신을 가졌다는 점이다. 과신은 양날의 검으로 작용한다. 긍정적인 측면에서는 창업 과정에서 불가피하게 발생하는 실패를 극복하는 원동력이 될 수 있으나, 부정적인 측면에서는 잘못된 아이디어에 고집스레 집착할 위험이 있다.

기업가 전체로든 성공한 기업가로 한정하든, 기업가의 공통적인 심리 성향이 있는지를 검토한 다양한 선행 연구 사이에 별다른 합의점이 없음을 제시한 연구 결과가 있다.[2] 이 연구는 또한 기업가의 기질이 국가별로 큰 차이가 있음을 지적하며 이러한 차이는 문화적 요인에서 비롯된 것일 수 있음을 시사한다.

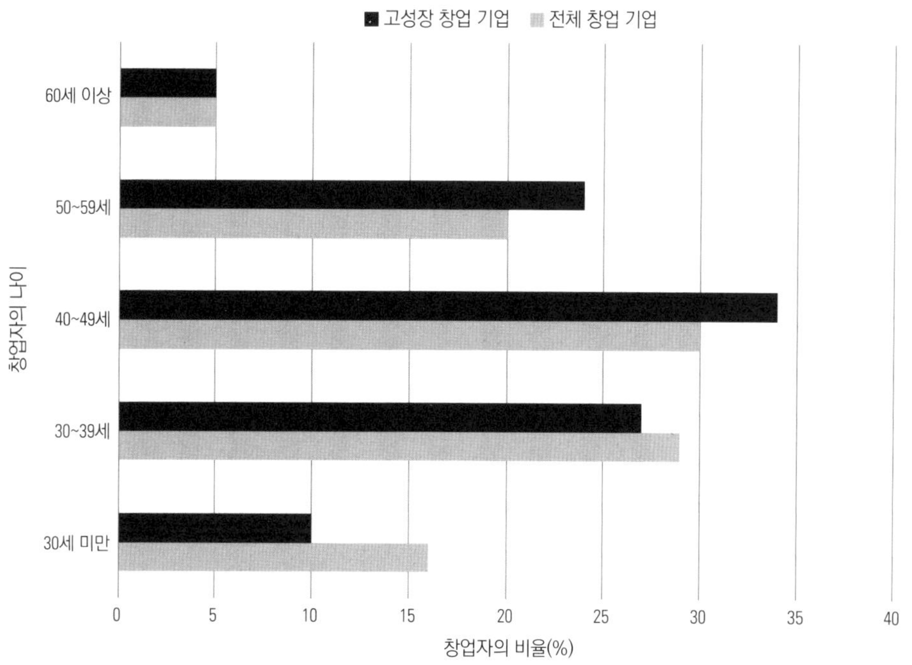

사업상의 과제

창업 초기에는 기업이 아이디어를 시장성 있는 제품이나 서비스로 전환하는 데 주력하면서 당연히 이 전환 과정에 모든 초점이 맞춰진다. 전환 과정에서는 제품 설계를 실험해야 하고 마케팅도 테스트가 필요하며 고객이 실제로 얼마를 지불할 의사가 있는지 또한 평가해야 한다. 이러한 불확실성으로 인해 대부분의 창업 기업은 제품화 단계에도 도달하지 못한다.

창업 기업의 높은 폐업률은 미국 노동통계국이 관리하는 흥미로운 통계 자료에서도 확인할 수 있다. 노동통계국은 미국 내 창업 기업의 '누적 생존율'과 '구간별 생존율'을 추적한다. 그림 2.6은 2006년 창업한 기업들의 이후 15년간 생존율을 보여 준다.

전체 창업 기업의 약 22%는 1년 차에 폐업하며 15년 후에는 약 76%가 폐업한

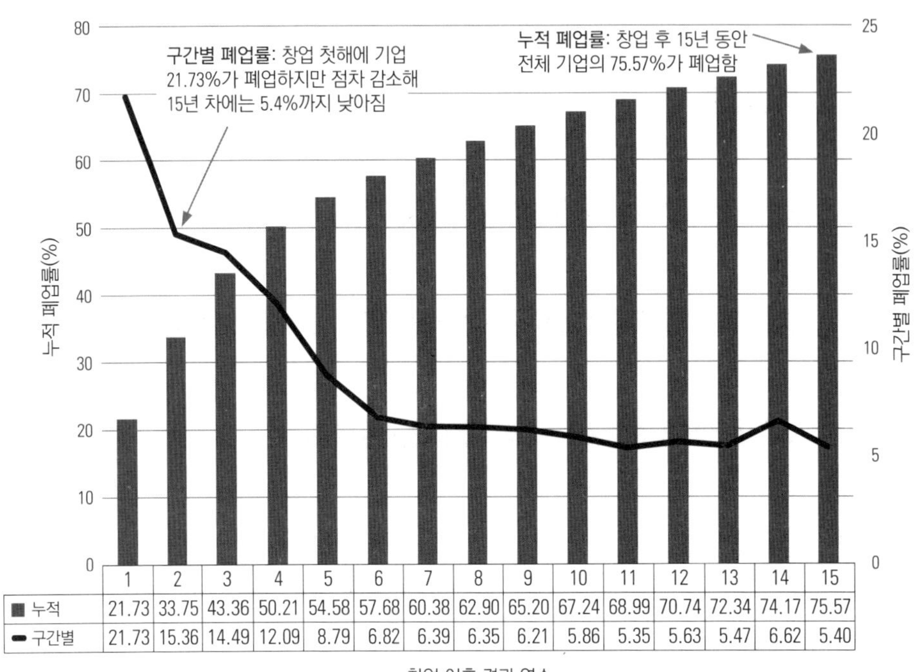

	1	2	3	4	5	6	7	8	9	10	11	12	13	14	15
■ 누적	21.73	33.75	43.36	50.21	54.58	57.68	60.38	62.90	65.20	67.24	68.99	70.74	72.34	74.17	75.57
● 구간별	21.73	15.36	14.49	12.09	8.79	6.82	6.39	6.35	6.21	5.86	5.35	5.63	5.47	6.62	5.40

다. 그러나 연륜이 쌓일수록 폐업률이 감소해 15년 차 기업의 폐업률은 5.4%로 떨어진다.

미국 노동통계국의 업종별 폐업률 자료를 보면(그림 2.7) 전 업종에 걸쳐 기업의 연차가 쌓일수록 폐업률이 감소하지만 일부 업종은 다른 업종에 비해 폐업률이 특히 높다.

2006년에 창업한 기업 가운데 정보와 건설 업종 기업의 15년 이내 폐업률은 80%를 넘겼지만 유틸리티기업의 폐업률은 60% 미만이었다. 2006년에 창업한 기업들의 15년 이내 폐업률은 75% 이상이었다.

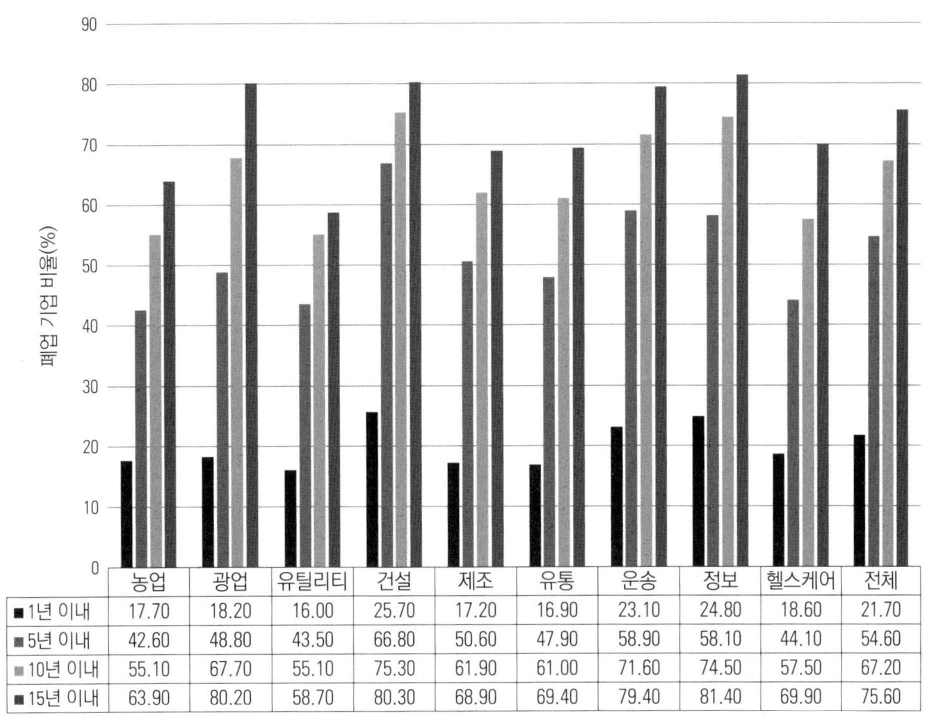

	농업	광업	유틸리티	건설	제조	유통	운송	정보	헬스케어	전체
1년 이내	17.70	18.20	16.00	25.70	17.20	16.90	23.10	24.80	18.60	21.70
5년 이내	42.60	48.80	43.50	66.80	50.60	47.90	58.90	58.10	44.10	54.60
10년 이내	55.10	67.70	55.10	75.30	61.90	61.00	71.60	74.50	57.50	67.20
15년 이내	63.90	80.20	58.70	80.30	68.90	69.40	79.40	81.40	69.90	75.60

재무적 여건

초기 단계에는 매출이 없는 상태에서 급여, 제품 개발, 연구개발 등에 막대한 비용이 지속적으로 발생하기 때문에 젊은 기업은 손실을 기록할 뿐만 아니라 현금을 빠르게 소진한다. 창업 기업과 매출 발생 이전 단계의 기업은 적자가 불가피하며, 손실 규모는 두 가지 변수에 의해 결정된다. 첫 번째 변수는 시장의 잠재력이다. 시장의 잠재력이 크다고 판단할수록 기업은 아이디어를 제품으로 전환하는 과정에서 더 큰 손실을 감수하려는 경향이 있다. 두 번째 변수는 창업자의 야망이다. 야망이 클수록 더욱 원대한 목표를 추구하고 이는 더 큰 비용과 손실로 이어진다.

즉 창업 기업을 손실 규모나 현금흐름의 적자 수준으로 판단하면 왜곡된 시각으로 보게 될 수 있다. 중요한 것은 기업이 우선순위를 제대로 설정해서 자금을 지출하고 있는지 여부다. 창업 기업 단계에서 최우선 순위는 '반드시' 아이디어를 실제 제품과 서비스로 전환하는 것이어야 한다. 제품을 개발하기도 전에 고급 사무실을 임차하거나 영업 인력을 채용하는 등 순서가 어긋난 창업 기업은 결국 '현금을 태우는 기계'가 될 수 있다.

자본과 소유 구조상의 과제

창업자의 자금력이 충분하거나 가족과 부유한 후원자의 지원을 기대할 수 있는 상황이 아니라면, 외부 투자자(VC, 사모펀드)로부터 자금을 유치해서 소진한 현금을 다시 채워야 기업을 계속 운영할 수 있는 시점이 찾아온다. 이러한 '엔젤 투자'를 받을 수 있게 되더라도 그 대가는 만만치 않다. 창업자의 역량과 사업성 측면에서 막대한 위험과 불확실성을 감수해야 하는 투자자들은 자본을 제공하는 대가로 상당한 지분을 요구한다. 요컨대 생애주기에 비유하자면 초기 단계 기업은 지속적인 돌봄과 자본, 관심을 제공해도 사망률이 매우 높은 갓난아이 같다고 할 수 있다.

벤처 자본에 접근하기 쉬운 환경일수록 새로운 기업이 창업하고 생존하여 생애주기의 다음 단계로 나아갈 가능성이 커진다는 것은 당연한 이치다. 이러한 자본 접근성 덕분에 미국은 역사적으로 창업 기업 육성에서 다른 국가들보다 우위를 점해왔다. 전 세계적으로 벤처 투자 환경이 발전하고 있지만 미국과 다른 국가들 사이에는 여전히 큰 격차가 존재한다. 이러한 차이는 2021년 4분기 지역별 VC 투자 거래 성사(dealmaking) 현황을 보여주는 그림 2.8에서도 확인할 수 있다.

이러한 미국의 우위는 VC가 조직화된 형태로 가장 깊은 뿌리를 두고 발전해온 역사적 배경에 기인한다. 더 큰 위험을 감수하려는 미국적인 문화와 VC 활동의 중심지에 가까이 위치함으로써 창업 기업이 얻는 네트워킹 측면의 이점도 영향을 미친다고 볼 수 있다. 그러나 최근 들어 VC들이 해외로 투자를 확대하는 경향이 점점 강해지고 있다. 이러한 흐름이 계속된다면 미국 외 지역에서도 창업 기업 육성이 더욱 확대될 것으로 예상된다.

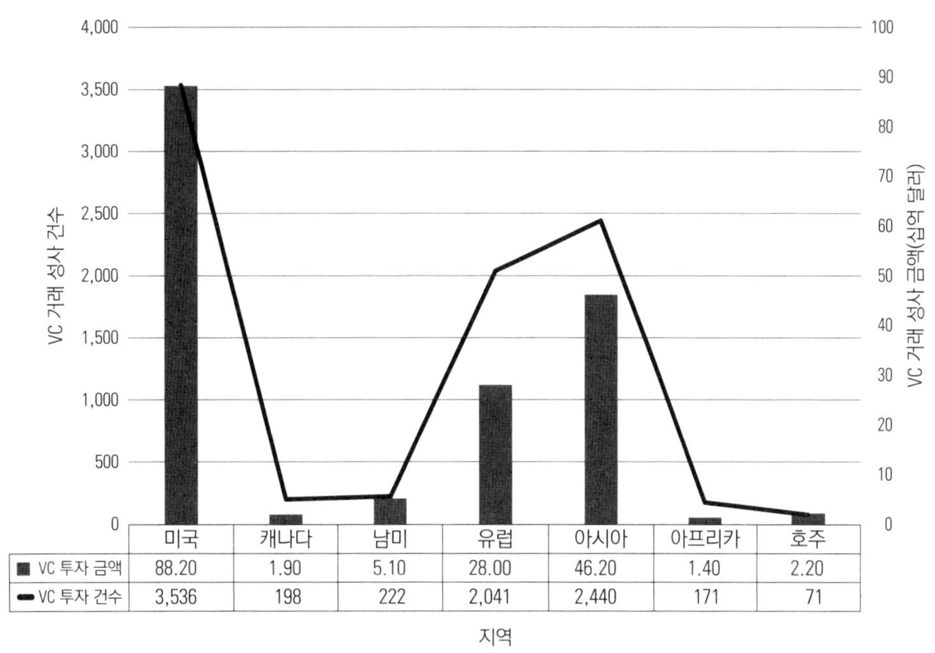

	미국	캐나다	남미	유럽	아시아	아프리카	호주
VC 투자 금액	88.20	1.90	5.10	28.00	46.20	1.40	2.20
VC 투자 건수	3,536	198	222	2,041	2,440	171	71

2단계: 초기성장기

초기의 험난한 시험대를 통과했다면 적어도 아이디어를 성공 가능성이 있는 제품과 서비스로 전환하는 방법을 찾아낸 기업들이다. 생애주기의 두 번째 단계에서는 사업모델을 구축하는 작업이 시작되어야 한다. 즉 제품과 서비스를 수익화할 방법을 찾고 지속 가능한 수익 경로를 모색해야 한다. 여기서 중요한 점은 반드시 수익을 내야 한다는 것이 아니라 수익을 낼 개연성이 있는 경로를 찾아야 한다는 것이다.

사업상의 과제

창업자와 기업의 소유자는 생산 방식부터 공급망 관리, 마케팅 전략에 이르기까지 운영 측면에서 다양한 기본 요소를 다루기 시작해야 한다. 그러나 경영을 전공하지 않은 많은 창업자에게 이 과정은 새로운 배움의 연속이 될 수 있다. 예를 들어 소프트웨어 엔지니어 출신 창업자는 새롭고 혁신적인 소프트웨어를 개발하는 능력은 있어도 직원 채용과 관리, 제품 가격 책정, 매출 창출 전략 설정 등에는 초보자일 것이다.

엔젤 투자자들이 과거에 사업을 성공적으로 성장시킨 경험을 바탕으로 기업 운영에 도움을 줄 수도 있다. 또는 창업자가 기업 지분을 제공하는 대가로 경험이 풍부한 전문가를 외부에서 영입할 수도 있다. 이 과정에서 통제권을 유지하려는 창업자와 운영 방식을 바꾸려는 투자자 사이에 갈등이 발생할 수 있다.

노엄 와서먼(Noam Wasserman)은 이 문제를 '창업자의 딜레마'라고 명명했다.[3] 와서먼은 젊은 기업 202개의 5,930개월 치 데이터를 분석해 경영진 교체율을 조사했다. 그리고 창업자는 아이디어가 실제 제품으로 전환된 직후 자리에서 밀려날 가능성이 가장 크다는 결론을 내렸다. 바로 이 시기에 투자자들이 사업을 키울 역량이 있는 새 인물을 찾으려고 하기 때문이다.[4]

생애주기의 초기 단계에서 사업모델을 선택할 때는 상충하는 여러 요소를 고려해야 하며 이렇게 결정된 사업모델은 나중에 변경하기가 어려울 수 있다. 예를 들어 스포티파이(Spotify)와 넷플릭스(Netflix)는 초기에 각기 다른 사업모델을 선택했고, 그 선택이 이후 성장과 수익성에 매우 중대한 차이를 가져왔다.

넷플릭스는 자체 제작이든 대여든 콘텐츠 비용을 선지급하고 그 콘텐츠를 이용해 구독자를 유치하는 모델을 선택했다. 이 모델에서 콘텐츠는 고정비 요인이기 때문에 구독자 한 명을 추가할 때 발생하는 한계매출이 늘어나 성장이 곧 가치 증가로 이어진다. 반면 스포티파이는 사업 초기에 가입자가 콘텐츠를 사용하는 양에 따라 콘텐츠 제공업체에 비용을 지불하는 모델을 채택해 콘텐츠 비용을 변동비로 만들었다. 이 사업모델은 콘텐츠 비용이 매출에 따라 함께 변동하도록 해서 위험을 줄였지만, 동시에 새로운 구독자 한 명이 추가로 창출하는 가치도 줄어드는 결과를 가져왔다.

재무적 여건

초기성장기에 있는 기업은 재무 측면에서 가시적인 성과를 내기 시작한다. 처음으로 매출이 발생하고 심지어 빠르게 성장할 수도 있다. 그러나 비용이 계속해서 증가하며 매출을 압도할 수 있다. 실제로 젊은 기업들은 매출이 빠르게 성장하더라도 사업 구축에 드는 비용 때문에 비용이 더욱 가파르게 증가하는 경향이 있다. 그 결과 손실이 커지는 가운데 성장을 위한 재투자가 늘어나면서 현금흐름 적자가 더욱 확대된다. 이처럼 표면적인 수치만으로는 사업모델의 수익성을 파악하기 어렵지만, 그 이면의 숫자들이 기업의 생존 가능성과 수익성에 대한 단서를 제공한다.

1. **성장 대 영업비용:** 생애주기의 이 단계에 있는 기업 대부분은 비용이 매출을 넘어서지만 그 비용이 현재 판매 중인 제품이나 서비스와 직접 관련된 비용인지, 아니면 기업의 성장 목표에 따라 발생한 비용인지가 중요하다. 회계 용어로 전자는 영업비용, 후자는 자본적 지출(capital expenses, CAPEX)로 구분되지만 초기 단계 기업에서는 두 비용을 명확히 구분하기 어려울 수 있다. 그러나 이 구분이 가능하다면, 똑같이 적자 상태에 있는 유사한 기업이라도 비용이 현재 매출 창출보다 미래 성장에 집중된 기업에 더 높은 가치가 부여될 것이다.

2. **단위 경제성:** 단위 경제성은 추가 판매 단위당 한계 수익성을 측정하는 지표로, 추가로 판매된 한 단위의 매출과 생산원가의 차이로 측정한다. 기여도나 매출총이익률로 측정되는 단위 경제성이 높을수록 젊은 기업의 성장 여력은 더 커진다. 여기서 '단위'는 자동차 회사가 추가로 판매하는 자동차 한 대, 마이크로소프트가 추가로 판매하는 소프트웨어 패키지 하나, 사용자 기반 기업이 확보한 추가 사용자나 구독자 한 명에 이르기까지 폭넓게 정의된다.

3. **주식 기반 보상:** 젊은 기업들은 현금흐름이 적자 상태이기 때문에 주식이나 옵션 형태로 주식 기반 보상을 제공해야만 직원을 채용하고 유지하는 데 경쟁력을 가질 수 있는 경우가 많다. 현금이 아니라는 모호한 근거로 이러한 비용을 '조정' 이익에 환입해 이익률을 높이기도 한다. 그러나 이는 타당하지 않다. 스톡옵션은 직원에게 제공되는 보상으로, 기

업이 자기자본을 활용해 부담하는 실제 비용이기 때문이다.

요약하면 초기성장기는 아이디어가 실제 사업으로 전환되고 사업모델이 구축되는 단계다. 손실과 현금 소진이 지속되기 때문에 이 단계에도 실패율은 여전히 높다. 그러나 사업모델이 자리를 잡아가면서 실패율도 낮아지기 시작할 것이다.

자본과 소유 구조상의 과제

아이디어를 제품으로 전환하고 이익을 창출할 수 있는 사업모델을 구축하는 과정에서 기업의 손실은 계속되고 현금흐름 적자도 더욱 확대될 것이다. 이로 인해 자본 유입이 필요한데 대개 VC로부터 자금을 유치하기 때문에 창업자의 지분 희석이 불가피하다. 경영권 유지에 신중한 창업자들에게 이 단계는 중요한 선택의 시기다. 즉 성장 목표를 낮추고 외부 자본에 대한 의존도를 줄이는 대신 소규모 기업으로 남아 경영권을 지킬지, 아니면 상당한 지분과 심지어 경영권의 일부를 포기하더라도 성장 속도를 높이고 기업을 더 키울지를 결정해야 한다.

그림 2.9는 미국의 한 창업 기업의 사례다. 다섯 차례의 VC 투자 라운드(시드 투자 및 A~D 시리즈)를 거치는 과정에서 창업자의 지분이 어떻게 희석되는지 확인할 수 있다.

지분 희석은 기업별로 차이가 있으며 다양한 요인에 영향을 받지만 몇 가지 일반적인 원칙이 있다. 첫째, 초기 단계 기업이 (VC 및 기타) 외부 투자자로부터 많은 자본을 조달할수록 창업자의 지분 희석도 커질 가능성이 높다. 둘째, 외부 자본 조달이 초기에 이루어질수록 지분이 희석되는 정도가 더욱 커진다. 즉 다른 모든 조건이 동일하다고 가정할 때 시드(seed capital) 단계의 투자자는 후속 라운드의 VC보다 훨씬 더 큰 지분을 요구하는 경향이 있다.

셋째, (벤처 대출 등) 부채를 활용해 자본을 조달할 경우 지분 희석을 줄일 수 있지만 이는 기업의 실패 위험을 키우는 요인이 된다. 한편 직원들에게 제공하는 주식 기반 보상으로 인한 지분 희석은 창업 기업이 채용하는 직원 수와 유형에 따라 그

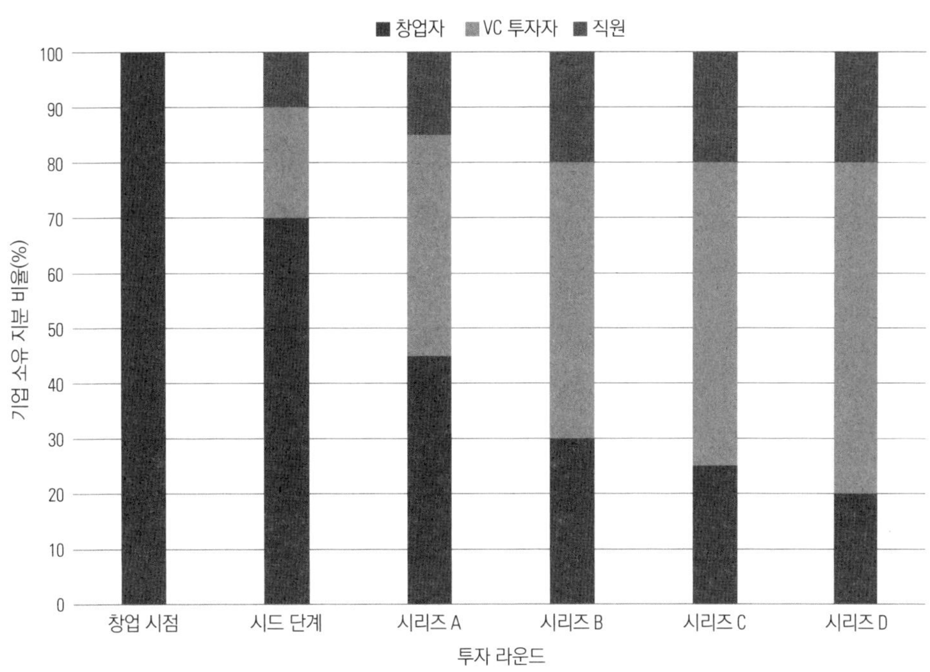

정도가 크게 달라진다. 특히 전문 기술을 보유한 직원이 많을수록 지분 희석도 더욱
커질 수 있다.

3단계: 고도성장기

아이디어를 제품이나 서비스로 전환한 후 (아직 완성된 것은 아니지만) 사업모델을
구축해 매출을 창출하기 시작한 기업은 생애주기의 다음 단계에서 외형 확장의 시
험대에 오른다. 즉 소규모로 지역 차원에서 어느 정도 성공을 거두었다면 이제 기업
을 더 키울지 그리고 현재 여건에서 어느 정도까지 확장이 가능한지 결정해야 하는
순간에 이른다.

사업상의 과제

확장의 시험대는 운영 측면은 물론이고, 기업 생애주기의 첫 두 단계에서 나타난 경영권과 자본의 상충 관계가 본격적으로 드러나는 과정이기도 하다. 확장을 위해서는 막대한 자본이 필요할 수 있다. 그 자본을 조달하기 위해 창업자는 외부 투자자에게 상당한 지분을 넘겨야 할 수 있고, 기업의 경영권을 잃을 가능성도 있다. 확장 가능성이 충분한 기업은 상장을 선택할 수도 있다.

연구자들은 대개 기업 생애주기의 초기 단계, 즉 아이디어를 제품으로 전환하고 사업모델을 구축하는 과정에 더 주목하지만, 실제로 기업의 가치가 본격적으로 창출되는 시점은 확장 단계일 가능성이 크다. 2020년 맥킨지(McKinsey) 연구에 따르면 새로운 기업에서 창출되는 가치의 약 3분의 2가 확장 단계에서 발생하는 것으로 추정된다. 이는 그림 2.10에서 확인할 수 있다.

그러나 데이터에 따르면 5개 기업 중 1개만이 확장에 성공한다. 왜 어떤 기업은 확장에 성공하고 어떤 기업은 실패하는지 오랫동안 연구가 이루어졌지만 명확한 해답은 아직 없다. 외부 요인 때문에 확장에 실패할 수도 있다. 예를 들어 제품이나 서비스가 너무 한정된 시장을 대상으로 설계되었거나 자본을 조달하는 데 제약이

[그림 2.10] 사업의 구축 단계와 확장 단계에서 창출되는 가치 비교　　자료: 맥킨지(2020)

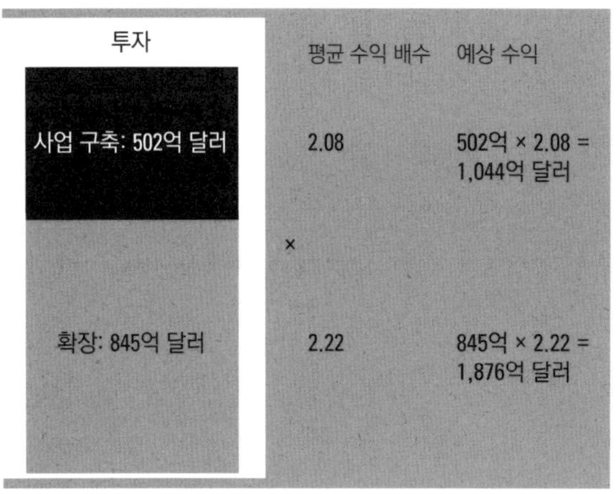

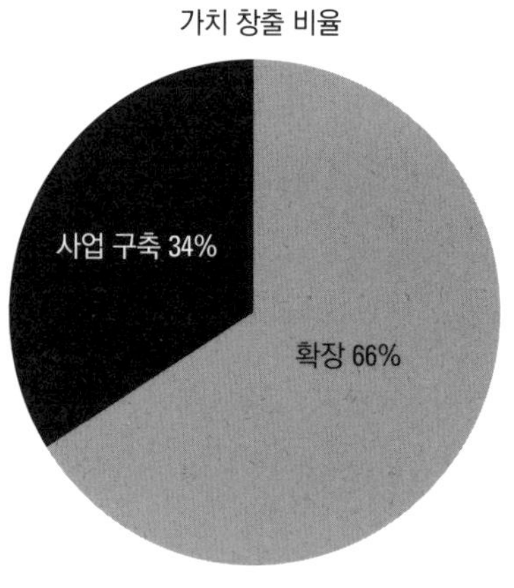

있는 경우다.

그러나 많은 경우 확장에 실패하는 원인은 기업 내부에 있다. 경영권을 내려놓지 않으려는 창업자의 태도, 사업모델 자체의 결함(급성장에 대응하기 어려운 생산 시설과 공급망), 기업문화 등이 원인이 될 수 있다. 4장에서는 어떤 기업은 소규모로 남게 하고 또 어떤 기업은 성장하게 만드는 외부 요인과 내부 요인을 자세히 살펴보겠다.

재무적 여건

재무적 관점에서 고도성장기는 사업모델을 검증하고 평가하는 단계다. 사업모델이 성공적이라면 매출은 계속해서 빠르게 성장하는 반면 비용 증가율은 낮아져(규모의 경제 효과) 손실이 줄고 경우에 따라 이익이 발생할 수도 있다. 이러한 전환이 얼마나 빠르게 이루어지는지는 주로 앞서 언급한 단위 경제성에 달려 있다. 소프트웨어 산업은 추가 단위 판매에 드는 비용이 거의 없어 빠르게 손실에서 이익으로 전환한다. 반면 자동차 제조업처럼 추가 단위 생산에 상당한 비용이 발생하는 산업에서는 이익으로 전환하는 속도가 상대적으로 느릴 수 있다.

결론적으로 모든 성공적인 기업이 반드시 확장하는 것은 아니다. 기업이 확장하지 못하는 것은 사업모델에 확장 가능성이 없기 때문이기도 하지만 창업자가 경영권을 포기할 생각이 없기 때문이기도 하다. 확장하지 않기로 선택한 기업을 실패한 기업으로 간주해서는 안 된다. 자생력을 갖추고 시장의 요구를 충족하는 작은 기업은 어느 국가에서든 경제의 중요한 한 축을 담당한다.

자본과 소유 구조상의 과제

매출 성장과 이익 창출이 가능한 기업은 효과적인 사업모델을 구축한 것이다. 이들은 비상장기업으로 남을 수도 있지만 규모가 커질수록 상장의 유인이 점차 증가한다. 첫 번째 유인은 창업자, 기존 투자자, 직원들이 유동성이 더 높은 상장 주식시장에서 주식을 매도하거나 스톡옵션을 행사해 보유 지분을 현금화할 수 있다는 점이다. 두 번째 유인은 여전히 현금을 소진하며 운영 중인 초기 단계 기업이 지분 포기를 요구하는 VC 자금에 비해 더 나은 조건으로 시장에서 자본을 조달할 수 있다는 점이다. 기업의 규모가 크고, 자본시장에 유동성이 크며, 매력적인 투자처로 여겨지는 산업일수록 기업은 더욱 적극적으로 상장을 추진할 것이다.

기업이 상장하면 상장 주식시장에서 주식이 발행되면서 생애주기 초기 단계에서 시작된 소유권 희석이 계속된다. 그러나 4장에서 설명하겠지만 적어도 IPO 시점에 발생하는 기존 주주의 지분율 희석은 과거에 비해 줄어드는 추세다. 또 창업자와 내부자가 의결권이 큰 주식을 갖고 일반 투자자에게는 의결권이 작은 주식을 발행하는 차등 의결권 주식(dual class shares) 구조로의 전환도 지난 20년간 증가했다. 이를 이용해 창업자와 내부자는 지분 희석이 진행되더라도 경영권을 유지할 수 있다.

4단계: 성숙성장기

초기의 시험을 통과하고 사업모델을 개발한 뒤 확장한 기업은 이미 치열한 경쟁에서 승리한 것이다. 이는 신생 기업의 폐업률이 높고 성공한 기업 중에서도 극소수만이 확장할 역량이나 의지가 있음을 고려할 때 더욱 의미가 크다. 성숙성장기에 도달한 많은 기업은 현재 상태의 성장에 만족하며 수익성 개선에 더욱 집중한다. 그러나 일부 기업은 활력을 회복하고, 고도성장기만큼은 아니더라도 성장세를 이어가면서 동시에 수익성을 높이는 방법을 찾아낸다.

사업상의 과제

이 단계에서 성장을 계속하기로 선택한 기업은 이미 커진 규모에서 추가로 성장을 이루어야 하는 과제에 직면한다. 연간 매출이 1,000만 달러일 때 25% 성장은 비교적 쉬울 수 있지만 매출 10억 달러에서 똑같은 성장률을 유지하기는 훨씬 더 어렵다. 이처럼 어려운 과업을 이루는 기업은 매우 예외적인 존재여서 시장에서 스타 기업으로 주목을 받는다.

이 단계의 모든 기업이 공통적으로 해결해야 하는 또 다른 중요한 과제는 영업이익률을 개선하는 것이다. 사업모델을 더 효율적으로 다듬거나 규모의 경제 효과를 키우는 것도 영업이익률을 개선하는 방법이다.

성장이 규모와 결합할 때 큰 가치를 창출할 수 있다. 2010~2020년의 10년간 이른바 FANGAM(페이스북, 아마존, 넷플릭스, 구글, 애플, 마이크로소프트) 주식의 움직임을 보면 이를 쉽게 이해할 수 있다. 이 여섯 기업 중 네 곳은 2010년 당시 이미 상당한 규모를 갖추고 있었음에도 불구하고 그해를 기점으로 10년 동안 매년 두 자릿수 매출성장률을 기록했다(표 2.1).

페이스북과 넷플릭스는 2010년대 초반에 매출 규모가 상대적으로 작았던 만큼 성장의 시작 기반이 훨씬 낮았던 것은 사실이다. 그러나 2010년 말에 매출액이 이미 340억 달러에 달했던 아마존(Amazon)이 이후 10년간 넷플릭스와 동일한 성장률을 기록했다는 사실에 주목할 필요가 있다. 2010년에 이미 시가총액 기준으로 세계 최대 기업 중 하나였던 애플과 마이크로소프트 또한 2010년부터 2020년까지 두 자릿수의 연평균 성장률을 달성했다. 그림 2.11에서는 이 6개 기업의 시가총액을 미국 주식시장 전체와 비교했다. 규모를 갖춘 상태에서 성장이 가능할 때 얻을 수 있는 보상을 보여준다.

10년 동안 이 여섯 개 기업의 시가총액은 총 7조 달러가 늘었다. 이는 같은 기간 미국 주식시장 전체 시가총액 증가분의 24.28%에 해당한다.

[표 2.1] 성장이 규모와 결합할 때: FANGAM 주식

	매출액(십억 달러)		10년 연평균 매출성장률(%)
	2010년	2020년	
페이스북	1.974	117.900	50.53
아마존	34.204	469.800	29.95
넷플릭스	2.163	29.700	29.95
구글	29.321	257.600	24.27
애플	65.225	378.300	19.22
마이크로소프트	62.484	184.900	11.46

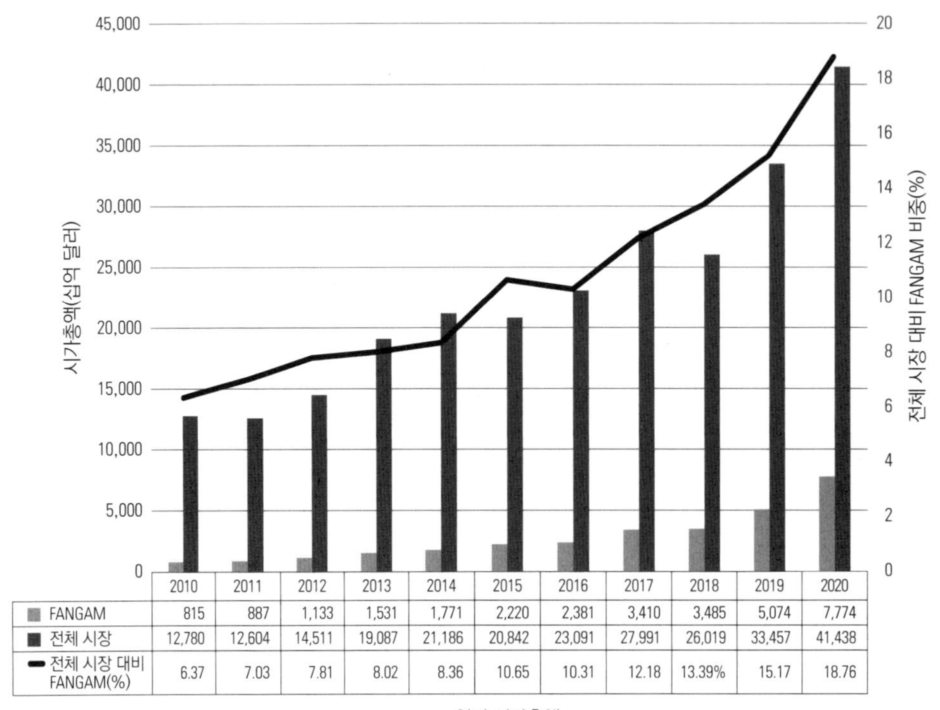

	2010	2011	2012	2013	2014	2015	2016	2017	2018	2019	2020
FANGAM	815	887	1,133	1,531	1,771	2,220	2,381	3,410	3,485	5,074	7,774
전체 시장	12,780	12,604	14,511	19,087	21,186	20,842	23,091	27,991	26,019	33,457	41,438
전체 시장 대비 FANGAM(%)	6.37	7.03	7.81	8.02	8.36	10.65	10.31	12.18	13.39%	15.17	18.76

재무적 여건

매출 성장과 이익률 개선을 지속해 성숙성장기에 이른 기업은 비록 매출성장률이 다소 완만하더라도 이익성장률이 매출성장률을 웃도는 이상적인 지점에 도달한다. 이 단계의 기업에 성장 둔화는 오히려 긍정적인 효과가 있다. 재투자 필요성이 줄어들면서 더 많은 현금흐름을 창출하기 때문이다. 보유 현금을 주주들에게 환원하지 않기로 선택한다면 현금 보유량이 급격히 증가하는 특징도 보인다.

성공적인 기업에 이 단계는 성장의 흥분과 함께 이익과 탄탄한 현금흐름의 안정감이 공존하는 최고의 시기다. 한편으로 이 단계는 조정의 시기이기도 하다. 과거에는 경쟁적인 투자 기회 사이에서 자본을 배분하느라 고심했던 젊은 기업들이 이제는 수중에 현금을 보유하고도 투자할 만한 기회를 충분하게 찾지 못하는 상황에 놓이기 때문이다.

자본과 소유 구조상의 과제

성장기 기업이 성숙 단계에 접어들면 현금흐름 측면에서 대부분 자급자족이 가능해져 자본 조달의 필요성이 사라진다. 상장기업의 경우, 창업자와 초기 투자자들이 성공을 현금화하고 새로운 기업을 찾아 떠나면서 그들의 지분 비중이 점차 줄어든다. 이 시점에서 주식시장 내 투자자 구성도 변화하는 경우가 많다. 개인 투자자와 트레이더들이 빠져나가고 기관투자자들이 그 자리를 대신한다. 새로운 투자자들은 경영진에게 이전과는 다른 요구를 할 가능성이 있다. 특히 기업의 현금흐름이 흑자로 전환되거나 차입 여력이 확대되면 일부 기관투자자는 차입에 나서라고 기업에 요구할 수 있고 배당금 지급이나 자사주 매입을 실시하라고 압박을 가할 수도 있다.

창업자가 아직 최고경영진으로 남아 있다면 상장기업의 단점을 체감하는 때가 바로 이 시기다. 첫째, 기업의 투자가 확대되고 공시 요건이 강화됨에 따라 회계 및 규제 관련 공시 부담이 더욱 가중된다. 둘째, 창업자와 최고경영진은 실적을 발표하고 향후 목표를 제시하는 등 투자자 관계(IR)에 더 많은 시간을 할애해야 한다. 셋째, 투자, 자금 조달, 배당 정책에 관한 주주의 압력에 대처해야 한다. 다만 차등 의결권 주식 구조를 갖추고 있다면 이러한 요구에 대응할 필요성이 줄어들 수 있다.

5단계: 성숙안정기

선택할 수만 있다면 대부분의 기업은 성장기에 머무르기를 원하지만, 인간과 마찬가지로 기업도 중년에 접어드는 것은 피할 수 없다. 다만 두 가지 예외가 있다. 첫째, 업계를 선도하는 기업은 경쟁 기업들보다 성숙한 안정기로 진입하는 시점을 훨씬 더 늦출 수 있다. 둘째, 새로운 사업이나 시장에 진출함으로써 노화를 일시적으로 멈추거나 심지어 되돌리는 기업도 있다.

사업상의 과제

성숙한 안정기에 접어든 기업에 가장 큰 과제는 사고방식의 전환이다. 이들은 새로운 시장에 진입하거나 시장점유율을 확대하는 공격적 전략이 아니라, 기존 시장점유율과 이익률을 경쟁으로부터 보호하는 방어적 전략으로 초점을 전환한다. 기업의 방어 능력은 경쟁우위, 즉 '해자'의 존재 여부에 크게 좌우된다.

해자의 원천은 다양하다. 제약회사, 기술기업의 특허처럼 법적인 보호 장치를 갖춘 경우도 있고, 장기간 구축한 강력한 브랜드가 고객 충성도를 높이고 가격 결정력을 강화하는 경우도 있다. 그 원천이 무엇이건 경쟁우위를 지키는 것은 이 단계에 있는 기업의 경영진에게 가장 중요한 임무다. 그러나 지난 20년간 이 임무를 수행하기가 크게 어려워졌다. 자본 집약도가 낮고 기술 중심의 혁신적인 사업모델을 가진 잃을 것 없는 젊은 기업들이 '혁신적 파괴자(disruptor)'로 등장해 기존 해자를 우회하며 시장을 뒤흔들고 있기 때문이다.

재무적 여건

재무적인 측면에서 보면 낮은 성장률과 안정적인 이익률의 조합은 적어도 강력한 해자를 가진 기업에 실적의 안정기를 가져온다. 안정적이고 높은 이익을 유지할 때 상장기업은 배당금이나 자사주 매입을 통해 주주에게 더 많은 현금을 환원할 수 있으며 비상장 가족 경영 기업은 소유주들이 지분을 현금화할 기회를 가질 수 있다. 또 이 단계에서는 이자비용에 대해 세금 공제 혜택을 받을 수 있기 때문에 차입이 유리한 경우가 많아서 기업의 부채 활용 여력이 극대화된다. 다만 모든 성숙한 기업이 부채를 활용하는 것은 아니다.

기업 재무와 가치평가에 관한 장에서 설명하겠지만, 성숙기 기업의 과거 실적은 미래를 예측하는 가장 좋은 지표가 된다. 기업의 재무 정책 역시 관성에 의해 결정되는 경향이 강하다. 성숙기 기업은 과거의 관행에 따라 투자하고, 자금을 조달하며, 배당을 지급한다. 가치를 평가할 때는 매출, 영업이익률 및 기타 변수의 과거 추세선을 단순히 연장하는 방식으로도 비교적 신뢰할 만한 추정치를 도출할 수 있다.

그러나 성숙기 기업의 안정성이 비효율성을 감출 수도 있다. 산업에 변화가 진행되고 있거나 파괴적 혁신이 일어나고 있다면 과거의 관행을 그대로 유지하는 것은 기업의 가치를 훼손하는 결과를 초래할 수 있다. 앞으로 논의하겠지만, 이러한 현실을 인식한 성숙기 기업은 자의로든 외부 압력에 의해서든 과거의 투자, 자금 조달, 배당 정책에서 크게 벗어나는 구조조정을 단행할 수 있다.

자본과 소유 구조상의 과제

재무적 측면에서 살펴본 안정성과 변화의 필요성 사이의 긴장 관계는 기업의 소유 구조와 경영 활동에서도 나타난다. 성숙한 기업, 특히 성숙한 상장기업은 시장과 함께한 오랜 역사가 있으며 그동안 자신들의 정책에 부합하는 주주 기반을 형성해왔다. 쉽게 말해 많은 배당금을 꾸준히 늘려 지급해온 기업은 자연스럽게 이러한 배당을 선호하는 투자자들을 끌어들이게 된다. 이것이 고객 효과(clientele effect)다.

고객 효과는 기업에 안정성을 제공하지만 파괴적 혁신이나 새로운 경쟁자의 등장 같은 외부 요인 또는 새로운 전략을 채택하는 등의 내부 요인으로 기업에 변화가 '반드시' 필요한 때에는 문제가 될 수 있다. 성숙한 기업이 배당 정책이나 자금 조달 전략을 변경하면, 비록 사업상 타당한 이유가 있더라도 기존 투자자가 이탈하면서 초기 시장 반응이 부정적일 가능성이 크다. 이러한 반응은 시간이 지나면서 완화될 수 있지만 결국 기업의 투자자 구성도 달라질 것이다.

6단계: 쇠퇴기

기업 생애주기의 마지막 단계이자 가장 두려운 단계는 쇠퇴기다. 이 단계에 접어든 기업은 사업의 경제성이 떨어지면서 매출이 줄어들고 이익률도 압박을 받으며 암울한 미래에 직면한다. 이런 상황에 놓이기를 바라는 기업은 없기 때문에 쇠퇴기는 많은 기업이 노화를 되돌리기 위해 열심히, 때로는 절박하게 애쓰는 시기이기도 하다.

사업상의 과제

운영 측면에서 쇠퇴기에 접어든 기업에 가장 큰 과제는 감소하는 매출 기반에 대응하는 것이다. 비용이 반드시 매출에 비례해 감소하지는 않는 만큼 매출 감소는 결국 이익률 하락으로 이어지기 때문이다. 다시 성장 경로를 찾아야 한다고 말하기는 쉬워도, 시장이나 거시경제적 요인이 불리하게 작용하는 상황에서 최소한의 외형적인 재정 건전성을 유지하면서 성장 기회를 찾기는 쉽지 않다.

예를 들어 담배회사는 아무리 경영을 잘해도 흡연율이 감소하는 환경에서 다시 성장할 방법을 찾기 어려울 것이다. 그럼에도 불구하고 담배 산업의 높은 매출총이익률(담배 한 개비의 생산원가는 판매 가격의 극히 일부에 불과하다) 덕분에 담배회사들은 쇠퇴기에도 여전히 높은 수익성을 유지하고 있다. 반면 매출 감소와 이익률 하락이 맞물려 이익이 매출보다 더 빠르게 감소하는 기업도 있다. 특히 성숙기에 부채를 늘린 기업은 매출과 이익이 감소하는 상황에서 부채를 상환하지 못하면 파산의 위기를 맞게 된다.

많은 쇠퇴기 기업에서 경영진은 단순히 쇠퇴 속도를 늦추는 것을 넘어, 재탄생이나 재편을 통해 쇠퇴를 되돌리려는 목표를 갖게 된다. 이러한 시도는 실패할 확률이 높지만 드물게 성공하는 기업도 있다. 극소수 기업의 성공 사례는 그 전략과 성공을 재현하려는 학계와 컨설팅 업계의 연구 대상이 되고, 성공한 기업의 CEO들은 재계의 영웅으로 칭송받는다.

재무적 여건

쇠퇴기에 있는 기업은 핵심 영업 지표(매출, 영업이익률 등)의 추세선이 하향세를 보인다. 매출은 감소하고 영업이익률은 압박을 받는다. 많은 성숙기 기업과 심지어 고도성장기에 있는 일부 기업도 매출이 감소하고 영업이익률이 하락하는 해가 있다. 그러나 쇠퇴기 기업은 일시적인 부진을 넘어 몇 가지 결정적인 요인들이 누적되며 장기적인 '하락세'를 보인다는 점에서 차이가 있다.

1. **장기 추세선:** 매출이 한두 해 감소하는 것은 이례적인 상황으로 볼 수 있다. 그러나 매출 감소가 5년, 10년 이상 지속된다면 이는 기업의 근본적인 사업이 쇠퇴하고 있다는 신호로 해석될 수 있다.

2. **거시적 요인:** 성숙기 기업이나 심지어 성장기 기업조차도 거시 변수에 의해 매출 감소가 장기간 지속될 수 있다. 예를 들어 원자재 가격 사이클이 수년간 하락세라면 해당 원자재를 생산하는 기업의 매출 감소로 이어질 수 있다.

쇠퇴기 기업이 영업 지표가 악화되는 와중에 대규모 부채를 안고 있다면 이는 불에 기름을 붓는 격이 될 것이다. 이러한 기업은 경영 상황이 더욱 빠르게 악화되고 결국 파산에 이르게 될 수도 있다.

자본과 소유 구조상의 과제

기업 소유 구조의 흐름을 살펴볼 때 우선 창업기나 아주 초기 단계 기업에서는 투자자들이 기업 운영에 적극적으로 개입하며, 필요할 경우 경영진 교체를 추진하기도 한다. 반면 기업이 성장하고 주식시장에 상장하게 되면 투자자들은 점점 더 소극적으로 변하고, 기존 경영진에게 도전하기보다는 주식을 처분하고 떠나는 경향이 있다. 그러나 일부 성숙하고 안정적인 기업에서는 변화를 요구하는 투자자들이 등장하며, 기업이 쇠퇴 국면에 접어들면 이러한 주주 행동주의(activism)는 더욱 활발해진다.

이 과정에서 세 가지 주요 투자자 그룹이 등장한다. 첫 번째 그룹은 사모펀드와 행동주의 헤지펀드다. 이들은 기업의 운영 및 재무 정책 변경을 강력히 요구하며, 경우에 따라 바이아웃 방식으로 기업을 인수해 직접 변화를 추진한다. 두 번째 그룹은 기업을 존속시키는 것보다 자산을 청산하거나 기업을 해체함으로써 더 큰 가치를 창출할 수 있다고 판단하는 투자자들이다. 세 번째 그룹은 부실기업 위주로 증권(주식 및 채권)을 거래하는 사람들이다. 이들은 가격 오류 또는 기업 청산 과정에서 발생하는 법적 마찰을 이용해 수익을 추구한다.

기업 생애주기의 초기 단계와 마지막 단계는 자본 흐름상 정반대 지점에 있다. 젊은 기업은 자본을 조달하는 반면, 쇠퇴하는 기업은 자본을 환원한다. 하지만 두 단계 모두 적극적으로 존재감을 드러내고 변화를 추구할 가능성이 높은 투자자를 끌어들이는 경향이 있다. 이 두 단계는 미래에 대한 불확실성이 가장 큰 시기로서 많은 투자자가 이 단계의 기업을 기피하지만 불확실성을 기꺼이 감수하려는 사람들에게는 그만큼 더 큰 보상을 안겨줄 가능성이 있다.

결론

이 장에서는 창업기에서 쇠퇴기에 이르는 기업 생애주기의 각 단계를 설명하고, 단계별로 기업이 직면하는 운영 및 재무 측면의 과제를 살펴보았다. 기업 생애주기는 시간의 경과에 따른 기업의 변화를 설명한다. 모든 기업은 결국 노화하지만 노화 과정은 기업마다 크게 다를 수 있다는 사실을 다시 한번 강조한다. 규모를 키우지 않고도 오래도록 존속하는 기업이 있는가 하면, 급격히 규모를 키우고 그만큼 빠르게 축소되는 기업도 존재한다.

3장
생애주기의 측정
: 기준과 결정 요인

2장에서는 기업 생애주기를 창업기에서 쇠퇴기까지 단계별로 분류해 설명했다. 이번 장에서는 기업이 생애주기의 어느 단계에 위치하는지 측정하는 근본적인 질문을 다룰 것이다. 가장 단순한 도구인 기업의 연령에서 출발해, 기업의 운영과 더욱 밀접하게 연관된 측정 기준들을 살펴보겠다. 이 장 후반부에서는 기업마다 생애주기의 모습이 다른 이유를 설명한다. 기업 생애주기의 차이를 세 가지 차원(길이, 높이, 기울기)에서 제시하고, 이러한 차이를 설명하는 거시적 요인과 미시적 요인을 평가하겠다.

기업 생애주기의 측정 기준

기업 생애주기 개념이 전제하듯이 기업이 생애주기의 각 단계를 순차적으로 거친다면, 특정 기업이 생애주기의 어느 단계에 있는지를 파악하게 해주는 측정 기준이나 지표를 개발할 수 있어야 하는 것은 당연하다. 쉽게 답을 얻지는 못하겠지만 이는 탐색할 만한 가치가 있다. 그 과정에서 얻은 통찰이 기업마다 생애주기의 모습이 다른 이유를 설명하는 데도 유용하게 쓰일 것이기 때문이다.

기업의 연령

인간의 생애에 비유하면 기업의 생애주기 단계를 보여주는 가장 직접적인 척도는 기업의 연령이다. 창업한 지 5년밖에 되지 않은 기업은 여전히 성장 기회가 존재하고 사업모델 검증이 과제로 남아 있는 초기 단계 기업일 가능성이 높다. 100년 동안 존속해온 기업은 노화를 겪고 있거나 심지어 쇠퇴기에 있을 가능성이 높다. 기업

[그림 3.1] 지역별 기업 연령 분포

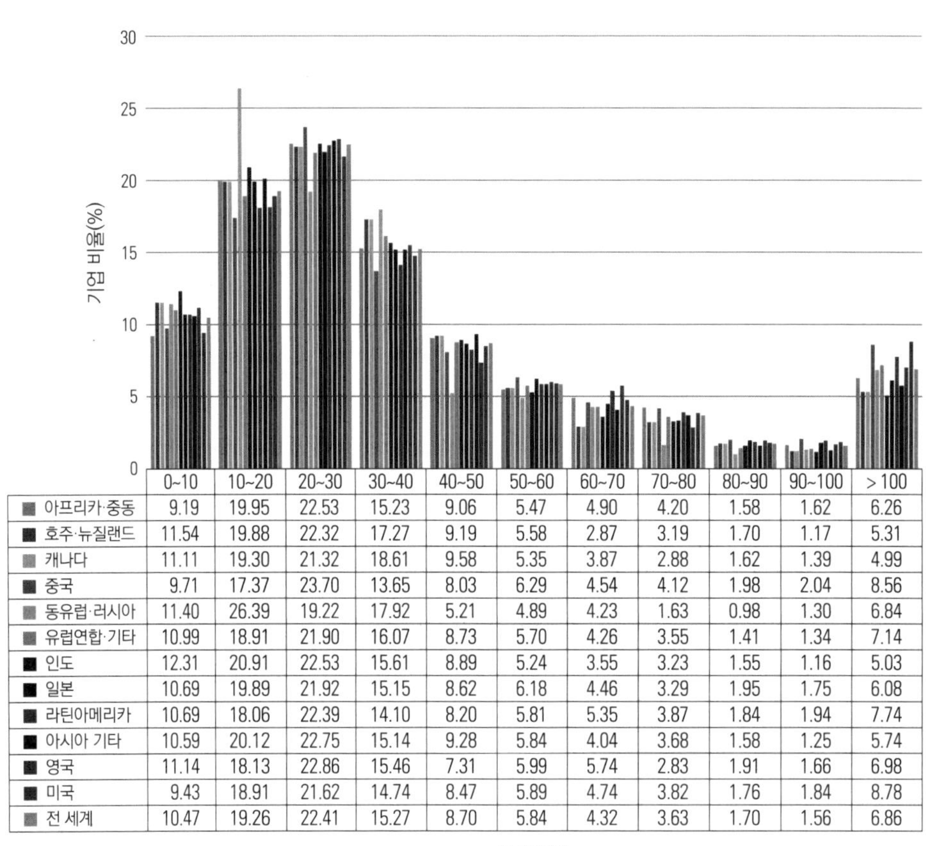

	0~10	10~20	20~30	30~40	40~50	50~60	60~70	70~80	80~90	90~100	> 100
아프리카·중동	9.19	19.95	22.53	15.23	9.06	5.47	4.90	4.20	1.58	1.62	6.26
호주·뉴질랜드	11.54	19.88	22.32	17.27	9.19	5.58	2.87	3.19	1.70	1.17	5.31
캐나다	11.11	19.30	21.32	18.61	9.58	5.35	3.87	2.88	1.62	1.39	4.99
중국	9.71	17.37	23.70	13.65	8.03	6.29	4.54	4.12	1.98	2.04	8.56
동유럽·러시아	11.40	26.39	19.22	17.92	5.21	4.89	4.23	1.63	0.98	1.30	6.84
유럽연합·기타	10.99	18.91	21.90	16.07	8.73	5.70	4.26	3.55	1.41	1.34	7.14
인도	12.31	20.91	22.53	15.61	8.89	5.24	3.55	3.23	1.55	1.16	5.03
일본	10.69	19.89	21.92	15.15	8.62	6.18	4.46	3.29	1.95	1.75	6.08
라틴아메리카	10.69	18.06	22.39	14.10	8.20	5.81	5.35	3.87	1.84	1.94	7.74
아시아 기타	10.59	20.12	22.75	15.14	9.28	5.84	4.04	3.68	1.58	1.25	5.74
영국	11.14	18.13	22.86	15.46	7.31	5.99	5.74	2.83	1.91	1.66	6.98
미국	9.43	18.91	21.62	14.74	8.47	5.89	4.74	3.82	1.76	1.84	8.78
전 세계	10.47	19.26	22.41	15.27	8.70	5.84	4.32	3.63	1.70	1.56	6.86

기업 연령

생애주기의 양상을 파악하기 위해, 그림 3.1에서 상장기업의 연령과 지역별 분포를 살펴보자.

전 세계 상장기업의 중위 연령은 29세이며, 미국의 경우는 25세다. 일본 기업의 중앙값은 54세로 전 세계 어느 지역보다 고령 기업이 많아서 이는 일본의 고령화된 경제 구조와 신생 기업이 경쟁하기 어려운 환경을 반영한다. 반면 미국은 세계에서 젊은 기업 비율이 가장 높다. 1사분위 기업의 연령은 11세로, 이는 미국 상장기업 중 4분의 1이 설립된 지 11년 미만임을 의미한다. 다만 이 분석에 비상장기업은 포함되지 않았는데, 합리적으로 생각해보면 비상장기업의 수명이 더 짧다고 할 수 있다.

기업의 연령은 계산하기 쉽고 이해하기도 간단해 생애주기에서 기업의 위치를 파악하는 데 좋은 출발점이 되지만 도구로서는 한계가 있다. 첫째, 일부 기업은 다른 기업보다 더 빠르게 노화가 진행된다. 뒤에서 설명하겠지만 특히 기술기업이 이런 경향을 보인다. 과거의 성과가 미미했던 많은 기술기업이 단기간에 대형 기업으로 급성장하는 것이다. 둘째, 기업의 설립일을 기준으로 나이를 계산하면 성장 궤도에 진입하기까지 오랫동안 작은 규모로 비상장 상태를 유지해온 기업의 연령이 과하게 많게 측정될 수 있다. 기업의 연령이 생애주기상 위치를 얼마나 잘 설명하는지 알아보기 위해 표 3.1에서 기업을 연령별로 10분위로 나누어 주요 영업 지표, 특히 매출성장률과 영업이익률을 분석했다.

2장에서 언급했듯이 초기성장기 기업은 대개 매출이 빠르게 성장하지만 아직 이익을 내지 못하는 상태다. 성숙기 기업은 중간에서 낮은 수준의 매출성장률과 견고한 이익률이 특징이다. 쇠퇴기 기업은 매출이 정체되거나 감소하는 경향이 있다. 표 3.1은 기업 연령이 기업의 생애주기 위치를 대략적으로 나타내는 지표임을 시사한다. 최연소 기업군(1분위)은 매출성장률이 높고 영업이익률은 마이너스 상태다. 최고령 기업군(10분위)은 매출성장률은 낮지만 영업이익률은 연령 분포의 중간에 속하는 기업들과 대체로 비슷하다.

여기에서는 상장기업을 대상으로 연령을 측정했지만 세계적으로 오래된 기업 가운데는 가족 소유의 비상장기업이 많으며, 기업의 역사가 수십 년이 아닌 수세기 전

[표 3.1] 기업 연령 분위별 영업 지표

연령 분위	기업 수	매출성장률(3년 연평균 %)				영업이익률(%)			
		1사분위 값	중앙값	3사분위 값	마이너스 기업 비중	1사분위 값	중앙값	3사분위 값	마이너스 기업 비중
최연소	4,026	−4.86	18.16	72.42	14.80	−176.76	−3.29	12.22	54.91
2분위	4,164	−6.00	13.58	41.46	25.55	−53.00	0.00	13.77	48.17
3분위	4,930	−7.18	8.88	26.08	28.86	−15.02	4.28	15.61	37.39
4분위	4,098	−4.55	8.58	21.60	29.77	−5.30	4.95	14.04	31.63
5분위	4,785	−6.01	6.19	17.61	32.18	−0.48	5.76	14.91	27.79
6분위	4,029	−7.11	4.15	15.51	35.84	0.00	5.79	13.98	25.83
7분위	4,653	−7.04	3.74	14.20	35.63	0.00	5.48	13.54	25.08
8분위	4,414	−6.22	2.19	9.87	40.17	0.40	6.20	13.42	20.93
9분위	4,582	−5.24	1.32	8.38	42.12	1.21	6.03	12.57	17.03
최고령	4,473	−3.97	1.57	7.33	40.73	0.00	5.86	12.37	12.22

으로 거슬러 올라간다. 2021년 회계법인 언스트앤드영(Ernst & Young)과 스위스의 경영대학교 장크트갈렌대학교가 세계 500대 가족 기업을 대상으로 진행한 공동 연구에 따르면, 이 그룹의 중위 기업은 설립된 지 50년이 넘었고 전체의 9%는 150년 넘는 역사를 지녔다. 물론 연구 대상 500대 기업은 가족 기업 가운데서도 크게 성공한 기업인 만큼 여기에는 선택 편향이 작용하고 대부분은 이처럼 오래 살아남지 못한다. 그럼에도 불구하고 이 연구 결과는 가족 소유라는 특성이 기업의 수명을 연장하는 데 기여하는 측면이 있음을 시사한다. 이 부분에 대해서는 뒤에서 좀 더 자세히 살펴보겠다.

업종

투자자와 애널리스트는 흔히 기업이 속한 업종을 대리 지표로 사용해 기업의 생애주기 단계를 가늠한다. 기술기업은 단지 기술기업이라는 이유로 초기성장기와 고도성장기 기업으로 분류하고, 유틸리티기업은 노화된 성숙기 기업으로 분류하는

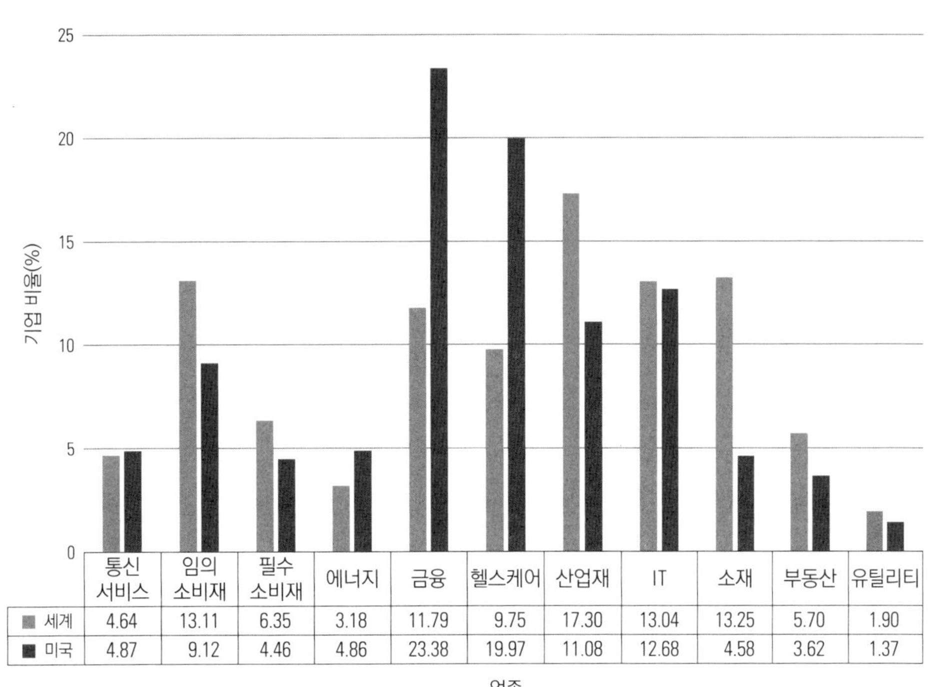

	통신 서비스	임의 소비재	필수 소비재	에너지	금융	헬스케어	산업재	IT	소재	부동산	유틸리티
세계	4.64	13.11	6.35	3.18	11.79	9.75	17.30	13.04	13.25	5.70	1.90
미국	4.87	9.12	4.46	4.86	23.38	19.97	11.08	12.68	4.58	3.62	1.37

식이다. 그림 3.2에서는 세계 시장의 상장기업을 업종별로 분류했다.

2022년 7월 기준으로 전 세계에 상장된 기술기업은 6,246개(미국 913개)였다. 업종을 기업 생애주기의 지표로 사용한다면 이 기업들은 모두 젊은 초기성장기 기업으로 분류되어야 한다. 반면 전 세계에 상장된 에너지기업은 1,522개(미국 350개)로, 이 기업들은 모두 성숙기나 심지어 쇠퇴기 기업으로 간주될 것이다.

업종을 생애주기 단계의 대리 지표로 사용하는 것은 기업 연령을 활용하는 것 못지않게 문제가 있다. 첫째, 산업이 성장하고 다각화될수록 해당 업종에 속한 모든 기업을 동일한 생애주기 단계로 분류하는 것은 점점 더 어려워진다. 둘째, 기술기업이 모두 젊고 빠르게 성장한다는 인식은 1980년대에 시작되었다. 당시는 기술 업종 전체가 성장세에 돌입했고 기술기업 대부분이 초기성장기에 있었다. 2022년의 기술 업종은 시장에서 가장 가치가 높은 기업들이 속해 있으며 시장 전체 시가총액

[표 3.2] 세계 기업의 업종별 영업 지표와 연령

주요 업종	기업 수	중위 연령	매출성장률(3년 연평균 %)				영업이익률(%)			
			1사분위 값	중앙값	3사분위 값	마이너스 기업 비중	1사분위 값	중앙값	3사분위 값	마이너스 기업 비중
통신서비스	2,223	23	−10.76	1.92	16.98	40.40	−13.06	4.68	14.59	37.22
임의소비재	6,277	34	−11.29	0.37	11.37	45.45	−3.68	4.16	10.10	32.10
필수소비재	3,041	38	−3.99	3.93	12.66	32.65	0.39	4.87	11.03	23.54
에너지	1,522	25	−12.03	0.18	14.34	40.47	−10.34	4.19	22.19	34.64
금융	5,646	28	−3.29	6.90	18.74	24.35	0.00	0.00	10.27	21.94
헬스케어	4,670	21	−1.74	10.42	34.55	22.36	−209.09	−0.64	13.89	50.52
산업재	8,288	35	−5.97	2.98	14.45	37.52	0.27	5.57	11.63	24.21
IT	6,246	25	−1.87	8.47	22.19	26.48	−6.52	4.96	12.66	32.33
소재	6,345	29	−3.81	5.25	16.24	24.37	1.34	7.69	14.55	22.21
부동산	2,728	28	−12.02	1.81	16.06	41.39	5.47	22.69	52.20	19.14
유틸리티	910	27	−2.13	4.22	14.44	30.66	4.64	14.96	27.90	15.16
총계	47,896	29	−5.75	4.44	17.04	32.35	−1.79	5.07	13.74	29.29

에서 가장 큰 비중을 차지한다. 기술 업종에는 성장기, 성숙기, 심지어 쇠퇴기를 아우르는 다양한 기업이 혼재해 있다.

업종이 기업 생애주기를 설명하는 지표로서 적절한지 파악하기 위해 표 3.2에서는 업종별 매출성장률과 영업이익률 통계를 분석하고 해당 업종에 속한 기업들의 연령 분포를 추정했다.

매출성장률이 가장 높은 업종은 IT와 헬스케어다. 그러나 두 업종 모두 영업이익률이 평균 이상이다. 더욱 혼란스러운 것은 영업이익률이 마이너스인 기업의 비중이 가장 높은 업종도 헬스케어로서 전체의 50.5%가 영업손실을 기록했다. 기업 연령의 중앙값을 살펴보면 헬스케어기업이 21세로 가장 젊다. 반면 기업의 연령이 가장 높은 업종은 필수소비재다.

분석 결과 업종과 기업 생애주기의 연관성은 미미해 보인다. 다만 2022년 7월 기준으로 초기성장기 기업이 가장 많은 업종은 헬스케어일 가능성이 높고, 쇠퇴기 기

[표 3.3] 매출성장률 최상위 산업

주요 산업	기업 수	중위 연령	매출성장률(3년 연평균 %)				영업이익률(%)			
			1사분위 값	중앙값	3사분위 값	마이너스 기업 비중	1사분위 값	중앙값	3사분위 값	마이너스 기업 비중
헬스케어 IT	447	20	2.91	17.08	40.44	17.90	−80.78	−1.26	14.78	50.51
유통(온라인)	381	17	−0.68	14.90	38.34	23.62	−16.93	−0.21	5.54	50.86
소프트웨어 (인터넷)	152	21	1.32	13.41	36.96	21.71	−22.93	2.16	11.26	43.80
제약 (생명공학)	1,293	15	−23.51	13.33	59.02	25.29	−1,439.25	−267.69	−15.53	79.66
소프트웨어 (시스템 & 애플리케이션)	1,625	21	−1.18	12.74	31.93	23.38	−44.89	−0.23	11.99	50.24

업이 가장 많은 업종은 에너지와 임의소비재일 것이라는 결론은 가능하다.

그렇다면 업종은 결코 기업의 생애주기 위치를 가늠하는 대리 지표가 될 수 없을까? 반드시 그렇지는 않다. 첫째, 업종을 생애주기의 지표로 사용하기에 지나치게 범위가 넓다면 '산업' 수준의 세분화가 도움이 될 수도 있다. 예를 들어 기술 업종 전체로 보면 시장 평균과 크게 다르지 않지만 인터넷 소프트웨어 산업에 속한 기업들은 시장 평균 대비 매출성장률이 훨씬 높고 영업이익률 적자 폭도 더욱 크다. 이는 인터넷 소프트웨어 산업의 많은 기업 혹은 대다수가 초기성장기 기업임을 시사한다.

마찬가지로 헬스케어 업종에서 생명공학 산업만 분리해서 보면 생명공학기업은 헬스케어 전체 대비 높은 매출성장률과 더 큰 폭의 영업이익률 적자를 기록하고 있다. 표 3.3은 시장을 93개 산업으로 세분화해서 확인한 매출성장률 상위 5개 산업이다.

이 5개 산업에서는 초기성장기 기업의 비중이 불균형적으로 높다. 이 기업들 중 상당수는 매출 성장이 영업이익 적자를 동반한다. 즉 시스템 소프트웨어기업이나 생명공학기업이 초기성장기에 있을 가능성이 높다고 보는 것은 비합리적인 가정이 아니다.

[표 3.4] 매출성장률 최하위 산업

산업	기업 수	중위 연령	매출성장률(3년 연평균 %)				영업이익률(%)			
			1사분위 값	중앙값	3사분위 값	마이너스 기업 비중	1사분위 값	중앙값	3사분위 값	마이너스 기업 비중
항공	154	31	−27.38	−17.35	−7.62	79.87	−39.77	−12.28	5.20	65.25
호텔·게임	644	32	−31.62	−16.85	−1.65	71.74	−48.83	−10.09	8.79	62.29
운송(철도)	51	47	−10.74	−5.69	2.59	66.67	−0.47	4.55	21.18	26.00
외식	382	31	−15.49	−5.20	5.07	60.47	−11.54	−0.49	6.42	51.82
출판, 신문	334	38	−10.76	−2.77	7.27	53.59	−0.53	5.03	10.71	26.86

표 3.4는 매출성장률 하위 5개 산업이다.

결과는 예상을 벗어나지 않는다. 매출성장률 하위 5개 산업의 중위 기업 매출은 역성장 상태이며, 그중 3개 산업은 영업이익도 적자다. 매출 감소와 영업이익 적자는 계속기업에 치명적인 조합으로, 해당 산업에 쇠퇴기 기업의 비중이 불균형적으로 높다는 사실을 분명히 보여준다.

영업 지표

지금까지 확인한 것처럼 기업의 생애주기 단계를 판단하는 궁극적인 기준은 기업의 연령이나 속한 업종, 산업이 아니라 기업의 영업에 뿌리를 두고 있다. 표 3.5에서는 매출성장률과 영업이익률을 핵심 지표로 사용하여 생애주기 단계별로 예상할 수 있는 기업의 특징을 제시했다.

다시 말해 기업의 생애주기 단계를 파악하는 가장 좋은 지표는 기업의 재무제표에 있다. 그림 3.3에서는 매출성장률과 영업이익률만을 기준으로 기업을 10분위로 나누고 각 분위에 속한 기업 수를 표시했다. 그림에서 보듯 기업의 매출성장률과 영업이익률의 조합은 매우 다양하다. 전 세계 기업으로 보면 모든 생애주기 단계마다 수백, 수천 개 기업이 존재한다.

[표 3.5] 영업 지표와 기업 생애주기

생애주기 단계	창업기	초기성장기	고도성장기	성숙성장기	성숙안정기	쇠퇴기
매출성장률	매출 창출 전은 해당 없음, 매출 발생 초기에는 매우 높음	매우 높음	높음	보통	낮음	보합 또는 감소
영업이익률	큰 적자	적자, 점차 확대	적자, 점차 축소	흑자, 점차 확대	안정적, 예측 가능함	흑자, 축소 중
재투자	많음	매우 많음	많음, 그러나 매출 대비 안정적	많음, 그러나 매출 대비 감소	적음, 매출의 함수	매각 및 축소
잉여현금흐름 (세금 및 재투자 후 가용 현금)	큰 적자	큰 적자, 점차 확대	적자, 점차 축소	흑자, 매출과 이익 대비 빠르게 성장	안정적인 흑자	이익 대비 큰 흑자

[그림 3.3] 매출성장률과 영업이익률

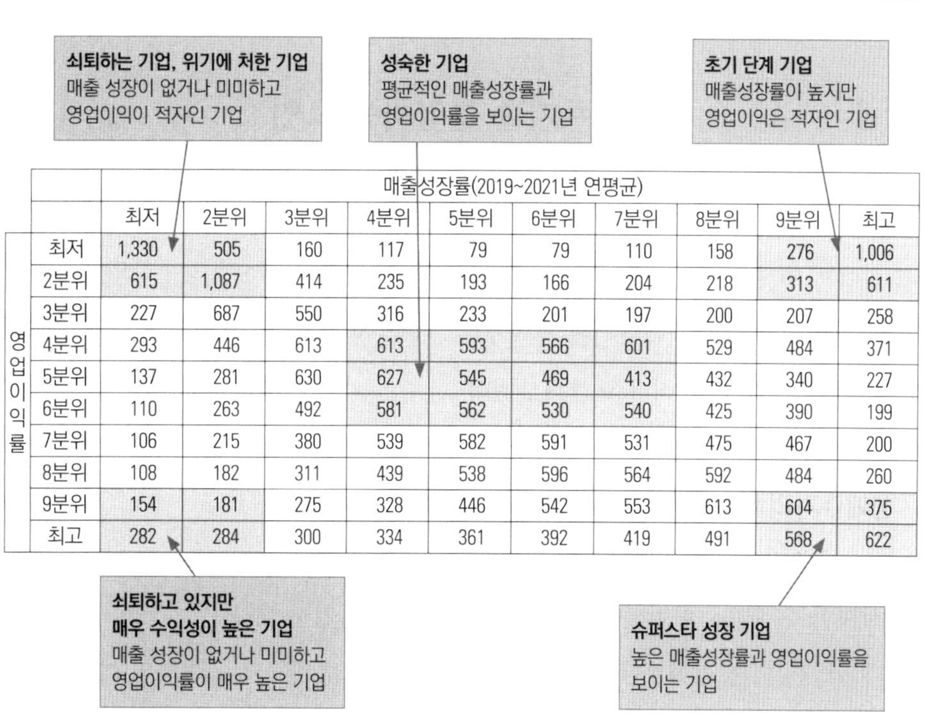

		매출성장률(2019~2021년 연평균)									
		최저	2분위	3분위	4분위	5분위	6분위	7분위	8분위	9분위	최고
영업이익률	최저	1,330	505	160	117	79	79	110	158	276	1,006
	2분위	615	1,087	414	235	193	166	204	218	313	611
	3분위	227	687	550	316	233	201	197	200	207	258
	4분위	293	446	613	613	593	566	601	529	484	371
	5분위	137	281	630	627	545	469	413	432	340	227
	6분위	110	263	492	581	562	530	540	425	390	199
	7분위	106	215	380	539	582	591	531	475	467	200
	8분위	108	182	311	439	538	596	564	592	484	260
	9분위	154	181	275	328	446	542	553	613	604	375
	최고	282	284	300	334	361	392	419	491	568	622

기타 대리 지표

기업의 생애주기 단계를 구분하는 데 사용할 수 있는 다른 지표들도 있지만 대부분 치명적인 결함이 있다. 일부 학자들은 영업 지표(매출)로 측정한 규모가 좋은 대리 지표가 될 수 있으며, 규모가 작은 기업은 성장기에 있고 큰 기업은 성숙기에 있을 가능성이 높다고 주장한다. 어느 정도 타당한 주장이지만 결정적으로 기업 규모와 영업 지표(매출성장률과 영업이익률) 간의 상관관계는 거의 보이지 않는다. 한편 영업 지표보다 시장 지표(시가총액)가 생애주기의 대리 지표로 더 유용하다는 주장도 있다. 시장이 미래에 대한 기대를 반영한다는 것이지만 이 주장도 데이터에 부합하지 않는다. 소형주 기업들이 대형주 기업들보다 더 높은 기대성장률을 보이지 않기 때문이다.

결론적으로 기업의 연령과 기업이 속한 산업은 기업의 생애주기 단계를 판단하는 데 유용한 정보를 제공할 수 있지만 가장 적합한 지표는 재무제표에서 찾을 수 있으며, 핵심 지표는 매출성장률과 영업이익률이다.

생애주기를 결정하는 요인

모든 기업이 생애주기를 거치지만 어떤 기업은 생애주기를 빠르게 완료하고, 어떤 기업은 생애주기 곡선을 더욱 높이 그리며(확장), 어떤 기업은 낮은 수준에서 안주한다. 이제 기업의 생애주기를 특징짓는 차원을 알아보고 기업마다 서로 다른 생애주기 곡선을 그리는 이유를 살펴보겠다.

생애주기의 차원: 길이, 높이, 기울기, 정점

지나치게 단순화할 위험은 있지만, 기업 생애주기의 형태는 크게 네 가지 차원으로 설명할 수 있다. 첫 번째는 생애주기의 길이, 기업이 존재하는 기간을 의미한다. 어떤 기업은 다른 기업보다 훨씬 오래 존속한다. 두 번째는 생애주기의 높이, 기업이 가장 크게 성장했을 때의 규모를 나타낸다. 세 번째 차원은 생애주기 곡선의 기울기, 창업자나 초보 경영자가 기업을 얼마나 빠르게 확장시킬 수 있는지 그리고 기업이 얼마나 빠르게 축소되는지를 보여준다. 마지막 차원은 '생애주기의 평탄한 부분', 성숙기에 도달한 기업이 얼마나 오래 정점에 머무를 수 있는지를 나타낸다.

생애주기의 길이

생애주기의 길이는 기업이 창업에서 소멸에 이르기까지 걸리는 시간을 의미한다. 세계에서 가장 오래된 기업인 일본의 곤고구미(金剛組)는 578년에 설립되어 2006년에 다른 기업에 인수되기까지 약 1,500년 동안 사찰과 신사를 건축하는 사업을 이어왔다. 미국 주식시장에서 가장 오래된 상장기업은 1824년에 뉴욕가스라이트(New York Gas Light)로 출발한 콘솔리데이티드 에디슨(Consolidated Edison)이다. GE와 엑손모빌(Exxon Mobil) 역시 설립된 지 100년이 훨씬 넘었다.

그러나 이렇게 장수하는 기업들은 일반적인 사례가 아니며 예외에 가깝다. 미국 중위 기업의 수명은 파산하거나, 인수되거나, 사업을 중단하기 전까지 10년 남짓에 불과하다고 추정된다. 기업 생애주기의 길이를 결정하는 요인은 다음과 같다.

a. **사업 유형:** 제공하는 제품과 서비스가 지속적인 수요를 누리는 덕분에 다른 기업보다 더 오래 존속하는 기업이 있다. 예를 들어 일반 유통업체는 전문 유통업체, 특히 틈새 상품을 공급하는 유통업체보다 수명이 더 길 가능성이 높다.

b. **사업 구축에 소요되는 시간:** 사업을 구축하기까지 시간이 필요한 기업은 빠르게 생산을 늘리고 신속하게 운영을 시작할 수 있는 기업보다 수명이 더 길 가능성이 높다. 운영을 시작하기까지 수년에서 수십 년이 필요한 인프라기업이, 생산 설비 설치나 건설에 긴 시간을 들이지 않고도 매출을 창출하기 시작하는 소프트웨어기업보다 수명이 훨씬 더 긴 것은 당연한 일이다.

c. **진입장벽:** 기업의 쇠퇴와 소멸은 대개 새로운 경쟁자가 시장에 진입하면서 시작된다. 강력하고 오래 지속되는 진입장벽이 존재하는 시장에서는 신규 진입이 완전히 자유로운 시장에서보다 훨씬 더 오랫동안 사업을 유지할 수 있다.

d. **거시경제 환경:** 변동성이 큰 거시경제 환경에서 운영되는 기업은 안정적인 환경에서 운영되는 비슷한 기업보다 더 많은 위험에 직면하게 되며, 이는 기업의 수명을 단축시킬 가능성이 높다. 따라서 신흥 시장의 기업은 선진 시장의 기업보다 평균적으로 수명이 짧을 것이라고 예상할 수 있다.

e. **소유 구조와 지배구조:** 기업이 지속되려면 경영의 연속성이 필요하다. 특정 핵심 인물이나 소수의 개인에게 의존하는 기업은 경영진을 갖추고 체계적인 승계 계획이 마련된 기업보다 수명이 짧을 가능성이 높다. 언뜻 보기에는 상장기업이 비상장기업보다 수명이 길다는 의미로 읽힐 수 있다. 전체적으로 보면 그럴 가능성이 높지만 세계적으로 장수하는 기업들은 다음 세대로 경영권을 원활하게 승계할 수 있는 구조를 구축한 가족 소유 기업이라는 점에 주목할 필요가 있다.

f. **시간 지평:** 성공한 가족 기업이 성공한 상장기업보다 더 오래 존속하는 한 가지 이유는 의사결정권자들의 인센티브 구조와 그것이 기업의 수명에 미치는 영향 때문이다. 가족 소유 기업에서는 소유주가 기업에 대한 잔여재산 청구권(residual claim)을 갖고 있으며, 기업이 오랫동안 가족 소유로 남기를 기대한다. 따라서 장수를 희생하고 단기 수익을 극대화하는 결정보다 기업의 수명을 연장하는 결정이 우선시될 가능성이 높다. 반면 상장기업의 최고경영진은 기업의 수명이 단축되는 결과를 초래하더라도 주가를 끌어올려 투자자를 만족시킬 수 있는 결정을 내리고, 주식 기반 보상 제도를 활용해 이익을 실현하려는 유인이 크다.

일본은 장수 기업 연구에 이상적인 실험실과 같은 곳이다. 일본에는 100년 이상 지속된 기업이 2만 개가 넘고 이러한 장수 기업을 칭하는 시니세(老舗), 즉 노포라는 단어가 따로 있을 정도다. 이들 대부분은 소규모 가족 기업이어서, 기업의 수명을 연장하려는 목표와 기업을 확장하려는 목표 사이에는 상충관계가 존재하고, 기업 확장은 수명을 단축시킬 가능성이 크다는 것을 시사한다. 이 상충관계에 대해서는 이어서 자세히 설명하겠다.

생애주기의 높이

생애주기의 높이는 기업이 확장한 후 얼마나 큰 규모로 성장하는지를 나타낸다. 이는 실질적으로 기업의 최대 매출 규모를 측정하는 지표로, 단순한 경험적 관찰만으로도 일부 기업은 다른 기업보다 매출의 정점이 훨씬 더 높다는 것을 알 수 있다. 기업마다 최대 매출 규모에 차이가 나는 데에는 내부 요인과 외부 요인이 복합적으로 작용한다. 그중 외부 요인은 다음과 같다.

a. **제품·서비스의 잠재 시장**: 기업이 틈새시장을 목표로 할지, 대중시장을 목표로 할지에 따라 확장 규모가 달라질 수 있다. 예를 들어 페라리(Ferrari) 같은 고급 자동차 제조사는 폭스바겐(Volkswagen) 같은 대중시장 자동차 제조사만큼 매출을 창출할 수는 없을 것이다. 단, 페라리는 더 작은 매출 규모로 훨씬 더 높은 이익률을 달성할 수 있다.

b. **지리적 확장**: 지난 30년간 전 세계 기업들은 성장을 위해 현지 시장을 넘어 밖으로 눈을 돌리는 법을 배웠다. 과거에는 작은 국내 시장에서 사업을 운영했기 때문에 규모가 작을 수밖에 없었던 기업들이 해외 시장으로 확장해 규모를 키울 수 있게 되었다.

c. **기술적·경제적 혁신**: 역사적으로 기업이 이전까지는 도달할 수 없었던 수준으로 확장할 수 있도록 길을 열어준 혁신이 있어왔다. 약 300년 전 산업혁명으로 공장에서 대량 생산이 이루어지면서, 수작업 노동만으로는 결코 도달할 수 없었던 생산 규모로 성장이 가능해졌다. 20세기 초에는 조립 라인이 도입되어 잠재적 생산 능력이 크게 향상되었고, 이를 성공적으로 활용한 기업은 이전보다 훨씬 더 많은 제품을 생산하고 판매할 수 있었다. 1990년대에는 인터넷의 발전으로 전자상거래가 가능해지면서 온라인 기업들이 더 넓은 시장에 진출할 수 있는 길이 열렸다. 21세기에는 스마트폰의 발명과 보급으로 접근성을 높인 기업들이 확장하기 쉽고 성장의 상한선을 높인 사업을 구축할 수 있게 되었다. 스마트폰의 넓은 도달 범위와 편리함이 없었다면 우버(Uber)가 차량서비스시장을 뒤흔들고 지금 같은 규모로 성장하기는 어려웠을 것이다.

d. **네트워크 효과**: 기술 혁명의 특징 중 한 가지는 초기에 시장을 지배하는 기업이 경쟁우위를 확보한다는 것이다. 이러한 기업은 시장 지배력을 활용해 더 많은 고객과 자원을 더

쉽게 확보하며 성장한다. 이것이 네트워크 효과다. 이러한 승자독식 환경에서는 하나의 시장에 두세 개의 대형 기업이 존재하며 각각 평균 수준을 크게 상회하는 매출을 달성한다. 광고시장이 대표적인 예다. 구글과 페이스북은 매년 시장점유율을 확대하면서 기존의 신문, 옥외광고, 텔레비전과 라디오 방송이 차지했던 광고시장을 잠식해왔다. 시장점유율이 확대되면서 이들은 광고주들에게 더욱 매력적인 플랫폼이 되었다.

    e. 규제 제약: 상대적으로 큰 기업의 시장점유율과 성장을 억제하는 독과점 및 자연 독점 규제 법률은 기업의 성장 잠재력을 제한할 수 있다.

이러한 거시적 요인 외에도 기업 수준의 요인이 성장을 제약할 수 있다. 그중 핵심은 성장에 대한 열망과 경영권 유지 사이의 긴장이다. 사업을 확장하려면 자본을 제공하는 외부 투자자들에게 창업자가 경영권을 넘겨야 할 수도 있기 때문이다. 결국 소유주(창업자 또는 가족)가 외부인에게 경영권을 넘기지 않으려는 기업은 더 많은 자본을 유치하는 대가로 경영권의 일부를 포기할 의향이 있는 기업보다 훨씬 이른 시점에 매출이 정체될 가능성이 높다.

생애주기의 기울기

기업 생애주기 곡선의 기울기는 기업이 생애주기 곡선을 따라 성장하는 속도를 보여준다. 어떤 기업은 수십 년에 걸쳐 규모를 확장하는 반면 어떤 기업은 불과 몇 년 만에 같은 성과를 달성한다. 이러한 차이는 다음 요인으로 설명할 수 있다.

    a. 자본 집약도: 자본 집약적 산업에서는 기업을 구축하고 현금흐름을 창출하기까지 더 오랜 시간이 걸린다. 수십 년간 존속한 20세기 통신·케이블기업들은 운영을 시작하기 전 오랜 기간에 걸친 선행 투자가 필요했다. 그러나 지난 10년간 크게 성공한 기업 중에는 자본 집약적인 산업에서 자본 경량화 모델을 구축해 시장을 뒤흔든 신생 기업들이 있다. 예를 들어 접객 산업에서 전통적인 호텔기업의 성장 방식은 수고스럽고 시간이 많이 드는 과정이었다. 이들은 전 세계 다양한 지역에 호텔을 직접 건설하거나, 더 높은 비용

을 들여 기존 호텔을 인수하는 방식으로 성장했다. 반면 2009년에 설립된 에어비앤비(Airbnb)는 숙소를 제공하는 호스트(여유 주택을 가진 사람)와 고객(임시로 그 주택을 이용하고자 하는 사람)을 중개하는 역할로 기존 호텔기업보다 더 큰 시장점유율을 확보했다. 이는 자본이 거의 필요하지 않으며 빠르게 확장할 수 있는 사업모델이다.

b. **자본 접근성:** 에어비앤비나 우버와 같이 자본 부담이 적은 사업모델을 가진 기업들도 빠르게 성장하기 위해서는 투자를 뒷받침할 자금에 대한 접근성이 매우 중요하다. 자본에 쉽게 접근할 수 있고 대량으로 조달이 가능하다면 자본 접근성이 제한되거나 접근이 불가능한 경우에 비해 훨씬 더 빠르게 성장할 수 있다. 수십 년간 미국의 창업 기업이 다른 국가의 창업 기업보다 더 빠르게 성장할 수 있었던 이유 중 하나는 미국에 활발한 VC 기반이 존재했다는 점이다. 반면 자본시장이 존재하지 않았던 아시아와 라틴아메리카에서는 가족 소유 기업이 경제를 주도했고, 이들 중 많은 기업이 확장에 실패했다. 다음 장에서 설명하겠지만 VC의 세계화에도 불구하고 자본에 대한 접근성은 시점에 따라 다를 수 있다. 운 좋게 자본이 풍부한 시기에 창업한 창업 기업은 자본이 부족한 시기에 창업한 창업 기업보다 훨씬 더 빠르게 성장할 수 있을 것이다.

c. **고객 관성:** 마케팅에서 고객 관성은 고객들이 현재 시장을 지배하는 기업의 제품·서비스에 애착을 갖고 신규 진입자의 제품·서비스를 시도하기를 꺼리는 현상을 가리킨다. 기존 제품이 고객의 요구를 만족시키기 때문이 아니라 새로운 것을 시도하기가 두려워 기존 제품에 애착을 갖는다는 점에서 고객 충성도와는 다르다. 단, 고객 관성은 기업과 문화, 심지어 고객의 연령대에 따라 다를 수 있다. 예를 들어 헬스케어기업처럼 고령층에게 중요한 제품을 제공하는 기업은 패션 의류처럼 젊은 층을 상대하는 임의소비재기업보다 더 강력한 고객 관성을 경험한다. 우버가 승차공유서비스에서 빠르게 성공을 거둘 수 있었던 것은 스마트폰 기반의 차량 호출 방식이 택시를 잡는 것보다 더 직관적이고 매력적이라고 느낀 젊은 고객층 덕분이었다. 이러한 초기 성장은 결국 비용 절감과 편의성 향상을 원하는 노령층 고객까지 끌어들이기에 충분했다.

d. **규제 제약:** 사업 확장에 허가나 승인이 필요한 분야에서 창업한 기업은 본질적으로 빠르게 성과를 내는 데 제약이 있다. 예를 들어 생명공학 사업이라면 아무리 유망한 신생 기

업도 제품 판매 허가를 받기까지 오랜 시간 동안 제품 테스트를 거쳐야 해서 본격적으로 도약하려면 오랜 준비 기간이 필요하다. 우버와 에어비앤비 모델에서 논란이 되는 것 중 하나는 이들이 새로운 지역에서 사전에 승인을 받는 대신 먼저 사업을 확장한 후 나중에 규제 당국의 승인을 구하는 방식을 택했다는 점이다. 이러한 접근 방식 때문에 법률 관련 비용이 증가했을 뿐만 아니라 일부 지역에서는 사업이 전면 금지되었다.

기업 생애주기 곡선의 기울기에 대해 마지막으로 짚고 넘어가야 할 것이 있다. 기업 생애주기 곡선이 상향하는 속도에 영향을 미치는 요인들은 대개 곡선이 하향하는 속도에도 영향을 미친다. 따라서 자본 부담이 적은 사업을 영위하는 기업은 훨씬 더 빠르게 규모를 확장할 수 있고, 그만큼 더 빠르게 축소될 수 있다.

정점에 머무르는 기간

기업 생애주기의 마지막 차원은 기업이 성숙기에 도달한 후 얼마나 오래 성숙한 기업으로서 자리를 유지하며 그에 따른 이익을 누릴 수 있는지를 보여준다. 성숙기의 지속 기간은 기업이 성숙기에 이르기까지 구축해온 경쟁우위와 경쟁자의 공격으로부터 그 경쟁우위를 방어하는 능력에 따라 달라진다. 강력하고 지속 가능한 경쟁우위를 구축한 기업은 그렇지 않은 기업보다 더 높은 수익성을 유지하며 더 오래 성숙 단계에 머무를 수 있다.

나는 전략 전문가는 아니므로 경쟁우위 요소를 길게 나열하는 대신 모닝스타(Morningstar)의 다소 오래되었지만 탄탄한 경제적 해자 분석을 참고하고자 한다. 표 3.6에서는 강한 경쟁우위부터 약한 경쟁우위까지, 예시 기업과 함께 모닝스타의 해자 평가를 제시하고 있다.

항목별로 모닝스타가 선정한 기업에 대해서는 반론의 여지가 있다. 일부 기업의 해자 평가에 동의하지 않더라도 모닝스타의 평가 방법 자체는 바람직하다. 모닝스타는 강하고 약한 경쟁우위와 존재하지 않는 경쟁우위를 복잡하게 섞어 길게 나열하는 대신 강하고 지속적인 경쟁우위와 약하고 일시적인 경쟁우위를 대비하고 있다.

[표 3.6] 모닝스타의 해자 평가　　　　　　　　　　　　　　　　　　　　자료: 모닝스타

	브랜드	전환 비용	네트워크 효과	비용 우위	효율적 규모
넓음	**코카콜라**: 설탕물일 뿐이지만 소비자가 프리미엄을 지불한다.	**오라클**: 통합 DB와 연계되어 타사로 전환하는 비용이 매우 높다.	**시카고상품거래소**: 청산소 기능으로 고정 거래량을 확보하고 있다.	UPS: 과거 물류에 투자한 덕분에 배송 한계 비용이 낮다.	**인터내셔널 스피드웨이**: 나스카(NASCAR) 규모 트랙은 한 도시에 한 개만 가능해 독점적 지위에 있다.
좁음	**스내플**: 브랜드는 견고하나 가격 결정력이 낮다.	**세일즈포스**: 인기는 있지만 전환 비용이 상대적으로 낮다.	NYSE 유로넥스트: 시장을 선도하나 그 지위가 강력한 네트워크 효과로 이어지지는 않는다.	**페덱스**: 항공 특송 고정비가 높아 비용상 이점이 상대적으로 적다.	**서던컴퍼니**: 자연적·지리적으로 독점적 지위를 확보했고, 규제 당국이 지원한다.
없음	**코트**: 브랜드 충성도, 가격 결정력이 전혀 없는 일반 제조사다.	**티브코**: 고성능 소프트웨어 기업이나, 타사 전환 비용이 낮거나 거의 없다.	**나이트캐피털**: 주문을 처리하는 시장조성자에 불과해 네트워크 효과는 거의 없다.	**콘웨이**: 트럭운송 업체. 사업이 분산되어 있어 비용 면에서 이점이 거의 없다.	**발레로**: 원자재 산업에 속한 정유업체. 가격을 수용할 수밖에 없다.

기업의 해자가 얼마나 강한지를 평가하는 것은 여전히 기술이라기보다는 예술에 가까운 작업이지만, 마이클 모부신(Michael J. Mauboussin)은 해자 분석을 구조화하는 데 상당한 기여를 해왔다. 그는 회계 공시와 자본이익률을 활용해 시장가격을 기준으로 해자의 높이와 경쟁우위 기간을 측정함으로써 해자의 지속 가능성을 평가하는 방법을 제시했다.[1] 기업의 해자(경쟁우위)를 고려할 때는 아무리 강력한 해자라도 시간이 지나면서 약화될 수 있으며, 한때 난공불락으로 여겨졌던 기업도 취약해질 수 있다는 사실에 유의해야 한다.

기업 생애주기의 몇 가지 형태

기업마다 생애주기가 다른 데는 여러 요인이 있다. 그중에서도 자본 접근성 같은 요인은 기업의 지속 기간뿐만 아니라 성장 속도에도 영향을 미친다. 일부 요인은 창업 기업이 통제할 수 있는 범위 밖에 있다는 점 역시 분명하다. 규제가 심하고 자본

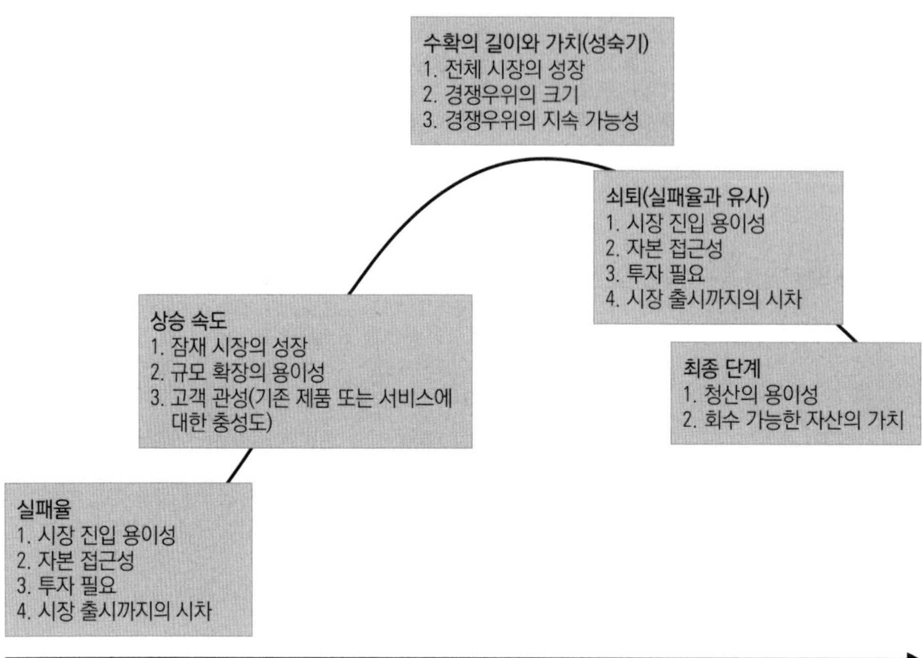

조달이 어려운 환경에서 창업한 기업은 확장이 용이하고 자본 접근성이 뛰어나며 고객 관성이 거의 없는 산업에서 창업한 기업에 비해 이미 불리한 위치에서 출발한 것이다. 그림 3.4에서는 이러한 요인을 종합하여 기업 생애주기의 네 가지 차원(길이, 높이, 기울기, 평탄도)을 설명한다.

기업마다 차이가 존재하듯 기업 생애주기의 형태도 다양하다. 그림 3.5는 그중 세 가지 형태를 보여준다. 즉 지금까지 이 책에서 논의의 출발점으로 사용해온 기업 생애주기의 표준 모델은 오히려 예외적인 경우에 가깝다. 성장 기업으로서 점진적으로 기반을 다지고, 오랜 기간 성숙 기업으로 머무르며 서서히 쇠퇴하는 전형적인 경로를 따르는 기업은 소수에 불과하기 때문이다.

성장하는 방법을 빠르게 찾아내는 기업도 있지만 그만큼 짧게 성숙 단계에 머무르고 급격히 쇠퇴하는 압축된 생애주기를 지난다. 성공한 기업들도 자본 부족, 성장

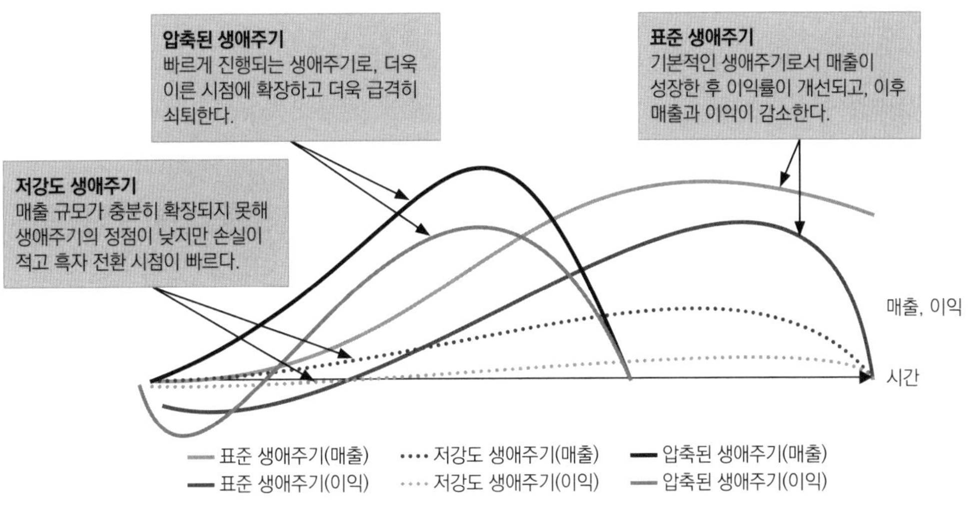

에 대한 의지 결여, 작은 시장 규모 등이 제약으로 작용해 규모를 키우지 못하며, 그 결과 생애주기가 별다른 변화 없이 매우 오랜 기간 지속되기도 한다.

기업 생애주기 변화의 흐름

기술기업의 유입은 시장과 경제 모두에 변화를 가져왔다. 이제 기업 생애주기 개념을 활용해 기술이 시장에 가져온 두 가지 변화를 살펴보고 이 변화가 기업과 투자에 미치는 중대한 영향을 논의하고자 한다.

기술기업의 등장

20세기 초반 수십 년간 경제를 지배한 철도, 석유, 철강 기업부터 20세기 중반 경제와 시장의 중심이 된 자동차 제조업체에 이르기까지, 20세기의 위대한 기업에는 공통의 특징이 있다. 이들 기업은 자본 조달이 쉽지 않은 환경에서 생산을 위한 자원에 막대한 투자를 필요로 했고 수십 년이 걸려서 규모를 확장했다. 그러나 일단 성숙기에 진입한 후에는 생애주기 곡선의 상승 속도를 더디게 만든 바로 그 요인들을 이용해 경쟁을 방어하며 수십 년간 성숙 단계에 머물 수 있었다.

자동차 산업이 대표적인 예다. 미국의 3대 자동차 제조업체인 GM, 포드(Ford), 크라이슬러(Chrysler)는 1970년대 오일쇼크와 일본 자동차기업의 부상 이전까지 사실상 미국 자동차시장을 독점했다. 물론 최근 수십 년간 자동차 제조사들이 여러 도전에 직면한 것은 부인할 수 없는 사실이며 일부는 심지어 쇠퇴의 길을 걷고 있지만 그 하락세는 매우 느리고 간헐적이다.

이에 반해 1990년대에 설립된 야후(Yahoo!)는 전형적인 21세기 기업의 원형이라고 볼 수 있다. 야후의 검색엔진은 비록 초기에 손실을 동반했으나 빠르게 수익을 창출하기 시작했다. 설립된 지 10년도 채 되지 않은 1999년에 야후의 시가총액은 1,000억 달러를 돌파했다. 이러한 급속한 성장은 지난 20년간 여러 기술기업에서 반복되었다. 이들은 시가총액 순위에서 전통적인 경쟁사들을 제치고 상위권으로 올라섰다.

기존 기업들은 이처럼 빠른 확장 사례를 부러운 시선으로 지켜보았지만 기술기업의 급속한 성장에는 어두운 면도 존재한다. 이들이 빠르게 규모를 확장할 수 있도록 했던 바로 그 요인들이 기업이 성숙 단계에 이르면 오히려 걸림돌이 되고, 일단 쇠퇴가 시작되면 진행을 더욱 가속화하기 때문이다. 야후는 검색엔진시장에서 선두에 올랐고 온라인 광고 매출도 업계 최고를 기록했지만 지속 기간은 5년에 불과했으며 이후 구글이 등장해 야후를 밀어내고 시장 선두 지위를 차지했다. 쇠퇴기에 들어선 야후는 이후 10년 동안 대대적으로 빠르게 해체되었다.

그림 3.6에서는 기술기업의 생애주기와 비기술기업의 생애주기를 비교하여 설명하고 있다. 기술기업은 '개의 속도'로 나이가 든다.

경제와 시장의 중심축이 생애주기가 훨씬 짧은 기업들로 이동함에 따라 오늘날 성공적인 기업을 운영하려면 경영 방식과 투자 전략을 재고할 필요가 있다. 내가 경영 서적에서 읽고 사업모델에 적용하는 많은 지혜는 20세기의 생애주기가 긴 기업을 전제로 개발된 것이다. 이 원칙을 압축된 생애주기를 가진 기업에 그대로 적용하

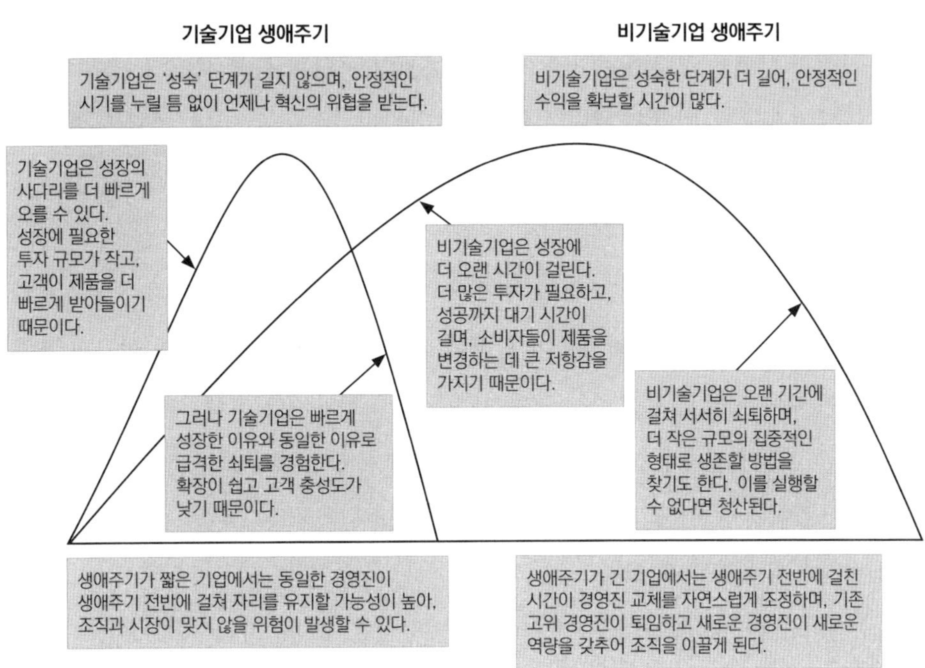

면 심각한 오류를 초래할 수 있다.

구체적인 예로 현금흐름할인(discounted cash flow, DCF) 모형을 사용해 기업의 가치를 평가할 때는 일반적으로 예측 기간이 끝난 시점에서 기업의 영구가치(terminal value)를 추정한다. 편의상 기업이 영구적으로 지속된다고 가정하여 계산하는데 기업이 50년, 60년, 혹은 80년 동안 지속된다고 가정할 때의 가치와 영속성을 가정할 때의 가치가 거의 유사하기 때문이다. 이는 긴 생애주기를 가진 기업에서는 충분히 타당한 접근 방식이다. 그러나 생애주기가 25년인 기업을 평가하면서 예측 기간이 끝나는 10년 후에 영속성을 가정하면, 실제로 남은 생애가 15년밖에 되지 않기 때문에 왜곡된 영구가치가 도출될 것이다.

기업의 생애주기와 사업의 생애주기

기업 생애주기를 이해하기 위해 마지막으로 짚고 넘어가야 할 점이 한 가지 있다. 바로 기업과 사업을 구분하는 것이다. 지금까지의 논의는 사실 사업의 생애주기에 초점을 맞춘 것으로 기업은 개별 사업보다 더 오래 지속될 수 있다. 기업은 여러 사업을 동시에 영위할 수 있고 이 포트폴리오에는 초기 단계의 사업, 성숙기의 사업, 쇠퇴기의 사업이 다 포함될 수 있다.

이 개념에 정확히 부합하는 것이 복합기업(conglomerate)이다. 그러나 고도성장하는 사업, 성숙한 사업, 쇠퇴하는 사업을 하나의 기업 우산 아래 두면 현금이 풍부한 사업이 다른 사업을 보조하는 교차보조(cross subsidization) 행위가 발생할 가능성이 있고 경영에 비효율성을 초래할 수 있다. 즉 복합기업이 보유한 포트폴리오의 건전한 사업이 부실한 사업의 성장을 위한 자금을 대는 구조가 되면 기업 전체의 가치가 심각하게 훼손될 수 있다.

지주회사는 더 유리한 구조다. 지주회사는 다양한 생애주기 단계에 있는 사업을 보유할 수 있으며, 새로운 사업을 추가하고 기존 사업을 정리하는 방식으로 기업 생애주기의 균형을 유지할 수 있다. 유럽, 아시아, 라틴아메리카의 가족 지배형 지주회사들은 정확히 이러한 전략을 활용한다. 이 전략을 잘 수행할 수 있다면 이러한 지주회사들은 상장기업, 특히 한두 개 사업만 운영하며 기관투자자가 주로 보유한 상장기업들보다 더 오래 존속할 가능성이 크다.

인도에서 가장 오래되고 존경받는 가족 지주회사 중 하나인 타타그룹이 대표적인 예다. 1868년, 잠셋지 타타(Jamsetji Tata)가 파산한 석유공장을 인수하여 면사 방적공장으로 전환하며 설립된 타타그룹은 현재 지주회사 산하에 현재 100개 이상의 기업을 거느리고 있다. 타타그룹의 사업은 다양한 산업에 걸쳐 분산되어 있고, 이는 그림 3.7의 일부 계열사 분포로도 확인할 수 있다.

지난 20년간 기술기업의 시가총액과 이익이 급증하면서 많은 가족 소유 기업이 기술 관련 자회사를 설립하거나 이 분야에 투자했다. 투자한 자본의 규모와 모회사로부터의 독립성 정도는 각기 다르다. 타타그룹의 핵심 사업은 기술기업인 타타컨

1868년	타타그룹(2021년)	
잠셋지 타타는 뭄바이의 친치포클리에 있는 파산한 석유공장을 매입하고 면화공장으로 전환해서 무역회사를 설립했다.	업종	계열사
	철강	타타스틸, 타타메탈릭스
	기술	타타엘렉시, 타타컨설턴시서비스
	금융	타타캐피털, 타타AIG, 타타AIA
	자동차	타타자동차, 타타오토컴프, JLR
	유통	타타스타벅스, 타타클리큐, 타타타니시크
	인프라	타타파워, 타타프로젝트
	통신	타타스카이, 타타커뮤니케이션즈, 타타텔레서비시즈
	관광	타지호텔, 진저호텔, 비반타, 비스타라, 에어아시아
	항공우주·방위	타타어드밴스드시스템
	농업·식품	타타티, 테틀리, 타타아그리코
	소비재	타이탄, 볼타스
	주택	타타하우징

설턴시서비스(TCS)이지만 지난 10년 동안 타타그룹은 다양한 기술 창업 기업에도 투자해왔다. 그러나 모든 기술 투자가 성공하는 것은 아니며, 이러한 투자가 기업의 생애주기를 얼마나 연장할 수 있는지는 기업마다 다를 것이다.

가족 지주회사의 수명이 독립형 기업(stand-alone companies)보다 길다고 해서 반드시 더 가치가 높거나 생산성이 뛰어난 것은 아니다. 실제로 투자자들이 가족 지주회사의 가치를 할인해서 평가하는 경향이 있다는 증거도 있다. 가족의 이익이 주주의 이익보다 우선시되는 이해 상충 가능성과, 지주회사 산하 기업 전체에 비효율성이 확산될 수 있는 위험 때문이다. 가족 기업의 문화에는 양면성이 있다. 가족 문화가 도움이 되는 기업도 있지만 오히려 해가 되는 기업도 있다. 타타그룹 내에서도 일부 주주는 개별 기업의 지배구조에 문제를 제기하고 있다. 특히 수익성과 가치가 높은 타타컨설턴시서비스가 그룹 내 다른 기업들을 떠받치고 있는 것 아니냐는 의문을 제기하는 목소리도 있다.

파괴적 혁신자 효과

파괴적 혁신은 언제나 기업 환경의 일부였다. 새로운 진입자들은 혁신적인 제품이나 사업모델로 기존 산업에 진입하여 기존의 시장 질서를 뒤흔들어왔다. 그러나 지난 20년 동안 파괴적 혁신의 속도와 범위는 더욱 커진 것으로 보인다. 이는 기술 발전의 영향과 자본 접근성이 확대된 결과다. VC 같은 전통적인 투자자뿐만 아니라 상장 주식시장의 투자자들도 자본을 공급하고 있다. 통신, 에너지, 자동차 등 불과 몇십 년 전까지만 해도 파괴적 혁신의 영향을 받지 않을 것이라고 여겨졌던 산업도 새로운 진입자들에 의해 근본적인 변화를 겪고 있다.

파괴적 혁신에 대한 논의는 주로 혁신을 주도하는 기업에 집중되어왔지만, 그 영향을 받는 기업들에도 주목할 필요가 있다. 아마존이 미국의 오프라인 소매업에 미친 파괴적인 영향은 이미 널리 알려져 있다. 구독자 성장 기반 모델과 대규모 투자로 무장한 넷플릭스는 전통적인 엔터테인먼트 사업을 더욱 위험하고 수익성은 낮은 사업으로 만들었다. 전 세계 승차공유기업은 소규모 지역 택시회사들을 초토화했고, 구글과 페이스북은 전통적인 광고 산업을 극심하게 약화시켰다.

실질적인 관점에서 보면 오늘날 거의 모든 산업의 기업이 파괴적 혁신에 직면할 가능성은 불과 몇 년 전에 비해 훨씬 커졌다고 볼 수 있다. 이러한 위협은 기업 운영과 투자 관행에 분명히 반영되어야 한다. 첫째, 많은 애널리스트가 기업을 평가할 때 사용하는 핵심 가정인 평균회귀(mean reversion)를 재검토할 필요가 있다. 즉 높은 이익률을 오래 유지해온 기업의 이익률이 하락했다면 이를 일시적인 현상이라고 단정할 수 없다. 파괴적 혁신의 가능성이 존재한다면 이익률이 과거 수준을 회복할 것이라는 가정은 타당하지 않을 수 있다.

둘째, 강력한 경쟁우위를 지닌 기업(브랜드 인지도, 라이선스, 규모의 경제)조차도 비상 계획을 마련해야 한다. 파괴적 혁신은 갑작스럽게 일어나 치명적인 피해를 입힌다. 과거에 효과적이었다는 이유로 기존 전략을 유지하는 관성은 파괴적 혁신자들이 가져오는 변화에 기업이 제대로 대비하지 못하게 만들 수 있다.

셋째, 규제 당국과 입법 기관은 기존 기업을 견제하기 위해 선의의 목적(경쟁 촉진,

소비자 보호)으로 제정한 규칙과 법률이 파괴적 혁신자가 등장할 때 오히려 기존 기업의 족쇄가 될 가능성을 고려해야 한다. 우버는 거리낌 없이 규정을 무시했고 택시업계는 당국의 규제로 우버와의 경쟁에서 명백하게 불리한 입장에 놓였다. 마찬가지로 핀테크기업들은 전통적 금융기관(은행, 보험사)이 규제에 묶여 제공할 수 없었던 제품과 서비스를 제약 없이 자유롭게 제공하면서 성공할 수 있었다.

결론

기업 생애주기의 형태는 기업마다 크게 다르고 생애주기의 길이, 높이(성장 속도), 평탄함(안정적 단계의 지속 기간)에서도 차이가 나타날 수 있다. 이 장에서는 이러한 차이를 설명할 수 있는 요인들을 살펴보았다.

그 가운데는 기업의 통제 범위를 벗어난 외부 요인도 있고 기업이 통제할 수 있는 내부 요인도 있다. 창업자가 경영권을 포기하지 않으려는 창업 기업은 창업자가 자본을 유치하기 위해 경영권을 일부 양도하는 창업 기업보다 성장이 더딜 수 있다. 우버, 에어비앤비 같은 기업은 때때로 편법을 활용하거나 규정을 위반하면서까지 기존의 성장 장벽을 극복하는 방법을 찾아냈다.

그러나 궁극적으로 모든 접근 방식에는 득과 실이 존재한다. 기업이 빠르게 확장하기 위해 선택한 전략이 지속 가능하고 수익성 있는 사업모델을 구축하는 데는 오히려 걸림돌이 될 수도 있다.

4장
생애주기의 전환
: 한 단계에서 다음 단계로

지금까지 기업의 생애주기를 구성하는 각 단계를 살펴보고 기업마다 생애주기의 형태가 다르게 나타나는 이유를 논의했다. 이 장에서는 생애주기의 한 단계에서 다음 단계로 넘어가는 데 필요한 소유 구조, 운영, 자금 조달 측면에서의 전환을 좀 더 자세히 살펴보고자 한다.

전환은 다음 두 가지 측면에서 중요하다. 첫째, 전환은 항상 변화를 수반하는데 모든 기업과 창업자가 변화에 잘 적응하는 것은 아니다. 실제로 원활한 전환 과정은 사업의 성공을 크게 좌우한다. 둘째, 각 전환 과정에서 일어나는 거시적 변화는 전환기에 접근하는 기업에 중요한 시사점을 제공하므로 검토할 가치가 있다.

기업 생애주기의 전환

기업은 생애주기가 진행됨에 따라 다양한 시험에 처하고, 다음 단계로 나아가려면 반드시 이 시험을 극복해야 한다. 시험은 특정 시점에 직면하기도 하지만 대부분

장기간에 걸쳐 나타난다. 이미 통과한 시험을 다시 맞닥뜨리는 경우도 있다. 이러한 전제를 바탕으로 생애주기의 전환을 세 가지 범주로 분류하며 논의를 시작하겠다.

- 첫 번째 범주는 '운영상 전환'이다. 생애주기의 단계마다 기업이 해결해야 할 운영상의 과제가 존재한다. 창업기 기업은 아이디어를 실제 제품으로 전환해야 하는 시험에 직면한다. 자기 제품을 확보한 초기성장기 기업은 지속 가능한 사업모델을 개발해야 한다. 고도성장기 기업은 소규모 기업의 외형을 확장하는 과제를 해결해야 한다. 성숙성장기 기업은 훨씬 더 커진 규모로 높은 성장률을 유지할 방법을 찾아야 한다. 성숙안정기 기업은 경쟁자와 파괴적 혁신 세력으로부터 사업을 지키기 위한 전략을 모색해야 한다. 쇠퇴기 기업은 시장이 축소되면서 발생하는 문제에 대응해야 한다.

- 두 번째 범주는 '재무상 전환'이다. 창업기 기업에 재무상의 전환은 외부 자금을 찾는 과정을 수반한다. 검증되지 않은 아이디어에 베팅할 의향이 있는 VC나 기타 위험 자본 제공자들로부터 자금을 조달하는 것이다. 초기성장기 기업은 사업모델이 아직 확립되지 않은 상태에서 성장에 필요한 투자를 지속하면서 현금흐름이 적자 상태가 되고 새로운 VC 자금을 조달하게 된다. 고도성장기 기업은 가장 성공적인 경우 상장 주식시장에 진입할 수 있는 선택지를 가진다. 이때 VC는 출구 전략을 마련하고, 상장 주식시장 투자자들이 새롭게 참여한다.

  성숙성장기 기업은 성공적인 운영으로 내부에서 자금 조달이 가능해지며 상장기업으로서 부채를 조달하거나 주식을 발행해 추가로 자금을 조달할 수 있다. 성숙안정기 기업은 수익성 있는 운영과 안정적인 성장이 결합되어 풍부한 현금흐름을 창출한다. 이 현금흐름을 바탕으로 부채를 조달할 수 있고 배당금 지급이나 자사주 매입의 형태로 주주에게 현금을 환원할 수 있다. 쇠퇴기 기업에 가장 핵심적인 재무 과제는 부채를 줄이고(만기 도래 부채 상환) 자기자본을 축소(청산 배당)하는 것이다.

- 운영상 전환과 재무상 전환을 거치는 동안 각 단계에서 직면하는 '지배구조 전환' 역시 창업자들에게는 난제가 될 수 있다. 창업기에는 외부 자본(VC)을 유치한다. 이는 창업자가 기업의 발전 방향에 대한 견해가 매우 다른 투자자들과 자기 사업에 대한 소유권을 공유

해야 한다는 뜻이다.

초기성장기에는 사업을 구축하는 과정에서 직면하는 여러 도전이 창업자에게 외부의 조언을 받아들이려는 의지가 있는지를 시험한다. 이는 외부인과 운영 권한을 나누는 일로 창업자에게는 골치 아픈 문제가 될 수 있다. 고도성장기에 있으며 특히 외형 확장이 가능한 기업은 경영진을 구축하고 책임을 위임하는 역량이 성공과 실패를 가를 수 있다.

성숙성장기에 있는 상장기업은 내부자(창업자)와 상장 주식시장 투자자의 이해관계를 균형 있게 조정하는 것이 경영자의 과제다. 상장시장의 주식 투자자는 대개 성장주 투자자로, 현금 환원보다 기업의 성장을 우선시한다. 기업이 성숙하고 안정적인 단계에 접어들어도 의사결정에 상장 주식시장 투자자의 영향력은 계속해서 확대된다. 다만 이들 투자자의 구성은 바뀔 가능성이 크다. 즉 성장이 아니라 현금 수익에 더 집중하는 가치투자자들이 주도권을 잡게 될 것이다.

쇠퇴기에 있는 상장기업은 사업부를 분할하거나 자산을 매각해서 현금 환원을 확대하라는 행동주의 투자자의 압박을 받을 가능성이 높다. 투자자가 회사를 비상장기업으로 전환하여 자산의 대부분을 청산하고 현금을 회수하려는 움직임도 있을 수 있다. 그림 4.1에 이러한 전환 과정을 요약했다.

앞서 2장에서는 운영상의 전환과 함께 아이디어가 제품으로 이어지지 못하고 제품 중에서도 일부만이 사업화되며 그중에서도 극히 일부만이 확장에 성공하는 이유를 설명했다.

이 장에서는 기업의 전환 과정에 등장하는 주요 주체들로 논의를 집중한다. 먼저 아주 초기 단계의 기업에 자금을 제공하는 VC와 기타 투자자를 살펴보고, 기업의 상장 시점과 상장 후에 등장하는 상장 주식시장 투자자, 그리고 쇠퇴기 기업에서 마지막 정리를 맡는 행동주의 투자자와 사모펀드 투자자에 대해 이야기하겠다.

　　　　　　　　　　　　　　　　　　　　1부 | 기업 생애주기의 기초

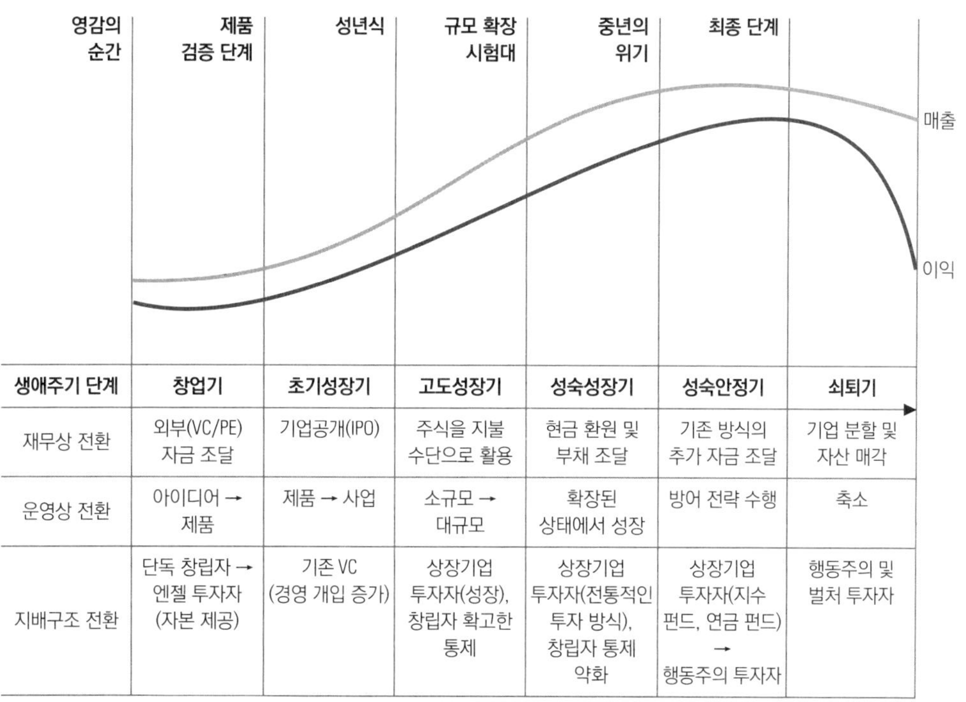

생애주기 단계	창업기	초기성장기	고도성장기	성숙성장기	성숙안정기	쇠퇴기
재무상 전환	외부(VC/PE) 자금 조달	기업공개(IPO)	주식을 지불 수단으로 활용	현금 환원 및 부채 조달	기존 방식의 추가 자금 조달	기업 분할 및 자산 매각
운영상 전환	아이디어 → 제품	제품 → 사업	소규모 → 대규모	확장된 상태에서 성장	방어 전략 수행	축소
지배구조 전환	단독 창립자 → 엔젤 투자자 (자본 제공)	기존 VC (경영 개입 증가)	상장기업 투자자(성장), 창립자 확고한 통제	상장기업 투자자(전통적인 투자 방식), 창립자 통제 약화	상장기업 투자자(지수 펀드, 연금 펀드) → 행동주의 투자자	행동주의 및 벌처 투자자

초기 단계 기업의 자금 조달

초기 단계 기업은 사업 초반 생존을 위해 자본이 필요하다. 역사적으로 이러한 자본을 공급한 것은 신생 기업에 필연적으로 수반되는 실패의 위험을 감수한 투자자들이었다. 여기에서는 초기 단계 기업의 주요 자금 조달원인 VC를 살펴보겠다. 먼저 VC의 역사에서 출발해 VC 자금을 조달하는 과정과 VC시장의 과거 부침을 다룰 것이다. 그리고 초기 단계 기업의 자금 조달원이 어떻게 기업의 벤처 투자 부문, 크라우드펀딩(crowdfunding), 상장 주식시장 투자자로 확장되었는지 살펴본다. 또 이러한 확장이 어떻게 비상장기업과 상장 주식시장 투자의 경계에 있는 일종의 '회색시장'을 만들어냈는지 논의할 것이다. 대형 비상장기업들은 이 회색시장에서 비상장 상태를 유지한 채로, 과거에는 상장기업만이 누릴 수 있었던 자본 접근성을 확보하고 있다.

벤처캐피털

지금까지 비상장기업에 자본을 공급하는 원천으로서 VC의 존재를 상수처럼 가정했지만 현재와 같은 구조화된 형태의 VC가 등장한 것은 비교적 최근의 일이다. 초창기 VC는 주로 미국에 기반을 두었다. 이제 기업이 VC 자금을 조달하는 과정을 살펴보고, 이어서 시간이 흐르며 VC 산업이 겪어온 부침의 역사를 조명할 것이다.

간략한 역사

초기 단계 기업은 항상 외부 자본의 지원을 받아왔다. 자본 제공자의 역사는 수백 년 전으로 거슬러 올라간다. 톰 니콜라스(Tom Nicholas)는 VC의 역사에 대한 연구에서 초창기 VC 투자 사례로 19세기 미국의 포경 산업을 언급한다. 포경 사업은 성공할 경우 막대한 수익을 올릴 수 있었지만 실패 가능성도 상당히 컸다.[1] 19세기 말에서 20세기 초반 철도 건설 사업도 막대한 자본을 필요로 했고 앤드루 멜론(Andrew Mellon)과 J. P. 모건(J. P. Morgan)을 비롯한 은행가들이 그 자본을 제공했다.

조직화된 자본 공급원으로서 VC의 역사는 1946년 조르주 도리오(Georges Doriot)가 설립한 아메리칸 리서치 앤드 디벨롭먼트 코퍼레이션(ARD)으로 거슬러 올라간다. 하버드 경영대학원 교수였던 도리오는 재단, 기부금 펀드, 연기금의 자금을 모아 신생 기업에 투자했다. 디지털 이큅먼트 코퍼레이션(Digital Equipment Corporation) 투자는 특히 큰 성공을 거둬서 ARD는 1957년에 7만 달러를 투자해 몇 년 만에 5,200만 달러의 가치를 창출했다.

VC 산업이 성장하는 데 결정적인 역할을 한 것은 1950년대 미국 의회가 창업 기업 지원을 목적으로 시행한 중소기업투자회사(SBIC) 프로그램이었다. 비록 정부 자금 자체는 크지 않았지만 이 프로그램으로 VC기업의 등장이 가능해졌다.

1964년 윌리엄 드레이퍼(William Draper)와 폴 와이스(Paul Wythes)가 설립한 팰

로앨토의 서터힐벤처스(Sutter Hill Ventures)는 초기 VC 중에서도 두각을 나타냈다. 그 후 실리콘밸리는 VC의 중심지로 자리 잡았다. 시간이 흐르며 많은 기업이 진입하고 사라지는 가운데 일부는 장기적으로 성공을 거두었다. VC의 영향력은 보스턴, 뉴욕, 오스틴, 마이애미 등 미국 전역으로 확대되었고 이제는 세계 시장에서 입지를 넓히고 있다. 특히 2010년부터 2020년 사이에 VC는 자본 규모 면에서 폭발적으로 성장했고 VC가 키운 기업들이 상장 후에도 특히 높은 주가 상승률을 기록하면서 상장 주식시장에서도 상당한 영향력을 발휘하게 되었다.

VC 자금 조달 절차

창업 기업이나 초기 단계 기업이 VC 자금을 유치하기로 결정하면, 기업마다 차이는 있지만 반드시 거쳐야 하는 일정한 절차가 있다. 프리시드(pre-seed)나 시드(seed) 투자라고 불리는 가장 초기 단계의 VC 투자에는 가장 큰 위험과 높은 실패 확률을 감수하고 과감히 투자하는 VC들이 참여한다. 초기 자본을 유치해서 다음 단계로 나아갈 수 있게 된 기업들은 VC 자본을 추가로 유치하는 후속 라운드에 나서는데, 그 대가로 소유권(지분)을 일부 포기한다. 이러한 과정을 그림 4.2에서 확인할 수 있다.

일부 VC를 비롯한 많은 사람은 VC들이 투자하는 대가로 받게 될 지분을 감안해 기업의 가치를 평가한다고 오해한다. 그러나 VC는 비슷한 기업에 다른 VC가 지불하는 가격을 참고하고, 이를 관찰 가능한 지표로 조정해서 기업의 가격을 산정한다. 예를 들어 매출이 거의 없고 적자가 크지만 100만 명의 구독자를 보유한 젊은 창업 기업을 평가한다면, 그 기업의 구독자 수, 그리고 다른 VC들이 비슷한 기업에 지불한 구독자 1인당 가치를 참고하여 기업의 가격을 책정할 것이다. 기업의 매출이 점차 가시화되고 몇 년 안에 수익성 전환이 기대된다면 그때부터는 미래 매출이나 이익을 기준으로 가격을 산정한다. 즉 미래 매출과 이익을 추정하고 가격 배수를 적용하여 가치를 산출한 다음, 위험과 시간 가치를 반영한 목표 할인율을 적용하는데 이때 목표 할인율은 협상의 도구로 활용되기도 한다.

[그림 4.2] VC 투자 과정

프리시드 & 시드	시리즈 A	시리즈 B	시리즈 C
일반적으로 창업 기업이 처음 조달하는 자금. 아이디어를 제품으로 전환하는 데 쓰인다.	아이디어를 제품으로 전환하는 단계를 넘어서, 훨씬 규모가 큰 자금이 투입된다.	사업모델을 개발하고 사용자 및 고객 활동을 기반으로 운영하는 기업을 위한 단계다.	사업모델이 실질적인 성과를 내고 있으며, 이를 더 확장하려는 기업을 위한 단계다.
VC 투자 조건	**VC 가격 산정**	**VC 투자 라운드**	**VC 업라운드 & 다운라운드**
VC는 자본을 제공하는 대가로 기업의 지분을 취득하며, 투자 당시의 가치에 따라 결정된다.	VC는 젊은 기업의 가치를 사용자 수, 다운로드 수, 구독자 수 등의 활동 지표 또는 예상 매출 및 이익 배수를 기준으로 평가한다.	성장하는 기업은 각 단계에서 VC로부터 자금을 여러 차례 조달할 수 있고, 라운드마다 기업 가치가 달라진다.	이전 라운드보다 높은 가격(업라운드) 또는 낮은 가격(다운라운드)으로 진행되며, 이때 이전 라운드의 투자 조건을 변경하기도 한다.

간단한 예를 들어보자. VC로서 4년 차 매출액이 5,000만 달러로 예상되는 기업을 평가한다고 가정해보자. 다른 VC들이 비슷한 기업에 매출의 5배 가격을 지불하고 있고 목표 수익률이 40%라고 하면 현재 시점에서 기업의 가격은 다음과 같이 산정할 수 있다.

4년 차 가격 = 5,000만 달러 x 5 = 2억 5,000만 달러

$$\text{현재 가격} = \frac{\text{2억 5,000만 달러}}{(1.40)^4} = \text{6,508만 달러}$$

이처럼 가격 산정은 펀더멘털과는 연관성이 느슨한 단순한 과정으로, 결국 협상의 영역이다. VC는 4년 차 예상 매출을 낮게 설정하고, 매출에 적용할 배수를 낮추며, 목표 수익률을 높이려고 한다. 이와 반대로 창업자는 더 높은 예상 매출액, 더 높은 배수, 더 낮은 목표 수익률을 주장하며 협상을 벌인다. 내재가치(intrinsic value) 평가에 익숙하다면 목표 수익률이 할인율처럼 보일 수 있지만 목표 수익률은 할인율과는 다른 임의의 값이다. 예를 들어 2022년 7월에 VC들은 시드 자금을 조달하

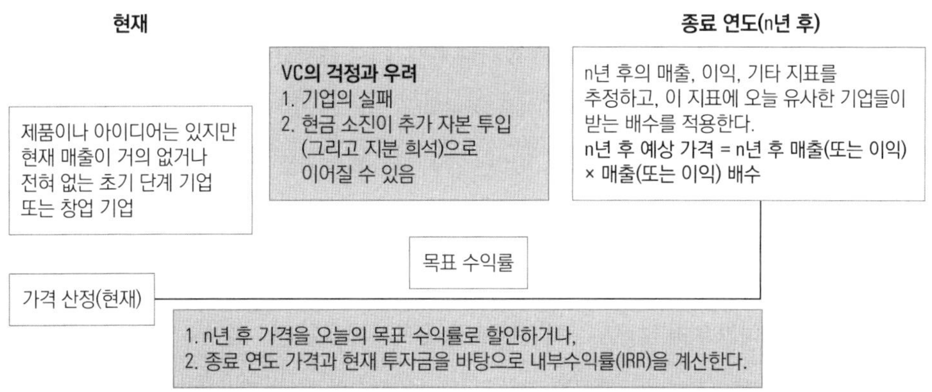

려는 기업을 평가하며 50%가 넘는 목표 수익률을 설정했다. 연간 기준으로는 터무니없이 높아 보일 수 있지만 장기적으로 VC가 시드 투자에서 실제로 달성한 연평균 수익률은 20% 수준이었다.

VC를 특별하게 하는 또 다른 두 가지 요소가 있다. VC 자금에 접근하거나 VC 자금을 투자하기 위해서는 이 특징이 무엇이고 왜 이러한 특징이 존재하는지 알아야 한다.

a. **프리머니**(pre-money) 대 **포스트머니**(post-money): VC 투자에서는 일반적으로 프리머니 가치와 포스트머니 가치를 구분한다. 프리머니 가치는 VC 투자 이전의 기업 가치, 포스트머니 가치는 투자 이후의 기업 가치를 의미한다. 이 과정에는 주관적인 판단이 개입되며, 두 가치를 구분하는 방식에도 차이가 있을 수 있다. 기업에 기존에 거래되는 가격이 있다면 기존 가격에 투자 유치 금액을 더해 포스트머니 가치를 산출한다. 앞서 설명한 VC의 가격 산정 방식은 포스트머니 기준으로, 여기에서 투자된 자본을 제외하면 프리머

니 가치가 도출된다.

b. 보호 장치: VC 투자자는 초기 단계 기업에 투자할 때 상승 가능성을 기대하면서도 동시에 하방 위험을 우려한다. 예를 들어 기업 가치가 1억 달러인 초기 단계 기업에 2,000만 달러를 투자하면 사업의 지분 20%를 확보한다. 그러나 이후 기업 가치가 5,000만 달러로 하락한 상태에서 이 기업이 1,000만 달러 투자를 추가로 유치할 경우 새로운 투자자도 동일하게 지분 20%를 받는다. 이러한 '다운라운드(down round)'가 반복될수록 기존 투자자는 점점 더 불리한 위치에 놓인다.

이를 방지하기 위해 많은 VC 계약은 다운라운드가 발생할 때 기존 투자자의 지분을 조정해 가치 하락으로부터 보호하는 조항을 포함한다. 그림 4.4는 가상의 VC 투자를 통해 하방 보호 장치가 어떻게 작동하는지를 보여준다. VC가 기업 가치가 10억 달러로 추정되는 회사에 1억 달러를 투자해 10% 지분을 확보하면서, 동시에 기업 가치가 10억 달러 미만으로 하락할 경우 전액 보호를 받는 구조다.

[그림 4.4] VC 보호 조항과 수익

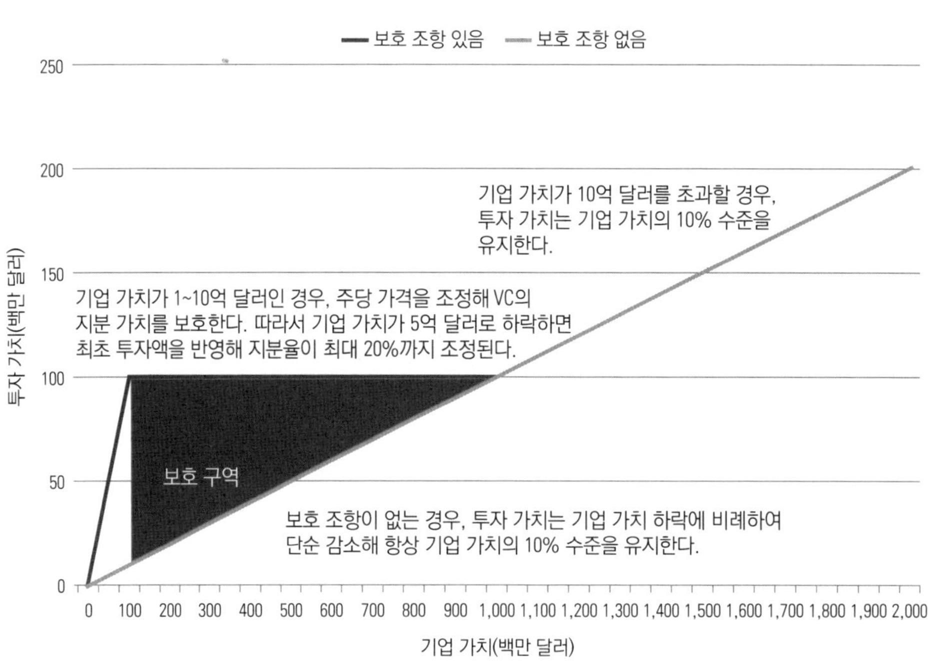

이 구조에 유의해야 하는 이유는 무엇일까? 바로 이러한 하방 보호 장치가 있기 때문에 단순히 VC 투자 라운드의 가격을 기준으로 기업의 가치를 유추하는 것은 위험하다. 예를 들어 VC가 어느 기업에 5,000만 달러를 투자해 5% 지분을 확보했다고 해도 상당한 수준의 하방 보호 조항이 있다면 기업의 가치를 5,000만 달러의 20배인 10억 달러라고 단순하게 추정해서는 안 된다. 하방 보호 조항 자체에도 가치가 있고 그 가치가 매수 가격에 모두 반영되어 있다면, 해당 기업의 실제 가치는 10억 달러보다 훨씬 작을 것이다.[2]

VC 산업의 부침

초기 단계 기업과 창업 기업은 성장에 필요한 재투자를 위해서는 물론이고 생존 자체를 위해서도 VC에 의존한다. 그러나 VC의 가용성은 시기에 따라 달라질 수 있고, 이는 투자자들의 위험 감수 의지를 반영한다. 그림 4.5는 1985년부터 2021년까지 미국 내 VC의 증감 추이를 보여준다.

[그림 4.5] VC의 호황과 쇠퇴

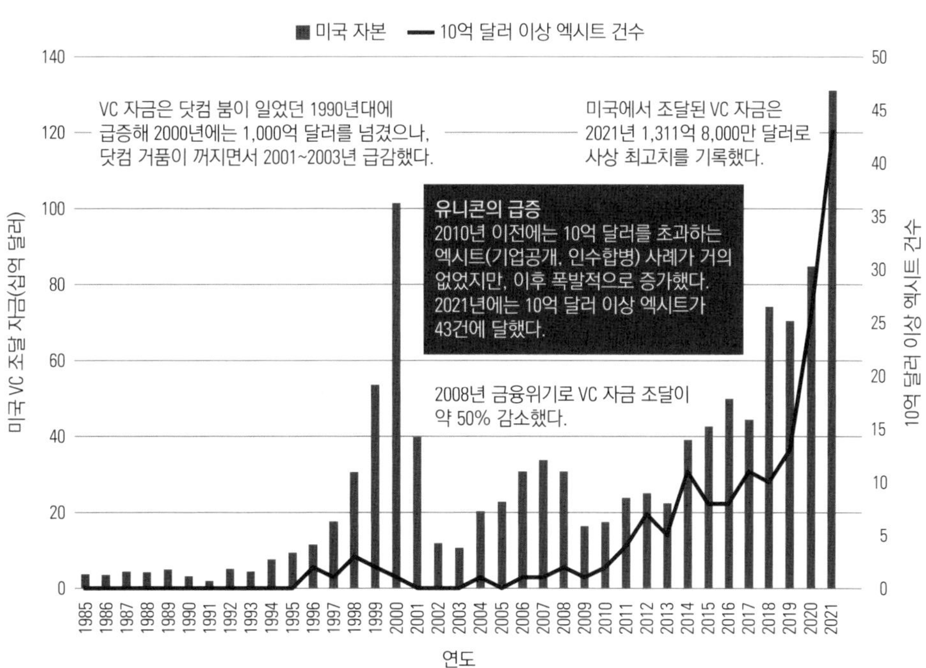

지난 40년간 VC 환경을 보면 자본이 풍부했던 시기(1990년대, 2011~2020년)와 자본이 부족했던 시기(2002~2004년, 2009~2010년)가 번갈아 있었다. 이러한 환경 변화가 자본을 조달하려는 초기 단계 기업들에 끼치는 영향은 충분히 예측이 가능하다. 벤처 자본이 풍부하고 접근이 쉬울 때 초기 단계 기업은 원하는 자금을 더 유리한 조건(즉 최소한의 지분 희석)으로 유치할 수 있다. 벤처 자본이 부족해지면 초기 단계 기업은 다운라운드를 겪거나 파산할 위험이 커진다.

초기 단계 기업의 자금 조달 방식 변화

지난 수십 년을 돌이켜 보면 초기 단계 기업들의 자금 조달 방식은 계속해서 변화해왔으며 이 과정에서 전통적인 VC 구조를 창의적으로 변형한 새로운 유형의 투자자(자본 공급자)들이 시장에 유입되었다.

1. **세계화**: 구조화된 형태의 VC는 20세기 대부분의 기간 동안 주로 미국 시장 투자에 집중했다. 정부 보조금이나 은행 대출에 의존해야 했던 다른 국가의 초기 단계 기업은 기존 기업에 비해 자본 조달에서 불리할 수밖에 없었다. 그러나 1990년대 닷컴 시대를 기점으로 전 세계적으로 VC에 대한 접근성이 확대되기 시작했고 이런 흐름은 지난 10년 동안 특히 아시아 지역에서 더욱 두드러졌다. 2022년 2분기에 미국에서는 총 2,698건의 거래에 529억 달러가 투자되어 여전히 VC시장을 주도했다. 같은 기간 동안 아시아에서는 2,630건의 거래에 270억 달러, 유럽에서는 1,705건 거래에 227억 달러가 투자되었다. 라틴아메리카(23억 달러), 아프리카(8억 8,000만 달러), 호주(7억 달러), 캐나다(20억 달러) 등은 상대적으로 뒤처졌지만 VC시장이 세계적으로 활성화되면서 전 세계 창업 기업들이 좀 더 평등한 경쟁 환경에서 성장할 수 있는 기반이 마련되고 있다.

2. **투자자 구성**: 초기 VC는 기관투자자(기부금 펀드, 연기금)와 초고액 자산가를 대상으로 하는 대체투자 상품이었다. 그러나 지난 10년 동안 기술 혁신과 함께 개인, 소매 투자자에게도 기회가 열렸다. 예를 들어 초기 단계 기업들은 크라우드펀딩을 통해 자사 제품에서 가능성을 본 고객과 소액 투자자로부터 자금을 조달할 수 있게 되었다. 2021년 전 세계

크라우드펀딩시장에서 조달된 자금은 총 136억 달러에 달한다. 또 크라우드펀딩으로 자금을 조달한 기업의 투자자 보호가 강화되고 기업 지배구조에 대한 투자자의 권한이 확대됨에 따라 이 시장은 더욱 성장하며 더 많은 투자자를 유입시킬 것으로 예상된다. 지난 10년 동안 피델리티(Fidelity), 티로프라이스(T. Rowe Price) 등 공모주식형 펀드 역시 초기 단계 기업의 자금 조달시장에 점진적으로 참여를 늘려 수십억 달러 규모의 자금을 비상장기업에 공급하는 모습을 보였다.

3. **기업 VC:** 초기 단계 기업에 투자되는 자본 중 일부는 성숙한 기업에서 나온다. 이들은 잉여현금을 보유하고 있지만 자체적인 투자 기회가 제한적이다. 또는 자사의 사업에 도움이 될 기술이나 지원을 제공할 수 있는 창업 기업에 전략적으로 투자하려는 목적을 가지고 있다. 지난 20년 동안 기업 VC의 자금 흐름을 증가시킨 요인은 크게 두 가지다. 첫째, 헬스케어와 기술 산업의 성장이다. 성숙한 기업은 유망한 기술을 보유한 젊은 기업에 투입하는 것이 같은 비용을 자체 연구개발에 투자하는 것보다 더 효율적인 성장 전략임을 깨닫게 되었다. 둘째, 헬스케어와 기술 산업에서 성공한 기업들이 유례없는 수준의 현금을 축적하면서 다양한 기업에 투자할 수 있는 자본이 마련되었다. 실제로 구글, 마이크로소프트, 애플 같은 기업들은 각각 1,000억 달러 이상의 현금을 보유하고 이를 활용해 자체 VC 펀드를 운영하고 있다.

젊은 성장 기업이 자본에 접근할 수 있는 기회가 확대되면서 상장 시점과 성장 방법에 대한 전략도 변화했다. 몇십 년 전만 해도 VC 자금으로 충당할 수 없을 만큼 성장하면 IPO를 통해 추가 자금을 조달해야 했던 기업들이 이제는 비상장 상태를 유지하는 선택을 할 수 있다. 기업 VC, 소매 투자자, 공모주 펀드 등 다양한 자금원을 활용할 수 있기 때문이다. 우버가 대표적인 사례다. 우버는 2019년 600억 달러의 기업 가치로 상장하기 전까지 수백억 달러 규모의 자금을 조달해 사용했다.

상장 주식시장

많은 초기 단계 기업이 아이디어를 제품으로 전환하고 성공적인 사업모델을 개발하지만 그중 극소수만이 주식시장에 상장한다. 사업을 확장했지만 상장에 필요한 최소한의 규모를 충족하지 못하는 기업도 있고, 상장기업에 대한 엄격한 감시와 규제 때문에 창업자와 자본 제공자들이 비상장 상태로 남기를 선택하는 기업도 있다. 이제 상장을 선택하는 기업들의 상장 절차를 살펴보고 상장기업의 자금 조달에 대해 살펴보자.

기업공개(IPO)

기업이 비상장 상태를 유지할지 상장할지를 결정할 때 직면하는 득실을 검토하고 이어서 상장 과정에 대해 설명하고자 한다. 20세기 미국 기업의 상장 방식과 더불어 최근 10년 사이에 등장한 대안적 방법도 조명할 것이다.

상장의 득실

앞서 창업자들이 자본을 유치하는 대가로 기업의 지분을 제공하는 VC 자금 조달의 득실을 분석했다. 큰 성장을 목표로 하는 야심 찬 기업은 언젠가는 필요한 만큼 충분한 자금을 VC가 제공하지 못하거나, 제공하더라도 과도한 지분까지 요구하는 시점을 맞을 것이다. 이때 상장 주식시장에서 가치를 더 높이 평가받고 더욱 풍부한 유동성에 접근할 수 있는 기업이라면 기업공개가 대안이 될 수 있다.

상장기업 투자자들은 VC에 비해 더 분산된 포트폴리오를 보유하고 있다. 따라서 일정 수준의 위험을 감수하면서도 그만큼 높은 수익률을 요구하지 않는 경향이 있어서 기업에는 더 유리한 가격 조건이 형성된다. 또 주식의 소유 구조를 표준화하고 (주로 한두 개 주식 클래스로 제한됨) 거래가 쉽도록 작은 단위로 분할하기 때문에 주식의 유동성이 높다. 기존 주주(창업자, VC)들은 이처럼 높은 유동성을 활용해 보유 주식 일부를 현금화할 수 있고 직원들도 보상으로 받은 주식이나 스톡옵션으로 시장에서 수익을 실현할 수 있다.

그러나 기업공개를 결정할 때는 최소한 두 가지 비용을 고려해야 한다. 첫째, 상장기업의 정보 공개 요건은 비상장기업에 비해 훨씬 엄격하다. 의무 공개로 추가 비용이 발생하고 경쟁 업체에 유용할 수도 있는 정보가 노출되는 것은 기업 입장에서 바람직하지 않을 수도 있다. 둘째, 단기(분기, 반기) 성과 지표(사용자 수, 매출, 이익)가 투자자의 기대 이상이어야 한다는 압박을 받는다. 이는 경영진의 부담을 가중시키고 장기적으로 기업에 해가 되는 의사결정을 유도할 수 있다. 이처럼 기업공개의 득과 실이 존재하는 가운데 지난 10년 동안 비상장 상태로 충분한 자본을 조달할 수 있는 기회가 늘면서 초기 단계 기업들이 기업공개 시점을 늦추는 경향이 있지만 기업공개는 여전히 진행 중이다.

상장 절차

수십 년 동안 이어온 기업공개의 표준 절차는 투자은행에 상당한 수수료를 지급하고 그들을 통해 상장 주식시장 투자자들에게 '보장된' 가격에 주식을 발행하는 것이었다. 이 과정에서 문제점이 드러나기도 했지만 투자 환경의 극적인 변화에도 불구하고 기업공개 절차는 거의 달라지지 않았다.

기업공개는 초기 단계 기업이 하나 이상의 투자은행과 접촉하여 그 계획을 논의하는 것으로 시작된다. 투자은행은 기업의 재무 상태를 분석하고, 투자설명서(prospectus)를 비롯해 규제 당국에 제출할 문서의 작성과 제출을 지원하며, 수요 조사를 통해 기업의 가치를 산정한 뒤, 공모가격을 책정하고 보장한다. 공모가를 보장한다는 것은 공모주 청약이 예상보다 부진하더라도 해당 투자은행이 그 가격에 주식을 발행하도록 보장한다는 것이다. 얼핏 보면 기업에 유리한 구조 같지만 이에 따른 제약이 존재하는데 여기에 대해서는 뒤에서 다시 살펴보겠다. 그림 4.6은 일반적인 기업공개 절차다.

100년 가까이 이어져온 이 절차의 유효성에 대해 최근 여러 측면에서 의문이 제기되고 있다. 첫째, 투자자 사이에 잘 알려지지 않았고 아직 검증되지 않은 초기 단

[그림 4.6] 투자은행이 주도하는 IPO

발행 기업

비상장기업이 IPO를 결정한다.

IPO 절차를 주관할 투자은행을 선정한다. 주관사는 다른 은행과 컨소시엄을 구성하여 마케팅과 유통을 진행한다.

IPO로 조달할 금액과 그 자금의 사용 계획을 명시한 증권신고서를 제출한다.

투자은행이 예비 공모가를 설정하고 잠재 투자자들과 가격을 조율한다.

투자은행이 최종 공모가와 발행주식 수를 결정한다.

투자은행이 경영진과 함께 투자자를 대상으로 로드쇼를 진행한다.

상장일에 주식 거래가 시작되고 시장에서 가격이 형성된다.

공모 이후, 투자은행이 발행 기업의 주가를 지원하며 투자자들의 원활한 현금화(매도)를 돕는 역할을 수행한다.

투자은행의 역할

타이밍
최적의 공모 시점과 시장을 파악하여 조언한다. 기업의 서사 구성과 공모를 위한 재무 자료 정비를 지원한다.

증권신고서와 공모 세부 사항
증권신고서 작성과 공모 규모 결정을 지원한다.

가격 산정
가격 산정을 위해 평가 지표와 동종 기업을 선정한다. 주식 수요를 측정하고 발행 기업과 투자자가 모두 만족할 수 있도록 가격을 조정한다.

판매와 마케팅
기업과 협력하여 잠재 투자자들에게 정보를 제공하고 관심을 유도한다.

가격 보장
공모가 이하로 거래가 시작될 경우, 보장된 가격을 제공한다.

사후 시장 지원
필요할 경우 직접 주식을 매입하는 등 명시적인 지원을 제공한다. 긍정적인 연구 보고서 발행과 추천을 통해 암묵적인 시장 지원을 수행한다.

계 기업에 투자은행의 '승인 도장'이 필요하다는 개념이 점점 흐릿해지고 있다. 오늘날 기업공개에 나서는 많은 기업은 이미 상당한 인지도를 확보하고 있고 반대로 투자은행의 명성은 과거에 비해 약화되고 있기 때문이다. 페이스북 IPO 당시, 모건 스탠리(Morgan Stanley)보다 페이스북을 아는 사람이 더 많았을 것이라는 추측은 합리적이다.

둘째, 다양한 대안이 등장하면서 투자은행이 제공하는 마케팅과 가격 산정 서비스의 가치도 예전과 달라졌다. 또 공모가를 지나치게 낮게 책정하는 투자은행의 관행 때문에 공모가 보장도 실질적으로 무의미하다. 상장 당일에 주가가 공모가보다 20%, 30%, 심지어 50%나 급등하는 현상은 이 같은 주장을 뒷받침한다.

이러한 현실에서 기업 창업자와 VC는 실질적으로 도움이 되지 않는 투자은행에 어째서 공모 자금의 5~6%를 수수료로 지불해야 하는지 의문을 제기한다. 이에 대응해 일부에서는 비상장기업이 직접 시장에 상장하고 시장이 가격을 결정하도록 하는 새로운 기업공개 방식을 제안한다. 이러한 직상장(direct-listing) 방식은 투자은행 고객이 운이나 특권으로 공모가에 주식을 배정받아 큰 차익을 얻는 것을 방지할 뿐만 아니라 기업공개 비용을 크게 절감한다는 장점이 있다. 그러나 직상장 방식에도 제약이 존재한다. 그림 4.7은 투자은행이 주도하는 IPO의 대안으로서 직상장과 그 한계를 제시한다.

젊은 기업에 직상장의 가장 큰 단점은 직상장으로 조달한 자금을 '반드시' 소유주가 현금화해야 하고, 향후 투자 수요를 충당하기 위해 회사에 유보할 수 없다는 제

[그림 4.7] 발행 기업이 주도하는 IPO

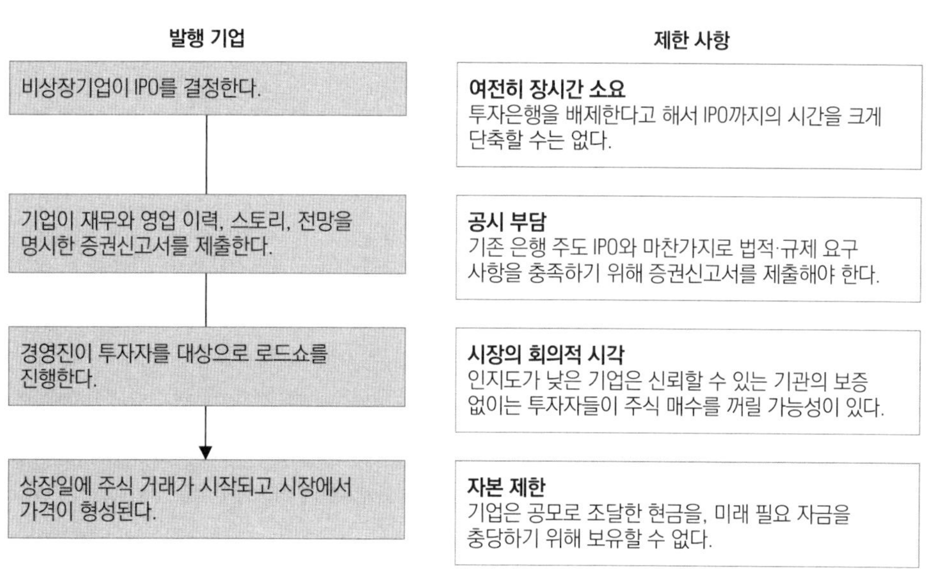

약이다.* 현실적인 해결 방안이 있기는 하지만 아직은 이러한 제약이 직상장의 활용을 제한하고 있다.

기업공개를 계획하는 기업에 최근 몇 년 사이 세 번째 대안이 등장했다. 기업인수목적회사(Special Purpose Acquisition Company, SPAC)를 활용하는 방법으로, 소매 투자자들이 SPAC에 투자한 자금을 활용해 유명 투자자나 투자자 집단이 상장을 추진한다. 이는 기존 IPO와 달리 구체적인 조건이 확정되지 않은 상태에서 공모 전에 자

[그림 4.8] SPAC이 주도하는 IPO

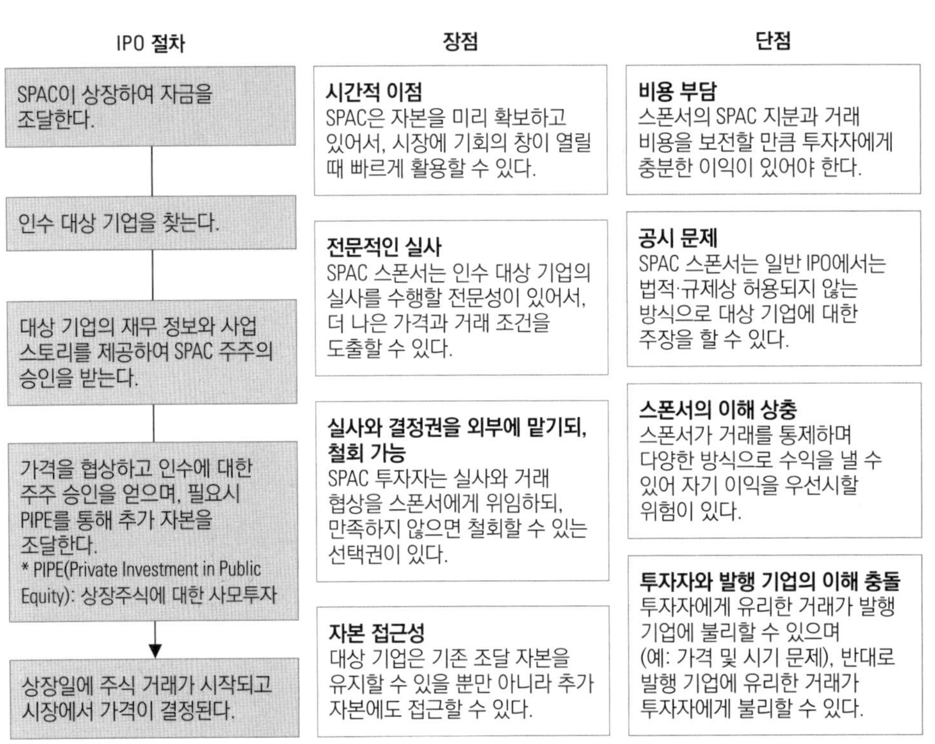

---

* 직상장은 원칙적으로 신주 발행이 아니라 기존 주주가 보유한 주식을 시장에 직접 매각하는 방식으로 이루어졌다. 따라서 구조적으로 회사로 자금이 들어오지 않고, 자금은 전량 기존 주주(창업자, VC 등)의 현금화로 귀속되었다. 현재 뉴욕증권거래소(NYSE)는 이 같은 방식의 직상장을 '기존 주주 매각형 직상장(selling shareholder direct floor listing)'이라 칭하고, 회사가 신주를 발행해 자금을 조달하는 새로운 형태의 '신주 발행 직상장(primary direct floor listing)'과 구분한다.

　　　　　　　　　　　　　　　　　　　　　1부 | 기업 생애주기의 기초

금을 조달한다. 그림 4.8은 SPAC을 통한 IPO 절차와 그 한계다.

소매 투자자들은 SPAC의 발기인(promoter)이 적절한 비상장기업을 선정해 최선의 조건으로 합병을 성사시킬 것이라고 믿는다. 이러한 구조 자체는 크게 문제가 없어 보일 수도 있지만 SPAC의 발기인들이 조달된 자금의 약 20%를 보수로 가져간다는 점은 우려할 만하다. 소매 투자자로서는 IPO 이후 그만큼 주가가 올라야 원금을 회수할 수 있다는 부담이 있다.

역설적이게도 전통적인 산업에 파괴적 혁신을 가져온 기업들이 자본을 조달하기 위해 활용했던 IPO 과정 자체가 이제는 혁신의 대상이 되고 있다. 나는 IPO 절차에도 변화가 임박했다고 생각하지만 기존의 대안 가운데 두드러진 것은 현재로서는 없는 듯하다. 당분간은 투자은행이 주도하는 기존 방식이 유지되겠지만 더 효율적이고 비용이 적게 드는 기업공개 방법을 모색하는 기업들도 점점 늘어날 것이다.

IPO시장의 추세

VC시장과 마찬가지로 IPO시장도 과열기와 냉각기를 거친다. 과열기에는 수십 개에서 수백 개 기업이 기업공개에 나서고 냉각기에는 그 숫자가 급감한다. 그림 4.9는 제이 리터(Jay Ritter)가 집계한 IPO 데이터를 활용해 1980~2021년 연도별 IPO 건수와 IPO로 조달된 자금의 규모를 정리한 것이다.

IPO는 1990년대에 급증했다가 이후 감소했으며, 지난 10년 동안은 공모로 조달된 자금 규모가 다시 증가했다. 특히 VC 자금의 흐름(그림 4.5)과 비교해서 보면 VC 자금 가용성의 부침이 IPO시장의 과열기, 냉각기와 맞물려 움직이는 것을 확인할 수 있다.

IPO 건수는 물론 기업의 유형도 달라졌다. 앞서 VC 관련 논의에서 언급했듯이 비상장기업이 더 좋은 조건으로 자본을 조달할 수 있는 회색시장이 부상하면서 기업공개 시점과 기업공개 당시의 재무적 특성도 달라지고 있다. 그림 4.10은 연도별 IPO 기업의 매출 규모와 IPO 당시 흑자 기업의 비율이다.

[그림 4.9] 미국 IPO 건수와 공모 금액

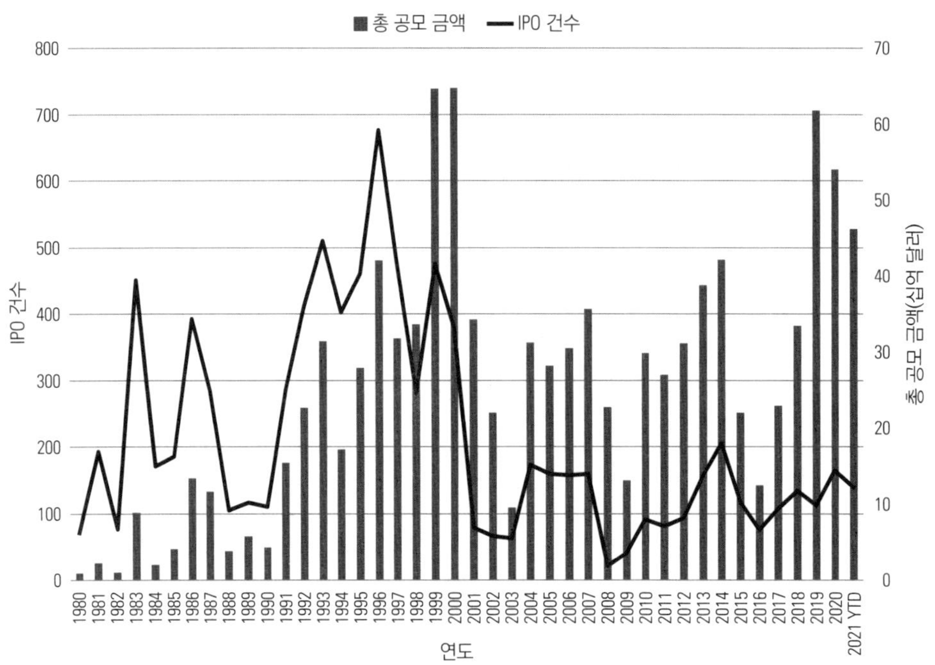

[그림 4.10] IPO 기업의 매출액과 흑자 기업 비율

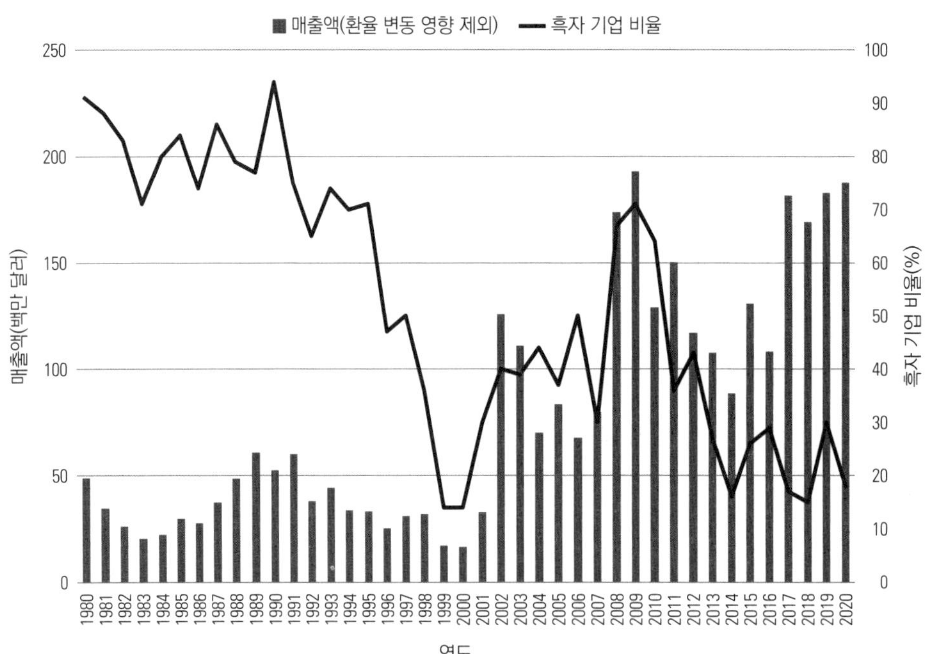

결론적으로 지난 10년간 상장기업의 규모는 매출 기준으로 20~30년 전에 비해 훨씬 더 커졌지만 사업모델은 덜 정교한 경우가 많다. 비상장 상태로 오랜 기간 자본에 자유롭게 접근할 수 있게 되면서 기업이 예전만큼 엄격하게 사업모델을 구축하지 않음을 시사하기에 우려스러운 현상이다.

추가 자금 조달

기업이 상장하면 주식시장, 채권시장에서 자금을 조달할 수 있어 자본 접근성이 확대된다. 여기에서는 상장기업이 조달하는 자금의 유형을 살펴보겠다. 일반적으로 초기 성장 단계에서는 여전히 주식시장을 활용하지만 시간이 지나면서 내부 자금(영업 활동에서 나오는 유보이익)이 자본의 주요 원천이 된다. 외부 자금이 필요할 경우에는 주식보다 부채(채권 발행 등)로 조달하는 것이 일반적이다.

선택

결국 모든 기업의 자금원은 소유주의 자본(자기자본)과 차입금(부채), 두 가지뿐이다. 상장기업은 두 가지 방식으로 자기자본을 조달한다. 첫째, 주식시장에서 신주를 발행한다. 둘째, 순이익에서 재투자를 위해 이익을 유보한다. 그림 4.11은 1975년부터 2020년까지 미국 상장기업이 조달한 자금의 유형별 비중이다.

그림에서 보듯 기업이 상장한 후에는 외부 자금보다 내부 자금(유보이익)에 더 많이 의존하는 경향이 있다. 외부 자금을 조달할 경우에도 주식 발행보다는 부채나 채권 발행을 이용하는 경우가 훨씬 더 많다.

다만 한 가지 유의할 점이 있다. 기업은 초기성장기에서 성숙성장기로 전환하는 과정에서도 성장을 위한 자본을 필요로 하지만 부채 조달이 쉽지 않다. 여전히 위험이 크고 이익이 미미한 경우가 많기 때문이다. 이런 기업은 주식에 의존하게 되는데 시장에서 주식을 발행해 현금을 확보하는 것이 아니라 보유한 주식을 일종의 화폐처럼 활용한다. 즉 직원들에게 주식으로 보상을 제공하거나 인수 대금으로 주식을 지급하는 방식이다.

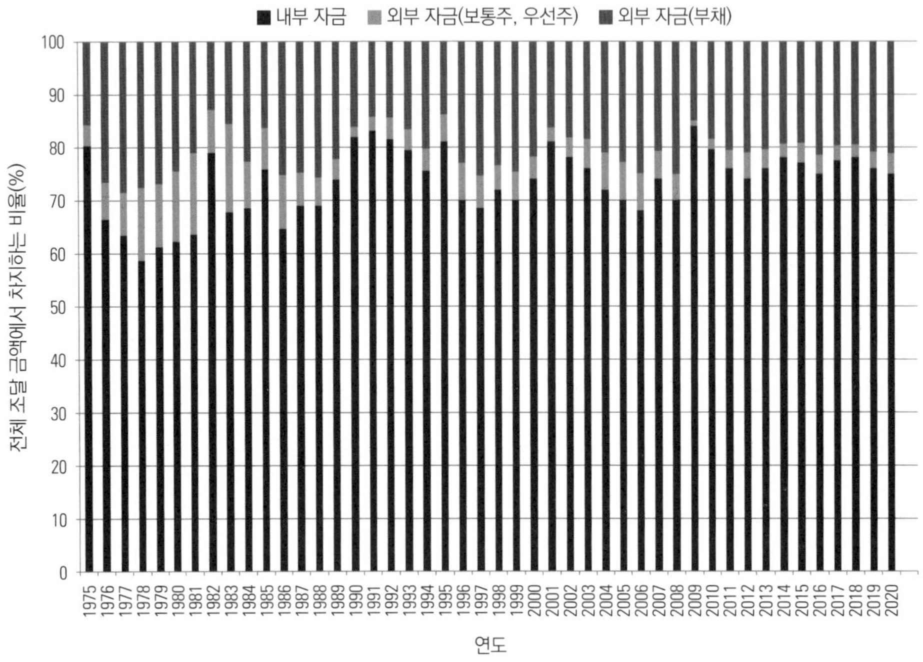

절차

자기자본이든 부채든 추가 자금 조달은 규제 당국에 제출하는 증권신고서(registration statement)와 투자설명서를 작성하면서 시작된다. 이 서류에는 조달할 자본의 규모와 형태가 명시된다. 과거에는 자금 조달 라운드마다 별도로 신고서를 제출해야 했지만 최근에는 선반 등록(shelf registration) 제도가 도입되어 절차가 간소화되었다. 선반 등록 제도는 매번 서류를 제출하는 대신 투자설명서를 사전에 등록해두고 일정 기간 동안 자금 조달에 활용하도록 하는 방식이다.

기업들은 자금을 조달하기 위해, IPO 당시와 마찬가지로 투자은행에 의존하는 경향이 있다. 그러나 상장기업으로서 주식이 이미 시장에서 거래되고 있고, 가격이 형성되어 있으며, 투자자들에게도 잘 알려져 있는 만큼 투자은행의 역할은 IPO에 비해 훨씬 줄어든다. 물론 발행 비용이 전혀 발생하지 않는 것은 아니지만 IPO 대비 훨씬 적고, 발행 규모가 클수록 단위 비용은 더욱 감소한다(그림 4.12).

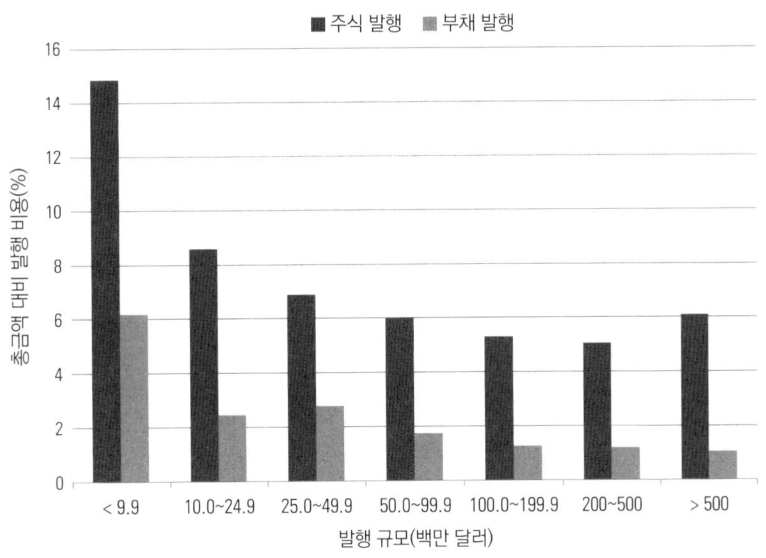

상장기업은 부채(채권 발행 등)가 주식에 비해 발행 비용이 확실히 적게 든다. 신주 발행이 부채 발행보다 훨씬 드문 것도 발행 비용 때문일 수 있다.

주식 발행 비용을 낮추는 방법으로 주주배정 유상증자(equity issuances)를 활용할 수 있다. 이는 기존 주주에게 할인된 가격으로 주식을 추가 매수할 수 있는 권리를 부여하는 방법이다. 이 권리는 모든 주주에게 부여되며, 권리 행사를 원하지 않는 주주는 시장에서 권리를 판매할 수도 있다. 이런 구조 덕분에 유상증자 후 주가가 하락하더라도 기존 주주는 손해를 보지 않는다. 부여받은 권리를 행사해서 보유 주식 수를 늘려 손실을 보전하거나 권리를 매각해서 현금을 확보할 수 있기 때문이다. 일반 공모 방식에 비해 훨씬 낮은 발행 비용은 주주배정 유상증자의 가장 큰 장점이다(그림 4.13).

이처럼 낮은 발행 비용에도 불구하고 미국 기업들은 유럽 기업에 비해 유상증자를 덜 활용한다. 이는 발행주식 수가 증가해 주당순이익(EPS)이 감소하는 희석 효과를 우려하기 때문이다.

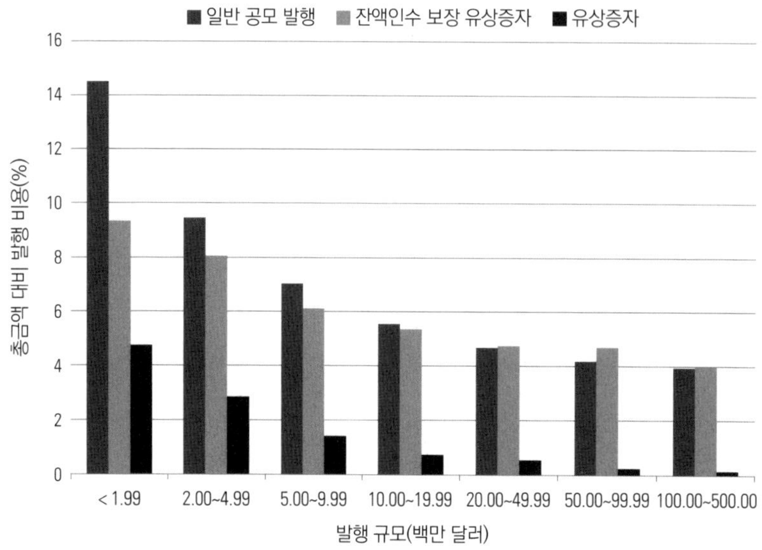

사모펀드

초기 단계 기업은 사업을 시작하고 운영 자금을 마련하기 위해 VC를 찾는다. 그 중 일부 기업은 기업공개를 통해 상장 주식시장에서 추가 자금을 조달한다. 기업이 성숙 단계에 이르고 쇠퇴기에 가까워질 때 자본시장에는 세 번째 주요 세력인 사모펀드(private equity)가 등장한다. '사모펀드'는 비상장 주식시장의 자금으로 이루어지는 지분 투자라는 점에서 VC를 포함할 수 있다. 그러나 여기에서는 상장기업을 비상장 상태로 전환한 뒤 문제를 '해결'한 다음 다시 상장시키는 것을 목적으로 상장기업에 투자하는 사모펀드에 대해 이야기할 것이다.

절차

여기서 다루는 사모펀드는 상장기업을 인수하고 적어도 단기적으로는 비상장기업으로 전환하는 데 집중하는 사모펀드회사를 의미한다. 이는 기업의 일반적인 성장 과정에 역행하는 것처럼 보일 수도 있다. 그러나 기업이 성숙하고 쇠퇴기에 가까워질수록 상장기업으로서의 장점도 줄어든다. 재투자가 필요하지 않은 이 단계의 기업에 자본시장에 대한 접근성은 더 이상 이점이 되지 않는다. 상장기업으로서 받는 외부의 감시와 규제도 생존을 위해 반드시 필요한 사업부 매각이나 인력 감축 같은 변화를 추진하는 데 오히려 방해가 될 수 있다.

사모펀드시장에는 KKR, 블랙스톤(Blackstone) 같은 대형 기업부터 특정 지역이나 산업에 집중하는 소규모 기업까지 다양한 기업이 공존한다. VC와 마찬가지로 모든 사모펀드는 투자자(기부금 펀드, 연기금, 고액 자산가 등)로부터 자금을 조달해 기업에 투자한다. 사모펀드회사와 VC의 결정적인 차이는 투자 대상 기업의 유형에 있다. VC는 성장 잠재력이 높은 초기 성장기 기업을 찾는 반면, 사모펀드는 주로 나이가 들어 전성기를 지난 기업을 목표로 한다. 이러한 기업은 대개 안정적인 이익 창출 능력을 갖추고 있지만 동종 업계 대비 수익성이 낮거나, 사업으로 자본비용을 초과하는 수익을 창출하기 어려운 생애주기 단계에 있는 경우가 많다. 게다가 나이가 든 기업은 경영진이 자사 주식을 거의 혹은 전혀 보유하지 않아서 지배구조 문제가 흔히 발생한다. 사모펀드 투자자로서는 이러한 기업을 인수해 회생을 시도할 여지가 충분하다.

1992년부터 2014년까지 사모펀드에 인수된 수천 개 기업을 대상으로 한 연구에 따르면, 규모가 작고 수익성이 저조하며 부채비율이 낮은 기업일수록 인수 대상이 될 가능성이 더 높았다. 이는 그림 4.14에서 확인할 수 있다.[3]

일반적인 사모펀드 바이아웃 과정은 다음과 같다. 먼저 사모펀드회사는 기업의 내부자나 경영진에게 접근해, 기업이 비상장 상태로 전환될 때 지분 투자자로 참여하도록 유도한다. 동시에 유한책임파트너(Limited Partners, LP)로부터 자금을 조달하고 추가로 부채를 활용해 상장 주식시장에서 기존 주주들의 지분을 매입한다. 그림 4.15에서는 전형적인 차입매수(LBO) 절차를 설명한다.

인수 자금 중 얼마만큼을 부채로 조달하는지는 거래마다 다르다. 부채 조달 비율이 상당히 높은 거래도 있고, 부채 활용이 상대적으로 낮은 거래도 있다. 하지만 기

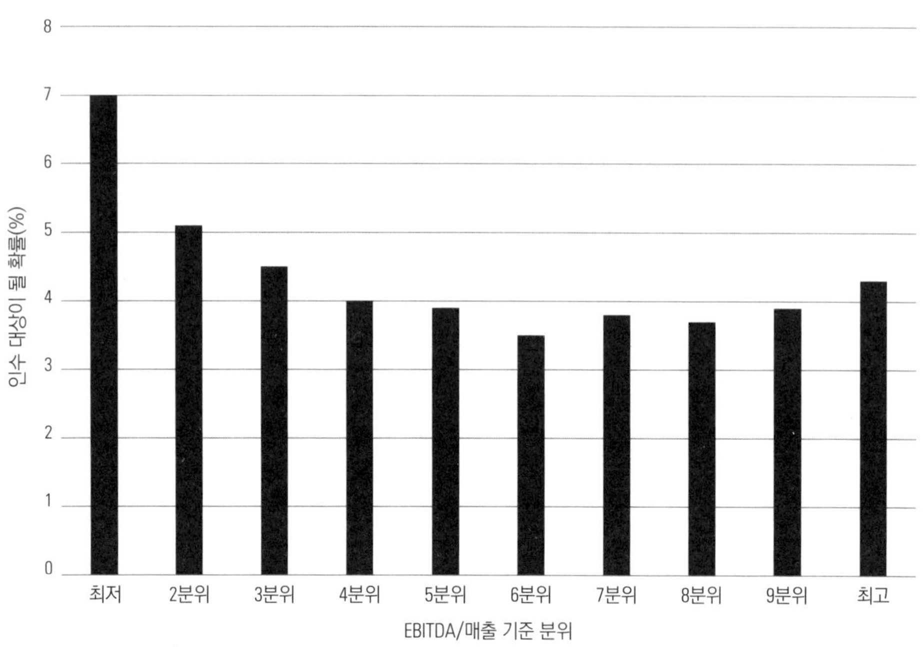
인수 대상이 될 확률(%)
EBITDA/매출 기준 분위
최저
2분위
3분위
4분위
5분위
6분위
7분위
8분위
9분위
최고

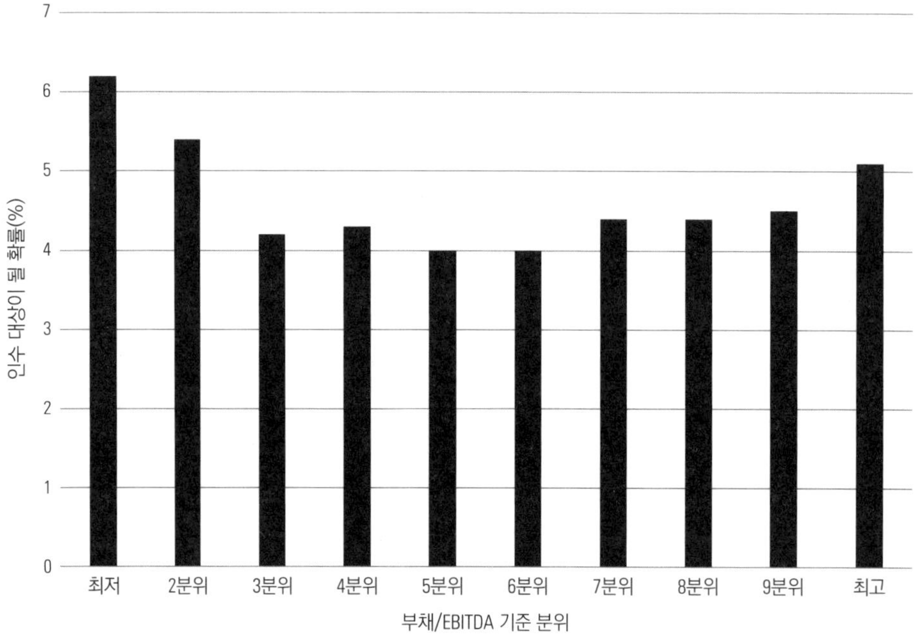
인수 대상이 될 확률(%)
부채/EBITDA 기준 분위
최저
2분위
3분위
4분위
5분위
6분위
7분위
8분위
9분위
최고

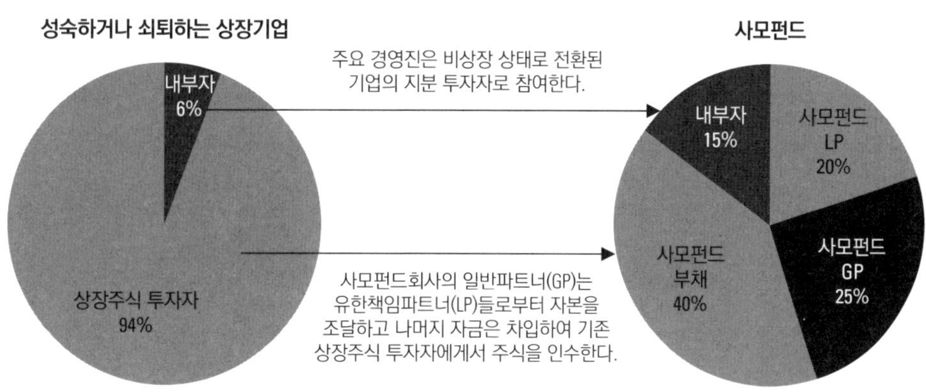

본 구조는 동일하다. 인수를 완료하는 데 사용된 부채가 새롭게 조달한 자금의 상당 부분을 차지한다면 해당 거래는 차입매수로 간주된다.

일단 비상장기업으로 전환되고 나면 사모펀드회사의 본격적인 작업이 시작된다. 사모펀드회사는 인수 대상 기업이 안고 있는 문제 가운데 해결 가능한 부분을 찾아서 이를 개선하는 데 집중하며, 수익성을 높이고 경우에 따라 성장의 실마리를 찾는 것까지도 목표로 한다. 이 과정에서 기업의 핵심 전략에 부합하지 않는 자산이나 사업 부문을 매각할 수도 있다. 증거가 엇갈리기는 하지만 사모펀드회사가 인수한 기업의 영업 지표를 실제로 개선한다는 연구 결과도 존재한다. 여기에 대해서는 17장에서 더 자세히 설명하겠다.

인수한 기업의 구조조정과 수익성 개선에 성공하면(물론 항상 성공이 보장되는 것은 아니다) 사모펀드회사는 기업을 다시 상장해서 매입 당시보다 훨씬 높은 가격에 매도하거나 다른 인수자에게 기업을 매각하는 방식으로 수익을 실현한다. 그림 4.16은 성공적인 사모펀드 거래의 전개 과정, 각 단계에서 발생할 수 있는 문제점을 보여준다.

사모펀드 투자자들이 승자가 될지 패자가 될지에 대한 구체적인 논의는 이 책의 후반부에서 다룰 예정이다.

인수
상장기업을 부채와 자기자본의 조합으로 인수해 비상장기업으로 전환한다.

자산 구성, 운영 방식, 자금 조달 구조를 변경하고 비상장기업으로 운영한다.

투자금 회수
기업을 개선한 후 재상장하거나 다른 상장기업에 매각한다.

자금 조달
사모펀드 투자자가 자기자본을 일부 사용하고 나머지는 부채를 통해 조달한다.

사모펀드 투자자는 '경영'과 '전략적' 조언을 제공하고 경영 수수료와 잔여 현금 배당을 받는다.

현금화
사모펀드 투자자가 남은 부채를 상환한다. 출구 전략으로 발생한 수익을 확보한다.

위험
1. 잘못된 인수 대상 선정
2. 지나치게 높은 가격

위험
1. 사업모델 약화
2. 자산 매각 실패
3. 과도한 부채 부담

위험
1. 시장이나 산업 약화로 투자 회수 가치 저하

사모펀드시장의 트렌드

앞서 VC와 IPO시장 모두 호황기와 침체기를 겪었다고 언급했다. 사모펀드 거래 (딜메이킹) 활동 또한 시기에 따라 활황과 침체를 반복한다. 그림 4.17은 연도별 사모펀드 거래 규모다.

사모펀드 거래는 VC, IPO시장의 연도별 변동과 별다른 연관성을 보이지 않는다는 점에 주목할 필요가 있다. 이는 사모펀드가 목표하는 기업의 생애주기 단계가 VC, IPO와 다르며, 투자에서 성공하기 위해 요구되는 거시경제 변수도 다르기 때문일 가능성이 있다. 한편 사모펀드 거래의 성격도 점차 달라졌는데 주요 변화는 다음과 같다.

1. **대형화:** 사모펀드로 유입되는 자본이 증가하면서 대형 거래를 성사시킬 역량이 강화되었다. 2021년 칼라일(Carlyle)이 메드라인(Medline)을 340억 달러에 인수한 것이 대표적인 사례다. 그해 100억 달러를 초과하는 대형 거래 건수는 역대 최고치를 기록했다.

2. **세계화:** VC, IPO시장과 마찬가지로 사모펀드시장도 미국 중심에서 벗어나 점점 더 세계

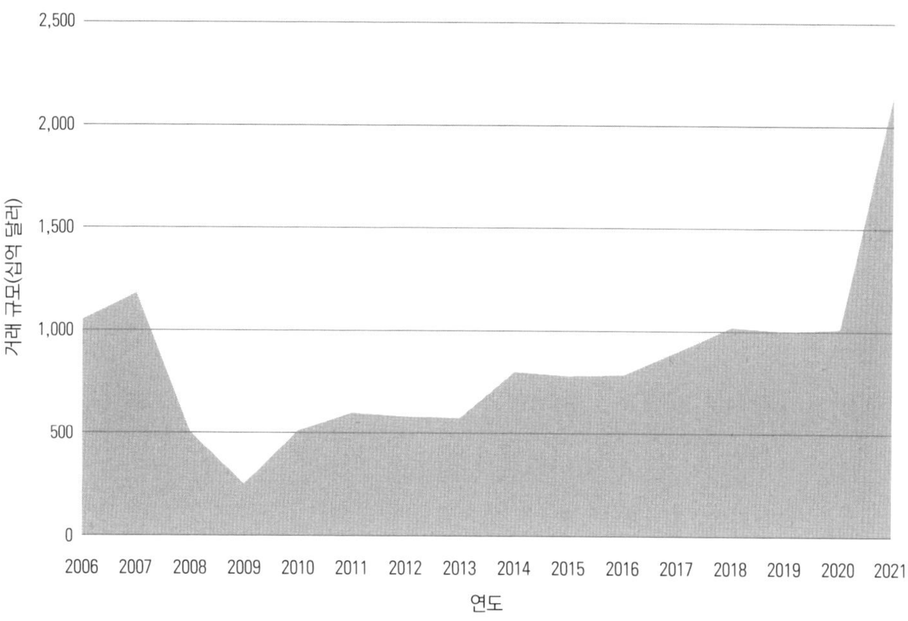

적인 양상을 보이고 있다. 최근에는 행동주의 투자자들이 유럽과 아시아의 성숙한 기업을 대상으로 지배구조 개혁과 경영 방식 개선을 요구하는 사례도 흔하게 나타나고 있다. 실제로 2021년 최대 사모펀드 거래는 KKR이 이탈리아 통신사 텔레콤이탈리아(Telecom Italia)를 370억 달러에 인수한 사례였다.

3. **레버리지 활용의 유연성**: 초기에는 거의 모든 사모펀드의 인수가 부채를 활용하는 방식으로 이루어졌기 때문에 '차입매수'라는 용어가 널리 사용되었다. 그러나 다행스럽게도 최근에는 인수 자금 조달 방식이 다양해지면서 부채보다 자기자본을 더 많이 활용해 거래를 성사시키는 사모펀드가 늘고 있다. 이는 긍정적인 변화다. 아무리 구조가 잘 짜인 차입매수라도 결국 경제 상황이 안정적으로 유지될 것이라는 가정에 기반을 두고 있으며, 거래 직후 경기 침체가 발생하면 치명적인 타격을 입을 수 있기 때문이다.

여러 측면에서 사모펀드의 등장은 자본의 순환 구조를 완성하는 역할을 한다. 사모펀드는 기업 생애주기의 모든 단계를 아우르며, 성숙기나 쇠퇴기 기업이 우아하게 노화할 수 있는 최적의 경로를 찾는 데 초점을 맞추고 있다.

결론

이 장에서는 기업 생애주기의 단계별 전환 과정을 자금 조달의 관점에서 살펴보았다. 창업 기업과 초기 단계 기업에 VC는 단순히 자금 제약을 해결해줄 뿐만 아니라, 기업의 소유 구조와 지배구조까지 변화시키는 역할을 한다. 이러한 기업 중에서도 특히 확장 가능성이 뛰어난 일부 기업은 다음 단계로 상장 주식시장에 진입한다. 이들은 먼저 IPO로 자금을 조달하고 자리를 잡은 후에는 주식과 부채를 활용해 추가 자금을 조달한다. 성숙기와 쇠퇴기에 접어든 기업은 다시 사모펀드에 의지한다. 사모펀드가 기업을 인수해 비상장기업으로 전환한 뒤, 구조조정을 거쳐 경영을 개선하고, 이후 다시 상장시키거나 매각한다.

건전한 자본시장에서는 VC, 상장 주식시장, 사모펀드라는 세 가지 자본 공급원이 균형을 이루며 공존해야 한다. 시간이 지나면서 세 가지 자본 공급원 모두 활황과 침체를 반복하게 되며, 이 자본에 접근하려는 기업들은 각 시장의 침체에도 대비하는 계획을 세워야 한다.

THE CorPORATE LIFE CYCLE

2부. 기업 재무와 생애주기

5장
기업 재무의 핵심 원칙
: 투자, 조달, 환원

기업재무학은 기업의 운영 방식을 결정하는 재무의 기본 원칙을 다루는 궁극적이고 거시적인 학문이다. '기업 재무'는 자금 사용과 관련된 기업의 모든 의사결정을 포괄하므로 사업상의 모든 의사결정은 궁극적으로 기업 재무 결정이다. 사업상의 의사결정은 투자, 자금 조달, 배당 의사결정, 세 범주로 구분할 수 있다. 이번 장에서는 먼저 기업 재무의 전체 개요를 제시한 후 투자, 자금 조달, 배당 원칙에 대해 자세히 설명하고자 한다.

개요

기업 재무가 기업의 운영 방식을 결정하는 기본 원칙을 다룬다고 한다면 기업의 모든 활동이 기업 재무의 영역에 속한다고 할 수 있다. 넓은 의미에서 기업의 모든 의사결정은 다음 세 가지 범주로 구분된다.

- **투자 의사결정**: 기업이 어떤 자산이나 프로젝트에 자산을 할당할지에 관한 결정으로, 작은 규모의 투자부터 대규모 투자, 비용 절감 목적의 투자부터 수익 창출 목적의 투자까지 폭넓은 범위를 포함한다. 다른 기업을 인수하는 것은 물론이고 어떤 재고를 얼마나 보유할지에 대한 결정도 투자 결정에 해당한다.

- **자금 조달 의사결정**: 모든 기업은 운영을 위해 자금을 필요로 하며, 이 자금은 소유주의 자본(자기자본)이나 차입금(부채)으로 조달할 수 있다. 자금 조달 결정은 조달하는 자금의 구성뿐만 아니라 조달하는 방식과 관련된 결정을 포함한다. 예를 들어 신규 프로젝트를 위해 부채 1억 달러를 사용하기로 한 결정과, 그 부채를 은행 대출로 조달할지 아니면 회사채로 조달할지, 고정금리로 할지 변동금리로 할지 선택하는 것 모두 자금 조달 결정에 해당한다.

- **배당 의사결정**: 성숙한 기업은 수익성이 개선되고 재투자 필요성이 줄어들면서 잉여현금이 발생한다. 일부 기업은 인수합병이나 과도한 투자를 통해 다시 성장을 시도하지만 많은 기업은 남은 현금을 소유주에게 환원하기로 결정한다. 상장기업의 소유주는 주주이므로 배당금이나 자사주 매입 형태로 현금을 돌려줄 수 있다. 얼마나 많은 현금을 어떤 방식으로 환원할 것인가가 배당 결정의 핵심이 된다.

기업의 방향을 설정할 때 의사결정권자에게는 궁극적인 목표가 필요하다. 전통적인 기업 재무에서 그 목표는 기업의 가치를 극대화하는 것이며, 이는 많은 경우 소유주(주주) 가치의 극대화를 뜻한다. 그림 5.1은 이러한 궁극적인 목표에서 도출한 투자, 자금 조달, 배당 의사결정의 기본 원칙이다.

요약하면 전통적인 기업 재무에서는 가치 극대화를 목표로 설정함으로써 의사결정의 초점을 명확히 한다. 가치를 증대시키는 결정이 좋은 결정이고 가치를 감소시키는 결정은 나쁜 결정이므로, 이를 기준으로 투자, 자금 조달, 배당 의사결정의 원칙을 세우는 것이다. 그러나 가치 극대화가 궁극적인 목표라는 전제에 동의하지 않는다면 그에 따라 도출된 의사결정의 원칙에도 의문이 제기될 수 있다. 가치 극대화의 대안으로 제시된 개념들 각각의 장단점을 살펴보는 것으로 논의를 시작하겠다.

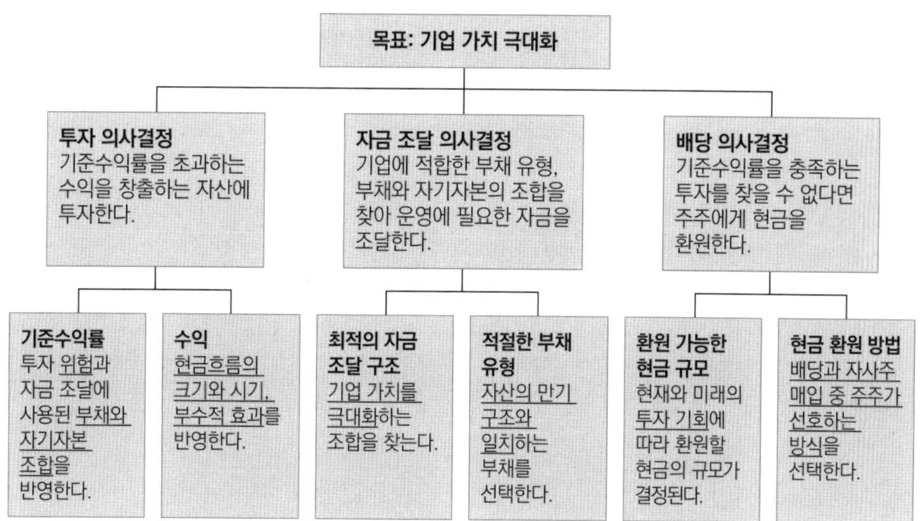

기업의 최종 목표

기업 운영의 최종 목표를 둘러싼 논쟁을 이해하는 데는 기업의 모든 이해관계자를 살펴보는 것이 도움이 된다. 기업의 이해관계자는 자본을 제공하는 주주와 대출 기관뿐 아니라 기업의 직원, 고객, 공급업체, 나아가 사회 전체를 포함한다. 그림 5.2는 기업의 이해관계자 구성을 보여준다.

기업이 성공하기 위해 모든 이해관계자의 기여가 필요하다는 점은 부인할 수 없고, 따라서 전통적인 기업 재무가 주주라는 하나의 이해관계자에게만 초점을 맞추는 것은 불공정해 보일 수도 있다. 그러나 이러한 초점이 설정된 이유는 간단하다. 다른 이해관계자는 모두 기업을 상대로 하는 계약상 청구권을 갖고 있기 때문이다.

대출 기관은 이자율을 정하고 대출 계약으로 조건을 부과하고, 직원들은 급여, 복리후생, 보호 조항이 포함된 계약을 체결한다. 고객은 기업이 제공하는 제품이나 서비스가 제시된 가격에 합당한지 결정하며, 정부를 포함한 사회 역시 법과 규제를 통해 기업을 통제하고 세금을 부과한다. 반면 주주는 잔여 청구권만을 가진다. 즉 다

[그림 5.2] 기업의 이해관계자

른 모든 이해관계자의 계약상 청구권이 충족된 후 남은 것이 있을 때만 주주에게 권리가 있다. 이러한 주주의 위치를 기업 재무에서 우선적으로 고려하지 않는다면 주주에게는 기업에 투자할 유인이 없다.

지난 20년 동안 주주 가치 극대화라는 목표에 가장 큰 도전을 제기한 것은 기업이 '이해관계자의 가치'를 극대화해야 한다는 주장이었다. 이런 주장은 일부 기업 CEO와 기관투자자의 지지를 얻고 있다. 기업이 다양한 이해관계자의 이익을 고려해야 한다는 개념 자체는 문제 될 것이 없지만 나는 두 가지 이유에서 이 접근법이 실패라고 생각한다.

- **기업이 방향성을 잃는다:** 모든 이해관계자가 기업의 성공에 중요한 역할을 하지만 각자의 이해관계는 크게 다르며 자주 충돌한다. 예를 들어 고객은 제품과 서비스의 가격이 낮

아지면 유리하지만 이는 주주의 이익을 희생시키고 직원의 임금에도 영향을 미칠 수 있다. 이처럼 상충하는 이해관계를 조율할 명확한 기준이 없다면 의사결정권자의 주관적인 판단에 의존하거나 최악의 경우 의사결정 자체가 마비될 수도 있다.

기업이 실질적으로 기능하려면 특정 이해관계자 그룹을 우선적으로 고려하면서도 다른 이해관계자가 부당하게 희생되지 않도록 보호하는 제약을 설정해야 한다. 전통적인 기업 재무는 계약상 보호를 받지 못하는 이해관계자인 주주들을 최우선 순위에 두는 방식으로 이 문제를 해결한다. 그러나 대부분의 환경에서 주주 가치 극대화는 시장 경쟁과 규제에 의해 제약을 받는다.

- **경영진의 책임이 모호해진다**: 기업의 의사결정권자가 모든 이해관계자에 대해 책임이 있다면 사실상 누구에 대해서도 책임이 없는 것과 같다. 직관에 반하는 것처럼 들릴 수 있지만 기업의 최종 목표가 이해관계자의 가치 극대화라면, 어느 이해관계자 집단의 요구를 충족하지 못했을 때 다른 이해관계자를 배려했기 때문이라는 손쉬운 변명을 찾을 수 있다. 예를 들어 임금이 낮은 이유를 묻는 직원들에게 경영진은 고객을 위해 제품과 서비스 가격을 낮춰야 하기 때문이라고 설명할 수 있다.

주주 가치 극대화가 완전무결한 목표는 아니지만 이것이 다른 이해관계자들의 안녕에 반한다는 주장은 논리적으로 타당하지 않고 데이터로 뒷받침되지도 않는다. 오히려 나는 주주에게 높은 가치를 제공하는 기업이 뛰어난 수익성 덕분에 직원들에게 더 많은 급여를 지급하고 고객들에게 더 많은 서비스를 제공할 수 있다고 생각한다. 이러한 경향은 경험적으로도 확인된다. 물론 제품과 서비스의 가격을 과하게 올리거나 직원들을 부당하게 대우함으로써 주주 가치를 높이는 기업은 항상 존재한다. 이 논쟁의 결론은 이러한 기업들을 예외적인 사례로 볼지, 아니면 일반적인 현상으로 볼지에 대한 개인의 관점에 달려 있다.

주주 가치 극대화라는 목표는 모든 기업에 해당하지만 성숙기 기업보다 초기 단계 기업에 더 어려운 과제가 될 수 있다. 초기 단계 기업은 비상장기업인 경우가 많아서 주식의 시장가격과 같이 (결함은 있지만) 주주 가치를 쉽게 측정할 수 있는 지표가 없다. 또 초기 단계 기업의 가치는 과거의 성과보다는 미래의 가능성에 더 크게 좌우된다. 따라서 어떤 의사결정이 기업 가치를 증가시킬지 감소시킬지를 판단하기가 성숙기 기업보다 훨씬 어렵다. 이어질 논의에서는 이러한 현실이 기업의 재무 정책에 어떤 차이를 만드는지 살펴볼 것이다.

투자 원칙

투자 원칙은 기업이 특정 자산이나 프로젝트에 투자할지 여부와 그 규모를 결정한다. 여기서 '프로젝트'는 규모가 작은 것부터 큰 것까지, 비용 절감 목적에서 수익 창출 목적까지 넓은 범위를 포괄한다. 예를 들어 신규 사업 진출이나 인수뿐만 아니라 직원들에게 어떤 건강 복지 혜택을 제공할지, 고객에게 신용 거래를 허용할지 여부를 결정하는 것도 투자 의사결정을 수반하는 프로젝트에 해당한다. 기업의 궁극적인 목표가 가치 극대화라면 특정 프로젝트나 자산, 기업 인수에 대한 투자는 기대수익률이 기준수익률을 초과하는 경우에만 실행되어야 한다는 결론이 가능하다. 그림 5.3에서는 기준수익률과 투자 수익률을 비교하고 이를 결정하는 요인과 주요 변수를 정리했다.

여기에서는 먼저 기준수익률과 투자 수익률의 전반적인 구조를 살펴보고, 다음 장에서 이를 좀 더 자세히 다루겠다.

기준수익률

기준수익률이 투자 위험도를 반영해야 한다는 개념은 상식적이다. 이를 실질적으로 적용하려면 위험에 대해 사고할 수 있는 틀이 필요하고, 위험 측정치를 요구 수익률로 전환하는 기초적인 틀도 필요하다. 우선 '위험'을 투자 결과가 기대와 다를 가능성으로 정의하겠다. 이 정의에 따르면 위험은 부정적 형태(투자 수익이 기대보다 작거나 손실이 발생한 경우) 또는 긍정적 형태(투자 수익이 기대보다 큰 경우)로 나타날 수 있다. 일부 경제학자들은 측정 가능성을 기준으로 위험과 불확실성을 구분하기도

2부 | 기업 재무와 생애주기

[그림 5.3] 투자 원칙: 기준수익률과 투자 수익률

투자의 기준수익률
투자를 수행하는 기업이 아니라 투자 자체의 위험성을 반영해야 한다. 투자의 현금흐름을 적절히 반영하는 부채비율을 적용해야 한다.

투자 수익률
투자로 발생하는 현금흐름을 반영해야 한다. 현금흐름이 발생하는 시점을 고려한 시간 가중 수익률을 반영해야 한다.

하지만, 나는 이 둘을 구별하지 않고 같은 의미로 사용하겠다.

기업을 운영할 때는 거의 모든 측면에서 불확실성에 직면한다. 이러한 불확실성을 이해하고 효과적으로 대응하려면 이를 분류해 세부적으로 살펴볼 필요가 있다. 표 5.1에서는 불확실성(위험)을 세 가지 차원으로 구분했다.

[표 5.1] 기업 불확실성(위험)의 세 가지 차원

유형	차이	기업 재무에서 주목하는 이유
경제 대 추정	'경제적 불확실성'은 조사와 정보를 아무리 많이 동원해도 예측 불가한 운명에 의해 주어지는 변화를 의미한다. '추정 불확실성'은 투자와 가치평가 과정 중 판단과 관련된 것으로서, 정보를 더 많이 수집하고 이를 효과적으로 활용함으로써 개선될 수 있다.	기업은 불확실성 속에서 의사결정을 내려야 한다. 실사와 조사를 더 많이 늘림으로써 추정 불확실성을 줄일 수는 있지만 경제적 불확실성에는 아무런 영향을 미치지 못한다.
미시 대 거시	'미시적 불확실성'은 기업 수준에서 발생하며 경영진의 의사결정, 법적 분쟁, 직접적인 경쟁사로부터 비롯된다. '거시적 불확실성'은 인플레이션, 금리, 경기 변동 같은 더 큰 요인에서 기인한다.	기업 경영진은 더 나은 의사결정이 더 나은 성과로 이어질 수 있는 미시적 요소에만 영향을 미칠 수 있다. 전반적인 경제 상황, 국가 위험 같은 거시적 요소는 경영진이 통제할 수 없다.
연속 대 이산	'연속적 위험'은 개별 순간의 위험은 적어도 위험의 영향에 지속적으로 노출된다. '이산적 위험'은 드물게 발생하지만 한번 발생하면 치명적인 영향을 미친다.	위험 관리 시스템은 대체로 연속적 위험을 관리하도록 구축된다. 연속적 위험은 지속적으로 발생해 그 존재를 끊임없이 인식하게 되는 데 비해 이산적 위험은 무시되거나 과소평가되기 때문이다.

모든 기업이 이러한 불확실성에 직면하지만, 기업이 노출되는 불확실성의 유형과 정도는 기업의 성장 단계에 따라 달라진다. 그림 5.4는 기업 생애주기에 따른 불확실성의 변화를 보여준다.

경영자들이 수많은 불확실성 앞에서 압도되는 것은 당연해 보인다. 그러나 투자자들이 기업의 위험을 어떻게 인식하는지에 근거해 위험을 구분하면 불확실성도 어느 정도 정리가 가능하다. 모든 자산을 단 하나의 기업에 투자할 경우 투자자는 추정 위험·경제적 위험, 미시적·거시적 위험, 연속적·이산적 위험을 포함한 모든 위험에 그대로 노출된다. 그러나 여러 기업에 분산해 투자하면 포트폴리오 내에서 어떤 위험은 덜 눈에 띄거나 아예 사라진다.

[그림 5.4] 생애주기 단계별 불확실성

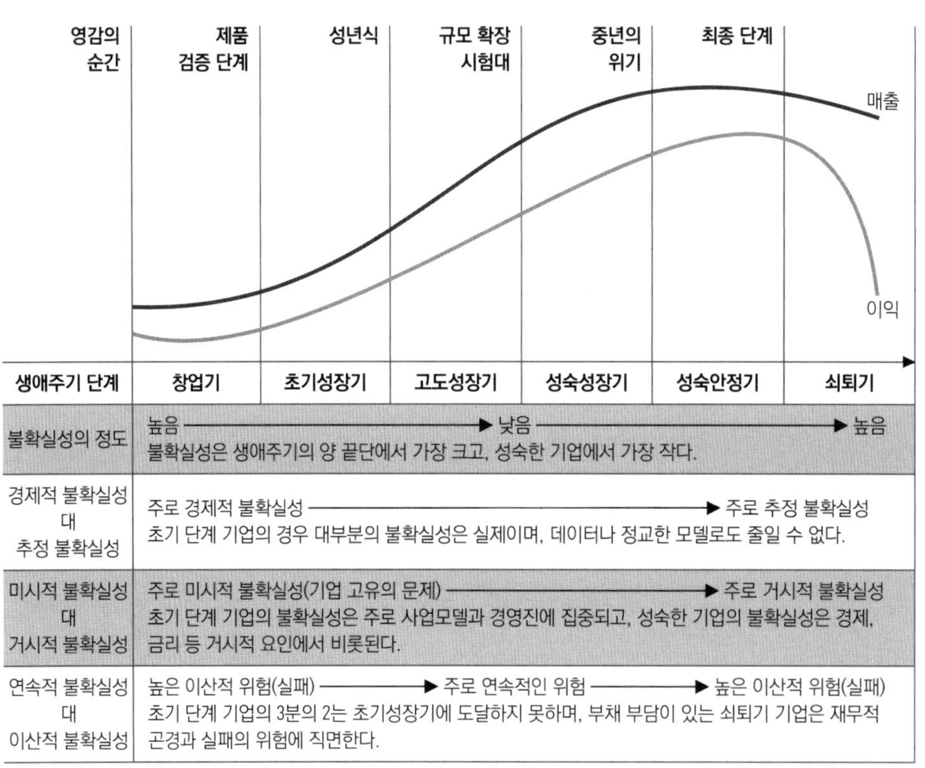

생애주기 단계	창업기	초기성장기	고도성장기	성숙성장기	성숙안정기	쇠퇴기
불확실성의 정도	높음 ──────────────────→ 낮음 ──────────────────→ 높음 불확실성은 생애주기의 양 끝단에서 가장 크고, 성숙한 기업에서 가장 작다.						
경제적 불확실성 대 추정 불확실성	주로 경제적 불확실성 ──────────────────→ 주로 추정 불확실성 초기 단계 기업의 경우 대부분의 불확실성은 실제이며, 데이터나 정교한 모델로도 줄일 수 없다.						
미시적 불확실성 대 거시적 불확실성	주로 미시적 불확실성(기업 고유의 문제) ──────────────────→ 주로 거시적 불확실성 초기 단계 기업의 불확실성은 주로 사업모델과 경영진에 집중되고, 성숙한 기업의 불확실성은 경제, 금리 등 거시적 요인에서 비롯된다.						
연속적 불확실성 대 이산적 불확실성	높은 이산적 위험(실패) ──────→ 주로 연속적인 위험 ──────→ 높은 이산적 위험(실패) 초기 단계 기업의 3분의 2는 초기성장기에 도달하지 못하며, 부채 부담이 있는 쇠퇴기 기업은 재무적 곤경과 실패의 위험에 직면한다.						

마법처럼 들릴 수 있는 말이지만 사실 단순한 원리의 연장선에 있을 뿐이다. 즉 투자자가 어떤 산업 특유의 위험에 노출되어 있을 때, 그 위험으로 인해 기대에 못 미치는 성과를 내는 기업이 있는 반면 또 다른 기업은 기대를 웃돌게 되고, 결과적으로 여러 종목에 분산된 포트폴리오 안에서 상쇄 효과가 발생한다. 그림 5.5에서는 이러한 차원에서 위험을 세분화하며, 분산은 기업 자체적으로 이루어질 수도 있고 때로는 그 기업에 투자한 투자자에 의해 이루어질 수도 있음을 설명한다.

기업은 스스로 특정 위험에 노출을 줄이거나 위험을 제거하려는 시도를 할 수 있다. 유통업체가 매장을 여러 개 운영하거나 소비재기업이 다양한 브랜드를 출시하는 것은 이러한 노력의 일환이다. 그러나 위험이 산업 전반이나 국가 차원의 문제로 확대될수록 기업이 이를 자체적으로 관리하는 것은 점점 더 어려워진다. 반면 투자자는 분산을 통해 위험에 노출되는 것을 줄일 수 있으며, 특히 기업이 상장된 경우에는 투자자의 분산이 기업이 직접 위험을 관리하는 것보다 훨씬 비용이 적게 드는

[그림 5.5] 분산 가능한 위험 대 분산 불가능한 위험

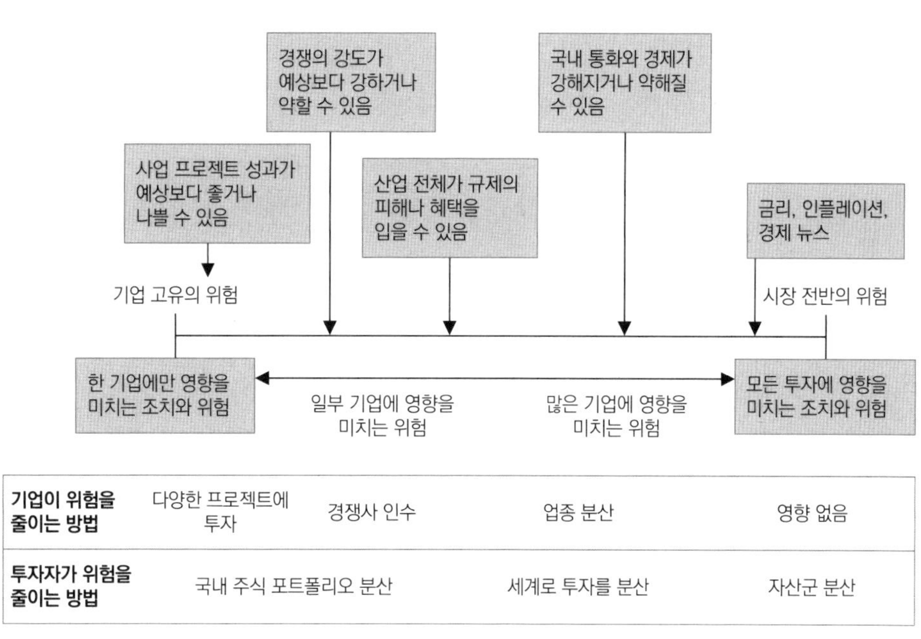

기업이 위험을 줄이는 방법	다양한 프로젝트에 투자	경쟁사 인수	업종 분산	영향 없음
투자자가 위험을 줄이는 방법	국내 주식 포트폴리오 분산		세계로 투자를 분산	자산군 분산

위험 관리 방법이다.

투자자의 위험 관점에 주목하는 이유는 무엇일까? 이는 기준수익률이 기업 자체의 시각이 아니라 한계투자자(marginal investors), 즉 해당 기업에 큰 지분을 보유하고 트레이딩을 주도하는 주요 투자자가 인식하는 위험을 반영하기 때문이다. 이러한 접근 방식은 기업이 생애주기의 어느 단계에 있는지에 따라 중요한 영향을 미칠 수 있다. 많은 초기 단계 기업의 주요 주주는 분산 투자를 하지 않은 창업자와 부분적으로 분산 투자한 VC다. 반면 성숙한 기업은 대부분 상장기업이며 기관투자자의 거래 비중이 상당하다. 따라서 초기 단계 기업의 기준수익률은 기업 고유의 위험을 상당 부분 반영할 가능성이 있는 반면, 성숙한 기업은 거시경제적 위험만이 주가에 반영되는 것이 일반적이다.

지금은 위험을 측정하는 데 사용하는 지표와 그 위험 지표를 기준수익률로 변환하는 구체적인 방법은 의도적으로 다루지 않는다. 이러한 질문은 6장에서 다루겠다.

투자 수익

기업이 크든 작든 투자를 검토할 때는 해당 투자가 미래에 어떤 수익을 가져올지 예측해야 한다. 투자마다 기간이 크게 다를 수 있고, 3년짜리 투자에 대한 예측은 10년이나 50년짜리 투자를 예측하는 것보다 비교적 간단할 것이다. 그러나 투자 기간에 상관없이 기업은 투자 성과를 회계 이익(accounting earnings)과 현금흐름 중 어느 것을 기준으로 산정할지 결정해야 한다. 회계 이익은 매출과 비용에 대한 회계 규칙에 따라 결정되며 손익계산서의 하단, 즉 순이익과 밀접하게 연결되지만, 현실을 왜곡할 가능성이 있다. 반면 현금흐름은 순전히 프로젝트에서 발생하는 현금 유입과 유출의 함수이며, 조작하거나 왜곡하기가 더 어렵다.

기업이 이익이나 현금흐름을 투자 수익으로 전환하는 과정에서 직면하는 두 번째 중요한 선택은 시점과 관련이 있다. 같은 금액의 이익, 현금흐름이라면 조금이라도 더 빨리 받는 것이 나중에 받는 것보다 더 가치가 있음은 금융 이론으로 설명하지 않아도 쉽게 이해할 수 있다. 그 이유 중 하나는 화폐의 시간 가치다. 이는 인플레이션이 통화에 미치는 영향뿐만 아니라 미래 소비보다 당장의 소비를 선호하는 인간의 성향을 반영한다. 또 다른 이유는 위험, 즉 불확실성이다. 기업이 직면하는 위험은 시간이 지남에 따라 누적되므로 5년 차의 현금흐름은 1년 차의 현금흐름보다 불확실성이 크다.

일반적으로 투자 수익을 추정하는 접근 방식에는 기업의 선택이 반영된다. 스펙트럼의 한쪽 끝에는 회계 수익률(accounting returns)이 있다. 회계 수익을 프로젝트에 투자된 금액으로 나누어 단순하게 계산하는 방식이다. 예를 들어 1억 달러를 투자한 프로젝트에서 세후 이익 2,000만 달러가 창출된다면 투자 수익률은 20%가 된다. 다음 장에서 설명하겠지만, 이러한 회계 수익률은 주주 관점에서 자기자본이익률(ROE)로 계산할 수도 있고, 모든 자본 제공자의 관점에서 투하자본이익률(ROIC)로 계산할 수도 있다.

스펙트럼의 반대쪽 끝에는 시간 가중 현금흐름 수익률(time-weighted cash flow returns)이 있다. 이는 프로젝트에서 창출한 현금흐름을 기반으로 수익률을 계산할 뿐만 아니라, 같은 규모의 현금흐름이라도 더 늦은 시점의 현금흐름에 할인율을 적용해 더 이른 시점의 현금흐름에 더 높은 가중치를 부여한다. 이러한 시간 가중 현금흐름 수익률은 금액(순현재가치)이나 백분율(내부수익률)로 계산할 수 있다. 그림 5.6은 이러한 선택지를 보여준다.

[그림 5.6] 투자 수익 측정 접근법

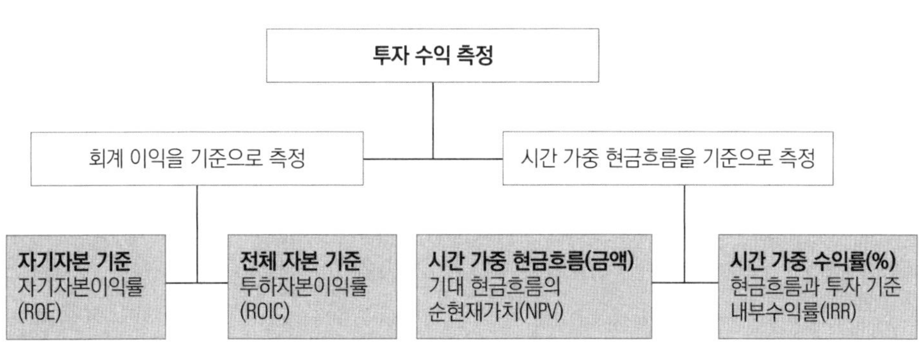

순현재가치(NPV)는 이미 기준수익률을 할인율로 반영하고 있어 잉여 가치를 바로 측정할 수 있는 반면, 회계 수익률 접근법과 내부수익률(IRR) 방식에서는 좋은 투자인지 나쁜 투자인지를 판단하기 위해 추가 확인 단계가 필요하다. 즉 ROE나 ROIC가 각각 자기자본비용(cost of equity)이나 자본비용(cost of capital)을 초과해야만 좋은 투자라고 평가할 수 있다.

여기에서는 명확히 다루지 않은 질문들이 여전히 남아 있다. 예를 들어 투자된 자본이나 자기자본을 어떻게 가장 적절하게 측정할지, 현금흐름을 어떻게 추정할지 등의 문제다. 이러한 세부 사항은 6장에서 다시 다룰 예정이다. 또 기업이 초기 성장 단계에서 성숙한 기업으로 변화함에 따라 투자 수익률을 평가하는 방식이 달라져야 하는지, 혹은 달라질 것인지 하는 질문도 함께 논의하겠다.

자금 조달 원칙

자금 조달 방법이 다양해지고 재무제표가 복잡해질수록 기업 운영의 근본적인 진리, 즉 기업이 조달하는 모든 자본은 궁극적으로 소유주의 자기자본이거나 채권자가 제공한 부채에서 비롯한다는 사실을 간과하기 쉽다. 비상장기업은 단일 소유주가 자기자본을 제공하고 은행 대출이 타인자본을 구성한다. 상장기업은 보통주가 상장기업의 자기자본이고 회사채가 타인자본이다. 결국 모든 기업은 그림 5.7과 같이 금융 재무상태표로 설명이 가능하다.

회계 재무상태표와 표제(자산 및 부채)는 유사해 보일 수 있지만 금융 재무상태표는 선행적인 관점을 제공한다. 즉 금융 재무상태표 관점에서는 기업이 기존에 실행한 투자(기존 자산)에서 비롯되는 가치뿐만 아니라 예상되는 미래 성장과 투자(성장 자산)에서 창출될 가치까지 포함하여 기업의 가치를 평가한다. 기업의 생애주기 관점에서 보면 초기성장기 기업과 고도성장기 기업은 가치의 대부분을 성장 자산에서 창출하는 반면, 성숙기 기업은 가치의 비중이 기존 자산으로 이동한다. 금융 재무상태표의 오른쪽에는 자기자본과 부채가 있다. 자기자본과 부채는 비상장기업과

자산		부채	
기업이 수행한 기존 투자의 가치	기존 자산	부채	채권자는 기업의 현금흐름에 대해 계약상 청구권을 갖는다.
미래 성장 투자의 예상 가치	성장 자산	자기자본	주주는 잔여 청구권을 가지며, 잔여 현금흐름을 받는다.

상장기업 모두를 포괄하도록 폭넓게 정의된다.

자금 조달의 구조

기업이 부채를 활용해야 하는지, 그렇다면 전체 자금 중 얼마나 부채로 조달해야 하는지는 기업 재무에서 자금 조달과 관련한 핵심 질문이다. 기업 재무의 기본 명제는 좋은 의사결정은 기업 가치를 증가시킨다는 것이다. 그렇다면 기업이 부채를 조달해야 하는지는 부채가 기업 가치에 미치는 영향으로 판단할 수 있을 것이다. 그 영향이 긍정적인지 부정적인지 평가하려면 투자 자금을 조달할 때 부채를 활용하는 것과 자기자본을 활용하는 것의 득실을 비교해야 한다. 자세한 분석은 7장에서 다루고, 여기에서는 핵심적인 요소들을 우선 살펴보고자 한다.

부채를 활용하는, 가장 크고 어쩌면 유일한 장점은 세금 혜택이다. 전 세계 많은 국가에서는 세법상 차입을 유리하게 규정하고 있다. 기업에 부채의 이자비용은 세금 공제 대상이지만, 배당금이나 자사주 매입 형태로 주주들에게 반환하는 현금은 세후 현금흐름에서 지출해야 한다. 반대로 부채를 사용할 때 가장 큰 위험은 계약상 지급 의무(이자와 원금)를 이행하지 못할 가능성이 커진다는 점이다. 이는 파산으로 이어져 기업의 수명을 단축시킬 수 있다. 자기자본과 비교했을 때 부채의 득실을 그림 5.8로 정리했다.

[그림 5.8] 자기자본과 비교한 부채의 최대 편익과 최대 비용

최대 편익	최대 비용
세금 혜택: 부채는 이자를 발생시키고 이자에 대해 세금 공제가 가능해 납부할 세금이 줄어든다. 반면 자기자본은 배당이나 자사주 매입으로 현금이 환원되지만 모두 세금 공제 대상이 아니다.	**파산 또는 채무불이행 위험:** 부채는 이자와 원금 상환이라는 계약상 의무를 수반하며, 이 의무를 이행하지 못할 경우 기업은 파산하거나 경영권을 (채권자에게) 상실할 수 있다.

자금 조달 구조에 대한 후속 고려 사항: 부채로 인해 세금 혜택을 많이(적게) 받으면서도 채무불이행 위험이 작은(큰) 기업은 자기자본보다 부채를 더 많이(적게) 사용하는 것이 바람직하다.

부채와 자기자본 사용의 득과 실에 관해서는 7장에서 좀 더 포괄적으로 논의할 예정이며, 일부 기업이 착각하는 부채 활용의 이점도 함께 짚어볼 것이다. 그전에 여기에서는 기업 생애주기 전반에 걸친 부채 활용의 장단점에 대해 개략적인 윤곽을 제시하고자 한다.

적자 상태이거나 간신히 흑자를 기록하는 초기성장기 기업은 부채를 써도 절세 효과가 미미하다. 과세 소득이 없으면 이자비용 공제가 무의미하기 때문이다. 여기에 더해 부채 사용으로 파산 위험이 증가할 경우 성장 자산이 위태로워질 수 있다는 점을 감안하면 초기 단계 기업은 대부분의 자금을 자기자본으로 조달하는 것이 합리적이다. 기업이 나이 들고 이익이 증가하며 그 이익의 지속 가능성이 높아지면 기업의 차입 여력도 확대된다. 다만 차입 여력이 확대되는 속도는 기업의 유형에 따라 다를 수 있다.

자금 조달의 유형

자금 조달 원칙에서 흔히 간과하는 요소는 기업이 조달하는 자금의 유형이다. 이는 차입 수단으로 회사채를 발행할지 은행 대출을 받을지, 차입 기간은 장기로 할지 단기로 할지, 달러나 유로 등 어떤 통화로 조달할지, 변동금리나 고정금리 가운데 어떤 방식을 선택할지를 결정하는 원칙이다. 각각의 선택지마다 복잡한 논의를 펼

　　　　　　　　　　　　2부 | 기업 재무와 생애주기

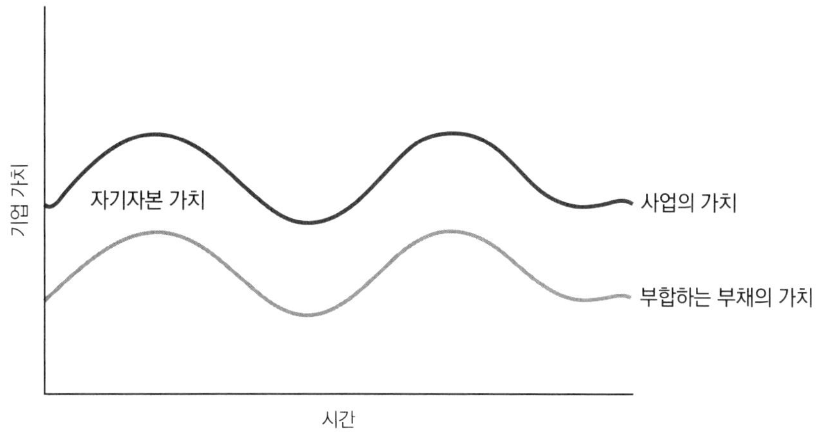

칠 수도 있지만, 기업 가치 극대화가 목표라면 최적의 자금 조달 방식은 기업의 전형적인 프로젝트나 자산의 특성을 반영하는 것이라는 기본 전제에서 출발해야 한다. 실제로 완벽한 자금 조달 환경에서는 기업의 재무 활동 현금흐름이 영업 활동 현금흐름과 나란히 증감하게 될 것이다. 이는 그림 5.9에서 확인할 수 있다.

이 그림에서 기업의 가치는 시간이 지남에 따라 상승과 하락을 반복하며 변동하지만, 부채도 이에 맞춰 기업 가치가 상승하면 부채도 증가하고 가치가 하락하면 부채도 감소하기 때문에 기업의 자기자본 가치는 그대로 유지된다.

만일 이 기업이 자산 특성에 부합하지 않는 부채를 사용했다면 그림 5.10과 같이 부채의 가치가 자기자본의 가치와 독립적으로 움직이게 되어, 기업은 영업자산의 가치가 하락하는 시기에 채무불이행 위험에 직면할 가능성이 커진다.

7장에서는 부채와 자산의 일치라는 개념으로 돌아가서 기업 생애주기에 따라 자금 조달 유형이 어떻게 달라져야 하는지 살펴보겠다.

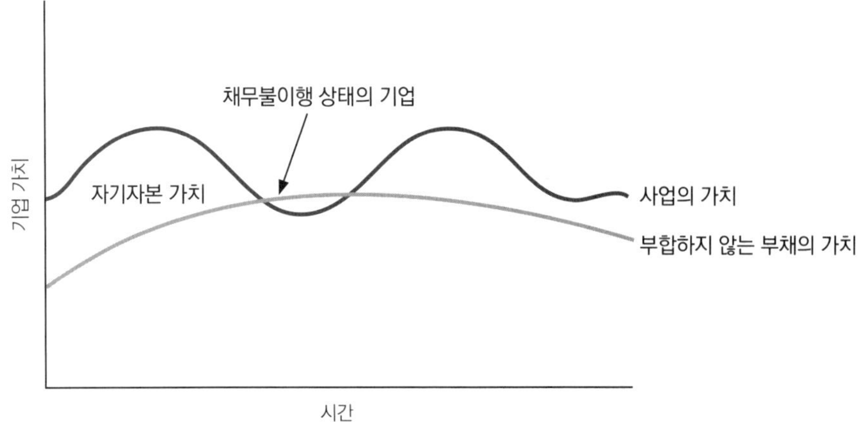

배당 원칙

성공적인 기업은 결국 투자자(소유주)에게 현금을 환원할 수 있는 단계에 도달한다. 기업 재무에서 배당 원칙은 투자자에게 현금을 얼마나 환원할지 그리고 상장기업일 경우 어떤 형태로 환원할지에 대한 질문을 다룬다. 기업 재무의 기본 원칙을 정리한 그림 5.1로 돌아가서, 가치 극대화에 집중하는 기업은 기준수익률을 초과하는 수익을 창출하는 투자 기회를 찾지 못할 경우 투자자에게 현금을 환원해야 한다.

현금 환원의 규모

기업이 주주에게 현금을 얼마나 환원할 수 있을지 결정하기 위해, 이는 기업의 투자 및 재무 의사결정을 포함하는 일련의 과정에서 마지막 단계여야 한다는 점을 강조할 필요가 있다. 그림 5.11은 재무의 기본 원칙에 따라 운영되는 기업에서 현금 환원이 어떻게 이루어져야 하는지를 보여준다.

환원 가능한 현금은 자기자본 투자자가 미래 성장을 위해 새로운 프로젝트나 인수에 얼마를 재투자할지, 이러한 성장주 투자를 지원하기 위해 매출채권이나 재고

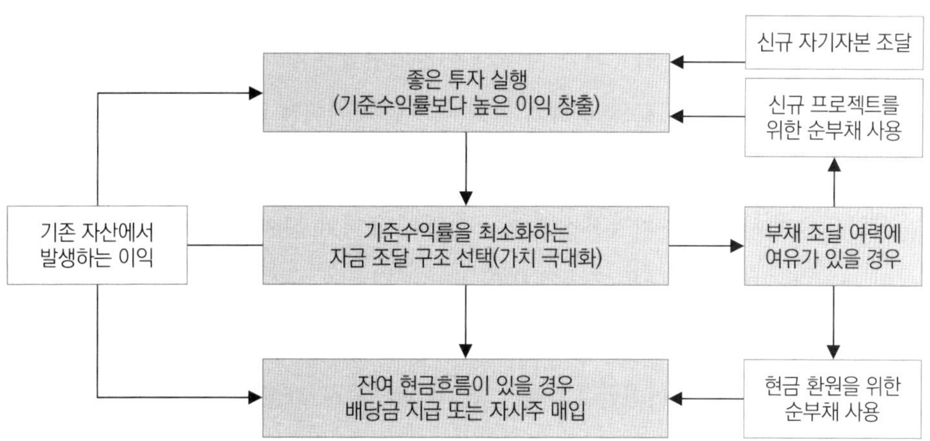

에 얼마를 투입할지 결정한 후 남는 현금이다. 또 부채 조달의 영향도 반영된다. 신규 차입은 현금 유입을 발생시키고, 기존 부채를 상환하면 현금 유출이 발생한다. 그림 5.12에서는 이러한 요소들을 반영하여 기업이 환원하거나 배당할 수 있는 현금을 추적한다.

[그림 5.12] 잠재적 배당금(자기자본 잉여현금흐름)

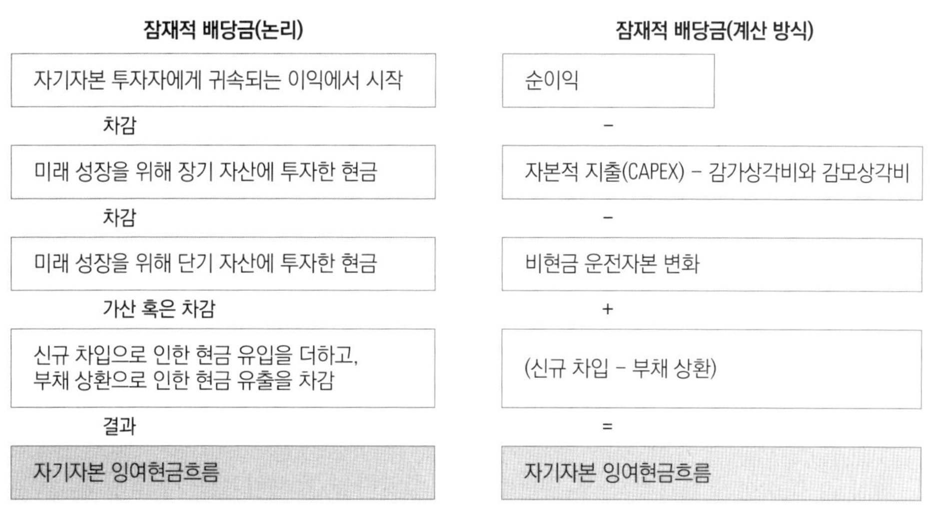

현금 환원의 잠정 수치에서도 기업 생애주기와 연관성을 확인할 수 있다. 순이익이 거의 없거나 전혀 발생하지 않는 초기 단계 기업과 성장기 기업은 재투자 필요성을 반영한 후 주주에게 귀속되는 자기자본 잉여현금흐름(free cash flows to equity, FCFE)이 적자가 되며, 이를 충당하기 위해 추가로 자기자본을 투입해야 할 수 있다.

기업이 성숙 단계에 접어들면 성장이 둔화해 재투자 필요성이 감소하는 동시에 순이익은 증가하면서 자기자본 잉여현금흐름이 흑자로 전환되어 현금을 반환할 여력이 생긴다. 기업이 현금을 환원하지 않기로 선택하면 시간이 지남에 따라 현금 잔고가 쌓인다. 쇠퇴기에 접어들면 순이익이 감소하겠지만 축소되는 사업에서 자산을 매각해 자기자본 잉여현금흐름을 늘릴 수 있으므로 보고된 순이익보다 훨씬 더 많은 현금을 환원할 수도 있다.

현금 환원의 방식

비상장기업에서는 거액을 배당하거나 급여를 올리는 등 소유주가 현금을 인출할 수 있는 방법이 다양하다. 반면 상장기업의 경우는 불과 몇십 년 전까지만 해도 대부분의 기업에서 주주에게 현금을 환원하는 유일한 방법은 배당 지급이었다. 배당금은 채권 이자(coupon)처럼 (분기별부터 연간까지) 정기적으로 지급되었다. 채권 이자와 달리 배당금은 시간이 지나면서 증가하는 경우가 많았으며 계약상 지급 의무가 있는 청구권은 아니었다.

1980년대부터 미국에서는 자사주 매입이 배당을 보완하기 시작해서 점차 배당을 대체하는 경향이 나타났다. 기업들은 애초에 환원할 계획이었던 현금을 이용해서 보유 주식을 되팔고 싶어 하는 투자자의 주식을 다시 사들였다. 배당은 정기적이고 고정적인 반면(즉 매번 변경되지 않고, 변경되더라도 예측 가능하다), 자사주 매입은 비정기적이고 유연하다. 즉 기업은 미래에도 지속적으로 현금을 환원할 의무를 부담하지 않으면서 현금을 환원할 수 있다. 그림 5.13에서는 기업의 관점에서 배당금 지급과 자사주 매입의 차이점을 정리했다.

자사주 매입을 부정적으로 보거나 심지어 경멸하는 학자와 실무자가 많다. 그러

배당	자사주 매입
고정적: 일단 결정되면 변경하기가 어렵고, 감소하기보다는 증가할 가능성이 더 높다.	**유연성:** 유연하며, 발표된 경우에도 큰 영향 없이 철회될 수 있다.
정기적: 일정한 주기(반기, 연간)로 지급된다.	**기회적:** 일정한 시간 패턴을 따르지 않으며, 기업이 원하는 시점에 실행 가능하다.
보편적: 주주의 필요나 요구와는 관계없이 모든 주주에게 현금으로 지급한다.	**선택적:** 주식을 매각하기로 선택한 주주에게만 현금으로 반환된다.

배당 대 자사주 매입: 수익이 크고 안정적인 기업들은 정기적이고 예측 가능한 현금흐름을 선호하는 주주들에게 배당 형태로 현금을 환원할 것이다. 수익이 작고 변동성이 큰 기업들은 정기적이고 예측 가능한 현금흐름을 필요로 하지 않는 주주들에게 자사주 매입의 형태로 현금을 환원할 것이다.

나 나는 자사주 매입이 일부 기업에는 배당금 지급의 대안이자 더 건강한 현금 환원 방식이 될 수 있다고 생각한다.

다시 기업의 생애주기 관점에서 보면, 나는 초기 단계 기업에서 처음으로 발생한 초과 현금흐름은 예측하기 어렵고 변동성이 클 가능성이 높다고 생각한다. 이런 경우에는 현금을 환원하는 초기 방식으로 자사주 매입이 더 적절한 선택이 될 수 있다. 그러나 기업이 점차 성숙해짐에 따라 상황이 변화할 수 있으며, 기업은 자사주 매입을 배당으로 대체하는 선택을 할 수도 있다.

기업 재무와 생애주기

기업 재무의 큰 그림에서 보면 기업의 모든 의사결정은 투자, 자금 조달, 배당, 세 가지 요소로 나눌 수 있다. 그러나 모든 기업에서 각 결정의 중요도가 같다고 생각하면 오해다. 기업의 생애주기에 따라 기업 재무의 초점도 달라진다.

생애주기 초반에 있는 창업 기업이나 아주 젊은 기업에는 투자 결정이 가장 중요하다. 이 결정이 기업의 성패를 좌우할 수 있다. 이 단계의 기업은 대출을 받을 여력이 없기 때문에 최적의 자본 구조를 찾는 것이 의미가 없고, 환원할 현금이 없기 때문에 배당 정책 역시 고려할 필요가 없다.

초기성장기 기업에서도 투자 원칙이 무엇보다 중요하다. 이 시기에는 프로젝트의 수익률이 최고조에 달하기 때문에 더 나은 자금 조달 방식을 찾거나 배당 정책을 조정하는 것보다는 더 좋은 투자를 실행하는 것이 훨씬 더 큰 가치를 창출한다.

기업이 성숙기에 접어들면 초점은 점차 자금 조달 원칙으로 이동한다. 경쟁이 심화되고 규모의 경제가 기업에 불리하게 작용함에 따라 신규 투자에서 얻을 수 있는 수익률이 감소하기 때문이다. 따라서 이 시기의 기업은 신규 부채를 조달해 자사주를 매입하거나 배당을 지급하는 자본 재조정(recapitalization)에 가장 적극적이다.

기업이 쇠퇴기에 접어들면 투자 정책을 정교하게 조정하는 것은 거의 무의미하다. 이 시기에는 기준을 충족해서 실행할 가치가 있는 새로운 프로젝트 자체가 거의 없기 때문이다. 따라서 기업의 초점은 주주들에게 현금을 환원하는 것으로 이동하며 더 이상 지속하기 어려운 사업 부문을 매각해 현금을 확보할 수도 있다. 그림 5.14는 기업 생애주기 단계에 따라 기업 재무의 초점이 어떻게 변화하는지를 보여준다.

기업 생애주기 단계에 따라 재무 원칙의 초점이 이동하는 것은 맞지만, 초점에서 벗어난 다른 측면에도 재무의 기본 원칙은 철저히 적용되어야 한다. 뒤에서(6~8장) 살펴보겠지만 일부 기업은 나이를 인정하지 않고 자신들의 성장 단계에 맞지 않는 재무 정책을 채택한다. 예를 들어 신주를 발행해서 자본을 조달할 수 있는 초기성장기 기업이 차입을 선택하거나, 기존 사업의 수익성이 개선되고 새로운 투자 기회는 줄어드는 성숙기 기업이 현금 환원을 거부하는 것은 기업 재무의 기본 원칙을 거스르는 선택이다. 그리고 이러한 선택은 머지않아 대가를 치르게 된다.

결론

기업재무학은 기업 운영을 위한 일련의 원칙을 제공한다. 이 장 서두에서 언급했

　　　　　　　　　　　　　　　

[그림 5.14] 생애주기 단계별 기업 재무의 핵심

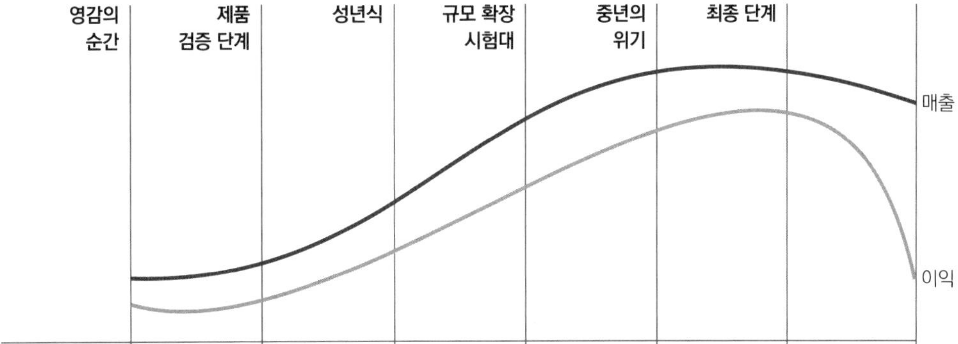

생애주기 단계	창업기	초기성장기	고도성장기	성숙성장기	성숙안정기	쇠퇴기
투자 정책	신제품 개발	시장 테스트 및 확장	생산 규모 확대	증설 및 신제품 추가	생산 능력 유지 및 인수·합병	생산 능력 축소
자금 조달 정책	주로 자기자본을 조달하고, 부채 조달은 절실한 경우에만	자기자본 조달, 공개시장 선택 가능	주로 자기자본 조달, 일부 부채 활용 가능	부채 조달 능력 증가	부채 조달 능력 극대화	기업 규모 축소에 따른 부채 감소
배당 정책	현금 소진, 자기자본 투입	현금 소진 극대화	현금흐름 흑자 시작	환원하지 않을 경우 현금 축적	현금 수익 정점	자산 매각을 통한 현금 환원

듯이 전통적인 기업 재무의 기본 원칙은 모든 기업의 궁극적인 목표를 주주 가치 극대화로 설정한다. 기업이 추구해야 할 최종 목표가 주주 가치 극대화가 되어야 하는지, 직원이나 고객 같은 다른 이해관계자에 초점을 맞추거나 모든 이해관계자를 포괄하는 목표로 대체되어야 하는지를 둘러싼 논의는 건전하다. 나는 주주 가치 극대화가 완벽한 목표는 아닐지라도 현재로서는 최선의 목표라고 생각한다.

이 장에서는 기업 재무의 틀 안에서 가장 일반적인 형태의 투자, 자금 조달, 배당 원칙을 소개하고 이러한 원칙들이 기업 생애주기 단계에 따라 어떻게 다르게 적용되는지 설명했다. 다음 3개 장에서는 각각의 원칙을 하나씩 다루며 그 세부 내용을 살펴볼 것이다.

6장
투자
: 생애주기별 과제

5장에서는 기업 재무의 세 가지 원칙 중 첫 번째로 투자 원칙을 살펴보았다. 투자 원칙은 어찌 보면 단순하다. 좋은 투자란 투자에 내재된 위험과 자금 조달 구조를 반영한 기준수익률을 초과하는 수익을 창출하는 투자라고 정의했을 때, 투자 수익률과 기준수익률을 측정하는 것 자체는 어렵지 않아 보인다. 그러나 실무에서는 이 두 가지 요소를 다양한 접근 방식으로 측정할 수 있고 이는 다양한 투자 의사결정 기준으로 이어진다.

이번 장에서는 기준수익률을 깊이 있게 분석하고, 기업 생애주기에 따라 기준수익률이 어떻게 달라지는지 살펴보겠다. 그런 다음 기업이 처한 생애주기 단계에 따라 투자 의사결정 기준의 선택이 달라질 수 있는 이유를 논의하겠다.

기준수익률

5장에서 나는 기준수익률이 해당 투자에 내재된 위험을 반영해야 한다고 주장하면서 이 위험은 기업 자체가 아니라 기업의 한계투자자의 관점에서 측정되어야 한다는 점을 강조했다. 이 위험을 측정하는 과정과 측정된 위험을 기준수익률로 변환하는 과정을 살펴보자.

자본비용으로서의 기준수익률

기준수익률을 구체적으로 설명하기에 앞서 투자에 필요한 자금을 조달하는 비용, 즉 자본비용 관점에서 기준수익률을 다시 정의하겠다. 앞서 언급했듯이 기업의 자금원은 소유주의 자금(자기자본)과 차입금(부채) 두 가지뿐이다. 따라서 자본비용은 자기자본 조달 비용과 부채 조달 비용을 가중 평균한 값으로 계산할 수 있으며, 이때 가중치는 각 자금원이 자본 구조에서 차지하는 비율에 따라 결정된다. 그림 6.1은 5장에서 소개한 금융 재무상태표를 활용하여 부채비용과 자기자본비용의 본질을 설명한다.

부채비용은 자기자본비용에 비해 추정하기 쉬운 편이다. 장기 차입 비용인 부채비용은 계산에 단 두 가지 요소만 필요하다. 첫 번째 요소는 대출 기관이 기업의 부도 가능성을 고려하여 부과하는 신용 스프레드다. 디폴트 스프레드(default spread)

[그림 6.1] 자본비용: 재무상태표 관점

자산		부채	
기존 투자에서 예상되는 가치	기존 자산	부채	차입한 자금
향후 투자로 추가(혹은 차감)될 가치	성장 자산	자기자본	소유주의 자금

부채비용은 기업에 자금을 장기적으로 대여하는 대출 기관이 요구하는 이자율을 의미한다. 이는 부채의 신용 위험에 대한 평가를 반영한다. 이자비용에서 발생하는 세금 절감 효과가 조정된다.

자기자본비용은 주주가 자기 투자에서 요구하는 수익률을 의미한다. 이는 자기자본의 위험 수준에 대한 인식을 반영한다.

자본비용은 기업의 자금을 조달하는 전체 비용을 의미하며, 자기자본과 부채를 조달하는 비용을 반영하고, 자기자본과 부채가 기업과 프로젝트의 자금 조달에서 차지하는 비중(부채와 자기자본 비중)에 따라 결정된다.

[그림 6.2] 부채비용

부채비용: 세전, 세후			
세후 부채비용	**무위험 이자율**	**디폴트 스프레드**	**(1−세율)**
기업이 장기적으로 자금을 차입하는 데 드는 현재 비용을 뜻하며, 부채에 대한 세금 절감 효과를 반영하여 조정된다.	수익을 보장하는 투자에서 얻을 수 있는 수익률이며, 선택한 통화를 기준으로 측정된다.	기업의 신용 위험을 반영하여 장기 대출 기관이 부과하는 가산 금리다.	이자비용은 법인의 한계세율 기준으로 세금 공제가 가능해, 세후 부채비용을 계산할 때는 이를 조정해야 한다.

라고도 하며 기업의 신용 위험이 크다고 평가될수록 더 높은 디폴트 스프레드가 적용된다. 두 번째 요소는 세법상의 조정이다. 세법은 부채를 우대하는 경향이 있어서 세후 부채비용을 실제 차입 금리보다 낮추는 효과가 있다. 그림 6.2는 디폴트 스프레드와 이자비용에 대한 세금 혜택을 반영한 부채비용 추정 방법이다.

자기자본비용은 부채비용보다 추정하기가 훨씬 어렵다. 자기자본비용은 투자자가 주식에 지불하는 가격을 '결정한다'. 그러나 대출 금리와 달리 명시되어 있지 않으며, 자기자본비용을 계산하려면 해당 기업의 주요 투자자의 유형(개인, 기관 등)도 판단해야 한다.[1] 여기에서는 재무 이론의 복잡한 위험-수익 모형 논의에서 벗어나 프로젝트의 자기자본비용을 그림 6.3과 같이 세 가지 요소로 분해한다.

[그림 6.3] 자기자본비용

자기자본비용			
자기자본비용	**무위험 이자율**	**상대적 위험 측정**	**주식 위험 프리미엄**
자본비용은 주식 투자자들이 인식하는 기업의 위험 수준, 시장이 평가하는 주식 위험 가격을 반영한다.	수익을 보장하는 투자에서 얻을 수 있는 수익률이며, 선택한 통화를 기준으로 측정된다.	주식시장 내 평균적인 위험 투자 대비 기업의 상대적 위험 수준을 뜻하며, 한계투자자가 어떻게 평가하는지에 따라 결정된다.	주식시장의 평균 위험 투자를 감수하는 데 대한 가격을 의미하며, 프로젝트가 운영되는 국가와 지역의 특성을 반영한다.

자기자본비용과 부채비용을 비교하면 부채시장에서 위험의 가격을 나타내는 디폴트 스프레드는 주식시장에서 위험의 가격인 주식 위험 프리미엄(equity risk premium)에 해당한다. 이는 위험이 평균 수준인 투자에서 위험의 가격을 의미한다. 여기에 평균 수준과 비교한 해당 주식의 상대적 위험을 측정한 값을 곱해서 자기자본비용을 계산한다.

자본비용 계산 방법과 입력값

실무에서 부채비용과 자기자본비용을 추정하려면 무위험 이자율(risk-free rate)이 필요하다. 또 부채는 디폴트 스프레드 형태의 위험 프리미엄, 주식은 상대적 위험과 주식 위험 프리미엄을 추정해야 한다.

무위험 이자율

일부에서는 전 세계에 통용되는 무위험 이자율이 존재한다거나, 무위험 이자율이 시간에 따라 변하지 않는 상수라고 가정한다. 그러나 무위험 이자율은 동일한 시점에서도 통화별로 다르고, 동일한 통화라도 시점에 따라 달라진다. 통화와 시점에 따라 무위험 이자율이 달라지는 다양한 이유 가운데 핵심 요인은 기대 인플레이션이다. 기대 인플레이션이 높은 통화는 낮은 통화보다 무위험 이자율이 더 높다. 반대로 디플레이션이 예상되는 통화는 무위험 이자율이 음수가 될 수도 있다.

실무에서는 특정 통화의 무위험 이자율을 추정할 때 해당 통화로 발행된 국채 금리를 사용하는 경우가 많다. 정부는 돈을 찍어낼 권한이 있으므로, 정부가 재정 관리를 아무리 잘못하더라도 자국 통화로 발행된 국채에서 부도가 발생할 가능성은 없다는 논리다. 그러나 실제 데이터를 보면 지난 30년간 발생한 국가 채무불이행의 3분의 1에서 절반 정도가 자국 통화로 발행된 국채에서 발생했다. 부도 위험이 존재하는 국가의 국채 금리는 사실상 무위험 이자율이 아닐 수 있다.

그림 6.4에서는 약 50개 통화의 무위험 이자율을 추정했다. 국가 신용등급이 가장 높은 경우(S&P 기준 AAA, 무디스 기준 Aaa)는 해당 국채 금리를 무위험 이자율로 사

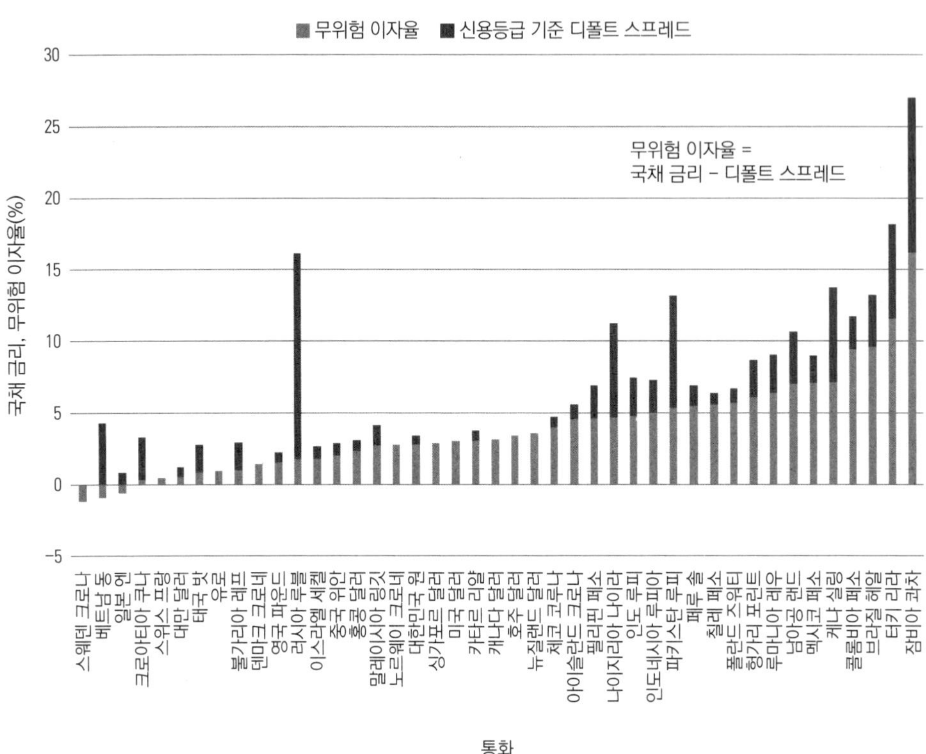

용하고, 신용등급이 낮은 국가는 국채 금리에서 국가 신용등급을 기반으로 한 디폴트 스프레드를 차감해 무위험 이자율을 추정했다.

무위험 이자율의 차이를 결정하는 핵심 요인은 기대 인플레이션이다. 따라서 인플레이션이 높은 통화를 분석에 이용한다면 기준수익률이 높아질 것이다. 인플레이션이 기업의 이익에 전가될 수 있는 환경이라면 해당 통화로 표시된 이익과 투자수익률 또한 높아질 수 있다.

부채의 디폴트 스프레드

부채의 디폴트 스프레드는 신용 위험이 있는 기업에 돈을 빌려줄 때 대출 기관과 채권자가 부과하는 가격이다. 당연히 이 가격은 시기에 따라 달라진다. 경기 침체나

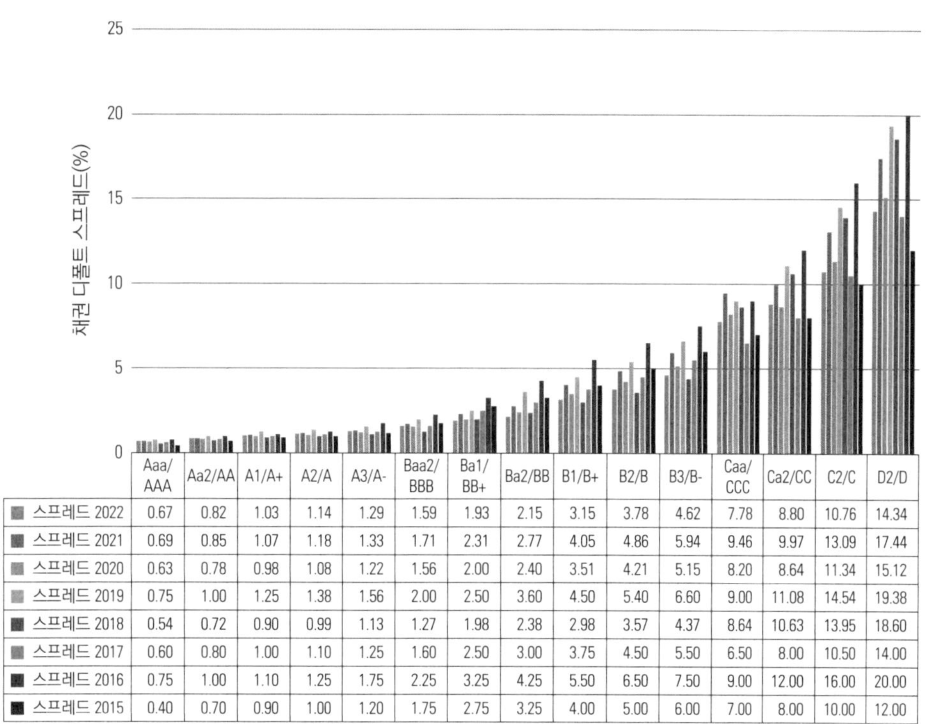

	Aaa/AAA	Aa2/AA	A1/A+	A2/A	A3/A-	Baa2/BBB	Ba1/BB+	Ba2/BB	B1/B+	B2/B	B3/B-	Caa/CCC	Ca2/CC	C2/C	D2/D
스프레드 2022	0.67	0.82	1.03	1.14	1.29	1.59	1.93	2.15	3.15	3.78	4.62	7.78	8.80	10.76	14.34
스프레드 2021	0.69	0.85	1.07	1.18	1.33	1.71	2.31	2.77	4.05	4.86	5.94	9.46	9.97	13.09	17.44
스프레드 2020	0.63	0.78	0.98	1.08	1.22	1.56	2.00	2.40	3.51	4.21	5.15	8.20	8.64	11.34	15.12
스프레드 2019	0.75	1.00	1.25	1.38	1.56	2.00	2.50	3.60	4.50	5.40	6.60	9.00	11.08	14.54	19.38
스프레드 2018	0.54	0.72	0.90	0.99	1.13	1.27	1.98	2.38	2.98	3.57	4.37	8.64	10.63	13.95	18.60
스프레드 2017	0.60	0.80	1.00	1.10	1.25	1.60	2.50	3.00	3.75	4.50	5.50	6.50	8.00	10.50	14.00
스프레드 2016	0.75	1.00	1.10	1.25	1.75	2.25	3.25	4.25	5.50	6.50	7.50	9.00	12.00	16.00	20.00
스프레드 2015	0.40	0.70	0.90	1.00	1.20	1.75	2.75	3.25	4.00	5.00	6.00	7.00	8.00	10.00	12.00

금융위기 같은 불안한 시기에는 투자자들이 디폴트 스프레드를 높이고, 경제 상황이 양호할 때는 이를 낮추는 경향이 있다.

나는 신용 위험 수준을 나타내는 대리 지표로, 신용평가 기관에서 재무적 요소와 정성적 요소를 종합적으로 고려하여 부여한 채권 등급을 사용한다. 그림 6.5에서는 2015년 초부터 2022년 초까지 AAA 등급에서 하이일드(high yield) 등급까지 채권 등급별 디폴트 스프레드 변화를 분석했다.

데이터에서 보듯 디폴트 스프레드는 시간이 지남에 따라 모든 등급의 채권에서 크게 달라지며 신용등급이 낮을수록 변동 폭이 더욱 크다.

주식 위험 프리미엄

주식 위험 프리미엄은 주식시장에서 위험의 가격을 의미한다. 그러나 채권시장에서 쉽게 관찰할 수 있는 디폴트 스프레드와 달리 주식 위험 프리미엄은 명시적인 금리가 아니라 투자자가 주식에 지불하는 가격에 내재된 개념이다. 과거 데이터를 참고하여 주식이 무위험 자산 대비 기록한 장기간의 역사적 프리미엄을 기반으로 주식 위험 프리미엄을 추정하기도 하지만, 나는 좀 더 미래 지향적이고 역동적인 접근 방식을 선호한다. 즉 관찰 가능한 주가와 해당 주식 투자로 예상되는 현금흐름(추정치)을 이용해 투자자가 주식에서 기대할 수 있는 내부수익률을 도출하는 방식이다. 이 내부수익률에서 무위험 이자율을 차감하면 주식에 내재된 위험 프리미엄을 구할 수 있다.

그림 6.6에서는 1960년부터 2022년 7월까지 미국 주식시장에서 내재 주식 위험 프리미엄의 변동 추이를 보여준다.

[그림 6.6] 미국 주식의 내재 주식 위험 프리미엄

내재 주식 위험 프리미엄(ERP)은 투자자들이 주식에 투자할 때 기대하는 무위험 이자율 대비 추가 수익률이다. 2022년 7월 1일 기준 내재 ERP는 6.01%로, 이는 무위험 이자율 3.02%에 추가로 요구되는 수익률이다.

디폴트 스프레드와 마찬가지로 주식 위험 프리미엄도 투자자의 기대와 불안을 반영해서 미래에 대한 확신이 강화되는 시기에는 낮아지고 불안감이 커질수록 상승한다. 2022년 7월 1일, 미국 주식의 내재 주식 위험 프리미엄은 약 6.00%였다. 미국을 성숙한 시장으로 간주한다면 정치적, 경제적 위험이 더 큰 다른 지역에서는 주식 위험 프리미엄이 더 높아야 할 것이다. 그림 6.7에서는 미국의 주식 위험 프리미엄을 기준점으로 각국의 채무불이행 위험을 반영한 국가 위험 프리미엄을 추가하여 전 세계의 주식 위험 프리미엄을 추정했다.

프로젝트의 자본비용을 추정할 때는 해당 프로젝트를 수행하는 기업이 등록된 국가가 아니라 실제로 사업을 운영하는 지역을 기준으로 해야 한다. 즉 생산과 매출이 발생하는 지역을 반영해야 한다. 따라서 미국 기업이 인도에서 프로젝트를 고려하고 있고 해당 프로젝트의 자기자본비용을 추정한다면 9.08%의 주식 위험 프리미엄을 적용해야 한다.

주식의 상대적 위험(베타)

자기자본비용의 마지막 요소는 상대적 위험을 평가하는 것이다. 이는 특정 기업이 시장에서 평균적인 위험을 가진 투자와 비교해 얼마나 위험한지를 측정하는 과정이다. 애널리스트들은 이 위험을 측정하기 위해 흔히 베타(beta)를 사용한다. 여기에서는 베타를 계산하는 방법이나 활용 여부를 논의하는 대신 베타를 상대적 위험을 나타내는 척도로 간단히 이해한다. 주식의 베타 값이 1이면 위험이 평균 수준임을 의미한다. 베타 값이 1보다 크면 위험이 평균 이상, 1보다 작으면 평균 이하라는 뜻이다.

기업이나 프로젝트의 상대적 위험 수준은 근본적으로 사업적 선택에서 비롯된다. 제공하는 제품이나 서비스가 필수가 아닌 재량적 소비 대상이고, 고정비 비중이 높으며, 부채 부담이 클수록 상대적 위험도 증가한다. 그림 6.8은 상대적 위험을 결정하는 요인이다.

상대적 위험을 결정하는 요인들을 보면 초기성장기 기업이 더 큰 사업적 위험에

[그림 6.7] 국가별 주식 위험 프리미엄

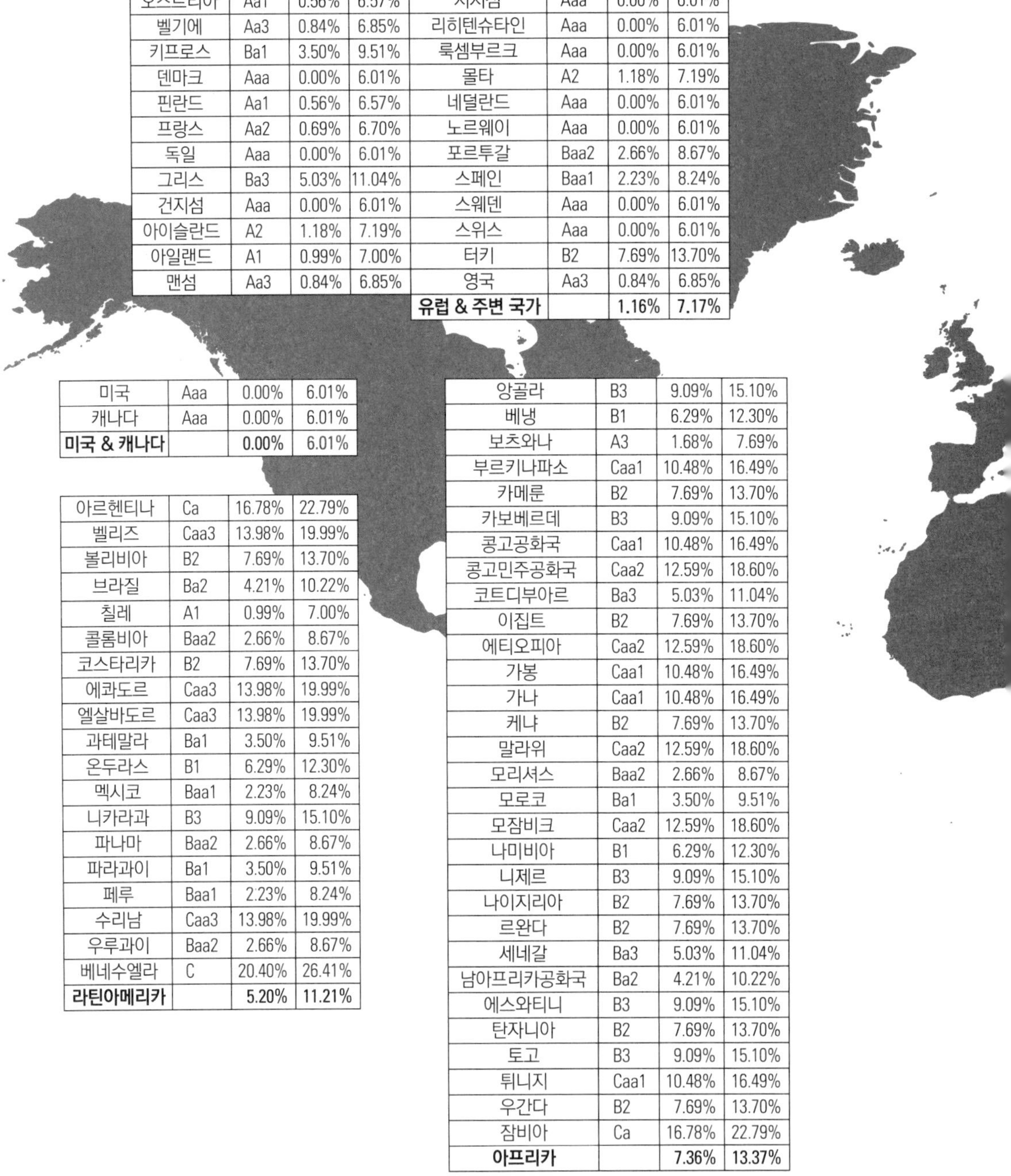

국가명	무디스 신용등급	국가 위험 프리미엄	주식 위험 프리미엄

국가명	무디스 신용등급	국가 위험 프리미엄	주식 위험 프리미엄	국가명	무디스 신용등급	국가 위험 프리미엄	주식 위험 프리미엄
안도라	Baa2	2.66%	8.67%	이탈리아	Baa3	3.07%	9.08%
오스트리아	Aa1	0.56%	6.57%	저지섬	Aaa	0.00%	6.01%
벨기에	Aa3	0.84%	6.85%	리히텐슈타인	Aaa	0.00%	6.01%
키프로스	Ba1	3.50%	9.51%	룩셈부르크	Aaa	0.00%	6.01%
덴마크	Aaa	0.00%	6.01%	몰타	A2	1.18%	7.19%
핀란드	Aa1	0.56%	6.57%	네덜란드	Aaa	0.00%	6.01%
프랑스	Aa2	0.69%	6.70%	노르웨이	Aaa	0.00%	6.01%
독일	Aaa	0.00%	6.01%	포르투갈	Baa2	2.66%	8.67%
그리스	Ba3	5.03%	11.04%	스페인	Baa1	2.23%	8.24%
건지섬	Aaa	0.00%	6.01%	스웨덴	Aaa	0.00%	6.01%
아이슬란드	A2	1.18%	7.19%	스위스	Aaa	0.00%	6.01%
아일랜드	A1	0.99%	7.00%	터키	B2	7.69%	13.70%
맨섬	Aa3	0.84%	6.85%	영국	Aa3	0.84%	6.85%
				유럽 & 주변 국가		**1.16%**	**7.17%**

국가명	무디스 신용등급	국가 위험 프리미엄	주식 위험 프리미엄
미국	Aaa	0.00%	6.01%
캐나다	Aaa	0.00%	6.01%
미국 & 캐나다		**0.00%**	**6.01%**

국가명	무디스 신용등급	국가 위험 프리미엄	주식 위험 프리미엄
아르헨티나	Ca	16.78%	22.79%
벨리즈	Caa3	13.98%	19.99%
볼리비아	B2	7.69%	13.70%
브라질	Ba2	4.21%	10.22%
칠레	A1	0.99%	7.00%
콜롬비아	Baa2	2.66%	8.67%
코스타리카	B2	7.69%	13.70%
에콰도르	Caa3	13.98%	19.99%
엘살바도르	Caa3	13.98%	19.99%
과테말라	Ba1	3.50%	9.51%
온두라스	B1	6.29%	12.30%
멕시코	Baa1	2.23%	8.24%
니카라과	B3	9.09%	15.10%
파나마	Baa2	2.66%	8.67%
파라과이	Ba1	3.50%	9.51%
페루	Baa1	2.23%	8.24%
수리남	Caa3	13.98%	19.99%
우루과이	Baa2	2.66%	8.67%
베네수엘라	C	20.40%	26.41%
라틴아메리카		**5.20%**	**11.21%**

국가명	무디스 신용등급	국가 위험 프리미엄	주식 위험 프리미엄
앙골라	B3	9.09%	15.10%
베냉	B1	6.29%	12.30%
보츠와나	A3	1.68%	7.69%
부르키나파소	Caa1	10.48%	16.49%
카메룬	B2	7.69%	13.70%
카보베르데	B3	9.09%	15.10%
콩고공화국	Caa1	10.48%	16.49%
콩고민주공화국	Caa2	12.59%	18.60%
코트디부아르	Ba3	5.03%	11.04%
이집트	B2	7.69%	13.70%
에티오피아	Caa2	12.59%	18.60%
가봉	Caa1	10.48%	16.49%
가나	Caa1	10.48%	16.49%
케냐	B2	7.69%	13.70%
말라위	Caa2	12.59%	18.60%
모리셔스	Baa2	2.66%	8.67%
모로코	Ba1	3.50%	9.51%
모잠비크	Caa2	12.59%	18.60%
나미비아	B1	6.29%	12.30%
니제르	B3	9.09%	15.10%
나이지리아	B2	7.69%	13.70%
르완다	B2	7.69%	13.70%
세네갈	Ba3	5.03%	11.04%
남아프리카공화국	Ba2	4.21%	10.22%
에스와티니	B3	9.09%	15.10%
탄자니아	B2	7.69%	13.70%
토고	B3	9.09%	15.10%
튀니지	Caa1	10.48%	16.49%
우간다	B2	7.69%	13.70%
잠비아	Ca	16.78%	22.79%
아프리카		**7.36%**	**13.37%**

알바니아	B1	6.29%	12.30%
아르메니아	Ba3	5.03%	11.04%
아제르바이잔	Ba2	4.21%	10.22%
벨라루스	Ca	16.78%	22.79%
보스니아 헤르체고비나	B3	9.09%	15.10%
불가리아	Baa1	2.23%	8.24%
크로아티아	Ba1	3.50%	9.51%
체코	Aa3	0.84%	6.85%
에스토니아	A1	0.99%	7.00%
조지아	Ba2	4.21%	10.22%
헝가리	Baa2	2.66%	8.67%
카자흐스탄	Baa2	2.66%	8.67%
키르기스스탄	B3	9.09%	15.10%
라트비아	A3	1.68%	7.69%
리투아니아	A2	1.18%	7.19%
마케도니아	Ba3	5.03%	11.04%
몰도바	B3	9.09%	15.10%
몬테네그로	B1	6.29%	12.30%
폴란드	A2	1.18%	7.19%
루마니아	Baa3	3.07%	9.08%
러시아	Ca	16.78%	22.79%
세르비아	Ba2	4.21%	10.22%
슬로바키아	A2	1.18%	7.19%
슬로베니아	A3	1.68%	7.69%
타지키스탄	B3	9.09%	15.10%
우크라이나	Caa3	13.98%	19.99%
우즈베키스탄	B1	6.29%	12.30%
동유럽 & 러시아		**8.85%**	**14.86%**

아부다비	Aa2	0.69%	6.70%
바레인	B2	7.69%	13.70%
이라크	Caa1	10.48%	16.49%
이스라엘	A1	0.99%	7.00%
요르단	B1	6.29%	12.30%
쿠웨이트	A1	0.99%	7.00%
레바논	C	20.40%	26.41%
오만	Ba3	5.03%	11.04%
카타르	Aa3	0.84%	6.85%
라스알카이마	A1	0.99%	7.00%
사우디아라비아	A1	0.99%	7.00%
샤르자	Baa3	3.07%	9.08%
아랍에미리트	Aa2	0.69%	6.70%
중동		**2.02%**	**8.03%**

프론티어 마켓(등급 없음)			
알제리	66.75	6.29%	12.30%
브루나이	79.25	1.18%	7.19%
감비아	66.25	6.29%	12.30%
기니	58.00	12.59%	18.60%
기니비사우	63.50	9.09%	15.10%
가이아나	75.75	2.23%	8.24%
아이티	56.00	13.98%	19.99%
이란	66.25	6.29%	12.30%
북한	51.25	16.78%	22.79%
라이베리아	58.25	12.59%	18.60%
리비아	71.00	4.21%	10.22%
마다가스카르	63.25	9.09%	15.10%
말라위	56.75	13.98%	19.99%
미얀마	57.75	12.59%	18.60%
시에라리온	54.75	16.78%	22.79%
소말리아	52.00	16.78%	22.79%
수단	47.00	20.40%	26.41%
시리아	45.25	20.40%	26.41%
예멘	48.25	20.40%	26.41%
짐바브웨	60.75	10.48%	16.49%

방글라데시	Ba3	5.03%	11.04%
캄보디아	B2	7.69%	13.70%
중국	A1	0.99%	7.00%
피지	B1	6.29%	12.30%
홍콩	Aa3	0.84%	6.85%
인도	Baa3	3.07%	9.08%
인도네시아	Baa2	2.66%	8.67%
일본	A1	0.99%	7.00%
대한민국	Aa2	0.69%	6.70%
라오스	Caa3	13.98%	19.99%
마카오	Aa3	0.84%	6.85%
말레이시아	A3	1.68%	7.69%
몰디브	Caa1	10.48%	16.49%
몽골	B3	9.09%	15.10%
파키스탄	B3	9.09%	15.10%
파푸아뉴기니	B2	7.69%	13.70%
필리핀	Baa2	2.66%	8.67%
싱가포르	Aaa	0.00%	6.01%
솔로몬 제도	Caa1	10.48%	16.49%
스리랑카	Ca	16.78%	22.79%
대만	Aa3	0.84%	6.85%
태국	Baa1	2.23%	8.24%
베트남	Ba3	5.03%	11.04%
아시아		**1.56%**	**7.57%**

호주	Aaa	0.00%	6.01%
뉴질랜드	Caa1	10.48%	16.49%
쿡 제도	Aaa	0.00%	6.01%
오세아니아		**0.00%**	**6.01%**

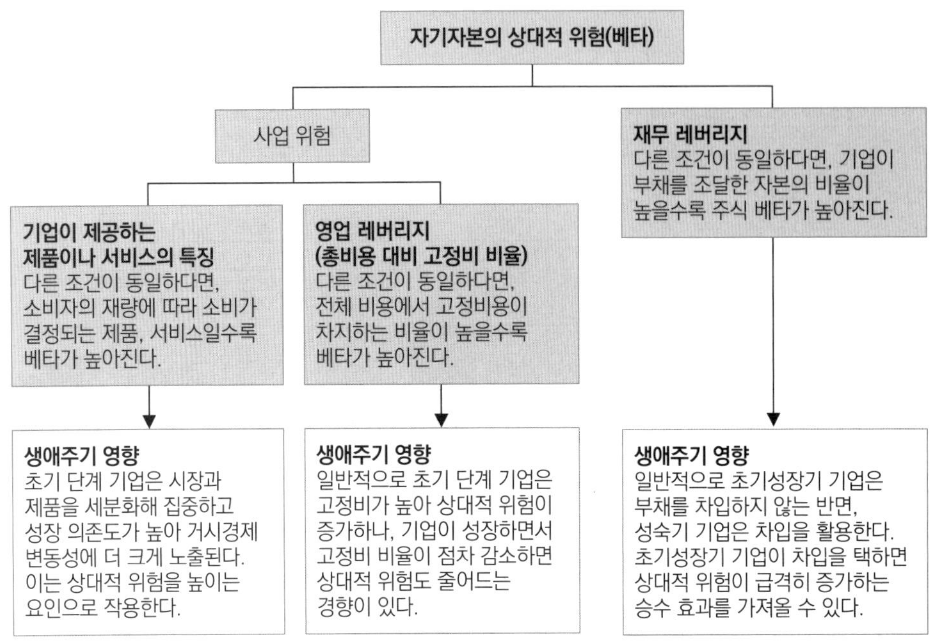

노출되는 이유를 알 수 있다. 그러나 성숙한 기업도 재무 레버리지를 활용할 경우 특히 자기자본 관점에서 상대적 위험이 높아질 수 있다.

상대적 위험에 대한 노출도를 측정하려면 시간에 따라 변화하는 기본 지표(매출, 이익)나 시장가격(상장기업의 경우)의 과거 데이터를 사용해야 한다. 그러나 기본 지표는 자주 측정되는 것이 아니라 분기별 또는 연간 단위로 측정되고, 회계적 유연화(accounting smoothing)의 영향을 받을 수 있기 때문에 대부분의 애널리스트는 시장가격으로 상대적 위험을 추정한다.

하지만 이 접근법에는 세 가지 문제가 있다. 첫째, 시장가격이 존재하지 않는 비상장기업에는 이 접근법이 적합하지 않다. 둘째, 상장된 기업의 경우라도 기업 전체의 베타(상대적 위험) 값은 단 하나인데 이 베타를 위험 수준이 서로 다른 개별 프로젝트에 적용하면 기준수익률 추정치가 왜곡될 수 있다. 셋째, 과거 가격으로 위험을 추정하면 노이즈가 발생해서 단일한 값이 아니라 값의 범위를 얻는다.

이 세 가지 문제를 해결하는 방법은 해당 산업에 속한 모든 상장기업의 상대적 위험(베타)의 평균값을 프로젝트나 기업에 적용하는 것이다. 예를 들어 기술기업이 엔터테인먼트 소프트웨어 프로젝트에 투자한다면 상장된 엔터테인먼트기업의 평균 베타를 사용해 프로젝트의 상대 위험을 측정할 수 있다. 이 접근법은 비상장기업이나 특정 프로젝트의 위험을 추정할 때도 유용하며, 결함이 있는 여러 상대적 위험 측정치의 평균을 사용해 범위를 좁히고 더욱 정밀한 추정치를 얻을 수 있다는 이점도 있다.

자본비용과 생애주기

무위험 이자율, 위험 프리미엄(주식 위험 프리미엄, 부채의 디폴트 스프레드), 상대적 위험을 이용해서 어떤 기업이든 자기자본비용과 부채비용을 추정할 수 있다. 이렇게 추정한 비용에 자금 조달 비중에 따라 가중치를 부여하면 장부가치가 아닌 시장가치를 반영하는 자본비용이 도출된다. 그림 6.9에서 2022년 7월 기준 전 세계 기업의 자본비용 분포를 미국 달러 기준으로 표시했다.

달러 기준 자본비용은 그림 6.6과 그림 6.7에 표시된 것처럼 2022년 7월 1일 기준 미국 달러 무위험 이자율 3.02%와 해당일의 주식 위험 프리미엄을 반영한다. 2022년 7월 미국 기업의 달러 기준 자본비용 중앙값은 8.97%, 세계 기업의 중앙값은 9.70%였다. 자본비용의 범위는 예상보다 좁은데 미국 기업 가운데 80%는 자본비용이 6.76~10.24%(세계 기준은 7.20~12.84%) 범위에 있다(세계 기업의 자본비용 범위가 더 넓은 것은 위험 시장에 대한 노출이 더 크기 때문이다).

그렇다면 기업의 생애주기에 따라 자본비용도 달라져야 할까? 언뜻 생각하면 답은 자명한 것 같다. 앞서 생애주기별 불확실성에 대한 논의에서 살펴보았듯이 초기 단계 기업은 성숙한 기업보다 더 많은 위험에 노출되며, 자본비용이 이러한 위험 차이를 반영해야 한다는 것은 논리적으로 타당해 보인다. 그러나 신중할 필요가 있다. 적어도 이 그림에서 계산된 자본비용은 투자를 분산한 투자자들이 인식하는 위험만을 반영한다. 만약 초기 단계 기업의 위험 중 상당 부분이 기업 고유의 위험이고

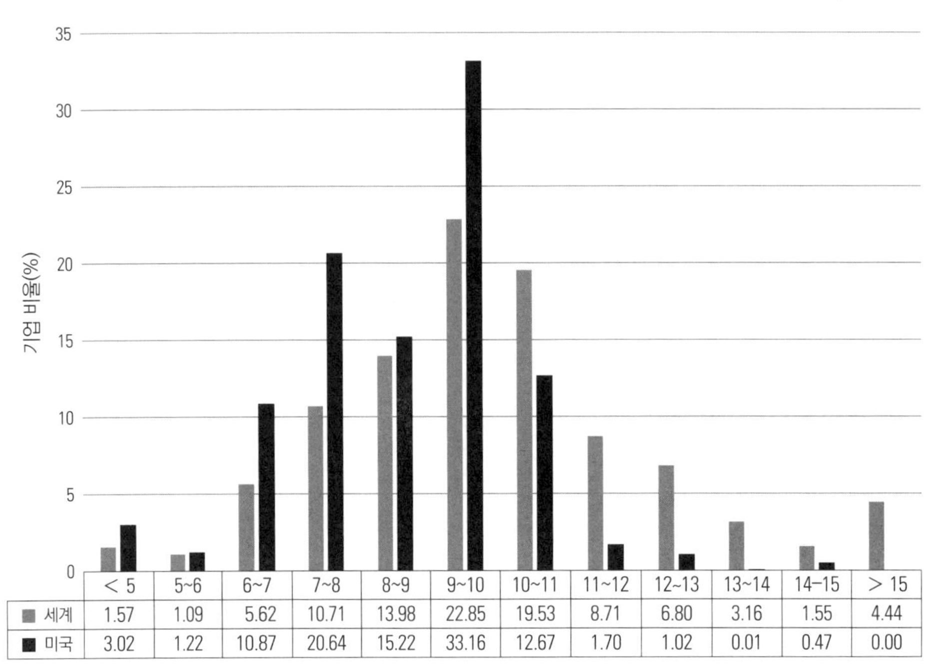

	< 5	5~6	6~7	7~8	8~9	9~10	10~11	11~12	12~13	13~14	14~15	> 15
■ 세계	1.57	1.09	5.62	10.71	13.98	22.85	19.53	8.71	6.80	3.16	1.55	4.44
■ 미국	3.02	1.22	10.87	20.64	15.22	33.16	12.67	1.70	1.02	0.01	0.47	0.00

초기 단계 기업의 투자자들이 투자를 충분히 분산하지 않았다면, 자본비용은 이러한 위험을 완전히 반영하지 못할 수도 있다.

표 6.1에서는 3장에서 소개한 국가 위험 측정 기준 가운데 하나인 기업의 연령을 이용해 미국 기업의 연령별 자본비용을 추정했다(국가 위험의 영향을 줄이기 위해 미국 기업만을 대상으로 추정했다).

이 표에서 도출할 수 있는 결론은 최고령 기업군의 자본비용이 젊은 기업들에 비해 크게 낮다는 점이다. 기업 연령 상위 10%에 속한 최고령 기업들의 자본비용은 7.03%로 중앙값보다 훨씬 낮은 수준이다. 반면 최연소 기업군의 자본비용은 9.27%로 가장 높고, 기업의 연령이 증가하더라도 9분위까지는 자본비용이 크게 감소하지 않는 모습이다.

다만 초기 단계 기업은 대부분 비상장기업이어서 표 6.1에서 얻은 결론이 그대로

[표 6.1] 미국 기업의 연령별 자본비용

연령 분위	평균 연령	자본비용(%)		
		최저 사분위값	중앙값	최고 사분위값
최연소	5.04	8.73	9.27	9.64
2분위	9.43	8.58	9.20	9.64
3분위	13.58	8.19	9.19	9.77
4분위	18.12	8.13	9.15	9.78
5분위	23.49	7.64	9.12	9.81
6분위	29.49	8.10	9.15	9.70
7분위	38.19	7.81	9.05	9.68
8분위	52.48	7.53	8.94	9.67
9분위	86.88	6.91	8.59	9.24
최고령	140.22	6.66	7.03	8.88

적용되지 않을 수 있다. 초기 단계 비상장기업의 소유주는 창업자들이 흔히 그러듯 투자를 분산하지 않았거나, VC와 같이 부분적으로만 분산한 경우가 많다. 따라서 비상장기업의 자본비용은 기업 고유의 위험까지 반영하여 더욱 높아질 가능성이 크다.

위험 관점에 따른 자본비용의 차이를 보여주기 위해 나는 분산 불가능한 위험 (undiversifiable risk) 대신 총위험을 사용하여 기업의 상대적 위험을 계산한 다음, 연령 분위별로 상장기업의 자본비용을 추정했다. 표 6.2에 그 결과를 제시했다.

표에서 보듯 총위험 기준 자본비용은 모든 기업에서 전반적으로 훨씬 높게 나타난다. 그러나 이런 방식으로 평가하면 최연소 기업과 최고령 기업의 위험 차이는 훨씬 더 크게 벌어진다.

연령 분위	기업 수	시장과의 상관관계	총자본비용(%)		
			1사분위값	중앙값	3사분위값
최연소	483	28.31%	20.86	25.31	28.73
2분위	674	28.61%	20.64	25.25	27.96
3분위	442	29.11%	19.52	24.15	27.75
4분위	731	29.11%	19.39	24.01	27.59
5분위	611	29.11%	17.85	23.92	27.45
6분위	560	29.28%	18.02	23.33	26.93
7분위	592	29.60%	17.84	22.25	26.36
8분위	621	30.97%	16.89	20.63	24.43
9분위	584	31.77%	12.70	20.08	23.01
최고령	595	33.52%	12.02	12.70	21.10

투자 의사결정 원칙

5장에서 나는 단순히 회계 이익이나 현금흐름만으로도 투자를 결정할 수도 있지만 투자 수익률을 제대로 측정하려면 현금흐름의 규모뿐만 아니라 현금흐름의 '시점'까지 고려해야 한다고 언급했다. 여기에서는 먼저 회계 수익률을 살펴보고, 여러 한계에도 불구하고 회계 수익률이 여전히 투자 분석에서 널리 사용되는 이유를 설명하겠다. 이어서 시간 가중 현금흐름 수익률 지표 가운데 가장 널리 활용되는 순현재가치(NPV)와 내부수익률(IRR)에 대해 논의하고, 둘 중 어떤 방법이 더 적절한지는 기업의 생애주기 단계에 따라 달라질 수 있음을 그 이유와 함께 설명할 것이다. 마지막으로 초기 단계 기업에 전통적인 투자 의사결정 원칙을 뛰어넘는 근거가 되지만 때로는 잘못 적용되기도 하는 리얼옵션(real options) 접근법에 대해 살펴보겠다.

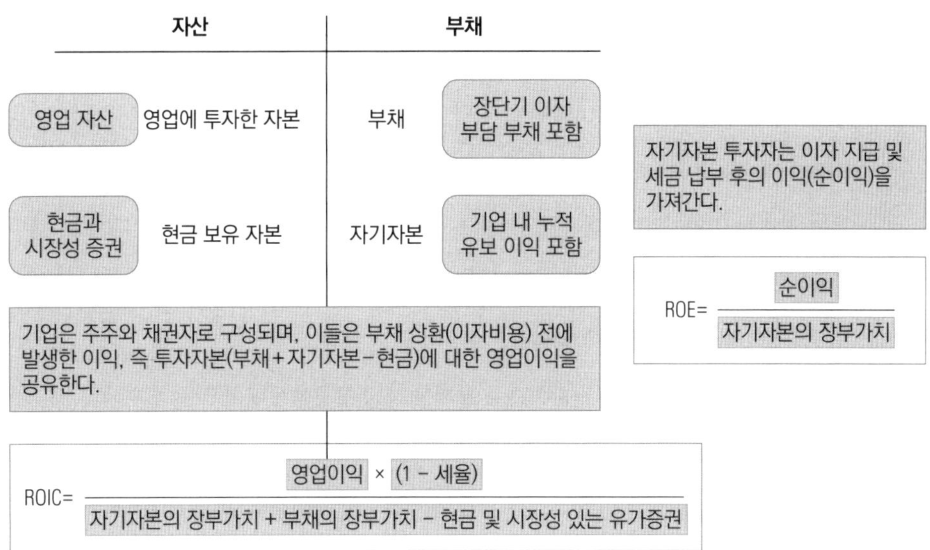

회계 수익률

프로젝트나 기업의 회계 수익률은 해당 프로젝트의 성공을 측정하는 회계 지표인 이익을 프로젝트에 투자된 자본으로 나누어 산출된다. 여기서 '투자된 자본' 역시 회계적 관점에서 정의된다. 다른 사업적 요소와 마찬가지로 회계 수익률은 자기자본 투자자의 관점에서 자기자본이익률(ROE)로 측정할 수도 있고, 자본 제공자의 관점에서 투하자본이익률(ROIC)로 측정할 수도 있다. 그림 6.10에서는 앞서 기준수익률을 논의하며 소개한 재무상태표 관점을 활용해 두 가지 수익률 지표를 비교했다.

직관적으로 설명하면 ROIC는 기업이 창출하는 이익의 질을 측정한다. ROE는 여기에 차입 효과가 추가로 반영된다. 즉 보통 수준의 ROIC를 창출하는 프로젝트를 보유한 기업이라도 부채를 활용해 프로젝트 자금을 조달하면 ROE를 높일 수 있다.

측정상의 문제

회계 수익률(ROE, ROIC)은 쉽게 계산할 수 있으며 모든 기업의 재무제표에서 쉽게 확인할 수 있는 데이터(이익, 장부가치)를 반영한다. 그러나 이러한 회계적 기반에 회계 수익률의 약점이 있다.

- 프로젝트나 기업의 회계적 이익은 회계 담당자가 기록한 매출과 회계적으로 분류된 비용(영업, 재무, 자본적 요소)의 차이를 반영한다. 따라서 회계적으로 비용 분류가 잘못될 경우에는 회계적 이익이 크게 왜곡될 수 있다. 예를 들어 2019년까지 리스는 실제로는 재무비용임에도 영업비용으로 처리되었다. 연구개발비는 기본 원칙에 따르면 자본적 지출로 분류되어야 하지만 여전히 영업비용으로 처리되고 있다.
- 프로젝트에 투자된 자본은 일반적으로 회계상 해당 프로젝트에 투입된 투자금의 장부가치를 기준으로 추정된다. 이는 프로젝트가 시작될 때는 크게 문제가 되지 않을 수 있지만 리스나 연구개발비 같은 항목이 잘못 분류되면 왜곡될 가능성이 있다. 프로젝트의 자산이 노후화하고 장부가치가 현재가치와 점점 더 괴리될수록 그 타당성이 약해지기도 한다.
- 마지막으로 전통적인 형태의 자본이익률은 미래의 이익(및 그에 따른 수익률)과 당장 1년 뒤의 이익에 동일한 가중치를 부여하기 때문에 '화폐의 시간 가치를 반영하지 않는다'.

회계 수익률과 생애주기

이처럼 프로젝트나 사업의 ROIC나 ROE는 실제 투자 수익률과 큰 차이가 있을 수 있다. 이러한 차이가 기업의 생애주기와 어떤 관련이 있는지 알아보기 위해 2022년 미국 상장기업의 연령대별 ROE와 ROIC를 계산하여 표 6.3에 제시했다

표에서는 분위별로 중위 기업의 수익률을 정리하고, 분위 안의 모든 기업이 창출한 총수익을 투입한 총자본으로 나누어 분위별 수익률을 집계했다. 분위 내에서 규모가 큰 기업에 더 큰 가중치를 부여했기 때문에 이렇게 계산한 수익률은 사실 가중평균에 가깝다.

표의 최연소 분위에서 ROIC와 ROE가 마이너스인 기업이 47.41%와 73.91%로 높다는 점에 주목할 필요가 있다. 하지만 이 기업들이 나쁜 투자를 하고 있다는 결론을 내리기는 이르다. 회계 수익률은 최근 12개월의 이익을 기반으로 계산되며 기

[표 6.3] 미국 기업의 연령별 회계 수익률

연령 분위	평균 연령	ROIC(%)				ROE(%)		
		중앙값	총합	마이너스 기업 비중	중앙값	총합	마이너스 기업 비중
최연소	5.04	−74.99	7.28	47.41	−15.50	0.43	73.91
2분위	9.43	−57.06	4.14	43.92	−15.96	−4.21	67.66
3분위	13.58	−27.77	−5.18	42.08	−9.40	−8.74	57.01
4분위	18.12	−7.40	11.84	36.94	−4.84	12.42	51.03
5분위	23.49	0.10	13.64	28.81	5.79	18.23	37.48
6분위	29.49	4.65	11.38	27.14	6.83	22.74	34.11
7분위	38.19	6.26	17.81	24.32	9.90	18.64	28.72
8분위	52.48	9.30	10.24	19.32	12.65	31.45	19.16
9분위	86.88	10.22	4.72	18.15	12.66	22.04	16.95
최고령	140.22	5.18	7.83	22.69	11.84	15.10	8.57

업 생애주기의 초기 단계에 손실을 기록하는 것은 일반적인 현상임을 감안해야 한다. 기업이 성숙할수록 회계 수익률이 개선되고, 회계 수익률 적자를 보고하는 기업의 비율도 감소한다. 최고령(연령 상위 10%)에 속한 기업 중 손실을 기록하는 기업은 상대적으로 적지만 이 기업들의 ROIC는 감소하는 경향이 있는데, 이는 사업이 활력을 잃어가고 있기 때문일 수 있다.

특히 회계 분야 출신 애널리스트들은 ROIC와 ROE를 기업과 경영진의 질을 나타내는 척도로 간주하는 경향이 있다. 나이가 든 성숙한 기업에서는 이러한 접근이 어느 정도 타당할 수 있지만, 생애주기 초기에 있는 기업에는 의미가 없다. 이들의 회계상 수익률이 미미하고 심지어 적자인 것은 기업의 질이 아니라 연령 때문인 경우가 많기 때문이다. 회계 수익률을 기준으로 투자할 기업을 선별하는 가치투자자들, 즉 ROE가 높은 기업에만 투자하는 투자자들은 결국 젊은 기업 대부분을 투자 대상에서 자동적으로 배제하는 것이다. 이는 뒤에서 다시 논의하겠다.

현금흐름할인 지표

현금흐름을 기반으로 투자 수익률을 측정하되, 현금흐름을 현재가치로 할인해 시간 가치를 고려하는 지표들이 있다. 이 중 가장 널리 사용되는 두 가지 현금흐름할인(DCF) 지표는 NPV와 IRR이다.

- 프로젝트의 NPV는 프로젝트의 수명 기간 동안 예상되는 현금흐름을 기준수익률(자기자본비용 혹은 자본비용)로 할인해 현재가치로 환산한 값의 총합이다. 프로젝트를 시작하고 유지하는 데 필요한 현재 혹은 미래의 투자는 음(-)의 현금흐름으로 표시되기 때문에, NPV를 기준으로 한 투자 의사결정 규칙은 간단하다. NPV가 0보다 크면 프로젝트의 기대수익률이 기준수익률을 초과한다는 의미로, 이는 좋은 투자다. NPV가 0보다 작으면 프로젝트의 기대수익률이 기준수익률 미만이라는 의미로, 이는 나쁜 투자다.
- IRR은 해당 프로젝트에서 발생하는 모든 현금흐름의 현재가치 총합을 0으로 만드는 할인율이다. 이를 해당 프로젝트의 기준수익률와 비교하여 투자 여부를 결정할 수 있다. IRR이 기준수익률을 초과하면 좋은 투자이고, IRR이 기준수익률보다 낮으면 나쁜 투자라는 의미다.

두 접근법 모두 현금흐름에 집중하고 시간 가치를 반영한다는 원칙에 기반을 두고 있지만 중요한 차이점이 있다.

1. **백분율 대 절댓값**: NPV는 절댓값이다. 즉 예상 현금흐름은 금액으로 표시되고 NPV 역시 금액이다. 따라서 NPV가 큰 프로젝트는 초기 투자 규모가 5배, 10배 크지만 NPV가 낮은 프로젝트에 비해 더 많은 가치를 창출한다고 간주된다. 반면 IRR은 백분율로 표시된다. 따라서 초기 투자 금액이 적을수록 IRR이 더 높아질 가능성이 있으며, IRR 기준 수익률 순위는 NPV 기준과 다를 수 있다.
2. **유일한 값 대 복수의 값**: 프로젝트의 NPV는 단 하나의 값만 존재한다. 반면 현금흐름의 부호가 음수에서 양수로, 다시 음수로 한 번 이상 바뀌는 프로젝트에는 복수의 IRR이 존

재할 수 있다. IRR 값이 여럿일 경우, 어떤 IRR은 기준수익률을 초과해서 좋은 투자로 판단될 수 있고 또 다른 IRR은 기준수익률보다 낮아서 나쁜 투자로 평가될 수 있어 의사결정권자에게 혼란을 초래한다.

3. **중간 현금흐름의 재투자:** NPV와 IRR 모두 측정 기간 중 발생한 현금 유출입의 영향을 반영한 시간 가중 현금흐름 수익률이지만, 프로젝트 중간에 발생하는 현금흐름(5년짜리 프로젝트에서 1~4년 차 현금흐름)에 대한 재투자 가정에는 미묘한 차이가 있다. NPV는 중간 현금흐름이 기준수익률로 재투자된다고 가정한다. 해당 기준수익률이 투자자들이 현재 시장에서 동일한 위험 수준으로 얻을 수 있는 수익률을 반영한다면 이 가정은 타당하다. 반면 IRR은 중간 현금흐름이 해당 프로젝트의 IRR로 재투자된다고 가정한다. 이는 해당 기업이 현재 평가 중인 프로젝트와 매우 유사한 수준의 품질과 수익률을 가진 새로운 프로젝트를 지속적으로 확보한다는 암묵적인 가정이다.

많은 기업재무학 교과서에서 NPV 방식이 투자의 잠재적인 수익을 계산하는 데 최선이라고 단정적으로 주장하지만 기업의 생애주기 논의에 들어오면 다른 해석이 가능하다. 가용 자본에 비해 투자 기회가 훨씬 많은 초기성장기 기업은 제한된 자본으로 최대한의 부가가치를 창출하는 것이 중요하기 때문에 IRR 방식이 더 합리적일 수 있다. 기업이 성숙해지고 가용 프로젝트를 수행하기에 충분한 자본을 확보한 단계에서는 NPV 방식으로 투자 판단 기준을 전환하는 것이 더 합리적이다.

리얼옵션

투자 프로젝트를 평가하는 세 번째 방법은 리얼옵션 평가법이다. 이 방법은 전통적인 투자 의사결정 규칙을 무시해야 하기 때문에 논란의 여지가 있지만, 새로운 시각을 제공하고 경우에 따라 투자 의사결정을 변화시킬 수 있다. 이 접근법에서는 프로젝트의 NPV나 IRR을 계산하는 전통적인 방법으로 투자를 분석하는 데서 출발한다. 그러나 여기서 더 나아가 비록 지금 NPV가 음수일지라도 해당 투자로 미래에 새로운 사업이나 시장으로 확장할 기회가 만들어지는지를 고려한다. 사실상 NPV

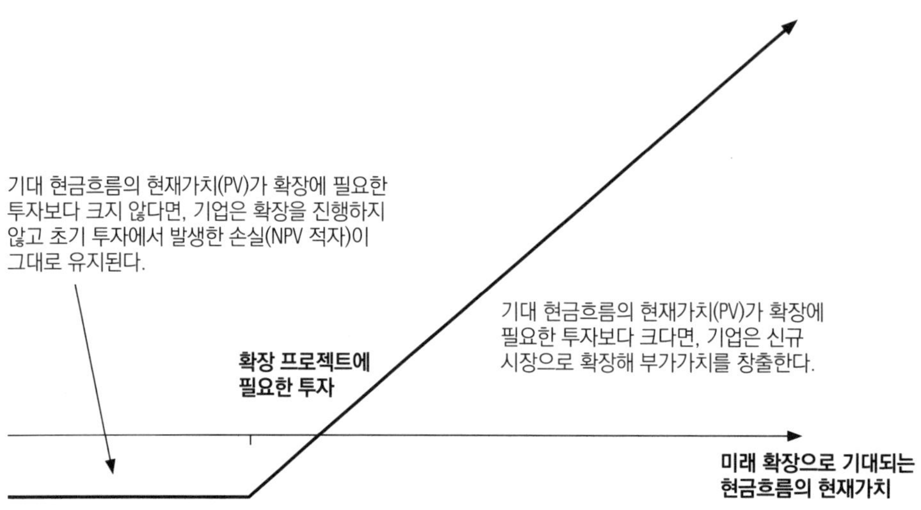

가 음수인 투자를 먼저 실행해서 미래에 수익성이 높은 다른 투자를 할 수 있는 옵션을 제공하는 셈이다. 그림 6.11에서는 이러한 옵션의 구조를 현금흐름 보상 관점에서 설명한다.

리얼옵션 평가법은 어렵기로 악명이 높다. 상장 옵션을 평가할 때 사용하는 옵션 가격결정모형은 프로젝트 옵션의 가치평가에는 잘 맞지 않는데, 거래되는 기초 자산이 없고, 기간이 길고, 조기 행사가 예외가 아닌 일반적인 현상이기 때문이다. 그러나 프로젝트에 리얼옵션이 내재되어 있음을 인식함으로써 유용한 통찰을 얻고 의사결정을 달리할 수 있다.

예를 들어 확장 옵션(expansion option)은 목표 시장이 크고 그 시장의 규모와 진입 가능성에 불확실성이 클수록 가치가 높아진다. 즉 옵션에 구체적인 가치를 부여하지 않더라도, 진출하려는 시장이 크고 그 시장의 규모와 진입 진입 가능성이 매우 불확실할 때 확장 옵션의 가치가 가장 크다는 것을 알 수 있다.

기업들은 모든 생애주기 단계에서 재무적 기준을 충족하지 않는 프로젝트(NPV가 0보다 작거나 자본이익률이 자본비용 미만인 경우)에 투자하기 위해 리얼옵션 논리를 활용할 수 있으며, 실제로 그렇게 한다. 이 접근법은 미래에 대한 불확실성이 가장 크다고 할 수 있는 초기 단계 기업, 특히 대규모 시장에 진입하려는 기업에 매력적이다.

초기 단계 기업에 있으면서 기업의 투자 의사결정 과정에서 '리얼옵션'이라는 말을 들어본 적이 없다면 비슷한 맥락에서 다른 용어를 사용하고 있을 것이다. 예를 들어 재무적 기준에 미달하는 투자를 결정하며 '전략적 필요' 때문이라고 설명한다면 이는 실질적으로 리얼옵션 논리를 사용하는 것이다. 지난 10년 동안 기업 경영자와 투자자가 사용자·가입자 플랫폼을 구축하거나 인수하는 데 수십억 달러를 투자한 것은 그 플랫폼 사용자들이 미래에는 고수익 사업의 기반이 될 수 있다는 암묵적인 주장에 근거한 것으로 이 역시 리얼옵션 논리에 해당한다.

투자 의사결정과 생애주기

기업이 기준수익률보다 더 높은 수익을 기대할 수 있는 경우에만 자산, 프로젝트, 인수에 투자해야 한다는 원칙은 생애주기 전반에 걸쳐 유효하다. 하지만 지금까지 논의했듯이 기업이 투자를 결정할 때 직면하는 도전 과제와 원칙을 적용하는 방식, 발생할 수 있는 오류의 유형은 생애주기 단계에 따라 달라질 수 있다.

먼저 투자 의사결정 과정에서 기업이 직면하는 문제와 흔히 범하는 실수를 생애주기 단계별로 살펴보겠다.

- 창업 기업과 이제 막 출발한 유아기 기업에서 투자 프로젝트를 분석할 때 가장 큰 문제는 과거 이력도, 시장에서 검증된 제품 및 서비스도 없기 때문에 프로젝트의 수명과 수명 기간 동안의 이익과 현금흐름 등 투자 수익률을 결정하는 모든 요소가 불확실성으로 가득하다는 것이다. 또 검토 중인 프로젝트 하나하나가 기업의 존폐를 좌우할 만큼 큰 것일 수 있기 때문에 이 단계의 기업들이 현실을 부정하게 되는 이유를 쉽게 이해하게 된다. 이들은 불확실성에 맞서 최선의 추정을 하기보다는 직감과 표면적인 지표(예: 사용자 증가, 다운로드 수 증가)에 의존해 투자 여부를 결정하고, 엄격한 분석 없이 리얼옵션 논리(대규모

시장, 높은 불확실성)를 적용하는 경우가 많다.

- 기업이 초기성장기에 접어들면서 실행 가능한 사업모델을 구축하고 시장에서 효과적인 요소와 그렇지 않은 요소를 학습하기 시작하면 체계화된 투자 프로세스가 형성되기 시작한다. 그러나 이 단계에서도 현금흐름을 추정하고 기준수익률을 산출하는 과정에 상당한 불확실성이 존재한다. 특히 VC 투자를 받은 기업은 불확실성이 더욱 커질 수 있다. 여기에 현금흐름 예측과 재무 분석이 기업의 창의성을 저해한다는 일부 젊은 기업의 인식까지 더해져 이 단계의 투자는 여전히 즉흥적이고 체계적이지 못한 경우가 많다.

  초기성장기 기업이 투자 분석을 수행할 때는 투자 기회에 비해 자본이 부족하기 때문에 내재수익률이 중요한 의사결정 기준이 된다. 이때 대규모 자본이 장기간 묶인다는 부담과 장기적인 미래의 불확실성에 대한 우려 때문에 장기보다는 단기 프로젝트가 선호된다.

- 고도성장기에 성공적으로 도달한 기업은 평가할 투자 프로젝트가 늘어나고 프로젝트의 규모도 과거보다 훨씬 더 커질 것이다. 프로젝트 규모가 커질수록 수익률은 낮아질 수밖에 없다. 100만 달러 규모의 프로젝트에서 50% 수익률을 달성하는 것이 1억 달러 규모의 프로젝트에서 같은 수익률을 달성하는 것보다 훨씬 수월하다. 과거에 작은 프로젝트로 달성한 내부수익률을 신규 대형 프로젝트에서도 추구한다면 결국 좋은 투자 기회를 차단한 채 작은 기업으로 남을 수밖에 없다.

- 성숙성장기에는 과거에 유사한 프로젝트를 수행한 경험이 있기 때문에 비교적 편안하게 과거 데이터를 예측에 활용할 수 있다는 장점이 있다. 기업이 규모가 커질수록, 높은 성장세를 이어가려면 새로운 시장과 지역에서 성장 기회를 적극적으로 모색해야만 한다. 그러나 투자 기회를 분석하며 절차나 기준을 지나치게 엄격히 고수하는 경직된 태도는 기회를 놓치게 만드는 걸림돌이 될 수 있다.

  이 단계에서는 투자 기회가 줄어들고 현금흐름이 축적되면서 투자 의사결정의 초점이 내부수익률에서 순현재가치로 이동할 가능성이 높다. 이 과정에서 경영자는 성장 목표를 달성하고 규모를 확장하는 데 지나치게 집중한 나머지 수익성을 희생하면서 과잉 투자를 감행할 위험이 있다.

- 성숙안정기에는 과거 경험을 기반으로 내부 프로젝트의 현금흐름을 추정한다. 그러나 여

전히 성장을 원하는 기업은 내부 투자가 아닌 인수를 선택한다. 인수 거래에서 투자 분석은 개별 프로젝트가 아니라 인수 대상 기업의 현금흐름을 추정하는 과정이며, 여기에 부수적인 비용과 시너지 효과도 반드시 반영해야 한다. 특히 대형 상장기업을 인수하는 경우, 너무 낮은 가격보다는 너무 높은 가격을 지불할 가능성이 더 크다. 즉 돈으로 성장을 살 수는 있겠지만 비싼 값을 지불해야 하는 것이다.

이 단계에서는 특히 위험 프로필이 서로 다른 사업에 투자할지 여부를 평가할 때 하나의 '기업 기준수익률'를 일률적으로 적용하는 것에 신중해야 한다. 안전한 사업이 위험한 사업을 보조하는 결과로 이어질 수 있기 때문이다. 또 이 단계에서는 회계상 이익과 현금흐름 간의 차이가 줄어들고, 장부가치에 투자된 자본이 어느 정도 반영될 가능성이 높아지며, 회계 수익률이 프로젝트의 질에 대한 정보를 전달할 수 있다. 이 단계의 기업에서 투자를 평가하는 수단으로 회계 수익률이 가장 오랫동안 사용되었고, 여전히 사용되고 있는 것은 당연한 일이다. 마지막으로 이 단계의 기업들은 잃을 것이 없기에 파괴적 혁신을 시도하는 새로운 진입자를 경계해야 한다.

- 쇠퇴하는 기업은 (사업을 성장 자산과 기존 자산으로 구분했을 때) 성장 자산이 부족할 뿐만 아니라 기존 프로젝트나 자산에서의 수익률도 감소하는 경우가 많다. 그 결과 투자 절차도 완전히 달라진다. 즉 새로운 프로젝트나 사업에 선제적으로 투자하고 미래에 창출할 현금흐름을 기대하는 대신, 운영을 지속해서 얻을 가치보다 더 많은 가격을 지불할 의향이 있는 구매자가 있다면 기존 사업의 일부를 매각하는 방안을 고려해야 할 수도 있다.

매각 가치평가는 기존의 현금흐름 분석 과정을 역으로 수행하면 된다. 즉 프로젝트를 매각해서 즉시 유입되는 현금과 프로젝트를 유지해서 유출되는 현금을 비교하면 되니 논리적으로는 어려운 일이 아니다. 그러나 성장은 그 자체로 좋은 것이며 사업을 축소하는 것은 약점이라는 경영진의 고정관념이 쇠퇴를 받아들이는 데 문제가 된다. 쇠퇴기의 경영진에게는 적은 비용으로 손쉽게 노화를 되돌릴 수 있다고 주장하며 기적의 치료제를 파는 사람들을 경계하는 것이 중요한 과제다.

그림 6.12는 기업 생애주기 전반에 걸친 투자 절차다. 시간이 흐르며 투자 유형과

[그림 6.12] 생애주기 단계별 투자 원칙

생애주기 단계	창업기	초기성장기	고도성장기	성숙성장기	성숙안정기	쇠퇴기
최대 과제	과거 이력 없음, 제품 검증 부족, 자본 부족	큰 불확실성, 사업모델 진화 중, 자본 제한적	분석할 프로젝트 증가	신규 시장과 신규 산업에서 신규 프로젝트 가능	자본은 충분하나 투자 기회 제한적	기존 투자가 '나쁜 투자'로 전환
최대 실수	직관과 감으로 프로젝트 선택	공식적인 투자 분석 기피, 불확실성 의존	초기 투자 수익률이 낮다는 이유로 '좋은' 프로젝트 기각	투자 분석 경직, 신규 시장 진입 방해	모든 프로젝트에 같은 기준수익률 적용, 고위험 프로젝트의 위험 경감 효과	투자 분석 대상에서 매각 제외
투자 기법	옵션 모델 활용(성장 가능성 극대화)	내부수익률 최대화(투자 효율성 극대화)	투자 수익성 (NPV 대비 투자 비율)	NPV 활용(자본 제약 완화)	ROIC와 초과수익 모델 활용	매각과 청산 분석
투자 유형	유기적 투자와 전략적 인수		잠재적 성장을 위한 인수	현재 성장 유지 목적의 인수		매각

기법이 어떻게 달라지는지 확인할 수 있다.

일반적으로 초기 단계 기업은 내부 투자로 성장하고 성숙한 기업은 인수 주도의 성장 전략으로 전환한다. 그러나 예외도 많다. 예를 들어 2022년 7월 시가총액 세계 최대 기업이 된 애플은 이전 10년 동안 이미 성숙한 기업이었지만 대형 인수의 함정에 빠지지 않았다. 반대로 인도의 신생 음식배달회사 조마토(Zomato)는 사업모델이 완전히 정립되지 않은 상태에서 창립 초기 몇 년 동안 수십 개 기업을 인수했는데 대부분 작은 비상장 기술기업이었다.

결론

'수용 가능한 최소 수익률인 기준수익률보다 높은 수익이 예상되는 프로젝트나 자산에만 투자하라.' 이러한 조언을 실행에 옮기기는 쉽지 않다. 기준수익률는 투자에 내재된 위험을 반영하는 지표다. 그러나 앞서 보았듯이 위험을 평가하는 기준으로 삼아야 할 한계투자자가 누구인지 파악하는 것도, 이들이 인식하는 위험이 어느 정도인지 측정하는 것도 쉽지 않다. 그럼에도 불구하고 새로운 프로젝트에 투자할지 여부를 평가할 때 젊은 기업의 기준수익률이 나이 든 기업보다 높다는 것은 예상할 수 있다.

투자의 기대수익률을 측정할 때 분석을 제대로 수행하려면 투자하는 동안의 이익과 현금흐름을 추정하고 이 현금흐름을 기준수익률로 할인해 시간 가중치를 부여해야 한다. 한편 투자로 창출할 수익이 기준수익률보다 낮더라도, 미래의 불확실성이 큰 상황에서 이 투자로 거대한 시장에 진입할 기회가 생긴다면 원칙과 상관없이 투자를 실행할 수 있다.

7장
자금 조달
: 부채냐, 자기자본이냐

기업의 소유주는 사업 자금을 조달하기 위해 자신의 자금(자기자본)을 사용하거나 외부에서 자금을 빌릴 수 있다(부채). 사업이 확장해 기업공개가 이루어지면 VC의 자금과 상장 주식시장에서 거래되는 주식이 자기자본으로서 소유주의 저축을 보완하고 회사채가 부채로서 은행 대출을 보강하는 등 이용 가능한 자기자본과 부채의 원천이 다양해진다. 차입 구조 측면에서도 만기, 이자 지급 방식(고정금리나 변동금리), 출자 전환 여부, 통화 등과 관련해 선택지가 다양해진다. 자금 조달의 원칙은 어떤 자금 유형이 기업에 가장 적합할지, 투자에 부채를 얼마나 활용할지 등을 결정할 때 발생하는 여러 상충 요소를 검토하는 것이다.

부채와 자기자본의 득과 실

자기자본과 부채 가운데 어느 자금원이 더 유리한지 판단하려면 각각의 득실을 비교해야 한다. 본격적인 논의에 앞서 많은 기업이 부채를 선호하는 이유가 왜 '착각'에 불과한지 설명하겠다. 겉으로는 그럴듯해 보이지만 면밀히 검토하면 설득력이 떨어지는 이유들이다. 그런 다음 오로지 재무적 측면에서의 득실, 즉 부채를 이용했을 때의 비용과 편익을 살펴보고, 기업의 생애주기에 따라 그 비용과 편익이 달라지는 이유도 설명하겠다. 마지막으로 기업이 재무적 펀더멘털을 근거로 적절하다고 여겨지는 금액보다 지나치게 많거나 적게 차입하도록 만드는 요인으로서 시장 마찰과 가격 오류, 왜곡을 설명하겠다. 이러한 차이(과다 또는 과소 차입)가 생애주기의 단계에 따라 어떻게 나타나는지 살펴보며 이번 장을 마무리하겠다.

부채를 선호 또는 기피하게 만드는 착각들

자금을 차입할지 말지 결정하는 것은 중요한 선택이므로, 가치를 결정하는 근본적인 요소들에 기반해서 결정할 것이라고 생각할 수 있다. 일부 기업에는 사실일 수도 있지만, 많은 기업에서 자금을 빌릴지 자기자본을 활용할지 결정하는 과정에는 여전히 내가 착각이라고 이름 붙인 요인이 작용하며, 이 요인에 따라 부채를 선호하거나 기피하게 된다.

- 부채를 선호하게 만드는 가장 흔한 착각은 세금 혜택을 생각하지 않더라도 부채가 자기자본보다 저렴하다는 생각이다. 이는 부채의 이자율과 자기자본비용을 비교하여 내린 판단일 것이다. 표면적으로는 부채가 거의 항상 자본보다 저렴해 보이는 것이 사실이다. 그러나 자본 제공자 가운데 누군가는 반드시 프로젝트나 사업의 위험을 부담한다. 더 비싼 자기자본을 저렴한 부채로 대체한다고 해도, 기업의 부채가 늘면 자기자본의 위험 수준이 높아지고 이에 따라 주주의 요구 수익률(즉 자기자본비용)도 높아져 부채의 이점이 상쇄될 것이다.
- 부채를 선호하게 만드는 두 번째 착각은 부채를 더 많이 활용하면 자기자본 투자자들의 수익률이 높아진다는 것이다. 그러나 이는 프로젝트의 수익률이 부채의 금리보다 높을 때만 가능하다. 예를 들어 6% 이자율로 자금을 빌려 수익률이 5%에 불과한 프로젝트에 투자하면 자기자본 투자자의 수익률은 오히려 감소한다. 설령 프로젝트의 수익률보다 낮

은 금리로 자금을 차입할 수 있다고 하더라도, 위와 같은 이유로 자기자본비용이 증가해 차입의 이점은 사실상 상당 부분 혹은 완전히 무효가 될 것이다.

- 일부 기업은 이자비용 때문에 자기자본 투자자들에게 돌아가는 이익이 줄어든다고 주장하면서 부채를 기피한다. 그러나 이는 차입 덕분에 자기자본 투자자들이 사업에 자본을 투입해야 하는 부담이 줄어든다는 사실을 간과하는 것이다. 상장기업의 경우, 부채를 사용해 자금을 조달하면 추가로 주식을 발행하지 않아도 되고 따라서 주당순이익(EPS)이 증가할 수 있다.

- 부채를 기피하게 만드는 두 번째 착각은 자기자본이 부채보다 저렴하다는 믿음이다. 이들은 자기자본에 대한 배당금을 비용으로 인식해, 배당금을 지급하지 않으면 사실상 공짜로 자기자본을 이용할 수 있다고 오해한다. 그러나 이는 투자자의 주가 상승 기대 역시 자기자본비용에 포함된다는 사실을 간과하는 것이다.

그림 7.1은 차입의 비용과 편익을 제시하고 이것이 착각에 불과한 이유를 설명한다.

[그림 7.1] 부채의 편익과 비용: 착각하게 되는 이유

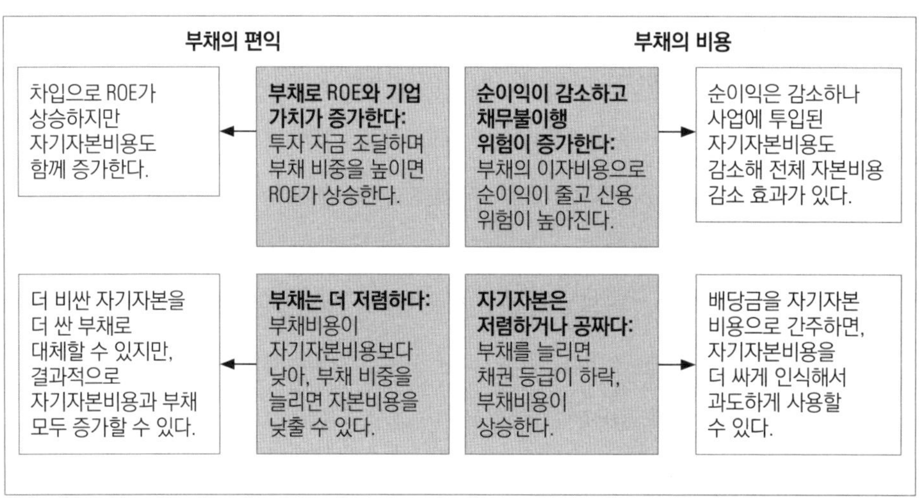

이러한 착각은 기업 생애주기 전반에 걸쳐 나타나며 각 단계에서 기업이 왜 이해하기 어려운 선택을 하는지 설명해준다.

- 예를 들어 부채로 자금을 조달하는 것이 누가 보아도 부적절한 젊은 기업이 VC가 요구하는 목표 수익률보다 부채의 이자율이 낮아 보인다는 이유로 차입을 선택하는 경우가 있다. 이러한 착각은 전환사채나 주식 워런트가 포함된 벤처 대출 등 주식 요소가 결합된 부채를 조달할 때 더욱 두드러진다. 이러한 구조는 표면적으로 부채의 이자율을 낮추지만 실제로는 기업에 더 큰 비용을 초래할 수 있다. 즉 이자율 8%인 전환사채나 벤처 대출은 수익률 20%를 요구하는 VC 자본보다 저렴해 보일 수 있지만, 실질적으로는 훨씬 더 비싼 선택이 될 수도 있다.
- 가족이 경영하는 성숙 기업은 정반대 사례다. 이들은 자기자본을 매우 저렴한 자금원, 심지어 공짜 돈으로 간주하고 차입을 거의 혹은 전혀 하지 않으며 수익성 없는 투자도 감행한다. 이 또한 자금 조달 비용을 오해한 결과다. 이러한 착각의 핵심에는 자기자본 투자자들이 기대하는 주가 상승분을 비용으로 고려하지 않고 배당금 지급을 자기자본의 유일한 비용으로 간주하는 잘못된 믿음이 있다.

부채와 자기자본의 편익과 비용: 재무적 측면

6장에서 나는 부채를 사용하는 주요 편익으로 세금 혜택을, 주요 비용으로 파산이나 채무불이행 가능성을 제시했다. 부채의 세금 혜택은 기업이 이자비용을 세금 공제 항목으로 인정받을 수 있다는 데서 비롯되며 이는 전적으로 세법에 의해 결정된다. 따라서 정부가 원한다면 이 혜택을 제한하거나 완전히 폐지할 수도 있다. 그러나 전 세계 국가 대부분은 세법상 이 혜택을 유지하고 있으며 법인세 한계세율이 높을수록 혜택도 더욱 커진다.

아일랜드의 기업이 차입을 통해 얻는 세금 혜택은 독일 기업이 동일한 차입을 했을 때보다 훨씬 적다. 이는 아일랜드의 법인세 한계세율이 12%인 반면 독일은 29.5%이기 때문이다. 같은 논리로 2016년 미국에서 연방 기준 법인세 한계세율이

35%(주세·지방세를 포함하면 약 40%)였을 때 차입한 기업은 2018년 세법이 개정되어 연방 기준 세율이 21%(주세·지방세를 포함하면 약 25%)로 낮아진 후 부채에 따르는 세금 혜택이 줄어들었다.

한편 기대파산비용(expected bankruptcy cost)은 기업이 대출 기관에 대한 계약상 의무를 이행하지 못할 확률과 파산으로 발생하는 비용의 함수다. 여기에는 파산 과정에서 발생하는 실질적인 경제적 손실과 법적 비용뿐만 아니라 파산 가능성에 따른 간접 비용도 포함된다. 기업이 파산 직전이라는 인식이 퍼지면 고객은 제품 구매를 중단하고 직원은 기업을 떠나며 공급업체는 더 까다로운 조건을 요구하게 된다. 이렇게 발생하는 매출과 이익의 감소는 기업 가치에 중대한 영향을 끼칠 수 있다.

이러한 주요 요인 외에도 자기자본 대신 부채를 사용하는 부차적인 편익과 비용도 존재한다. 긍정적인 측면에서 보면 부채를 이용함으로써 의사결정권자나 경영진이 프로젝트를 선택할 때 더욱 엄격한 원칙을 따르도록 만드는 효과가 있을 수 있다. 타인의 자금을 운용하는 기업이라면 더욱 그렇다. 경영진이 지속적으로 부실한 투자(손실을 초래하거나 최소 요구 수익률을 밑도는 투자)를 감행한다면, 부채 비중이 높을수록 기업의 파산 가능성이 커지고 경영진이 일자리를 잃을 위험도 높아진다.

반대로 부정적인 측면도 존재한다. 자기자본 투자자와 대출 기관(채권자)의 이해관계는 종종 상충한다. 자기자본 투자자는 비록 위험이 더 크더라도 더 높은 수익을 얻을 수 있는 프로젝트를 선호하는 반면, 채권자는 안전성을 선호한다. 이처럼 서로 다른 이해관계는 채권자가 설정하는 규칙이나 대출 계약 조항에 반영되어 기업의 의사결정에 유연성을 제한할 수 있다. 그림 7.2는 부채와 자기자본의 재무적 편익과 비용이다.

이제 위에서 언급한 편익과 비용을 좀 더 자세히 살펴보고 기업 생애주기 단계별로 각 요인이 어떻게 달라지는지 설명하겠다.

세금 혜택

부채의 편익이 기업 생애주기 전반에 걸쳐 유효하다는 생각에는 중요한 전제가

   2부 | 기업 재무와 생애주기

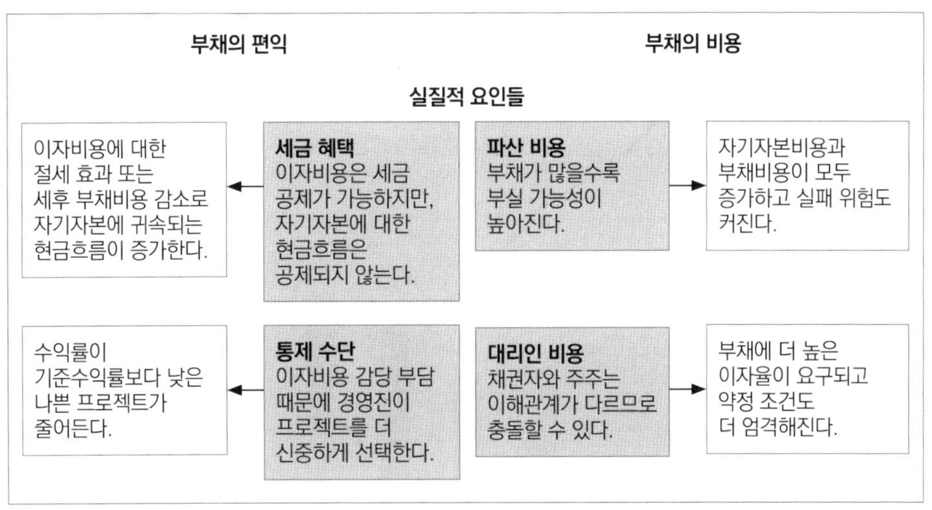

있다. 부채의 세금 혜택, 즉 이자비용으로 절세 효과를 누리려면 과세할 소득이 있어야 한다. 앞서 언급했듯이 청년기 기업은 성숙기 기업에 비해 손실을 기록할 가능성이 크다. 아직 시장을 제대로 파악하지 못하고, 사업모델이 완전히 자리 잡지 못했으며, 규모의 경제를 누리기에도 부족하기 때문이다. 이 주장을 뒷받침하기 위해 나는 미국 상장기업을 연령에 따라 10분위로 분류하고, 분위별로 적자를 기록한 기업의 비율과 평균 실효세율을 추정했다. 그 결과를 그림 7.3에 제시한다.

그림에서 보듯 최연소 기업의 4분의 3(73.15%)이 최근 연도에 적자를 기록했다. 이 기업들이 실제로 부담한 유효 법인세율은 평균 3.75%였다. 기업의 연령이 높아질수록 흑자 기업 비율과 평균 실효세율이 모두 증가하는데, 이는 부채를 활용해 세금 혜택을 누리기에 더 유리한 위치에 있음을 보여준다. 게다가 대부분의 국가에서는 세법상 누적된 손실을 이월할 수 있다. 이 결손금 이월 공제 제도를 고려하면, 기업이 이익을 내기 시작하더라도 초반 몇 년간은 부채의 세금 혜택이 여전히 제한적일 것이다.

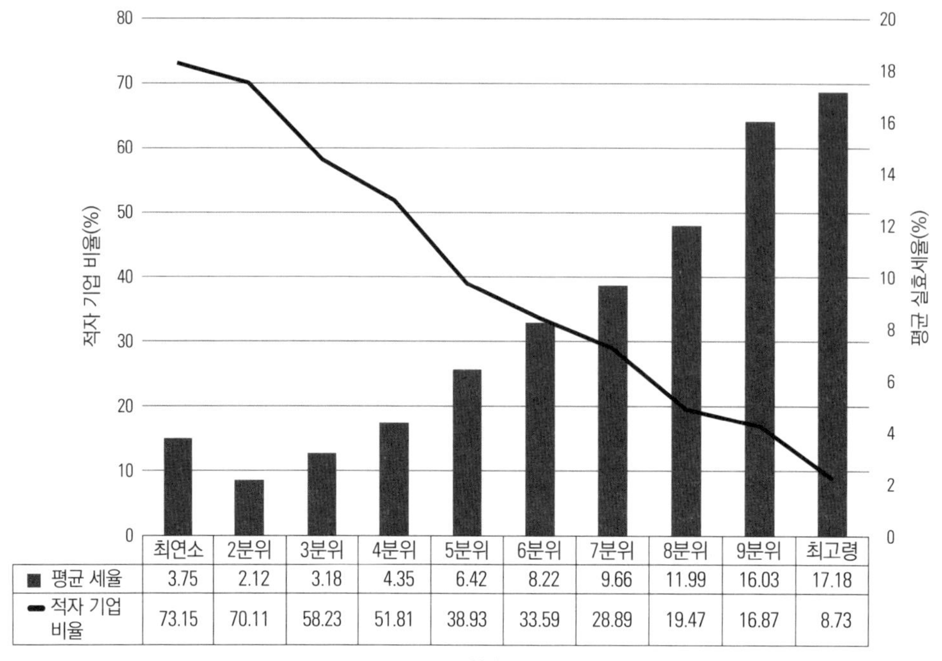

	최연소	2분위	3분위	4분위	5분위	6분위	7분위	8분위	9분위	최고령
■ 평균 세율	3.75	2.12	3.18	4.35	6.42	8.22	9.66	11.99	16.03	17.18
● 적자 기업 비율	73.15	70.11	58.23	51.81	38.93	33.59	28.89	19.47	16.87	8.73

규율: 더욱 신중한 의사결정

부채를 사용해서 의사결정권자가 더욱 엄격하게 프로젝트를 선택하도록 유도할 수 있다는 개념은 새로운 것이 아니다. 마이클 젠슨(Michael Jensen)은 1980년대에 이러한 개념을 활용하여 일부 기업에서 단기간에 부채비율이 크게 증가하는 이유를 설명한 바 있다. 그러나 이 주장은 기업 내 의사결정권자와 소유주(주주, 자기자본 투자자)의 이해관계와 유인이 다를 경우에만 성립한다.

기업 생애주기 관점에서 볼 때 (일반화된 해석일 수 있지만) 초기 단계 기업은 대체로 창업자이자 소유주가 직접 경영하며, VC가 이를 감시하는 구조다. 따라서 이 단계에서는 부채를 활용해 경영진의 의사결정을 더 엄격하게 관리할 필요성이 적다. 그러나 기업이 성장하고 기업공개가 이루어지면 창업자의 지분이 희석되고, 성숙기 기업에서는 경영자와 주주가 더욱 확실히 분리된다. 이러한 상황에서는 부채가 경

[표 7.1] 기업 연령대별 기관과 내부자의 지분 비율

연령 분위	기업 수	평균 연령	기관 지분(%)			내부자 지분(%)		
			1사분위값	중앙값	평균	1사분위값	중앙값	평균
최연소	499	5.04	10.12	27.18	50.27	1.53	6.32	20.85
2분위	522	9.43	10.60	28.77	59.74	2.10	7.18	20.50
3분위	577	13.58	8.48	29.27	64.36	1.90	6.41	19.51
4분위	718	18.12	8.40	32.08	69.69	1.98	6.03	18.16
5분위	488	23.49	11.57	42.56	80.69	1.55	5.79	16.44
6분위	652	29.49	16.58	48.95	86.52	1.37	4.23	17.73
7분위	578	38.19	17.92	54.75	85.35	1.45	4.86	17.82
8분위	606	52.48	30.66	68.83	89.27	1.07	4.28	15.52
9분위	581	86.88	31.49	70.94	87.95	0.88	2.87	10.36
최고령	584	140.22	28.30	67.18	84.45	0.67	2.19	6.66
전체	6,542	42.24	13.13	43.94	79.80	1.30	4.96	16.55

주: 기업 연령 분위 표에서 '전체' 항목은 연령 정보가 누락된 기업을 포함하므로, 10개 분위 데이터의 합계와 다를 수 있다.

영진을 규율하는 장치가 될 수 있다. 표 7.1에서는 미국 상장기업을 연령별로 10분위로 구분해 기업 연령에 따른 소유 구조 변화를 분석했다.

미국 증권거래위원회(SEC) 정의에 따르면 내부자에는 경영진, 창립자, 5% 이상 지분을 보유한 주주가 포함된다. 일반적으로 내부자 지분율은 젊은 기업에서 더 높은 경향이 있다. 그러나 더욱 차이가 두드러진 것은 기관투자자의 지분율이다. 나이가 많은 기업이 젊은 기업에 비해 2.5배 이상 높다. 물론 경영진을 감시하고 잘못된 결정을 저지하려는 기관투자자도 있다. 그러나 대부분의 기관투자자는 경영진과 직접 대립하기보다는 불만을 가진 기업의 주식을 매도하는 등 행동으로 의사를 표현하는 방식을 선호한다. 따라서 기관투자자 비중이 큰 성숙기 기업에서 규율 장치로서 부채를 필요로 하고 더욱 자주 활용하는 것은 당연한 결과라고 볼 수 있다.

파산 비용

어떤 기업이든 돈을 빌리면 채무불이행 가능성이 증가하며, 이에 따라 직접 비용

[표 7.2] 기업 연령대별 영업이익 변동성과 이자보상배수

연령 분위	기업 수	평균 연령	영업이익 변동성			이자보상배수		
			1사분위값	중앙값	평균	1사분위값	중앙값	평균
최연소	499	5.04	0.33	0.78	0.95	1.58	3.34	7.37
2분위	522	9.43	0.64	0.97	1.28	1.25	4.13	10.89
3분위	577	13.58	0.66	0.96	1.35	1.85	4.68	21.27
4분위	718	18.12	0.55	0.85	1.17	1.66	3.89	17.68
5분위	488	23.49	0.48	0.76	1.17	1.71	6.40	17.38
6분위	652	29.49	0.38	0.66	1.10	2.71	7.01	30.91
7분위	578	38.19	0.40	0.70	1.13	2.79	7.93	22.92
8분위	606	52.48	0.32	0.57	0.99	2.90	8.69	23.10
9분위	581	86.88	0.25	0.44	0.84	4.15	9.40	22.08
최고령	584	140.22	0.19	0.31	0.57	3.09	6.90	12.79
전체	6,542	42.24	0.36	0.66	1.08	2.62	6.73	18.59

(채무불이행의 법적 비용)과 고객, 공급업체, 직원들이 채무불이행 가능성에 반응하면서 발생하는 간접 비용을 부담한다. 그러나 기대파산비용은 기업마다 다르다. 이익흐름에 변동성이 큰 기업은 파산 비용도 클 수 있고 장기적인 서비스, 유지보수가 필요한 제품을 판매하는 기업 또한 기업의 지속 가능성에 대한 고객의 우려로 간접 파산 비용이 더 클 가능성이 있다.

기대파산비용을 기업 생애주기와 연결해보면 젊은 기업일수록 영업이익 변동성이 더 클 가능성이 있다. 마찬가지로 기업 가치 창출을 위해 성장이 중요한 기업일수록 장기 생존 가능성 우려는 더욱 큰 타격이 될 수 있다. 표 7.2에서는 미국 상장기업의 영업이익 변동성(과거 영업이익의 표준편차를 평균 영업이익으로 나누어 측정)과 이익의 안전 버퍼(safety buffer, 이자비용 대비 영업이익으로 측정)를 연령 분위별로 살펴본다.

젊은 기업은 나이 많은 기업보다 이익의 변동성이 더 크고, 이익의 안전마진(margin of safety)이 작으며, 이자보상배수도 낮다. 여기에 더해, 부채를 이용할 경우 채무불이행으로 성장 자산이 위험에 처할 수 있다. 이처럼 젊은 기업은 나이 든 기업

2부 | 기업 재무와 생애주기

에 비해 기대파산비용이 더 크기 때문에 부채를 덜 사용하는 것이 바람직하다.

대리인 비용

내가 기업에 자금을 빌려주는 채권자라면 자기자본 투자자들이 나의 이익을 위태롭게 할 가능성은 크게 두 가지에 의해 결정된다. 첫째는 나의 자산 구조, 둘째는 빌려준 돈을 기업의 자기자본 투자자들이 어떻게 활용하는지 감시할 수 있는지 여부다.

- 대출 기관으로서는 무형자산보다 부동산이나 물리적 설비 같은 유형자산을 담보로 할 때 대리인 문제에 대한 우려가 더 적다. 초기 단계 기업은 기업 가치의 대부분이 성장 자산, 즉 미래를 위한 투자에서 비롯된다. 따라서 대출 기관으로서는 자기자본 투자자들의 자금 활용에 재량을 부여하는 데 더욱 신중할 수밖에 없다.
- 또 초기 단계 기업은 다양한 사업모델을 실험하고 시장 규모를 가늠하는 과정에 있기 때문에 자금을 어떻게 사용하고 있는지 대출 기관이 감시하기 쉽지 않다. 이러한 우려는 특히 기술 분야처럼 끊임없이 진화하는 산업에서 더욱 크다. 대출 기관이 창업자나 자기자본 투자자에 비해 해당 산업에 대한 정보가 훨씬 적기 때문이다.

초기 단계 기업이 자금을 빌리려면 단순히 금리를 높이고 더욱 엄격한 대출 조건(차입 계약 조항)을 설정하는 것만으로는 충분하지 않고 지분 참여의 형태로 미래 성장 가능성의 일부를 제공해야 한다. 따라서 초기 단계 기업이 이용하는 부채는 주식으로 전환 가능한 형태일 가능성이 높다. 여기에 대해서는 이어서 자세히 설명하겠다.

생애주기에 따른 부채 선택 여부

정리하면 초기 단계 기업은 아직 적자 상태인 경우가 많기 때문에 부채의 세금 혜택을 누리기 어렵다. 또 기업 소유주(창업자와 내부자)가 경영을 책임지기 때문에 경영진을 견제하는 수단으로서 부채의 필요성도 크지 않다. 기대파산비용도 더 크다.

이익의 변동성이 커서 채무불이행 위험이 증가하고, 대출 기관이 스스로를 보호하기 위해 더 높은 금리를 부과하거나 채무 약정에 더 엄격한 조항을 추가하기 때문에 대리인 문제도 크다. 이처럼 부채를 이용하는 편익은 작고 비용은 크기 때문에 초기 단계 기업은 성숙한 기업에 비해 부채를 훨씬 적게 사용하는 경향이 있다.

이를 검증하기 위해 2022년 초 미국 상장기업의 연령별 부채 규모를 분석했다. 표 7.3은 기업의 시장가치(부채와 자기자본의 합산 시장가치)와 장부가치(부채와 자기자본의 합산 장부가치) 대비 부채비율이다.

이런 경향은 데이터로 입증된다. 젊은 기업일수록 장부가치 기준으로나 시장가치 기준으로나 부채비율이 훨씬 낮으며, 나이가 들수록 부채비율이 증가하는 경향을 보인다. 2022년 자본 대비 부채비율의 중앙값을 보면 최연소 기업군은 시장가치 기준 3.66%, 장부가치 기준 9.92%로 나타났고, 최고령 기업군은 시장가치 기준 22.81%, 장부가치 기준 37.52%다.

[표 7.3] 미국 기업의 연령대별 부채비율

연령 분위	기업 수	중앙값		부채/자본(시장가치, %)			부채/자본(장부가치, %)		
		평균 연령	매출성장률 (%)	1사분위값	중앙값	3사분위값	1사분위값	중앙값	3사분위값
최연소	499	5.04	26.90	0.33	3.66	20.43	1.34	9.92	37.14
2분위	522	9.43	27.40	0.23	4.93	20.47	2.72	18.49	46.31
3분위	577	13.58	23.80	0.17	3.54	25.18	4.84	23.99	52.83
4분위	718	18.12	21.50	0.07	5.03	21.72	3.61	21.47	46.87
5분위	488	23.49	16.20	0.00	5.88	22.77	7.96	27.97	51.90
6분위	652	29.49	13.40	0.22	6.03	23.25	7.02	27.01	54.55
7분위	578	38.19	12.50	1.19	11.55	32.42	10.50	32.04	55.61
8분위	606	52.48	10.30	2.63	16.31	34.64	14.11	38.16	57.96
9분위	581	86.88	9.27	7.59	18.66	35.05	18.92	35.87	51.81
최고령	584	140.22	6.89	11.36	22.81	38.35	22.27	37.52	56.07
전체	6,542	42.24	12.90	0.29	8.50	27.85	7.57	28.90	51.58

부채와 자기자본의 편익과 비용: 마찰 요소

전통적 기업 재무 이론에서 기업이 부채를 얼마나 사용해야 하는가에 대한 논의는 적어도 시장이 효율적이고, 부채와 자기자본에 적정 가격이 책정되며, 언제든 접근 가능하다는 가정을 전제로 한다. 그러나 현실에서는 정부와 규제 당국이 부채를 장려하거나 제한할 수 있고, 시장이 부채와 자기자본의 가격을 잘못 매길 수도 있으며, 소유주가 경영권과 유연성을 중시해 자본 조달 방식에 영향을 미칠 수 있다.

- **정부와 규제 당국의 개입**: 규제와 정부 조치에 따라 부채와 자기자본의 편익과 비용이 달라질 수 있다. 이를 이해하기 위해 가장 단순한 정부 조치부터 살펴보겠다.

  먼저 보조금이 적용된 부채(subsidized debt)에 기업의 접근을 허용하는 것이다. 정부는 경제에 중요하다고 판단하는 특정 산업에 속한 기업들에 시장보다 낮은 금리로 자금을 빌려준다. 미국에서 이러한 우대를 받는 산업은 시대에 따라 변화해왔다. 냉전 시대에는 방위산업체가 우선적으로 지원을 받았고, 최근에는 친환경 에너지기업이 혜택을 받고 있다. 신흥 시장에서는 고용을 창출하거나 국가적 상징으로 여겨지는 기업들이 지원을 받고 있다. 예를 들어 오랜 역사를 가진 브라질의 원자재기업 페트로브라스(Petrobras)와 발레(Vale)는 최소 수십 년간 보조금이 적용된 부채를 활용하며 성장할 수 있었다.

  정부가 직접 부채를 보조하는 대신 기업의 펀더멘털이 뒷받침하는 '적절한' 수준보다 많은 부채를 사용하도록 유도할 수도 있다. 그중 하나가 부채를 갚지 못할 경우 정부가 구제금융을 제공하는 것이다. 이른바 '대마불사'의 존재인 기업이거나 사회적 비용이 크다고 예상될 경우에 가능하다. 반대로 규제 당국이 장부상 부채비율이나 이자보상배수를 임의로 규제해 차입을 제한하면 기업의 펀더멘털을 고려했을 때 '적절한' 수준보다 과소하게 부채를 사용하게 될 수도 있다.

- **가격 오류**: 시장에서 부채와 자기자본의 가격에 오류가 있을 때 기업의 부채 조달 결정이 왜곡될 수 있다. 시장에서 부채가 고평가된 경우, 즉 채무불이행 위험에 비해 지나치게 낮은 금리로 기업에 돈을 빌려주거나 채권 가격을 책정하는 경우에는 기업의 부채 활용이 늘게 된다. 자기자본이 저평가된 경우, 즉 시장이 기업의 성장과 이익을 지나치게 비

관적으로 전망할 경우에도 기업은 부채를 선호하게 된다. 반대로 채무불이행 위험 수준에 비해 시장이 대출 금리를 지나치게 높게 부과하는 경우 부채가 저평가되고, 시장이 성장과 이익을 지나치게 낙관하는 경우 자기자본이 고평가되어 기업이 부채를 적절히 활용하지 못하고 자기자본을 과도하게 사용하게 된다.

- **내부 요인과 제약**: 이러한 외부 요인 외에도 기업의 부채 결정에 영향을 끼치는 두 가지 내부 요인이 있다. 첫째, 경영권을 유지하려는 창업자나 내부자의 욕구다. 이들은 소유권이 희석되지 않도록 자기자본을 추가로 조달한다. 둘째, 기업의 경영에 유연성을 유지하려는 욕구다. 부채에 수반되는 다양한 제한과 계약 조항은 기업의 부채 사용을 줄인다.

그림 7.4에서 부채의 편익과 비용을 각각 제시했다. 이는 기업의 부채 결정이 순수하게 재무적인 비용과 편익을 고려해 이루어지지 못하는 이유를 설명한다.

[그림 7.4] 부채와 자기자본의 편익과 비용: 마찰 요소

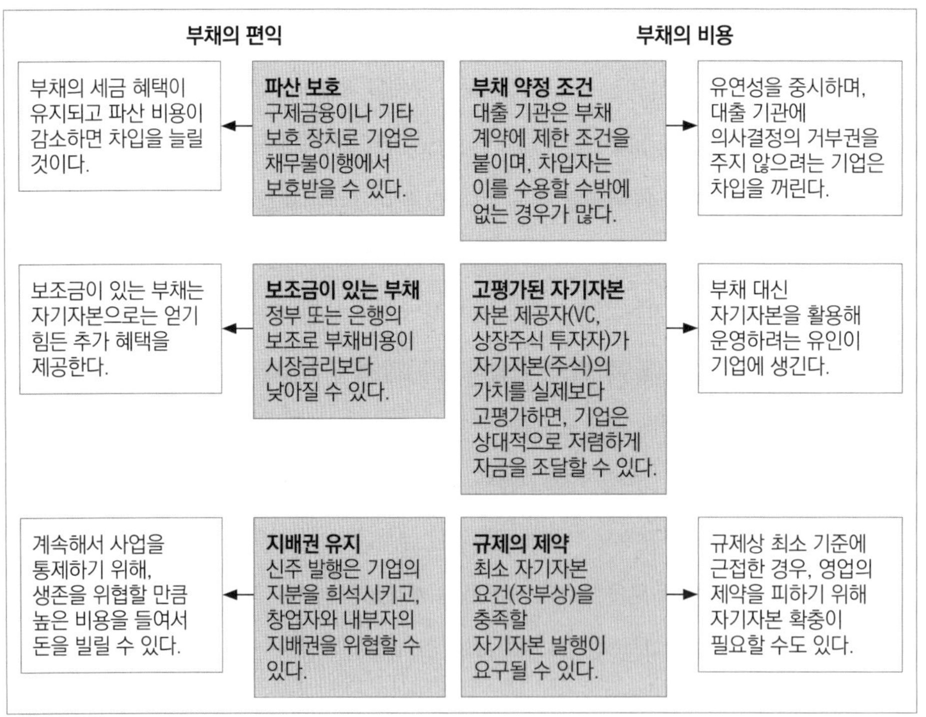

이처럼 편익과 비용에 마찰을 일으키는 기업 외부와 내부의 요인은 기업이 때때로 펀더멘털과 어긋난 부채 결정을 내리는 이유를 설명한다. 초기 단계 기업은 창업자나 소유주가 경영권을 유지하고자 하는 욕구가 크거나 보조금이 포함된 부채를 이용할 만한 환경이 조성될 경우, 부채를 활용하겠다고 선택할 수 있다. 이는 세금 혜택이 거의 없고 성장 자산에 상당한 위험을 초래할 수 있음에도 불구하고 내리는 결정이다.

성숙한 기업의 경우에 현금흐름이 충분하여 부채를 감당할 수 있고 차입으로 자본비용을 낮출 수 있음에도 불구하고, 기업이 유연성을 중시하거나 규제 당국이 차입을 제한하는 환경이라면 부채를 사용하지 않겠다고 선택할 수도 있다. 이러한 마찰 요소는 부채 사용이 시기별로 달라지는 이유도 설명한다. 주식시장이 활황일 때는 자기자본이 고평가되면서 부채 사용이 적어지고, 반대로 주식시장이 장기간 하락할 때는 부채가 과도하게 사용되는 경향이 있다.

최적의 부채비율

자기자본 대신 부채를 활용할 때의 편익과 비용을 착각, 재무적 측면, 마찰 요소로 살펴보는 것은 기업마다 부채 활용에 차이가 있는 이유를 설명하는 강력한 틀을 제공하지만, 이러한 득실 관계로 개별 기업에 최적인 부채비율을 도출할 수는 없다. 다시 말해 한계 법인세율이 높고 파산 위험이 낮은 기업은 부채 활용을 늘려야 한다는 일반적인 원칙은 성립할 수 있어도, 이 기업에 가장 적합한 부채비율이 40%인지 60%인지는 단정할 수 없다. 여기에서는 기업 최적의 부채비율을 구체적으로 추정하는 데 활용할 수 있는 몇 가지 도구를 소개하고, 이를 생애주기 단계별로 실제 기업에 적용해보겠다.

자본비용 접근법

기업 재무의 핵심은 기업 가치를 극대화하는 자금의 조합을 찾는 것이다. 물론 부채가 기업 가치에 거의 영향을 끼치지 않는다고 주장할 수도 있지만 세금과 채무불이행 위험이 존재하는 현실에서는 이러한 견해를 옹호하기 어렵다.[1] 달리 말해 어떤 기업은 부채를 너무 많이, 다른 기업은 너무 적게 사용한다는 주장이 있을 때, 그렇다면 각 기업마다 최적의 부채와 자기자본의 조합이 존재한다는 결론에 이른다. 그 결과 남는 중요한 질문은 그 최적의 조합을 어떻게 결정하느냐 하는 것이다. 여기서 자본비용이 최적화 수단이 될 수 있다. 자본비용을 최소화하는 조합이 기업이 지향해야 할 부채와 자기자본의 조합이며, 이는 사실상 기업의 가치를 극대화하는 조합이기 때문이다. 그림 7.5에서는 가상의 기업을 대상으로 최적의 부채비율을 결정하는 과정을 제시한다.

그러나 자본비용이 최적화 수단이 되려면 추가 차입이 자기자본비용과 부채비용에 미치는 영향을 모두 반영할 수 있어야 한다. 부채비율이 증가할수록 두 비용 모

[그림 7.5] 자본비용을 고려한 최적의 부채비율

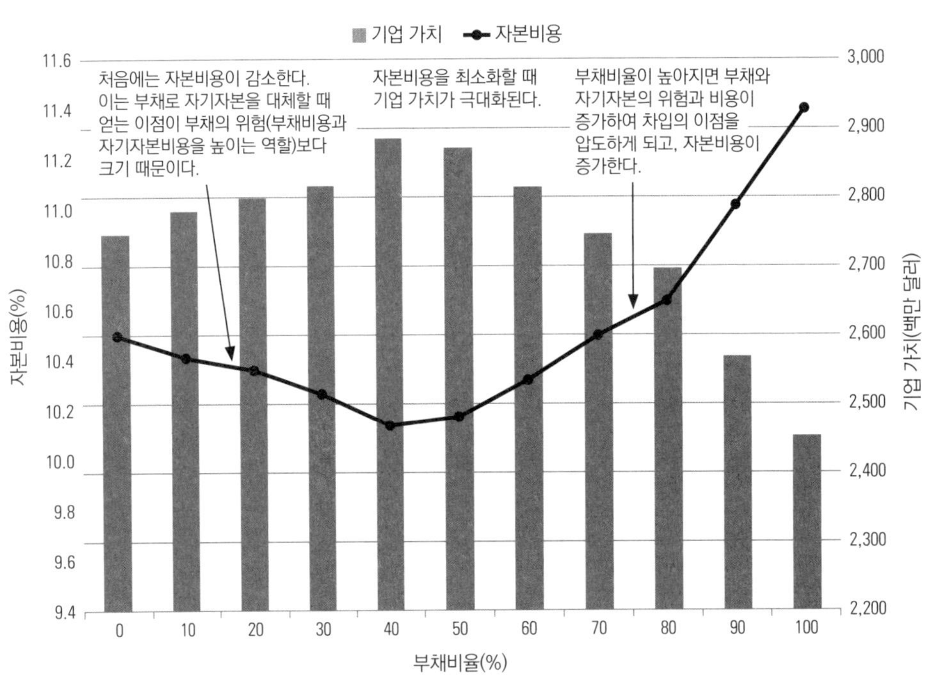

2부 | 기업 재무와 생애주기

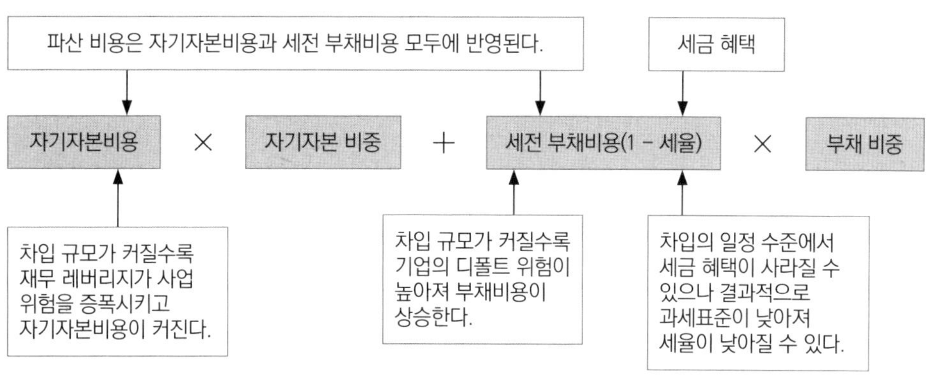

두 증가할 가능성이 높기 때문이다. 즉 부채가 늘면 자기자본 투자자는 이자 지급 후 순이익에 변동성이 커지기 때문에 자기자본비용이 상승한다. 또 부채가 증가함에 따라 채무불이행 위험이 커져 대출 기관이 더 높은 금리를 요구하기 때문에 부채비용도 증가한다. 이 효과를 그림 7.6에 정리했다.

전통적인 자본비용 접근법은 영업이익이 기업의 부채 정책에 영향을 받지 않는다는 가정을 바탕으로 한다. 그러나 이를 조금만 확장하면 부채가 영업이익에 영향을 끼친다는 가정, 즉 채무불이행 위험이 증가함에 따라 영업이익이 감소할 수 있다는 가정이 가능하다. 그렇다면 단순히 자본비용을 최소화하는 것이 아니라 기업 가치를 극대화하는 부채비율이 최적의 부채비율이 될 것이다.

자본비용 최적화: 기업 생애주기 단계별 사례

자본비용 접근법을 실무에서 활용하려면 현실적인 접근이 필요하다. 즉 다양한 부채비율에서 부채비용과 자기자본비용을 추정하며 정확한 값이 아닌 근사치에 만족한다면, 이 접근법을 활용하여 생애주기 전반에 걸쳐 기업의 자본비용을 산출할 수 있다. 여기에서는 먼저 자본비용을 추정하는 과정을 설명한 후 이를 다음의 실제 기업에 적용하여 분석할 것이다. 에어비앤비는 2020년에 상장한 초기 단계 기업으로, 성장 잠재력이 크지만 사업모델이 아직 완성되지 않은 상태다. 어도비(Adobe)는 규모를 확장하며 꾸준히 이익을 창출하는 역량을 입증해온 고도성장기 기업이다. 크래프트하인즈(Kraft Heinz)는 오랜 성장과 성공의 역사를 지닌 성숙기 기업이다.

추정 절차

다양한 부채비율에서 기업의 자본비용을 추정하려면 현재 부채 수준에 국한하지 않고 가상의 부채비율에서도 자기자본비용과 부채비용을 추정하는 과정이 필요하다.

- 자기자본비용을 추정하기 위해 상대적 위험(베타)을 영업적 위험과 재무적 위험으로 나누어 분석한다. 영업적 위험은 기업이 속한 산업, 영위하는 사업의 위험을 반영한다. 재무적 위험은 자기자본 대비 부채의 비율로 결정된다.

$$\text{차입 베타} = \text{무차입 베타} \left[1 + (1 - \text{세율}) \left(\frac{\text{부채}}{\text{자기자본}} \right) \right]$$

무차입 베타(unlevered beta)는 기업의 순수한 사업 위험을 반영하고, 차입 베타(levered beta)는 부채로 인해 추가된 위험을 반영한다. 기업이 사업 구조를 유지한 상태에서 차입을 늘리면 그에 따라 위험이 커지고, 차입 베타가 상승한다.

- 세전과 세후 부채비용을 추정하는 과정은 다음과 같다. 먼저 특정 부채비율에서 기업이 보유하게 될 부채 금액을 산출한 후, 해당 부채 수준에서 발생할 이자비용을 추정한다. 그런 다음 이자보상배수(영업이익÷이자비용)를 계산하고, 이를 기준으로 채권 등급과 디폴트 스프레드를 도출한다. 이자비용이 영업이익보다 작을 경우 한계세율을 적용하여 세후 부채비용을 계산한다. 이자비용이 영업이익보다 크면 초과된 이자비용에 대해서는 세금 절감 효과를 누릴 수 없으므로 이를 반영해 세율을 낮추어 조정한다.

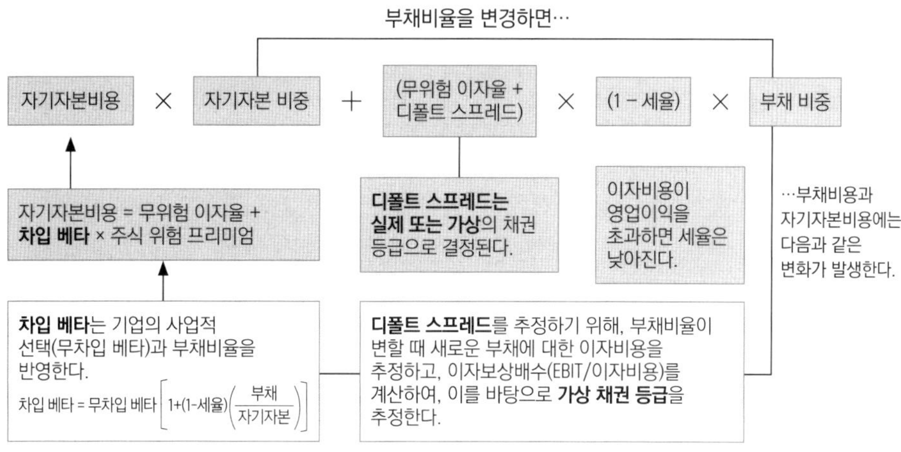

그림 7.7에 이 추정 과정을 요약했다. 여기에서 사용한 자기자본비용과 부채비용 추정 방식은 단순화된 방법이다. 차입 베타 계산 방식을 다양하게 변형하거나 채권 등급 추정 과정을 보완하면 더욱 정교한 계산이 가능하다.

최적의 부채 구조: 에어비앤비, 어도비, 크래프트하인즈

이제 이 자본비용 접근법을 적용하여 에어비앤비, 어도비, 크래프트하인즈의 부채와 자기자본의 최적 조합을 추정해보자. 이 기업들이 기업 생애주기에서 어느 단계에 있는지 비교하기 위해 최근 회계연도를 기준으로 각 기업의 연령, 매출성장률, 영업이익을 추정해 표 7.4에 정리했다.

에어비앤비는 기업의 연령(15년)으로나 높은 매출성장률로나 확실히 초기 단계 기업에 해당하며, 2021년 처음으로 영업이익을 기록했다. 반면 크래프트하인즈는 매우 오래된 기업으로(153년), 매출 성장이 미미하고(역성장의 가능성도 있다) 영업이익도 정체되어 있다. 어도비는 기업 연령이 40년으로 중간에 위치한다. 어도비는 큰 규모에도 불구하고 인상적인 매출성장률을 기록하고 있다. 상당한 규모의 영업이익을 창출하고 있고 영업이익을 더욱 성장시킬 역량을 보유하고 있다.

[표 7.4] 숫자로 파악하는 현실: 에어비앤비, 어도비, 크래프트하인즈

	에어비앤비	어도비	크래프트하인즈
기업 연령	15	40	153
매출성장률(최근 3년, %)	64.07	20.50	0.80
기대 매출성장률(향후 2년, %)	47.20	14.30	−2.96
2021년 영업이익(백만 달러)	429	5,802	5,222
2019년 영업이익(백만 달러)	−501	3,268	5,077

그림 7.7에서 설명한 접근법을 활용해 부채비율을 0%에서 전체 기업 가치(시장가격)의 90%까지 변화시켜가며 자본비용을 추정한 결과를 그림 7.8에 정리했다.

최적의 부채비율은 자본비용이 가장 낮아지는 지점으로, 그림에 이를 강조하여 표시했다. 에어비앤비는 부채가 없을 때 자본비용이 최소화되며, 부채비율이 증가할수록 자본비용도 증가하는 경향을 보인다. 어도비는 일정 수준까지는 부채를 감

[그림 7.8] 최적의 부채 조합: 에어비앤비, 어도비, 크래프트하인즈

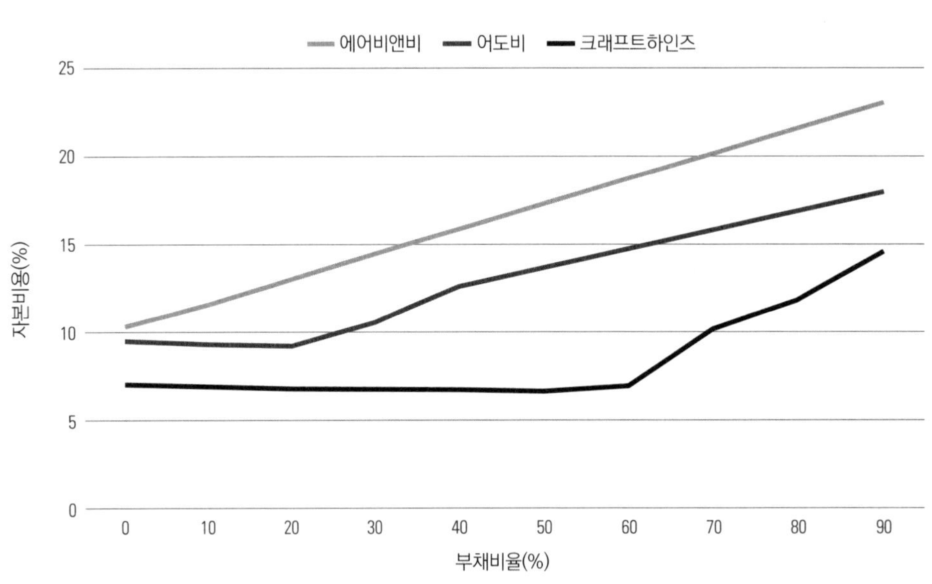

당할 여력이 있으며, 처음에는 부채를 추가할수록 자본비용이 감소하다가 부채비율이 20%를 초과하면 자본비용이 다시 증가한다. 반면 크래프트하인즈는 부채를 추가할수록 자본비용이 계속 감소하다가 부채비율이 50%에 도달하면 자본비용이 다시 증가하기 시작한다. 참고로 이 세 기업의 실제 부채비율을 보면 에어비앤비와 어도비는 부채를 거의 사용하지 않으며(부채비율 약 3%) 크래프트하인즈는 기업 가치의 31.69%에 해당하는 상당한 수준의 부채를 보유하고 있다.

해설과 시사점

최적의 부채 구조가 기업마다 다른 이유가 무엇인지, 그것이 기업 생애주기와 어떤 관련이 있는지 알아보기 위해 에어비앤비, 어도비, 크래프트하인즈에서 세 가지 변수를 분석했다. 가장 덜 중요한 변수는 한계세율이었다. 이들 기업은 모두 미국에서 영업이익을 창출하는 기업이므로 약 25%의 동일한 한계세율이 적용된다.

가장 중요한 차이는 기업 가치 대비 영업이익이었다. 에어비앤비의 영업이익은 기업 가치의 0.64%에 불과한 반면, 크래프트하인즈의 영업이익은 기업 가치의 8%에 근접한다. 간단히 말하자면 에어비앤비는 이익을 내고는 있어도 규모가 너무 작아서, 자본 구성에서 부채의 비율이 10%만 되어도 채무불이행에 빠질 위험이 있다.

또 변동계수(coefficient of variation)를 이용해 지난 10년간의 영업이익 변동성을 분석했다. 에어비앤비는 역사가 짧고 그 기간 동안 대부분 영업손실을 기록했기 때문에 변동성을 계산할 수 없었다. 반면 크래프트하인즈는 어도비보다 더 안정적인 영업이익을 기록하고 있다고 나타났다. 표 7.5에 분석 결과를 요약했다.

일반적으로 기업이 이익을 창출할 능력이 기업 가치에 비해 커질수록, 이익의 안정성과 예측 가능성이 높아질수록 기업의 최적 부채비율은 증가하는 경향을 보인다. 이러한 요인은 기업이 성장하고 성숙할수록 부채를 감당하는 능력(부채 용량)을 증가시키는 역할을 한다. 이러한 요인에 더해 한계 법인세율이 영향을 끼친다. 여기에 더해 한계세율도 영향을 끼쳐서, 일부 국가처럼 한계 법인세율이 0%라면 생애주기의 어느 단계에 있는 기업이건 최적의 부채비율도 0에 수렴할 것이다.

[표 7.5] 최적의 부채 구조를 설명하기 위한 변수

	에어비앤비	어도비	크래프트하인즈
영업이익(백만 달러)	429	5,802	5,222
기업 가치(백만 달러)	67,045	173,818	65,356
EBIT/기업 가치(%)	0.64	3.34	7.99
한계세율(%)	25	25	25
영업이익의 변동성	N/A	0.70	0.54

동종 기업 비교

기업에서 부채와 자기자본의 최적 조합을 결정할 때는 단순히 부채의 세금 혜택을 평가하거나 그 혜택을 기대파산비용과 비교하는 것보다는 동종 기업의 부채 활용 방식을 참고하는 경우가 많다. 예를 들어 동종 기업이 부채가 거의 없거나 혹은 부채를 사용하지 않는 소프트웨어 업계에서는 기업의 펀더멘털이 부채 활용을 뒷받침하더라도 부채를 사용하지 않거나 최소한으로 제한하는 경향이 있다. 반대로 동종 기업이 대체로 부채를 대규모로 사용하는 인프라 업계에서는 부채로 얻을 수 있는 세금 혜택이 거의 없고 파산 위험에 노출되더라도 부채를 많이 활용할 가능성이 높다.

차입, 배당 정책, 심지어 투자에 이르기까지 기업이 주요한 재무 결정을 내릴 때 업계의 동종 기업을 참고하는 이른바 '미투 파이낸스(me-too finance)'의 뿌리에는 경영자로서 실수를 저지르더라도 다른 기업과 같은 실수라면 방어하기가 더 용이하다는 생각이 있다. 예를 들어 과도한 부채로 부실에 처한 인프라기업은 동종 기업의 높은 부채비율을 제시하며 자신을 방어할 수 있다. 마찬가지로 소프트웨어기업은 부채를 사용하지 않는 자신들의 방침을 동종 기업의 예를 들어 설명할 수 있다.

그러나 부채에 대한 의사를 동종 기업을 참고해 결정한다면 경영진은 비교 대상 기업을 어떻게 선정할지, 어떤 지표로 부채 규모를 측정할지 또한 결정해야 하고, 이 선택에는 위험이 따른다. 예를 들어 어도비의 동종 기업은 모든 소프트웨어기업

　　　　　　　2부 | 기업 재무와 생애주기

으로 정의할 수도 있고 시가총액 상위 소프트웨어기업만으로 정의할 수도 있다. 일반적으로 대부분의 소프트웨어기업은 시가총액 상위 소프트웨어기업보다 부채비율이 훨씬 낮다. 부채 규모를 측정하는 방식 또한 다양하다. 경영진은 동종 기업의 부채와 자기자본 비율을 장부가치 기준으로도 시장가치 기준으로도 측정할 수도 있으며, 부채를 기업의 이익이나 현금흐름과 비교하여 평가할 수도 있다(일반적으로 많이 사용되는 지표는 EBITDA 대비 부채비율이다).

자금 조달 유형

5장에서 자금 조달 원칙을 소개하면서 기업에 적합한 자금 조달 유형은 기업이 보유한 자산에 부합하는 것이며 이 두 가지가 부합할 때 기업의 가치가 높아진다고 설명했다. 이제 이 자금 조달 부합 원칙을 좀 더 자세히 살펴보고, 그것이 왜 기업 생애주기의 각 단계에서 서로 다른 선택으로 이어질 수 있는지를 설명하고자 한다.

부합의 원칙

이 원칙을 실무적으로 적용하려면 기업은 투자나 프로젝트를 분석해 주요 특성을 파악하고 이를 조달하는 자금 유형에 반영해야 한다. 어느 프로젝트의 자금 조달을 설계할 때 주목해야 할 다섯 가지 핵심 요소는 다음과 같다.

1. **프로젝트 기간:** 가장 먼저 고려해야 할 것은 프로젝트 기간이다. 기간이 길수록 장기 부채가 더 나은 선택이 된다. 인프라 사업은 프로젝트가 시작되기까지 수년이 걸리고 운영도 수십 년간 지속되므로 조달하는 자금의 유형도 장기 부채가 더 적합하다. 소프트웨어 사업은 제품 하나를 개발하는 데 몇 개월밖에 걸리지 않고 제품의 유통 수명도 2, 3년 정도로 짧기 때문에 단기 부채가 더 적합하다.

2. **현금흐름의 통화 구성:** 기업이 세계화됨에 따라 비용과 이익이 두 가지 이상의 통화로 발생하는 경우가 점점 더 흔해지고 있다. 비용은 제품이나 서비스를 생산하는 지역에서 발

생하고, 이익은 판매하는 지역에서 발생한다. 일반적으로 조달하는 자금의 통화 구성은 프로젝트의 현금흐름에서 발생하는 통화 구성과 일치해야 한다. 유로화 현금흐름을 발생시키는 프로젝트는 유로화로 부채를 조달하고, 태국 밧화 현금흐름을 발생시키는 프로젝트는 밧화로 부채를 조달하는 것이다.

3. **현금흐름의 인플레이션 민감도**: 인플레이션은 모든 기업에 영향을 끼치면서 시기에 따라 다르게 작용하지만, 예상하지 못한 인플레이션을 얼마나 잘 통과하느냐에 따라 이 기업의 이익과 현금흐름에 인플레이션이 끼치는 영향력이 달라진다. 가격 결정력(pricing power)이 있는 기업들은 일반적으로 높은 인플레이션에서 현금흐름도 함께 증가하고, 인플레이션이 줄면 현금흐름도 감소할 가능성이 높다. 이러한 기업은 변동금리 부채를 사용하는 것이 더 유리하다. 인플레이션과 부채 금리는 같이 상승하고 하락하는 경향이 있기 때문이다. 반면 가격 결정력이 없는 기업은 비용이 증가해도 이에 대응해 가격을 인상할 수 없기 때문에 예상보다 높은 인플레이션이 부담스러울 수 있다. 이러한 기업은 차입에 신중해야 하며, 차입을 하더라도 변동금리 부채를 사용해서는 안 된다.

4. **현금흐름의 예상 성장**: 어떤 프로젝트는 빠르게 성장하여 일생 동안 안정적인 현금흐름을 창출하고, 어떤 프로젝트는 성장 속도가 느려 초기에는 현금흐름이 미미하거나 적자였다가 시간이 지남에 따라 점차 나아진다. 현금흐름 패턴이 후자와 같은 프로젝트라면 자금 조달 유형으로 전환사채가 더 적합할 것이다. 프로젝트 초기에는 낮은 표면금리로 자금을 이용하고, 프로젝트가 성숙해지면 전환권을 행사해 부채를 주식으로 전환하거나 일반 부채로 대체할 수 있기 때문이다.

5. **현금흐름에 영향을 끼치는 기타 요인**: 현금흐름에 영향을 미치는 기타 요인도 고려해야 한다. 어떤 프로젝트의 현금흐름이 특정 요인에 크게 좌우된다면 그 요인을 조달하는 자금에 일치시켜서 위험을 줄일 수 있다. 예를 들어 석유기업은 유가가 이익과 현금흐름을 결정하는 핵심 요인이므로 채권의 표면금리를 유가에 연동시킨다. 즉 유가가 높을 때는 채권 금리를 높이고 유가가 낮을 때는 채권 금리를 낮추어 채무불이행 가능성을 줄일 수 있다.

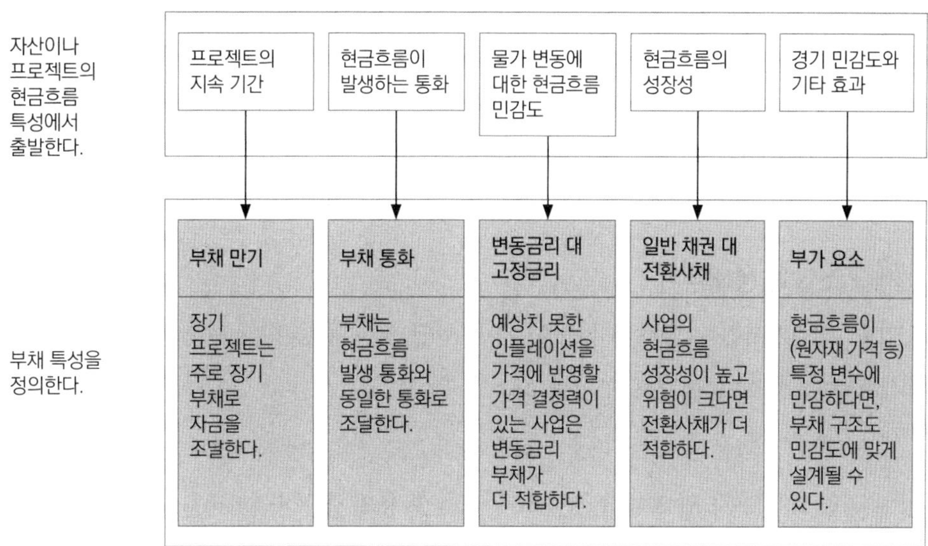

그림 7.9에서는 프로젝트의 특성이 자금 조달 유형에 어떻게 반영되는지 요약했다.

자금 조달 부합 원칙은 기업 생애주기 전반에 걸쳐 작동하며 다양한 자금 조달 선택으로 이어진다. 기업은 초기에는 개별 프로젝트 단위로 자금을 조달하지만 성숙하고 규모가 커짐에 따라 자금을 필요로 하는 여러 프로젝트가 하나의 포트폴리오를 이룬다. 초기 단계의 생명공학기업은 한 가지 신약을 개발하는 데 자금을 투입하고 이 신약이 승인 과정을 거치는 동안 자금이 필요하다. 반면 성숙한 생명공학기업이나 제약회사는 다양한 개발 단계에 있는 여러 신약의 포트폴리오를 보유한다. 두 경우 모두 부채를 활용할 수 있지만 단일 제품에 의존하는 초기 단계 생명공학기업은 전환사채를 사용할 가능성이 높고, 다양한 제품 포트폴리오를 보유한 성숙한 제약회사는 일반 부채를 활용하는 것이 더 적합하다.

자금 조달 방식을 프로젝트의 특성에 부합하도록 하면 기업은 자본 제공자와 위험을 공유할 수 있다. 물론 공짜 점심은 아니다. 자본 제공자에게는 전환사채의 전환권이나 원자재 가격 연계 채권의 높은 이자율 등으로 위험 부담에 대한 보상이 주어진다. 위험이 생존에 분명하고 실질적인 위협이 되는 초기 단계 기업에는 이러한 위험 공유 구조가 기업의 생존 여부를 가를 수 있다. 반면 투자자 기반이 다각화된 성숙한 기업에서는 위험을 공유할 때의 편익이 상대적으로 작지만 채무불이행 가능성을 낮출 수 있다는 측면에서는 이점이 있다.

자금 조달과 생애주기

그림 7.10에서는 지금까지 논의한 자금 조달 구조와 유형을 종합하고, 이를 기업의 생애주기 단계와 연결해서 설명한다.

초기 단계 기업은 부채를 가급적 사용하지 않는 것이 바람직하다. 영업에서 손실이 발생하고 재투자 필요성이 높아서 부채를 활용할 동기와 능력을 모두 갖추지 못한 단계이기 때문이다. 성숙기에는 영업이익이 발생해서 부채의 세금 혜택을 누릴 수 있는 여건이 형성되고, 동시에 재투자 필요성이 줄어들면서 차입 여력이 증가한다. 기업이 성장하고 연륜이 쌓일수록 차입 여력은 더욱 확대된다. 쇠퇴기에는 기업이 축소되면서 절대적인 부채 규모도 줄어들지만 자본 구성에서 부채의 비율이 상대적으로 높은 수준을 유지하는 경향이 있다.

아직 손실을 기록하는 초기 단계 기업이라면 필요한 자금의 대부분 혹은 전부를 자기자본으로 조달하는 것이 바람직하나 일부 기업은 부채를 선택한다. 이런 경우 적어도 초기 수년간은 이자 부담을 낮추어야 하고 가능하다면 이자 지급 방식을 영업 성과와 연계해야 한다. 이 목표에 부합하는 것이 채권이나 우선주처럼 지급 약정이 수반되는 자금 조달 유형에 전환권을 추가하는 방법이다. 기업이 성장함에 따라 부채 조달 방식도 전환사채에서 일반적인 부채(채권과 우선주) 발행으로 전환되겠지만, 고정금리 부채와 변동금리 부채 가운데 어느 것을 선택할지는 기업의 가격 결정력에 따라 달라진다.

[그림 7.10] 생애주기 단계별 자금 조달 원칙

	영감의 순간	제품 검증 단계	성년식	규모 확장 시험대	중년의 위기	최종 단계	
생애주기 단계	창업기	초기성장기	고도성장기	성숙성장기	성숙안정기	쇠퇴기	
영업이익	대폭 영업손실	영업손실 축소	영업이익 흑자 전환	영업이익 급성장	영업이익 정체	영업이익 감소	
재투자	매우 높음	높음	이익 대비 축소 지속	규모 유지, 그러나 이익 대비 축소	주로 유지보수 수준	자산 매각	
자금 조달 구조 (부채 여력)	여력 없음	매우 낮음	낮음	증가 추세	높음	감소 추세	
자금 조달 유형	자기자본, 하이브리드(워런트, 전환우선주 등)		전환사채	일반 채권			

매출

이익

결론

규모가 작든 크든, 비상장기업이든 상장기업이든, 나이가 적든 많든, 모든 기업은 자금을 어떻게 조달할지 결정해야 한다. 기본적으로 두 가지 선택이 있다. 첫 번째는 자기자본으로, 자본 제공자는 기업의 소유권 지분을 얻는 대가로 잔여 현금흐름을 받는 데 만족한다. 두 번째는 부채로, 자본 제공자는 기업의 현금흐름에 대해 계약상 청구권(이자 및 원금 상환)을 갖지만 기업의 운영에 대한 발언권은 제한되거나 전혀 없다.

많은 기업이 사실상 착각을 근거로 차입 규모를 결정한다. 예를 들어 '부채는 자본보다 저렴하다'는 논리는 타당한 듯 보여도 실제로는 그렇지 않다. 기본적으로 차입 규모는 부채의 편익과 비용을 비교해서 결정된다. 즉 이자 지급으로 인한 절세 효과와 더욱 엄격한 프로젝트 심사라는 편익을 파산 위험 확대, 기대파산비용 증가, 채권자와 주주의 이해 충돌 조정이라는 비용과 비교해야 한다. 아직 적자 상태인 초기 단계 기업은 부채로 얻을 수 있는 세금 혜택이 적고 파산 비용과 대리인 비용이 크기 때문에 성숙기 기업에 비해 부채를 훨씬 적게 활용해야 할 것이다. 다만 이러한 비용-편익 관계는 보조금이 적용된 부채와 시장의 가격 오류 등 시장이나 경제에 존재하는 마찰 요소 때문에 달라질 수 있다.

기업에 적합한 부채 유형에 관한 나의 기본 원칙은 자산과 부채를 일치시키는 것이다. 즉 장기 자산은 장기 부채로, 단기 자산은 단기 부채로 자금을 조달하고, 특정 통화로 현금흐름을 창출하는 자산은 해당 통화로 부채를 조달하는 것이 채무불이행 위험을 줄이는 방법이다.

8장
현금 환원
: 언제, 어떻게, 얼마나

성공적인 기업의 최종 목표는 시장의 수요를 충족하는 제품을 찾아 이를 기반으로 사업을 구축하고 최대한 확장한 후, 그 성공에서 발생하는 현금흐름의 일부 혹은 전부를 소유주에게 환원하는 것이다. 상장기업은 수십 년 전까지만 해도 배당이 주된 환원 방식이었으나 이제는 자사주 매입을 포함하는 등 환원 정책도 유연해지고 있다. 이번 장에서는 기업의 현금 환원 역량과 환원 방식이 생애주기 단계별로 어떻게 달라지는지 살펴볼 것이다.

현금 환원: 잠재적 배당금

기업이 주주에게 환원 가능한 현금은 다른 모든 청구권자의 요구가 충족된 후 남은 현금이라는 데는 이견이 없다. 그러나 잠재적 배당금을 어떻게 측정할지, 기업이 배당 능력보다 넘치거나 모자라게 환원하기로 결정할 때 어떤 일이 벌어질지에 대해서는 상당한 논란이 존재한다. 먼저 이 두 가지 질문의 답을 생각해보자.

환원 가능한 현금 측정하기

기업이 소유주에게 환원할 수 있는 현금의 규모를 측정하려면 먼저 잘못된 접근 방식을 배제해야 한다. 일부의 생각과는 달리 기업이 창출하는 영업이익이나 순이익은 잠재적 배당금이 '아니다'. 이익은 현금흐름이 아니며, 설령 현금흐름이라 하더라도 미래의 성장에 대한 기대를 실현하는 데 필요한 재투자를 반영하지 않은 수치이기 때문이다. 따라서 나는 다음과 같은 절차로 잠재적 배당금이나 현금 환원 규모를 추정한다.

1. 자기자본 투자자들에게 귀속되는 회계상의 이익, 즉 순이익에서 출발한다. 순이익은 세금과 이자비용을 반영한 후의 수치다.

2. 현금흐름을 계산하기 위해 비현금성 운전자본의 변동분을 차감한 후 감가상각비, 무형자산상각비(감모상각비)를 포함한 비현금성 회계 비용을 다시 가산한다. 첫 번째 조정(차감)은 발생주의 회계 기준의 이익을 현금 기준 이익으로 변환하기 위한 것이다. 이는 운전자본의 구성 요소인 매출채권, 재고자산, 매입채무는 매출과 비용이 회계상으로 인식되는 시점과 현금흐름이 실제로 발생하는 시점 사이에 차이가 있기 때문이다. 두 번째 조정(가산)은 회계상으로는 이익을 감소시키면서 실제로는 현금흐름에 영향을 끼치지 않는 감가상각비, 감모상각비 같은 비현금성 비용을 되돌려놓는 것이다.

3. 회계상 자본 지출(회계상 자본자산으로 분류되는 토지, 건물, 장비 등에 대한 지출)은 순이익을 계산할 때는 비용으로 간주되지 않지만, 실제로는 현금 유출을 수반하므로 이를 차감해야 한다. 현금을 이용한 인수 또한 대규모 자본 지출로 간주하여 현금흐름에서 차감한다.

4. 마지막 단계에서는 부채에서 발생하는 현금흐름을 반영한다. 자본적 지출의 일부나 전부를 부채로 조달하면 주주에게 유입되는 현금흐름이 증가하고, 반대로 만기가 도래한 부채를 상환하면 현금 유출이 발생한다. 따라서 부채 발행액에서 상환액을 차감한 순부채 수치를 현금흐름에 추가하여 최종 잔여 현금흐름(residual cash flow)을 계산한다.

이 단계를 그림 8.1에 정리했다. 세금, 재투자, 부채 관련 현금흐름을 반영한 후

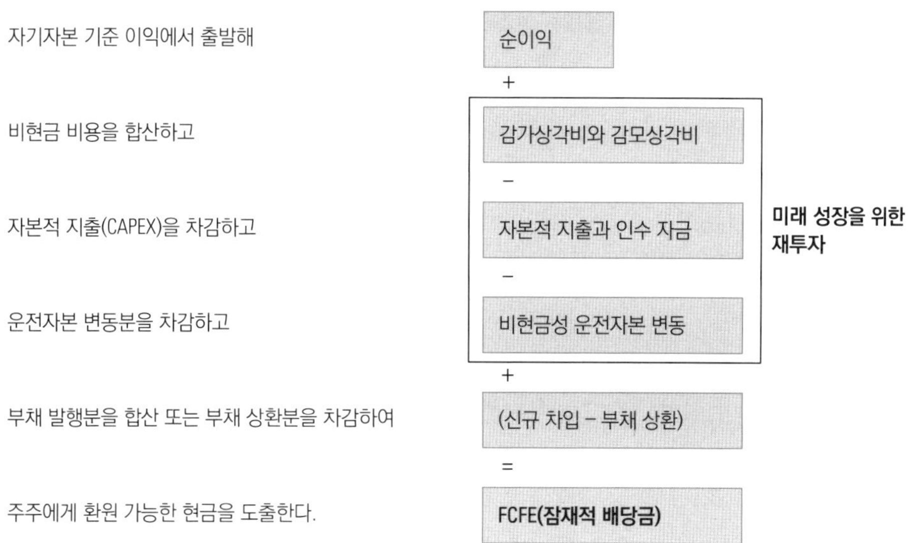

남은 최종 잔여 현금흐름이 자기자본 잉여현금흐름(FCFE)이며, 잠재적 배당금이기도 하다. 이것이 상장기업의 주주, 비상장기업의 자기자본 소유주에게 환원할 수 있는 현금이다.

잠재적 배당금을 측정할 때는 기업이 손실을 기록하는 경우 또는 이익을 내더라도 자본적 지출과 필요한 투자 규모가 이익을 초과하는 경우에는 FCFE가 적자가 될 수도 있다는 점을 유념해야 한다.

앞서 7장에서 기업의 생애주기별 자금 조달 유형 선택을 설명하며 활용한 에어비앤비, 어도비, 크래프트하인즈 사례를 다시 살펴보자. 표 8.1에서 위의 방식을 적용하여 세 기업의 FCFE를 계산했다.

에어비앤비는 2021년 3억 5,200만 달러의 영업손실을 기록했다. 자본적 지출이 크지 않았고 비현금성 운전자본이 감소했음에도 불구하고, 부채 관련 현금흐름을 반영하기 전과 후 모두 FCFE가 적자였다. 어도비와 크래프트하인즈는 2021년 큰 규모의 FCFE 흑자를 기록했지만, 크래프트하인즈의 FCFE 중 상당 부분은 기업을

[표 8.1] 에어비앤비, 어도비, 크래프트하인즈의 잠재적 배당금(백만 달러)

	에어비앤비	어도비	크래프트하인즈
순이익	−352	4,822	1,012
+ 감가상각비	147	788	910
− 자본적 지출	25	3,030	905
+ 매각	0	0	5,014
− 비현금성 운전자본 변동	−138	−742	−406
부채 전 FCFE	−92	3,322	6,437
+ 신규 차입	1,979	0	3,772
− 부채 상환	1,995	0	1,960
FCFE	−109	3,322	8,249

축소하는 과정에서 자산을 매각한 결과로 창출되었다.

FCFE를 기준으로 에어비앤비는 배당을 지급하거나 자사주를 매입할 가능성이 낮고, 반대로 어도비와 크래프트하인즈는 주주들에게 상당한 자금을 환원할 여력이 있다고 볼 수 있다. 실제로 크래프트하인즈는 2021년 총 19억 6,000만 달러의 배당금을 지급했다. 어도비는 약 47억 달러 규모의 자사주를 매입했으며 배당금은 지급하지 않았다.

기업이 성장하면서 FCFE가 어떻게 변화하는지 살펴보기 위해 나는 비교적 짧지만 다사다난했던 테슬라(Tesla)의 역사를 살펴보았다. 테슬라는 20년도 채 되지 않는 기간 동안 창업 기업에서 거대 기업으로 성장했다. 그림 8.2는 2006년부터 2021년까지 테슬라의 연도별 순이익과 FCFE 추이다.

예상대로 테슬라는 2006년부터 2019년까지 꾸준히 손실을 기록하다가 2020년에 처음으로 이익을 보고했다. 그러나 재투자가 필요해 그해의 FCFE는 여전히 적자였다. 2021년에는 수익성이 급격히 개선되어 FCFE도 마침내 흑자로 전환했다 (다만 여기서 언급하는 FCFE는 부채 관련 현금흐름을 반영하기 전의 수치다. 지난 5년간 테슬라의 부채 조달 규모는 상환 규모를 훨씬 넘어선다. 이러한 현금흐름을 반영한 FCFE는 2019년에 이

[그림 8.2] 테슬라의 연도별 순이익과 FCFE

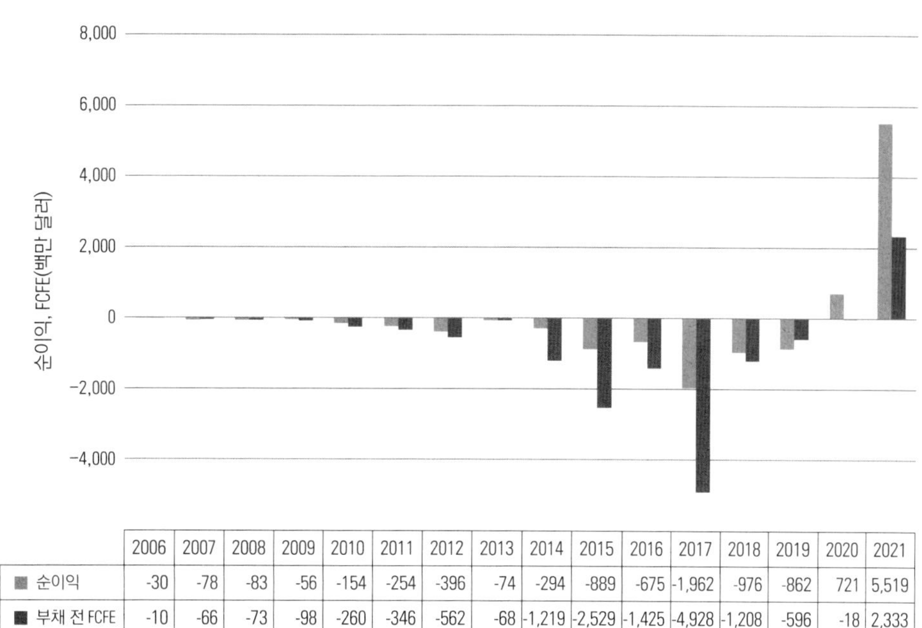

	2006	2007	2008	2009	2010	2011	2012	2013	2014	2015	2016	2017	2018	2019	2020	2021
■ 순이익	-30	-78	-83	-56	-154	-254	-396	-74	-294	-889	-675	-1,962	-976	-862	721	5,519
■ 부채 전 FCFE	-10	-66	-73	-98	-260	-346	-562	-68	-1,219	-2,529	-1,425	-4,928	-1,208	-596	-18	2,333

미 흑자로 전환되었다).

잠재적 배당금과 생애주기

기업이 성장함에 따라 현금을 환원할 수 있는 역량뿐만 아니라 현금을 축적하거나 소진하는 방식도 변화한다. 이제 앞서 정의한 FCFE 개념을 바탕으로 기업의 생애주기 단계에 따른 FCFE의 변화를 살펴보고, FCFE가 생애주기 단계별로 기업의 현금 보유량에 미치는 영향을 검토할 것이다.

생애주기에 걸친 FCFE의 변화를 파악하기 위해 이를 주요한 세 가지 구성 요소로 나누어 분석한다.

a. 순이익: 순이익이 곧 현금흐름은 아니지만 현금 환원의 중요한 출발점이 된다. 손실을 기

[표 8.2] 미국 기업의 연령별 순이익

연령 분위	기업 수	평균 연령	흑자 기업 비율(%)	적자 기업 비율(%)	순이익 (백만 달러)	시가총액 (백만 달러)	매출액 (백만 달러)	시가총액 대비 비율(%)	매출액 대비 비율(%)
			순이익		절대가치			상대가치	
최연소	499	5.04	26.85	73.15	−55	1,126,924	319,900	0.00	−0.02
2분위	522	9.43	29.89	70.11	−7,107	1,411,921	234,351	−0.50	−3.03
3분위	577	13.58	41.77	58.23	−13,783	1,676,741	285,956	−0.82	−4.82
4분위	718	18.12	48.19	51.81	45,637	3,648,970	698,047	1.25	6.54
5분위	488	23.49	61.07	38.93	237,085	5,335,170	1,124,673	4.44	21.08
6분위	652	29.49	66.41	33.59	141,129	5,200,863	1,379,075	2.71	10.23
7분위	578	38.19	71.11	28.89	168,379	4,306,529	1,883,320	3.91	8.94
8분위	606	52.48	80.53	19.47	441,970	12,785,577	3,675,083	3.46	12.03
9분위	581	86.88	83.13	16.87	272,575	6,338,688	3,392,256	4.30	8.04
최고령	584	140.22	91.27	8.73	443,447	8,875,169	4,619,250	5.00	9.60
전체	6,542	42.24	60.27	39.73	1,746,044	51,632,631	18,010,220	3.38	9.69

록하는 기업은 이익을 창출하는 기업보다 소유주(주주)에게 현금을 환원할 능력이 현저히 부족할 수밖에 없다. 표 8.2에서는 2021년 미국 상장기업 전체의 순이익을 기업 연령별로 분석했다.

표에서 보는 것처럼 젊은 기업일수록 적자인 경우가 훨씬 많으며, 이들이 창출하는 순이익도 시가총액이나 매출에 비해 상대적으로 더 작다. 반면 나이 든 기업들은 순이익이 더 안정적이며 적자를 기록하는 비율도 낮다.

b. **재투자:** 재투자 필요성은 기업의 성장 기대치에 의해 결정된다. 예상하는 것처럼 젊은 기업일수록 성숙한 기업보다 훨씬 더 많은 재투자가 필요하다. 표 8.3에서는 2021년 미국 상장기업의 재투자 규모를 기업 연령별로 분석했다.

재투자의 절대 금액은 나이 든 기업이 젊은 기업보다 훨씬 크다. 그러나 이는 나이 든 기업이 규모가 더 크기 때문이기도 하다. 매출 대비 재투자 비율로 보면 연령 하위 5개 분위(1~5분위) 기업의 재투자 비율은 10% 수준인 반면, 상위 3개 분위(8~10분위)의 재투자 비율은 그보다 낮다.

[표 8.3] 미국 기업의 연령별 재투자

연령 분위	기업 수	평균 연령	재투자 금액(백만 달러)			재투자 비율(매출 대비 %)		
			순자본지출	비현금성 운전자본 변동	재투자	순자본지출	비현금성 운전자본 변동	재투자
최연소	499	5.04	23,630	8,058	31,688	7.39	2.52	9.91
2분위	522	9.43	13,198	9,176	22,373	5.63	3.92	9.55
3분위	577	13.58	16,247	8,671	24,918	5.68	3.03	8.71
4분위	718	18.12	62,010	8,105	70,116	8.88	1.16	10.04
5분위	488	23.49	90,396	19,875	110,271	8.04	1.77	9.80
6분위	652	29.49	97,602	30,451	128,053	7.08	2.21	9.29
7분위	578	38.19	109,105	24,922	134,027	5.79	1.32	7.12
8분위	606	52.48	151,139	51,906	203,044	4.11	1.41	5.52
9분위	581	86.88	135,034	7,848	142,882	3.98	0.23	4.21
최고령	584	140.22	196,861	14,437	211,298	4.26	0.31	4.57
전체	6,542	42.24	908,805	189,037	1,097,842	5.05	1.05	6.10

[표 8.4] 미국 기업의 연령별 부채 관련 현금흐름

연령 분위	기업 수	평균 연령	부채 현금흐름 금액(백만 달러)			부채 현금흐름 비율(시총 대비 %)		
			부채 조달	부채 상환	조달 - 상환	부채 조달	부채 상환	조달 - 상환
최연소	499	5.04	84,557	81,784	2,773	7.50	7.26	0.25
2분위	522	9.43	440,923	407,614	33,309	31.23	28.87	2.36
3분위	577	13.58	3,047,999	3,029,136	18,863	181.78	180.66	1.13
4분위	718	18.12	139,534	129,418	10,115	3.82	3.55	0.28
5분위	488	23.49	253,522	198,831	54,691	4.75	3.73	1.03
6분위	652	29.49	2,579,024	2,532,428	46,597	49.59	48.69	0.90
7분위	578	38.19	409,397	359,079	50,318	9.51	8.34	1.17
8분위	606	52.48	1,541,161	1,500,417	40,744	12.05	11.74	0.32
9분위	581	86.88	1,969,257	2,067,172	−97,915	31.07	32.61	−1.54
최고령	584	140.22	772,170	932,487	−160,317	8.70	10.51	−1.81
전체	6,542	42.24	11,320,471	11,321,542	−1,071	21.93	21.93	0.00

c. 부채 관련 현금흐름: 앞서 언급했듯이 자금을 차입하면 자기자본 투자자들에게 현금이 유입되고 부채를 상환하면 현금 유출이 발생한다. 표 8.4에서는 2021년 미국 상장기업의 부채 발행과 상환 규모를 기업 연령별로 분석했다.

연령 상위 8개 분위(1~8분위)에 속하는 기업들은 모두 상환한 부채보다 더 많은 금액을 차입해 부채가 순현금 유입의 원천이 되고 있다. 반면 연령 최상위 2개 분위(9~10분위) 기업들은 차입금 상환이 차입금 조달보다 많아 부채가 순현금 유출의 원천이 된다. 시가총액 대비 비율로는 뚜렷한 패턴은 보이지 않지만 젊은 기업일수록 전반적으로 부채를 덜 사용하는 경향이 있다.

잠재적 배당금을 계산하는 데 필요한 이 세 가지 요소를 종합하면, 젊은 기업은 손실 또는 매우 적은 이익, 높은 재투자 수요, 부채 활용 제한으로 인해 FCFE가 적자인 경우가 많다. 반면 기업이 성숙해짐에 따라 이익 창출 능력이 개선되고, 이익 대비 재투자 수요가 감소하며, 부채 조달 역량이 확대됨에 따라 FCFE가 흑자로 전

[표 8.5] 미국 기업의 연령별 FCFE

연령 분위	기업 수	평균 연령	부채 적용 전 FCFE			부채 적용 후 FCFE		
			가치 (백만 달러)	적자 기업 비율(%)	매출 대비 비율(%)	가치 (백만 달러)	적자 기업 비율(%)	매출 대비 비율(%)
최연소	499	5.04	−31,743	76.15	−9.92	−28,970	75.75	−9.06
2분위	522	9.43	−29,480	72.99	−12.58	3,828	70.11	1.63
3분위	577	13.58	−38,702	61.53	−13.53	−19,839	62.74	−6.94
4분위	718	18.12	−24,478	55.99	−3.51	−14,363	56.96	−2.06
5분위	488	23.49	126,814	45.08	11.28	181,504	48.77	16.14
6분위	652	29.49	13,077	43.87	0.95	59,673	45.55	4.33
7분위	578	38.19	34,352	44.64	1.82	84,670	46.89	4.50
8분위	606	52.48	238,926	37.95	6.50	279,670	45.38	7.61
9분위	581	86.88	129,693	35.46	3.82	31,778	44.75	0.94
최고령	584	140.22	232,149	27.05	5.03	71,832	42.47	1.56
전체	6,542	42.24	648,201	48.98	3.60	647,130	52.37	3.59

환되고 증가하는 경향을 보인다. 표 8.5에서는 2021년 미국 상장기업의 시가총액과 매출 대비 FCFE를 기업 연령별로 분석했다.

젊은 기업은 나이 든 기업에 비해 FCFE 적자 비율이 훨씬 높고, 전체적으로 연령 하위 4개 분위에서 FCFE 적자를 기록하고 있다. FCFE가 정점을 찍는 것은 기업 연령 분포의 중간 지점이다. 나이 든 기업은 FCFE가 흑자이지만 연령 분위별로 뚜렷한 패턴은 보이지 않는다.

현금 환원: 관행과 결과

상장 주식시장의 역사에서 오랜 기간 동안 기업은 주주에게 현금을 환원하는 방법으로 배당을 선택해왔다. 이에 따라 뿌리 깊이 자리 잡은 배당 지급의 여러 관행에 대해 설명하겠다. 한편 지난 50년 동안 기업들은 현금을 환원하는 방식으로 자사주 매입이라는 대안을 발견해 배당 중심 관행에서 벗어나 자사주 매입으로 대대적으로 전환해왔다. 여기에서는 기업들이 왜 이러한 변화를 선택했는지 살펴보고, 기업의 연령이 증가함에 따라 현금 환원의 규모와 방식이 어떻게 변화하는지 알아보겠다.

배당 관행

배당 형태로 주주에게 현금을 환원하는 것은 상장 주식시장이 형성된 초기부터 이어져온 오랜 관행이다. 배당의 원래 목적은 잔여 현금흐름을 주주에게 환원하는 것이었겠지만 시간이 흐르며 점점 경직된 모습을 보이고 있다. 즉 배당을 지급하기 시작한 기업은 이를 줄이거나 중단하기 어렵고 대개 이전 기간과 동일하거나 더 많은 배당을 지급하는 경향을 보인다.

이러한 특성은 그림 8.3에서도 확인할 수 있다. 1988년부터 2021년까지 미국 기업들의 주당 배당금을 전년도와 비교하여 배당금을 유지한 기업, 늘린 기업, 줄인 기업의 비율을 각각 분석했다.

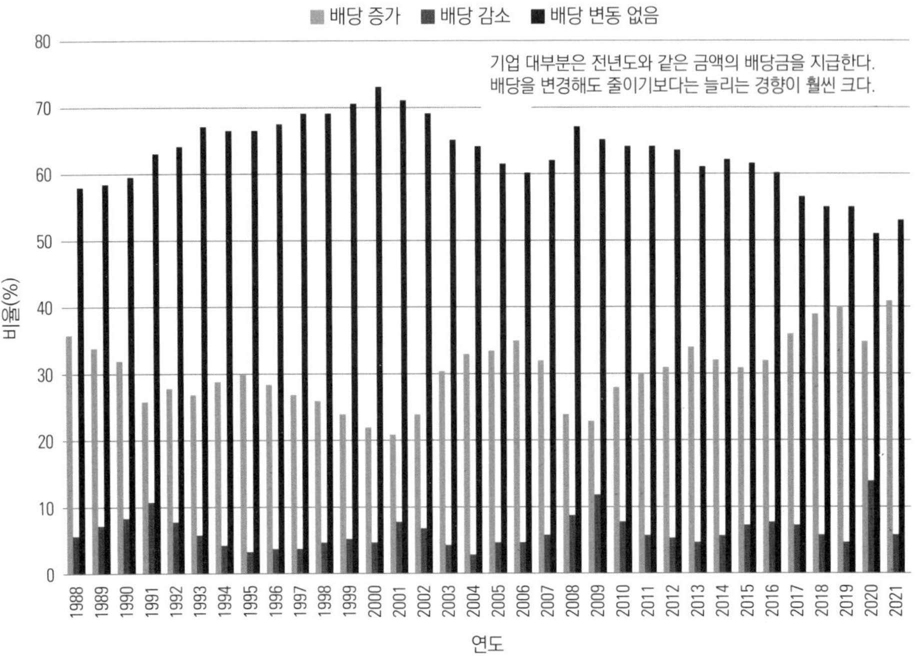

매년 주당 배당금을 유지한 기업의 비율은 배당금을 늘리거나 줄인 기업의 비율보다 높았다. 배당금을 변경한 기업 중에서는 늘린 기업이 줄인 기업보다 훨씬 많았다. 전 세계 주식시장을 살펴보면 배당은 모든 지역에서 경직된 경향을 보인다. 하지만 그 형태에는 지역별로 차이가 존재한다. 예를 들어 라틴아메리카에서는 주당 배당금(금액)이 아니라 배당성향(이익 대비 배당금 비율)이 경직된 특성을 보인다.

시간이 흐를수록 FCFE의 변동성이 커진다는 점을 고려하면 배당의 경직성은 다소 이상하게 들릴 수 있지만 두 가지 이유로 설명이 가능하다. 첫째, 기업들은 FCFE가 변동한다는 사실을 인식하고 있기 때문에 이를 완만하게 조정한 값으로 배당을 지급한다. 따라서 호황기에는 감당할 수 있는 배당보다 적게 지급하여 현금을 비축하고, 이렇게 비축된 현금을 이익과 현금흐름이 낮은 시기에 배당의 재원으로 활용한다. 둘째, 안정적인 배당을 선호해서 그 안정성에 프리미엄을 지불하는 투자자들

2부 | 기업 재무와 생애주기

이 있다. 이러한 투자자가 주주인 기업은 배당을 안정적으로 유지할 유인이 있다.

배당 대 자사주 매입: 득과 실

기업의 관점에서는 배당이나 자사주 매입이나 모두 소유주에게 현금을 환원하는 방식이기에 기업의 전체 가치에 미치는 영향도 동일하다. 지급하는 현금만큼 기업의 가치가 감소하며, 부채를 조달해 배당이나 자사주 매입을 실시하면 이는 기업의 부채 구조와 자본비용에 영향을 끼친다. 기업이 감당할 수 있는 수준 이상으로 배당이나 자사주 매입을 진행하면 이 현금을 활용해 투자할 수 있었던 기회를 포기하는 상황이 발생하기도 한다. 그림 8.4는 배당과 자사주 매입이 기업에 미치는 효과가 본질적으로 동일함을 보여준다.

기업의 관점에서 배당과 자사주 매입의 가장 큰 차이점은 현금 환원의 유연성에 있다. 배당은 경직적이어서 일단 지급을 시작하면 쉽게 변경할 수 없는 반면, 자사

[그림 8.4] 배당 지급과 자사주 매입의 가치 영향

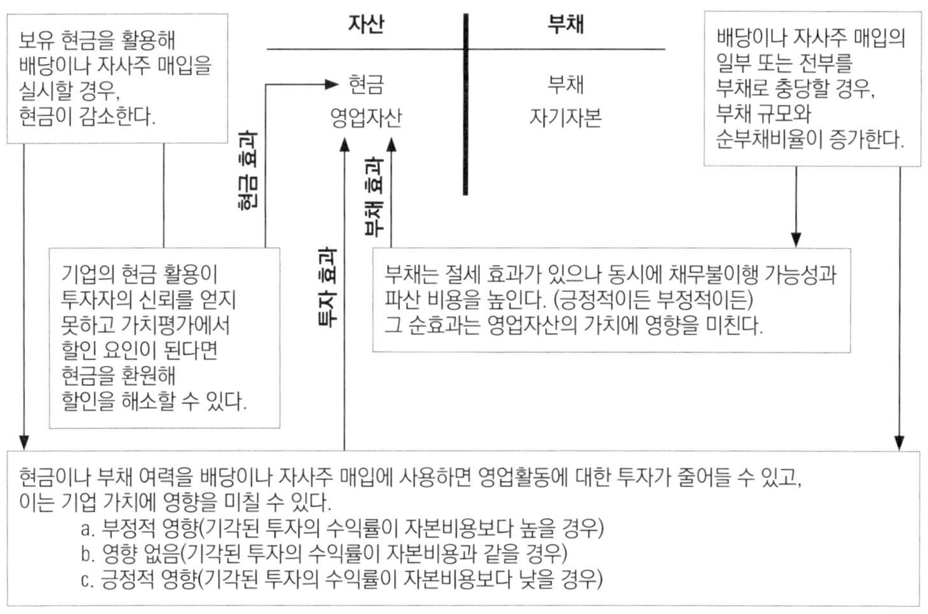

주 매입은 발표 후에도 철회할 수 있는 유연성이 있다. 그러나 배당의 경직성과 자사주 매입의 유연성이 기업의 배당 정책에 영향을 끼칠 수 있다. 투자자들은 기업이 배당을 줄이기를 꺼린다는 사실을 알기 때문에, 기업이 배당을 도입하거나 늘릴 경우 앞으로도 그 약속을 이행할 수 있다는 자신감을 반영한 결정으로 보고 긍정적인 신호로 해석해 주가를 끌어올릴 수 있다. 반대로 배당을 줄이거나 중단하면 투자자들은 이를 부정적인 신호로 해석해 주가 하락으로 이어질 가능성이 있다.[1]

주주의 관점에서 보면 배당과 자사주 매입은 서로 다른 결과를 초래할 수 있다. 배당의 경우 모든 주주가 동일하게 자신의 지분 비율에 따라 배당금을 받는다. 반면 자사주 매입에서는 주식을 회사에 매도한 주주에게만 현금이 환원되며, 주식을 보유한 주주는 현금을 받지 못한다. 이는 세금과 지배구조에 영향을 끼친다. 당장 현금이 필요하지 않고 투자소득에 높은 세율이 적용되는 투자자는 배당보다 자사주 매입을 선호할 것이다. 반면 지속적인 현금흐름에 소득을 의존하는 투자자는 배당을 선호할 것이다.

배당과 자사주 매입을 둘러싼 논쟁에서 고려해야 할 마지막 요소는 기업의 현재 주가다. 기업이 자사주를 매입할 때는 현재 주가나 그보다 높은 프리미엄을 지급한다. 따라서 주가가 고평가된 상황에서 자사주 매입을 실시하면 주식을 매도하는 투자자에게서 보유한 투자자에게로 부의 이전(wealth transfer)이 발생한다. 반대로 주가가 저평가된 상황에서 자사주 매입을 실시하면 주식을 보유한 투자자는 매도하는 투자자의 희생을 바탕으로 이익을 얻는다.

자사주 매입의 성장

1981년에 미국 기업이 주주에게 현금을 환원하는 방식은 거의 전부 배당이었고 자사주 매입은 드물었다. 그러나 1980년대 이후 자사주 매입을 적극적으로 활용하기 시작했으며 이 추세는 계속 이어져왔다. 그림 8.5는 1988년부터 2021년까지 미국 기업들의 배당 지급과 자사주 매입의 전체 규모다.

2021년 미국 기업들은 총 7,500억 달러에 달하는 자사주 매입을 실행했다. 이는

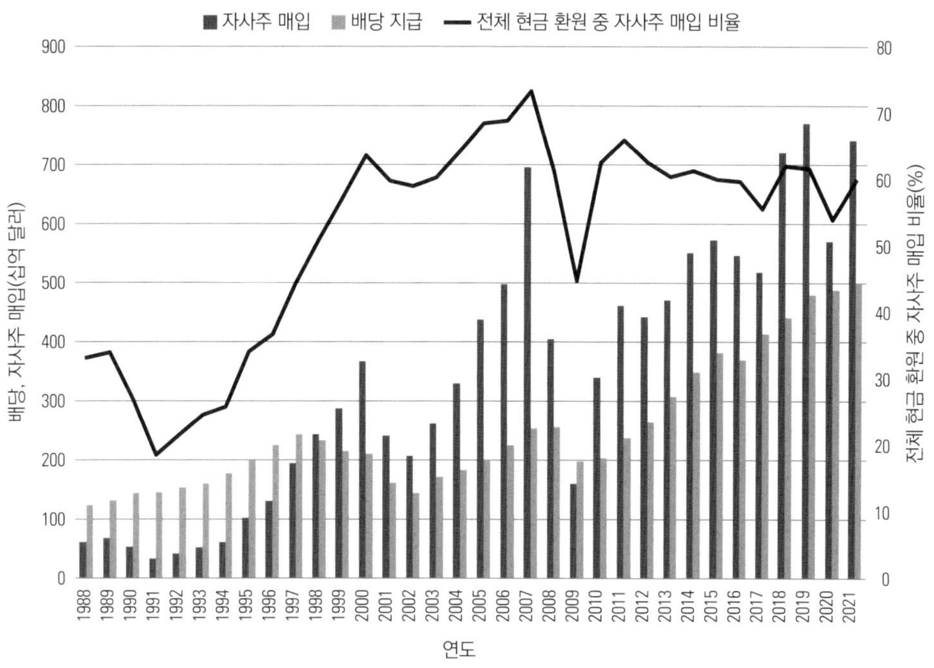

같은 해 배당금으로 지급된 5,000억 달러를 크게 초과하는 규모다. 자사주 매입으로의 전환을 가장 잘 보여주는 지표는 현금 환원 중 자사주 매입이 차지하는 비율이다. 이 비율은 과거 35% 미만에서 현재 약 60% 수준까지 증가했다.

배당에서 자사주 매입으로의 전환은 미국에서 가장 두드러지지만, 전 세계적으로도 공통된 현상이다. 표 8.6에서는 지역별 현금 환원을 배당과 자사주 매입으로 구분해 제시했다.

전 세계적으로도 배당에서 자사주 매입으로 전환이 진행되고 있음이 확인된다. 일본과 캐나다 기업에서는 현금 환원의 약 3분의 1이 자사주 매입 형태로 이루어지며, 유럽 기업이 약 28%로 그 뒤를 따른다. 신흥 시장 기업들도 이런 흐름에 동참하고 있다. 남미와 카리브해 기업에서는 자사주 매입이 현금 환원의 22.08%를 차지하고, 인도 기업에서는 그 비중이 19.27%다.

[표 8.6] 세계 지역별 배당과 자사주 매입

지역	기업 수	시가총액 (백만 달러)	순이익 (백만 달러)	배당 (백만 달러)	자사주 매입 (백만 달러)	배당성향 (%)	현금 환원 중 자사주 매입 비율(%)	현금 환원율 (%)
아프리카·중동	2,356	4,698,102	260,259	138,928	12,275	53.38	8.12	58.10
호주·뉴질랜드	1,878	1,930,982	77,123	45,034	6,579	58.39	12.75	66.92
캐나다	2,937	3,129,490	162,432	65,382	34,781	40.25	34.72	61.66
중국	7,043	19,024,215	1,001,151	471,821	50,414	47.13	9.65	52.16
동유럽·러시아	528	649,262	99,799	33,562	6,155	33.63	15.50	39.80
유럽·주변국	6,000	17,098,249	868,662	332,208	132,019	38.24	28.44	53.44
인도	3,982	3,572,361	120,717	35,772	8,540	29.63	19.27	36.71
일본	3,947	6,510,572	448,920	127,328	58,088	28.36	31.33	41.30
남미·카리브해	1,043	1,724,743	122,751	61,399	17,401	50.02	22.08	64.19
아시아 기타	9,408	7,205,112	426,861	160,991	10,953	37.72	6.37	40.28
영국	1,255	3,599,149	193,457	86,628	18,861	44.78	17.88	54.53
미국	7,229	52,446,672	1,789,714	591,709	842,300	33.06	58.74	80.12
세계	47,607	121,588,908	5,571,847	2,150,763	1,198,364	38.60	35.78	60.11

생애주기에 따른 현금 환원 방식 선택

기업은 주주에게 현금을 환원하는 방식으로 배당과 자사주 매입을 활용할 수 있다. 이 가운데 어떤 방식을 선택할지는 첫째, 자사주 매입이 제공하는 유연성을 기업이 얼마나 중시하는지, 둘째, 주주들이 배당을 선호하는지 아니면 기피하는지에 따라 결정된다. 이를 감안하면 기업의 생애주기 단계에 따라 배당과 자사주 매입의 선택에도 차이가 있음을 예상할 수 있다.

- 생애주기 초반에는 기업이 주주에게 환원할 수 있는 현금이 적고 현금 보유량의 변동성이 크기 때문에 배당을 시작하거나 지급할 가능성이 낮다.
- 기업이 나이 들어감에 따라 배당을 통한 현금 환원을 촉진하는 두 요인이 작용한다. 첫째, 성숙한 기업은 일반적으로 이익과 현금흐름이 더 안정적이고 예측 가능하므로, 배당

형태로 더 많은 현금을 환원할 여력이 생긴다. 둘째, 성숙한 기업일수록 기관투자자들이 더 많은 지분을 보유하는 경향이 있다. 연기금과 같은 기관투자자들은 예측 가능한 배당을 선호한다.

기업의 생애주기 단계별로 현금 환원 방식에 차이가 있는지 확인하기 위해 표 8.7과 같이 미국 상장기업을 연령별로 분류하고 2021년 현금 환원 여부를 확인했다. 주주에게 현금을 환원했다면 배당과 자사주 매입 가운데 어떤 방식이었는지도 분석했다.

젊은 기업은 나이 든 기업보다 주주에게 현금을 환원할 가능성이 훨씬 낮았다. 최연소 분위에 속한 기업들의 69% 이상이 현금을 환원하지 않은 반면, 최고령 분위에서는 이 비율이 15.58%에 불과했다. 이러한 양상은 배당과 자사주 매입 모두 동일하며, 젊은 기업일수록 어떤 형태로든 현금을 환원한 비율이 낮았다. 이러한 결과는 표 8.5에서 기업 연령별 FCFE를 분석한 결과와도 통하는 측면이 있는데, 젊은 기업은

[표 8.7] 미국 상장기업의 연령별 현금 환원

연령 분위	기업 수	평균 연령	현금 환원 기업		배당 지급 기업		자사주 매입 기업	
			환원 (%)	미환원 (%)	지급 (%)	미지급 (%)	매입 (%)	미매입 (%)
최연소	499	5.04	30.66	69.34	15.03	84.97	23.05	76.95
2분위	522	9.43	30.27	69.73	11.49	88.51	26.44	73.56
3분위	577	13.58	30.85	69.15	12.31	87.69	27.38	72.62
4분위	718	18.12	32.31	67.69	11.56	88.44	28.41	71.59
5분위	488	23.49	43.24	56.76	15.98	84.02	38.52	61.48
6분위	652	29.49	48.16	51.84	22.39	77.61	41.87	58.13
7분위	578	38.19	56.92	43.08	25.61	74.39	49.13	50.87
8분위	606	52.48	68.15	31.85	42.74	57.26	57.92	42.08
9분위	581	86.88	79.69	20.31	62.13	37.87	63.86	36.14
최고령	584	140.22	84.42	15.58	74.83	25.17	64.38	35.62
전체	6,542	42.24	46.90	53.10	27.10	72.90	39.15	60.85

FCFE가 적자일 가능성이 높아 주주에게 현금을 환원할 여력이 부족함을 시사한다.

기능 상실적 배당과 결과

지금까지 미래 성장을 위한 재투자를 포함한 모든 청구권이 충족된 후 사업에 남는 현금흐름으로서 잠재적 배당금을 측정하는 방법을 논의하고, 배당과 자사주 매입으로 실제로 주주에게 환원된 현금을 살펴보았다. 실제로 환원된 현금은 장기간으로 보더라도 잠재적 배당금과 일치하지 않을 수 있다. 이러한 불일치의 근본적인 원인과 그로 인한 영향을 살펴보겠다.

기능 상실적 배당 정책

전통적인 기업 재무 관점에서 배당은 잔여 현금흐름에서 지급된다. 즉 세금을 납부하고, 재투자에 필요한 자금을 챙기고, 부채를 상환하고 남은 현금으로 배당을 지급한다. 그러나 일부 기업은 배당을 최우선으로 고려하며, 신규 투자 결정이나 부채 상환보다 배당 지급을 '먼저' 확정하는 경향이 있다. 그림 8.6에서는 배당을 잔여 현금흐름으로 보는 전통적인 기업 재무 관점과, 배당이 선행 현금흐름으로 작용하는 기능 상실적(dysfuntional) 배당 환경을 대비해 제시한다.

투자와 자금 조달 의사결정을 배당이 좌우하는 기능 상실적 배당 정책은 기업에 치명적인 결과를 초래할 수 있다. 과거의 배당 기록이나 동종 기업의 배당 관행에 따라 감당할 수 없는 배당 정책을 고수하는 기업은 배당 재원을 마련하기 위해 차입 여력 이상으로 부채를 조달하고 유망한 투자 기회를 포기해야 한다.

기능 상실적 배당은 기업의 생애주기 단계에 따라 나타나는 양상이 다르다. 생애주기 초반에 있는 초기성장기 기업에서는 FCFE가 적자인 상황에서 배당을 지급하거나 자사주를 매입하는 형태로 나타날 수 있다. 이러한 기업들은 이미 현금흐름이 부족한 상태에서 배당을 지급해 더욱 깊은 재정적 위험에 빠지게 되며, 이를 해결하려고 새로운 부채를 조달하거나(그러나 생존의 위협은 더욱 커진다) 추가로 자본을 유치해야 한다.

기업이 성숙 단계에 접어들면 FCFE가 흑자로 전환되고 증가했음에도 배당 지급을 거부하는 형태로 나타날 수 있다. 이는 성장기 기업이 노화를 부정하며 중년의 시

[그림 8.6] 잔여 현금흐름 기반 배당 대 기능 상실적 배당

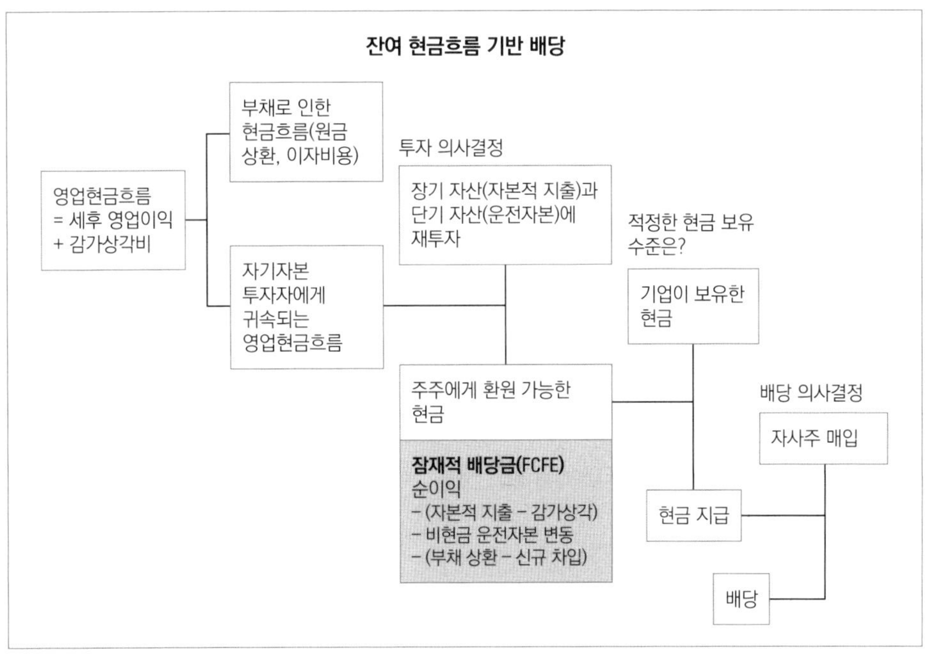

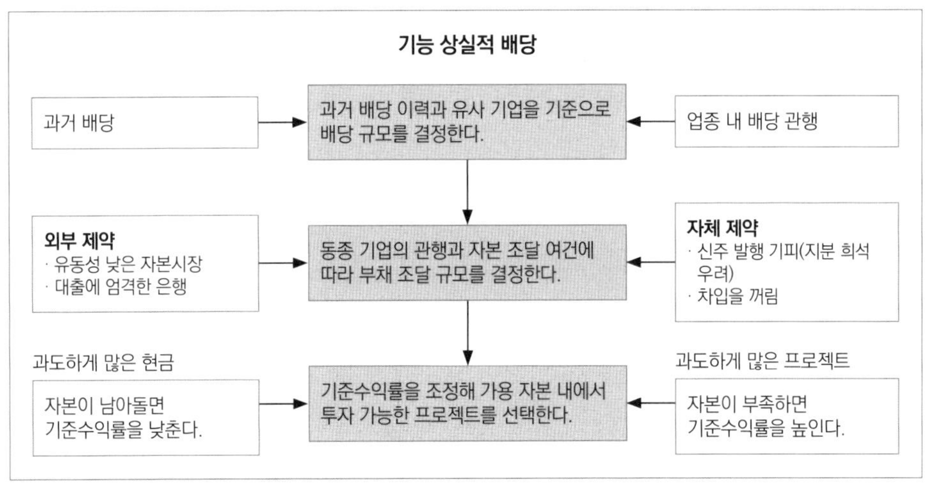

기를 미루려는 시도일 수도 있고, 현금을 환원하지 않는 동종 기업의 행태를 따르는 것일 수도 있다. 성숙기 기업은 호황기를 기준으로 장기적으로 지속하기 어려운 수준의 배당을 약속했거나 주가를 떠받치는 수단으로서 자사주 매입에 지나치게 의존한 결과, 과도한 현금 환원 정책에 발목이 붙잡힐 위험이 있다. 쇠퇴기 기업은 현실을 반영한 배당 정책을 도입하기를 주저할 때 배당에 기능 장애가 발생할 수 있다.

잠재적 현금 환원과 실제 현금 환원의 차이를 한눈에 보기 위해 그림 8.7에서는 2021년 세계 상장기업들을 FCFE와 실제 현금 환원(배당 및 자사주 매입) 수준에 따라 분류했다.

그림에서 보듯 순수하게 잔여 현금흐름 기반 배당 정책을 유지하며 매년 FCFE를 그대로 주주에게 환원하는 기업은 거의 없다. 적어도 2021년에는 FCFE에 비해 과도하게 많은 현금을 환원하는 기업이 너무 적게 환원하는 기업보다 더 많았다.

[그림 8.7] 세계 지역별 기업 FCFE와 현금 환원 수준

현금 잔고 증가:
FCFE가 흑자인데 현금을 환원하지 않은 경우,
FCFE보다 적은 금액을 환원하는 경우

현금 소진:
FCFE가 적자인데 현금을 환원하는 경우,
FCFE보다 많은 금액을 환원하는 경우

	FCFE 흑자, 현금 환원 없음	FCFE 미만 현금 환원	현금 잔고 증가	FCFE 적자, 현금 환원 없음	FCFE 초과 현금 환원	FCFE 적자, 현금 환원	현금 소진
호주, 뉴질랜드, 캐나다	9.45	9.19	18.64	67.71	3.92	9.74	81.37
선진 유럽	18.01	22.12	40.13	33.30	7.46	19.10	59.86
신흥 시장	14.66	24.29	38.95	24.62	8.25	28.18	61.05
일본	13.93	36.89	50.82	13.59	7.61	27.98	49.18
미국	10.88	18.47	29.35	35.11	8.10	27.44	70.65
세계	14.06	22.77	36.83	30.75	7.61	24.82	63.18

세계 상장기업 47,606개 표본 중 22.77%가 FCFE 미만으로 현금을 환원했고, 32.43%가 FCFE를 초과해 현금을 환원했다.

2부 | 기업 재무와 생애주기

현금 환원과 현금 잔고

잠재적 배당금, 즉 FCFE는 기업이 세금 납부, 재투자, 부채 상환을 마친 후 남은 현금을 의미하지만, 기업이 이를 반드시 주주에게 환원해야 한다는 의무는 없다. 기업이 FCFE만큼의 현금을 환원하면 현금 잔고에는 영향이 없다. 기업이 FCFE보다 더 많은 현금을 환원하면 현금 잔고를 사용하게 되어 해당 기간의 보유 현금이 감소한다. FCFE보다 적은 현금을 환원하거나 아예 환원하지 않으면 그 차액만큼 현금 잔고가 증가한다. 그림 8.8에 이 관계를 요약했다.

FCFE가 0보다 작은 기업은 돌려줘야 할 현금(-)보다 더 많은 현금(0)을 주주에게 환원하고 있는 셈이다. 이 차액은 기존의 현금 잔고로 메우거나 (VC나 주식시장 투자자 등으로부터) 새로 자본을 조달해 메워야 한다는 점에 유의해야 한다. 같은 맥락에서 FCFE가 0보다 크고 규모도 상당하지만 장기간 현금을 환원하지 않는 기업은 막대한 현금 잔고를 쌓게 된다.

기업이 현금을 축적하는 것은 주주에게 해가 될까? 이 문제는 세 가지 시나리오로 살펴볼 수 있다. 첫 번째는 가장 온건한 시나리오다. 막대한 현금 잔고를 보유한

[그림 8.8] FCFE와 실제 환원한 현금 규모에 따른 현금 잔고의 변화

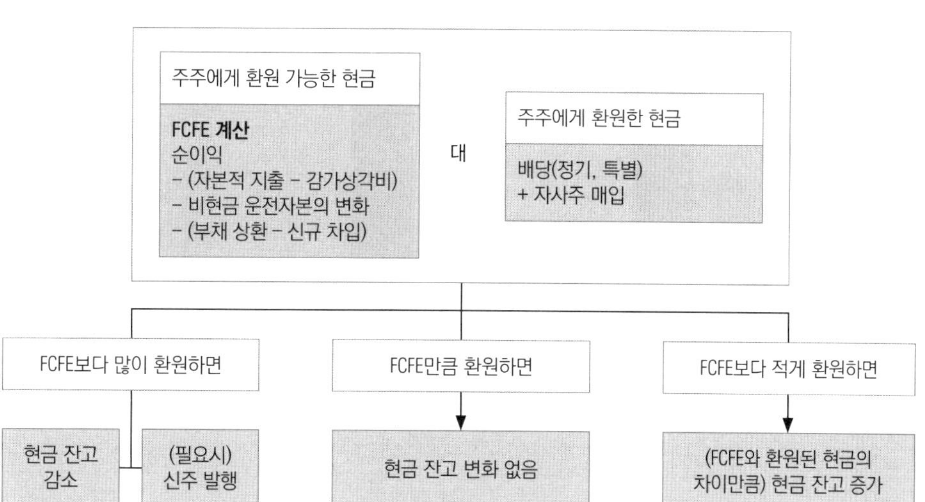

기업의 주주들은 그 현금의 지분을 일부 소유하며, 이는 지분 가치나 주가의 상승으로 반영될 것이다. 두 번째는 부정적인 시나리오다. 대규모 현금을 보유한 기업의 주주들은 잘못된 투자(부실한 프로젝트, 비싼 인수)로 경영진이 현금을 낭비할 것을 우려해서 기업이 보유한 현금의 가치를 할인해 평가할 수 있다. 세 번째는 긍정적인 시나리오다. 자본 조달이 어렵고 파산 위험이 높은 기업이 축적한 현금은 파산 위험을 낮추고 자본 조달의 제약을 완화하는 역할을 하므로 시장에서 기업의 현금 보유고에 대해 프리미엄을 부여할 수 있다.

결론적으로 기업에 어떤 투자 기회가 있고 주주들이 경영진을 얼마나 신뢰하는지에 따라 기업의 현금 축적에 대한 시장의 반응도 크게 달라진다. 그림 8.9는 미국 기업의 현금 잔고를 분석한 결과로, 시장이 평가한 기업별 현금 1달러의 가치에 초점을 맞추었다.[2]

[그림 8.9] 미국 기업 현금 잔고 1달러의 시장 가치

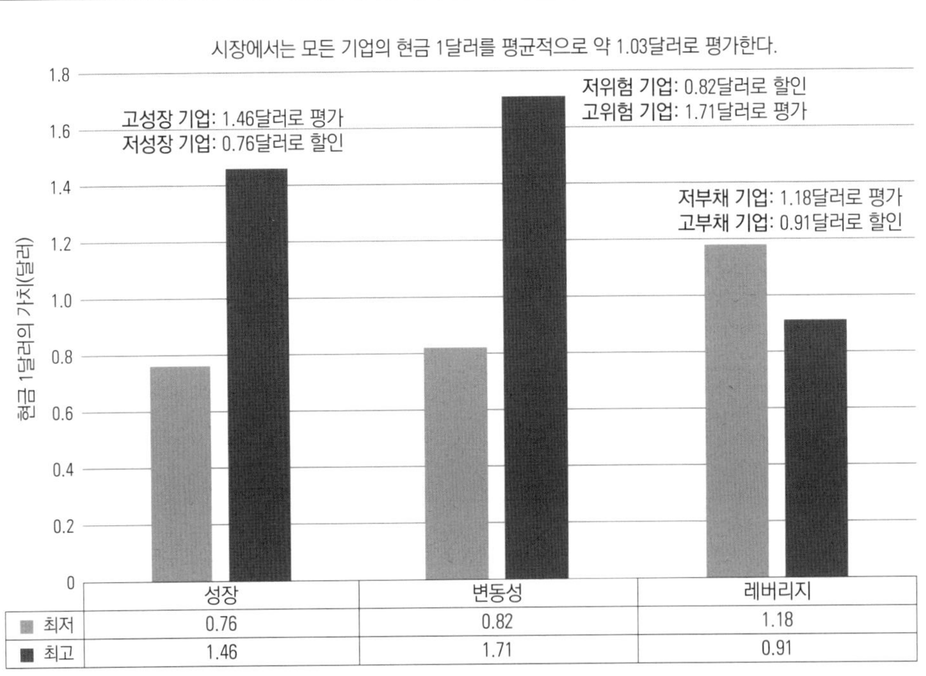

	성장	변동성	레버리지
최저	0.76	0.82	1.18
최고	1.46	1.71	0.91

최저 대 최고

이 과정이 기업 생애주기 전반에서 어떻게 전개될지 살펴보면, FCFE가 적자인 초기 단계 기업은 현금을 빠르게 소진하게 되며, 지속적으로 자본 투입이 필요한 상황에 놓일 수 있다는 결론이 가능하다. 그렇지만 이러한 기업들은 성장 잠재력이 크고 위험 또한 크기 때문에 시장은 이들의 현금 잔고를 긍정적으로 평가하고 이에 프리미엄을 부여할 가능성이 높다. 기업이 성숙해지면서 FCFE가 흑자로 전환되고 여전히 현금을 주주에게 환원하지 않기로 선택할 경우 현금 잔고는 점점 증가할 것이다.

기업이 현금을 환원하지 않는 정책을 고수한다면, 성장세가 둔화되고 수익성이 개선됨에 따라 현금 잔고는 계속해서 더욱 빠르게 늘어날 것이다. 이 과정에서 시장은 처음에는 현금 1달러의 가치를 그대로 1달러로 평가하는 중립적인 태도를 보일 것이다. 그러나 성장 기회가 점점 줄면서 시장은 현금 잔고를 할인해 평가하기 시작할 것이다. 이는 행동주의 투자자들이 기업에 현금 환원을 압박하는 기회가 될 것이다. 기업이 요구에 응해 실제로 현금을 환원하면 현금 잔고는 더 이상 증가하지 않고, 환원 규모가 FCFE를 초과할 경우에는 오히려 감소할 것이다.

정리

이번 장에서는 기업이 환원해야 할 현금의 규모가 생애주기에 따라 어떻게 달라지는지 살펴보았다. 나는 젊은 기업일수록 나이 든 기업에 비해 환원할 현금을 보유하고 있을 가능성이 낮다고 설명하며 이러한 견해를 뒷받침하는 근거도 제시했다. 또 배당과 자사주 매입 사이의 선택에 대해 분석하면서 젊은 기업은 배당 지급을 약속하기보다 자사주를 매입해 주주에게 현금을 환원할 가능성이 더 크다고 설명했다. 그림 8.10에서는 배당 정책의 두 가지 측면을 기업 생애주기 단계별로 요약했다.

기업의 생애주기 전반에 걸친 배당 정책의 차이를 앞서 6장과 7장에서 살펴본 투자와 자금 조달 정책의 차이와 함께 살펴보면, 기업 재무의 기본 원칙을 따르는 방식이 젊은 기업과 나이 든 기업에서 매우 다르게 전개되리라는 점을 확인할 수 있다.

기업이 주주에게 얼마나 많은 현금을, 어떤 형태로 환원해야 하는지는 생애주기

[그림 8.10] 생애주기 단계별 현금 환원

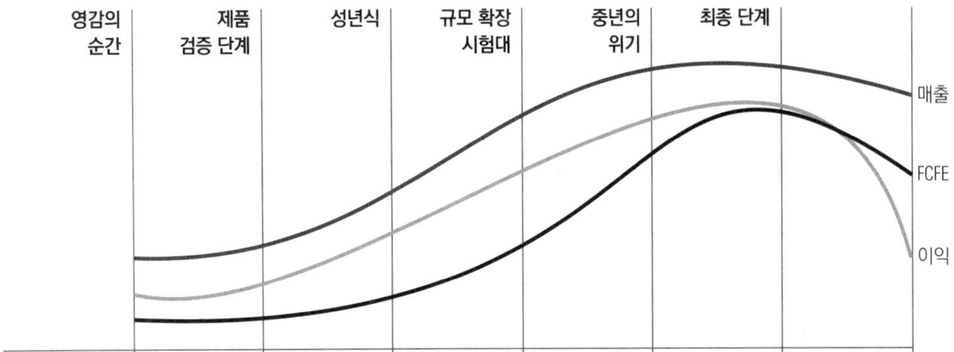

생애주기 단계	창업기	초기성장기	고도성장기	성숙성장기	성숙안정기	쇠퇴기
이익	큰 순손실	순손실 축소	순이익 전환	순이익 급성장	순이익 정체 (부채가 변수로 작용)	순이익 감소
성장을 위한 재투자 필요성	매우 높음	높음	절대 금액은 여전히 크지만 비율은 감소	비율상으로 계속 감소	낮음	사업 매각 (현금 유입)
부채 현금흐름 (부채 발행 – 상환)	대체로 없음	대체로 없음	부채 존재 시 순유입 또는 소규모	순부채 유입	순부채 중립적	순부채 유출
FCFE	적자	성장할수록 악화 가능성	성장 둔화 시 흑자로 전환	흑자, 이익보다 빠르게 성장	흑자, 안정적	흑자, 이익보다 큼
자본 관련 현금흐름	신주 발행		자체 조달	자사주 매입	배당 + 자사주 매입	청산배당

단계에 따라 달라진다. 배당 정책에 대한 일괄적인 판단이나 규제가 도움이 되기보다 오히려 해를 끼칠 가능성이 큰 이유가 바로 여기에 있다. 모든 기업이 이익의 일정 부분을 배당으로 지급하도록 강제한다면, 나이 든 기업에는 큰 영향이 없겠지만 이익을 내더라도 FCFE는 적자일 가능성이 큰 젊은 기업에는 치명적일 수 있다. 반대로 자사주 매입이 기업에 부정적이라는 주장이나 보유 현금을 재투자해야 한다는 주장도 투자 기회가 상대적으로 제한적인 성숙기 기업이나 쇠퇴기 기업에는 적절하지 않다.

결론

배당 정책은 기업 재무를 구성하는 세 가지 원칙 중 마지막 원칙이다. 기업은 주주에게 얼마를 환원할지 결정하기에 앞서 사업에 얼마를 재투자할지(투자 정책)와 차입이 타당한지 여부(자금 조달 정책)를 먼저 판단하는 것이 합리적이다. 이렇게 배당을 잔여 현금흐름으로 간주하는 개념은 타당하지만 기업에서는 대개 무시되곤 한다. 기업은 과거의 관행이나 동종 기업의 관행을 근거로 현금을 얼마나 환원할지 먼저 결정한 뒤, 그에 맞춰 투자와 재무 결정을 조정하려는 유혹을 받기도 한다. 그 결과 기업이 감당할 수 없는 부채를 부담하면서까지 배당을 지급하고 그 결과 생존 자체가 위태로워지는 기능 장애가 발생할 수도 있다.

배당 정책은 기업의 생애주기 단계에 따라 달라져야 한다. 초기 단계 기업은 성숙기 기업보다 적게 현금을 환원하고, (배당 등) 경직된 방식보다는 (자사주 매입 등) 유연한 방식을 선택해야 한다. 기업들이 실제로 이 원칙을 따르고 있다는 증거가 있지만 전체적으로 보면 이를 따르지 않는 기업도 분명히 존재한다.

THE CorPORATE LIFE CYCLE

9장
가치 매기기 vs 가격 매기기

기업 재무는 경영의 의사결정을 투자, 자금 조달, 배당으로 구분한다. 이러한 의사결정의 종합적인 결과는 기업의 가치, 그리고 상장기업의 경우 시장가격에 반영된다. 이 장에서는 먼저 내재가치의 작동 원리를 살펴보고, 이 원리를 가치 추정을 위해 답해야 할 근본적인 질문들로 재구성할 것이다. 이 과정에서 나는 기업의 가치를 결정하는 핵심 요인을 추적하고, 이러한 요인을 추정하려면 기업에 대한 내러티브, 즉 서사가 필요하다는 점을 강조할 것이다.

이 장 후반부에서는 가격 산정과 투자자들의 가격 산정 절차를 살펴본다. 가격을 결정하는 요인은 가치를 결정하는 요인과 다르며 그 요인으로 산출한 결과도 서로 다를 수 있다는 점에 주목한다. 기업이 나이 들고 생애주기의 각 단계를 거치면서 가치평가와 가격 산정 방식이 어떻게 달라지는지도 함께 살펴보겠다.

가치평가의 기초

내재가치에 대한 논의를 시작하며 한 가지 단순한 명제를 제시한다. 자산의 가치는 누군가가 그것을 얼마라고 인식하는 가치가 아니라, 그 자산에서 기대되는 현금흐름의 함수다. 다시 말해 규모가 크고 예측 가능한 현금흐름을 창출하는 자산은 규모가 작고 변동성이 큰 현금흐름을 창출하는 자산보다 가치가 더 높아야 한다.

가치평가의 원리

내재가치를 실제로 평가하기 위해서는 현금흐름을 어떻게 정의하고 위험을 어떻게 가치에 반영할지는 물론이고 화폐의 시간 가치를 어떻게 고려할지도 고민해야 한다. 그림 9.1에서는 이러한 가치평가의 본질을 수식으로 요약했다.

예를 들어 수명이 10년으로 한정된 자산이라면 향후 10년간 기대되는 현금흐름을 추정한 뒤 그 현금흐름의 위험 수준을 반영하는 할인율을 적용해 현재가치로 환산한다.

이 원칙을 일반적인 계속기업, 특히 상장기업의 가치평가에 적용하려면 두 가지 문제를 추가로 다루어야 한다.

- **지분 대 기업**: 첫 번째 문제는 기업을 평가할 때 소유주의 지분(자기자본)만 평가할지, 아

[그림 9.1] 자산의 내재가치

기대 현금흐름

$$\text{가치} = \frac{E(\text{현금흐름}_1)}{(1+r)^1} + \frac{E(\text{현금흐름}_2)}{(1+r)^2} + \cdots + \frac{E(\text{현금흐름}_n)}{(1+r)^n}$$

위험 조정 할인율

니면 기업 전체의 가치를 평가할지 선택해야 한다는 것이다. 지분의 가치만 평가할 때는 다른 모든 이해관계자의 청구가 충족되고 남은 현금흐름, 즉 FCFE를 추정하고 이를 자기자본비용으로 할인해 현재가치를 계산한다. 상장기업의 경우 배당금을 자기자본 현금흐름의 지표로 사용할 수도 있고 8장에서 설명한 FCFE를 사용할 수도 있다. 기업 전체의 가치를 평가할 때는 자기자본 투자자에게 귀속되는 FCFE와 대출 기관에 상환되는 이자와 원금을 모두 포함해 '이자 지급 및 부채 상환 전 현금흐름(pre-debt cash flows)'을 산출하고 이를 자본비용으로 할인해 현재가치를 계산한다. 그림 9.2는 기업 지분의 가치와

[그림 9.2] 자기자본 가치 대 기업 가치

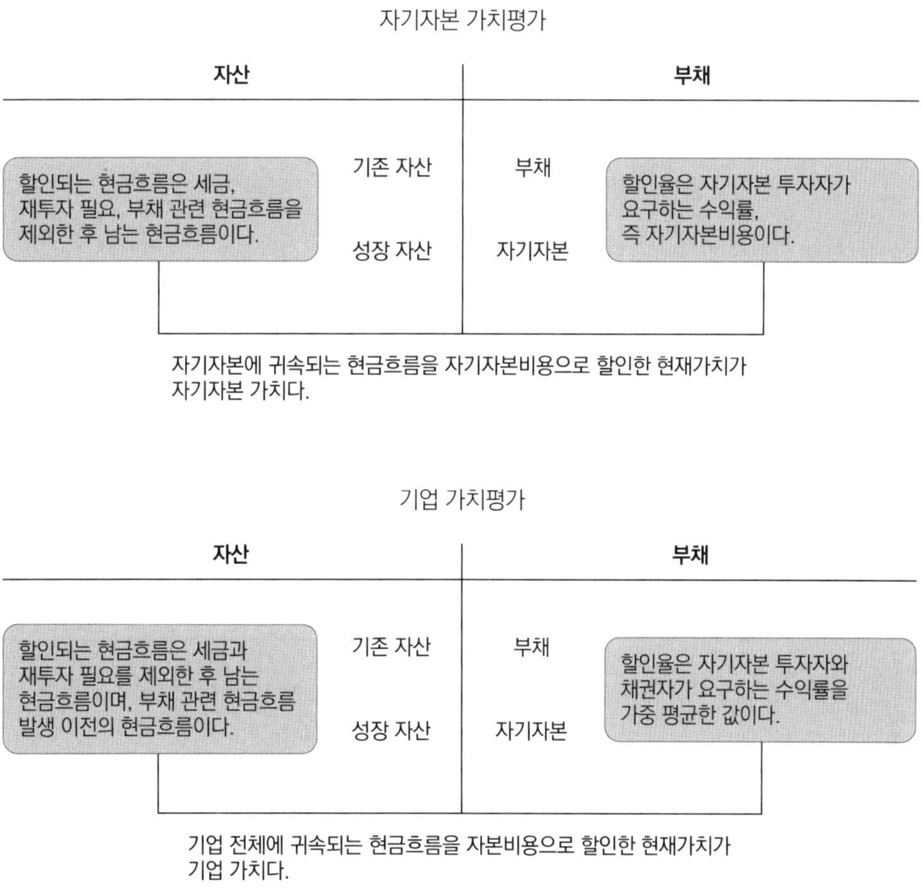

자기자본 가치평가

자산		부채
할인되는 현금흐름은 세금, 재투자 필요, 부채 관련 현금흐름을 제외한 후 남는 현금흐름이다.	기존 자산 / 성장 자산	부채 / 자기자본 할인율은 자기자본 투자자가 요구하는 수익률, 즉 자기자본비용이다.

자기자본에 귀속되는 현금흐름을 자기자본비용으로 할인한 현재가치가 자기자본 가치다.

기업 가치평가

자산		부채
할인되는 현금흐름은 세금과 재투자 필요를 제외한 후 남는 현금흐름이며, 부채 관련 현금흐름 발생 이전의 현금흐름이다.	기존 자산 / 성장 자산	부채 / 자기자본 할인율은 자기자본 투자자와 채권자가 요구하는 수익률을 가중 평균한 값이다.

기업 전체에 귀속되는 현금흐름을 자본비용으로 할인한 현재가치가 기업 가치다.

기업 전체의 가치를 비교한 것이다.

- **기업의 수명**: 기업은 새로운 자산에 투자해 스스로를 재생할 수 있기 때문에 수명을 특정하기 어렵다. 이론적으로 상장기업은 수십 년, 심지어 수 세기 동안 계속기업으로 존속할 수 있다. 이렇게 긴 기간에 걸쳐 발생하는 연간 현금흐름을 추정하는 것은 현실적으로 불가능하므로 적절한 종료 시점을 설정해야 한다. 애널리스트들은 '미래의 특정 시점 이후부터 기업의 현금흐름이 일정한 비율로 영구히 증가할 것'이라고 가정한다. 이러한 가정을 바탕으로 특정 시점 이후의 모든 현금흐름의 현재가치를 '영구가치'로 계산할 수 있다. 그림 9.3과 같이 기업의 가치를 '명시적 추정 기간 동안 발생하는 현금흐름의 현재가치'와 '추정 기간의 종료 시점에서 계산되는 영구가치의 현재가치'로 구분한다.

  아무리 성공적인 기업이라도 영원히 존속한다는 가정은 비현실적으로 보일 수 있다. 그러나 영구 성장(perpetual growth) 가정을 옹호하는 입장에서 설명하자면, 영구 성장한다고 가정했을 때나 수십 년 존속한다고 가정했을 때나 가치평가 결과는 대체로 비슷하다. 즉 오랫동안 존속할 것으로 예상되는 기업이라면 영구히 성장한다고 가정하고 합리적인 기업 가치를 산출하는 것이 가능하다. 반면 수명이 짧은 기업의 가치를 평가할 때는 영구 성장 가정을 버리고 기간을 한정하고 특정 종료 시점을 기준으로 영구가치를 추정하는 편이 더 적절하다.

예상 현금흐름을 기반으로 위험, 기대성장률, 시점을 고려해 기업의 가치를 평가해야 한다는 명제를 수용한다면, 가치평가를 기계적으로 분해하여 다음 세 가지 주

[그림 9.3] 기업의 가치

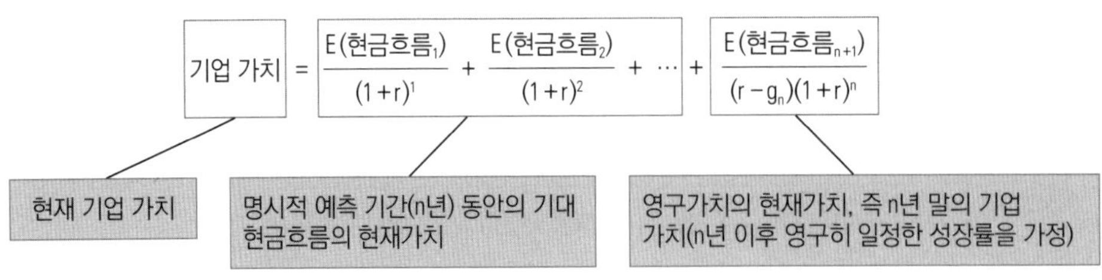

$$\text{기업 가치} = \frac{E(\text{현금흐름}_1)}{(1+r)^1} + \frac{E(\text{현금흐름}_2)}{(1+r)^2} + \cdots + \frac{E(\text{현금흐름}_{n+1})}{(r-g_n)(1+r)^n}$$

　3부 | 가치평가, 가격 산정과 생애주기

요 입력 요소를 얻을 수 있다. 첫 번째는 기업이 창출할 것으로 예상되는 현금흐름이다. 이는 세후 기준으로 산정되며, 성장을 지속하는 데 필요한 재투자 비용을 차감한 현금흐름이다. 두 번째는 할인율이다. 이는 현금흐름의 위험 수준과 평가 시점의 시장 금리를 반영한다. 세 번째는 영구가치다. 이는 추정 기간이 끝난 시점에 잔여 가치가 있을 경우 반영해야 하는 가치다.

가치를 결정하는 요인

가치평가 메커니즘은 자칫하면 평가에 사용하는 입력값이 평가 대상 기업의 경제적 현실을 반영해야 한다는 원칙을 가릴 수 있다. 기업을 충분히 이해하고 가치를 평가하기 위해서는 다음 네 가지 기본적인 입력값을 추정해야 한다.

- 첫 번째는 가장 직관적인 요소로, 기업의 기존 투자에서 발생하는 현금흐름을 추정한다. 일반적으로 기업의 현재 재무제표에서 데이터를 얻을 수 있다.

- 두 번째는 가장 추정하기 어려운 요소로, 현금흐름이 성장에 미치는 영향을 분석하고 성장이 기업의 가치를 얼마나 증가시키는지 또는 훼손하는지 평가한다. 성장이 기업의 가치에 항상 긍정적인 것은 아니어서, 성장은 매출과 이익을 증가시킬 수 있지만 성장을 유지하려면 재투자가 필요하며, 이 재투자 비용이 성장의 효과를 압도할 수 있기 때문이다.

- 세 번째 요소는 위험과 관련이 있다. 위험을 어떻게 측정할지, 이를 할인율에 어떻게 반영할지가 핵심이다. 기업의 위험 수준은 시간이 지나면서 변화할 가능성이 있으므로 할인율도 이에 맞게 조정될 가능성 또한 열어둔다.

- 네 번째 요소는 종결에 관한 것이다. 전통적인 영구가치 계산법은 현금흐름이 일정한 비율로 증가한다는 가정을 전제로 한다. 따라서 기업이 성숙기에 접어든 경우, 즉 기업의 성장률이 경제 성장률과 같거나 그 미만일 때 가장 적합하다. 기업의 장기 존속을 가정하기 어렵다면 자산의 청산가치를 추정하거나, 유한한 수명을 전제로 한 현금흐름을 기반으로 영구가치를 추정한다.

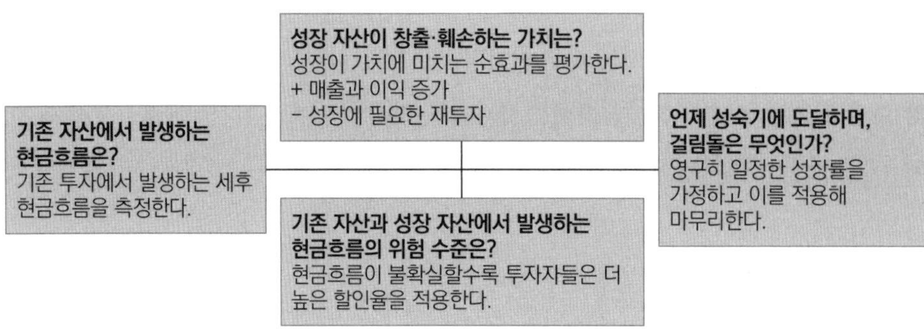

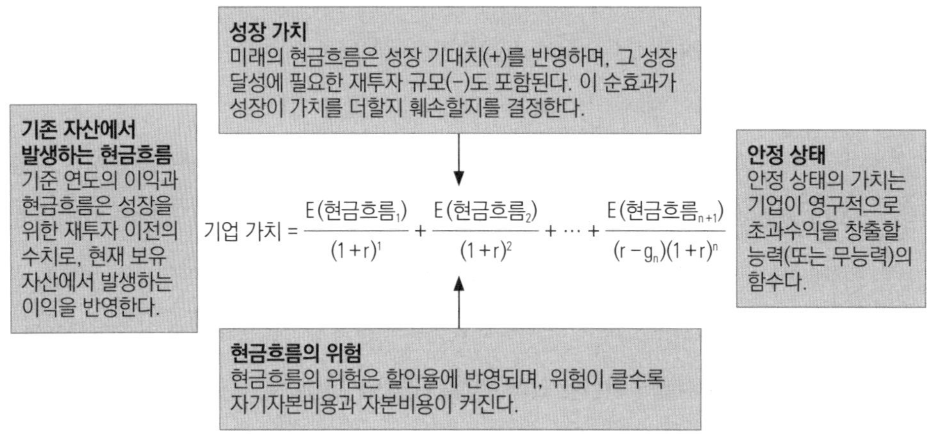

$$\text{기업 가치} = \frac{E(\text{현금흐름}_1)}{(1+r)^1} + \frac{E(\text{현금흐름}_2)}{(1+r)^2} + \cdots + \frac{E(\text{현금흐름}_{n+1})}{(r-g_n)(1+r)^n}$$

그림 9.4는 기업 가치평가의 기초가 되는 주요 질문이다. 그림 9.5에서는 내재가치를 평가할 때 던져야 할 질문들과, 그에 대응하는 내재가치 공식의 입력값을 연결해 설명했다.

그림에서 보듯이 가치평가에 사용되는 입력값은 해당 기업의 질적 수준과 위험에 대한 평가를 반영한다. 이 주제를 좀 더 발전시켜 논의해보자.

가치 = 스토리 + 숫자

지난 40년 동안 데이터에 대한 접근성이 폭발적으로 증가했고 데이터를 분석하는 강력한 도구들이 등장했다. 그러나 여전히 많은 애널리스트가 가치평가의 단순한 진리를 간과한다. 숫자가 아무리 많고 복잡해도 모든 기업의 가치평가는 본질적으로 그 기업의 스토리를 전달한다. 그 스토리를 명확히 하는 것은 더욱 설득력 있고 일관된 가치평가를 위한 중요한 단계다. 그림 9.6에서 보듯 좋은 가치평가는 스토리와 숫자를 연결하는 다리 역할을 한다.

그림에서는 전적으로 숫자 중심이거나 전적으로 스토리 중심인 가치평가의 위험성을 설명하고 있다. 오로지 숫자가 중심인 가치평가에서는 기업이 현실에서 재현할 수 없는 성장성, 현금흐름, 위험 특성을 가진 마법 같은 기업을 쉽게 만들어낼 수 있다. 실제로 숫자는 기업에 대한 선입견과 편향을 반영한 가치를 도출하기 위해 조작될 수 있으며, 숫자에 익숙하지 않은 사람들을 위축시키는 수단으로 사용되기도 한다. 전적으로 스토리가 중심인 가치평가 또한 현실과 환상의 경계를 쉽게 넘나들 수 있다. 특히 기업이 목표로 하는 시장의 규모가 거대하고, 가치평가 당시 거시경제 여건이 우호적일 때 더욱 그렇다.

우리는 스토리와 숫자를 연결해서 두 접근 방식 모두에 엄격함을 요구할 수 있다.

[그림 9.6] 스토리와 숫자를 잇는 다리로서의 가치평가

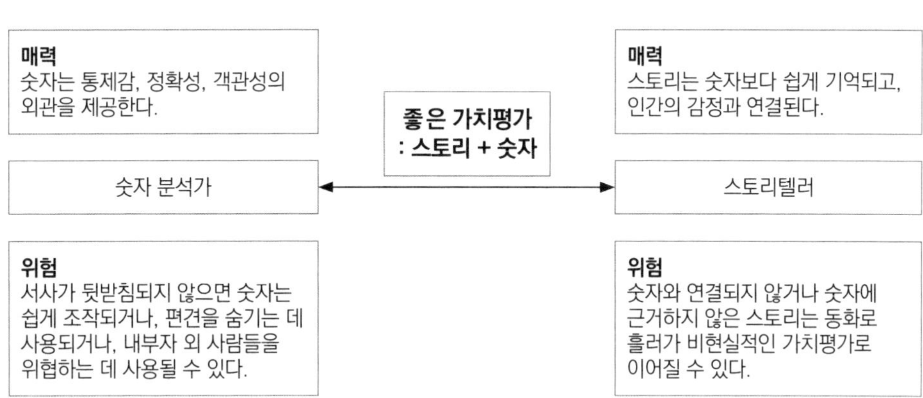

즉 숫자를 중심으로 가치를 평가하는 사람들에게는 수치화된 입력값을 뒷받침할 스토리를 요구하고, 스토리 중심으로 접근하는 사람들에게는 그들의 스토리를 숫자로 구체화해서 설명하도록 하는 것이다.

데이터 접근성이 향상되고 더욱 강력한 분석 수단이 등장하면서 발생하는 부작용은 또 있다. 애널리스트가 가치평가 모델을 과도한 세부 사항으로 손쉽게 채울 수 있게 되면서 모델이 복잡해지고 스토리를 연결하기가 어려워졌다. 내 경험으로는 몇 가지 핵심 입력 변수에 의존하는 단순한 방법이 가장 좋은 가치평가 방법이다.

실제로 비금융서비스기업 대부분의 가치는 다음 다섯 가지 입력 변수만으로 설명이 가능하다. 먼저 매출성장률, 영업이익률, 재투자 효율성(일반적으로 투자된 자본 1달러당 창출한 매출로 추정)이 있다. 이 세 가지 요소를 이용해 사업모델에서 예상 현금흐름을 구할 수 있다. 나머지 두 가지 요소는 위험을 측정하는 값으로, 기업의 영업 위험을 가치에 반영하기 위한 위험 조정 할인율, 계속기업으로 존속하지 못할 가능성을 나타내는 실패 확률이다. 그림 9.7에 이러한 입력 변수를 요약했다.

은행, 보험사, 결제처리회사 같은 금융서비스기업의 가치를 결정하는 요인은 비

[그림 9.7] 기업 가치를 결정하는 요인들

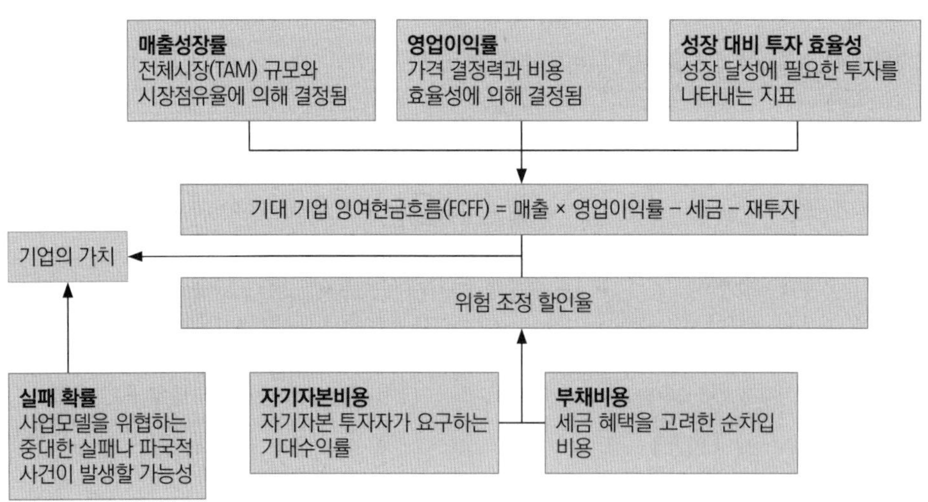

　　3부 | 가치평가, 가격 산정과 생애주기

금융서비스기업과는 다르지만 이들 역시 지나치게 많은 변수 대신 소수의 입력 변수로도 평가가 가능하다.

단순한 모형으로 기업 가치를 평가하면 스토리를 입력값으로 변환하는 작업이 더욱 간단해진다. 그림 9.8은 기업을 설명하는 다양한 스토리가 입력값을 거쳐 기업 가치로 변환되는 과정을 보여준다.

결론적으로 가치평가 결과만 보면 숫자가 전부인 것처럼 보일 수 있다. 그러나 그 숫자가 결국 기업의 스토리를 전달하고 있음을 인식하고, 그 스토리와 관련된 상식적인 질문을 던지는 과정이 좋은 가치평가의 핵심이다.

[그림 9.8] 가치평가 스토리와 입력값

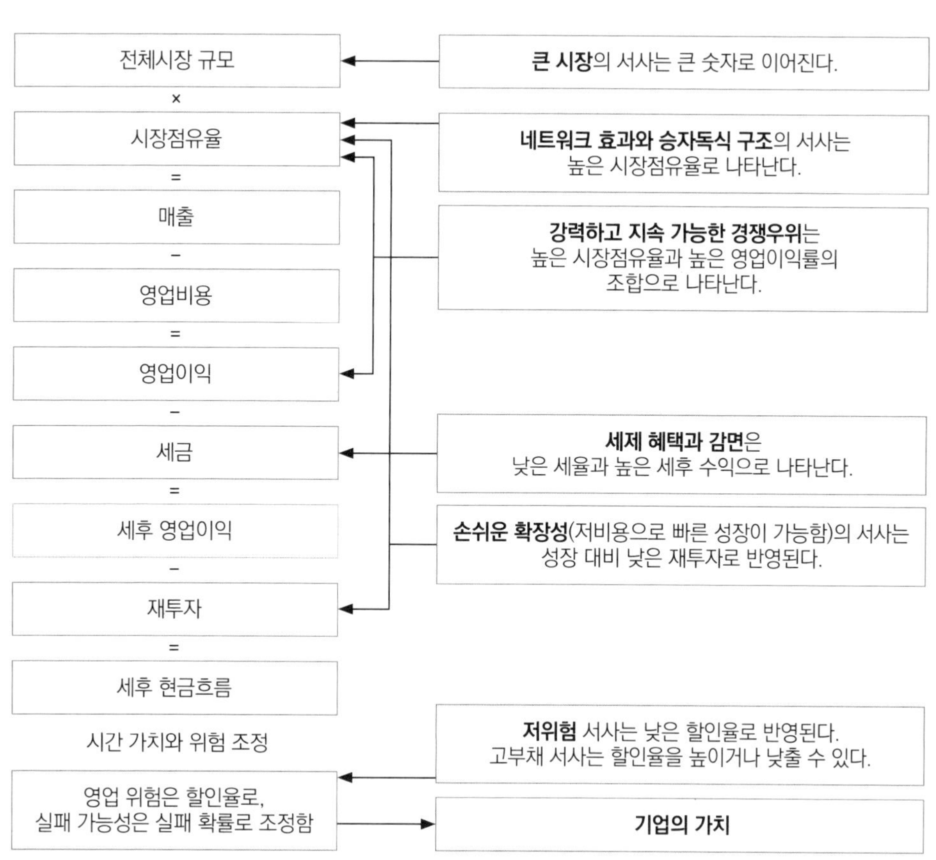

가치평가와 기업 생애주기

지금까지 설명한 내용을 바탕으로 기업이 생애주기를 따라 나아가면서 가치평가 과정이 어떻게 달라지는지, 또 달라지지 않는 것은 무엇인지 살펴보겠다.

- **내재가치는 변하지 않는다:** 기업의 내재가치가 미래 예상 현금흐름의 현재가치라는 개념은 기업이 생애주기의 어느 단계에 있든 유효하다.
- **현금흐름의 경로는 생애주기 단계에 따라 달라진다:** 아직 한창 사업모델을 구축하는 초기 단계 기업은 현금흐름이 적자를 기록하지만 고도성장기에 접어들며 흑자로 전환되고, 이후 빠르게 성장한 뒤 안정적인 수준에 도달한다. 성숙기 기업은 당장은 현금흐름이 흑자일 가능성이 크지만 향후 현금흐름의 증가 속도가 크게 둔화될 것이다. 쇠퇴기 기업은 시간이 지남에 따라 사업 규모가 축소되면서 현금흐름도 점차 감소할 것이다.
- **영구가치의 비중은 생애주기 단계에 따라 달라진다:** 앞서 언급했듯이 기업의 가치는 1) 추정 기간 동안의 기대 현금흐름의 현재가치, 2) 추정 기간 이후의 현금흐름을 반영하는 영구가치의 현재가치를 합한 값으로 결정된다. 초기 단계 기업은 초기 현금흐름이 적자이므로 성숙기 기업과 달리 향후 현금흐름이 흑자가 되는 시점 이후의 가치, 특히 영구가치가 전체 기업 가치에서 차지하는 비중이 더 클 것이다.

기업이 나이 들어감에 따라 기업 가치 추정을 어렵게 하는 요인도 달라진다. 이를 중심으로 10장에서는 초기성장기 기업, 11장에서는 고도성장기 기업, 12장에서는 성숙기 기업, 13장에서는 쇠퇴기 기업의 가치를 평가할 때 직면하는 문제를 각각 설명하겠다.

앞서 좋은 가치평가는 스토리와 숫자를 잇는 다리 역할을 한다고 했다. 기업 가치 평가에서 스토리와 숫자 중 어느 쪽이 우선시되어야 하고 무엇이 기업 가치평가의 핵심 요소가 되어야 하는지 역시 생애주기 단계에 따라 달라진다. 생애주기의 초반에는 기업의 과거 데이터가 거의 없고 사업모델에 관한 중요한 질문에도 아직 답을 구하지 못한 상태다. 따라서 스토리가 가치평가의 중심이 되어 입력 변수와 숫자를

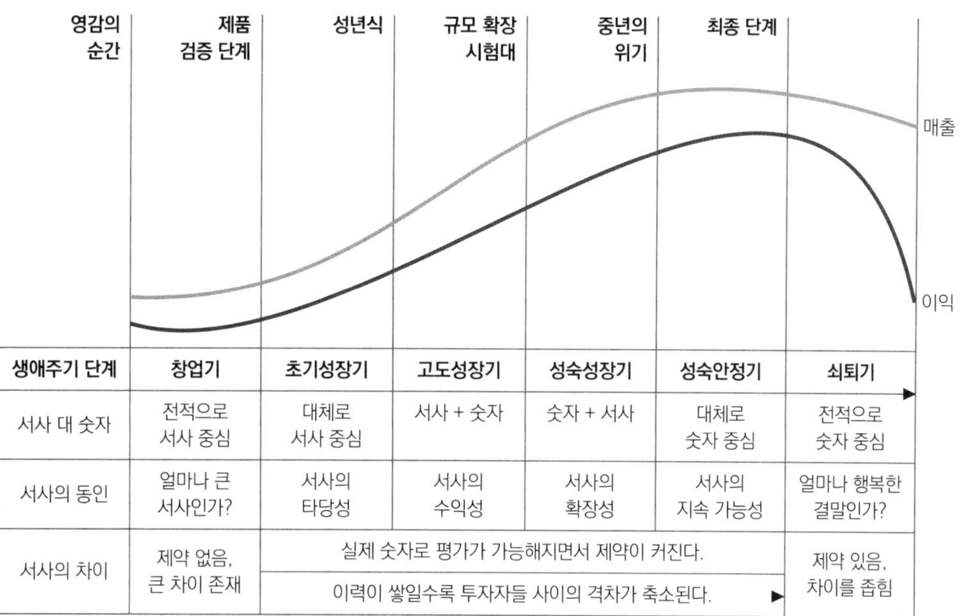

생애주기 단계	창업기	초기성장기	고도성장기	성숙성장기	성숙안정기	쇠퇴기
서사 대 숫자	전적으로 서사 중심	대체로 서사 중심	서사 + 숫자	숫자 + 서사	대체로 숫자 중심	전적으로 숫자 중심
서사의 동인	얼마나 큰 서사인가?	서사의 타당성	서사의 수익성	서사의 확장성	서사의 지속 가능성	얼마나 행복한 결말인가?
서사의 차이	제약 없음, 큰 차이 존재	실제 숫자로 평가가 가능해지면서 제약이 커진다.				제약 있음, 차이를 좁힘
		이력이 쌓일수록 투자자들 사이의 격차가 축소된다. ▶				

결정한다. 그러나 기업이 나이 들어감에 따라 사업모델의 성공과 실패의 데이터가 쌓이면 매출성장률, 이익률, 재투자 같은 숫자들이 부각되고 스토리는 서서히 배경으로 물러난다. 그림 9.9에서는 가치평가의 중심이 스토리에서 숫자로 전환되는 과정을 생애주기 각 단계의 주요 서사적 요인과 함께 설명하고 있다.

초기 단계 기업과 같이 스토리가 가치평가를 주도하면 투자자마다 스토리가 크게 다르고 따라서 평가 결과에도 큰 차이가 발생한다. 반면 숫자가 중심이 되면 투자자마다 사용하는 숫자에 큰 차이가 없기 때문에 가치평가 결과도 서로 비슷해진다. 이는 시장이 합리적이고 효율적이라고 하더라도 다양한 스토리가 존재하는 초기 단계 기업의 주가 변동성이 성숙한 기업보다 훨씬 큰 이유이기도 하다.

가격 산정의 기초

내재가치 평가의 목적은 현금흐름, 성장성, 위험 특성을 고려해 자산의 가치를 산출하는 것이다. 자산의 가격을 산정할 때는 유사하거나 동일한 자산에 다른 투자자들이 얼마를 '지불하고' 있는지를 파악해야 한다. 이 과정에서 유사하거나 동일한 자산을 찾는 것도, 자산 간의 차이를 반영해 보정하는 것도 까다로운 작업이다.

가격 대 가치

내재가치 평가와 가격 산정을 비교하려면 먼저 가치와 가격을 결정하는 과정이 어떻게 다른지 이해해야 한다. 가치는 현금흐름, 성장, 위험에 의해 결정되며 현금흐름할인법(DCF)은 이러한 요소를 반영해 기업의 현재가치를 추정하는 접근법이다. 가격은 수요와 공급에 의해 결정되며, 펀더멘털 요인(현금흐름, 성장, 위험)뿐만 아니라 시장 분위기, 모멘텀, 유동성 같은 요인도 가격을 산정하는 과정에서 중요한 역할을 한다. 뒤에서 살펴보겠지만 자산 가격은 다른 투자자들이 유사한 자산에 지불하는 금액을 기준으로 결정된다. 그림 9.10은 가치와 가격의 차이다.

가치평가는 펀더멘털이 중심이 되고 가격 산정은 펀더멘털에 더해 시장 분위기, 모멘텀, 행동 요인을 반영한다면, 자산에 대해서건 기업에 대해서건 가치평가와 가격 산정의 결과가 일치할 수 있을까? 효율적 시장 가설을 믿는 사람들은 '그렇다'라고 답할 것이다. 효율적 시장 가설 관점에서 개별 투자자의 비합리적인 행동은 시장 전체적으로는 결국 상쇄되기 때문에 가격과 가치의 차이는 무작위적이며 예측할 수 없다는 결론에 이른다. 반면 시장 대비 초과수익을 노리는 투자자들은 가치와 가격 사이에 차이가 존재하고, 이 차이를 활용할 수 있다고 믿는다.

다만 어떤 유형의 기업에서 가치와 가격의 차이가 발생할 가능성이 크고 그 차이를 어떻게 공략해야 최선인지는 투자철학에 따라 의견이 다를 수 있다. 투자철학의 차이와 기업의 생애주기 단계별로 유효한 투자철학에 대해서는 뒤에서 설명하겠다.

가격을 결정하는 요인

가격을 산정할 때 가치와 매우 다른 결과가 도출될 수 있는 것은 펀더멘털과 무관하게 가격을 움직이는 요인이 존재하기 때문이다.

1. **분위기와 모멘텀**: 가격을 움직이는 가장 강력한 힘은 분위기와 모멘텀이다. 과거의 가격 변동은 미래의 가격 변동에 영향을 미친다. 주가의 움직임을 살펴보면, (몇 분, 몇 시간, 며칠 또는 몇 주 단위의) 단기간에는 양(+)의 모멘텀이 관찰된다. 즉 과거에 상승(하락)한 주식은 단기적으로 계속 상승(하락)하는 경향이 있다. 트레이더들은 이러한 모멘텀을 활용해 단기적으로 '쉬운 이익'을 얻으려고 한다. 문제는 투자 기간이 길어지면 모멘텀을 예측하기 어렵고 급격한 반전이 일어날 수 있다는 것이다. 즉 모멘텀을 활용해 몇 주, 몇 달 동안 쉽게 얻은 이익이 모멘텀이 반전되면서 단 며칠 만에 사라질 수도 있다.

2. **사소한 부가 정보**: 가치를 결정하는 펀더멘털 요인에 거의 영향을 미치지 않는 뉴스나 정보에 의해서도 자산이나 기업의 가격이 크게 변동할 수 있다. 기업 실적 발표에서 이러한

현상이 자주 관찰된다. 기업의 실적이 예상치를 근소한 차이로 초과 달성했거나 미달했다는 발표가 대규모 매수세나 매도세를 일으켜 주가가 크게 변동하는 경우가 있다.

3. **집단사고(groupthink):** 모멘텀 현상에 논리적 설명을 부여하자면, 시장에는 군집행동이 존재한다. 즉 개개인이 비합리적으로 행동할 뿐만 아니라, 그들이 함께 같은 방향으로 비합리적으로 행동하는 것이다. 효율적 시장에서는 개인들의 비합리적인 행동이 상쇄되지만 실제 시장에서는 군중의 비합리성이 가격과 가치의 괴리를 더욱 확대할 수 있다.

4. **유동성과 매매 편의성:** 가격은 트레이딩의 영향을 받는다. 트레이더에게는 쉽게 포지션을 취하고 정리할 수 있는지 여부가 중요하기 때문에 유동성은 가치평가보다 가격 산정에 훨씬 더 중요하다. 가치평가에서 유동성의 영향은 할인율 수준으로 제한된다. 즉 유동성이 부족한 자산은 높은 할인율을 적용받는다. 유동성은 모멘텀과도 관련이 있다. 유동성이 부족한 시장에서는 모멘텀의 영향력이 강해진다. 즉 매수세나 매도세가 급증하면 유동성이 낮은 자산의 가격이 훨씬 더 큰 영향을 받는다.

그림 9.11은 가격을 결정하는 요인이다.

재무학은 지난 50년 동안 심리학의 통찰을 받아들이며 발전해왔다. 재무학과 심리학이 결합해 행동재무학이라는 새로운 분야가 탄생했다. 행동재무학의 가장 중

[그림 9.11] 시장가격을 결정하는 요인

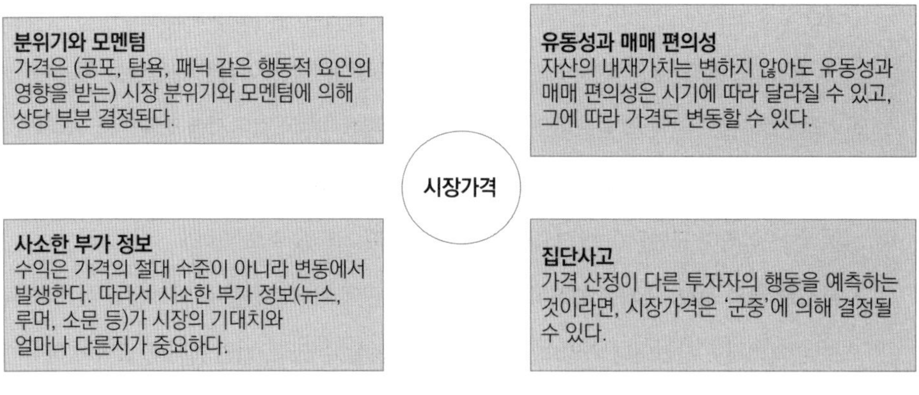

요한 공헌은 가격을 결정하는 수요와 공급을 좌우하는 것이 결국 인간의 행동이고, 인간 행동의 특성이 가격과 가치의 괴리를 만드는 주된 원인이 될 수 있으며, 실제로 그렇다는 사실을 인정한 것이다.

가격 산정의 원리

내재가치 평가와 달리 자산 가격 산정에서는 유사한 자산이 시장에서 거래되는 가격이 기준이 된다. 예를 들어 집을 사려는 사람은 인근의 비슷한 집이 얼마에 거래되었는지를 보고 지불할 가격을 결정한다. 마찬가지로 2022년 포르셰(Porsche)의 IPO에 투자하려는 사람은 다른 고급 자동차회사의 주가를 참고해 포르셰의 적정 가격을 추정할 수 있었을 것이다. 이것이 상대 가치평가의 세 가지 핵심 단계다.

1. **시장가격이 존재하는 유사한 자산을 찾는다:** 이 작업은 주식보다는 야구 카드나 주택 같은 실물 자산에서 더욱 간단하다.
2. **시장가격을 하나의 변수로 조정해서 비교 가능한 표준화된 가격을 생성한다:** 다른 조건이 동일하다면 작은 주택은 큰 주택보다 낮은 가격에 거래될 것이다. 주식의 경우, 동등한 비교를 위해 시장가격을 매출이나 이익, 장부가치, 매출 대비 배수로 변환하는 과정이 필요하다.
3. **자산의 차이를 반영해 표준화된 값을 비교한다:** 최신 설비를 갖춘 신축 주택은 면적이 비슷한 낡은 주택보다 높은 가격이 매겨질 것이다. 주식의 경우, 현금흐름할인 평가에서 설명한 모든 기본 요인이 가격 차이의 원인이 될 수 있다. 예를 들어 같은 업종 내에서도 성장률이 높은 기업은 성장률이 낮은 기업보다 더 높은 배수에 거래될 것이다.

대부분의 자산에는 가치보다는 가격이 매겨진다. 내재가치 평가와 달리 훨씬 적은 정보로도 훨씬 빠르게 가격을 산정할 수 있기 때문이다. 자산이 시장에서 고평가 또는 저평가되었다면 그 차이 또한 시장의 즉각적인 반응에 의해 빠르게 조정될 수 있다.

유사하지 않은 자산은 비교하기가 쉽지 않다. 예를 들어 동일한 지역에 위치한 다른 크기의 두 건물을 비교할 때, 단위 면적당 가격을 계산해서 크기 차이를 보정하지 않는다면 작은 건물이 더 저렴해 보일 것이다. 상장주식을 비교할 때도 마찬가지다. 주식 한 주당 가격은 기업의 자기자본 가치와 발행주식 수로 결정된다. 따라서 시장에서 '유사한' 기업들을 비교하려면 이익, 회계상 순자산가치, 매출 등을 지표로 가치를 표준화해야 한다. 특정 기업이나 산업에 특화된 지표(고객 수, 가입자 수, 판매 단위 등)를 사용할 수도 있다. 현재 수치를 사용할지 아니면 미래 예상치로 비교할지, 어떤 기업들을 동종 기업으로 삼아 비교할지도 판단해야 한다. 이 과정을 그림 9.12에 정리했다.

다시 말하지만 수익이나 장부가치를 측정할 때는 오직 자기자본 투자자의 관점에서 측정할지, 아니면 자기자본과 부채를 모두 포함한 기업 전체의 관점에서 측정할지를 구분해야 한다. 예를 들어 주당순이익(EPS)과 순이익은 자기자본 투자자에게 귀속되는 이익이고, 영업이익은 기업 전체에 귀속되는 이익이다. 재무상태표에 표시된 자기자본(shareholders' equity)은 자기자본(equity)의 장부가치다. 기업 전체의 장부가치에는 부채도 포함되며, 여기에서 보유 현금을 차감한 것이 투자자본(invested capital)의 장부가치다.

자기자본의 시장가격을 순이익으로 나누면 주가이익배수(PER)를 계산할 수 있다. 이는 자기자본 투자자들이 이익 1달러당 얼마를 지불하고 있는지를 보여준다. 또는 기업 가치를 EBITDA로 나누면 영업 활동으로 인한 현금흐름 대비 영업 자산의 시장가격을 파악할 수 있다. 이렇게 지표를 표준화하는 것은 결국 기업들을 비교하기 위해서다.

가격 산정과 기업 생애주기

가치평가와 마찬가지로 가격 산정 과정도 기업이 생애주기의 어느 단계에 있든지 같은 절차를 따른다. 그러나 초기성장기 기업의 가격을 산정할 때 부딪히는 문제는 성숙기 기업과는 다를 수 있고, 가격을 산정하는 과정에서도 다양한 문제가 발생

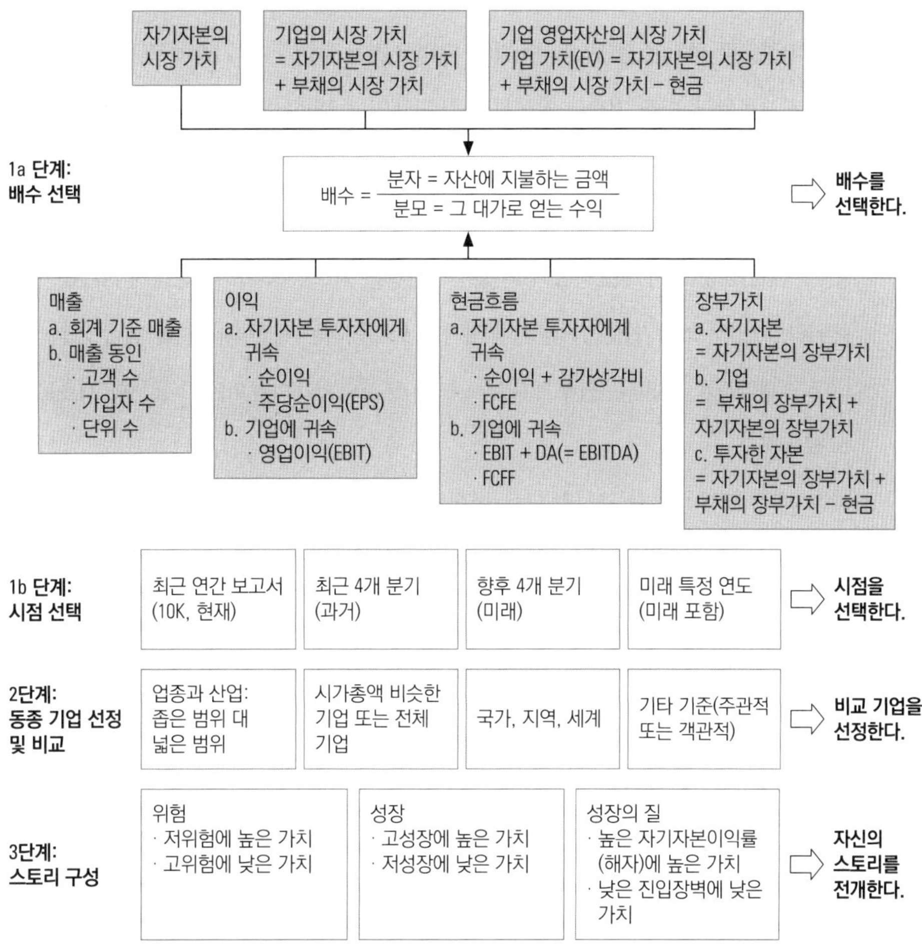

할 수 있다.

a. 표준화 지표: 기업의 가격을 책정하는 첫 번째 단계는 특정 지표를 기준으로 가격을 조정하는 것이다. 이 지표는 매출, 이익, 장부가치, 현금흐름 등 다양하게 선택할 수 있다. 그러나 기준 지표로 사용할 수 있으려면 반드시 그 값이 양수(+)여야 한다.

초기 단계 기업은 선택할 수 있는 지표가 많지 않다. 적자 상태이거나 현금을 소진한 경우가 많아서 이익이나 현금흐름을 지표로 삼기가 어렵기 때문이다. 또한 장부가치는 주로 기존 투자 자산의 가치를 반영하기 때문에 초기 단계 기업에서는 수치가 작아서 가격 산정 기준으로 삼기에 불안정할 수 있다. 따라서 많은 초기 단계 기업에서는 매출을 기준 지표로 사용한다. 아직 매출이 발생하기 전 단계의 기업에서는 사용자 수나 구독자 수처럼 미래 매출과 관련이 있을 것으로 예상되는 지표를 활용하기도 한다.

반면 기업이 성숙하고 이익을 내기 시작하면 이익이 가격 산정의 주요 지표가 된다(PER 혹은 EV/EBITDA). 특히 고도성장기 기업은 성장성을 고려한 주가이익성장배수(PEG)가 사용된다. 기업이 쇠퇴기에 접어들면 투자자와 트레이더는 자산 매각이나 청산 가능성에 더 집중하게 된다. 이때는 장부가치(PBR, 투자자본 대비 기업 가치 비율)가 표준화 지표로 흔히 활용된다.

b. **시점 선택**: 가격 배수를 계산할 때는 현재가치나 (주로 수년간의 평균값을 계산한) 정상화한 (normalized) 가치, 미래가치로 가격을 매길 수 있다. 예를 들어 PER은 현재 연도의 주당순이익(현재 PER), 지난 5년 평균 주당순이익(정상 PER), 다음 해의 예상 주당순이익(선행 PER), 심지어 5년 후의 예상 주당순이익을 기준으로 계산할 수 있다. 성숙한 기업에는 이 가운데 어느 방식이든 적용할 수 있지만 일반적으로 현재가치나 가까운 미래의 가치(다음 연도의 매출이나 이익)를 주로 사용한다. 반면 초기 단계 기업, 특히 최근 1년간 매출이 적고 손실이 큰 기업은 더욱 유의미한 수치를 도출하기 위해 5년, 10년 후의 예상 가치를 기반으로 가격 배수를 계산하는 경우가 많다.

c. **동종 기업**: 기업의 가격을 산정하기 위해서는 시장가격이 존재하는 유사한 기업을 찾아야 한다. 모든 기업이 마찬가지지만 일반적으로 초기 단계 기업에서는 동종 기업을 찾기가 더 어렵다. 이유는 두 가지다. 첫째, 많은 초기 단계 기업은 아직 상장 주식시장에서 거래되지 않는다. VC 투자 라운드의 가격을 활용할 수도 있지만 이 가격은 빠르게 갱신되지 않으며 추정에 오류가 있을 가능성이 높다. 둘째, 기업이 성숙해지면 비슷한 상장기업이 많기 때문에 시장에서 가격이 형성된 유사한 기업을 찾기가 훨씬 수월하다. 하지만 같은 성장 단계에 있는 기업이라도 성장성과 위험이 비슷한 기업을 찾는 것은 여전히 어렵다. 안정기나 쇠퇴기에 있는 기업은 다른 업종에 속한 기업과도 비교가 가능하기 때문에

동종 기업을 찾기가 상대적으로 쉬운 편이다.

d. 차이 보정: 가격 산정의 마지막 단계는 동종 기업 간 기본적 요인(성장률, 위험, 재투자 효율성)의 차이를 보정하는 것이다. 이 작업은 성숙한 기업보다 초기 단계 기업에서 더욱 어렵다. 성숙한 기업은 동종 기업 간 성장률과 위험의 차이가 크지 않은 반면, 초기 단계 기업은 동종 기업 사이에서도 모든 측면에서 큰 차이가 존재할 수 있기 때문이다.

그림 9.13은 기업 생애주기 전반에 걸쳐 가격 산정 과정이 어떻게 달라지는지 보여준다.

[그림 9.13] 생애주기 단계별 가격 산정

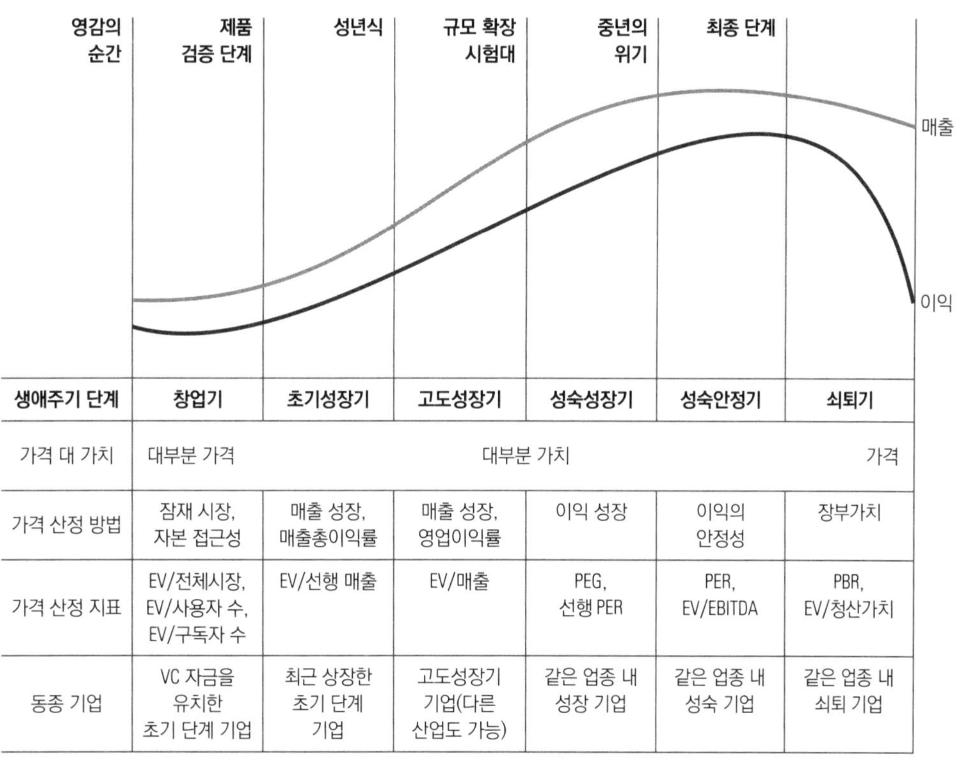

생애주기 단계	창업기	초기성장기	고도성장기	성숙성장기	성숙안정기	쇠퇴기
가격 대 가치	대부분 가격	대부분 가치				가격
가격 산정 방법	잠재 시장, 자본 접근성	매출 성장, 매출총이익률	매출 성장, 영업이익률	이익 성장	이익의 안정성	장부가치
가격 산정 지표	EV/전체시장, EV/사용자 수, EV/구독자 수	EV/선행 매출	EV/매출	PEG, 선행 PER	PER, EV/EBITDA	PBR, EV/청산가치
동종 기업	VC 자금을 유치한 초기 단계 기업	최근 상장한 초기 단계 기업	고도성장기 기업(다른 산업도 가능)	같은 업종 내 성장 기업	같은 업종 내 성숙 기업	같은 업종 내 쇠퇴 기업

결론

모든 기업의 가치는 생애주기의 어느 단계에 있든 결국 현금흐름, 성장률, 위험의 함수로 결정된다. 그러나 업력이 짧아 사업모델이 아직 검증되지 않은 초기 단계 기업의 가치는 성숙한 기업의 가치보다 훨씬 추정하기가 어렵다. 가치평가를 스토리와 숫자를 연결하는 다리라고 한다면, 초기 단계 기업일수록 스토리가 중심이 되고, 성숙한 기업일수록 숫자가 더 중요해진다.

가치평가와 달리 기업의 가격은 수요와 공급에 의해 결정된다. 여기에 시장 분위기와 모멘텀, 다양한 행동 요인이 개입하면서 가격과 가치의 괴리가 발생한다. 기업의 가격을 산정할 때 나는 먼저 매출, 이익, 현금흐름, 장부가치 등의 지표로 표준화한 뒤 시장에서 가격이 형성된 동종 기업을 찾아 비교하고, 마지막으로 펀더멘털 차이를 보정한다. 그러나 초기 단계 기업은 활용 가능한 지표도, 비교 가능한 기업도 제한적이어서 성숙한 기업에 비해 이 방식으로 가격을 산정하기가 훨씬 어렵다.

다음 장에서는 이러한 어려움을 극복하고 초기 단계 기업과 성장기 기업의 가치를 평가하고 가격을 책정하는 방법을 논의하겠다. 이어서 성숙성장기와 성숙안정기에 있는 기업으로 논의를 확장하고, 마지막으로 쇠퇴기 기업에 최선의 가치평가와 가격 산정 방법은 무엇인지 살펴보겠다.

10장
창업기, 초기성장기 기업
: 불확실성 vs 큰 보상

초기 단계 기업은 성숙기 기업보다 가치를 평가하거나 가격을 산정하기가 실제로 더 어렵다. 나는 9장에서 설명한 가치평가, 가격 산정 모형은 기업 생애주기 초반에 있는 기업에도 충분히 적용할 수 있을 만큼 유연하지만 주요한 어려움은 추정 과정에 있다고 생각한다. 이번 장에서는 초기 단계 기업의 가치를 평가할 때 필연적으로 수반되는 불확실성을 처리하는 방법을 제시하고 이 단계 기업들에 대한 가치 평가를 수행할 때 보상이 가장 큰 이유를 설명하겠다.

가치평가

9장에서 살펴봤듯이 기업의 가치를 예상 현금흐름, 성장, 위험으로 산정한다는 것 자체는 젊은 기업이나 성숙기 기업이나 다를 바 없지만 추정하는 과정에서는 젊은 기업만의 어려움이 존재한다. 창업기 기업과 초기 단계 기업에 투자하는 많은 사람이 시장 규모와 사업모델의 실행 가능성에 불확실성이 너무 커서 이들에 대한 가치평가는 분석보다 추측에 가깝다고 주장하며 가치평가 자체를 포기하기도 한다. 나 역시 이 단계에 있는 기업들이 높은 불확실성을 안고 있다는 데는 동의하지만, 가치평가가 무의미하다고 보지는 않는다. 이제 이 추정상의 어려움에 대응하는 방법과 함께 초기 단계 기업의 가치평가를 강화할 수 있는 보완 요소와 확장 방안을 살펴보겠다.

도전 과제

초기 단계 기업의 가치를 평가하면서 직면하는 어려움을 이해하기 위해, 9장에서 살펴본 기업 가치평가의 핵심 질문 네 가지로 돌아가 보자. 초기 단계 기업을 평가할 때는 이러한 질문에 답하기가 어렵다. 그 이유는 다음과 같다.

- **기존 투자에서 발생하는 현금흐름:** 초기 단계 기업은 매출이 미미하거나 아예 없고 투자도 성과를 내지 못한 상태라 보여줄 것이 거의 없는 경우가 많다. 게다가 운영을 지속하기 위해 지출해야 하는 비용이 존재한다. 따라서 많은 초기 단계 기업은 적자 상태에서 가치평가에 들어간다.
- **성장 자산이 창출·훼손하는 가치:** 초기 단계 기업 가치의 대부분, 심지어 전부가 미래 성장에서 비롯된다. 그러나 성장의 가치를 결정하는 핵심 요인 판단에 필요한 데이터는 거의 없다.
- **위험:** 일반적으로 초기 단계 기업이 위험하다는 데는 이견이 없다. 심지어 가격과 실적의 이력이 매우 미미해서 기존 방식으로 위험을 측정하기조차 어렵다.
- **성숙기 도달 시점과 장애물:** 초기 단계 기업이 언제 성숙기에 도달할지, 그 시점의 펀더멘털 지표는 어떤 모습일지 판단해야 한다. 그러나 초기 단계 기업의 높은 실패율은 많은 기업이 결국 성숙기에 도달하지 못할 가능성이 크다는 사실을 시사한다.

그림 10.1에 기업 가치평가의 핵심 질문들과, 초기 단계 기업의 가치를 평가할 때 발생하는 어려움을 요약했다.

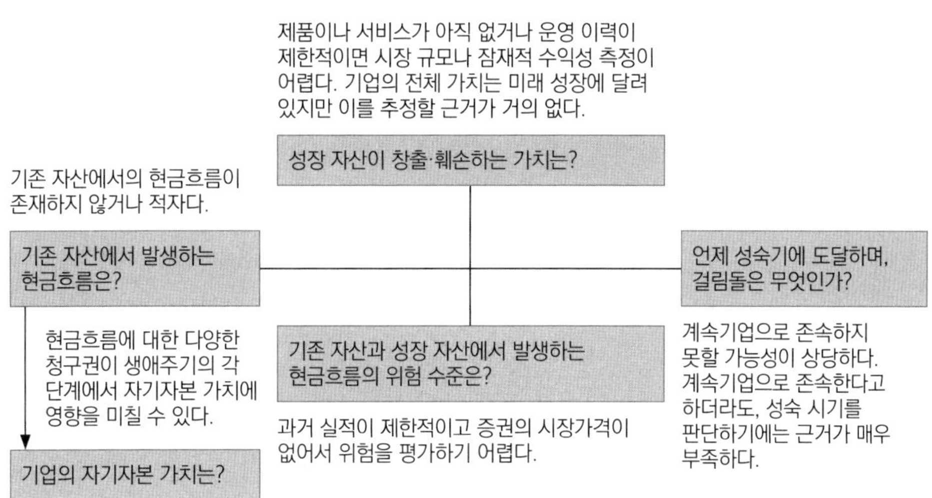

요약하면 검증되지 않은 사업모델, 과거 실적 부재, 실패 우려가 맞물려 초기 단계 기업의 가치평가를 어렵게 만든다.

대응

가치를 평가할 때 초기 단계 기업 고유의 불확실성을 어떻게 다루어야 할까? 먼저 VC 자금을 유치하려는 초기 단계 기업의 가치를 평가할 때 VC는 이러한 불확실성을 어떻게 헤쳐나가는지 살펴보겠다. 그런 후 VC 접근법의 한계를 분석하고 다시 전통적인 가치평가법으로 돌아가 초기 단계 기업의 가치평가에 내재하는 불확실성을 반영하도록 수정한 접근법을 제시할 것이다.

VC 접근법

여러 투자자 그룹 중에서도 VC는 초기 단계 기업에 가장 많이 노출되어 있어 가치를 평가할 때 직면하는 문제를 해결할 나름의 접근법을 발전시켜왔다. 이러한 접근법은 적어도 겉으로는 문제를 해결하는 것처럼 보인다.

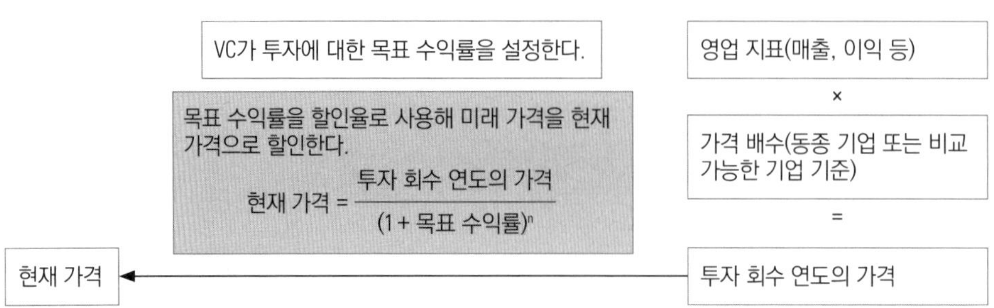

4장에서 설명한 VC의 가치평가 절차를 다시 살펴보면, 먼저 미래 특정 연도의 이익과 매출을 추정하고, PER, 매출 대비 기업 가치 같은 가격 배수를 이용해 해당 연도의 예상 가격을 산출한 다음, 이를 목표 수익률로 할인한다. 그림 10.2에서는 앞서 그림 4.3에서 제시한 이 단계를 간단히 요약했다.

여기에서 VC가 할인율로 사용하는 목표 수익률은 기업의 운영상 위험이나 실패 가능성을 반영하는 것이 아니라 타협을 위해 임의로 설정한 값이라는 점을 지적한 바 있다. 표 10.1은 기업의 생애주기 진행 단계에 따라 VC가 일반적으로 요구하는 목표 수익률이다.

VC의 목표 수익률이 기업의 생존 위험을 반영한다는 것은 어떻게 알 수 있을까? 직관적인 근거로, 기업이 생애주기를 따라 나아가면서 실패 가능성이 줄어들수록 목표 수익률도 낮아진다. VC가 각 단계에서 실제로 얻는 수익률은 훨씬 더 낮다는

[표 10.1] 기업 생애주기 진행 단계에 따른 VC의 목표 수익률

진행 단계	목표 수익률
창업	50~70%
첫 번째 단계	40~60%
두 번째 단계	35~50%
브리지/IPO	25~35%

사실도 이를 확인해준다. 즉 창업기 기업에 투자하는 VC들은 심지어 호황기에도 포트폴리오 전체에서 연평균 50~70%가 아니라 15~20%에 가까운 수익을 거두는 것이 일반적이다.

그러나 VC의 평가 방식에는 몇 가지 문제가 있다. 첫째, 장기적인 운영의 세부 사항을 예측하는 것이 매우 어렵기 때문에 추정 기간을 단축해 장기 추정을 피려고 한다. 예측 기간을 짧게 설정하고, 비교 가능한 기업들의 현재 가격을 근거로 산출한 배수를 사용하는 것이다. 그러나 3년 후에 거래될 이익이나 매출을 기준으로 한 가격 배수는 그 시점 이후의 현금흐름에 따라 결정된다. 따라서 비교 기업의 현재 가격 배수를 사용하여 미래가치를 추정하는 것은 가치평가라기보다 가격 산정에 가깝다.

둘째, 목표 수익률로 미래가치를 할인하는 과정이 다소 허술하다. 목표 수익률은 영업 위험과 실패 위험을 모두 반영해야 하지만 정확히 어떤 방식으로 반영되는지는 불분명하다. 결국 VC의 평가 방식은 미래 가격을 산정하고 이를 실제 기업의 위험과는 무관하게 자의적으로 설정한 높은 할인율을 적용해 조정하는 과정에 가깝다.

내재가치 평가

창업 기업이나 초기 단계 기업을 평가하기 위해서는 이들 기업을 평가하는 데 따르는 불확실성은 무시하거나 부정할 수 있는 것이 아니라는 점을 먼저 받아들여야 한다. 임의로 정한 짧은 기간에서 추정을 멈추고 가격을 산정하는 VC의 방식 대신, 나는 완전한 가치평가에 필요한 전체 기간을 유지하고 그 전 기간에 걸친 현금흐름을 최대한 정확하게 추정하고자 한다.

1단계: 스토리 구성하기

불확실성 속에서 추정을 수행할 방법을 찾기 위해 나는 기업에 대해 아는 모든 정보를 바탕으로 스토리를 구성하는 것에서 시작하자고 제안한다. 여기에는 기업의 제품이나 서비스가 충족하는 수요, 공략하려는 시장, 창업자의 역량 등이 포함된다. 그림 10.3은 기업의 가치평가에서 스토리를 구성하는 데 도움이 될 수 있는 배경 정

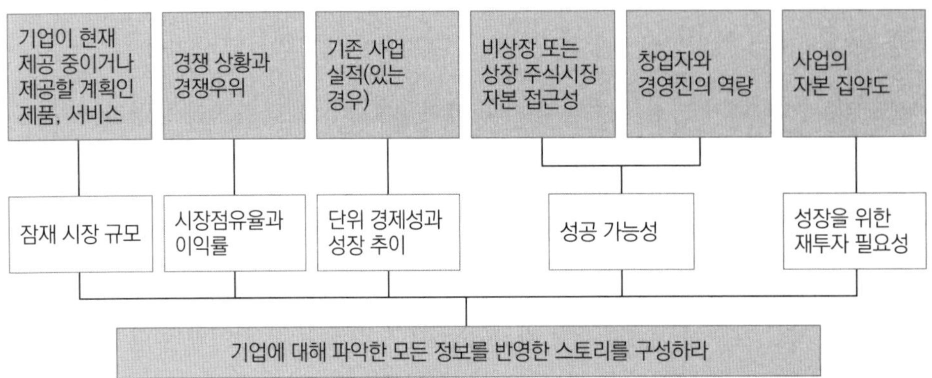

보를 나열했다.

처음에는 익숙한 방식에 따라 과거 재무제표를 찾을 것이다. 그러나 당연하게도 매우 짧은 재무 이력, 성장 중이지만 아직 미미한 매출 규모, 큰 적자 상태인 재무제표를 마주하게 될 것이다. 재무제표에서 기업의 단위 경제성과 재투자 경로를 파악한다면 스토리를 구성하는 데 유용할 수 있다. 그러나 일반적으로는 전체시장 규모, 경쟁 상황, 평가 대상 기업과 유사한 경로를 걸어온 다른 기업들의 역사 같은 정보에 더욱 많이 의존하게 될 것이다.

2단계: 3P(가능성, 타당성, 개연성) 테스트 수행하기

스토리를 가치평가의 입력값으로 변환하기 전에 먼저 스토리가 3P 테스트를 통과하는지 확인해야 한다. 3P 테스트에서는 다음 세 가지를 확인한다. 첫째, 이론적 '가능성(possible)', 즉 허황된 스토리는 아닌가. 둘째, 현실적 '타당성(plausible)', 즉 과거에 다른 기업이 유사한 일을 한 적이 있는가. 셋째, 실제로 발생할 '개연성(probable)', 즉 적어도 제한적인 범위에서나마 사업모델이 작동한다는 구체적인 증거를 제시할 수 있는가. 그림 10.4는 이 테스트를 수행하는 과정이다.

이 테스트로 기업의 스토리를 검증할 때는 편견이 개입하지 않도록 주의해야 한

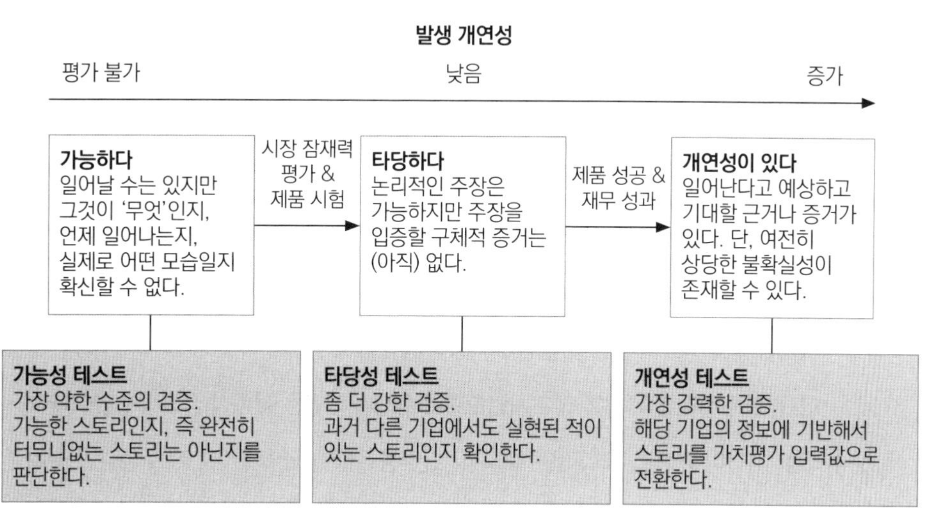

다. 신뢰성을 평가하기 전에 스토리에 마음을 빼앗기면 동화가 현실이 될 수도 있다고 스스로를 속이게 된다.

3단계: 스토리를 가치평가 모형의 입력값으로 변환하기

가치평가를 위한 스토리가 준비되었다면 다음 작업은 그 스토리를 가치평가 모형의 입력값으로 변환하는 것이다. 여기에는 9장에서 설명한 간결한 모형이 유용하다. 이 모형에서는 예상 매출과 이익률을 바탕으로 예상 이익을 추정한다. 재투자 가치는 매출 대비 통합된 값으로 추정하며, 위험은 영업 위험을 반영한 자본비용과 계속기업으로 살아남지 못할 가능성을 반영하는 실패 확률을 통해 파악한다.

a. 성장: 초기 단계 기업의 가치평가에서 첫 번째 단계이자 가장 어려운 부분은 미래 매출을 예측하는 것으로, 두 가지 방법이 가능하다.

- 첫 번째는 '하향식' 접근으로, 기업이 목표로 하는 전체시장(TAM)을 예측하는 것부터 시작한다. 이때 기업의 제품이나 서비스의 매력도, 사업이 지역에 머무를 것인지 더

크게 확장할 계획인지를 고려한다. 이렇게 예측한 전체시장은 특히 초기 단계 기술기업의 가치평가 스토리의 중심이 된다. 그런 다음 사업의 경제성과 경쟁 상황을 고려해 시간이 지남에 따라 기업이 확보할 것으로 예상되는 시장점유율을 추정한다. 두 가지 요소를 곱해서(전체시장 규모 × 시장점유율) 매출을 추정한다.

- 두 번째는 '상향식' 접근으로, 기존 매출에서 출발해 연간 매출성장률을 추정하며 이 과정에서 창업자의 목표와 자본 접근성도 반영한다. 두 접근법 모두 예상 매출을 산출하지만 어떤 접근법을 사용할지는 평가 대상 기업의 특성에 따라 달라진다. 매출이 미미하지만 성장 목표가 높은 기업에는 하향식 접근법이 사실상 유일한 선택지인 경우가 많다. 반면 실질적인 매출이 있고 사업모델이 확립된 기업은 상향식 접근법도 유효하다.

b. **수익성:** 기업이 가치를 지니려면 수익성 있는 경로를 찾아야 한다. 이 수익성이 얼마나 높을지는 기업이 성장하고 안정기에 접어들면서 영업이익률이 어떻게 변화하는지에 따라 크게 달라진다. 목표 이익률을 추정하려면 단위 경제성부터 살펴봐야 한다. 이는 추가 판매되는 한 단위당 발생하는 이익으로 정의할 수 있다. 소프트웨어처럼 매출에 비해 원가, 즉 직접 비용이 낮은 사업은 철강이나 자동차 제조업처럼 생산 비용이 큰 사업보다 안정적인 상태에서 더 높은 영업이익률을 확보할 수 있다.

단위 경제성 개념은 다양한 단위 측정값을 수용하도록 조정할 수 있다. 예를 들어 넷플릭스 같은 구독 기반 기업에서는 신규 구독자가 창출하는 가치와 그 구독자를 유치하는 비용의 차이를 단위로 삼을 수 있다. 우버 같은 사용자 기반 기업은 신규 라이더가 창출하는 가치와 그 라이더 확보에 드는 비용의 차이가 단위가 될 수 있다. 장기적인 예상 이익률을 결정하는 또 다른 요인으로는 판매·관리 비용을 포함한 기타 비용에서 발생하는 규모의 경제가 있다. 규모의 경제 효과가 클수록 장기적으로 더 높은 영업이익률을 실현할 수 있다.

c. **재투자:** 기업은 제약이 없다면 가능한 한 높은 성장률을 추구하며, 규모를 확장하는 데 따른 보상을 기대할 것이다. 그러나 성장에는 재투자가 필요하다. 제조업체는 장비와 공장에, 제약회사는 연구개발에, 기술기업은 인수합병에 재투자가 필요하다.[1] 기업 가치를 평가할 때 일관성을 유지하려면 재투자를 매출 성장 예측에 연계해야 한다. 즉 매출성장률이 높을수록 더 많은 재투자가 필요하다는 점을 고려해야 한다. 더 효율적으로 성장을

이끌어낼 수 있는 기업, 즉 투자한 자본 1달러당 더 많은 매출을 창출할 수 있는 기업은 효율성이 낮은 기업보다 더 높은 가치를 지닐 것이다.

d. 위험: 기업은 계속기업으로서 다양한 영업 위험에 직면한다. 거시경제 요인(경기, 금리, 인플레이션)에 따라 매출과 영업이익이 예상과 다를 수 있고 이러한 위험은 기업 가치평가에서 자본비용으로 반영된다. 초기 단계 기업은 실패 위험에도 직면하며, 이 위험은 별도로 평가되어야 한다.

그림 10.5는 스토리를 가치평가의 입력값으로 변환하는 주요 과정이다.

[그림 10.5] 스토리를 가치평가 입력값으로 변환

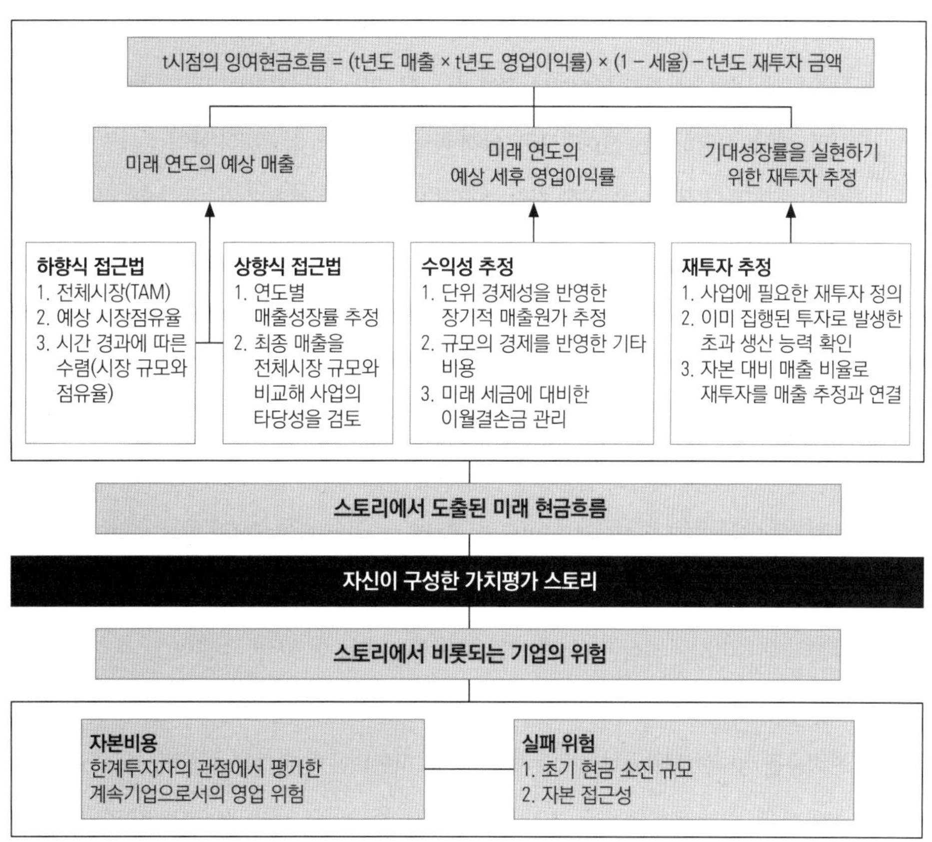

4단계: 기업 가치평가하기

스토리가 가치평가 입력값으로 변환되면, 그 스토리에서 도출한 현금흐름과 위험 조정 요소가 평가에 반영되고 그 결과로 기업의 가치가 산출된다. 그러나 때때로 가치평가의 수치가 스토리에 문제가 있다는 신호를 줄 수도 있다. 특히 다음 사항을 주의 깊게 보아야 한다.

- **현금흐름의 양상**: 가치평가의 기초가 되는 예상 현금흐름은 매출 성장, 영업이익률, 재투자에 대한 가정을 반영한다. 특히 매출성장률이 높지만 영업이익이 적자인 상태로 흑자 전환이 더딘 기업은 초기 몇 년간 지속적으로 손실에 시달릴 가능성이 크다. 여기에 매출 성장에 필요한 재투자까지 반영하면 현금흐름 적자는 더욱 악화할 것이다.

  현금흐름 적자가 장기간 지속되고 영업이 안정적인 상황에서도 영업이익률이 여전히 낮다면(단위 경제성이 취약하고 규모의 경제가 제한적이기 때문), 현재 시점에서 자산의 평가 가치는 0보다 작거나 상환할 부채보다 적을 수 있다. 이는 자기자본의 가치가 없다는 뜻이고 사업모델이 취약하다는 신호이므로, 실패 확률을 더 높게 설정해야 한다.

  반면 초기 몇 년 동안은 상당한 현금 소진이 발생하지만 예측 기간 후반부에 현금흐름의 흑자 전환이 확실한 기업은 예측 기간 동안에 발생하는 현금흐름의 현재가치는 적자일 수 있으나 영구가치가 이를 충분히 상쇄할 만큼 클 수 있다. 이는 사업모델이 본격적인 성과를 내기까지 상당한 시간과 자본이 필요함을 시사하며, 따라서 기업의 자본 접근성, 즉 충분한 자본을 확보할 수 있는지가 그 영구가치를 실현하는 데 중요한 역할을 하게 된다.

- **할인율**: 초기 단계 기업의 위험을 영업 위험과 실패 위험으로 구분해 평가할 때, 나는 오로지 영업 위험만을 반영해 자본비용을 추정한다. 이렇게 추정해 초기 단계 기업의 가치평가에 적용하는 자본비용은 VC의 목표 수익률보다 훨씬 낮을 수 있으며, 오히려 분산 투자가 이루어지는 상장된 성숙한 기업들의 자본비용과 유사한 수준이 될 수 있다. 실제로 신생 생명공학회사나 제약회사처럼 위험의 대부분이 기업 고유의 위험인 경우, 그 자본비용은 성숙한 생명공학회사나 제약회사의 자본비용과 유사할 수 있다.

- **실패 위험**: 실패 위험은 많은 초기 단계 기업이 존속하지 못할 가능성을 반영한다. 현금

을 소진한 뒤 새로운 자본을 확보하지 못하거나 사업모델이 끝내 수익성을 확보하지 못하는 것이 실패의 원인일 수 있다. 실패 확률을 정확히 예측할 방법은 없지만 앞서 제시한 다양한 업종의 기업 연령별 폐업률 통계를 참고하여 최선의 추정치를 도출할 수 있을 것이다.

- **자기자본 가치의 조정**: 잉여현금흐름을 자본비용으로 할인해 기업의 가치를 추정한 후 이를 다시 자기자본의 가치, 특히 주당 자기자본 가치로 변환하는 과정에서는 세부 사항에 대한 주의가 필요하다. 기업이 현재 보유한 현금 잔액을 합산하고,[2] 부채를 차감하며, 최종적으로 계산된 자기자본 가치에서 (비상장기업에서) VC 또는 상장기업 직원들에게 부여한 주식매수선택권의 가치를 반영해 조정해야 한다.[3] 주식 기반 보상의 수단으로 양도제한조건부주식(restricted stock)을 주로 활용하는 기업의 경우는 조정이 비교적 간단해서, 주식 수를 산정할 때 유통주식 수에 이 주식 수를 추가하기만 하면 된다.

그림 10.6은 기업의 가치와 주당 자기자본 가치를 도출하고 실패 위험과 주식 기반 보상을 보정하는 과정이다.

5단계: 피드백 루프 열어두기

기업의 가치평가 스토리를 구축하고 이를 입력값으로 변환해 가치를 구하는 과정에서, 특히 초기성장기 기업이나 창업기 기업을 평가할 때는 특정한 시각에 갇혀 자신만의 스토리에 지나치게 몰입하기 쉽다. 이를 방지하기 위해 가치평가의 마지막 단계에서는 피드백 루프(feedback loop)를 열어두고, 자신과 생각이 크게 다르면서 평가 대상 기업의 세부 사항을 어쩌면 더 잘 알 사람들에게 피드백을 구하는 것이 좋다. 예를 들어 2020년 에어비앤비의 IPO 가치를 평가할 때 나는 에어비앤비 호스트와 에어비앤비를 자주 이용하는 지인에게 의견을 구해 스토리와 비용 구조에서 내가 간과한 문제는 없는지 확인했다.

가치평가를 진행하는 동안 해당 기업이나 경쟁사에 대한 뉴스가 나오기도 하는데, 이러한 정보가 기업의 스토리를 바꾸기도 한다. 2016년 우버의 가치를 평가할 예측 기간 동안의 추정 잉여현금흐름을 해당 기업에 대해 산정한 할인율로 할인한다.

계속기업으로서의 가치
= 예측 기간 동안 현금흐름의 현재가치 + 추정 기간 종료 시점 영구가치의 현재가치

일정한 성장이 영구적 또는 유한한 기간 동안 지속된다고 가정하여 예측 기간 종료 시점의 영구가치를 추정하고 현재 시점으로 할인한다.

실패 확률과 실패 시의 가치를 추정하여, 실패 가능성을 반영한 가치 조정을 수행한다.

실패 가능성을 반영한 기업 가치
= 계속기업 가치 × (계속기업으로 존속할 확률) + 실패 시 가치 × (실패 확률)

보유 현금, 유가증권, 타 기업에 대한 소수지분 가치 등을 모두 합산한다.

현금과 비영업자산을 포함한 기업 가치
= 실패 조정 가치 + 현금 + 교차 소유 주식 가치

리스와 기타 계약상 의무를 포함한 부채, 연결 대상 기업의 소수지분을 차감한다.

기업의 자기자본 가치
= 현금과 교차 소유 지분 포함 기업 가치 − 부채 − 연결 자회사 소수지분

옵션 가격 모형을 사용하여 모든 미행사된 주식 옵션을 평가하고, 그 가치를 자기자본 가치에서 차감한다.

보통주 기준 자기자본 가치
= 전체 자기자본 가치 − 현재 존재하는 옵션 가치

보유 제한 주식이 있으면 반영해서 주식 수를 조정하고, 미확정 주식에 대해서는 가득 조건 충족 가능성(vesting probability)을 고려한다.

주당 자기자본 가치
= 보통주 자기자본 가치/유통주식 수

당시 캘리포니아 대법원은 우버의 운전자가 근로자에 해당한다는 판결을 내렸다. 이는 우버의 비용 구조와 법적 책임에 큰 영향을 미치는 결정이었기에 가치를 재고할 필요가 있었다.

거시경제적 변화나 정치적 사건도 기업의 스토리와 가치평가 결과를 바꿔놓을 수 있다. 예를 들어 2008년 글로벌 금융위기 당시에는 위험자본(벤처자본과 사모펀드)이 시장에서 이탈하면서 현금 소진이 심한 초기 단계 기업들의 실패 위험이 높아졌다. 2022년 러시아의 우크라이나 침공은 에너지기업에 대한 기존의 스토리를 뒤흔들었다.

사례 연구 1: 초기 단계 기업 조마토의 IPO 가치평가

배경

조마토는 2008년 인도 델리에서 디핀더 고얄(Deepinder Goyal)과 판카즈 차다(Pankaj Chaddah)가 설립한 온라인 음식배달회사다. 이들은 사무실 동료들이 음식점 메뉴를 내려받는 데 어려움을 겪는 것을 보고 착안해 조마토를 시작했다. 처음에는 단순히 지역 식당들의 메뉴판을 파일로 변환해 웹사이트에 올려 사무실 동료들과 이용했고 이후에는 도시 전체에 서비스를 공개했다. 인기가 높아지면서 인도의 다른 대도시로 서비스를 확장했고, 2010년에는 회사명을 조마토로 변경하고 '당신의 모든 식사가 만족스럽도록(Never have a bad meal)'이라는 슬로건을 내걸었다.

조마토의 사업모델은 중개 방식 기반으로, 플랫폼을 통해 고객이 식당에 음식을 포장, 배달로 주문한다. 광고도 주요 수익원이다. 초기에는 거의 전적으로 광고 수익에 의존하다가 점차 음식배달서비스로 사업의 초점이 이동했다. 2021년 IPO 계획을 발표할 당시 조마토의 주요 수익원은 다음 네 가지였다.

a. **수수료:** 음식 주문과 배달 금액의 20~25%를 수수료로 가져간다.

b. **광고:** 조마토에 등록된 식당들은 방문 고객 수와 매출 변동에 따라 광고 지출을 늘리며, 이를 통해 추가적인 가시성을 확보하려 한다.

c. **구독 서비스:** 150만 명의 회원이 구독료를 내고 할인과 특별 혜택을 받는다.

d. **식당 원재료 공급:** 품질이 검증된 식료품과 육류를 자체 배달 브랜드 하이퍼퓨어를 통해 식당에 공급한다.

IPO를 앞둔 조마토는 창립 이후 폭발적으로 성장했다. 2017년 38개 도시에서 2018년 63개, 2021년에는 500개 이상의 도시로 서비스를 확장하며 인도 곳곳의 중소 도시까지 진출했다. 이에 따라 매출도 성장했지만 조마토는 한 번도 이익을 낸 적이 없었다. 그림 10.7은 IPO 시점까지 조마토의 매출 성장과 영업손실을 보여준다.

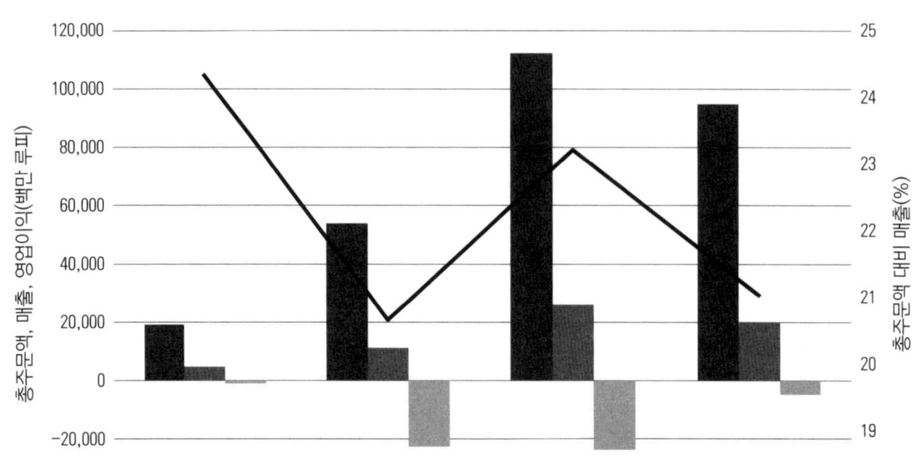

	2018년 3월	2019년 3월	2020년 3월	2021년 3월
■ 총주문액	19,154	53,870	112,209	94,829
■ 매출	4,660	11,126	26,047	19,938
■ 영업이익	- 1,198	- 22,865	- 23,867	- 4,803
━ 총주문액 대비 매출	24.33%	20.65%	23.21%	21.03%

조마토의 총주문액은 2018년부터 2021년까지 7배 가까이 성장했다. 2020년부터 2021년까지 주문액이 감소한 것은 코로나19로 인한 봉쇄 조치가 주요 원인이었다. 조마토는 인도 외 지역으로도 사업을 확장해 최대 해외 시장은 아랍에미리트다. 2018년부터 2020년까지 조마토는 총주문액의 23~24%(2020~2021년에는 21%로 축소)를 매출로 인식했으나 IPO 이전까지 매년 적자를 기록했다. 시장의 성장세에도 불구하고 2021년 인도 온라인 음식배달시장의 전체 규모는 42억 달러에 불과해 미국과 중국에 비해 훨씬 작았다. 조마토의 시장점유율은 약 40%였고 주요 경쟁자로는 스위기(Swiggy)와 아마존푸드(Amazon Food)가 있었다.

조마토의 매출 성장은 적극적인 인수합병을 통해서도 이루어졌다. 조마토는 2014년부터 2021년까지 벤처 자금을 성장에 활용해 16건의 인수를 진행했다. 또한 설립 이후 18차례 투자 라운드를 통해 총 1,437억 5,000만 루피를 조달했다.

IPO 당시 소유 구조는 이러한 자본 조달로 인한 창업자의 지분 희석을 반영하고 있었다. 창업자들이 보유한 지분은 10% 미만이었고 우버, 알리페이(Alipay), 앤트파이낸셜(Antfinancial), 인포에지(Info Edge) 등 외국 투자자들이 나머지 지분 대부분을 소유하고 있었다.

조마토 스토리

내가 구성한 조마토의 스토리는 다음과 같다. 인도 국민의 경제적 수준이 높아지고 인터넷 접근성이 증가함에 따라 인도의 배달 음식 및 외식 시장이 성장할 것이며, 소수의 주요 기업이 이 시장을 주도할 것이다. 조마토도 그중 하나다. 조마토는 강력한 단위 경제성을 갖춘 중개업체로서, 점차 높은 영업이익률을 확보하고 비교적 적은 재투자로 성장을 지속할 수 있을 것이다. 재투자의 대부분은 다른 기업을 인수하는 형태로 이루어질 것이다. 조마토의 영업 위험은 평균적인 수준이지만 적자 기업이라는 점에서 실패 위험도 무시할 수 없다. 다만 IPO 이후 확보할 현금이 완충 역할을 할 것이어서 실패 위험은 낮다.

스토리를 가치로 변환하기

나의 조마토 스토리는 조마토라는 기업과 그 사업에 대한 나의 견해는 물론 인도 경제와 그 성장 가능성에 대한 관점까지 반영하는 광범위한 것이다. 이제 익숙한 절차에 따라 이 스토리를 가치평가의 입력값으로 변환한다.

- **매출:** 시장 잠재력을 측정하기 위해 표 10.2에서 2021년 인도의 음식배달시장 규모를 중국, 미국, 유럽연합과 비교했다.

  인도의 음식배달시장이 미국과 중국보다 작은 이유는 크게 세 가지다. 첫째, 1인당 소득이 상대적으로 낮아 외식에 소비할 수 있는 여유 자금이 적다. 둘째, 디지털 접근성이 낮다. 인도의 디지털 기기 보급률은 전체 인구의 43%에 불과하다. 셋째, 식습관이 다르다. 인도인은 중국인에 비해 외식을 덜 한다. 인도의 음식배달시장이 앞으로 어떻게 발전할

[표 10.2] 음식배달시장

	인도	중국	미국	EU
거시경제 정보				
2020년 GDP(조 달러)	2.71	14.70	20.93	15.17
인구(백만 명)	1,360	1,430	330	445
1인당 GDP(달러)	1,993	10,280	63,424	34,090
식당 수(천 개)	1,000	9,000	660	890
음식배달 사업 정보				
온라인 접근율(인구 대비 %)	43	63	88	90
온라인 음식배달서비스 이용자 수(백만 명)	50	450	105	150
2019년 온라인 음식배달시장 규모(백만 달러)	4,200	90,000	21,000	15,000
2020년 온라인 음식배달시장 규모(백만 달러)	6,200	110,000	49,000	13,800

지 추정하기 위해 나는 인도 경제 성장률(1인당 소득 변화)과 디지털 접근성 개선에 대한 가정을 설정하고 다양한 가정을 조합했다(표 10.3).

간단히 말해 인도 국민의 1인당 소득과 디지털 접근성이 중국과 동일한 수준에 도달하더라도 인도의 음식배달시장은 여전히 중국 시장보다 훨씬 작을 가능성이 크다. 인도에서 외식은 중국만큼 깊이 자리 잡은 식습관이 아니기 때문이다. 전체시장 규모에서 조마토의 매출을 추정하기 위해 나는 조마토의 시장점유율과 총주문액에서 매출로 인식할 수 있는 비율을 가정했다. 나는 온라인 음식배달 사업은 사용자 수가 증가할수록 서비스의

[표 10.3] 인도 음식배달시장의 잠재적 규모(백만 달러)

	중국 1인당 GDP 대비 인도 1인당 GDP 수준 가정			
	25%	50%	75%	100%
현재 수준의 인터넷 접근성 기준	5,417	10,834	16,250	21,667
중국 수준의 인터넷 접근성 기준	7,936	15,872	23,809	31,745
미국 수준의 인터넷 접근성 기준	11,085	22,171	33,256	44,342

가치가 커지는 네트워크 효과가 강한 산업이므로 시장이 소수의 강력한 기업에 집중될 가능성이 높고, 인도 시장에서는 조마토가 주요 기업이 될 것이라고 판단한다. 나는 인도의 온라인 음식배달시장 규모가 10년 안에 250억 달러(2조 루피) 규모로 성장하고, 조마토는 안정적인 시장점유율 40%를 확보하며, 총주문액의 22%를 매출로 인식한다는 가정을 기본 시나리오로 잡았다.

- **영업이익률:** 조마토가 안정적으로 확보할 수 있는 영업이익률을 추정하기 위해 단위 경제성을 분석했다. 이를 위해 일반적인 고객 주문 한 건이 창출하는 이익을 측정했다(그림 10.8).

조마토가 제공한 수치를 검토한 결과, 2020년에는 주문 한 건당 평균 30.50루피의 손실이 발생한 반면 2021년에는 평균 20.50루피의 이익이 발생했다. 조마토는 사용자 기반 기업으로 사용자의 조마토 플랫폼 이용 기간에 따른 주문량에서 더 긍정적인 소식을 확인할 수 있었다. 표 10.4를 보자.

[그림 10.8] 조마토의 단위 경제성

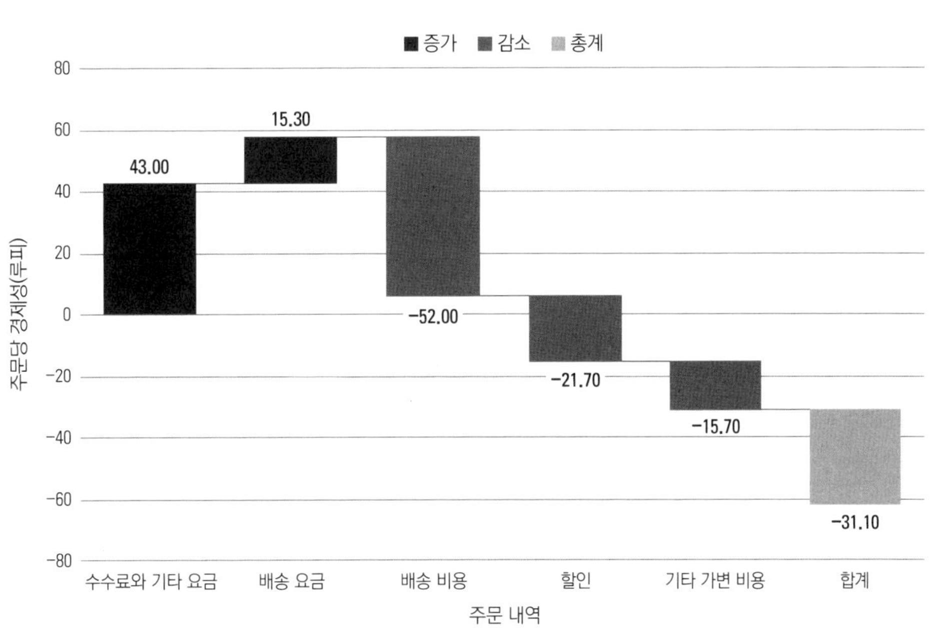

[표 10.4] 이용 시작 연도별 조마토 플랫폼 사용량

시작 연도	연간 상대 주문 크기(이용 시작 연도 대비)				
	2017	2018	2019	2020	2021
2017	1.00	1.60	2.20	3.00	2.90
2018		1.00	2.00	2.70	2.40
2019			1.00	1.60	1.10
2020				1.00	0.70

2017년부터 조마토 플랫폼을 이용한 사람들은 2020년에 가입한 사용자들보다 약 4배 더 많은 금액을 지출하고 있다. 한계 주문(marginal order)의 수익성이 높고 플랫폼을 오래 이용할수록 주문액이 증가하는 점을 고려할 때, 조마토는 성숙기에 높은 영업이익률을 기록할 것으로 예상된다. 기본 시나리오에서는 조마토가 성숙기에 접어들면서 세전 영업이익률이 35%에 수렴할 것이라고 가정했다.

- **재투자:** 기대성장률을 실현하는 데 필요한 재투자 규모를 추정하기 위해, 나는 조마토가 중개업체로서 역할을 유지하며 재투자는 계속해서 인수와 기술 투자 형태로 이루어질 것이라고 가정했다. 기본 시나리오는 내년에 투자한 자본 1루피당 5루피의 이익을 달성하고(코로나19 이후 회복 효과), 2년 차부터 5년 차까지는 3루피, 그 후에는 2.5루피 이익을 달성한다고 가정했다.

- **위험:** 영업 위험 측면에서 조마토는 앞으로도 인도 중심으로 사업을 운영할 것이기 때문에 인도의 거시경제 성장에 대한 의존도가 높을 것이다. 따라서 기업의 자본비용은 이러한 위험을 반영해야 한다. 조마토는 손실을 내고 있지만 당장 실패 위험에 직면한 창업 기업은 아니다. 기업의 규모와 자본 접근성, IPO 이후 늘어난 현금 보유량이 실패 위험을 낮추는 것은 긍정적인 요인이다. 반면 여전히 현금을 소진하는 기업이며, 생존을 위해 앞으로도 추가로 자본을 조달할 필요가 있을 것이다. 기본 시나리오에서는 초기 자본비용으로 10.25%를 가정하고, 이후 안정기에는 약 9%로 조정했으며 실패 확률은 10%로 설정했다.

[그림 10.9] 조마토 IPO 가치평가

조마토	2021년 7월

스토리	
조마토는 인도의 음식배달시장이 전반적인 경제 성장과 디지털 접근성 확대에 힘입어 성장함에 따라 수혜를 입을 것이며, 시장을 지배할 소수의 기업 중 하나로 자리할 것이다. 단기적으로는 코로나19 이후의 반등 효과도 기대된다. 아마존푸드가 시장의 변수지만 조마토는 규모의 경제 효과로 높은 영업이익률을 달성할 수 있을 것이며, 성장 과정에서 인수와 기술 투자를 중심으로 지속적인 재투자를 이어갈 것이다. 상장 이후 확보한 현금 잔고와 자본 접근성을 고려할 때 파산 가능성은 낮으며, 영업 위험은 인도의 국가 위험에 대한 노출을 반영한다.	

가정(금액 단위: 백만 루피)

	기준 연도	다음 연도	2~5년 차	6~10년 차	10년 이후	스토리와 연결
인도 음식 배달시장	225,000	337,500	30.00%	15.27%	1,961,979	인도 음식배달시장은 2021년에 반등해 10년 차에는 약 250억 달러 규모로 성장한다.
시장점유율	42.15%	41.72%	⟶	40.00%	40.00%	조마토는 인도 음식배달시장을 주도하는 2~3개 기업 중 하나다.
총주문액 대비 매출	21.03%	22.00%			22.00%	매출 점유율은 22% 수준에서 안정화된다.
매출액	19,937.89	30,975	전체시장 × 시장점유율 × 총주문액 대비 매출(%)		172,654	2021년 코로나 반등 효과 + 인도 음식배달시장의 장기 성장.
영업이익률	-24.10%	-10.00%	-10.00% ⟶ 35.00%		35.00%	성장이 둔화됨에 따라 이익률이 개선된다.
세율	25.00%		25.00%	25.00%	25.00%	인도 법인세율 적용.
재투자		5.00	2.50	3.00	35.42%	성장을 지속하기 위해 인수와 기술 투자가 필요하다.
자본이익률	-7.15%	한계 ROIC =	127.01%		12.00%	네트워크 효과로 인해 장단기적으로 높은 투하자본이익률(ROIC) 실현이 가능하다.
자본비용			10.25% ⟶ 8.97%		8.97%	자본비용은 인도의 국가 위험을 반영한다.

현금흐름(금액 단위: 백만 루피)

	전체시장	시장점유율	매출	EBIT(1-세율)	재투자	기업 잉여현금흐름
1	337,500	41.72%	30,974.78	-3,097.48	2,207.38	-5,304.86
2	438,750	41.29%	39,852.91	498.16	3,551.25	-3,053.09
3	570,375	40.86%	51,270.19	3,293.45	4,566.91	-1,273.46
4	741,488	40.43%	65,951.07	6,182.91	5,872.35	310.56
5	963,934	40.00%	84,826.17	11,531.06	6,291.70	5,239.36
6	1,203,471	40.00%	105,905.47	16,065.01	7,026.43	9,038.57
7	1,440,555	40.00%	126,768.85	26,253.32	6,954.46	19,298.86
8	1,650,156	40.00%	145,213.72	38,118.60	6,148.29	31,970.31
9	1,805,271	40.00%	158,863.81	41,701.75	4,550.03	37,151.72
10	1,881,995	40.00%	165,615.52	43,474.07	2,250.57	41,223.50
종료 연도	1,961,979	40.00%	172,654.18	45,321.72	16,051.44	29,270.28

가치(금액 단위: 백만 루피)

영구가치	620,133.03		
영구가치의 현재가치	241,972.24		
향후 10년간 현금흐름의 현재가치	56,739.02		
영업자산 가치	298,711.25		
부실 위험 조정	14,935.56	실패 확률 =	10.00%
- 부채 및 비지배지분	1,591.72		
+ 현금 및 기타 비영업자산	135,959.70	IPO에서 발생한 현금 수익 포함	90,000
자기자본 가치	418,143.67		
- 주식매수선택권 가치	73,244.53		
발행주식(백만 주)	7,946.68		
주당 가치(루피)	**43.40**	IPO 가격 = 70.00루피	

- **조정:** 이번 조마토의 가치평가는 IPO를 위한 것이므로, 공모로 예상되는 수익 900억 루피를 기업의 현금 잔고에 추가했다. 또 경영진과 직원들이 보유한 미행사 주식매수선택권을 반영해 자기자본 가치를 조정했다.

그림 10.9는 이러한 입력값으로 평가한 IPO 시점 조마토의 자기자본 가치다.

성장과 수익성에 대한 우리 스토리로 도출한 조마토의 자기자본 가치는 4,180억 루피(약 54억 달러), 1주당 환산한 가치는 약 43루피다. 최근 연도 매출이 200억 루피 미만인 적자 기업으로서는 다소 높은 금액으로 보일 수도 있지만 거대한 시장의 선두 주자로서 미래 성장성과 잠재력도 가치를 지닌다. 그러나 주당 72~76루피의 공모가는 너무 비싸다고 판단한다.

보완과 추가 논의

많은 사람이 창업 기업이나 아주 초기 단계 기업의 불확실성에 압도당해 평가를 포기한다. 불확실성을 피할 수는 없지만 좀 더 건전한 방식으로 불확실성에 대처하는 두 가지 방법이 있다. 첫째, 각 입력값이 갖는 불확실성의 크기를 명시적으로 추정하고 이를 몬테카를로 시뮬레이션에 반영하는 것이다. 둘째, 불확실성에는 단점만 많은 것이 아니라 긍정적인 측면도 있음을 인식하고 이를 '옵셔널리티(optionality, 선택권)'의 관점에서 활용하는 것이다.

불확실성의 시각화: 몬테카를로 시뮬레이션

전통적인 가치평가 방식으로는 각 변수에 대해 우리가 느끼는 불확실성의 크기와는 관계없이 단일한 값을 추정하게 된다. 그 가치평가 결과에는 오차가 존재한다는 것을 알아도 이 오차의 범위를 정확히 알 수는 없다. 불확실성의 크기를 분석에 반영하는 것은 물론, 그 불확실성을 반영해서 '가치의 분포'를 도출하는 접근법이 있다. 몬테카를로 시뮬레이션이다.

몬테카를로 시뮬레이션에서는 성장률, 시장점유율, 영업이익률, 베타 등 주요 변수에 대해 단일 값이 아닌 확률분포를 설정한다. 이후 각 시뮬레이션을 실행할 때마다 이 분포에서 무작위로 값을 선택해 고유한 미래 현금흐름을 생성하고 기업 가치를 계산한다. 이 과정을 여러 번 반복하면 기업 가치의 분포를 얻을 수 있고, 여기에는 우리가 추정하는 입력값의 불확실성이 반영된다. 즉 입력값의 불확실성이 클수록 시뮬레이션으로 추정한 기업 가치의 분포도 넓어진다. 시뮬레이션을 실행하는 데 필요한 단계는 다음과 같다.

1. **'확률적' 변수를 결정한다:** 어떤 분석에든 수많은 입력값이 존재하며, 그중에는 예측 가능한 것도 있고 그렇지 않은 것도 있다. 이론적으로는 모든 입력값에 대해 확률분포를 정의할 수 있지만 시간이 많이 걸리고, 가치에 끼치는 영향이 미미한 변수까지 고려할 필요는 없을 것이다. 따라서 기업 가치에 중요한 영향을 미치는 몇 가지 변수에 집중하는 것이 합리적이다. 나는 조마토의 기업 가치를 결정하는 핵심 변수로 인도의 음식배달시장 규모, 조마토의 시장점유율, 영업이익률에 집중했다.

2. **변수들의 확률분포를 정의한다:** 분석에서 핵심이면서 가장 어려운 단계다. 일반적으로 확률분포는 역사적 데이터(인플레이션과 같이 오랜 역사와 신뢰할 수 있는 데이터가 축적된 변수), 횡단면 데이터(영업이익률과 같이 특정 시점에서 같은 산업 내에서도 기업마다 큰 차이를 보이는 변수), 통계적 분포(특정 변수의 분포 유형에 대한 이해)를 기반으로 도출할 수 있다. 과거 데이터 기반의 변수냐, 통계 기반의 변수냐에 따라 이산확률분포, 연속확률분포로 결과가 나타날 것이다.

3. **변수들의 상관관계를 확인한다:** 입력한 변수들 사이에 정방향이든 역방향이든 강한 상관관계가 존재하는 경우, 이를 처리하는 방법은 두 가지가 있다. 첫째, 두 입력값 중 하나만 선택해 변화를 준다. 기업 가치에 더 큰 영향을 끼치는 변수 하나에 집중하는 것이 합리적이기 때문이다. 둘째, 시뮬레이션에 변수들의 상관관계를 명시적으로 반영한다. 이 경우 더욱 정교한 시뮬레이션 소프트웨어가 필요하며, 추정 과정에서 더 많은 세부 사항을 추가해야 한다.

4. 시뮬레이션을 실행한다: 첫 번째 시뮬레이션에서 변수마다 확률분포에서 하나의 값을 무작위로 선택해 하나의 결과를 도출하고, 이렇게 도출한 여러 결과를 바탕으로 기업의 가치를 계산한다. 시뮬레이션은 원하는 만큼 반복할 수 있지만 일정 횟수를 넘어서면 추가로 실행하는 시뮬레이션의 기여도가 점차 감소한다. 대부분의 시뮬레이션 소프트웨어는 수천 번의 시뮬레이션을 실행할 수 있으며, 시뮬레이션 횟수를 늘리는 데 추가 비용이 크게 들지 않는다. 그러므로 시뮬레이션 횟수가 너무 적은 것보다는 충분히 많은 것이 더 바람직하다.

한편 시뮬레이션을 어렵게 하는 두 가지 장애물이 있다. 첫째, 정보의 한계다. 가치평가에 사용할 입력값들의 분포를 추정하는 것은 쉽지 않다. 예를 들어 향후 5년간 예상 매출성장률을 8%로 추정하는 것은 비교적 간단하지만, 성장률의 분포 유형과 매개변수를 구체적으로 지정하는 것은 훨씬 어렵다. 둘째, 계산상의 한계다. 개인용 컴퓨터가 등장하기 전까지 시뮬레이션은 시간과 자원을 너무 많이 소모하는 작업이었기 때문에 일반적으로 활용하기 어려웠다. 그러나 최근 몇 년 동안 이 두 가지 제약이 상당히 완화되면서 시뮬레이션을 좀 더 효과적으로 실행할 수 있게 되었다.

사례 연구 2: 조마토의 몬테카를로 시뮬레이션

조마토의 기본 시나리오 가치평가에서 나는 시장 규모와 수익성에 대한 주요 가정을 바탕으로 가치를 추정했다. 나는 이러한 가정이 틀릴 수 있음을 분명히 인지하고 있다. 다만 그 방향이 어느 쪽일지 알 수 없을 뿐이다. 몬테카를로 시뮬레이션에서 나는 조마토의 가치평가에 가장 중요한 세 가지 가정에 집중할 것이다.

- **전체시장 규모:** 조마토의 가치를 결정하는 중요한 요소 중 하나는 인도 음식배달시장이 어떻게 성장할 것인가 하는 전망이다. 기본 시나리오에서는 시장 규모가 약 250억 달러 (2조 루피)까지 성장할 것으로 예상했다. 인도의 경제 성장과 디지털 접근성에 대한 가정

　　　　　　　　　　　　　　　　　　　　

에 기반한 결과다. 이 가정이 틀릴 가능성을 고려해 시뮬레이션은 시장 규모를 100억 달러(7,500~8,000억 루피)에서 400억 달러(3조~3조 2,000억 루피) 범위로 설정한다.

- **시장점유율:** 기본 시나리오에서는 조마토의 시장점유율이 5년 차에 약 40%로 안정될 것이라고 가정했다. 이 가정은 인도 음식배달시장이 결국 대형 기업 2~3개와 틈새 기업 다수로 구성될 것이라는 전망에 기반한다. 그러나 인도 시장의 지역적 다양성을 고려할 때 장기적으로 더 많은 기업이 시장에 존재할 수 있다. 이 경우 조마토의 시장점유율은 20%까지 하락할 수도 있다. 반대로 규모의 경제 효과에 의해 틈새 기업들이 밀려나면서 조마토의 시장점유율이 50%까지 확대될 수도 있다.

- **영업이익률:** 기본 시나리오에서 조마토의 영업이익률을 35%로 예측한 것은 현 상태가 지속되고 규모의 경제를 확보한 배달 플랫폼이 주문액당 가져가는 몫을 유지할 것이라는 가정에 근거한다. 만일 배달기업 중 한 곳이 수수료를 할인하거나 배달 건당 지급액을 높여 배달 인력을 확보하는 등 공격적으로 시장점유율 확대에 나선다면, 조마토의 영업이익률은 점차 낮아질 것이다(최저 15%). 반면 조마토가 성장하면서 광고 사업을 견고하게 유지한다면 기본 시나리오보다 높은 영업이익률을 달성할 수도 있다(최대 45%).

그림 10.10은 시장 규모, 시장점유율, 영업이익률에 대해 단일 추정치 대신 추정값 분포를 적용한 시뮬레이션 결과다.

입력값의 불확실성은 조마토 가치의 분포로 나타난다. 시뮬레이션 결과, 조마토의 주당 가치의 중앙값은 36.02루피이지만 가능한 가치의 범위는 0.22~91.69루피까지 매우 넓게 분포되었다. 따라서 조마토에 주당 72루피 이상의 가격으로 투자한 사람들을 단순히 투기적이라거나 정보가 부족한 사람들로 치부하는 것은 자만일 수 있다. 조마토의 가치가 그 가격보다 높게 도출되는 타당한 스토리들이 존재하기 때문이다.

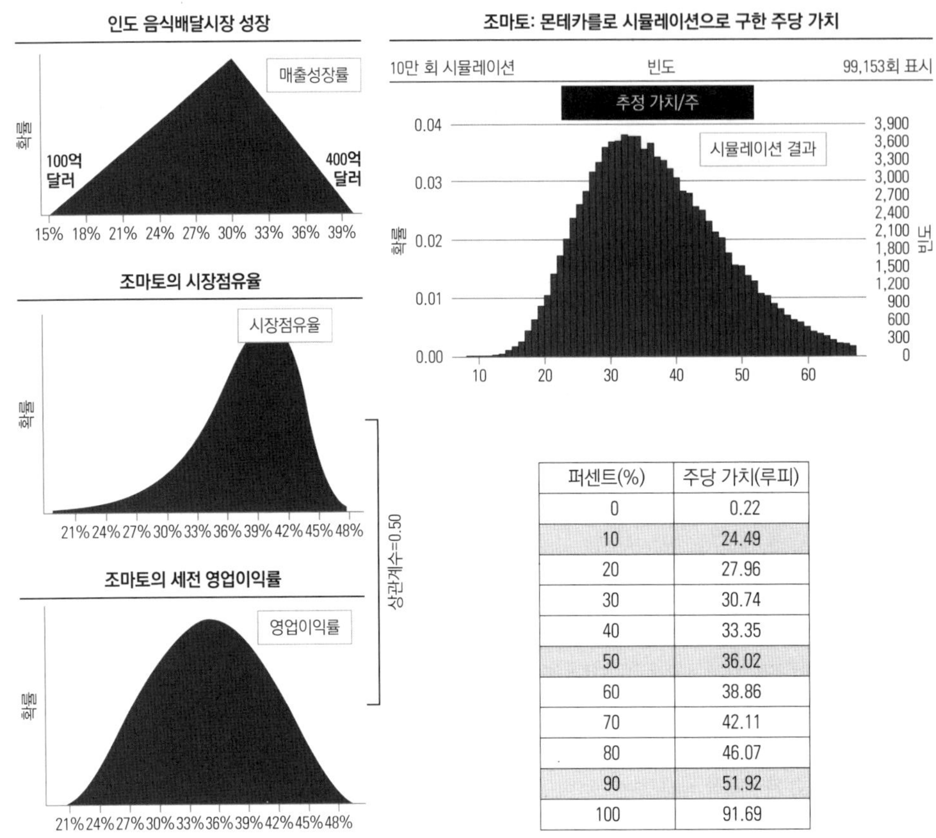

퍼센트(%)	주당 가치(루피)
0	0.22
10	24.49
20	27.96
30	30.74
40	33.35
50	36.02
60	38.86
70	42.11
80	46.07
90	51.92
100	91.69

옵셔널리티

초기 단계 기업을 평가할 때 직면하는 불확실성에는 잠재적인 긍정적 측면도 존재한다. 여러 조건이 맞아떨어지고 기업의 제품이 예상보다 더 큰 호응을 얻는다면, 기업은 그 성공을 발판으로 현재는 가능성이 없어 보이거나 생각조차 하지 못한 새로운 사업 영역에 진출할 가능성이 생긴다. 이러한 '옵셔널리티(선택권)'는 기업의 가치를 추정할 때 프리미엄 요인이 되며, 불확실성이 클수록 프리미엄도 더욱 커질 것이다.

옵셔널리티 주장은 새로운 것은 아니다. 1990년대 닷컴 붐이 정점에 달했을 때,

투자자들은 펀더멘털이 뒷받침되지 않는 닷컴 기업에 지불하는 높은 가격을 정당화하기 위해 이 논리를 사용했다. 돌이켜 보면 이러한 주장은 상당수가 과장된 것이었다. 실제로 아마존 같은 예외적인 일부 기업을 제외하면 대부분의 닷컴 기업은 긍정적인 불확실성을 현실화하지 못했다.

옵셔널리티 주장은 한동안 잠잠하다가 최근 10년 동안 사용자나 구독자를 수백만, 수천만 명 보유한 플랫폼기업들을 중심으로 다시 살아나고 있다. 이들 기업은 사용자나 구독자를 수익화하기 어렵고 매출이 크지 않지만 장기적으로 이들을 활용해 새로운 사업 분야로 진출할 수 있다는 주장이다.

이 주장은 어느 정도 타당성이 있지만, 중요한 것은 단순히 플랫폼에 존재하는 사용자나 구독자의 수가 아니라 플랫폼에 대한 그들의 충성도와 플랫폼 이용 강도다(충성도와 이용 강도가 높을수록 옵셔널리티가 증가한다). 플랫폼기업이 다른 사업 분야로 진출할 때 경쟁우위를 뒷받침할 사용자 데이터를 축적하고 있는지 여부 또한 중요하다. 독점적인 데이터를 보유할수록 더 큰 가치를 창출하며, 다른 기업도 접근할 수 있는 데이터라면 가치가 상대적으로 떨어진다. 예를 들어 현재 많은 기업이 사용자의 스마트폰이나 기타 기기에서 추적하는 위치 데이터는 플랫폼기업만이 독자적으로 접근할 수 있는 사용 데이터보다 가치가 떨어진다.

사례 연구 3: 조마토의 옵셔널리티와 더 큰 시장 진출 논리

수백만 명의 사용자를 보유한 플랫폼기업으로서 조마토가 사용자들에게 새로운 제품과 서비스를 제공할 수 있다면 이를 통해 추가 이익을 창출하고 기업 가치를 더욱 높일 수 있을 것이다. 이는 앞서 설명한 옵셔널리티에 해당한다. 그러나 조마토 사례에서 몇 가지 주의할 점이 있다.

- **첫째,** 앞서 언급했듯이 사용자의 이용 강도가 높고 독점 데이터를 더 많이 축적한 플랫폼은 사용자가 일시적으로 머물고 독점 데이터를 거의 수집하지 않는 플랫폼에 비해 높은 가치를 지닌다. 조마토의 플랫폼은 사용자 수가 많다는 강점이 있지만, 사용자의 이용 강

도와 데이터의 독점성은 부족한 면이 있다. 조마토 앱 사용자는 주로 음식을 주문할 때만 플랫폼에 접속하며, 앱 이용 행태도 음식 주문과 배달로 한정되는 경우가 많다. 따라서 조마토가 플랫폼 사용자를 대상으로 서비스를 확장한다면 식료품 구매 같은 음식 관련 사업일 가능성이 매우 크며, 이를 통해 어느 정도 옵션 가치를 확보할 수 있을 것이다.

■ 둘째, 옵셔널리티가 존재한다고 생각하더라도, 그 옵셔널리티를 수치화해서 가치를 부여하는 것은 투자에서 특히 어려운 문제다. 옵션가격결정모형을 적용할 수 있지만 계산에 필요한 입력값을 도출하는 것 자체가 쉽지 않다. 특히 옵셔널리티가 아직 구체화되지 않은 단계에서는 더욱 그렇다.

결론적으로 조마토에 대해 추정한 내재가치(43루피)보다 더 높은 프리미엄을 지불한다고 해도, 조마토의 사용자 특성을 고려할 때 그 프리미엄은 크지 않아야 한다.

가격 산정

9장에서 자산의 가격을 산정하려면 유사한 자산이 시장에서 어떤 가격에 거래되고 있는지를 살펴보아야 한다고 언급했다. 이 원칙은 초기 단계 기업에도 적용된다. 다만 가격 산정의 각 단계에서 직면하게 되는 과제들이 존재한다.

도전 과제

비상장기업과 상장기업의 가격 산정 과정은 세 단계로 이루어진다. 첫째, 매출, 이익, 현금흐름, 장부가치 등 공통된 지표로 가격을 표준화해야 한다. 둘째, 동종 기업 비교를 위해 유사한 기업을 찾아야 한다. 하지만 '유사한' 기업을 어떻게 정하느냐는 애널리스트의 주관적인 판단에 달려 있다. 셋째, 평가 대상 기업과 동종 기업 간의 차이를 조정해야 한다.

1. 가격 표준화: 가격 비교에 사용하려면 지표가 최소한 양수 값이어야 하며, 기업 가치와

밀접한 연관성이 있다면 이상적이다. 그러나 초기 단계 기업의 가격을 산정할 때는 이러한 조건 때문에 사용할 수 있는 지표가 상당히 제한적이다. 매출 발생 이전 단계의 창업기 기업은 매출이 없고 EBITDA에서 순이익에 이르기까지 모든 이익 지표가 음수 값이어서 사용할 수 있는 재무적 지표가 없다. 생애주기가 더 진행되어 가시적인 매출이 있지만 여전히 적자인 기업이 사용할 수 있는 유일한 지표는 매출이다. 이익을 내기 시작했더라도 이제 막 흑자로 전환했다면 아직은 이익과 기업 가치의 연관성이 거의 없기 때문에 이익을 가격 비교의 기준으로 삼기는 이르다.

2. **동종 기업 선정:** 가격 산정을 위해 비교 대상이 될 동종 기업을 선정하려면, 먼저 시장에서 가격이 형성된 기업 중에서 평가 대상 기업과 유사한 기업을 찾아야 한다. 창업기 기업과 초기 단계 기업은 동종 기업 대부분이 비상장기업일 가능성이 크다. 이러한 기업의 가격 정보는 주로 최근의 VC 투자 라운드에서 평가된 가치를 반영하는데, 이 정보는 시점이 오래되었거나 시장 상황을 정확히 반영하지 못할 가능성이 있다. 생애주기가 더 진행되어 시장에 상장하더라도 범위를 너무 좁게 정의하면 동종 기업을 찾기가 어려울 수 있다. 예를 들어 우버를 승차공유기업으로 정의하고 동종 기업을 제한한다면 2019년 기준으로 선택할 수 있는 동종 기업은 두 곳에 불과하고, 상장기업으로 한정하면 리프트(Lyft) 하나뿐이다.

3. **차이 보정:** 가격 산정에 사용할 비례 지표를 찾고 동종 기업을 선정했다면 투자자들이 가격을 산정할 때 무엇을 기준으로 삼고 있는지를 파악해야 하며, 그 결정 요인들 간의 차이를 어떻게 보정할지도 함께 고민해야 한다.

결론적으로 초기 단계 기업의 가격을 산정하는 것은 성숙기 기업의 가격을 산정하는 것보다 훨씬 더 많은 어려움을 수반하며, 이는 초기 단계 기업의 가치평가에서 직면했던 과제와도 상당히 유사하다.

대응

창업 기업과 초기 단계 기업의 가격을 산정할 때는 성숙한 기업의 경우라면 타협

하지 않을 것도 수용하는 실용적인 태도가 필요하다. 이러한 실용적 선택을 앞서 제시한 가격 산정의 도전 과제와 같은 순서로 설명하겠다.

1. **가격 표준화**: 매출 발생 전 단계에 있는 기업이나 초기 단계 기업은 재무제표에서 사용할 수 있는 지표가 없다. 그 대안으로 관찰 가능한 지표 가운데 미래에 매출과 수익성 창출로 연결될 수 있는 영업 지표를 사용한다. 예를 들어 1990년대 닷컴 붐 당시, 애널리스트들은 웹사이트 방문자 수를 참고해 닷컴기업의 시가총액을 추정하고 비교했다. 최근에는 구독자 수, 회원 수, 사용자 수 등을 지표로 활용하는 방식도 널리 사용되고 있다. 미래 매출이나 이익 등 주요 지표의 추정치를 활용할 수도 있다. 이를 바탕으로 현재 지불할 가격을 자신이 추정한 미래의 예상 매출이나 이익과 비교한 선행 배수를 계산할 수 있다. 이 방법의 장점은 현재의 작은 매출을 키우고 손실을 이익으로 전환해서 더욱 의미 있는 비교와 가격 산정이 가능해진다는 것이다.

2. **동종 기업 선정**: 아직 상장하지 않았고 동종 기업들도 모두 상장하지 않은 창업기 기업의 가격을 산정할 때는 최근 VC 투자 라운드에서 평가된 동종 기업의 가격에 의존할 수밖에 없다. 그러나 VC 평가 방식은 부정확하거나 시점이 오래된 경우가 많다. 이를 보완하기 위해서는 모든 VC 라운드의 가격을 동일하게 취급해서는 안 된다. 최근의 투자 라운드에 과거 라운드보다 더 높은 가중치를 부여하고, 규모가 큰 투자 라운드가 작은 투자 라운드보다 더 신뢰할 수 있다고 간주해야 한다. 또 실적이 우수한 VC가 투자한 기업은 실적이 부족하거나 검증되지 않은 VC가 투자한 기업보다 훨씬 더 중요하다. 창업기 기업이 상장된 후에는 사업의 범위를 넓게 정의하고 '유사한' 기업의 기준을 완화해 더 많은 기업을 동종 기업에 포함하는 것이 좋다. 경우에 따라서는 다른 시장이나 업종에 속한 기업들도 비교군에 포함할 수 있다.

3. **차이 보정**: 어느 단계의 기업이든 가격 산정 과정에서는 성장성, 수익성, 투자 효율성의 차이를 보정해야 한다. 초기 단계 기업도 예외는 아니다. 문제는 초기 단계 기업은 매출 성장률 외에 수익성 및 재투자 지표의 신뢰성이 낮고 변동성이 크다는 점이다. 시장이 실제로 초기 단계 기업들의 가격을 어떻게 산정하고 있는지 파악하기 위해 통계적 도구를

활용할 수 있다. 시장가격과 관찰 가능한 변수 간의 상관관계를 찾는 것이다. 예를 들어 2013년에 소셜미디어기업들이 미국 증시에 처음 상장되었을 때, 이들 기업의 시가총액 차이를 가장 잘 설명하는 변수는 각 기업의 사용자 수였다.

모든 것은 상대적이다. 초기 단계 기업의 가격을 산정하는 것은 분명히 성숙한 기업보다 어려운데 가치평가는 그보다 '훨씬' 더 어렵고 더 많은 노력이 들어가는 작업으로 보인다. 선택할 수만 있다면 투자자 대부분이 초기 단계 기업에 대해 가치를 평가하기보다 가격만 산정할 것은 어찌 보면 당연하다. 의미 없는 표준화 지표를 사용하고 기업 간 사업모델과 최종 성과의 차이를 보정하지 않은 가격 산정은 피상적이어서 업종 내 기업 전반의 가격 산정에 큰 오류가 발생할 수 있다.

사례 연구 4: 조마토의 가격 산정

조마토는 인도 온라인 음식배달 사업을 개척했고 이 분야에서 최초로 상장한 인도 기업이다. 숫자들을 빠르게 훑어보면 조마토의 가격 산정이 얼마나 어려운지 알 수 있다. 조마토는 매출 규모가 작고 영업손실은 크기 때문에 전통적인 가격 산정 기준에서 사용할 수 있는 재무 지표는 매출과 매출총이익뿐이다. 시가총액을 플랫폼 사용자 수로 나누어 사용자당 가치를 구할 수도 있다. 표 10.5에서는 이러한 배수 지표들을 조마토에 대해 추정하고, 이를 2020년에 흑자 전환에 근접했던 미국의 온라인 음식배달 기업 도어대시(DoorDash)의 수치와 비교했다.

내재가치 평가가 주관적이고 가격 산정은 그렇지 않다고 생각한다면 이 표가 그 오해를 바로잡아줄 것이다. 매출총이익, 매출, 총주문액(GOV)을 기준으로 가격을 비교해서 2020년 당시 조마토가 도어대시에 비해 고평가되었다고 주장할 수도 있다. 그러나 사용자당 가치 기준으로 보면 조마토가 훨씬 더 저렴하다.

가격 산정에서 성장통의 영향을 제거하기 위해 나는 10년 후인 2030년의 주요 수치(총주문액, 매출, 매출총이익, 사용자 수)를 추정하고 이를 기준으로 현재 시가총액을 조정해 선행 가격 배수를 도출했다. 그 결과 조마토는 총주문액 배수 기준으로는

[표 10.5] 조마토와 도어대시: 가격 산정

	도어대시		조마토	
	2020	2030년 예상	2020	2030년 예상
시가총액(백만 달러)	57,860		8,600	
기업 가치(백만 달러)	53,640		7,500	
총주문액(백만 달러)	18,897	72,072	1,264	10,038
매출(백만 달러)	3,601	9,009	266	2,208
매출총이익(백만 달러)	1,864	4,955	140	1,325
영업이익(백만 달러)	−412	1,802	−64	773
플랫폼 사용자 수(백만 명)	20	50	40	200
	현재	선행	현재	선행
EV/총주문액	2.84	0.74	5.93	0.75
EV/매출	14.90	5.95	28.20	3.40
EV/매출총이익	28.78	10.83	53.57	5.66
EV/사용자	2,682.00	1,072.80	187.50	37.50

적정하게 평가되었고, 매출과 매출총이익 기준으로는 저평가 상태, 사용자당 가치 기준으로는 매우 저평가된 상태로 보인다.

동종 기업을 단 한 개로 제한한 것은 2021년 당시 상장된 온라인 음식배달기업이 도어대시뿐이었기 때문이다. 더 많은 기업을 포함할수록 가격 산정의 신뢰도는 더 나아진다. 동종 기업군을 확장하는 방법은 두 가지가 있다. 첫째, 전 세계의 비상장 음식배달기업들을 포함하고 VC가 해당 기업들을 총주문액, 매출, 매출총이익 기준으로 어떻게 평가하는지 분석한다. 현재가치뿐만 아니라 미래 예상 가치를 기반으로 평가할 수도 있다. 둘째, 비교 대상을 온라인 음식배달기업에서 기술 기반 중개 플랫폼으로 확장한다. 우버, 리프트, 에어비앤비 같은 기업을 비교군에 추가할 수 있다.

결론

창업 기업과 초기 단계 기업의 가치를 평가하거나 가격을 산정해야 하는 투자자와 트레이더들은 불확실성이 너무 크다며 고충을 토로한다. 많은 사람이 불확실성을 이유로 이런 기업을 회피하고 아예 투자 대상에서 제외하기도 한다. 이 장에서는 제한된 이력, 부족한 재무 정보, 아직 정립되지 않은 사업모델 등 초기 단계 기업을 평가할 때 직면하는 여러 도전 과제를 살펴보았다. 전통적인 VC 방식에서는 매출이나 이익과 같은 핵심 지표를 임의의 미래 특정 시점까지 예측한 뒤 이를 바탕으로 가격을 산정한다. 그러나 나는 VC의 접근법을 버리고, 스토리를 중심으로 내재가치를 평가하는 방식으로 접근했다. 즉 기업의 스토리를 설정하고 그 스토리를 바탕으로 평가에 필요한 입력값을 선택해서 기업의 가치를 도출했다.

초기 단계 기업은 가격 산정에 널리 사용되는 지표인 매출, 이익, 장부가치가 음수 값이거나 정보로서 가치가 낮은 경우가 많다. 이 장에서는 매출을 유발하는 요소(사용자 수, 구독자 수), 미래 예상 매출과 이익 등을 대안으로 검토했다. 마지막으로 같은 시장에서 같은 사업을 하는 기업으로 동종 기업을 좁게 정의하려는 유혹이 있을 수 있다. 그러나 동종 기업의 범위를 오히려 넓게 설정하고 그 대신 차이점을 더욱 세밀하게 보정하는 것이 초기 단계 기업의 가격을 산정하는 더 나은 접근법이다.

11장
고도성장기 기업
: 성장성 vs 위험

10장에서는 창업기 기업과 초기성장기 기업을 평가할 때 직면하는 여러 과제를 다루었고, 창업기와 초기성장기 기업도 가치평가와 가격 산정이 가능하다는 것을 제시했다. 이들 기업 중에서 초기 단계의 어려움을 극복하고 매출을 성장시킬 뿐만 아니라 이익까지 창출하는, 실제 작동하는 사업모델을 구축한 기업은 가치평가가 다소 수월해진다. 이때부터는 재무제표에서 사업모델의 질에 관한 더 유의미한 정보를 얻을 수 있고, 기업의 이력에서 위험을 추정할 단서를 구할 수 있기 때문이다. 이번 장에서는 이러한 고도성장기 기업을 분석하고, 이들의 가치를 평가하고 가격을 산정할 때 발생할 수 있는 문제들과 그에 대한 해결책을 제시할 것이다.

기업 생애주기의 고도성장기

고도성장기 기업을 평가할 때 마주하는 과제들을 이해하려면 기업이 매출을 창출하기 전 아이디어 단계에서 창업 기업을 거쳐 초기 기업으로 발전하고, 결국 고성장

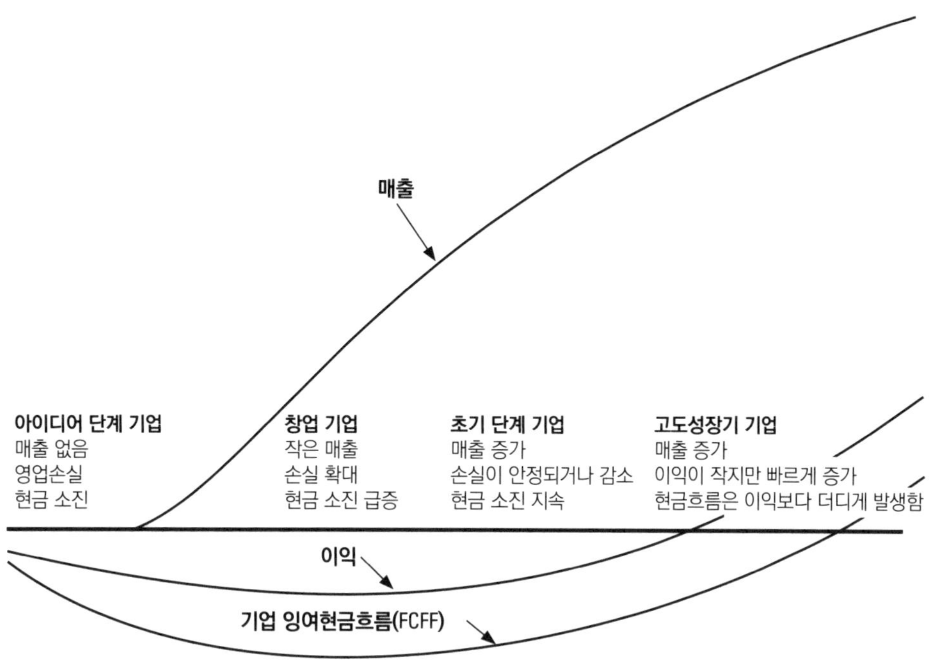

기업으로 나아가는 과정에서 영업 지표가 어떻게 변화하는지 살펴보는 것이 도움이 된다. 그림 11.1은 생애주기 단계에 따른 매출, 이익 및 잉여현금흐름의 변화다.

예외도 물론 많지만 일반적으로 창업 기업과 아이디어 단계의 기업은 대개 매출이 없거나 미미하며, 영업손실이 발생하고, 현금을 빠르게 소진한다. 사업모델이 구체화되면서 매출이 급증하고 손실은 줄어들지만 미래 성장을 위한 재투자에 계속해서 현금을 소진할 것이다.

이번 장에서 집중적으로 다룰 고도성장기 기업은 적어도 현재로서는 잘 작동하는 사업모델을 구축한 상태다. 규모의 경제 효과와 사업모델 조정을 통해 결국 이익을 내는 단계로 도달할 가능성이 있지만 초기에는 이익이 미미할 것이다. 이러한 기업들은 여전히 성장에 대한 야망이 있기 때문에 성장을 위해 재투자가 필요하다. 따라서 잉여현금흐름이 흑자로 전환되기까지는 더 오랜 시간이 걸릴 수 있다.

고도성장기 기업은 수익성을 입증했을 뿐만 아니라, 기업이 확장하면서 이익이 급증할 것이라는 기대로 특정 유형의 투자자들을 강하게 끌어들인다. 이러한 높은 투자 수요를 활용하기 위해 많은 기업이 이 시기에 상장을 선택한다. 그리고 운이 좋으면 현재의 펀더멘털에 비해 과해 보이는 높은 가치를 시장에서 부여받는다. 성숙기 기업과 비교하면 이런 현상이 더욱 두드러진다. 일부 투자자들, 특히 전통적인 가치투자 관점의 투자자들은 이러한 현상을 고평가의 징후로 받아들인다. 그러나 뒤에서 가격 산정을 설명하며 언급하겠지만 이는 너무 성급한 결론이다. 합리적인 가치평가를 위해서는 특히 성장성과 위험 측면에서 기업 간의 차이에 더욱 주목해야 할 것이다.

가치평가

9장에서 창업 기업과 초기 단계 기업의 가치를 평가할 때 과거 실적이나 위험에 대한 데이터 부족, 제대로 된 사업모델을 개발하지 못할 수도 있다는 우려에서 비롯하는 평가의 어려움을 설명했다. 고도성장기 기업은 과거 데이터가 풍부하고 사업모델이 이미 작동하고 있어서 더 나은 기반에서 가치평가를 시작할 수 있다. 그렇다고 해서 고도성장기 기업의 가치평가가 쉬운 것은 아니다. 이들에게만 국한된 것은 아니겠지만 적어도 이 단계의 기업을 평가할 때 특히 두드러진 어려움이 있다.

도전 과제

어느 고도성장기 기업의 가치를 평가한다고 가정해보자. 이 기업은 이제 막 이익을 내기 시작하고 여전히 높은 매출성장률을 기록하고 있다. 이런 기업은 대개 설립된 지 1~2년 이상 되었으며, 재무제표를 확보한 상태에서 가치평가를 시작하게 된다. 이런 경우에는 다음과 같은 어려움에 직면하게 된다.

1. **규모의 효과:** 고도성장기 기업을 포함해 어떤 기업이든 과거 매출성장률을 검토하는 것

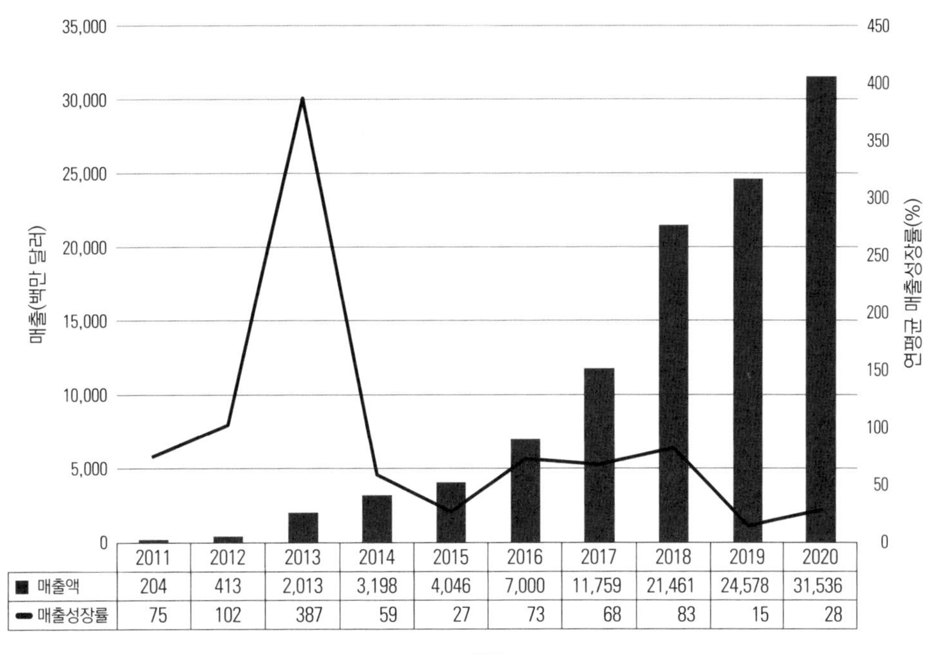

	2011	2012	2013	2014	2015	2016	2017	2018	2019	2020
■ 매출액	204	413	2,013	3,198	4,046	7,000	11,759	21,461	24,578	31,536
● 매출성장률	75	102	387	59	27	73	68	83	15	28

은 의미가 있다. 그러나 과거 성장률을 미래를 예측하는 지표로 사용하는 것은 신중해야 한다. 성장률은 기업의 성장 잠재력뿐만 아니라 성장의 기저도 반영하기 때문이다. 그림 11.2는 테슬라의 과거 10년간 매출과 매출성장률이다.

테슬라가 지난 10년간 높은 연평균 성장률을 기록하며 놀라운 성장을 기록한 것은 부인할 수 없다. 그러나 테슬라가 천문학적으로 높은 성장률을 달성할 수 있었던 것은 테슬라의 2011년 매출이 2억 400만 달러에 불과했기 때문이다. 이처럼 규모가 작을 때는 매출을 2배, 3배로 끌어올리는 것이 분명 가능하다. 반면 2020년 테슬라의 매출은 315억 3,600만 달러였다. 아무리 테슬라를 낙관하더라도 이 시점에서 매출을 2배로 성장시킬 방법을 찾기는 어려울 것이다.

2. **변화하는 재무 상황:** 성장하는 기업들의 공통적인 특징 중 하나는 재무제표의 숫자들이 유동적이라는 것이다. 최근 연도의 숫자가 바로 전 해의 숫자와 크게 다를 수 있고, 심지

어 더 짧은 기간에도 극적으로 변화할 수 있다. 예를 들어 많은 소규모 고도성장기 기업에서는 최근 4개 분기의 매출, 이익과 (불과 몇 달 전에 끝났을 수도 있는) 최근 회계연도의 연간 매출, 이익이 크게 다를 수 있다. 따라서 고도성장기 기업의 가치를 평가할 때는 가능한 한 최신 수치를 확보해야 한다. 가장 마지막 연례보고서가 6개월, 9개월 혹은 12개월 전의 것이라면 왜곡된 추정치가 나올 수 있다.

3. **이익에 대한 질문:** 성장기 기업은 전체 기업 가치에서 기존 자산이 차지하는 비중이 작고 기업이 미래 성장을 위해 유지하고 키우는 자산에 지출하는 비용이 훨씬 더 클 수 있다. 예를 들어 현금흐름할인모형의 기본 가정은 현재 발생하는 영업이익이 기존 자산에서 비롯된 성과이며, 따라서 이를 기반으로 기존 자산의 가치를 평가할 수 있다는 것이다. 그런데 이 영업이익(또는 영업손실)은 판매, 광고, 기타 관리 비용 같은 여러 비용을 차감한 후 계산된다. 나는 이런 비용도 기존 자산과 관련이 있다고 가정하지만 성장기 기업에는 이 가정이 적합하지 않을 수 있다.

성장기 기업의 영업 인력은 기존 제품을 판매하는 것보다 미래 판매를 위한 고객 기반을 구축하는 데 더 초점을 맞출 수 있다. 그렇다면 모든 판매 관련 비용을 기존 자산과 관련된 영업비용으로 처리할 경우, 기업의 실제 이익이 과소평가되고 결과적으로 기존 자산의 가치도 과소평가될 위험이 있다.

4. **비상장기업 투자자에서 상장기업 투자자로:** 대부분의 창업기와 초기성장기 기업은 비상장기업으로 창업자나 VC 등이 소유하는 반면 고도성장기 기업은 상장기업으로 전환되었을 가능성이 훨씬 크다. 상장기업으로 전환되면 여러 측면에서 가치평가가 수월해진다. 첫째, 일부 애널리스트들은 과거 주가만을 이용해 위험을 추정한다. 이 경우 상장된 고도성장기 기업이라면 상대적 위험 지표인 베타를 추정해 가치평가에 활용할 수 있다. 둘째, 상장된 고도성장기 기업은 가치평가 후 시장가격과 비교할 수 있는 이점이 있다. 이를 통해 가치평가 과정에서 치명적인 오류는 없었는지 확인할 수 있다. 셋째, 주식의 시장가격이 존재하면 직원들이 가진 스톡옵션의 가치평가(옵션 가치평가에 필요한 주가와 변동성 등 입력값을 확보할 수 있음)를 포함해 가치평가의 미진한 부분을 마무리하기가 훨씬 수월해진다. 그러나 고도성장기 기업의 가치를 평가할 때는 시장가격이 존재하기 때문에 발생하는 문

제도 있다.

- 고도성장기 기업의 주가는 종종 펀더멘털보다는 분위기나 모멘텀 같은 매매 요인에 의해 더 크게 좌우된다. 이러한 주가를 위험 측정이나 옵션 가치 추정의 기준으로 삼는 것은 위험할 수 있다.

- 내재가치 평가는 시장가격이 개입되지 않는 작업이라는 신화를 지키고 싶지만, 현실에서는 고도성장기 기업을 평가한 결과가 시장가격과 크게 다르게 나오면 그 가치를 가격에 '맞추거나' 최소한 가까워지게 하려는 유혹이 생기기 마련이다.

- 마지막으로 고도성장기 기업이 상장할 때, 상장 이전에 기업을 보유하고 있던 창업자와 VC들이 종종 투자자로 남아 있으며 때로는 지배 지분을 유지하기도 한다. 이는 전체 주식 중 일부만을 상장하거나, 일반 투자자에게는 의결권이 낮거나 없는 주식을 제공하고 창업자와 내부자들은 높은 의결권을 가진 주식을 보유하는 방식으로 이루어진다. 요약하면 상장 주식시장 투자자와 시장가격의 존재는 고성장 기업의 가치평가에 도움이 될 수 있지만, 동시에 더욱 편향되고 왜곡된 가치평가로 이어질 수도 있다.

5. **시가총액과 실적의 괴리:** 앞서 설명한 회계 재무상태표와 금융 재무상태표의 차이는 특히 성장기 기업에서 더욱 뚜렷하게 나타난다. 회계 재무상태표는 주로 기존 투자에 초점을 맞추는 반면, 금융 재무상태표는 미래 성장을 위한 자산까지 포함한다. 그 결과 상장된 성장기 기업의 시장가격은 회계(장부) 가치보다 훨씬 높은 경우가 많다. 시장가격은 성장 자산의 가치를 반영하지만 회계상 가치는 대개 이를 반영하지 않기 때문이다. 시장가격은 기업의 영업 지표(매출, 이익)와도 불일치하는 것처럼 보일 수도 있다. 시가총액이 수억에서 수십억 달러에 달하는 성장 기업이 매출이 상대적으로 작거나 심지어 영업손실을 기록하는 경우도 많다. 이러한 괴리가 발생하는 것은 현재의 영업 지표가 기업의 기존 투자만을 반영하며 기존 투자가 기업 전체 가치에서 차지하는 비중은 매우 작을 수 있기 때문이다.

그림 11.3은 성장기 기업의 공통적인 특징이다. 재무 지표의 변동성이 크고, 상장주식과 비상장주식이 혼합된 구조이며, 시장가치와 영업 데이터 간에 괴리가 있고,

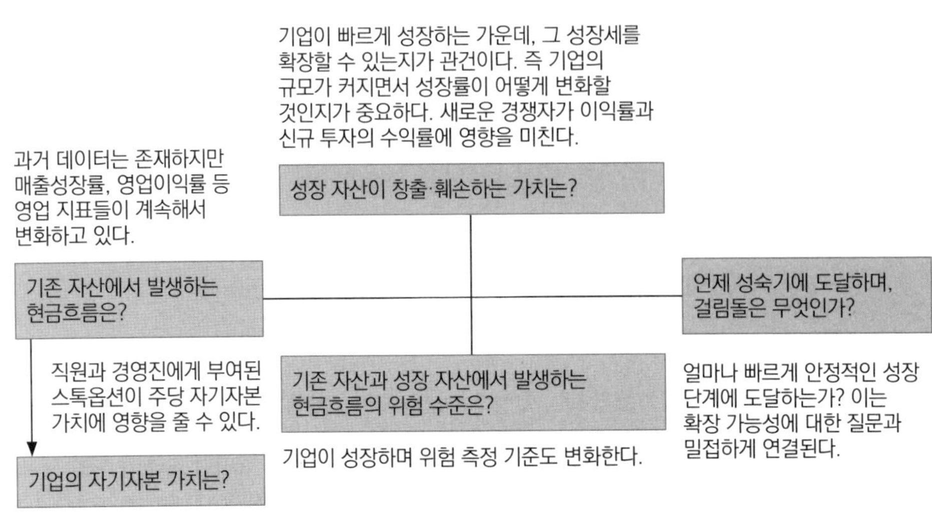

자본 조달의 수단으로 주식에 대한 의존도가 높으며, 시장 이력이 짧고 변동성이 크다. 이러한 특징은 내재가치와 상대 가치평가 모두에 영향을 미친다.

대응

기업의 내재가치가 현금흐름과 위험 특성에서 비롯한다면 고도성장기 기업의 가치를 평가할 때 부딪히는 문제들은 결국 기업이 위치한 생애주기 단계와 관련이 있을 것이다. 이러한 문제를 해결하기 위해 창업기 기업과 초기성장기 기업의 가치평가에 사용한 5단계 절차를 바탕으로 고도성장기 기업의 특성을 반영해 조정한 가치평가 방법을 제시한다.

1단계: 스토리 구성하기

창업 기업과 젊은 기업의 스토리를 구성할 때 나는 과거 데이터가 아니라 그들이 제공하는 제품이나 서비스의 잠재 시장, 창업자의 경영 능력, 자본 조달 가능성 같은 잠재력에 집중했다. 이는 사용할 수 있는 과거 데이터가 거의 없으며, 설령 존재한다고 해도 유의미한 정보를 제공하지 않기 때문이었다. 고도성장기 기업의 스토리를 구성할 때도 잠재력은 여전히 중요한 요소지만, 이제는 기업의 재무 이력과 지배구조에 더 많은 비중을 둘 필요가 있다. 경우에 따라 이러한 실적은 기업의 전망(매출 성장과 수익성)을 더 낙관적으로 보게 만들 수 있고, 반대로 스토리의 규모를 축소하게 만들 수도 있다.

2단계: 3P(가능성, 타당성, 개연성) 테스트 수행하기

고도성장기 기업의 경우 3P 테스트의 개요 자체는 변하지 않지만 창업기에 비해 더 많은 정보를 바탕으로 판단을 내릴 수 있다.

- **매출:** 가장 크게 의문이 제기되는 부분은 매출을 확장할 수 있다는 가정이 타당한지 여부다. 경영진과 창업자는 미래에 대한 전망을 얼마든지 내놓을 수 있지만 기업을 평가하는 사람은 이러한 전망이 허황된 꿈(불가능한 경우)이나 지나치게 무리한 기대(이론적으로 타당하지만 현실적으로 개연성이 낮은 경우)는 아닌지 회의적인 시각으로 볼 필요가 있다. 이를 평가하기 위해 시장의 크기와 성장 가정, 잠재적인 경쟁을 고려했을 때 기업이 차지할 가능성이 있는 시장점유율을 살펴볼 수 있으며, 이 과정에서 기업의 과거 실적을 참고할 수 있다.

- **영업이익률:** 고성장 기업의 수익성이 긍정적인 흐름을 보일 경우 영업이익률에 대한 지나친 낙관론으로 이어질 수 있다. 예를 들어 지난 10년 동안 업종과 관계없이 모든 고성장 기업이 기술기업의 외피를 쓰고 기술기업이 기록하는 30%, 40% 수준의 영업이익률을 달성하기를 기대했다.

- **재투자:** 기업이 기대하는 성장을 달성하기 위해 충분히 재투자하고 있는지를 평가하기가 어려울 수 있다. 과거의 재투자는 변동성이 클 가능성이 높고, 주식으로 대가를 지급한 투자나 인수로 인해 실상이 가려질 수 있기 때문이다. 재투자 가정의 타당성을 평가하기 위해서는 재투자의 범위를 인수 활동과 영업비용으로 잘못 분류된 항목(예: 연구개발비)까지 포함하도록 정의해야 하며, 기업이 성장하는 과정에서 투자된 자본을 꾸준히 추적

할 필요가 있다.

3단계: 스토리를 가치평가 모형의 입력값으로 변환하기

고도성장기 기업에 대한 가치평가 스토리를 3P 테스트를 통해 검증했다면, 다음 단계는 해당 스토리를 가치평가 모형의 입력값으로 변환하는 것이다.

a. 매출성장률: 가장 중요한 문제이자, 이 장에서 강조하는 핵심은 성장의 확장 가능성이다. 과거의 성장률을 맹목적으로 미래 성장률 가정에 적용하는 것은 과대평가를 초래할 위험이 크다. 기업의 규모가 커질수록 매출성장률은 감소하게 된다. 기대한 성장률 그대로 성장한다면 모든 성장기 기업은 영원히 커질 것이다. 기업 규모가 커짐에 따라 성장률이 어떻게 변화하는지를 조사한 한 연구에서는 IPO 직후 고도성장기 기업의 매출성장률 변화를 해당 업종의 평균 성장률과 비교해 분석했다.[1] 그림 11.4에 그 결과를 제시한다.

IPO 당시에는 기업의 성장률이 업계 평균보다 훨씬 높다. 그러나 고성장 기업의 매출성장률은 빠르게 업계 평균으로 수렴한다. IPO 후 1년 차에는 업계 평균보다 15% 높은 매출성장률을 기록하지만 2년 차에는 7%, 4년 차에는 1%로 차이를 줄이다가 5년 차에는 업계 평균에 도달한다. 물론 모든 고성장 기업이 이와 같은 경로를 따르는 것은 아니다. 그러나 전체 데이터를 보면 성장기 기업이 장기간 높은 성장률을 유지하는 것은 당연한 것이 아니라 예외에 해당한다는 사실을 알 수 있다.

개별 기업의 매출성장률이 얼마나 빨리 감소할지는 기업의 고유한 특성을 살펴보면 대체로 파악할 수 있다. 기업의 제품이나 서비스의 전체시장 규모, 경쟁 강도, 제품의 질, 경영진의 자질 등이 이 특성에 포함된다. 경쟁이 덜 치열하거나 경쟁으로부터 보호받을 수 있고 시장의 규모가 크며 우수한 경영진을 보유한 기업은 더욱 오랫동안 높은 매출성장률을 유지할 가능성이 있다. 다음은 개별 기업의 미래 매출성장률 가정이 타당한지 평가하는 데 활용할 수 있는 수단이다.

- **매출 규모의 절대적 변화:** 매출성장률에만 의존하지 않고 각 기간의 절대 매출 규모 변화를 계산하는 것이 간단한 검증 방법이 될 수 있다. 경험이 많은 애널리스트조차

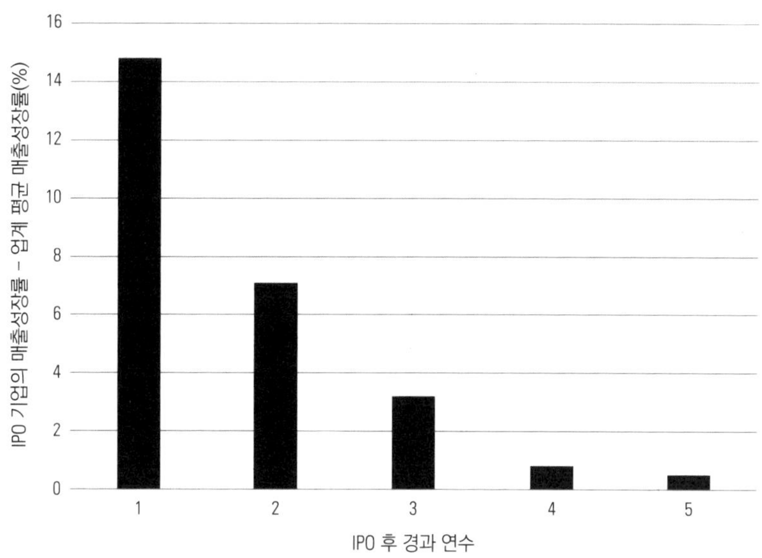

성장의 복리 효과를 과소평가하는 경우가 많으며, 높은 성장률이 유지될 경우 시간이 지나면서 매출이 얼마나 급격히 증가할지 제대로 인식하지 못할 수 있다. 따라서 특정 성장률을 가정했을 때 매출의 절대 증가분을 계산하는 것은 비현실적인 낙관론을 경계하는 데 유용한 방법이 될 수 있다.

- **과거 데이터:** 해당 기업의 과거 연도별 매출성장률을 살펴보면 기업 규모가 커짐에 따라 성장률이 어떻게 변화해왔는지를 파악할 수 있다. 수학적으로 분석하면 이러한 관계에서 미래 성장률을 예측하는 데 활용할 만한 단서를 얻을 수도 있다.

- **업종 데이터:** 마지막으로 같은 업종 내에서 더 성숙한 기업들의 매출성장률을 분석함으로써, 기업이 더 커졌을 때 합리적으로 기대할 만한 성장률이 어느 정도인지 가늠할 수 있다.

결론적으로 모든 성장 기업의 기대 매출성장률은 시간이 지남에 따라 감소하는 경향이 있지만, 그 속도는 기업마다 다를 수 있다.

b. **수익성:** 매출에서 영업이익을 도출하려면 기업의 영업이익률을 분석해야 한다. 가장 간

단하고 이상적인 경우는 현재 영업이익률이 지속 가능해 향후에도 유지할 수 있는 경우다. 그렇다면 매출성장률을 따로 예측할 필요 없이 영업이익 성장에만 집중할 수 있다. 이는 두 개가 같은 의미를 가지기 때문이다. 그러나 대부분의 성장 기업에서는 현재 영업이익률이 시간이 지나면서 변화할 가능성이 크다.

가장 일반적인 경우는 현재의 영업이익률이 지속 가능한 장기적인 이익률에 비해 너무 낮거나 아예 마이너스 상태인 경우다. 이는 세 가지 주요 이유로 발생할 수 있다. 첫째, 기업이 성장 초기 단계에서 선행 투자해야 하는 고정 비용이 존재하는 경우다. 즉 비용 부담은 초기에 발생하고 매출과 성장이라는 보상은 이후에 발생한다. 에너지, 통신, 케이블 TV 같은 인프라기업이 여기에 해당한다.

둘째, 성장 기업에서는 미래 성장을 위한 비용이 현재의 영업비용과 섞여 있는 경우가 많다. 예를 들어 성장 기업의 판매비용은 대개 현재 매출을 위한 것이 아니라 미래 성장을 위한 투자 성격을 갖지만 영업비용으로 분류된다. 기업이 성숙해지면서 이러한 비용의 비중이 줄어들고, 이에 따라 영업이익률과 수익성이 증가할 가능성이 크다.

셋째, 비용과 매출 발생 시점 사이에 시차가 존재하는 경우다. 현재 발생한 비용이 향후 몇 년 뒤의 높은 매출을 위한 투자라면 현재의 이익률과 수익성은 낮게 나타날 수밖에 없다. 반대로 현재의 영업이익률이 지나치게 높고 시간이 지나면서 감소할 가능성도 있다. 이러한 경우는 상대적으로 드물기는 하지만 특정 시장에서 틈새 제품을 제공하는 성장 기업에서 발생할 수 있다. 초기에는 시장이 작고 규모가 더 크고 강한 자본을 갖춘 경쟁사가 관심을 갖지 않아 독점적인 위치에서 높은 가격을 유지하다가, 기업이 성장하면서 경쟁이 심화되면 상황이 달라지고 영업이익률이 점차 감소할 수 있다. 또 다른 가능성은 높은 이익률이 특허나 법적 보호 덕분에 유지되는 경우다. 만약 경쟁자로부터 보호해주는 특허나 기타 법적 장치가 만료되면 경쟁이 증가하면서 영업이익률이 하락할 수 있다.

이익률은 낮은 수준에서 점차 개선되어 더 높은 수준으로 수렴할 수도 있고, 높은 수준에서 좀 더 지속 가능한 수준으로 낮아질 수도 있다. 어느 경우든 목표 이익률을 얼마로 설정할지, 현재 이익률이 어떤 경로로 목표 수준으로 이동할지 판단해야 한다. 첫 번째 질문의 답은 해당 기업이 속한 업종의 평균 영업이익률과 그 업종 내에서 규모가 크고 안정적인 기업들이 기록하는 이익률을 참고해 찾을 수 있다. 두 번째 질문의 답은 현재 이익률과 목표 이익률에 차이가 발생한 원인에 따라 달라진다. 예를 들어 인프라기업의 경우에는 초기 투자 자산이 언제부터 본격적으로 운영될지, 생산 능력이 언제 완전히 활용될지에 따라 이익률의 변화 속도가 결정될 것이다.

c. 재투자: 앞서 언급했듯이 성장 기업의 과거 재투자 기록을 바탕으로 미래의 재투자 가정을 세우는 것은 위험할 수 있다. 즉 최근 연도의 순자본 지출과 운전자본 변동을 기준으로 이러한 항목들이 매출과 동일한 비율로 증가할 것이라고 가정하면, 현실적이지 않거나 성장 가정과 일관되지 않은 재투자 수치를 도출할 가능성이 크다. 특히 고성장 기업은 시간이 지나면서 이익률이 변하는 경향이 있기 때문에 나는 초기성장기 기업을 평가할 때 사용했던 방식과 동일한 접근법을 적용할 것이다. 즉 매출 변화와 자본 대비 매출 배수를 기반으로 재투자를 추정하는 방식을 따를 것이다.

$$\text{재투자}_t = \text{매출 변화}_t / (\text{매출}/\text{자본})$$

자본 대비 매출 배수는 기업의 데이터를 활용해 추정할 수 있다. 이는 순자본 지출이나 운전자본 변동보다 더 안정적인 지표다. 업종 평균 데이터를 참고하여 더욱 신뢰도 높은 값을 도출할 수도 있다. 재투자와 매출 변화 간의 시차를 반영하기 위해 미래 특정 시점의 매출을 기준으로 현재의 재투자 규모를 추정하는 방식도 가능하다.

이미 향후 몇 년간의 성장에 필요한 생산 능력(capacity)에 투자해둔 성장 기업은 당분간 재투자가 적거나 없어도 성장이 가능하다는 점에서 예외적인 위치에 있다. 이러한 기업의 경우 생산 능력 활용도를 분석함으로써 투자 공백 기간이 얼마나 지속될지, 언제 다시 재투자가 필요할지 예측할 수 있다. 투자 공백 기간에는 재투자가 최소화되거나 아예 없을 수도 있으며 이와 동시에 매출과 영업이익도 건전한 성장세를 유지하는 것이 가능하다.

d. 위험 특성: 성장기 기업과 성숙기 기업 모두 자본비용의 구성 요소는 베타, 자기자본비

용, 부채비용, 부채비율로 동일하다. 그러나 성장기 기업은 시간이 지남에 따라 위험 프로필이 변화한다는 점에서 차이가 있다. 성장기 기업의 가치를 적절하게 평가하려면 각 기간에 대한 성장률과 이익률 가정과 일관되도록 할인율을 조정하는 것이 핵심이다. 이를 위해 다음과 같은 일반 원칙 두 가지를 따를 수 있다.

- 성장기 기업은 매출성장률이 가장 높을 때 자기자본비용과 부채비용이 높고, 매출성장률이 둔화되고 이익률이 개선됨에 따라 이러한 비용이 점차 감소한다.

- 실적이 개선되고 성장률이 둔화되면서 또 다른 변화가 나타난다. 기업이 필요한 수준보다 더 많은 현금흐름을 창출하며, 이를 배당 지급이나 부채 상환에 활용할 수 있게 된다. 이러한 부채 조달 능력을 반드시 활용해야 하는 것은 아니므로 부채를 사용하지 않는 기업도 있다. 그러나 부채의 세금 절감 효과를 위해 일부 기업은 추가 차입을 선택하며, 그 결과 점차 부채비율이 증가할 수 있다.

결론적으로 성장기 기업의 자본비용은 전체 기간 동안 일정하게 유지되는 값이 아니라 매년 기업의 변화에 맞춰 조정되어야 한다. 따라서 특정 시점에 맞춰 변동하는 연도별 수치로 설정하는 것이 바람직하다. 성장기 기업의 위험 파라미터(베타)를 추정할 때는 제한적인 주가 데이터를 사용하는 것을 최대한 피하는 것이 중요하다. 제한적인 주가 데이터를 기반으로 한 베타 추정치는 표준 오차가 매우 클 가능성이 높기 때문이다. 대신 해당 기업과 위험 수준, 성장 특성, 현금흐름 특성이 유사한 다른 상장기업들의 데이터를 참고해 베타를 추정하고 활용하는 것이 더 적절하다. 특히 성장기 기업은 상향식 베타(회귀분석으로 산출한 개별 베타가 아니라 동일 산업 평균 베타)를 사용하는 것이 훨씬 타당한 접근법이다.

e. 안정적 성장: 성장기 기업은 기업 가치에서 영구가치가 차지하는 비중이 성숙기 기업보다 훨씬 크기 때문에, 이에 대한 가정이 매우 중요하다. 고도성장기 기업이 언제 성숙하고 안정적인 성장 단계로 접어들지 판단하기는 쉽지 않다. 초기 단계 기업을 평가할 때보다는 조금 더 많은 정보가 있지만 판단은 여전히 어렵다. 이는 십대 청소년을 보고 중년에 어떤 모습일지, 어떤 일을 할지 예측하는 것과 비슷하다. 기업마다 상황이 다르지만 다음과 같은 일반 원칙이 적용될 수 있다.

- 안정적 성장 단계에 접어드는 시점을 지나치게 늦게 설정해서는 안 된다: 성장 기업을 평가할 때의 함정에서도 언급했듯이 많은 애널리스트는 성장 기업이 오랜 기간 높은 성장률을 유지할 것이라는 가정을 설정하고, 이를 과거의 성장 실적으로 정당화하려 한다. 그러나 기업 규모가 커지고 경쟁이 심화되면서 유망한 기업조차도 성장률이 빠르게 둔화될 가능성이 크다. 특히 10년을 초과하는 성장 기간을 설정하면서 그 기간 동안 높은 성장률이 지속될 것이라고 가정하는 것은 논리적으로 뒷받침하기 어렵다. 시간이 지나면서 이러한 성과를 유지한 기업은 극소수에 불과하기 때문이다. 아직 기업이 스스로를 입증하기도 전에 예외적 사례로 간주해 가치를 평가하는 것은 바람직한 접근법이 아니다.

- 기업이 안정적 성장 단계에 접어들었다고 가정할 때는 그에 걸맞은 안정 성장 기업의 특성을 반영해야 한다: 내부적인 일관성을 유지하기 위해 최종 가치를 계산할 때 기업의 특성을 안정적 성장 기업의 기준에 맞춰 조정하는 것이 중요하다. 할인율과 관련해서는 앞서 언급했듯이 타인자본비용과 자기자본비용을 낮추고, 부채비율을 높이는 방식으로 변화시켜야 한다. 재투자 측면에서는 안정적 성장 단계에서의 자본이익률 가정이 핵심이다. 일부 애널리스트는 안정적 성장 단계에서는 자본이익률을 자본비용과 동일하게 설정해야 한다고 주장하지만 기업별 특성을 어느 정도 반영할 수 있도록 유연성을 유지하는 것이 바람직하다. 일반적으로 안정적 성장 단계에 접어들면서 자본이익률과 자본비용 간의 차이는 지속 가능한 수준(4~5% 미만)으로 점차 좁혀져야 한다.

4단계: 기업 가치평가하기

성장기 기업의 현금흐름은 초기에는 작거나 적자를 보이다가 시간이 지나면서 증가하는 특성이 있다. 따라서 영구가치가 전체 기업 가치에서 차지하는 비중이 매우 클 수밖에 없다. 전체 가치의 80%, 90%, 심지어 100%를 초과하는 경우도 있다. 10장에서 언급했듯이 영구가치의 비중이 100%를 초과하는 시나리오는 성장률이 높고 재투자 필요성이 큰 기업에서 나타날 수 있으며, 이로 인해 예측 기간 중 상당 기간 동안 현금흐름이 적자가 되는 결과로 이어진다. 이러한 특성 때문에 일부 애널리스트는 현금흐름할인(DCF)모형을 사용하는 것에 반대한다. 영구가치 가정 때문에 고도성장기에 대한 가정이 평가에 영향을 미치지 못한다는 주장이다.

그러나 이는 사실이 아니다. 영구가치를 산출할 때 근거가 되는 기준 연도의 가치(5년 차 또는 10년 차의 이익과 현금흐름)는 고도성장기 가정을 기반으로 계산된다. 따라서 고도성장기 가정을 달리하면 가치에 극적인 영향을 미치게 되며, 당연히 그래야 한다.

5단계: 피드백 루프 열어두기

창업기 기업과 초기성장기 기업을 평가할 때와 마찬가지로 의견 차이를 허용하는 열린 태도를 유지해야 한다. 상장된 고도성장기 기업이라면 피드백 루프에 '시장이 평가하는 기업의 가치'를 추가해야 한다. 고도성장기 기업의 가치를 추정한 결과가 시장가격보다 크게 높거나 낮다면 잠시 멈추어 그 이유를 고민해야 한다.

- **내가 틀렸다:** 매출성장률, 이익률, 재투자 같은 입력 변수에 대한 나의 추정이 잘못되었고, 시장의 합의가 옳기 때문일 수 있다.
- **시장이 틀렸다:** 시장이 분위기와 모멘텀에 휩쓸려 주가를 기업의 내재가치와 맞지 않는 수준으로 몰고 갔기 때문일 수 있다.
- **둘 다 틀렸지만 한쪽이 덜 틀렸다:** 현실적으로 나도 시장도 미래를 정확히 예측할 수는 없으며 각자 최선의 추정을 하고 있다. 시간이 지나고 나면 어느 쪽이 더 정확했는지가 드러날 것이며, 그에 따른 보상이 있을 것이다.

가치와 가격이 다를 때마다 반사적으로 자신이 항상 옳다고 가정해서는 안 되며, 그렇다고 시장이 항상 옳다고 단정하고 내재가치 평가가 무의미하다고 여겨서도 안 된다(시장이 항상 옳다고 생각하면, 원하는 결과를 얻기 위해 평가 과정을 역설계할 수도 있다). 가치와 가격이 다를 때 가장 건설적인 대응은 시장이 보고 있는 무언가를 자신이 놓치고 있을 가능성을 염두에 두는 것이다. 하지만 데이터를 면밀히 검토하고 필요한 조정을 한 후에도 가치와 가격의 괴리가 여전하다면 그것은 유효한 차이로 받아들여야 한다.

사례 연구 1: 고도성장기 기업 테슬라의 가치평가

배경

2021년 11월, 테슬라는 시가총액 1조 달러라는 상징적인 위치에 오른 극소수 기업의 대열에 합류하면서 전례를 찾기 어려운 성공을 거둔 10년을 마무리했다. 2011년 테슬라는 고급 자동차시장을 목표로 하는 초기성장기 기업으로 출발했고,[2] 그 과정에서 여러 차례 변화를 거쳤다. 대중 자동차시장으로 영역을 넓히고 자동차산업의 사업모델을 혁신했으며 에너지 같은 새로운 사업으로 진출했다. 나를 포함해 많은 사람이 테슬라가 감당할 수 있는 범위를 넘어서는 것은 아닌지 의문을 가졌지만, 그림 11.5에서 보듯 테슬라는 시장에서 확실한 성공을 거두었다.

그래프는 테슬라의 주가 급등을 보여주고 있다. 그래프에 삽입된 표는 테슬라의 시가총액을 백만 달러 단위로 제시해서 그 상승 폭을 더욱 생생하게 전달한다. 요약하면 테슬라의 시가총액은 2010년 8월 28억 달러에서 2021년 11월 1조 달러를 넘어섰고 그 과정에서 테슬라의 비전에 일찌감치 투자해 꾸준히 투자를 유지한 이들에게 큰 부를 안겨주었다. 초기에 시가총액 성장을 이끈 것은 순전히 테슬라의 가능성이었다. 회의적인 사람들은 테슬라의 미미한 매출과 큰 손실을 지적하기에 바빴다. 그러나 최근의 재무 성과를 보면 테슬라가 시간이 지나면서 실질적인 성과를 쌓아왔음을 알 수 있다. 그림 11.6은 2013년 이후 테슬라의 분기별 매출, 매출총이익, 영업이익을 보여준다.

10년 전 테슬라의 분기별 매출은 미미한 수준이었으나 10년이 지난 2021년 3분기에는 약 140억 달러로 증가했다. 2020년 테슬라는 매출 기준으로 세계 20위 자동차기업이 되었다. 테슬라는 과거 10년 동안 매년 대규모 영업손실을 기록했지만

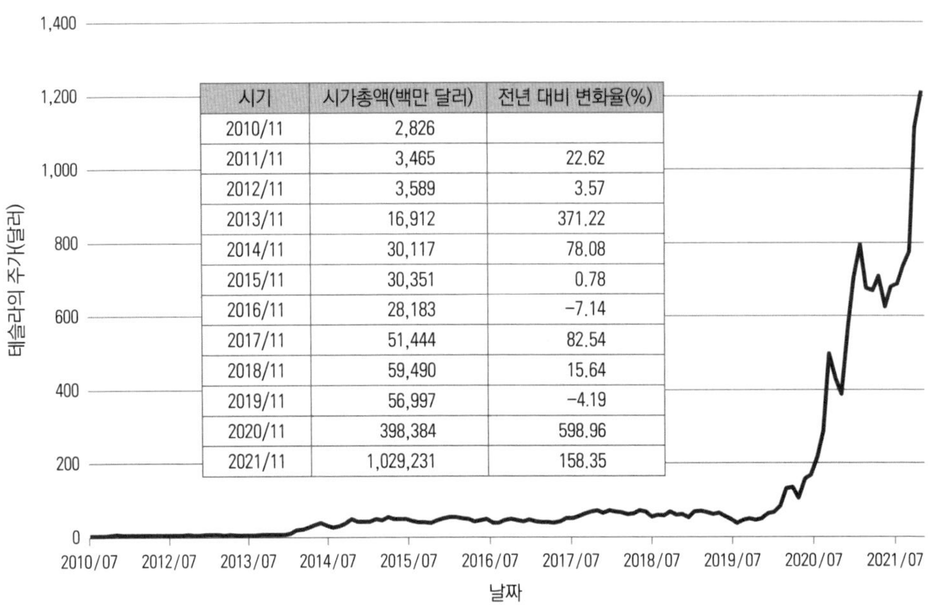

10년이 끝나갈 무렵에는 마침내 영업이익을 창출했고 2021년 3분기에는 세전 영업이익률이 15%에 달하는 등 건전한 실적을 기록했다.

스토리 업데이트와 가치평가

그동안 나는 테슬라에 대한 극단적인 견해 사이에서 균형을 유지하려 노력해왔지만 항상 성공하지는 못했다. 다만 테슬라의 강점과 약점을 모두 반영하는 스토리를 전달하고자 했다. 시간이 흐르고 기업과 산업, 세상이 변화함에 따라 당연히 테슬라의 스토리도 달라졌다. 표 11.1은 내가 테슬라에 대해 2013년, 2017년, 2019년, 2020년에 구성한 스토리와 연도별 연말 매출, 영업이익률, 주식 가치평가 결과다.

시간이 지나며 테슬라의 스토리는 더욱 커졌다. 예상하는 잠재 시장의 규모도 커졌고 그로부터 창출할 수 있는 매출 규모도 커졌다. 나는 테슬라가 전통적인 자동차기업보다 훨씬 더 효율적으로 재투자할 역량을 갖추고 있다는 점을 반영해 스토

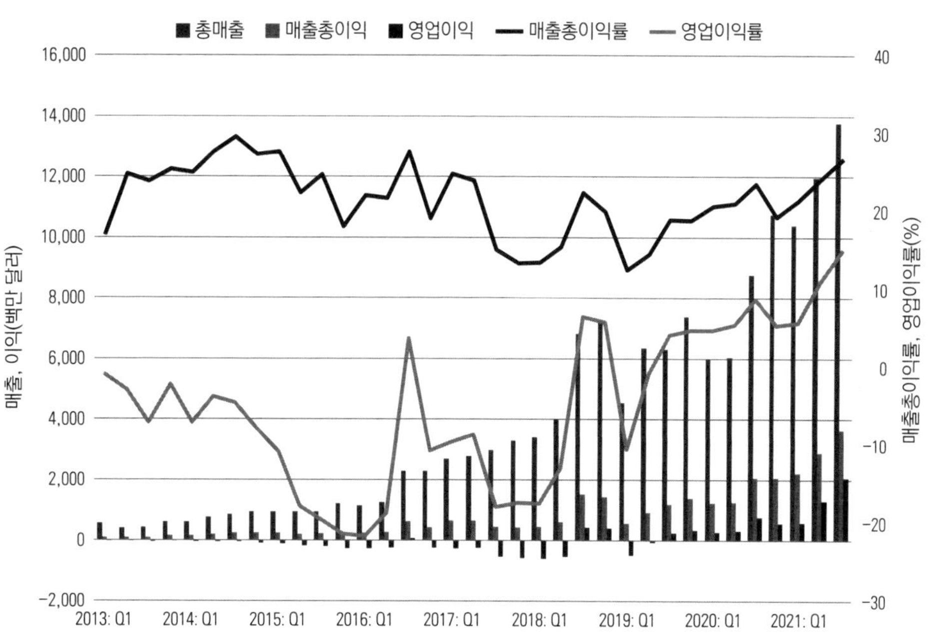

리를 조정해왔다. 하지만 스토리와 가치평가의 변화가 분석 역량의 부족을 의미하거나, 내재가치 평가 자체가 불완전하다는 증거로 보는 사람들도 있다. 단순히 나의 착각일 수도 있지만, 나는 테슬라처럼 끊임없이 변화하는 기업을 평가하면서 스토리와 입력값을 바꾸지 않으려고 고집하는 것이야말로 훨씬 더 큰 잘못이라고 생각한다.

코로나19 이전에 테슬라에 대해 어떤 견해를 가지고 있었든, 팬데믹이 가져온 경제적 변화로 인해 테슬라가 혜택을 누렸고 그 결과 테슬라의 스토리가 더욱 커졌다는 사실에는 이견이 없을 것이다. 결국 스토리를 얼마나 크게 설정하는지가 기업의 가치를 결정할 것이다. 하지만 곧바로 내 평가를 제시하기보다는 한 가지 실험을 시도해보려고 한다. 궁극적으로 테슬라에 대해 어떤 스토리를 제시하든, 그것은 기업 가치를 결정짓는 다섯 가지 입력 변수에 반영되어야 한다.

[표 11.1] 시간 경과에 따른 테슬라의 스토리와 가치

시기	스토리	목표 매출 (백만 달러)	목표 영업이익률 (%)	매출/자본	자본비용	자기자본 가치 (백만 달러)	시가총액 (백만 달러)	저평가 혹은 고평가(%)
2013/09	럭셔리 자동차기업으로 럭셔리 자동차시장의 매출과 이익률을 달성한다.	67,000	12.50	1.41	10.03	12,146	20,496	68.75
2017/08	자동차·기술기업으로 고급차시장에 집중한다.	93,000	12.00	2.24	8.83	33,904	57,634	69.99
2019/06	대중시장에서도 일정 부분 매력을 지닌 고급 자동차·기술기업으로, 경영진의 행보는 예측하기 어렵다.	105,000	10.00	2.00	7.87	34,389	31,756	-7.66
2020/01	대중시장에서 매력도가 점점 높아지고 있는 자동차·기술기업이다.	128,000	12.00	3.00	7.00	84,236	102,837	22.08

1) 매출성장률: 장기적으로 예상하는 기업의 최종 매출 규모

2) 수익성: 사업의 단위 경제성을 반영하는 세전 영업이익률

3) 투자 효율성: 목표 매출에 도달하기 위해 필요한 투자 규모

4) 영업 위험: 기업의 자본비용에 반영되는 영업 위험

5) 실패 위험: 테슬라가 계속기업으로 살아남지 못할 확률

각 항목에 동의한다면 나는 가능한 한 객관적으로 선택지를 제시할 것이다. 그리고 테슬라에 대한 각자의 믿음에 따라 직접 입력값을 선택할 것을 권한다. 선택 과정에서, 뒤에서 제공할 스프레드시트를 이용해 미리 그 선택을 가치로 환산하지는 않도록 한다. 그렇게 하면 자신의 편향을 강화하는 피드백 루프가 형성될 수 있기 때문이다.

a. 매출성장률: 나는 코로나 사태 이후 테슬라의 매출 성장 잠재력이 그전보다 훨씬 더 커졌다고 생각한다. 자동차시장이 전기차로 이동하면서 테슬라는 강력한 경쟁우위를 확보하

고 시장을 선도하는 기회를 갖게 될 것이다. 이러한 변화가 2032년까지 매출에 어떤 영향을 미칠지 가늠하기 위해 그림 11.7에 제시한 선택지를 살펴보자.

자신의 스토리가 테슬라가 자동차회사로 남을 것이라는 전제에 기반한다면, 2032년 매출 4,000억 달러는 약 1,000만 대의 자동차 판매를 의미하며, 이는 2020~2021년 판매량의 10배가 넘는 규모다. 만약 테슬라가 새로운 사업에 진출할 것이라고 본다면 그 사업에서 발생할 추가 매출을 포함해 총매출을 추정할 수 있다. 다만 대부분의 신규 사업은 자동차 사업에 비해 매출 잠재력이 훨씬 작다는 점을 염두에 둘 필요가 있다.

b. **수익성:** 코로나19 기간 동안 테슬라의 가장 눈에 띈 변화는 2021년 3분기 영업이익률이 15%에 육박하는 등 수익성이 급증했다는 것이다. 물론 이 수치는 변동성이 크고 앞으로도 등락을 보이겠지만, 전기차 사업의 단위 경제성이 기존 내연기관 자동차를 앞선다는 점은 분명해 보인다. 이는 두 차량의 조립 방식이 다르기 때문이기도 하고, 배터리가 자동차의 핵심 부품이기 때문이기도 하다.

다만 테슬라가 선두 주자로서 가진 이점에도 불구하고 이익률은 점점 더 압박을 받을 가

[그림 11.7] 테슬라의 매출 예상

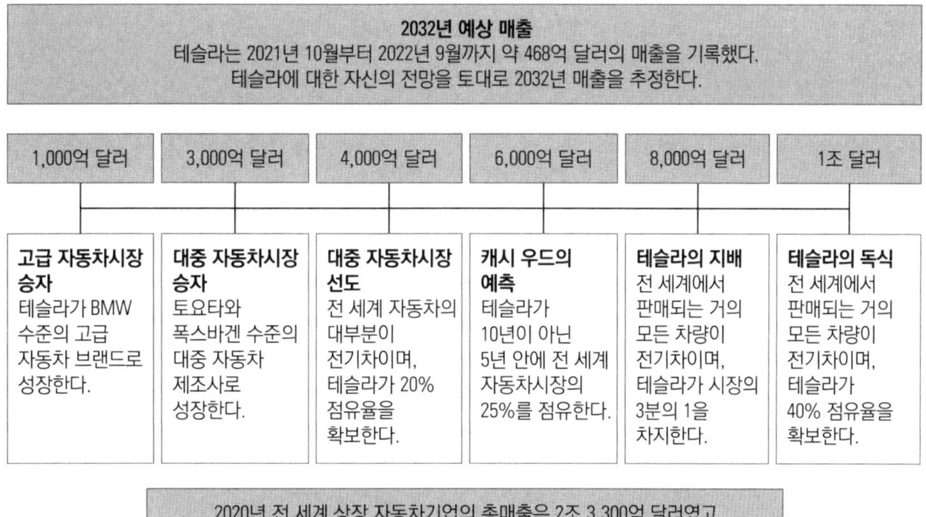

능성이 크다. 기존 자동차 제조기업과 니오(Nio), 리비안(Rivian) 등 신규 기업들이 전기차를 출시하며 경쟁이 심화될 것이고, 특히 자동차 가격이 미국이나 유럽보다 상대적으로 낮은 아시아 시장에서는 점유율 확대를 위해 가격을 인하해야 할 것이다. 수익성에 대한 다양한 선택지는 그림 11.8에서 확인할 수 있다.

테슬라의 과거 12개월 매출총이익률은 30%로 이미 제조업 최고 수준에 근접했다. 입력 값을 선택할 때 이 점을 감안하기 바란다.

c. 투자 효율성: 내가 테슬라의 가치를 처음 평가한 2013년, 테슬라는 캘리포니아주 프리몬트에 보유한 단 하나의 공장에서 모든 차량을 생산하고 있었다. 당시 나의 우려 중 하나는 테슬라가 럭셔리 자동차 수준의 매출을 달성하려면 대규모 조립 공장에 막대한 재투자가 필요할 것이며, 그로 인해 상당한 현금 소진이 발생할 것이라는 점이었다. 그 이후 테슬라는 네바다주 스토리카운티, 뉴욕주 버펄로, 중국 상하이, 독일 베를린, 텍사스주 오스틴에 기가팩토리와 조립 공장을 추가하며 생산 능력을 단계적으로 확장해왔다. 무엇보다 투자 금액이 내 예상보다 훨씬 적었다. 그렇다고 해도 만약 10년 후 테슬라가 연간

[그림 11.8] 테슬라의 수익성 예상

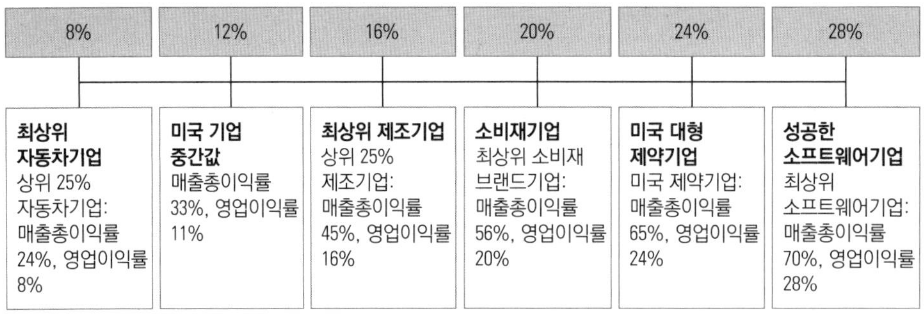

800만, 1,000만, 혹은 1,200만 대의 차량을 판매할 것이라고 가정한다면, 추가 생산 능력 확충을 위한 재투자는 불가피할 것이다. 나는 자본 대비 매출 배수를 사용해 투자 효율성을 측정했다. 이 비율이 높을수록 투자 효율성이 높다는 뜻이다. 그림 11.9에서 선택지를 확인할 수 있다.

테슬라가 향후 몇 년간의 성장에 대응할 초과 생산 능력을 보유하고 있다고 판단되는 만큼, 초기에는 높은 자본 대비 매출 배수를 적용하되 이후에는 좀 더 지속 가능한 수준으로 조정할 것이다.

d. 영업 위험과 실패 위험: 2021년 11월 기준으로 무위험 이자율은 1.56%까지 하락했고, 주식 위험 프리미엄은 4.62%로 감소했으며, 중간 수준의 기업이 부담하는 자본비용은 약 5.90%까지 낮아졌다. 그림 11.10의 자본비용 선택지는 이러한 시장 현실을 반영해 구성한 것이다.

실패 가능성도 가치에 영향을 미치는 위험 요인이다. 실패 위험은 테슬라의 역사

[그림 11.9] 테슬라의 재투자 예상

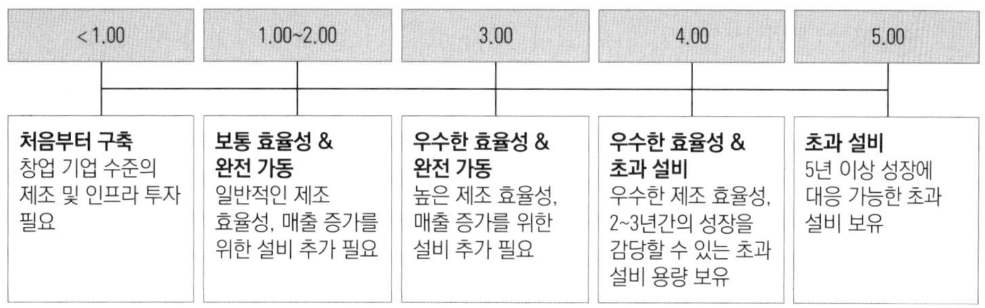

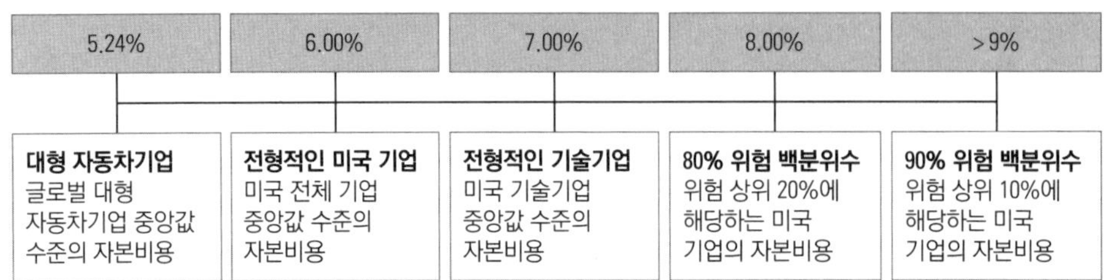

에 따라 변동해왔다. 과거에 기록한 손실과 2016년에 내린 차입 결정이 영향을 미쳤다. 하지만 현재 테슬라는 상환해야 할 부채보다 많은 현금 잔고를 보유하고 있으며 적어도 현재로서는 이익을 창출하고 있다는 점을 고려해야 한다.

테슬라와 일론 머스크(Elon Musk)는 상당히 밀접하다. 머스크의 예측 불가능성은 테슬라를 늘 따라다니는 우려 요인 중 하나다. 머스크 효과가 테슬라의 기업 가치에 미치는 영향은 머스크와 테슬라에 대한 평가자의 기존 견해에 따라 긍정적일 수도 있고 중립적이거나 부정적일 수도 있다. 이를 그림 11.11에서 확인할 수 있다.

머스크는 앞서 1년 반 동안은 (암호화폐에 관한 트윗을 즐긴 것을 제외하면) 이전보다 더 신중하고 사업에 집중하는 듯 보였지만 2021년 11월 평가에 앞선 2주 동안은 다시 이전의 습관으로 돌아간 듯하다. 그는 자신이 가진 테슬라 주식 중 상당 부분을 매도해야 할지에 대해 트위터(Twitter) 팔로워들에게 의견을 구했으며, 억만장자 세금과 관련해 상원의원들과 설전을 벌이기도 했다.

나는 나름의 선택을 했다. 가장 낙관적인 전망에서는 2032년 테슬라의 매출을 약

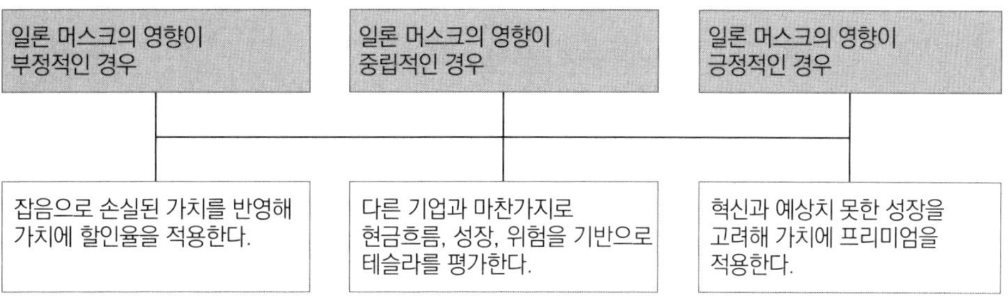

4,000억 달러로 예상했다. 이는 자동차 약 1,000만 대 판매에 부가 사업에서 발생하는 매출을 포함한 것이다. 영업이익률은 16%로 설정했고, 향후 5년간 자본 대비 매출 배수를 4.00으로 가정했다. 이는 테슬라가 세계 어느 대형 제조회사보다도 높은 수익성과 투자 효율성을 갖춘 기업이 된다는 설정이다. 자본비용은 중간 수준의 기업과 유사한 6%로 설정했다. 실패 위험은 전혀 없다고 가정했다. 이러한 조건을 바탕으로 평가한 결과, 테슬라의 자기자본 가치는 약 6,920억 달러로 산출되었으며 보통주 기준으로는 약 6,400억 달러로 추정된다. 자세한 내용은 그림 11.12에서 확인할 수 있다.

세계에서 내가 5,000억 달러 이상으로 가치를 평가할 기업은 극히 드물다. 테슬라에 대해서는 역사상 어떤 기업도 이루지 못한 방식으로 사업을 확장하면서 동시에 높은 수익성을 실현할 것이라는 가정을 바탕으로 이러한 가치를 산출했다. 그러나 가장 낙관적인 시나리오로 산출한 주당 가치는 571달러로 2021년 11월 당시 1,000달러를 넘었던 테슬라 주가의 절반에도 미치지 못했다. 결국 나는 당시 주가가 고평가 상태라는 결론을 내렸다. 얼마 지나지 않아 테슬라는 5 대 1 주식 액면분할을 실시했으며, 이로 인해 현재 주가와의 직접적인 비교가 더욱 복잡해졌다.

[그림 11.12] 테슬라의 가치평가

테슬라		
유연성의 보상: 자동차시장 지배로 가는 가능한 경로		2021년 11월

코로나19 위기로 인해 부채가 많고 움직임이 느린 경쟁사들이 제약을 받는 가운데, 테슬라는 전기차시장에서 입지를 더욱 공고히 하며 2032년까지 연간 생산량을 1,000만 대 수준으로 끌어올릴 것이다. 또한 자동차 매출에 다른 사업 부문에서 발생하는 매출이 결합되어 안정적인 상태에서는 기존 자동차기업들보다 더욱 높은 이익률을 실현할 수 있을 것이다. 무위험 이자율 하락은 테슬라의 자본비용과 실패 가능성을 낮추었다. 테슬라의 유연한 투자 정책은 더욱 높은 효율성으로 성장을 창출할 것이다. 다른 수익원(친환경 에너지, 자율주행 기반 승차공유 등)이 매출을 보완하겠지만 테슬라는 본질적으로 전기차기업으로 남을 것이다.

가정(금액 단위: 백만 달러)

	기준 연도	1~5년 차	6~10년 차		10년 이후	스토리와 연결
매출액	46,848	35.00%	1.56%		1.56%	전기차시장의 성장과 테슬라의 선발주자 우위는 테슬라에 유리하게 작용한다.
영업이익률	12.06%	12.06%	16.00%		16.00%	지속적인 규모의 경제와 강력한 브랜드.
세율	11.99%	11.99%	25.00%		25.00%	글로벌 세율 적용.
재투자		자본 1단위당 매출 = 4.00		성장 유지에 필요한 재투자율 = 10.40%		설비 증설로 가까운 미래에는 재투자가 덜 필요하다.
자본이익률	17.88%	한계 ROIC =	51.66%		15.00%	진입 비용이 경쟁을 제한한다.
자본비용		6.00%	6.06%		6.06%	자본비용이 업계 중간 수준으로 수렴한다.

현금흐름(금액 단위: 백만 달러)

	매출	영업이익률	EBIT	EBIT(1−세율)	재투자	기업 잉여현금흐름
1	63,245	12.85%	8,126	7,151.99	4,099	3,053
2	85,380	13.64%	11,643	10,247.15	5,534	4,713
3	115,264	14.42%	16,626	14,632.80	7,471	7,162
4	155,606	15.21%	23,671	20,833.14	10,086	10,748
5	210,068	16.00%	33,611	29,581.19	13,616	15,966
6	269,542	16.00%	43,127	36,833.99	22,303	14,531
7	327,828	16.00%	52,453	43,434.08	21,857	21,577
8	376,793	16.00%	60,287	48,352.64	18,362	29,991
9	407,871	16.00%	65,259	50,642.62	11,654	38,988
10	414,233	16.00%	66,277	49,708.01	2,386	47,322
종료 연도	420,695	16.00%	67,311	50,483.45	5,250	45,233

가치(금액 단위: 백만 달러)

영구가치	1,005,182	
영구가치의 현재가치	560,336	
향후 10년간 현금흐름의 현재가치	126,354	
영업자산 가치	686,690	
부실 위험 조정	0	실패 확률 = 0.00%
− 부채 및 비지배지분	10,158	
+ 현금 및 기타 비영업자산	16,095	
자기자본 가치	692,627	
− 주식매수선택권 가치	51,070	
발행주식(백만 주)	1,123.00	
주당 가치(달러)	**571.29**	현재 주가 = 1,200달러

가격 산정

 고도성장기 기업의 가격 산정 과정도 익숙한 절차를 따른다. 먼저 가격을 공통된 지표로 비례 조정하고, 시장에서 가격이 형성된 유사한 기업을 찾은 다음, 차이를 보정하는 방식이다. 이 과정에서 마주하는 도전 과제와 극복 방법을 살펴보겠다.

도전 과제

 고도성장기 기업의 가격을 산정할 때 창업기 기업에 비해 유리한 점은 비례 지표의 선택지가 많다는 것이다. 매출이 크고 이익을 창출하는 기업에서는 수익성 지표를 활용해 이익 배수를 계산할 수 있다. 그러나 동종 기업을 찾고 그 기업들 간의 차이를 보정하는 과정에서 어려움에 부딪힌다.

- 고도성장기 기업을 성장 잠재력이 낮고 수익성 특성이 다른 성숙기 기업들의 동종 기업군에 포함하면 거의 항상 고도성장기 기업이 고평가되었다는 결론으로 이어지게 된다. 실제로 많은 사람이 테슬라의 주가를 전통적인 자동차기업들과 비교해서 판매 대수, 매출, 이익 대비 높은 수준에 거래된다는 점을 근거로 테슬라가 고평가되었다고 판단했다.
- 반면 고도성장기 기업들로 동종 기업을 구성할 경우(같은 산업 내에 고성장 기업이 다수 존재할 때만 가능한 접근 방식이다), 같은 고성장 기업이라도 수익성을 달성하는 경로가 각기 다르기 때문에 성장성과 위험의 크기는 서로 다를 수밖에 없다. 이 차이를 반드시 보정해야 한다. 다시 말해 직관적으로는 성장률이 높은 기업이 매출이나 이익 대비 가격 배수도 더 높아야 한다고 생각할 수 있지만 이러한 직관 역시 수치로 변환해야 한다.

 2021년 11월에 진행한 테슬라의 내재가치 평가에서 나는 투자자들이 테슬라의 주식을 평가할 때 강한 선입견을 가지고 있다는 점을 언급한 바 있다. 그리고 예상대로 이러한 편향은 가격 산정 과정에서도 드러났다. 테슬라에 낙관적인 투자자가 현재의 가격을 미래 예상 매출이나 10년 후 판매될 차량 대수로 나누어 평가하는 과정에서 이 두 지표를 과도하게 부풀리면 테슬라가 다른 자동차기업과 비교해도 저평가되었다는 결론을 내릴 수 있다.

대응

고도성장기 기업의 가격을 산정하는 과정에서 적절한 동종 기업을 찾고 기업 간 차이를 보정하는 것이 어려운 과제이기는 하지만 몇 가지 방법을 활용하면 가격 산정 결과를 개선할 수 있다.

- **선행 지표**: 첫 번째 방법은 현재의 시장가치를 미래 예상 실적으로 조정하는 것이다. 즉 현재 주가를 현재의 EPS로 나누는 대신, 5년이나 10년 후의 예상 EPS로 나누어 계산하고 이를 동종 기업과 비교해 평가하는 방식이다. 표 11.2는 고도성장기 기업과 성숙기 기업을 현재 PER과 선행 PER을 기준으로 비교한 것으로, 선행 가격 배수를 사용했을 때 어떤 효과가 있는지 보여준다.

  현재 이익을 기준으로 비교하면 고도성장기 기업은 성숙기 기업에 비해 터무니없이 고평가된 것처럼 보인다. 그러나 10년 후의 예상 EPS를 기준으로 계산한 선행 PER은 두 그룹이 상당히 비슷하게 나타난다. 이 분석은 예상 EPS 성장률이 합리적으로 추정되었다는 가정을 전제로 한 것이지만 이 전제는 어떤 방법으로 기업을 평가하든 동일하게 적용된다.

- **성장 조정 배수**: 고도성장기 기업과 성숙기 기업을 비교하거나, 고도성장기 기업끼리 서로 비교할 때 직면하는 가장 큰 과제는 성장률의 차이가 주가 배수의 차이로 나타나야 한다는 점이다. 일반적으로 성장률이 높은 기업일수록 PER도 더 높아야 한다. 이 문제를 해결하기 위해 성장률을 주가 배수에 직접 반영하는 방법이 있다.

[표 11.2] 현재 PER과 선행 PER 비교

	주당 가격 (달러)	현재 EPS (달러)	현재 PER (배)	향후 10년 기대성장률	10년 선행 EPS(달러)	선행 PER (배)
성숙기 기업	20	2.0	10.0	3.0%	2.69	7.44
고도성장기 기업	20	0.2	100.0	30.0%	2.76	7.25

주가이익성장배수(PEG) = PER/기대성장률

예를 들어 PER이 10이고 기대성장률이 3%인 성숙한 기업의 PEG는 3.33이다. PER이 100이고 기대성장률이 30%인 고성장 기업의 PEG 역시 3.33이다.

사례 연구 2: 테슬라의 가격 산정

2021년 11월 나는 테슬라의 가격을 산정하기 위해 시가총액 기준 세계 20대 자동차기업과 테슬라의 가격을 비교했다. 표 11.3을 보자.

[표 11.3] 자동차기업의 가격 산정

	시가총액 (백만 달러)	기업 가치 (백만 달러)	매출액 (백만 달러)	EBITDA (백만 달러)	순이익 (백만 달러)	EV/ 매출액	EV/ EBITDA	PER (배)
토요타(TSE: 7203)	248,785	398,274	255,641	41,072	26,891	1.56	9.70	9.25
폭스바겐그룹(XTRA: VOW3)	142,343	333,815	243,016	32,989	21,289	1.37	10.12	6.69
다임러그룹(XTRA: DAI)	107,839	234,741	162,149	23,199	16,044	1.45	10.12	6.72
스텔란티스(BIT: STLA)	63,353	51,125	134,751	16,637	9,910	0.38	3.07	6.39
포드자동차(NYSE: F)	68,256	181,411	124,192	8,274	2,867	1.46	21.93	23.81
SAIC(SHSE: 600104)	36,064	25,641	119,843	6,590	3,745	0.21	3.89	9.63
제너럴모터스(NYSE: GM)	79,025	169,913	117,330	17,820	11,124	1.45	9.53	7.10
혼다(TSE: 7267)	52,485	97,008	109,247	20,081	8,658	0.89	4.83	6.06
BMW(XTRA: BMW)	65,783	169,096	93,942	19,161	13,079	1.80	8.83	5.03
현대자동차(KOSE: A005380)	37,235	99,332	91,666	6,533	3,382	1.08	15.21	11.01
닛산자동차(TSE: 7201)	20,250	69,304	69,174	2,840	−438	1.00	24.40	N/A
기아(KOSE: A000270)	28,695	21,857	60,285	5,558	3,072	0.36	3.93	9.34
르노(ENXTPA: RNO)	9,995	58,919	53,766	4,509	−429	1.10	13.07	N/A
테슬라(NasdaqGS: TSLA)	1,118,751	1,112,814	46,848	7,267	3,468	23.75	153.13	322.59
타타자동차(BSE: 500570)	23,264	34,004	37,263	3,220	−1,273	0.91	10.56	N/A
볼보(OM: VOLCAR B)	21,332	19,247	34,158	3,275	1,849	0.56	5.88	11.54
스즈키(TSE: 7269)	22,322	17,894	32,424	3,498	2,067	0.55	5.12	10.80
마쓰다(TSE: 7261)	5,762	6,030	29,815	1,526	418	0.20	3.95	13.77
BYD(SEHK: 1211)	96,146	97,302	29,810	2,815	507	3.26	34.57	189.83
중앙값						1.04	9.62	9.34
평균						2.17	17.57	38.21

모든 가격 지표를 기준으로 테슬라는 단순한 고평가가 아니라 엄청나게 고평가
된 것으로 보인다. 테슬라는 매출액의 23.75배, 이익의 322.59배에 거래되고 있는
반면, 자동차기업들의 주가는 중앙값 기준으로 매출의 1.04배, 이익의 9.34배에 불
과하다.

나는 테슬라와 다른 자동차기업들을 대상으로 선행 PER과 PEG 접근법을 표
11.4와 같이 적용해보았다. 다만 일부 기업은 이익 성장 추정치가 없어서 표본이 크
지 않다. 자동차기업들과 비교했을 때 테슬라와 BYD의 가격을 설명할 방법은 거의
없어 보인다. 다만 수치를 10년 후까지 예상해 적용하면 그들의 고평가 상태가 덜
극단적으로 보일 수는 있다.

마지막으로 고려할 수 있는 가격 산정 방법은 테슬라를 자동차기업이 아니라 고
성장 기술기업들과 비교하는 것이다. 이는 테슬라가 단순한 자동차기업이라기보다

[표 11.4] 자동차 업종의 PEG와 선행 PER

	시가총액 (백만 달러)	순이익 (백만 달러)	PER (배)	향후 5년 예상 순이익성장률 (%)	PEG (배)	5년 차 예상 순이익 (백만 달러)	선행 PER (배)
BMW(XTRA: BMW)	65,783	13,079	5.03	25.40	0.20	40,557	1.62
BYD(SEHK: 1211)	96,146	507	189.83	8.98	21.14	778	123.49
다임러그룹(XTRA: DAI)	107,839	16,044	6.72	33.70	0.20	68,545	1.57
포드자동차(NYSE: F)	68,256	2,867	23.81	66.90	0.36	37,129	1.84
제너럴모터스(NYSE: GM)	79,025	11,124	7.10	13.20	0.54	20,677	3.82
혼다(TSE: 7267)	52,485	8,658	6.06	15.20	0.40	17,566	2.99
SAIC(SHSE: 600104)	36,064	3,745	9.63	10.50	0.92	6,169	5.85
스텔란티스(BIT: STLA)	63,353	9,910	6.39	35.30	0.18	44,932	1.41
스즈키(TSE: 7269)	22,322	2,067	10.80	19.70	0.55	5,080	4.39
테슬라(NasdaqGS: TSLA)	1,118,751	3,468	322.59	42.80	7.54	20,593	54.33
토요타(TSE: 7203)	248,785	26,891	9.25	3.50	2.64	31,938	7.79
폭스바겐그룹(XTRA: VOW3)	142,343	21,289	6.69	15.20	0.44	43,193	3.30
중앙값			8.18	17.45	0.49		3.56
평균			50.33	24.20	2.92		17.70

기술기업에 가깝고 실제로 투자자들도 테슬라를 기술기업으로 평가하고 있을 것이라는 논리에 근거한다.

보완과 추가 논의

마지막으로 고도성장기 기업의 가치를 평가할 때 특히 중요한 두 가지 보완 요소와 추가 사항을 살펴보고자 한다. 먼저 성장이 항상 투자자에게 긍정적인 것만은 아니라는 점을 지적하며, 좋은 성장과 나쁜 성장을 구분하는 방법을 논의할 것이다. 다음으로 내재가치 평가를 수행한 이후 활용할 수 있는 기법을 살펴보겠다. 가상의 시나리오를 탐색하는 방법과, 시장에서 주가에 어떤 요소가 반영되어 있는지를 역추적하는 방법을 논의할 것이다.

성장의 가치

많은 투자자가 성장을 무조건 좋은 것으로 여기지만 성장에는 대가가 따른다. 단기적으로 재투자를 늘리고 그 기간 동안 투자자에게 이익 환원(배당금 또는 자사주 매입)을 포기하는 대신 미래에 더 큰 이익을 기대하게 하는 것이다. 따라서 성장의 순효과는 기업이 얼마나 많은 자금을 재투자하는지, 이를 통해 미래에 얼마나 큰 성장을 실현할 수 있는지에 따라 달라진다. 이 가치를 제대로 평가하려면 성장과 재투자를 명확히 가정해야 하지만 보다 간단한 접근법이 있다. 기업의 재투자 수익률을 자금 조달 비용과 비교하는 것이다.

회계 수익률을 프로젝트 수익률의 대리 지표로 사용하고, 자기자본비용과 자본비용을 자금 조달 비용의 척도로 삼는다면, 자기자본이익률과 자기자본비용을 비교함으로써 주주에게 돌아가는 초과수익을 계산할 수 있다. 또 투하자본이익률(ROIC)에서 자본비용을 차감함으로써 모든 자본 제공자(주주와 채권자)에게 돌아가는 초과수익을 계산할 수 있다. 이 개념은 그림 11.13에서 확인할 수 있다.

6장에서 2022년 초 기준으로 모든 상장기업에 대해 계산한 회계 수익률과 자기

[그림 11.13] 투자의 초과수익

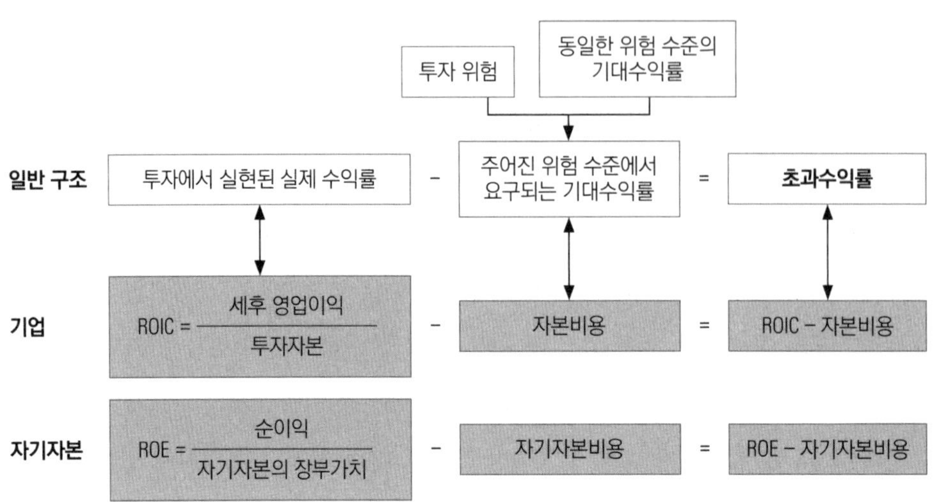

[그림 11.14] 세계 기업의 초과수익

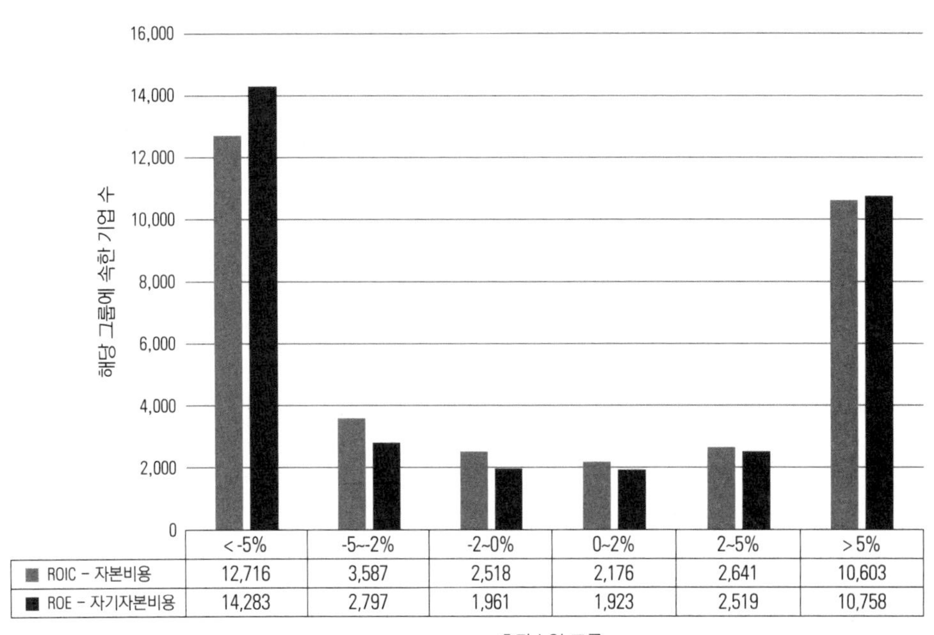

	< -5%	-5~-2%	-2~0%	0~2%	2~5%	> 5%
ROIC － 자본비용	12,716	3,587	2,518	2,176	2,641	10,603
ROE － 자기자본비용	14,283	2,797	1,961	1,923	2,519	10,758

자본비용, 자본비용 데이터를 활용해 그림 11.14에서 기업별 초과수익률의 분포를 살펴보았다.

전 세계 기업의 약 56%가 자본 조달 비용보다 낮은 수익률을 기록하고 있다. 일부 기업에는 일시적인 현상일 수 있지만 많은 기업에서 지속적인 문제로 자리 잡고 있다. 가치를 창출하는 것이 상대적으로 쉬운 사업 분야가 있고 그렇지 않은 분야도 있다는 것은 부인할 수 없는 사실이다. 특히 아무리 경영을 잘하더라도 같은 분야에 있는 기업 대부분이 자본비용을 상회하는 이익을 창출하기가 어렵다면 나쁜 사업일 것이다. 나는 2021년 추정 초과수익률(ROIC-자본비용)을 바탕으로 94개 산업군의 초과수익률을 분석했다. 이 중에서 중앙값 기준으로 초과수익률이 가장 높은 '최고' 산업 10개와 가장 낮은 '최악'의 산업 10개를 표 11.5에 정리했다.

최악의 산업들을 보면 매년 반복해서 등장하는 몇 가지가 있다. 항공업과 호텔·게임 산업이 대표적이다. 코로나19가 장기적이고 구조적인 문제를 악화시킨 경우다. 항공업과 호텔업은 오래전부터 문제가 있었고 쉽게 해결될 방법은 보이지 않는다. 반면 생명공학기업들은 저조한 초과수익률에 대해 나름대로 설명할 수도 있다. 생명공학기업 다수가 아직 젊은 기업이고 혁신적인 돌파구를 마련하면 블록버스터 기업으로 성장할 가능성이 크다. 성숙기에 접어들면 현재 긍정적인 초과수익률을 기록하고 있는 제약 산업과 유사한 모습을 보일 것이라는 주장도 어느 정도 타당성이 있다.

한편 ESG(친환경 경영, 사회적 책임, 투명한 지배구조) 투자자들은 화석연료와 광업 관련 기업이 '최악의 산업'에 포함된 것을 두고 자신들의 영향력을 주장할지 모르지만, 이는 유가와 원자재 가격이 상승하면 빠르게 달라질 수 있다. 2021년 기준으로 초과수익률이 가장 높은 산업이 윤리적 사업의 대명사라고는 할 수 없는 담배 산업이라는 점 또한 시사하는 바가 크다. 정보와 컴퓨터서비스 산업은 기술 붐에 힘입어 초과수익을 달성했고 건축 관련 산업(건축 자재, 가구, 소매업)과 화학기업 역시 자본비용을 초과하는 수익을 창출하는 방안을 찾아낸 것으로 보인다.

나쁜 산업 목록에 엔터테인먼트 산업이 등장한 점을 주목할 필요가 있다. 엔터테

나쁜 산업				
산업	기업 수	초과수익률 중앙값	기업 비율(%)	
			초과이익(+)	초과손실(−)
의약품(생명공학)	1,223	−86.31%	42.27	57.73
귀금속	947	−24.25%	39.92	60.08
금속·광업	1,706	−21.95%	40.39	59.61
항공 운송	151	−12.28%	23.84	76.16
호텔·게임	654	−10.83%	26.30	73.70
석유·가스(생산, 탐사)	642	−10.74%	46.42	53.58
석탄·관련 에너지	206	−8.83%	46.60	53.40
외식	385	−8.06%	37.14	62.86
엔터테인먼트	734	−7.28%	53.54	46.46
유전 서비스·장비	457	−5.42%	39.39	60.61
좋은 산업				
산업	기업 수	초과수익률 중앙값	기업 비율(%)	
			초과이익(+)	초과손실(−)
담배	55	13.31%	80.00	20.00
소매(건축 자재)	98	7.12%	78.57	21.43
정보서비스	266	6.98%	72.56	27.44
컴퓨터서비스	1,040	5.35%	69.71	30.29
헬스케어 지원서비스	445	4.34%	68.76	31.24
가구·홈퍼니싱	359	3.85%	64.35	35.65
병원·의료 시설	223	3.40%	66.82	33.18
화학(특수)	898	3.28%	66.70	33.30
건축 자재	449	3.17%	63.25	36.75
화학(다각화)	71	3.14%	71.83	28.17

인먼트는 역사적으로 '좋은' 산업이었지만 최근 신규 진입자들이 사업모델에 파괴적 혁신을 가져왔다. 특히 넷플릭스는 엔터테인먼트의 제작, 배급, 소비 방식을 완전히 뒤흔들었고 그 과정에서 기존 강자들이 가치를 잃도록 만들었다. 이러한 현상

은 지난 20년 동안 여러 산업에서 반복적으로 나타났고 초과수익 데이터를 보면 몇 가지 공통적인 주제를 찾을 수 있다.

파괴적 혁신은 거의 예외 없이 '현상 유지' 기업, 즉 방해를 받은 기존 기업들의 수익률을 끌어내렸지만 파괴적 혁신을 일으킨 기업이 수혜자가 된 경우는 많지 않다. 예를 들어 차량서비스 산업에서는 승차공유서비스가 택시와 기존 자동차서비스 산업을 파괴했지만 우버, 리프트, 디디(DiDi), 그랩(Grab), 올라(Ola) 등 주요 승차공유 기업들은 여전히 적자를 면치 못하고 있다. 간단히 말해 파괴적 혁신은 쉽지만 파괴적 혁신을 통해 실제로 돈을 버는 것은 어렵다. 파괴적 혁신은 많은 패자를 낳지만, 반드시 승자가 그들을 대체하는 것은 아니다.

내 분석 결과를 요약하면 지난 20년 동안 기업을 운영해 가치를 창출하는 일은 오히려 더 어려워졌다는 결론을 내릴 수 있다. 일부 기업들은 지속 가능한 높은 이익을 실현하는 길을 찾은 것처럼 보이지만, 대부분의 기업은 파괴적 혁신자들과 싸우는 동시에 영업 측면에서는 훨씬 더 심각한 거시경제적 위험에 직면해 각자의 전쟁을 치르는 중이다. 고성장 기업을 평가할 때는 이러한 교훈을 반드시 고려해야 한다. 자본비용만큼도 이익을 내지 못하면서 고성장만 지속된다면 이는 기업 가치에 치명적일 수 있기 때문이다. 따라서 고성장 기업에 대해 최선의 가치 판단을 내리려면 반드시 그 기업이 지닌 경쟁우위를 면밀히 분석해야 한다.

손익분기점 분석

상장된 고도성장기 기업을 평가할 때, 가치와 가격에 괴리가 발생하는 것은 우리의 평가 입력값에 오류가 있거나 시장이 실수했기 때문일 수 있지만 실제로는 우리와 시장 둘 다 틀렸을 가능성이 크다. 가치투자 신봉자는 시장이 피상적이고 군중심리에 의해 움직인다고 치부하길 좋아하더라도, 어떤 기업의 가격이 그 가치와 다를 때 최소한 시장이 무엇을 반영하고 있는지는 인지하고 있어야 한다. 이러한 분석에 접근하는 방법에는 두 가지가 있다.

- 한 가지 방법은 다른 모든 변수를 고정한 채 성장률, 매출, 위험 같은 특정 변수 하나만 변경하면서 현재 시장가격을 도출할 수 있는 손익분기점 값을 찾는 것이다. 하지만 이 접근법은 결론을 얻기 위해 여러 주요 변수들 중에서 하나만을 고립시켜 분석해야 한다는 단점이 있다.

  좀 더 포괄적인 접근법은 가치평가에서 가장 중요한 변수 두세 개를 선택한 후, 이 변수들의 조합을 조정하여 현재 시장가격을 도출하는 조합을 찾는 것이다.

- 또 다른 방법은 처음에 가치평가를 위해 구성한 기업의 스토리를 다시 검토하고, 그 스토리를 조정할 때 가치평가 결과가 어떻게 변하는지 확인하는 것이다.

이 분석의 목적은 시장이 옳고 자신이 틀렸다는 것을 스스로 입증하거나, 비현실적으로 넓은 가치 범위를 산출하려는 것이 아니다. 주요 변수에서 어느 정도의 오차를 허용할 수 있는지, 즉 자신의 가정이 어느 정도까지 틀려도 큰 영향이 없을지를 파악하고자 하는 것이다.

사례 연구 3: 테슬라의 손익분기점 분석

내가 제시한 테슬라의 가치평가에는 몇 가지 주의 사항이 따른다. 여러분은 내가 산출한 가치는 물론 현재 주가보다 더 높은 가치를 산출할 또 다른 스토리를 찾을 수도 있을 것이다. 반대로 최근 몇 년간 내가 목격한 테슬라의 개선이 신기루에 불과하며 내가 설정한 가정이 비현실적이라고 생각할 수도 있다. 나는 테슬라에 대한 상반된 의견은 결국 테슬라가 각 사업 부문에서 얼마나 많은 매출을 창출할 것인지, 기업 전체의 수익성은 얼마나 될 것인지에 대한 견해의 차이라고 생각한다.

1. **매출**: 나는 테슬라의 매출을 추정하면서 매출 대부분이 자동차 판매에서 나올 것이라고 가정했다. 이는 테슬라의 역사적 배경과 더불어 배터리나 소프트웨어 같은 대체 수익원이 아직 주요 매출 항목이 되지 못하고 있기 때문이다. 그러나 테슬라가 새로운 고수익 사업에 진출해 상당한 추가 매출을 창출할 가능성도 존재한다. 전기차 산업이 기술 산업

처럼 승자독식 구조를 띠게 되어 테슬라가 지배적인 시장점유율을 차지할 가능성도 있다. 어느 쪽이든 낙관론자들은 내가 공격적으로 제시한 2032년 예상 매출액 4,140억 달러보다 훨씬 더 높은 매출 전망치를 정당화할 근거를 찾아야 한다(참고로 2020~2021년 전 세계에 상장된 자동차기업의 매출 총합은 2조 3,300억 달러였다. 이를 기준으로 하면 테슬라는 전체 시장의 약 6분의 1을 차지하게 된다).

2. **수익성:** 테슬라의 가치를 결정하는 또 다른 핵심 요소는 영업이익률이다. 나는 테슬라의 영업이익률을 16%로 추정했고, 이는 제조업 기업이 실현할 수 있는 가장 높은 수준에 가깝다고 생각한다. 그러나 테슬라가 이를 넘어서는 수익성을 달성할 가능성도 있다. 한 가지 방법은 자동차 사업보다 이익률이 훨씬 높은 소프트웨어나 자율주행 차량을 활용한 승차공유서비스 같은 사업에 진출하는 것이다. 기술 우위를 활용해 생산에서 규모의 경제 효과를 누리는 방법도 있다. 이를 위해서는 현재 30% 미만인 매출총이익률이 훨씬 더 높은 수준으로 계속해서 상승해야 한다.

앞서 설명한 재투자나 위험과 관련된 가정은 가치에 큰 영향을 미치지 않는다. 이 부분은 여러분이 직접 확인할 수 있다. 나는 테슬라의 보통주 기준 자기자본 가치를 목표 매출과 영업이익률의 함수로 계산했으며, 이는 표 11.6에서 확인할 수 있다.

테슬라가 현재 주가 이상으로 상승할 가능성이 없는 것은 아니지만 이를 위해서는 매우 이례적인 영역에 진입해야 한다. 즉 테슬라가 (단순히 자동차기업뿐만 아니라) 역사상 어떤 기업보다도 많은 매출을 달성하는 동시에, 막대한 제조원가 부담이 없는 가장 크고 성공적인 기술기업들과 유사한 수준의 영업이익률을 달성한다는 매우 특별한 가정이 필요하다.

결론

고도성장기 기업은 활용할 수 있는 과거 데이터가 풍부하고 수익성 자체가 사업 모델의 유효성을 입증한다는 점에서 창업 기업이나 아주 초기 단계의 기업에 비해

[표 11.6] 테슬라의 자기자본 가치: 다양한 주가와 영업이익률 가정

		현재 테슬라 보통주 주당 추정 가치별 2032년 매출액(십억 달러)					
		200달러 (다임러 수준)	300달러 (토요타 수준)	400달러 (시장점유율 15%)	600달러 (시장점유율 25%)	800달러 (시장점유율 30%)	1,000달러 (시장점유율 40%)
	12%	257	370	469	666	857	1,049
	16%	346	503	642	918	1,185	1,455
목표 영업이익률	20%	435	636	814	1,169	1,514	1,861
	24%	524	769	986	1,421	1,842	2,267
	28%	613	902	1,160	1,673	2,170	2,673

주: 음영은 2021년 11월 4일 기준 테슬라의 시가총액 초과

가치평가가 더 수월해 보일 수 있지만, 실제로는 결코 만만하지 않다. 기업의 과거 데이터는 대개 펀더멘털의 변화를 반영하기 때문에 기업이 커지면서 매출성장률은 둔화되고 이익은 적자에서 점차 흑자로 전환된다. 많은 고성장 기업에 시장가격이 존재한다는 점은 가치를 평가할 때 일부 도움이 될 수 있다. 그러나 숫자를 조정해 시장가격에 가까운 가치를 도출하려는 유혹에 빠질 수 있어 평가 결과가 왜곡될 위험도 존재한다.

나는 가치평가 과정에 충실할 것을 조언한다. 먼저 기업의 특성과 과거 데이터를 반영한 스토리를 구성하는 것으로 시작해서 예상 매출성장률을 점검해 매출이 비현실적인 수준으로 커지지 않게 해야 한다. 재투자 계획이 성장 가정과 일관성이 있는지도 확인해야 한다. 기계적으로 단순하게 과거 추세를 바탕으로 미래가치를 예측하는 것은 고성장 기업을 평가할 때 치명적인 실수를 초래하는 지름길이다.

가격 산정 측면에서 보면 이 집단에서는 시장가격을 비교할 수 있는 표준화 지표가 더 많다. 단, 대부분 성숙한 기업으로 구성된 산업 내의 고성장 기업들은 동종 기업들보다 성장 잠재력이 더 크기 때문에 상당히 고평가되어 보이는 경향이 있다.

 3부 | 가치평가, 가격 산정과 생애주기

12장
성숙기 기업
: 안정성 vs 관성

일반적으로 성숙기 기업이 가장 평가하기 쉽다는 통념이 있다. 오랜 기간 축적된 재무 데이터가 성장과 이익률에 대한 상세한 정보를 제공하고, 기업 가치를 결정하는 스토리를 형성하기 때문이다. 대체로 맞는 말이지만, 나는 성숙기 기업이 안정적이라는 인식이 때로는 우리를 방심하게 만든다는 점을 강조하고 싶다. 파괴적 혁신 세력이 등장하거나 경영진이 장기적 가치를 저해하는 결정을 내리는 등의 잘못된 기업 관행을 간과하도록 만들어 기존 사업모델을 순식간에 뒤흔들 위험이 있다.

가치평가

가치평가를 기계적으로 접근하여 오로지 과거 데이터를 기반으로 미래 현금흐름을 예측하고 가치를 산정한다면, 이러한 방식이 가장 성공적으로 적용될 가능성이 높은 기업 생애주기 단계는 성숙기다. 여기에서는 먼저 성숙기 기업들의 공통적인 특징을 살펴보고, 성숙기 기업의 가치를 평가할 때 직면하는 도전 과제와 이를 극복하고 올바른 평가를 할 수 있는 방법에 대해 논의하겠다.

특징

성숙한 기업도 사업 분야에 따라 분명한 차이가 있지만, 그럼에도 불구하고 몇 가지 공통적인 특징이 있다. 이 장에서는 성숙기 기업들이 공유하는 특성을 살펴보고 이러한 특성이 가치평가에 끼치는 영향을 분석할 것이다.

1. **매출성장률과 이익성장률의 수렴**: 많은 기업에서 매출성장률과 이익성장률의 차이가 클 수 있다. 성숙한 기업은 효율성이 개선되면서 이익성장률이 높을 수 있지만 매출성장률을 크게 변화시키기는 어렵다. 성숙한 기업 대부분의 매출성장률은 경제의 명목성장률에 수렴하거나 최소한 근접한다. 이 과정에서 효율성 개선에 따른 성장에는 한계가 있기 때문에 결국 이익성장률도 매출성장률을 따라가게 된다.

2. **안정된 이익률**: 성숙한 기업들은 안정적인 이익률을 유지한다. 예외적으로 원자재와 경기 민감 업종은 성숙한 기업이라도 전체 경제 상황에 따라 이익률 변동성이 크다. 하지만 이런 기업들도 경제나 원자재 가격 사이클 전체로 보면 장기적으로는 안정적인 이익률을 유지하는 경향이 있다. 여기에 대해서는 뒤에서 좀 더 자세히 살펴보겠다.

3. **경쟁우위**: 성숙한 기업들 사이에서 가장 큰 차이는 투자에서 창출하는 초과수익률로 나타나는 경쟁우위에 있다. 일부 기업은 경쟁자가 등장하면 초과수익률이 0에 수렴하거나 마이너스로 전환되는 반면, 일부 기업은 (초과수익을 창출하며) 상당한 경쟁우위를 유지한다. 기업의 가치는 초과수익률에 의해 결정되기 때문에, 성장률이 둔화되더라도 후자의 기업은 전자에 비해 더 높은 가치를 유지한다.

4. **차입 여력**: 기업이 성숙해짐에 따라 이익률과 이익이 개선되고 재투자 필요성이 감소하면서 부채 상환에 사용할 수 있는 현금이 늘어난다. 그 결과 성숙한 기업의 부채 조달 능력은 증가하지만 급증한 차입 여력을 다루는 방식은 기업마다 크게 다를 수 있다. 일부 기업은 성장 기업 시절에 만들어진 자금 조달 정책을 고수하며 부채를 거의 또는 전혀 활용하지 않는다. 반면 일부 기업은 현재 이익과 현금흐름으로 감당하기 어려울 정도로 과

도하게 부채를 늘린다. 더욱 신중한 기업들은 재무 건전성을 유지하는 범위 내에서 재무 상태 개선 정도를 반영해 적절한 수준으로 부채를 활용한다.

5. 현금 축적과 환원: 이익이 개선되고 재투자 필요성이 줄어들면서 성숙한 기업들은 필요 이상으로 많은 영업현금흐름을 창출한다. 부채 정책이나 배당 정책을 변경하지 않으면 보유한 현금이 점차 증가할 것이다. 기업의 현금 보유량이 과도한지, 그렇다면 이를 주주들에게 어떻게 환원할지는 성숙한 기업에 공통으로 제기되는 중요한 질문이다.

6. 비유기적 성장: 성장기 기업에서 성숙기 기업으로 전환하는 과정은 대부분의 기업, 특히 경영진에게 쉽지 않은 과정이다. 기업의 규모가 커지고 내부 투자 기회가 과거만큼 성장 동력을 제공하지 못하게 되면서, 많은 성숙기 기업이 자연스럽게 성장세를 유지하기 위한 빠른 해결책을 찾는다. 비용은 많이 들지만 성장을 '구매'하는 것도 한 가지 방법이다. 즉 다른 기업을 인수해 매출과 이익을 단기간에 늘리는 것이다. 하지만 규모가 큰 성숙기 기업에 실질적으로 효과가 있으려면 인수 규모가 상당해야 한다.

마지막으로 모든 성숙기 기업이 대기업은 아니다. 많은 소규모 기업은 빠르게 성장의 한계에 도달하고, 이후에는 작은 규모를 유지한 채 성숙한 기업으로 남는다. 반면 일부 성장 기업은 안정적인 성장 단계에 도달하기까지 오랜 성장 기간을 지속하기도 한다. 내가 전형적인 성숙기 기업의 사례로 자주 언급하는 코카콜라(Coca-Cola), 버라이즌(Verizon) 같은 대기업이 여기에 해당한다.

도전 과제

기업의 내재가치를 '투자로부터 기대되는 미래 현금흐름을 위험 조정 할인율을 적용해 현재가치로 할인한 결과'라고 한다면, 성숙기 기업은 이미 실행된 투자(기존 자산)에서 대부분의 가치가 나오기 때문에 가장 쉽게 가치를 평가할 수 있을 것처럼 보인다. 대체로 맞는 말이지만, 오랜 기간 안정적으로 유지된 것처럼 보이는 기업들의 이면에는 여전히 문제점이 숨어 있을 수 있다. 이 문제들을 여러 범주로 나누어 살펴보겠다.

기존 자산

나는 성숙기 기업을 기존 자산에서 대부분의 가치를 창출하는 기업으로 분류했다. 따라서 성숙기 기업에서는 기존 자산의 가치를 정확히 측정하는 것이 앞서 분석한 단계의 기업들보다 훨씬 더 중요하다. 기존 자산의 가치를 평가할 때 핵심은 현금흐름 추정이다. 그렇기 때문에 성숙기 기업의 가치를 평가할 때는 다음 두 가지 문제에 부딪힐 수 있다.

1. **이익 조정:** 성숙한 기업들은 회계 규정에서 허용되는 재량권을 활용해 이익을 조정하는 데 능숙하다. 이는 회계 사기, 기망이라고까지 하기는 어려워도 공격적인 회계 관행을 가진 기업들은 보수적인 회계 관행을 따르는 유사한 기업들보다는 기존 자산의 이익을 훨씬 높게 보고할 수 있다. 이러한 회계상의 접근 방식 차이를 고려하지 않으면, 공격적인 회계 정책을 취하는 기업의 기존 자산은 과대평가하고 보수적인 기업의 자산 가치는 과소평가하는 오류를 범할 수 있다.

2. **경영의 비효율성:** 성숙한 기업들은 오랜 기간 안정적으로 운영해온 이력이 있다. 이처럼 오랜 역사 때문에 (영업이익률, 자본이익률 등) 과거의 수치를 기존 자산이 앞으로 창출할 성과의 합리적인 추정치라고 착각할 수 있다. 그러나 과거의 이익은 과거의 경영을 반영할 뿐이다. 경영진이 최선, 최적의 투자와 자금 조달 결정을 내리지 못할 경우, 실제로 보고되는 이익은 더 나은 경영으로 창출될 수 있었던 이익에 미치지 못할 가능성이 있다. 반면 경영진 교체 가능성이 있는 기업이라면 단순히 보고된 이익을 기준으로 기존 자산을 평가할 경우 가치를 과소평가할 위험이 있다.

결론적으로 성숙한 기업은 오랜 이력이 있기 때문에 기존 자산의 가치를 쉽게 평가할 수 있다는 주장은 관리가 잘된 기업의 경우, 또는 기존 경영진이 매우 강력하게 자리 잡고 있어서 교체될 가능성이 없고 영업 환경에 혁신적 파괴의 가능성이 거의 없는 기업의 경우에만 타당한 설명이다.

성장 자산

기업은 두 가지 방법으로 성장 자산을 창출할 수 있다. 하나는 새로운 자산과 프로젝트에 투자해 초과수익을 창출하는 '유기적' 성장, 다른 하나는 기존 사업이나 기업을 인수해 성장 과정을 단축하는 '비유기적' 성장 또는 '인수 주도형' 성장이다. 이 두 가지 방법은 기업 생애주기 어느 단계에서나 활용될 수 있는데, 성숙기 기업은 인수 주도형 성장을 선택할 가능성이 훨씬 더 높다. 그 이유는 다음 세 가지로 설명할 수 있다.

- 기업이 성숙 단계에 접어들면 보유한 현금에 비해 내부 투자 기회가 점점 희소해진다.
- 기업 규모가 커질수록 신규 투자의 규모가 커야 전체 성장에 영향을 미칠 수 있다. 수십억 달러 규모의 신규 프로젝트를 기업 내부에서 발굴하기는 어려워도, 그만한 규모의 인수 기회를 찾는 것은 비교적 쉽다. 그리고 인수는 성장률에 거의 즉각 영향을 끼친다.
- 투자에서 성과 창출까지 긴 시간이 소요되는 산업이 있다. 이런 산업에서는 신규 자산에 투자해 실제 성장으로 이어지기까지 상당한 시차가 존재한다. 인수를 선택하면 수익 실현을 앞당기는 효과가 있다.

인수 주도형 성장 전략이 내재가치 평가에 미치는 영향은 무엇일까? 일반적으로 비유기적 성장의 가치는 유기적 성장보다 평가하기가 훨씬 어렵다. 기업이 매 기간에 몇 가지씩 소규모로 투자를 진행하는 유기적 성장과 달리, 인수는 대규모로 이루어지며 빈도가 낮고 불규칙하다. 한 해에 수십억 달러 규모의 인수를 진행한 후 몇 년간 추가 투자가 없을 수도 있고, 이후 다시 대형 인수가 이루어질 수도 있다.

기업이 재투자한 규모와 재투자로 창출한 수익률은 유기적 성장과 인수 주도형 성장을 모두 반영해야 하는데, 인수 활동이 활발한 기업에서는 이러한 수치를 추정하기가 훨씬 어렵다. 만약 기업의 최근 재무제표에 드러난 재투자 수치를 그대로 사용한다면, 평가 시기에 따라 기업 가치를 과대평가하거나 과소평가할 위험이 있다. 또 인수 주도형 성장에서는 자본이익률을 계산하는 것도 훨씬 까다롭다. 인수 회계 처리 과정에서 영업권(goodwill)이나 인수 관련 비용같이 다루기 복잡한 항목이 발생하고, 이런 항목들을 고려해 수익률을 산출하는 것이 쉽지 않기 때문이다.

성숙기 기업의 할인율을 추정할 때, 분석에 활용할 수 있는 데이터가 더 많다는 점은 유리한 출발 조건이다. 대부분의 성숙기 기업은 상장기업으로서 이력이 길기 때문에 더 많은 과거 가격 데이터를 확보할 수 있고, 장기간의 이익 변동성에 관한 데이터도 존재한다. 위험 특성이 비교적 안정적이어서 과거 데이터를 활용해 추정한 위험이 이전 단계의 기업들에 비해 훨씬 신뢰할 만하다는 장점 또한 있다.

한편 미국을 포함한 여러 국가에서는 많은 성숙기 기업이 회사채를 활용해 부채를 조달한다. 두 가지 이점 때문이다. 첫째, 타인자본비용을 추정하는 데 필요한 입력값인 회사채의 시장가격과 수익률을 실시간으로 확인할 수 있다. 둘째, 회사채에 부여된 신용등급으로 채무불이행 위험을 측정할 수 있을 뿐만 아니라 디폴트 스프레드와 파산 비용까지 산출할 수 있다. 그러나 성숙한 기업의 할인율 추정에 영향을 끼치는 세 가지 문제가 존재한다.

- 첫째, 부채를 다양한 경로로 조달해 부채의 구조가 복잡해진다. 고정금리와 변동금리, 다양한 통화, 선순위와 후순위 부채가 섞여 있고 만기도 다양하다. 금리와 신용등급이 제각각인 부채의 조합을 부채비율과 비용 계산에 어떻게 반영할지 고민해야 한다.
- 둘째, 할인율(타인자본비용, 자기자본비용, 자본비용)이 기업의 자본 구조, 즉 타인자본과 자기자본의 조합에 영향을 받는다. 현재 시장가격과 신용등급을 기반으로 산출한 추정치는 기업의 현재 자본 구조를 반영하므로 이 구조가 달라지면 할인율을 다시 추정해야 한다.
- 셋째, 문제는 인수를 통해 성장을 추구하는 기업에서 발생한다. 기업이 다른 사업 분야에 있는 기업이나 위험 특성이 다른 기업을 인수할 경우, 기존 기업의 할인율이 달라질 수 있다.

안정적 성장과 영구가치

영구가치는 다른 생애주기 단계의 내재가치를 평가할 때와 마찬가지로 성숙기 기업에서도 전체 가치에서 큰 비중을 차지하지만 초기 단계나 성장기 기업에 비하면 그 비중이 작다. 성숙기 기업은 경제 성장률과 유사한 성장률을 보이므로, 성장기 기업에 비해 영구가치 계산이 더 직관적이고 간단해 보일 수 있다. 대체로 맞는 말이지만 다음 두 가지 요인으로 계산이 왜곡될 수 있다.

    a. 안정적 성장에 비해 위험이 높고 투자가 과다할 경우: 많은 성숙기 기업은 경제 성장률이나 무위험 이자율보다 낮은 성장률을 보인다. 이 기준으로만 보면 안정적인 성장 단계에 있는 기업으로 분류될 수 있다. 그러나 가치평가에 사용되는 다른 입력값이 이러한 성숙도를 반영하지 않을 수 있다. 예를 들어 매출과 이익 성장률이 2%인 기업은 성장률만 보면 안정적인 기업으로 보일 수 있지만, 위험의 크기가 전체 기업의 상위 10%에 해당하고, 세후 영업이익의 90%를 재투자하고 있다면 안정적인 기업으로 보기 어렵다. 영구가치 방정식을 적용할 수 있는 안정적 성장 기업에 해당하려면, 위험 특성이 평균에 가깝고 재투자 방식도 안정적 기업의 요건을 충족해야 한다.

    b. 기업 경영이 영구적으로 비효율적이라고 가정하는 경우: 기존 자산에서 창출되는 현금흐름과 과거 데이터를 기반으로 산출한 할인율은 기업의 경영 방식에 따라 결정된다. 기업이 최적의 방식으로 운영되지 않는다면 더 나은 경영진이 운영했을 때보다 현금흐름은 작고 할인율은 더 높아질 것이다. 따라서 영구가치를 추정할 때 이익률, 투자 수익률, 할인율을 현재 수준에 고정하면 현재의 비효율적인 경영 방식이 영구히 지속될 것이라고 가정하는 셈이 되고, 기업 가치를 과소평가하게 될 위험이 크다.

결론적으로 기업이 안정적인 성장 단계에 있고 영구가치 방정식을 적용해 가치를 평가할 수 있다는 가정은 성숙기 기업이라도 쉽게 세울 수 있는 것이 아니다. 성숙기 기업을 평가할 때 직면하는 어려움은 기업의 현재 재무 지표들이 과거의 역사와 현재 경영진을 반영한다는 데 있다. 하지만 경영 방식이 변화하면 기업의 성격 자체가 크게 달라질 수 있다. 실제로 변화가 있을 경우 그림 12.1과 같이 예상 현금흐름, 성장률, 위험 특성이 크게 달라질 수 있다.

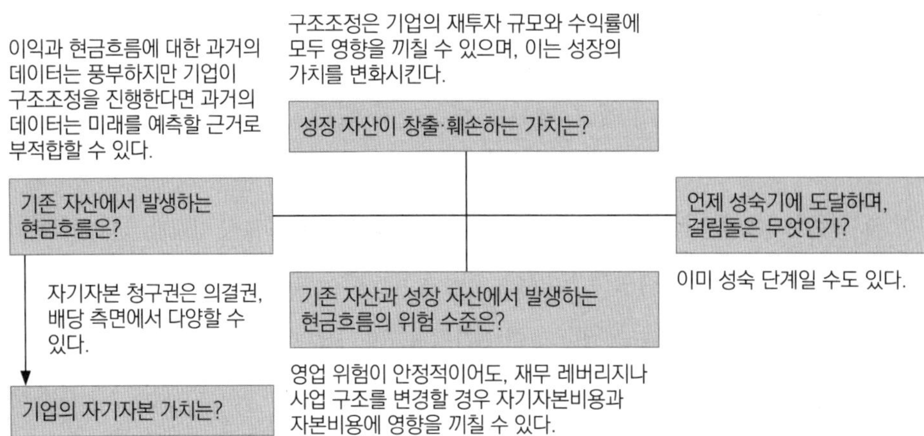

기존 경영진이 기업을 운영할 때의 현상 유지 가치(status quo value), 같은 기업을 다른 경영진이 운영할 때의 구조조정 가치(restructured value)는 이 장 후반부에서 다시 설명하겠다.

대응

이러한 어려움을 해결하기 위해 10장에서 초기성장기 기업, 11장에서 고도성장기 기업에 적용했던 5단계 가치평가 방법을 활용하되, 성숙기 기업을 중심으로 설명하겠다.

1단계: 스토리 구성하기

오랜 재무 이력과 확고한 사업모델을 갖춘 성숙기 기업의 가치평가는 그림 12.2에서 보듯 숫자에서 출발한다. 하지만 스토리에서 취약한 고리를 찾아내고 기업의 미래에 맞는 대안적 스토리를 구상해야 한다. 이 스토리는 성장기 기업으로 돌아갈 방법을 고민하는 경영자로부터 나올 수도 있고 사업모델을 바꾸려는 투자자로부터 나올 수도 있다.

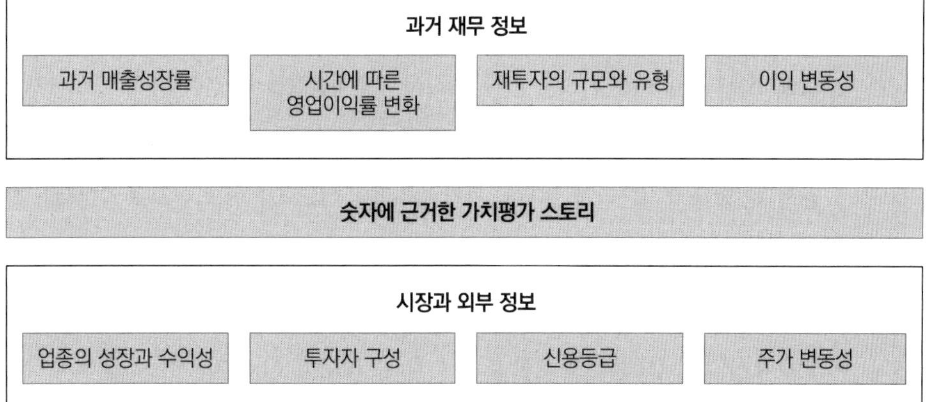

2단계: 3P(가능성, 타당성, 개연성) 테스트 수행하기

성숙기 기업에 대해 구상한 스토리가 과거의 연장선상에 있다면 3P 테스트의 필요성이 크지 않을 수도 있다. 대체로 그렇지만 두 가지 예외가 있다. 첫째, 거시경제나 규제에 변화가 임박해 사업 환경이 기존의 역사적 데이터와 단절될 가능성이 있는 경우다.

예를 들어 오랜 기간 견고한 매출 성장과 높은 영업이익률을 유지한 제약회사를 평가할 때 약가 규제가 도입될 가능성이 있다면 향후에도 지속적으로 성장하고 높은 이익률을 유지할 것이라는 가정은 위협받는다. 화석연료기업은 기후 변화의 영향으로 장기적인 사업 전망이 불확실해졌으며, 지난 100년 동안 시장을 형성해온 유가 사이클이 앞으로도 지속되리라고 단정할 수 없다.

3단계: 스토리를 가치평가 모형의 입력값으로 변환하기

성숙기 기업을 평가할 때도 10장의 초기성장기 기업, 11장의 고도성장기 기업과 마찬가지로 가치평가 스토리를 분해해서 입력값으로 변환하는 과정이 필요하다. 이를 매출성장률, 수익성, 재투자, 위험의 순서로 설명하겠다.

a. 매출성장률: 성숙한 기업의 매출 성장을 예측할 때는 먼저 과거의 성장률을 참고하는 것이 합리적이지만 다음과 같은 요소를 추가로 고려해야 한다.

- **기간**: 아무리 성숙한 기업이라도 매출이 평소보다 빠르게 성장한 좋은 시기가 있고 성장률이 둔화된 어려운 시기도 있다. 따라서 매출성장률을 추정할 때는 최근 1년간의 성장률보다는 장기간에 걸친 연평균 성장률을 살펴보는 것이 더 합리적이다. 성숙한 원자재기업을 평가한다면, 원자재 가격 사이클이 어느 지점에 있는지를 감안해야 한다. 사이클이 정점에 있을 때는 매출이 부풀려지고, 바닥에 있을 때는 축소될 것이기 때문이다.

- **인수와 사업 매각으로 인한 성장 효과**: 성숙기 기업은 성장을 추구하는 과정에서 다른 기업을 인수하거나 기존 사업 부문을 매각하는 경우가 많다. 이러한 변화가 미래의 매출성장률에 얼마나 영향을 미칠 것인지 분석해야 한다.

만일 성숙기 기업에 대해 과거 성장률과는 단절된, 훨씬 높거나 낮은 성장률을 부여하기로 결정했다면 변화의 이유를 설명하는 강력한 스토리가 필요하다.

b. 수익성: 성숙기 기업의 영업이익률을 분석할 때는 매출성장률을 분석할 때와 마찬가지로 먼저 과거 데이터를 살펴보고 앞으로 변화가 있을지, 변화가 있다면 어떤 형태일지 고려해야 한다. 대부분의 성숙기 기업에서는 과거 평균 수준의 이익률이 유지될 것이라고 가정하는 것이 가장 신중한 접근법이며, 일반적으로 지난 5년 또는 10년간의 평균 이익률을 기준으로 삼는다. 고도성장기 기업에서는 규모의 경제와 사업모델 개선으로 미래 이익률이 현재보다 높아질 것이라고 설명할 수 있다. 그러나 성숙기 기업이 오랜 기간 낮은(혹은 높은) 영업이익률을 기록했다면 앞으로 영업이익률이 크게 개선(혹은 악화)될 것이라고 강력히 주장하기는 어렵다. 성숙기 기업의 영업이익률이 크게 변화할 것이라고 예상한다면 사업모델이나 시장 환경 변화 등 이를 뒷받침할 수 있는 강력한 논리를 제시해야 한다.

c. 재투자: 기업이 성장을 지속하려면 재투자가 필요하며 이는 성숙한 기업도 마찬가지다. 그러나 앞서 살펴보았듯이 성숙한 기업들은 내부 투자(유기적 성장)보다는 인수를 성장의 주요 전략으로 활용하는 경향이 크다. 따라서 이러한 기업을 평가할 때는 인수가 기업 가

치를 창출할지 여부를 고려해야 하며, 이를 평가하려면 인수를 자본 지출과 동일한 방식으로 분석해야 한다. 즉 기업이 향후 몇 년간 인수에 평균적으로 얼마나 지출할지를 예측해야 한다. 인수가 예상 매출성장률과 이익률에 미치는 영향 또한 미래 수치에 반영해야 하며, 인수를 반영해 위험 특성도 조정해야 분석을 마무리할 수 있다.

d. **위험**: 성숙한 기업을 평가할 때는 기업의 자본비용과 실패 확률을 평가할 수 있는 정보에서 출발해야 한다. 기업의 주가 변동성, 회사채의 현재 신용등급, 시가총액 대비 타인자본과 자기자본의 비중 등은 자본비용을 계산하는 데 유용한 정보다. 그러나 자본비용은 성숙기 기업의 기존 사업과 활용 중인 자금의 구조를 반영하는 것으로, 이 두 가지 요소 중 하나라도 달라지면 자본비용도 달라져야 한다. 예를 들어 엑손모빌이 50억 달러 규모의 자사주 매입을 결정하고 150억 달러를 친환경 에너지에 투자할 계획이라고 발표한다면, 친환경 에너지 사업은 화석연료 사업과는 위험 특성이 다르기 때문에 이는 사업의 구조를 변화시키는 결정이다. 자사주 매입 또한 자기자본을 줄여 자금 조달 구조에 영향을 미치므로 자본비용을 다시 계산해야 한다.

결론적으로 성숙기 기업을 가치평가할 때는 기업의 과거 데이터를 기반으로 성장률, 수익성, 재투자, 위험을 분석해야 한다. 그러나 향후 이러한 입력값을 달라지게 만들 근본적인 변화가 이미 있었거나 앞으로 발생할 가능성이 있는지 또한 검토해야 한다.

4단계: 기업 가치평가하기

성숙기 기업은 이미 이루어진 투자에서 가치 대부분을 창출하기 때문에 투자자 사이에서 그 가치에 대한 이견이 적을 가능성이 크다. 그러나 성숙기 기업의 가치는 두 가지 선택에 민감하다.

■ **자금 조달 구조**: 부채와 자기자본 비중의 변화가 기업 가치에 미치는 영향은 초기성장기나 고도성장기 기업보다 성숙기 기업에서 훨씬 더 크다. 이는 성숙기 기업의 차입 여력이

일반적으로 더 크기 때문이다. 차입 여력을 활용하지 않으면 자본비용이 높아지고, 결국 기업 가치가 낮아질 수 있다.

- **현금흐름 환원:** 초기성장기 기업과 고도성장기 기업은 투자자에게 현금을 돌려줄 여력이 부족한 경우가 많고 현금이 필요한 상황이기도 해서, 현금 환원 방식이나 현금 보유 규모에 대한 논의가 기업 가치에 그다지 중요한 영향을 미치지 않는다. 반면 성숙기 기업은 상당한 규모의 현금흐름을 창출하며 이를 주주들에게 환원할지 여부를 결정할 수 있다. 환원하지 않는다면 현금은 기업 안에 축적된다. 현금을 유보하기로 선택한 기업은 현금을 주주에게 돌려주는 것이 더 낫다고 생각하는 투자자들의 공격을 받을 수 있다. 한편 현금 자체는 중립적인 자산이므로 그 존재가 기업의 가치에 영향을 미치지 않는다. 그러나 현금이 신뢰할 수 없는 경영진의 손에 있다면 기업의 가치를 훼손할 수 있다. 따라서 현재 경영진에 대한 신뢰도는 성숙기 기업의 가치평가에서 중요한 입력값이 된다.

결론적으로 성숙기 기업은 자금 조달 구조와 배당 정책에 대한 가정이 가치에 미치는 영향이 초기성장기 기업이나 고도성장기 기업에 비해 훨씬 더 크다. 따라서 자금 조달과 배당 정책을 결정한 기존 경영진이 교체될 가능성이 있다면 기업에 대한 평가도 달라져야 한다.

5단계: 피드백 루프 열어두기

성숙기 기업은 초기 단계 기업이나 성장기 기업에 비해 내재가치와 시장가격이 더 가까운 경향이 있다. 이는 가치에 대해 이견이 많지 않은 기존 자산에서 대부분의 가치가 창출되기 때문이다. 그러나 두 가지 예외가 있다.

첫째, 파괴적 혁신의 영향을 받는 성숙기 기업에서 내재가치 추정치가 지속적으로 시장가격을 상회하고 시장가격이 예상 내재가치에 수렴하는 대신 오히려 하락한다면, 파괴적 혁신의 영향이 가치평가에 충분히 반영되었는지 검토할 필요가 있다. 시장은 파괴적 혁신의 영향이 기업의 재무제표에 드러나기 전에 더 빨리 그 영향을 가격에 반영할 수 있다. 이러한 기업은 얼핏 저평가된 것처럼 보이지만 시간이 지날수록 점점 더 가격이 떨어지는 가치 함정(value trap)이 된다.

둘째, 성숙한 기업의 가치를 평가할 때 기존 재무제표를 기반으로 현금흐름을 예측하고 현재 자금 조달 구조와 배당 정책을 그대로 반영한다면 이는 기존 경영진의 정책을 상수로 받아들인다는 의미다. 만일 행동주의 투자자가 충분한 자금으로 상당한 지분을 확보하고 변화를 촉구한다면 이는 기업 가치를 다시 평가해야 한다는 신호가 될 수 있다.

사례 연구 1: 전환기에 있는 성숙 기업 유니레버의 가치평가

유니레버(Unilever)는 1929년 이미 수십 년 역사를 보유하고 있던 네덜란드의 기업 마르하리너위니(Margarine Unie)와 영국의 비누 제조업체 레버브러더스(Lever Brothers)가 합병해서 탄생한 유서 깊은 기업이다.

합병 후 유니레버는 세계적으로 유명한 소비재 브랜드를 다수 보유한 다국적 기업으로 성장했다. 핵심 사업은 여전히 미용과 개인관리용품이지만 음식료와 생활용품 사업도 상당한 비중을 차지하고 있다. 2021년 기준 유니레버는 매출 524억 4,000만 유로, 세전 영업이익 96억 4,000만 유로를 기록했고 2022년 중반에는 시가총액이 약 900억 유로에 달했다.

배경

성숙한 기업인 유니레버의 재무 기록은 기업의 과거와 미래 방향성을 보여주는 중요한 지표이며, 애널리스트나 경영진의 전망보다 더욱 신뢰할 만한 정보를 제공할 수 있다. 그림 12.3은 1998년부터 2021년까지 유니레버의 매출과 영업이익 변화를 보여준다.

재무 수치는 유니레버가 최근 몇 년간 성장에 어려움을 겪어왔다는 점을 분명히 보여준다. 1998년부터 2021년까지 연평균 매출성장률은 1.19%에 불과했다. 지난 10년 동안 영업이익률이 개선된 것은 긍정적이다. 2001년부터 2010년까지 평균 12.62%였던 영업이익률은 2011년부터 2020년까지는 15.99%로 상승했다. 특히

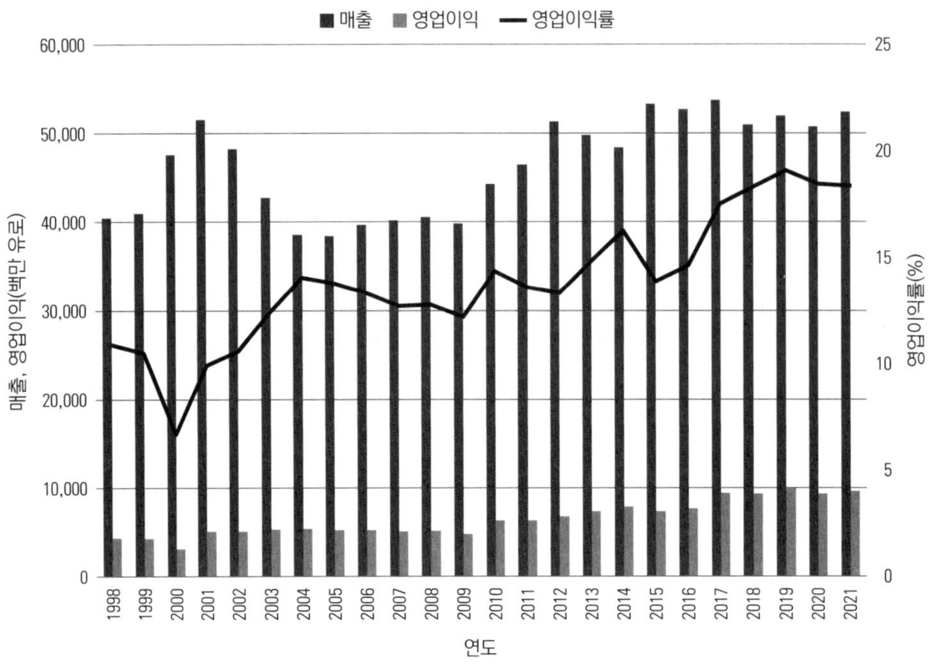

최근 4년간은 18~19% 범위를 유지하며 더욱 개선된 모습을 보였다.

재투자 측면에서 유니레버는 여러 건의 대형 인수를 완료했다. 2000년에는 마요네즈 제조업체인 베스트푸드(Bestfoods)를 243억 달러에 인수했고, 2018년에는 음료회사 호릭스(Horlicks)를 38억 달러에, 2016년에는 면도기회사 달러쉐이브클럽(Dollar Shave Club)을 10억 달러에 인수했으며, 이 외에도 소규모 인수를 다수 진행했다. 인수로 지급한 프리미엄을 뜻하는 영업권이 무려 215억 7,000만 유로에 달할 정도로 적극적으로 인수 활동을 벌였다. 그러나 이러한 인수가 매출 성장에는 뚜렷하게 기여하지 못했다는 점도 분명하다.

유니레버의 세 가지 주요 사업 부문(개인관리용품, 생활용품, 음식료)의 실적을 파악하기 위해 표 12.1에 2016년에서 2021년까지 사업 부문별 매출과 영업이익, 성장률을 정리했다.

[표 12.1] 유니레버의 사업 부문별 실적(2021년)

	매출액 (백만 유로)	영업이익 (백만 유로)	매출성장률 (2016~2021년 평균, %)	영업이익률 (%)
미용·개인관리용품	21,901	4,742	1.66	21.65
생활용품	10,572	1,417	1.10	13.40
음식료	19,971	3,477	−2.38	17.41

세 사업 부문 공통적으로 성장이 저조한 가운데 음식료 사업은 2016년부터 2021년 사이에 매출이 감소했다. 미용과 개인관리용품 부문은 2021년 영업이익률이 21.65%로 전체 사업부 가운데 수익성이 가장 높았고, 생활용품 사업의 수익성이 가장 낮았다.

스토리와 입력값

유니레버의 가치평가 스토리를 구성하며 나는 과거 데이터에서 확인되는 사실에 충실하고자 한다. 즉 이번 분석에서는 유니레버가 현재와 같은 낮은 매출성장률을 유지하고 최근 몇 년 동안 달성한 높은 영업이익률이 지속된다고 가정할 것이다. 자금 조달 정책과 배당 정책에는 큰 변화가 없을 것이며, 시간이 지나도 자본비용이 변하지 않는다고 가정한다. 이러한 스토리를 구체적인 입력값으로 변환하면 다음과 같다.

매출 성장

유니레버의 연간 매출성장률을 2%로 가정한다. 이는 과거 성장률보다 높지만 평가 시점의 높은 기대 인플레이션을 반영한 것이다.

영업이익률

1년 후 영업이익률은 2021년 수준인 18.38%를 유지하며, 향후 수년간 영업이익률이 약 18% 수준에서 안정될 것으로 예상한다.

재투자

낮은 성장률을 고려할 때 유니레버는 재투자 필요성을 크게 느끼지 않을 것으로 보인다. 재투자는 소규모 인수 형태로 이루어질 것이라고 예상하며 재투자한 1유로당 매출 1.80유로가 발생한다고 가정한다.

자본비용

현재 자금 조달 구조를 보면 약 78%가 자기자본이고 22%가 타인자본이다. 현재 매출의 지역별 비중을 고려해 유로화 자본비용은 8.97%로 추정하며, 이 수준이 영구적으로 유지될 것이라고 가정한다.[1]

실패 위험

유니레버의 큰 이익 규모와 충분한 현금 보유량을 고려할 때 실패 위험은 없다고 판단한다. 그림 12.4는 이러한 입력값을 바탕으로 한 유니레버의 가치평가 결과다.

유니레버의 저성장 스토리는 분명히 타당하며 과거 기록에도 부합한다. 나는 유니레버의 가치를 2022년 9월 주가인 45.60유로에 훨씬 못 미치는 주당 24.20유로로 평가했다.

그림 12.4는 이 입력값으로 유니레버를 가치평가한 것이다.

[그림 12.4] 유니레버의 가치평가

유니레버					2022년 9월
낮은 성장성					
유니레버는 성장률은 낮지만 사업 부문에서 안정적인 영업이익을 유지하고 있다. 이 기업은 2017년부터 2021년 사이에 확보한 이익을 유지하면서 낮은 속도로 성장을 이어갈 것으로 보인다. 대규모 재투자가 필요하지는 않지만, 향후에도 소규모 인수는 지속할 것으로 예상되며, 현재의 자본 구조와 배당 정책도 유지할 것이다.					

가정(금액 단위: 백만 유로)

	기준 연도	다음 연도	2~5년 차	6~10년 차	10년 이후	스토리와 연결
매출액	52,444.00	2.0%	2.00% →	2.00%	2.00%	성장 전망이 제한적이다.
영업이익률	18.38%	18.4%	18.38% →	18.00%	18.00%	영업이익은 최근 5년간 도달한 수준에서 유지한다.
세율	25.00%		25.00%	25.00%	25.00%	장기적으로 글로벌·미국 한계세율 적용.
재투자		1.80	1.80 →	1.80	16.67%	글로벌 산업 평균 수준을 유지한다.
자본이익률	14.39%	한계 ROIC =	29.36%		12.00%	강력한 브랜드 보유.
자본비용			8.97%	8.97%	8.97%	현재의 자본 구조와 지역별 구성에 기반한 자본비용을 적용한다.

현금흐름(금액 단위: 백만 유로)

	매출액	영업이익률	EBIT	EBIT(1−세율)	재투자	기업 잉여현금흐름
1	53,493	18.38%	9,830	7,372	582	6,791
2	54,563	18.30%	9,985	7,489	593	6,896
3	55,654	18.26%	10,164	7,623	605	7,018
4	56,767	18.23%	10,346	7,760	617	7,142
5	57,902	18.19%	10,531	7,898	630	7,269
6	59,060	18.15%	10,720	8,040	642	7,397
7	60,242	18.11%	10,911	8,184	655	7,528
8	61,447	18.08%	11,107	8,330	668	7,662
9	62,675	18.04%	11,305	8,479	682	7,797
10	63,929	18.00%	11,507	8,630	695	7,935
종료 연도	65,208	18.00%	11,737	8,803	1,467	7,336

가치(금액 단위: 백만 유로)

영구가치	105,317.15	
영구가치의 현재가치	44,628.23	
향후 10년간 현금흐름의 현재가치	46,626.14	
영업자산 가치	91,254.37	
부실 위험 조정	0.00	실패 확률 = 0.00%
− 부채 및 비지배지분	36,686.00	
+ 현금 및 기타 비영업자산	7,613.00	
자기자본 가치	62,181.37	
− 주식매수선택권 가치	0.00	
발행주식(백만 주)	2,569.20	
주당 가치(유로)	**24.20**	현재 주가 = 45.60유로

가격 산정

성숙한 기업을 평가할 때 유리한 점은 상당히 많은 과거 데이터가 존재하고 사업 모델이 유효하다는 증거가 있다는 것이다. 이는 기업의 가격을 산정할 때도 도움이 된다. 다만 혁신적 파괴의 위협이나 경영진 교체 가능성을 감안하면, 데이터에 지나치게 의존하고 이익률과 위험 등의 변수들이 과거의 정상적인 수준으로 돌아간다는 평균회귀 가정을 적용하는 것은 위험할 수 있다.

도전 과제

성숙한 기업의 가격을 산정할 때는 여러 이점이 있다. 첫째, 매출, 이익 같은 영업 지표와 시장가격 데이터가 오랜 기간 축적되어 있어, 시장이 과거에 이 기업의 가격을 어떻게 산정했는지 파악할 수 있다. 둘째, 광업, 원자재, 소비재 같은 고령화된 산업에는 유사한 성숙기 기업이 다수 존재하기 때문에 동종 기업군을 구성하는 것이 비교적 용이하다. 셋째, 시장은 기업 생애주기 전반에 걸쳐 평가 오류를 범할 수 있지만, 기업이 성숙할수록 가격 오류가 줄어드는 경향이 있다.

성숙한 기업의 가격을 산정할 때 직면하게 될 과제들은 가격 산정 단계에 따라 다음과 같이 나눌 수 있다.

- **가격의 표준화:** 성숙한 기업의 가격은 매출에서 이익(영업이익, 순이익, 주당순이익), 현금흐름(EBITDA, 순이익＋감가상각비), 장부가치(자기자본이나 투자된 자본의 장부가치)까지 다양한 표준화 지표를 활용해 산정할 수 있다. 선택의 폭이 넓다는 것은 장점이지만 원하는 결과를 도출하기 위해 특정 지표를 선택하는 편향이 개입될 수도 있다.
- **동종 기업 선정:** 고령화된 산업일수록 성숙한 기업이 많아지는 경향이 있다. 그러나 세계화가 진행되면서 이러한 기업들은 다양한 국가에 법인을 설립하고 여러 지역에서 사업을 운영하는 경우가 많다. 예를 들어 광업에는 성숙한 기업이 다수 존재하지만 이들 기업은 여러 국가에 법인을 두고 있으며 각기 다른 지역적 위험에 노출되어 있다.

기업	시가총액(십억 달러)	국가
BHP	132	호주
신화에너지(China Shenhua Energy)	88	중국
리오틴토(Rio Tinto)	87	영국
글렌코어(Glencore)	72	스위스
발레(Vale)	60	브라질
뉴트리엔(Nutrien)	50	캐나다
앵글로아메리칸(Anglo American)	44	영국
마덴(Ma'aden)	44	사우디아라비아
프리포트맥모란(Freeport-McMoRan)	43	미국
노르니켈(Nornickel)	42	러시아

동종 기업을 평가 대상 기업과 같은 국가에 설립되어 같은 주식시장에서 거래되는 기업으로 제한한다면 이미 불리한 조건에서 시작하는 셈이다. 바람직한 방법은 지역과 상관없이 동일 산업에 속한 모든 기업을 동종 기업군에 포함하는 것이다. 다만 이 경우 기업이 설립된 국가뿐만 아니라 운영되는 지역이 다를 수 있으므로 가격을 비교할 때는 지리적 차이를 보정할 방안을 마련해야 한다.

- **차이 보정**: 지역적 차이를 보정하는 것 외에도, 성숙기 기업을 평가할 때는 좀 더 근본적인 문제를 고려해야 한다. 이익을 창출하는 성숙기 기업으로 표본을 제한한다 해도, 수익성이 보호되는 정도는 기업마다 다르다. 구체적으로는 진입장벽이 높고 경쟁우위를 보유한 기업, 즉 강력한 해자를 가진 기업은 그렇지 않은 기업보다 시장에서 더 높은 가격을 받아야 한다. 해당 업계에 파괴적 혁신이 임박했거나 이미 진행 중이라면 성숙기 기업의 가격 산정에도 영향을 미치며, 과거의 규범이 더 이상 유효하지 않을 가능성이 높다.

대응

성숙기 기업을 평가할 때는 기존의 방대한 데이터를 유리하게 활용할 수 있다. 하지만 세 가지 유의 사항이 있다.

1. **편향을 경계한다**: 편향에 이끌려 원하는 결과가 나올 때까지 가격 배수를 이것저것 적용하는 것은 피해야 한다. 이를 방지하는 한 가지 방법은 여러 지표를 적용한 결과를 확인

하기 전에 사용할 가격 배수를 미리 정하는 것이다. 이를 선택할 때는 기존 관행, 즉 해당 업계에서 가장 널리 사용된 배수를 고려하고, 동시에 사업의 특성을 반영해야 한다. 프로젝트의 질을 평가할 때는 시장에서 일반적으로 사용되는 지표를 기준으로 시가총액을 조정하는 것이 합리적이다. 이러한 접근 방식은 산업별로 적절한 가격 배수가 다른 이유를 설명해준다. 예를 들어 일반적으로 소매업에서는 매출 배수를 사용하고, 인프라기업은 EV/EBITDA, 금융서비스기업은 주가순자산배수(PBR)가 적절한 기준이다.

2. **세계로 확장한다:** 성숙기 기업의 경쟁 환경은 점점 더 세계화되고 있다. 가격 책정에 필요한 동종 기업군을 구성할 때도 세계화가 필요하다. 이를 위해서는 먼저 이익이나 장부 가치 기준으로 주가 배수를 비교할 때 국가 간 회계 차이를 조정하고, 국가별 운영 위험을 평가해 이를 할인율에 반영할 방법을 찾아야 한다.

3. **경쟁 해자와 파괴적 혁신에 대한 노출을 보정한다:** 동종 기업 간 가격을 비교할 때 경쟁 우위를 측정할 방법을 찾아야 한다. 널리 사용되는 지표 중 하나는 투하자본이익률(ROIC)로, 계산이 용이하고 기업 간 비교가 가능하다는 장점이 있다. 그러나 이는 회계상의 숫자이고 기업마다 회계 관행과 회계 처리 방식에 차이가 있기 때문에 신뢰성을 저해할 수 있다는 한계가 있다. 또 다른 대안으로는 영업이익률이 있다. 영업이익률은 경쟁우위가 강할수록 가격 결정력이 강화되고 이익률이 상승하는 산업에서 특히 유용하다.

사례 연구 2: 유니레버의 가격 산정

<u>도입</u>

2022년 9월, 유니레버의 가격을 구하기 위해 나는 전 세계에 상장된 시가총액 100억 달러 이상의 개인용품기업을 조사해 총 21개 기업을 선정했다. 그런 다음 각 기업의 PER, PBR, EV/매출액, EV/EBITDA, EV/투자자본 등 다양한 가격 배수를 계산했다. 그 결과를 표 12.2에 정리했다.

유니레버의 모든 가격 배수는 업종에서 중앙값 미만에 위치하며 저평가 정도는 배수에 따라 다르다. PBR 기준으로는 가장 덜 저평가되었고 EV/매출액과 EV/투자

[표 12.2] 세계 개인용품기업의 가격 배수

기업	국가	PER (배)	PER (배)	EV/ 매출액	EV/ EBITDA	EV/ 투자자본	세전 영업이익률 (%)	세전 ROIC (%)	기대 성장률 (%)
프록터앤드갬블(NYSE: PG)	미국	22.36	7.21	4.42	16.50	5.01	23.31	26.39	4.75
유니레버(LSE: ULVR)	영국	19.13	5.54	2.47	12.72	2.92	17.50	20.72	5.03
로레알(ENXTPA: OR)	프랑스	32.44	6.83	5.13	24.56	5.88	19.48	22.33	12.00
레킷벤키저(LSE: RKT)	영국	14.47	4.93	3.89	15.52	3.00	22.85	17.60	8.18
에스티로더(NYSE: EL)	미국	36.63	15.66	5.15	21.37	9.75	19.99	37.85	0.30
헤일리온(LSE: HLN)	영국	14.64	0.82	3.29	15.55	0.87	19.46	5.16	5.49
콜게이트-팜올리브 (NYSE: CL)	미국	32.37	374.51	3.95	16.66	9.84	20.53	51.20	3.21
킴벌리클라크(NYSE: KMB)	미국	23.40	70.46	2.51	14.60	5.44	13.44	29.19	5.79
헨켈(XTRA: HEN3)	독일	22.05	1.24	1.27	10.18	1.22	9.98	9.55	3.41
힌두스탄 유니레버 (BSE: 500696)	인도	65.54	12.24	10.85	46.20	13.84	22.28	28.42	13.90
처치앤드드와이트 (NYSE: CHD)	미국	24.54	5.39	4.05	18.36	3.64	18.47	16.60	5.46
바이엘스도르프(XTRA: BEI)	독일	30.52	2.93	2.55	15.75	3.42	13.61	18.28	11.80
카오(TSE: 4452)	일본	27.95	2.64	1.80	11.91	2.68	9.19	13.65	6.40
에시티(OM: ESSITY B)	스웨덴	23.95	2.33	1.59	11.87	1.69	8.42	8.95	9.97
시세이도(TSE: 4911)	일본	25.17	3.16	2.08	19.48	2.61	3.48	4.38	21.10
유니참(TSE: 8113)	일본	42.20	4.34	2.91	15.65	7.70	13.87	36.65	10.70
클로록스(NYSE: CLX)	미국	38.39	31.90	2.91	21.98	5.87	10.22	20.58	6.59
유니레버 인도네시아 (IDX: UNVR)	인도네시아	28.77	38.71	4.27	19.46	74.20	19.90	345.46	3.46
다부르 인디아 (NSEI: DABUR)	인도	57.34	11.92	8.97	44.95	12.44	18.02	25.00	9.44
고드레지 컨슈머 프로덕츠 (NSEI: GODREJCP)	인도	55.11	8.18	7.54	39.97	8.32	17.58	19.41	11.00
윈난 보타니 바이오테크놀로지 그룹 (SZSE: 300957)	중국	72.06	14.61	14.54	62.66	75.46	22.76	118.11	31.00
1사분위값		23.40	3.16	2.51	15.52	2.92	13.44	16.60	5.46
중앙값		28.77	6.83	3.89	16.66	5.44	18.02	20.72	8.18
3사분위값		38.39	14.61	5.13	21.98	9.75	19.99	29.19	11.00
중앙값 대비 유니레버(%)		-33.50	-18.84	-36.50	-23.64	-46.27	-2.89	0.01	-38.51

자본 기준으로는 가장 크게 저평가된 것으로 보인다.

마지막 3개 열은 기업 간 가격을 비교할 때 조정해야 할 세 가지 변수, 즉 영업이익률, 자본이익률, 기대 이익성장률이다. 일반적으로 이 세 변수가 높은 기업일수록 더 높은 가격 배수에 거래될 것으로 예상할 수 있다. 유니레버는 영업이익률과 자본이익률은 업종 중앙값과 거의 일치했지만 예상 이익성장률은 중앙값보다 크게 낮았다. 이는 유니레버가 동종 기업에 비해 주가가 낮은 이유를 설명할 수 있다. 유니레버의 낮은 성장률과 낮은 주가의 관계(설명력)를 파악하기 위해, 해당 업종 내 기업들의 PER과 기대성장률 간의 회귀분석을 실행했다.[2]

$$PER = 19.30 + 152.65(기대성장률)$$

$$R^2 = 37.94\%$$

$$t값 = (3.77) \quad (3.41)$$

회귀분석의 결정계수(R^2)가 38%로 비교적 낮기는 하지만 이 분석을 통해 해당 업종에서는 성장률이 높은 기업이 훨씬 높은 PER에 거래된다는 사실을 확인할 수 있다. 애널리스트들이 예상하는 유니레버의 이익성장률 5.03%를 이 회귀식에 대입해 도출한 유니레버의 예상 PER은 26.98배다.

$$유니레버의 예상 PER = 19.30 + 152.65(5.03\%) = 26.98$$

유니레버의 현재 PER은 19.13배로 여전히 저평가 상태라고 판단한다.

보완과 추가 논의

오랜 기간 수익성을 유지해온 성숙한 기업이 흔히 직면하는 두 가지 주요 문제가 있다. 첫째는 파괴적 혁신이 기존 사업모델을 뒤흔들 수 있다는 점, 둘째는 경영진의 변화로 기업이 과거와는 다른 길을 걷게 될 수 있다는 점이다.

파괴적 혁신의 이면

지난 10~20년 동안 파괴적 혁신이 급증했다. 잃을 것이 없는 창업 기업과 초기 단계 기업들이 새로운 사업모델로 기존의 안정적이고 수익성 있는 산업에 뛰어들면서 해당 산업의 경제 구조를 뒤흔들었다. 이러한 파괴적 혁신은 많은 주목을 받아 왔다.

나는 10장에서 파괴적 혁신 기업의 가치를 어떻게 평가하고 가격을 어떻게 산정할 것인지 이야기했다. 그러나 파괴적 혁신의 대상이 된 기업들, 즉 수익성 있는 안정적 기업에서 순식간에 생존의 위기에 몰린 성숙한 기업들은 충분히 다루지 못했다. 이런 현상은 아마존이 진출하며 구조가 달라진 미국 오프라인 유통업에서 목격되었고, 우버와 리프트 같은 승차공유서비스가 등장하며 타격을 입은 기존 택시업계에서도 목격되었다.

따라서 성숙기 기업을 평가할 때는 적어도 파괴적 혁신에 직면할 가능성을 고려하는 것이 현명하다. 나는 파괴적 혁신의 대상이 되는 산업에서 세 가지 공통적인 특징을 발견했다.

1. **상당한 경제적 규모:** 소비자가 해당 산업에 지출하는 금액이 많을수록 파괴적 혁신의 가능성도 비례하여 증가한다. 이 틀을 적용하면 금융서비스(액티브 자산 운용, 재무 자문 서비스, 기업 재무)와 교육 산업이 많은 파괴적 혁신자를 끌어들이고 출판업은 상대적으로 작은 목표가 되는 이유를 쉽게 이해할 수 있다.
2. **비효율적인 생산과 전달 방식:** 파괴적 혁신의 대상이 되는 산업의 공통적인 특징 중 하나는 생산자와 소비자 모두 불만을 갖게 하는 비효율성이다. 소비자는 생산자가 그들의 요구에 민감하지 않고 품질이 떨어지거나 필요를 충족하지 못하는 제품을 높은 가격에 판매하는 것에 불만을 느낀다. 반면 생산자도 별다른 이익을 얻지 못하는 경우가 많다.
3. **낮은 경쟁 장벽과 관성:** 규모가 크고 운용이 비효율적인데도 오랫동안 존속할 수 있었던

이유는 무엇일까? 가장 강력한 요인은 관성이다. 소비자들은 기존 상태를 당연하게 받아들이도록 길들여져 있다. 여기에 더해 규제나 면허 요건이 본래 목적을 상실한 채 기존 기업을 보호하는 역할만 하거나 진입장벽(자본, 지식, 기술 등)이 존재하는 것도 이런 산업이 계속 유지될 수 있었던 원인이다.

이미 파괴적 혁신이 진행 중이거나 임박한 산업에서 운영되고 있는 성숙기 기업을 평가할 때는 그림 12.5와 같이 거의 모든 입력값에 그 영향을 반영해야 한다.

간단히 말해 파괴적 혁신이 일어나고 있는 업계에서 사업을 영위하는 성숙한 기업은 영업이익률이 하락하고 위험이 증가해 기업 가치가 하락할 수 있다.

경영의 가치

기업의 가치는 자원을 어디에 투자할지, 투자 자금을 어떻게 조달할지, 주주들에게 얼마나 많은 현금을 돌려줄지에 대한 경영진의 판단에 따라 결정된다. 따라서 기업의 가치를 평가할 때는 그 기업을 누가, 어떻게 경영할 것인지 암묵적이든 명시적이든 가정을 세운다. 무능한 경영진이 기업을 경영한다고 가정하면 기업의 가치는

[그림 12.5] 파괴적 혁신의 위협에 직면한 성숙기 기업의 가치평가

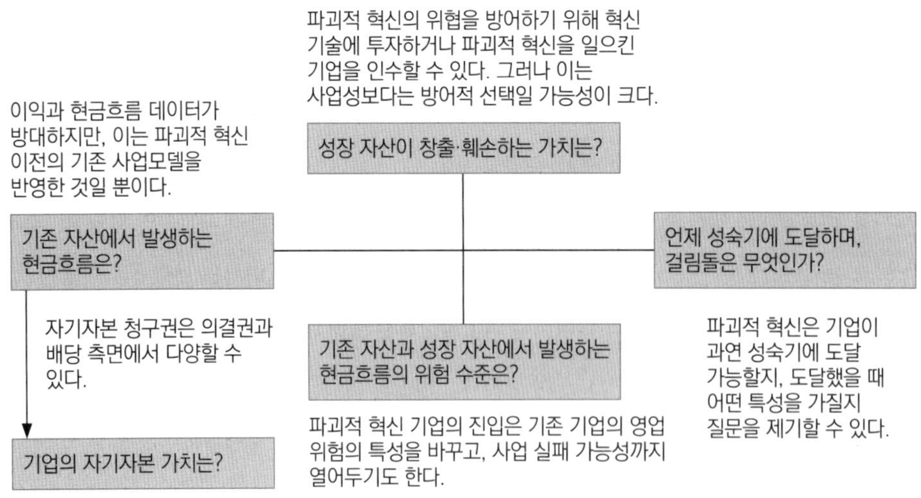

크게 낮아질 것이다.

비상장기업이든 상장기업이든 기존 경영진이 있는 기업을 평가할 때는 선택의 기로에 서게 된다. 기존 경영진이 운영하는 기업의 가치를 평가해 '현상 유지 가치'를 도출할 수 있다. 또는 최적의 경영진을 가상으로 설정하고 기업을 재평가해 '최적화 가치'를 추정할 수도 있다. 최적화 가치와 현상 유지 가치의 차이는 곧 경영의 가치로 간주할 수 있다. 그림 12.6을 보자.

경영의 가치가 실현되려면 경영진이 바뀌어야 한다. 경영진이 교체될 가능성은 주식 간 의결권 차이, 자본 접근성, 기업 규모 등 여러 요인에 따라 달라진다.

경영진을 교체할 수 있다고 가정한다면, 경영 방식에서 어떤 변화를 통해 기업의 가치를 높일 수 있을까? 그림 12.7은 가치평가 입력값을 활용한 기업의 경영 방식에 대한 주요 질문으로, 경영 방식에 따라 기업 가치가 달라질 수 있는지 여부에 초점을 맞추고 있다.

경영의 가치는 기업 생애주기의 모든 단계에서 중요하지만 성숙한 기업은 경영을 개선해 기업 가치를 높일 가능성이 더 크다. 그 이유는 다음과 같다.

- 성숙한 기업은 젊은 기업보다 더 많은 자산을 보유하고 있어 비효율성을 개선하거나 비용을 절감할 여지가 더 크다. 자본비용을 줄이기 위해 자금 조달 구조를 변경하는 것도

[그림 12.6] 경영권의 예상 가치

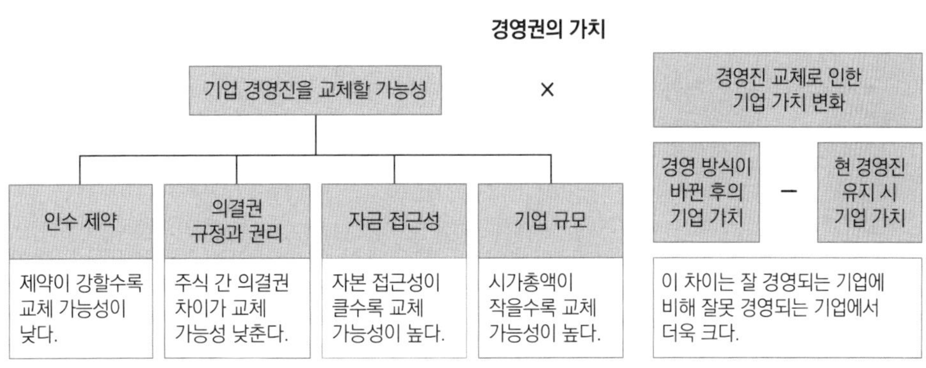

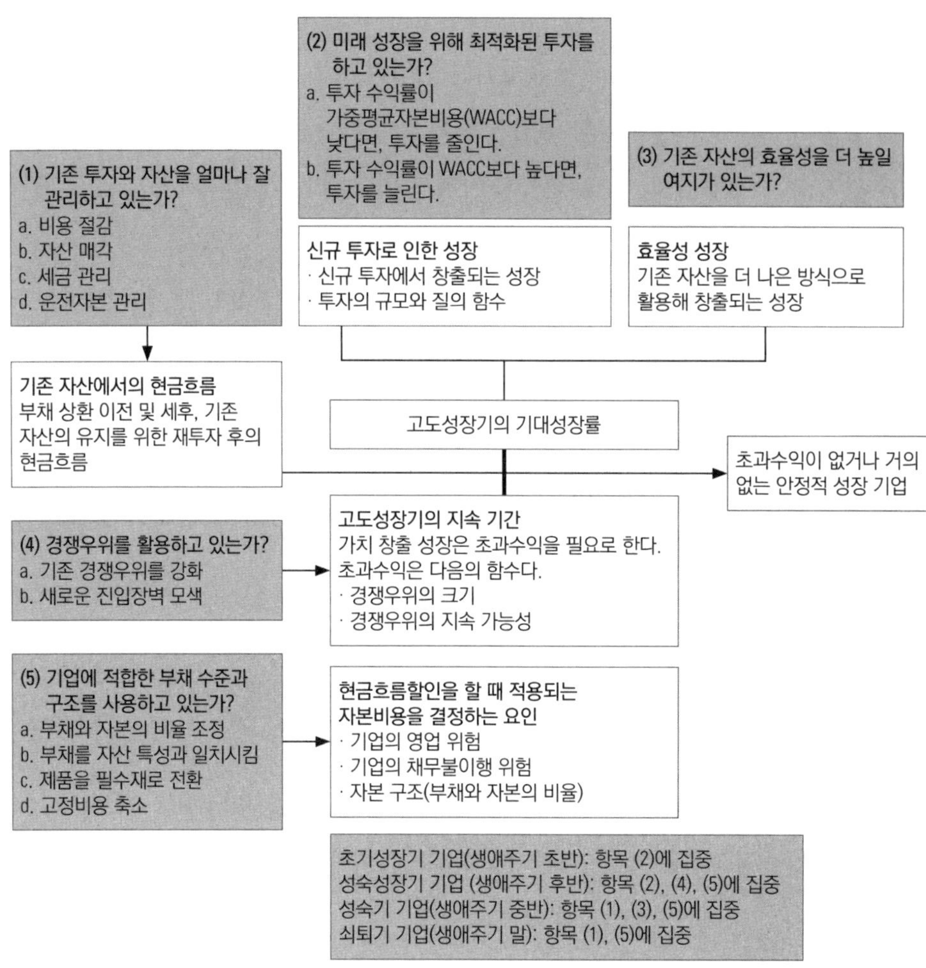

더 쉽다. 따라서 젊은 기업에 비해 가치를 높일 잠재력이 훨씬 더 크다.

■ 성숙한 기업은 경영 방식의 변화로 얻는 보상이 더욱 즉각적이고 구체적인 경향이 있다. 반면 성장에 투자해 보상을 얻기까지는 인내심과 오랜 기간이 요구된다.

가치가 달라지는 과정을 되짚어 보면 가치를 향상시키는 방법은 기업마다 분명히 다르다. 경영진의 비효율성이 드러나는 부문이 기업마다 다르기 때문이다. 기존 자산이 제대로 관리되지 않는 기업은 자산을 좀 더 효율적으로 운영해서 현금흐름을 늘리고 효율성을 높일 때 가치가 향상될 것이다. 반면 투자 정책은 적절하지만 자금 조달 정책이 잘못된 기업이라면 타인자본과 자기자본의 비율을 조정하고 자

[표 12.3] 경영 행태별 문제의 양상과 해결 방안, 가치 향상의 효과

잠재적 문제	문제의 양상	해결 방안	가치에 미치는 영향
기존 자산의 비효율적 관리	영업이익률이 동종 업계 평균보다 낮고, 자본이익률이 자본비용보다 낮다.	자산을 효율적으로 운영한다. 성과가 부진한 자산은 매각이 필요할 수 있다.	기존 자산의 영업이익률과 자본이익률 상승 → 영업이익 증가 → 단기적으로는 자본이익률 개선에 따른 효율 중심의 성장 전망
경영진의 과소 투자 (성장 기회를 지나치게 보수적으로 활용)	고성장 기간에 재투자율은 낮지만 자본이익률은 높다.	자본이익률이 낮아도 자본비용을 초과하면 새로운 곳에 재투자를 늘린다.	고성장기에 성장률과 재투자율 상승 → 성장 자체가 가치 창출로 이어져 기업 가치 상승
경영진의 과잉 투자 (가치를 훼손하는 성장에 투자)	재투자율은 높지만 자본이익률이 자본비용보다 낮다.	자본비용에 상응하는 한계 자본이익률이 확보될 때까지 재투자율을 낮춘다.	고성장기에 성장률과 재투자율 감소 → 더 이상 성장이 가치를 훼손하지 않기 때문에 기업 가치 상승
경영진이 전략적 이점을 활용하지 않음	고성장 기간이 짧거나 없고, 초과수익이 작거나 없다.	경쟁우위를 기반으로 성장 전략을 강화한다.	초과수익이 큰 고성장 기간 연장 → 기업 가치 상승
경영진의 지나치게 보수적인 부채 활용	부채비율이 최적 수준(또는 업계 평균)보다 낮다.	부채 조달을 늘린다.	부채비율 증가와 자본비용 감소 → 기업 가치 상승
경영진의 과도한 부채 활용	부채비율이 최적 수준보다 높다.	부채 조달을 줄인다.	부채비율 감소와 자본비용 감소 → 기업 가치 상승
경영진의 잘못된 자금 조달	기업의 이익 창출 능력에 비해 부채비용이 지나치게 높다.	스왑, 파생상품, 차환 등으로 부채를 자산에 맞추어 조정한다.	부채비용과 자본비용 감소 → 기업 가치 상승
경영진이 현금을 과다 보유하고 있으나 시장은 효과적 활용을 믿지 않음	시장성 유가증권과 현금이 기업 가치에서 큰 비중을 차지하며, 투자 실적이 나쁘다.	현금을 배당이나 자사주 매입의 형태로 주주에게 환원한다.	현금 지급으로 기업 가치가 하락하지만 그 현금이 기업 내에서 할인되었으므로 주주들은 이익을 얻음
경영진이 관계없는 기업에 투자함	다른 기업에 대규모 순환출자를 하고, 해당 지분 가치가 저평가되었다.	첫 단계로 순환출자를 투명하게 공개한다. 이것만으로 충분하지 않다면 출자 지분을 매각한다.	순환출자 지분 매각으로 기업 가치 하락, 매각에 따른 현금 유입으로 기업 가치 상승. 지분이 저평가된 경우, 매각으로 인한 가치 하락보다 현금 유입으로 인한 가치 상승이 더 큼

본비용을 낮추어 가치를 끌어올릴 수 있을 것이다. 표 12.3은 기존 경영진 체제에서 발생할 수 있는 문제와 해결 방법, 그리고 가치에 미치는 영향을 정리한 것이다.

경영권에 변화가 임박했다면 가치를 두 번에 걸쳐 평가하는 것이 합리적이다. 첫 번째는 기존 경영진이 그대로 유지된 상태에서의 가치(현상 유지 가치), 두 번째는 기업의 가치를 높이는 변화가 실행될 것이라고 예상되는 경우의 가치(최적화 가치)다.

사례 연구 3: 유니레버의 경영 가치평가

앞서 유니레버를 평가하면서, 기업이 지난 20년 동안 더 높은 성장을 달성하기 위해 노력했지만 크고 작은 기업 인수가 별다른 성과를 내지 못했다고 언급했다. 그 과정에서 경영진에 대한 주주들의 불만이 커졌고, 2022년 GSK를 인수하려는 시도 가 실패하면서 변화가 필요하다는 의견이 구체화되었다.[3] 이러한 불만은 행동주의 투자자들의 관심을 끌었다.

넬슨 펠츠(Nelson Peltz)는 유니레버 지분을 1.5% 확보했을 뿐만 아니라 빠르게 이사회 자리를 차지했다.[4] 펠츠는 유니레버에 바라는 변화를 구체적으로 밝히지 않 았지만, 사업 구조와 이력이 비슷하면서 세계적 입지를 보유한 P&G에 투자했을 때 경영 구조를 단순화하고 젊은 소비층에 소구할 수 있는 브랜드에 집중할 것을 강조 한 바 있다. 그는 유니레버가 지나치게 많은 브랜드를 보유하고 있으며, 너무 많은 지역과 사업에 걸쳐 분산되어 있다는 점을 지적했다. 또한 적절한 지역에 집중해 성 장을 가속화할 수 있고, 이익률이 가장 높은 사업(개인관리용품)에 집중해 기업 전체 의 수익성을 개선할 수 있다고 강조했다.

[표 12.4] 구조조정 전후 유니레버의 가치평가 입력값 변화

입력값	현상 유지	구조조정	근거
매출성장률	1~10년 차 2%	1~5년 차 3%, 6~10년 차 2%	인도와 중국에서의 높은 성장
영업이익률(세전)	18%	20%	수익성이 더 높은 개인관리용품 부문에 집중 강화
자본 대비 매출 배수	1.80	2.50	인수 건수 감소
자본비용	8.97% → 8.97%	8.00% → 8.00%	최적화된 자금 조달 구조

나는 유니레버의 복잡한 사업 구조와 부족한 세부 정보를 감안해 기업 전체 차원에서 소폭의 변화를 가정하고 표 12.4에 정리했다.

이러한 변화는 수치상으로는 작아 보일 수 있지만 유니레버처럼 크고 복잡한 기

[그림 12.8] 재구조화된 유니레버 가치평가

유니레버					2022년 9월
재구조화					
유니레버는 성장률은 낮지만 사업 부문에서 안정적인 영업이익률을 유지하고 있다. 이 기업은 2017년부터 2021년 사이에 확보한 영업이익을 유지하면서 낮은 속도로 성장을 이어갈 것으로 보인다. 대규모 재투자가 필요하지는 않지만, 향후에도 소규모 인수는 지속할 것으로 예상되며, 현재의 자본 구조와 배당 정책도 유지할 것이다.					

가정(금액 단위: 백만 유로)

	기준 연도	다음 연도	2~5년	6~10년	10년 이후	스토리와 연결
매출	52,444.00	3.0%	3.0% ➝ 2.00%		2.00%	향후 5년간 성장률이 소폭 상승한다.
영업이익률	18.38%	20.0%	20.0% ➝ 20.0%		20.00%	개인관리용품에 집중해 영업이익이 개선된다.
세율	25.00%		25.00% ➝ 25.00%		25.00%	장기적으로 글로벌·미국 한계세율 적용.
재투자		2.50	2.50	2.50	16.67%	글로벌 산업 평균 수준을 유지한다.
자본이익률	14.39%	한계 ROIC =	63.30%		12.00%	강력한 브랜드 보유.
자본비용			8.00% ➝ 8.00%		8.00%	최적화된 자본 구조로 자본비용이 감소한다.

현금흐름(금액 단위: 백만 유로)

	매출	영업이익률	EBIT	EBIT(1−세율)	재투자	기업 잉여현금흐름
1	54,017	20.00%	10,803	8,103	629	7,473
2	55,638	20.00%	11,128	8,346	648	7,697
3	57,307	20.00%	11,461	8,596	668	7,928
4	59,026	20.00%	11,805	8,854	688	8,166
5	60,797	20.00%	12,159	9,120	708	8,411
6	62,499	19.35%	12,094	9,070	681	8,389
7	64,124	19.51%	12,512	9,384	650	8,734
8	65,663	19.68%	12,919	9,690	616	9,074
9	67,108	19.84%	13,313	9,984	578	9,407
10	68,450	20.00%	13,690	10,267	537	9,731
종료 연도	69,819	20.00%	13,964	10,473	1,745	8,727

가치(금액 단위: 백만 유로)

영구가치	145,456.24	
영구가치의 현재가치	67,374.38	
향후 10년간 현금흐름의 현재가치	56,038.13	
영업자산 가치	123,412.52	
부실 위험 조정	0.00	실패 확률 = 0.00%
− 부채 및 비지배지분	36,686.00	
+ 현금 및 기타 비영업자산	7,613.00	
자기자본 가치	94,339.52	
− 주식매수선택권 가치	0.00	
발행주식(백만 주)	2,569.20	
주당 가치(유로)	**36.72**	현재 주가 = 45.60유로

업에서 이만큼의 변화를 실현하려면 엄청난 작업이 필요하다. 그러나 변화를 이룰 수만 있다면 가치에 미치는 영향은 상당할 것이다. 그림 12.8은 변화를 반영해 재구성한 가치평가 결과다.

나는 현상 유지 가치를 주당 24.20유로로 추정했었다. 최적화 가치는 36.72유로로 약 33% 높아졌지만 여전히 시장가격에는 크게 못 미친다.

결론

기업의 가치를 평가하는 데 필요한 핵심 요소가 풍부한 과거 데이터와 그 데이터를 활용해 모형에서 추출되는 패턴이라고 한다면, 성숙한 기업은 평가하기에 가장 수월한 대상이 될 것이다. 수십 년 역사를 가진 성숙기 기업은 다양한 제품, 다양한 지역으로 사업을 확장해왔으며, 성장성은 제한적일지라도 지속적으로 이익을 창출해왔다. 이 경우에는 미래 성장률, 경영진의 역량, 경쟁우위에 대한 주관적인 판단 없이 과거를 단순히 외삽하는 것만으로 기업을 평가할 수 있는 경우도 있다.

그러나 과거에만 근거한 평가는 잘못된 방향으로 향할 수 있다. 경영진이 자세한 분석보다는 관성에 따라 투자와 자금 조달, 배당 결정을 내리는 등 비효율적으로 운영되는 기업이라면 특히 그렇다. 이런 기업에 대해서는 사업 관행에서 개선할 여지가 있는지 분석하고, 그 변화가 가져올 기업 가치 상승을 고려해야 한다. 이것이 행동주의 투자 전략의 핵심이다.

지난 20년 동안 성숙기 기업의 가치평가에서 간과된 또 다른 변화는 파괴적 혁신 기업의 등장이다. 이들은 해당 산업의 수익성과 성장 특성을 단숨에 변화시키며, 건전한 사업을 순식간에 취약한 사업으로 만들 수 있다. 이러한 파괴적 혁신을 외면하는 성숙기 기업의 경영진은 결국 사업모델이 붕괴되는 상황을 맞이하게 될 것이다. 성숙기 기업들을 평가하거나 가격을 매길 때 혁신적 파괴를 간과하는 투자자들은 결국 가치 함정에 빠질 수 있다. 겉으로는 저평가된 주식처럼 보이지만 시간이 지날수록 더 싸지는 종목들을 붙잡고 있게 되는 것이다.

13장
쇠퇴기 기업
: 절박함 vs 최후

10장에서는 창업 기업과 초기 단계 기업, 11장에서는 고도성장기 기업, 12장에서는 성숙기 기업의 가치평가에서 직면하는 문제를 살펴보고 이를 해결할 방법을 논의했다. 이 장에서는 기업 생애주기의 마지막 단계인 쇠퇴기에 있는 기업의 가치평가에 주목한다. 쇠퇴기 기업을 평가할 때의 어려움은 대체로 기술적인 문제가 아니라 심리적 문제다. 투자자와 경영진은 본능적으로 낙관적인 사고에 익숙하다. 기업의 미래가 쇠퇴와 소멸로 이어진다는 가정은 그들에게 자연스럽지 않고, 그렇게 예상하며 기업을 운영한다는 것은 굴복으로 여겨진다.

쇠퇴기 기업의 가치를 가장 크게 훼손하는 것은 절박하게 기업을 성장시킬 방법을 찾는 경영자들이다. 이들은 축소되고 있는 수익성 없는 사업에 막대한 자금을 계속 투자하거나 성장성 있는 사업을 인수하려고 한다. 이런 투자가 성과를 낼 것이라고 가정하는 투자자들도 기업 가치를 훼손하는 데 일조한다.

가치평가

앞서 성숙기 기업의 가치평가를 설명하면서 기업이 성숙해짐에 따라 매출성장률이 경제 성장률에 수렴하고 이익률이 안정화된다고 언급했다. 경영진은 이러한 추세가 달갑지 않으며 고성장과 높은 이익률을 선호할 수 있다. 그러나 결국에는 고객 취향, 시장, 기술 변화가 기업에 불리하게 작용하면서 매출이 감소하고 이익률이 압박받는 시점을 맞이하게 된다. 이제 쇠퇴기 기업에 초점을 맞추어 이들 기업의 가치를 평가하는 최선의 방법을 알아보자.

특징

12장에서는 성숙기 기업에 관해 다루었다. 산업에 진입하는 파괴적 혁신자를 살펴보고, 파괴적 혁신의 영향인 매출과 이익 감소, 가치 하락을 성숙기 기업의 가치평가에 어떻게 고려해야 하는지 논의했다. 이번 장에서는 먼저 쇠퇴기 기업의 일반적인 특징을 살펴보고 이러한 특징이 쇠퇴기 기업의 경영자들, 기업의 가치를 평가하거나 가격을 산정하려는 투자자들에게 야기하는 문제에 대해 논의하겠다. 모든 쇠퇴기 기업이 앞으로 설명할 특징을 전부 갖고 있는 것은 아니지만 상당 부분 공유하고 있고, 따라서 다음과 같은 일반화가 가능하다.

1. **매출 정체 또는 감소**: 기업이 쇠퇴하고 있다는 가장 확실한 신호는 경제 상황이 좋을 때조차도 장기간에 걸쳐 매출을 늘리지 못한다는 것이다. 매출이 감소하거나 매출 성장이 물가 상승률에도 미치지 못한다는 것은 영업상의 약점을 나타낸다. 특히 이러한 매출 양상이 해당 기업뿐만 아니라 업계 전체에 나타난다면, 이는 경영진 차원의 문제가 아니라 산업 전반의 문제일 수 있다.

2. **이익률 하락 또는 적자 전환**: 쇠퇴하는 기업의 정체된 매출은 대개 영업이익률 하락을 동반한다. 이는 가격 결정력 약화에 기인하며 매출 감소를 막기 위해 제품이나 서비스의 가격을 낮추는 것도 원인이 된다. 이는 영업이익 감소 또는 영업손실로 이어지는 조합이다.

자산 매각이나 일회성 요인으로 일시적인 이익이 발생하기도 한다.

3. **자산 매각:** 쇠퇴기 기업의 특징 중 하나는 기존 자산이 다른 사람에게 더 높은 가치를 가질 수 있다는 점이다. 쇠퇴기에는 자산을 더 효율적으로 사용할 수 있는 사람에게 자산을 매각하는 일이 생애주기의 다른 단계에 비해 더욱 자주 발생한다. 특히 쇠퇴기 기업이 상당한 부채를 보유하고 있을 경우에는 채무불이행을 피하고 부채를 상환하려는 필요성 때문에 자산을 매각해야 한다는 압력이 더욱 커진다.

4. **성장을 위한 인수:** 모순적으로 보일 수 있지만, 쇠퇴기 기업 중 일부는 절박함에서 인수를 시도해 성장을 추구할 가능성이 높다. 실제로 방어적 인수(경쟁자가 인수하는 것을 막기 위해 과도한 가격을 지불하고 다른 기업을 인수)는 쇠퇴기 기업에서 더욱 빈번하다.

5. **대규모 배당금 지급과 자사주 매입:** 쇠퇴기 기업은 가치를 창출하는 성장주 투자에는 거의 혹은 전혀 나서지 않으며, 기존 자산에서 현금흐름을 생성하고 자산을 매각해 현금을 유입시킨다. 따라서 부채 부담이 적은 쇠퇴기 기업은 대규모 배당금을 지급하고 자사주 매입에 나선다. 때로는 배당금이 이익을 초과하는 경우도 있다.

6. **재무 레버리지의 단점:** 부채가 양날의 검이라면 쇠퇴기 기업은 부채의 부정적인 면에 주로 노출된다. 기존 자산에서 발생하는 이익이 정체되거나 감소하고 이익 성장 가능성도 거의 없는 상황에서, 일부 쇠퇴기 기업은 감당할 수 없는 수준의 부채 부담을 지고 있다. 부채의 대부분은 기업이 생애주기의 좀 더 건전한 단계에 있었을 때 조달한 것으로, 현재는 더 이상 같은 조건으로 차입할 수 없다는 데 주목할 필요가 있다. 이러한 기업들은 기존의 부채 상환 의무를 이행하는 데 어려움을 겪을 뿐만 아니라 기존 대출을 차환할 때도 금융기관에서 엄격한 조건을 적용받는다.

도전 과제

기업의 내재가치는 기업의 생애주기 동안 예상되는 현금흐름의 현재가치다. 이 원칙은 변하지 않지만 현금흐름을 추정하고 그 가치를 평가할 때 쇠퇴기 기업 고유의 어려움이 있다. 이번 장에서도 이를 기존 자산, 성장 자산, 위험 그리고 안정적인 성장 가정과 관련된 문제로 구분해 자세히 설명하겠다.

기존 자산

기존 자산을 평가할 때는 해당 자산에서 예상되는 현금흐름을 추정하고 위험 조정 할인율을 적용해 할인하는 것이 일반적인 가치평가 관행이다. 그러나 쇠퇴기 기업의 두 가지 특성 때문에 이 과정이 어려울 수 있다.

a. 자본비용보다 작은 이익: 많은 쇠퇴기 기업에서는 수익성 있는 기존 자산으로도 자본비용에 미치지 못하는 이익을 내는 경우가 많다. 따라서 현금흐름을 자본비용으로 할인하면 해당 자산에 투자한 자본보다 낮은 가치가 산출된다. 가치평가 관점에서 이는 놀랍거나 예외적인 일이 아니다. 기준 이하의 이익을 내는 자산은 오히려 가치를 훼손할 수 있기 때문이다.

b. 자산 매각 효과: 기존 자산에서 창출하는 이익이 자본비용에 미치지 못할 경우, 합리적인 대응은 높은 가격을 지불할 수 있는 최적의 구매자가 나타나기를 기대하며 해당 자산을 매각하거나 처분하는 것이다. 그러나 자산 매각은 과거 데이터에 불연속성을 발생시켜 예측을 더욱 어렵게 만든다.

전년도 중반에 보유 자산의 상당 부분을 매각한 기업을 가정해보자. 매출, 이익률, 재투자를 포함한 전년도의 모든 영업 관련 지표는 자산 매각의 영향을 받지만, 매각 전의 영업 결과도 반영하고 있다. 마찬가지로 과거 가격이나 수익률을 사용해 계산할 수 있는 베타 같은 위험 매개변수도 해당 기간 중 자산 매각이 발생했다면 값이 달라질 수 있다.

향후 몇 년 동안 상당한 자산을 매각할 것으로 예상되는 기업의 매출과 이익을 추정할 때는 매각 대상 자산을 정확히 식별하고, 매각이 매출과 이익에 미치는 영향을 평가해야 하며, 매각으로 발생할 수익까지 추정해야 한다. 다시 말해 자산 매각 자체는 기업 가치에 직접적인 영향을 미치지 않지만 예상 매각 가격은 가치에 영향을 미칠 수 있다.

정리하면 기존 자산에서 자본비용 이상을 벌어들이지 못한다는 것은 계속기업으로서 해당 자산에서 창출하는 가치가 그 자산을 더 효율적으로 활용할 만한 매수자에게 매각해서 얻는 가치보다 낮을 수 있음을 의미한다.

성장 자산

성장 자산은 쇠퇴하는 기업에서 가치를 추가할 가능성이 희박하므로 이러한 자산의 평가가 전체 기업 가치에 큰 영향을 미칠 것으로 기대해서는 안 된다. 일반적으로는 맞는 말이지만, 기업의 가치에 상당한 영향을 미칠 수 있는 두 가지 요인이 있다.

1. **자산 매각과 축소**: 기업의 사업이 악화된 경우, 즉 투자 수익이 자본비용보다 낮아진 경우, 합리적인 경영진이라면 자본비용보다 훨씬 적은 수익을 내는 자산을 매각해 기업의 규모를 축소하려고 할 것이다. 이러한 자산 매각은 단기적으로 현금을 유입시키는 동시에 마이너스 성장률로 이어질 수 있다. 건전한 기업을 기준으로 기업 가치를 평가하는 데 익숙한 애널리스트들은 마이너스 성장률, 이익을 초과하는 현금흐름이라는 개념이 불편하겠지만 이러한 조합은 많은 쇠퇴기 기업의 특징이다.

2. **무리한 성장 전략**: 쇠퇴기 기업이 생애주기에서 자신의 위치를 부정하고 여전히 성장 잠재력이 있는 것처럼 신규 자산에 투자를 지속할 경우 기업 가치가 왜곡된다. 쇠퇴기 기업이 기대수익률이 낮은 신규 자산 투자나 값비싼 인수에 점점 더 많은 자금을 투입한다면, 설령 매출이 늘더라도 기업 가치는 오히려 하락할 것이다.

일부 기업은 쇠퇴기에도 성장을 지속할 방법을 찾아내지만 그 대가로 기업의 가치를 희생한다. 또 다른 기업은 자신의 위치를 인정하고 점진적으로 축소하는 전략을 택한다. 운이 좋은 소수의 기업은 스스로를 재창조해 성숙기나 성장기로 돌아간다.

위험

자본비용이 부채비용과 자기자본비용의 가중평균이라면, 쇠퇴기 기업에서 이러한 수치를 추정하기가 어려운 이유는 무엇일까? 자금 조달 구조의 변화, 자산 구성의 변화, 부실 우려 등 여러 요인이 복합적으로 작용하기 때문이다.

1. 일부 쇠퇴기 기업의 특징인 대규모 배당과 자사주 매입이 자본비용을 계산할 때 사용되는 자기자본의 가치와 부채비율 추정에 영향을 미칠 수 있다. 주주에게 대규모로 현금을 환원할 때 배당금을 지급하면 주주가 받는 현금만큼 기업의 가치가 감소하므로 시장이 기업의 가치를 낮추고 주가가 하락해 자기자본의 시장가치가 감소한다. 자사주를 매입하는 방식으로 현금을 환원하면 유통주식 수가 줄고 결과적으로 자기자본의 시장가치(주가 ×유통주식 수)가 감소한다. 감소하는 자기자본의 가치에 비례해 부채를 상환하지 않는다면 부채비율이 상승하며, 이는 부채비용과 자기자본비용 그리고 전체 자본비용에 영향을 끼친다.

2. 많은 쇠퇴기 기업이 일부 자산을 매각하고 새로운 산업이나 새로운 다른 자산을 인수한다. 이는 기업의 자산과 사업 포트폴리오 구성의 변화를 의미하는 것으로, 영업 위험과 자본비용을 변화시킨다.

3. 부실의 존재가 자기자본비용과 부채비용 모두에 상당한 영향을 끼칠 수 있다. 채무불이행 위험이 증가함에 따라 부채비용이 상승하고, 일부 신용등급에 있는 기업들은 신용등급이 정크 등급까지 강등될 수 있다. 영업이익이 이자비용보다 작아지면 부채의 세금 절감 효과가 사라져 세후 부채비용에 대한 상승 압력이 더욱 커진다. 자기자본 대비 부채비율이 높아질수록 주주의 수익 변동성이 확대되므로 자기자본비용 역시 상승할 것이다. 지표 관점에서 회귀베타(regression beta)를 사용하는 애널리스트는 베타에 지연된 자기자본 위험이 반영되어 자기자본비용이 세전 부채비용보다 낮아지는 이례적인 상황에 처할 수도 있다.[1]

요약하면 쇠퇴하는 기업의 자본비용은 현재진행형이기 때문에 변화하는 상황과 위험 요인이 여기에 반영되어야 한다. 자본비용을 변화시키는 요인으로는 핵심 사업 부문 매각에 따르는 영업 위험, 현금 환원과 부채 상환에 따르는 각종 부채비율 변화, 일부 기업에서 분명하고 현실적인 위험인 부실과 그에 따른 파산 위험 등이 있다.

안정적 성장과 영구가치

영구가치를 추정하는 표준 절차는 앞에서 자세히 다루었다. 먼저 기업이 영구적으로 유지할 수 있는 성장률을 추정한다. 이 성장률은 경제 성장률을 초과할 수 없으며, 무위험 이자율이 장기 경제 성장률의 대리 지표로 사용된다. 다음으로 기업이 영구적으로 창출할 수 있는 초과수익을 합리적으로 가정하고, 이를 바탕으로 기업의 재투자율을 예측한다. 마지막 단계로 영구가치의 할인율을 추정하는데, 이때 사용되는 위험 매개변수는 기업이 더 안정적인 상태에 들어설 것임을 반영해야 한다는 조건이 있다. 이러한 점에서 쇠퇴하는 기업과 부실기업은 특별한 과제를 제기한다.

- 첫째, 평가 대상 기업이 안정적 성장 단계에 도달하지 못할 가능성을 고려해야 한다. 쇠퇴기 기업 중 상당수는 채무불이행 상태에 빠지거나 사업을 종료할 수 있으며, 부채 부담이 큰 기업일수록 그 가능성이 높다. 부실에 빠지지 않았더라도 스스로 청산을 선택할 수도 있다.
- 둘째, 기업이 생존해서 안정된 상태에 도달하더라도 영구 성장률이 경제 성장률과 물가 상승률에 크게 못 미치거나 아예 역성장할 수도 있다. 결국 기업은 존속해도 시장 자체가 축소되면서 규모가 점차 작아진다.
- 셋째, 이익이 자본비용에 크게 못 미치는 상황에서도 기존 경영진이 자리를 고수하며 현실을 부정하는 쇠퇴기 기업이라면 자본비용만큼도 벌지 못하는 프로젝트를 계속 수행해 영구가치를 성장시킬 수도 있을 것이다. 그러나 이는 본질적으로 영구가치의 파괴를 고착화하는 행위다.

그림 13.1에서는 특히 부실 부담이 큰 쇠퇴기 기업의 가치평가에서 해결해야 하는 과제를 정리했다.

대응

쇠퇴기 기업의 가치를 평가할 때는 시간이 지남에 따라 이익이 항상 성장하고, 현

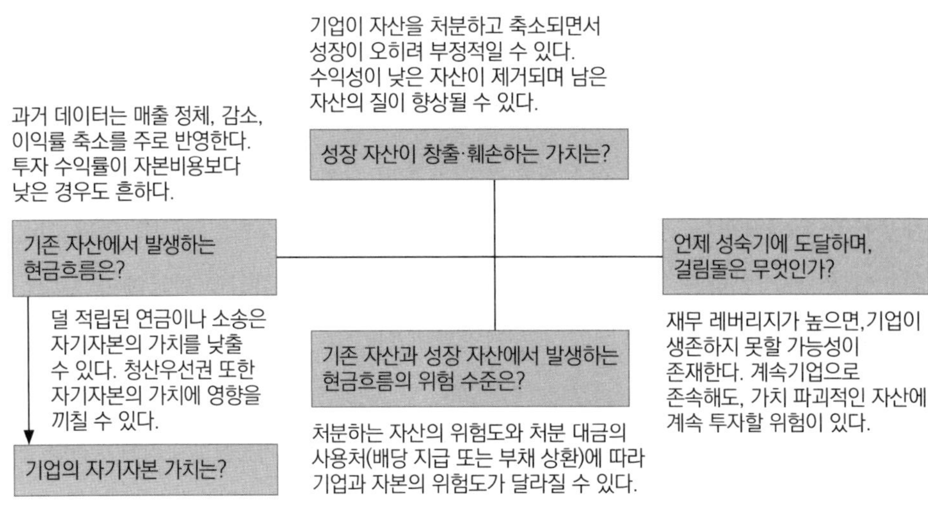

금흐름도 그에 맞춰 증가하며, 그 결과 기업의 규모가 커지고 가치도 증가한다는 기계적인 가치평가 모델에서 벗어나야 한다. 초기성장기 기업, 고도성장기 기업, 성숙기 기업과 마찬가지로 쇠퇴기 기업에 대해서도 가치평가 과정을 단계별로 살펴볼 것이다.

1단계: 스토리 구성하기

생애주기 초기에 있는 기업과 마찬가지로 쇠퇴기 기업의 가치평가 역시 하나의 스토리에서 출발한다. 그러나 그 스토리는 기업이 직면한 현실을 반영한다. 쇠퇴기 기업의 현실은 제품·서비스시장의 축소, 남은 시장을 두고 심화되는 경쟁, 생존에 대한 우려 등이 될 것이다. 이 스토리는 희망적이거나 낙관적인 내용은 아닐 가능성이 높지만 쇠퇴기 기업들 간의 차별화를 가능하게 할 것이다.

- **쇠퇴하는 시장**: 스토리는 기업의 시장이나 매출이 축소되는 원인을 진단하는 데서 출발해야 한다. 일부 경우는 담배 산업처럼 판매하는 제품이 건강과 사회에 비용을 초래하고

그로 인한 (법적, 제도적, 사회적) 반발로 특히 젊은 소비자 사이에서 수요가 감소하고 있다. 오프라인 소매업처럼 파괴적 혁신자(온라인 소매업체)가 전체 시장에서 입지를 점점 더 확대하면서 오프라인 매장이 차지할 수 있는 시장 규모 자체가 줄어드는 상황일 수도 있다. 마지막으로 개별 기업 차원에서 생애주기 초기 단계에서 성장과 높은 이익률을 창출하는 데 활용했던 경쟁우위가 이미 사라졌거나 사라지고 있기 때문일 수도 있다. 특허로 보호받는 단일 블록버스터 의약품에 의존해 성장과 높은 이익률을 달성했으나 특허 만료가 다가오는 제약회사를 예로 들 수 있다. 특정 브랜드에서 매출과 이익의 대부분을 창출했으나 해당 브랜드가 소비자 사이에서 영향력을 잃어가는 소비재기업도 마찬가지다.

- **경영진의 반응:** 쇠퇴하는 시장에 경영진이 어떻게 반응할지에 대한 판단도 평가에 반영해야 한다. 네 가지 유형의 반응이 가능하다.

  · 첫 번째이자 가장 흔한 반응은 '부정(denial)'이다. 경영진은 쇠퇴를 직시하지 않고 매출 감소나 정체, 이익률 하락 등 영업에서 나타나는 증상을 일시적 현상으로 치부하며, 문제가 해결되면 높은 성장과 안정적인 이익률을 회복할 것이라고 믿는다. 광기라는 말이 걸맞게 더 이상 작동하지도 않는 과거의 투자, 자금 조달 전략을 고수한다.

  · 두 번째는 '절박함(desperation)'이다. 경영진은 쇠퇴를 되돌리기 위해 할 수 있는 모든 방법을 시도한다. 다른 산업에서 성장 기업을 인수하거나, 자사의 쇠퇴를 초래한 파괴적인 혁신 기술에 투자하기도 한다. 실제로 아마존의 성공을 목격한 많은 오프라인 소매업체의 첫 대응은 터무니없이 높은 프리미엄을 지불하고 온라인 소매업체를 인수한 것이었다.

  · 세 번째는 '수용(acceptance)'이다. 경영진이 기업의 생애주기 위치를 받아들이고 그에 맞는 재무 정책을 채택하는 것이다. 경영진은 신규 투자를 중단하고 자산 매각을 늘리며 점진적으로 부채를 상환해 축소된 시장에 더 적합한 작은 기업을 만드는 임무를 수행한다.

  · 네 번째는 '재창조(reinvention)'다. 경영진은 기업을 성공으로 이끌었던 핵심 역량과 경쟁우위를 찾아내고, 이를 바탕으로 새로운 사업모델을 구축하거나 새로운 시장에 진출함으로써 기업의 생애에 새로운 활력을 불어넣을 기회를 연다. 재창조에 성공한 기업

은 많지 않겠지만 그 소수의 이야기가 경영대학원의 사례 연구나 경영 컨설팅의 영업 자료로 반복해서 회자된다.

- **기업의 최종 결말:** 경영진이 쇠퇴에 어떻게 반응할지에 대한 관점은 쇠퇴기 기업의 최종 결말에 대한 전망에도 영향을 미친다. 가능한 결말에는 크게 네 가지가 있다.

  - 첫 번째는 새로운 산업이나 새로운 시장에서 기업이 스스로를 재발견하는 경우다. 이 시나리오의 최종 결말은 기업이 건강을 회복하는 것이다. 성장 기업으로 돌아갈 수도 있고, 비록 고성장은 아니더라도 최소한 새로운 영업 지표를 가진 성숙한 기업으로 돌아갈 수도 있다.

  - 두 번째는 시장의 쇠퇴를 직시하고 기업도 규모를 축소하기로 선택하는 경우다. 이 시나리오의 최종 결말은 규모를 크게 줄여 틈새시장에 서비스를 제공하면서 건전한 이익률과 현금흐름을 창출하는 것이다. 또는 남은 자산을 더 잘 활용할 매수자에게 매각하는 질서 있는 청산이 최종 결말이 될 수도 있다.

  - 세 번째는 내부 프로젝트나 인수의 형태로 부실한 사업에 계속 투자하는 경우다. 이 시나리오의 최종 결말은 장기적인 가치 파괴가 될 것이다. 기업이 상당한 부채를 보유한 경우 장기 전망은 아예 존재하지 않을 수도 있으며 결국 부실에 따른 청산이 최종 결말이 될 것이다.

2단계: 3P(가능성, 타당성, 개연성) 테스트 수행하기

쇠퇴기 기업의 가치를 평가할 때, 경영진의 계획을 맹목적으로 따르다 보면 현실과 동떨어진 허황된 스토리로 흐를 위험이 있다. 컨설턴트와 경영 전문가들이 반복해서 들려주는 전설적인 기업 회생 사례는 많은 경영진으로 하여금 재창조나 환생이 아닌 어떤 스토리도 실패를 시인하는 것이라고 믿게 만들었다. 따라서 경영진이 제시하는 회생 계획이 단순히 허황된 이야기인지 아니면 타당성이 있는지, 타당하다면 현재의 경영진이 그 계획을 실현할 수 있다고 믿을 만한 개연성이 있는지를 평가해야 한다. 그것이 투자자의 역할이다. 이러한 평가를 내릴 때는 최소한 다음 세 가지 요소를 고려해야 한다.

　3부 | 가치평가, 가격 산정과 생애주기

- **기업 고유의 문제인가, 산업 전반의 문제인가:** 앞서 살펴본 것처럼 쇠퇴는 기업 고유의 요인(퇴색하는 경쟁우위, 만료가 임박한 특허) 때문일 수도 있고 산업 전반의 문제(담배 수요 감소) 때문일 수도 있다. 쇠퇴가 기업 고유의 요인에 의한 것일 때는 산업 전반의 문제일 때보다 회생 전략을 수립하고 실행하기가 더 수월한 편이다. 쇠퇴하는 브랜드 가치는 목표 시장과 광고 전략을 변경함으로써 되살릴 수 있다. 제약회사는 개발 단계에 있는 잠재적 블록버스터 신약을 저렴한 가격에 인수함으로써 새로운 활력을 찾을 수 있다. 반면 담배 회사가 매출 성장을 회복하려면 대규모 투자나 인수를 통해 새로운 사업에 진출해야 하지만 성공할 가능성은 훨씬 낮다.

- **경쟁:** 같은 업종 내 대부분의 기업이 쇠퇴하고 있는 상황보다는 소수의 기업만 쇠퇴하고 나머지는 건전한 경우에 회생 계획을 세우기가 더 쉽다. 이는 쇠퇴하는 기업은 대개 동일한 회복 경로를 모색하게 되고, 만일 모든 기업이 같은 전략을 시도하면 결국 같은 경로를 두고 경쟁이 격화되면서 모두의 성공 가능성이 낮아지기 때문이다. 예를 들어 온라인 소매업체의 등장이 가져온 파괴적 혁신의 초기에 많은 오프라인 소매업체는 온라인에서 입지를 확보하는 것이 회생의 길이라고 판단했다. 그러나 모든 기업이 온라인 판매망 구축을 시도하면서, 소비자들은 각 기업의 온라인 플랫폼에서 겪는 쇼핑과 서비스 측면의 혼란을 피해 아마존을 안식처로 삼았다.

- **경영진의 이력과 역량:** 회생 계획이 타당하다고 믿는다면 그 계획을 실행할 만한 경영진과 자원(자본, 인프라, 인력)을 갖추고 있는지 평가해야 한다. 이때는 경영진의 과거 이력을 살펴보는 것도 어느 정도 필요하다. 비슷한 문제를 겪은 다른 기업에서 성공적으로 회생을 이끈 경험이 있다면 긍정적이지만, 평가의 상당 부분은 주관적인 판단에 의존할 수밖에 없다. 기본적으로 회생은 이례적인 일이고, 회생 계획의 성공 가능성을 납득시킬 책임은 투자자가 아니라 계획을 세운 기업에 있다는 점을 기억해야 한다.

요약하면 가치평가의 대상인 쇠퇴기 기업 대부분은 사업을 회생시키고 성장을 회복할 계획이 있다고 주장할 것이다. 그러나 그 계획이 이론적으로 가능한지, 현실적으로 타당한지, 실제로 그렇게 될 개연성이 있는지 판단하는 것은 투자자의 몫이다.

3단계: 스토리를 가치평가 모형의 입력값으로 변환하기

쇠퇴기 기업의 가치평가 스토리가 준비되었다면 이제 그 스토리를 가치평가 입력값으로 변환할 차례다. 방법은 앞서 설명한 것과 같다. 기업이 쇠퇴에 대응하는 방식은 다양하기 때문에 가치평가 입력값이 어떻게 반영될지는 쇠퇴에 대한 경영진의 반응(부정, 절박함, 수용, 재창조)에 따라 달라질 것이다. 경영진의 반응에 따라 가치평가 입력값이 어떻게 달라지는지 살펴보자.

1. **매출 성장:** 기업이 쇠퇴하고 있다면 이를 반영해 예상 매출성장률을 적용해야 한다. 어떤 성장률을 적용할지는 경영진이 쇠퇴에 어떻게 반응하는지에 따라 달라진다.

   a. 경영진이 쇠퇴를 부정하든 수용하든 매출은 역성장을 지속하겠지만 그 과정에는 중요한 차이가 있다. 쇠퇴를 부정하는 경영진은 사업모델이 악화되고 있다는 사실을 인식하지 못하거나 외면하기 때문에, 쇠퇴를 막기 위한 아무런 조치도 취하지 않는다. 따라서 기업의 매출 감소는 과거와 동일한 경로를 따를 것이고 오히려 그 속도가 빨라질 수도 있다. 반면 경영진이 쇠퇴를 수용한다면 사업의 근본적인 경제성을 바꾸지는 못하더라도 경제적으로 가장 합리적인 방식으로 피해를 최소화하려고 할 것이다. 두 오프라인 유통업체가 쇠퇴를 겪고 있을 때, 이를 부정하는 업체는 새로운 매장을 계속 추가하는 가운데 총매출 감소를 경험하는 반면, 쇠퇴를 수용한 업체는 기존 매장 가운데 가장 수익성이 낮은 매장이나 가장 많은 자본이 투입된 매장을 폐쇄하면서 좀 더 건전한 방식으로 사업을 축소할 것이다.

   b. 경영진이 절박하게 반응하거나 재창조를 추진할 경우, 매출은 성장할 수 있겠지만 기업의 가치는 크게 달라질 것이다. 절박한 경영진은 성장을 돈으로 살 가능성이 높다. 특히 어떤 대가도 치를 각오가 되어 있다면 더 많은 금액을 지불하고 더 큰 성장을 추구할 수 있다. 재창조를 시도하는 경영진도 매출 성장을 추구하지만 성공적으로 진출할 수 있는 새로운 사업과 시장을 신중히 검토하면서 훨씬 더 계산된 방식으로 접근할 것이다. 이러한 접근 방식은 절박함으로 추구하는 성장에 비해 시간은 더 오래 걸려도 장기적으로 훨씬 더 높은 가치를 창출할 것이다.

2. 수익성: 쇠퇴하는 기업은 대개 이익률이 악화되고 있다. 경영진이 이러한 수익성 악화에 어떻게 대응하는지에 따라 가치평가에서 미래에 대한 가정이 달라진다. 경영진이 현실을 부정하고 경영 방식에 의미 있는 변화를 주지 않는다면 앞으로도 이익률은 계속 하락할 것으로 예상해야 한다. 반대로 경영진이 현실을 수용해 가장 큰 손실을 초래하거나 이익이 가장 미미한 자산을 매각한다면 이익률을 안정시킬 수 있고, 당장은 아니더라도 점차 이익률을 개선할 기회가 있을 것이다. 경영진이 절박하다면 인수나 값비싼 외형 꾸미기를 통해 일시적으로 수익성을 높일 수는 있겠지만 높은 비용 때문에 그 효과도 빠르게 사라질 것이다. 경영진이 사업을 재창조하고 있다면 단기적으로는 이익률이 계속 하락하겠지만 장기적으로는 목표로 하는 새로운 산업이나 시장의 이익률에 근접하게 될 것이다.

3. 재투자: 쇠퇴기 기업의 가치를 평가할 때 판도를 바꿀 수도 있는 가장 중요한 요소는 미래에 기업이 어떤 재투자를 할 것인지에 대한 가정이다. 경영진이 현실을 부정할 경우 관성과 자동화된 투자 규칙에 따라 과거 성숙한 기업 시절에 했던 방식 그대로 재투자를 지속할 가능성이 있다. 그러나 매출이 감소하는 상황에서 이러한 재투자는 기업 가치에 독이 되는 조합을 만든다. 현실을 수용하는 경우 경영진은 새로운 투자에 나서기보다 기존 사업 부문의 일부를 매각할 것이다. 이는 성장보다는 축소되는 자본 기반을 형성하게 된다. 절박한 경영진은 많은 재투자를 진행하겠지만 당장 다음 회계 기간에 성장을 달성하고 이익률을 개선하는 것 외에는 뚜렷한 목표가 없을 것이다. 재창조를 추구하는 경우에도 재투자가 이루어질 수 있다. 이때는 새로운 시장이나 산업에 진출한다는 명확한 비전을 바탕으로 정확히 초점을 맞추어 재투자가 이루어질 것이다.

4. 위험: 위험 측면에서 보면 경영자가 현실을 부정하거나 수용하는 경우에는 기업이 기존 산업에 머물기 때문에 영업 위험에는 큰 변화가 없을 것이다. 그러나 쇠퇴하는 상황에서 경영진이 현실을 부정하고 새로운 부채를 조달한다거나 기존 부채를 상환하지 않으면 부실 위험이 크게 증가할 수 있다. 반면 재창조를 추구한다면 새로운 산업이나 시장의 위험 수준을 반영해 기업의 영업 위험이 달라지며 이는 기존 사업보다 높을 수도, 낮을 수도 있다. 절박한 경영진은 성장 자체를 목표로 무분별하게 성장을 추구할 가능성이 크다. 이 과정에서 이루어지는 인수는 영업 위험에 예측하지 못할 영향을 끼칠 수 있다. 특히 부채

[표 13.1] 경영진의 반응에 따른 쇠퇴기 기업의 가치평가 입력값

	쇠퇴에 대한 경영진의 예상 반응			
	부정	절박함	수용	재창조
매출 성장	(−)	인수나 투자로 일시적 반등	(−)	(+) 단, 가시화까지 시간 소요
수익성	장기적 쇠퇴	단기적으로 상승하더라도 장기적으로 쇠퇴	단기적 쇠퇴 후 안정	단기적으로는 하락하나 시간이 지남에 따라 신규 사업의 이익률을 반영해 상승
재투자	기존 사업에서 현 상태 유지	예측 불가능한 대규모 재투자(인수)	−(매각)	기존 사업 (−), 신규 사업 (+)
위험	안정적인 영업 위험, 파산 위험 증가	영업 위험 변동성 확대, 파산 위험 증가	안정적인 영업 위험, 안정적인 파산 위험	신규 사업 진출을 반영한 영업 위험과, 재창조에 실패할 경우의 파산 위험 혼재

로 인수 자금을 조달한다면 장기적으로 기업의 부실 위험이 심화될 것이다.

이처럼 쇠퇴기 기업의 가치평가에 사용되는 입력값은 경영진의 반응에 대한 판단에 따라 크게 달라진다. 표 13.1에 이 내용을 정리했다.

4단계: 기업 가치평가하기

경영진이 쇠퇴에 어떻게 반응할지에 대한 관점을 정리하고 이를 가치평가에 필요한 입력값으로 변환했다면 그 입력값이 현금흐름과 기업 가치에 반영될 것이다.

- 경영진이 현실을 부정하는 경우, 장기적으로 매출이 감소하고 이익률이 하락하며 결국 기업의 이익과 현금흐름을 지속적으로 악화시킬 것이다. 결국 (자기자본 가치가 전혀 없는) 부실기업에 이르거나, 형편없는 사업으로서 (자기자본 가치가 거의 없는) 영구가치를 가지게 될 것이다.

- 경영진이 현실을 수용하는 경우, 단기적으로는 매출이 감소하고 이익률이 압박을 받겠으나 이후에는 더 작지만 건전한 기업으로서 안정적인 영구가치로 이어질 것이다. 기업의 청산이 더 높은 수익을 가져온다면 청산가치로 반영될 것이다.

  3부 | 가치평가, 가격 산정과 생애주기

- 경영진이 절박한 경우, 이익과 현금흐름이 어떻게 변할지는 예측할 수 없다. 주로 인수를 통해 일시적으로 성장이나 수익성이 급등할 수 있지만 이로 인한 가치 상승 효과는 시간이 흐르며 사라진다. 오히려 급성장을 만들어내는 데 필요했던 재투자 비용의 영향이 더 크게 작용하면서 결과적으로 극심한 기업 가치 파괴를 초래할 것이다.
- 경영진이 재창조를 추진하는 경우, 단기적으로는 매출 감소와 이익률 압박에서 벗어나지 못하겠지만 재창조에 성공한다면 새로 진출한 산업이나 시장의 영향을 반영해 기업의 매출성장률, 이익률, 재투자도 달라질 것이다.

5단계: 피드백 루프 열어두기

쇠퇴기 기업의 가치는 경영진이 쇠퇴에 어떻게 반응하는가에 따라 크게 달라진다. 따라서 피드백 루프는 경영진의 반응을 중심으로 구성되어야 한다.

- 경영진이 쇠퇴를 부정한다고 가정하고 기업 가치를 평가했는데 최고경영진 교체, 이사회 재편, 새로운 CEO 임명이 있다면 이는 과거와의 단절을 의미하므로 재검토가 필요하다. 다만 새로운 경영진이 어떤 경로를 선택할지는 별도로 판단해야 한다.
- 절박한 경영진이 무리한 성장을 추구한다고 가정한 경우, 행동주의 투자자가 주주로서 개입하는 것은 기존 전략을 견제하고 변화 가능성을 높이는 요인이 될 수 있다.
- 경영진이 쇠퇴를 불가피하다고 받아들이고 한계 내에서 기업을 운영하는 합리적인 경로를 따르거나, 새로운 사업과 시장에 진출하며 기업의 재창조를 추진한다고 가정한 경우, 두 가지 전략 모두 실행하는 데 오랜 시간이 걸릴 수 있다. 따라서 투자자들은 믿음을 갖고 버티기 어렵고, 기업은 결실을 보기 전에 전략을 포기할 수 있다.

여기에 더해서 쇠퇴기 기업의 가치를 평가할 때는 대출 기관이 해당 기업을 어떻게 평가하는지도 살펴볼 필요가 있다. 기업이 발행한 채권이 거래되고 있다면, 채권 시장이 해당 기업의 생존 가능성을 어떻게 판단하고 있는지도 추적해야 한다.

사례 연구 1: 쇠퇴기 기업 BB&B의 가치평가

이 장 초반에 언급했듯이 미국의 오프라인 유통업은 타격을 입고 쇠퇴한 기업들로 가득하다. 그 가운데 베드배스앤드비욘드(Bed Bath & Beyond, BB&B)를 선택해 분석하겠다. 이 기업은 1990년대에 인기를 끌며 급성장했고 이후 10년간 매우 좋은 실적을 기록했으나 최근 10년 동안 급속도로 몰락했다.

배경

BB&B는 침구류와 욕실용품은 물론 생활용품을 폭넓게 취급하는 소매유통기업으로, 생필품부터 다양한 잡화까지 방대한 제품군을 갖추고 있다. 1970년대 뉴저지에서 작은 침구 매장으로 시작해 이후 미국 전역의 쇼핑몰에 입점하며 대중적인 브랜드로 성장했다.

그림 13.2는 1992년 상장 이후 BB&B의 주요 영업 실적이다.

[그림 13.2] BB&B의 실적

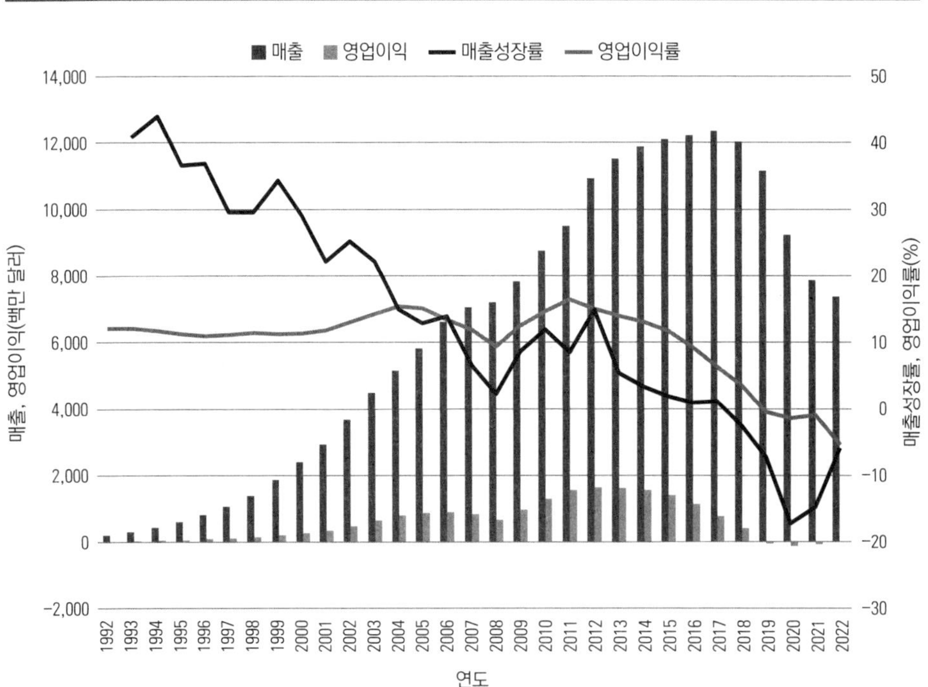

BB&B는 상장 후 첫 10년 동안 매출이 14배 증가하며 급성장했다. 1992년 2억 1,400만 달러였던 매출은 2001년 29억 달러를 넘겼고, 이후 성장 속도는 둔화했어도 2011년에는 95억 달러까지 매출을 확대했다. 영업이익률은 1992~2001년 11.53%에서 2002~2011년 13.63%로 상승하며 20년간 두 자릿수를 유지했다. 매출은 2011년 이후 성장률이 한 자릿수로 떨어졌지만 여전히 성장세를 지속했고, 2017년 120억 달러로 정점을 기록했다. 이후 4년 동안 매출이 급감해 2021년에는 78억 달러에 그쳤고, 2017~2021년에는 매년 손실이 확대되었다.

모든 오프라인 유통업체의 실패를 아마존의 시장 파괴적 영향 탓으로 돌리면 간단하겠지만 BB&B는 소비자 취향 변화, 기존 유통 사업모델에 대한 피로감이 몰락의 주요 원인이었다.

가치평가 스토리와 입력값

BB&B의 가치평가는 경영진 평가에서 출발한다. 2022년 7월 초, BB&B는 마크 트리턴(Mark Tritton)을 해임하고 수 고브(Sue Gove)를 새로운 CEO로 임명했다. 트리턴의 '지나치게 야심 찬' 전략에 대한 주요 투자자들의 비판을 반영한 결정이었다. BB&B의 재창조를 일단 뒤로 미루고 기반을 더욱 탄탄히 하는 것이 고브에게 주어진 임무라면 고브는 쇠퇴하는 현실을 수용한다고 가정할 수 있다. 2022년 9월 고브는 2020년, 2021년에 폐쇄한 240개 매장에 더해 150개 매장을 추가로 폐쇄하고 직원의 20%를 해고할 것이라고 발표했다.

BB&B 스토리에서 나는 매출이 계속 감소할 것으로 예상한다. 그러나 수익성이 저조한 매장 일부를 폐쇄함에 따라, 전성기 시절로 돌아가지는 못하더라도 다시 영업이익을 달성할 길이 열릴 것으로 보았다. 폐쇄되는 매장들이 임차료 부담이 큰 곳이라면 재정 압박이 완화될 것이고 BB&B는 더 작은 규모로 유통업계에서 수익성 있는 틈새시장을 찾을 수 있을 것으로 가정한다. 이 스토리를 가치평가 입력값으로 변환한다.

- **매출 성장:** 첫해 매출이 10% 감소하고 이후 4년간 매년 5%씩 감소한 뒤, 9년 차에 들어서야 점진적으로 성장세로 전환할 것으로 가정했다. 이러한 매출 감소를 반영해 추정한 2032년 예상 매출은 59억 달러로, 2021년 보고된 79억 달러 대비 약 3분의 1 감소한 수준이다.

- **영업이익률:** 폐쇄되는 매장은 수익성이 최저 수준인 매장이며, 남은 매장은 미국 유통업체 평균인 5.54%로 수렴하는 영업이익률을 유지할 것으로 예상한다. 이는 BB&B가 전성기에 기록했던 두 자릿수 영업이익률보다 낮은 수준이다.

- **재투자:** 기업의 축소를 가정하기 때문에 새로운 재투자는 없을 것이다. 대신 자산 매각과 매장 폐쇄로 확보한 현금흐름이 영업현금흐름을 보완하며, 주주에게 환원되거나 부채 상환에 사용될 것이다.

- **위험:** 매장을 폐쇄함에 따라 임차 부채가 감소할 것으로 가정한다. 수익성을 회복하면서 부채 부담 또한 감당할 수 있는 수준까지 줄일 수 있을 것으로 예상한다. 그러나 현재 기업의 신용등급이 정크 등급보다도 훨씬 낮게 평가되는 점을 고려할 때, 파산 위험은 여전히 상당하다. 무디스(Moody's)가 부여한 현재 채권 등급인 B1 등급을 기준으로 추정한 파산 확률은 23.74%다.[2]

- **안정적 상태, 안정적 성장:** 내가 구성한 스토리에서 나는 BB&B가 앞으로 10년을 무사히 넘길 수 있다고 가정하고 소규모 기업으로 틈새시장을 찾아 연착륙이 가능할 것으로 보았다. 이 경우 성숙한 유통업체들의 평균 수준에 근접한 ROIC를 유지하면서 안정적인 성장을 이어갈 수 있을 것이다.

BB&B의 가치평가

그림 13.3은 이러한 입력값으로 추정한 BB&B의 가치다. 비록 규모는 작아지더라도 결국 회복한다는 스토리를 바탕으로 추정한 BB&B의 주당 가치는 3.23달러다. 2022년 9월 14일 현재 주가인 8.79달러보다 훨씬 낮다. 이 가치평가를 마친 후 몇 달 동안 BB&B의 재무 상태는 금리 상승 등의 영향으로 예상보다 훨씬 빠르게 악화했고 결국 파산 절차를 밟게 되었다. BB&B의 사례는 쇠퇴하는 기업에는 언제

[그림 13.3] BB&B의 가치평가

BB&B					2022년 9월
믿을 수 없을 만큼 축소되는 매장					

BB&B는 하향 곡선을 그리고 있다. 다만 한 줄기 희망은 있다. 향후 10년간 가장 많은 자본이 소요되면서도 고객 유입이 적은 매장을 폐점함으로써, 이미 축소된 매출이 더 줄어들기는 하겠지만 영업이익률은 향후 5년 내 미국 오프라인 유통업계 평균 수준까지 회복될 수 있다. 이 과정에서 이루어지는 자산 매각과 매장 폐쇄를 통해 현금이 확보되고, 이는 배당금 지급이나 부채 상환에 활용될 수 있다. 예측 기간이 끝날 무렵, BB&B는 규모는 축소되었지만 틈새시장을 확보하며, 경제 성장률과 유사한 속도로 성장하고, 초과수익은 창출하지 못한다.

가정(금액 단위: 백만 달러)

	기준 연도	다음 연도	2~5년	6~10년	10년 이후	스토리와 연결
매출	7,868.00	-10.0%	-5.00% → 3.00%		3.00%	핵심 사업이 쇠퇴하고 있다.
영업이익률	-1.00%	-1.0%	-1.00% → 5.54%		5.54%	실적이 가장 부진한 매장이 폐쇄되어 이익률이 개선된다.
세율	25.00%		25.00% → 25.00%		25.00%	장기적으로 글로벌·미국 한계세율 적용.
재투자		2.00	2.00	2.00	30.00%	현재 수준을 유지한다.
자본이익률	-2.80%	한계 ROIC =	-57.31%		10.00%	경쟁우위는 미미하다.
자본비용			8.79% → 7.50%		7.50%	업계 중간 수준에 근접한다.

현금흐름(금액 단위: 백만 달러)

	매출	영업이익률	EBIT	EBIT(1-세율)	재투자	기업 잉여현금흐름
1	7,081.20	-1.00%	-70.81	-70.81	0.00	-70.81
2	6,727.14	1.62%	108.72	108.72	-177.03	285.75
3	6,390.78	2.92%	186.89	186.89	-168.18	355.06
4	6,071.24	4.23%	256.96	256.96	-159.77	416.73
5	5,767.68	5.54%	319.56	244.23	-151.78	396.01
6	5,571.58	5.54%	308.69	231.52	-98.05	329.57
7	5,471.29	5.54%	303.14	227.35	-50.14	277.50
8	5,460.35	5.54%	302.53	226.90	-5.47	232.37
9	5,536.79	5.54%	306.77	230.07	38.22	191.85
10	5,702.90	5.54%	315.97	236.98	83.05	153.92
종료 연도	5,873.99	5.54%	325.45	244.09	73.23	170.86

가치(금액 단위: 백만 달러)

영구가치	3,796.89	
영구가치의 현재가치	1,695.10	
향후 10년간 현금흐름의 현재가치	1,644.97	
영업자산 가치	3,340.07	
부실 위험 조정	396.47	실패 확률 = 23.74%
- 부채 및 비지배지분	3,085.00	
+ 현금 및 기타 비영업자산	440.00	
자기자본 가치	298.60	
- 주식매수선택권 가치	0.00	
발행주식(백만 주)	92.50	
주당 가치(달러)	3.23	현재 주가 = 8.79달러

나 사업 중단, 파산의 위험이 크게 도사리고 있음을 상기시킨다.

가격 산정

쇠퇴하는 기업의 가격을 산정하는 것은 떨어지는 칼날을 잡으려는 것과 같다. 매출 감소, 이익률 하락, 부실 위험이 누적되면서 가격 배수를 선택하는 것부터 비교할 동종 기업을 고르는 것까지 가격 산정의 모든 측면에서 문제가 발생할 수 있기 때문이다.

도전 과제

부실기업의 가치를 산정할 때 사용되는 세 가지 접근 방식이 있다. 첫 번째는 현재의 영업 지표(매출, 이익, 장부가치)에서 아직 유의미한 변수(매출과 장부가치)에 시장가격을 연동시키는 방식이다. 두 번째는 미래 특정 연도의 예상 매출이나 이익을 사용해 선행 배수를 계산한 후, 이를 다른 기업들과 비교하는 방식이다. 세 번째는 쇠퇴기 기업의 시장가격을 청산가치와 비교해 저렴한 가격(청산가치 미만)에 매수하는 것을 목표로 하는 접근법이다. 접근법마다 어려움이 있지만 이는 부실기업 앞에 놓인 다양한 미래를 고려할 때 당연한 일이다.

1. **현재 영업 지표에 연동:** 쇠퇴기 기업의 가격을 산정할 때 현재의 매출이나 이익 배수를 사용하는 경우를 생각해보자. 만약 이 기업이 해당 산업 내에서 예외적인 존재라면(즉 건전한 기업이 대부분인 산업에 속한 쇠퇴하는 기업이라면) 이러한 방식으로 산정한 결과치는 예상이 가능하다. 쇠퇴기 기업은 업계 평균보다 낮은 배수로 거래되기 때문에 저렴해 보일 것이다. 하지만 정당한 비교를 위해서는 위험, 매출성장률, 향후 예상 수익성의 차이를 반드시 검토해야 한다. 또한 해당 산업 전체가 쇠퇴하고 있다면 기업별로 쇠퇴의 진행 정도까지 반영해 통제해야 한다.

2. **미래 영업 지표에 연동:** 선행 가격 배수를 기준으로 사용할 때는 부실이 문제가 된다. 예를 들어 매출이 정체되고 적자 상태이며 상당한 부채를 가지고 있어 재정적으로 심각한 어려움에 처한 기업을 평가한다고 가정하자. 기업의 회생을 예상해 1) 5년 후 EBITDA가

1억 5,000만 달러가 될 것이라고 예측하고, 2) 앞으로 건전성을 회복해서 업계 내 다른 건전한 기업들과 같은 EBITDA 배수(현재 6배)로 거래될 것이라고 본다면, 이 기업의 선행 가치는 9억 달러로 추정할 수 있다. 그러나 여기에는 중요한 전제가 있다. 이 계산은 기업이 반드시 건전한 상태를 회복하고 채무불이행에 빠질 가능성은 전혀 없다는 가정하에서만 성립한다. 앞으로 5년 동안 기업에 불행한 일이 발생할 가능성이 크다면 추정치를 낮출 필요가 있다.

3. **청산가치에 연동:** 청산가치와 비교할 때는 청산가치를 어떻게 추정하느냐가 문제의 핵심이다. 흔히 자산의 장부가치를 청산가치의 대용으로 사용하지만, 사업의 근본적인 경제성이 악화된 쇠퇴기 기업의 자산에는 매수자들이 장부가치만큼의 청산가치를 지불하려 하지 않을 것이다. 그럼에도 불구하고 장부가치를 그대로 청산가치로 간주하면 자산의 가치에 비해 현재 주가가 매우 저평가된 것처럼 보일 수 있다.

현재 영업 지표, 미래 영업 지표, 청산가치를 기준으로 가격을 산정하면 쇠퇴기 기업은 저평가 상태로 여겨지기 쉽다. 기업 간 차이나 부실을 제대로 반영하지 않고 가격을 산정하는 경우에는 더욱 그렇다.

대응

쇠퇴하거나 부실한 기업에 가격 산정 방식을 적절하게 조정해 적용할 수 있는 방법이 있을까? 나는 그렇다고 본다. 다만 그 조정 방식은 평가 대상이 되는 쇠퇴기 기업의 특성과 그 기업이 속한 산업에 따라 달라질 것이다.

표준화 지표

쇠퇴하는 기업의 가격을 산정할 때는 계속기업으로서 지속적으로 창출할 수 있는 영업 지표(매출, 이익 등)에 시장가격을 연동시킬 수 있다. 또는 기업의 자산을 재현할 경우의 대체 비용이나, 자산을 매각할 경우 얻을 수 있는 청산가치를 기준으로 삼을 수도 있다.

1. **장부가치**: 대규모 유형자산 기반을 구축해온 쇠퇴기 기업이라면 시장가격을 장부가치에 연동시키는 것은 합리적이다. 시장가격은 투자자들이 추정하는 기업의 가치이고 장부가치는 회계사들이 추정하는 기업의 자산 투자 금액이다. 이 평가를 할 때는 두 가지 선택지가 있다. 하나는 시장가격을 자기자본의 장부가치에 연동시키는 자기자본 변수를 사용하는 것, 다른 하나는 순부채를 포함한 기업 가치를 투자한 자본의 장부가치(자기자본의 장부가치+순부채의 장부가치)에 연동시키는 것이다. 그러나 장부가치는 회계상의 숫자라는 점에서 문제가 있다. 특히 노후한 기업의 장부가치는 오랜 기간 축적된 회계상의 조치 또는 방치의 영향을 반영한다.

2. **대체 비용**: 첫 번째 접근 방식의 변형으로, 기업이 보유한 기존 자산을 재현하는 데 드는 비용을 추정해 대체 비용을 산출하고, 기업 가치를 이 대체 비용에 연동시킬 수 있다. 암묵적으로 시장가치가 대체 비용보다 낮은 가격에 기업을 살 수 있다면 그것은 저가 매수로 간주된다. 그러나 이 논리는 해당 쇠퇴 기업이 건전하고 수익성 있는 산업에 속해 있을 때만 성립한다. 전체 산업 자체가 쇠퇴하고 있다면 기업이 대체 비용보다 낮은 가격에 거래된다는 사실만으로는 의미가 없다.

3. **미래 영업 지표**: 창업기나 고도성장기 기업을 평가할 때도 사용했던 익숙한 방식으로, 쇠퇴하는 기업의 시장가치를 현재 영업 지표가 아니라 미래의 예상 지표에 연동시키는 것이다. 쇠퇴하는 기업이 영업을 안정시키거나 회생시킬 수 있으며 시장가격에 이러한 기대가 반영되었다고 믿는다면 이 접근 방식이 유용할 수 있다.

동종 기업

쇠퇴하고 있는 기업과 비교 대상 기업을 선정할 때, 같은 업종의 모든 기업이 비교 대상이 될 수 있다. 다만 이 경우 처음에는 해당 기업이 저평가된 것처럼 보일 수 있다는 점을 유의해야 한다. 또는 같은 업종 내에서 쇠퇴하고 있는 기업들만으로 동종 기업군을 구성할 수도 있다.

1. **쇠퇴하는 다른 기업**: 부실기업을 평가할 때는 같은 업종 내에서 쇠퇴하거나 부실 상태에

있는 기업들을 찾아보고 시장이 이들에 얼마나 지불할 의향이 있는지를 살펴볼 수 있다. 예를 들어 부실 상태에 있는 통신회사를 평가할 때는 다른 부실 통신회사들이 거래되는 매출(또는 장부상 자본) 대비 기업 가치 배수를 참고할 수 있다. 이 접근법은 유용할 수 있지만 같은 업종 내에서 많은 기업이 동시에 재정적 어려움에 처한 경우에만 유효하다. 게다가 기업들을 쇠퇴 여부에 따라 분류한다면 쇠퇴 진행 정도가 서로 다른 기업들을 하나로 묶어 비교하게 될 위험이 있고, 여기에 부실이라는 변수가 더해지며 예측이 더욱 어려워질 수 있다.

2. **같은 업종 내 건전한 기업**: 쇠퇴하고 있거나 부실한 기업을 평가해야 하고 같은 업종에 건전한 기업이 대다수인 상황이라면 영업과 재무 상태가 훨씬 더 나은 기업들로 동종 기업을 구성할 수밖에 없다. 매출, 이익 또는 장부가치 배수를 사용할 경우, 표면적으로는 해당 기업이 동종 기업에 비해 저평가된 것처럼 보일 수 있지만 사실 이는 기업 간 재무 건전성의 차이를 나타낸다. 이러한 차이를 보정하려면 모든 동종 기업의 매출성장률, 수익성, 재투자 같은 영업 지표 데이터도 수집해야 한다.

차이 보정하기

쇠퇴하는 기업을 주로 건전한 기업들로 이루어진 동종 기업과 비교할 경우, 어떤 가격 배수를 사용하든 차이를 보정하기 전에는 쇠퇴하는 기업이 저렴하게 보일 것이다. 이러한 착시를 피하기 위해 다음과 같은 차이를 보정해야 한다.

1. **영업 성과**: 매출 감소와 영업이익률 하락은 시장이 평가하는 기업의 가격을 떨어뜨리는 요인이다. 적어도 매출 성장과 영업이익률의 차이가 동종 기업의 가격 산정에 어떤 영향을 미치는지 반드시 고려해야 한다.

2. **부실**: 쇠퇴하는 기업은 건전한 기업에 비해 부실 위험에 더 많이 노출되어 있다. 부실은 강제 청산을 비롯해 주주에게 불리한 결과로 이어지기 때문에 주가에 반영되어 있다고 예상할 수 있다. 부실을 보정하기는 쉽지 않지만 동종 기업들의 채권 등급을 알 수 있다면 채권 등급이 낮아질 때 시장에서 평가하는 주식의 가격이 얼마나 낮아질지 추정해볼

수 있다.

3. 경영진: 앞서 내재가치를 설명할 때, 추정한 기업 가치와 쇠퇴하는 현실에 대한 경영진의 인식을 연관 지은 바 있다. 시장 참여자들이 경영진의 반응을 가격에 반영한다면 경영진이 쇠퇴를 부정하는 기업은 쇠퇴를 수용하는 기업보다 더 낮게 가격이 매겨질 것이다. 경영진이 절박하게 대응하는 기업은 경영진이 목적의식을 갖고 대응하는 기업보다 더 낮게 평가될 것이다. 경영진에 대한 판단이 어렵기는 하지만 쇠퇴하는 기업에 새로운 경영진이 투입될 때 가격이 크게 달라질 수 있는 이유는 분명히 존재한다.

사례 연구 2: BB&B의 가격 산정

2022년 9월 당시 BB&B가 직면한 제약을 확인하는 것으로 BB&B의 가격 산정을 시작한다. 첫째, 2021년 영업손실과 순손실을 기록했기 때문에 현재 영업 지표에서 연동할 수 있는 변수는 매출뿐이다. 둘째, 시가총액이 1억 달러를 초과하는 미국 내 상장 소매기업 96개를 분석한 결과(BB&B의 2022년 9월 시가총액 약 7억 달러) 대부분 BB&B보다 훨씬 더 건전한 이익률을 기록하고 있고, 애널리스트들이 기대하는 매출성장률도 더욱 높다. 표 13.2를 보자.

BB&B는 2021년에 영업손실을 기록했고 투자자들은 향후 2년간 매출이 12.7% 감소할 것으로 예상하고 있다. 기업 가치는 예상대로 일반적인 유통업체의 0.97배를 크게 하회해 매출액의 절반 수준(EV/매출액 0.52배)이었다.

[표 13.2] BB&B와 미국 상장 소매기업 비교

	시가총액 (백만 달러)	기업 가치 (백만 달러)	PER (배)	EV/매출액	향후 2년 매출성장률(%)	영업이익률 (2021년, %)
평균			11.70	1.26	5.98	8.69
1사분위값			5.13	0.60	0.67	5.42
중앙값			7.25	0.97	3.85	8.22
3사분위값			17.22	1.74	9.78	12.03
BB&B	698	3,867	N/A	0.52	−12.70	−5.24

차이를 보정하기 위한 최소한의 조치로 나는 회귀분석을 이용해 소매업체의 EV/
매출액 배수가 매출성장률 및 영업이익률과 어떤 관계가 있는지 확인했다.

$$EV/매출액 = 0.39 + 1.82(기대 \; 매출성장률) + 7.63(영업이익률)$$
$$t값 = (2.83) \; (1.53) \qquad\qquad (7.44)$$

결정계수(R^2)가 39.4%이고 매출성장률 변수가 통계적으로 제한적인 유의성을
가지고 있어서 이 회귀분석에는 한계가 있다. 그러나 이 분석은 매출성장률과 영업
이익률이 높은 기업이 훨씬 더 높은 EV/매출액 배수로 거래된다는 사실을 보여준
다. BB&B의 가격을 산정하기 위해 이 회귀분석을 이용해 추정한 EV/매출액 배수
는 -0.2410배다.

$$EV/매출액 = 0.39 + 1.82(-0.127) + 7.63(-0.0524) = -0.2410$$

시장이 산정한 다른 소매업체 가격과 BB&B의 매우 저조한 영업 지표를 고려할
때, 시장은 사실상 BB&B가 계속기업으로 존속하지 못할 것이라는 메시지를 보내
고 있는 셈이다. BB&B에 낙관적인 시각을 가진 사람들은 이러한 가격 산정이 부당
하며 현재의 매출성장률과 이익률 대신 미래 추정치를 사용해야 한다고 주장할 수
있다. 틀린 말은 아니지만 미래 추정치를 이용해 BB&B의 가격을 산정하더라도 여
전히 파산 위험을 반영해 가격을 조정할 필요가 있다.

보완과 추가 논의

쇠퇴기 기업에 대한 논의를 마무리하며 두 가지 사항을 보완하고 추가 설명을 제
시하고자 한다. 첫째, 개별 사업 부문의 가치를 합산해 기업의 가치를 평가하는 방
법을 살펴보겠다. 이는 쇠퇴하는 기업의 문제를 해결하고 가치를 창출하는 방안으

로서 기업 분할이 자주 고려되기 때문이다. 둘째, 청산가치 평가를 살펴보겠다. 이는 청산이 현실적으로 유일한 선택지인 쇠퇴기 기업이 있기 때문이다. 영업손실을 기록하며 상당한 부채를 안고 있는 심각한 부실기업의 주식을 평가하는 특수한 사례도 살펴본다. 이런 기업의 주식은 미래 현금흐름에 대한 권리라기보다는 기업 자체에 대한 콜옵션에 가깝다는 점도 설명할 것이다.

부분가치합산

현금흐름할인법(DCF)을 이용한 평가에서 한 가지 특징은 가치를 합산한다는 것이다. 세 가지 사업을 운영하는 기업은 두 가지 방법으로 평가할 수 있다. 한 가지는 각 사업에서 발생하는 현금흐름을 모두 합산한 뒤 사업별 가치 비중을 반영한 가중평균 할인율을 적용하여 기업 전체를 평가하는 방식이다. 또는 각 사업의 현금흐름과 할인율을 사용하여 각각 가치를 평가한 다음 이를 합산할 수도 있다. 이론적으로는 어느 방식으로 도출했건 기업 가치는 동일해야 한다. 나는 첫 번째 방식을 '통합 (aggregated) 가치평가', 두 번째 방식을 '분리(disaggregated) 가치평가'라고 칭하고, 두 접근법의 차이를 살펴보겠다. 지금까지 늘 통합 가치평가를 사용해왔다면, 이 방식이 지배적인 데는 두 가지 이유가 있다.

- 투자자는 개별 사업 부문이 아니라 전체 기업의 지분을 산다. 다시 말해 투자자는 GE 항공엔진사업부나 GE캐피털이 아닌 GE라는 회사 전체의 주식을 사고, 코카콜라 인도 사업부가 아니라 코카콜라라는 글로벌 기업의 주식을 매입한다. 대부분의 가치평가가 통합 방식으로 이루어지는 것은 아마도 이런 이유일 것이다. 즉 다양한 지역과 사업 부문에서 발생하는 매출과 현금흐름을 통합하고, 이를 각 사업 부문과 지역별 비중을 반영한 할인율로 할인하여 가치를 산정하는 방식이 널리 사용되고 있다.
- 대부분의 정보 공시도 기업 단위로 통합되어 이루어진다. GE나 코카콜라 같은 기업은 재무제표(손익계산서, 재무상태표, 현금흐름표)를 전체 기업 단위로 공시한다. 사업 부문별 또는 지역별로 세분화하도록 공시를 개선하려는 시도도 있긴 했지만, 정보가 주로 주석에 흩

어져 있으며 여전히 불완전하다. 공시 관행 또한 기업과 국가마다 차이가 있다.

경우에 따라서는 기업을 구성하는 각 부분을 개별적으로 평가해 전체 기업 가치를 산정할 수도 있다.

- **근본적인 차이:** 다각화된 기업의 각 사업 부문이나 다국적 기업의 각 지역 부문을 개별적으로 평가하면 전체 기업에 대해 하나의 가중평균된 프로필을 설정하는 대신 각 부문에 서로 다른 위험, 현금흐름, 성장 특성을 따로 적용할 수 있다는 장점이 있다.
- **성장의 차이:** 한 기업의 일부 사업 부문이나 일부 지역이 다른 부문보다 훨씬 빠르게 성장하고 있다면 통합 방식으로 가치평가를 수행해서는 이처럼 상이한 성장률을 반영하기 어렵다. 기업이 영위하는 여러 사업의 가중평균으로 산출된 상향식 베타를 사용할 경우, 시간이 지남에 따라 특정 사업 부문이 다른 부문보다 더 빠르게 성장하면 베타 값도 변경되어야 한다.
- **분할이나 매각:** 기업의 특정 부문을 매각하거나 분할 계획이 있다면 해당 부문을 별도로 평가할 필요가 있다. 이러한 필요성은 분할 매각 직전의 기업을 평가할 때 더욱 두드러진다.
- **경영상의 이유:** 기업 내부적으로도 각 사업 부문의 가치를 개별적으로 평가하는 것이 유용하다. 이를 통해 각 사업 부문의 성과를 모니터링하고, 사업 부문별 경영진의 성과를 평가하며, 성과 개선을 위한 전략을 수립할 수 있다.

마지막으로 청산가치 평가와 부분가치합산(sum-of-the-parts, SOTP) 평가의 가장 핵심적인 차이는 자산을 개별적으로 매각하는지(청산), 아니면 계속사업으로 평가하는지에 있다. 청산가치 평가에서는 기업의 자산 매각을 전제로 하고 이때 자산에 부여되는 가치는 구매자들이 그 자산을 활용하기 위해 기꺼이 지불하려는 가격, 즉 시장가격을 반영하게 된다. SOTP 평가에서는 개별 사업 부문이 계속 운영된다는 것을 전제로 한다. 따라서 내재가치의 구성 요소인 성장, 현금흐름, 위험을 추정하여 그 결과를 합산한다.

SOTP 가치평가

SOTP 평가를 시작할 때 가장 먼저 해야 할 일은 기업을 어떤 단위나 부분으로 나눌지 결정하는 것이다. 이때 반드시 고려해야 할 조건은 단위나 부분의 가치를 평가하기 위해 필요한 정보에 접근이 가능해야 한다는 점이다. 많은 기업이 사업 부문별로 영업 지표(매출, 영업이익, 심지어 자산)를 구분하여 발표하기 때문에 SOTP 평가도 대개 개별 사업 부문별로 이루어진다. 그러나 필요한 정보에 접근할 수만 있다면 지역이나 사용자 유형, 고객군으로 구분해 평가하는 것도 가능하다. SOTP 평가에서는 기업의 각 하위 부문의 내재가치를 추정한 후 그 평가 가치를 합산해 전체 기업 가치를 산출한다. 표 13.3에서는 SOTP 평가 단계를 요약하고 각 단계를 통합 기업 가치평가의 동일한 단계와 비교했다.

각각의 방식으로 산출한 최종 기업 가치의 차이는 사업 부문별로 위험, 성장, 현금흐름의 특성을 구분하여 반영하는 데에서 비롯될 수도 있고, 부문별로 독립적인

[표 13.3] 가치평가 단계별 비교(기업 전체 대 SOTP)

단계	기업 전체	SOTP
스토리 구성	현재의 사업 구성과 경영진을 바탕으로 기업 전체를 아우르는 스토리를 구성한다.	개별 사업 부문의 운영 방식과 독립적인 경영진을 바탕으로 각 사업 부문의 스토리를 구성한다.
3P 테스트 수행	기업 전체의 스토리가 실행 가능하고, 논리적으로 타당하며, 개연성이 있는지 검증한다.	각 사업 부문의 스토리가 실행 가능하고, 논리적으로 타당하며, 개연성이 있는지 검증한다.
가치평가	스토리를 가치평가 입력값으로 전환하고 이를 바탕으로 기업 전체의 가치를 추정한다.	각 사업 부문의 스토리를 가치평가 입력값으로 전환해서 해당 부문의 가치를 산정한다. 그 후 각 부문의 평가 가치를 합산하고 부문별로 배분되지 않은 비용을 차감한다. * 사업 구조가 다각화된 기업을 평가할 때 일반관리비(G&A), 본사 운영비 등 일부 비용은 개별 부문에 배분되지 않은 채 존재한다. 시간이 지나며 발생할 이러한 예상 비용을 현재가치로 환산해 전체 기업 가치에서 차감해야 한다.
자기자본 가치 산정	현금과 교차 보유 지분을 더하고 부채를 차감한다.	현금과 교차 보유 지분을 더하고 부채를 차감한다.

경영진이 전사 차원의 경영진과는 다른 의사결정을 내리고 다른 가치를 창출할 수 있다고 가정하는 데에서 비롯될 수도 있다. 만약 전사 차원의 경영진 아래에서 비효율적인 운영이 발생하고 부문별로 독립된 경영진이 운영을 맡으면 이러한 비효율이 줄어들거나 해소된다고 가정한다면, SOTP 방식으로 산출한 기업 가치는 연결 기업 가치보다 더 높아질 것이다. 이는 기업을 개별 부문으로 분할해야 한다는 주장의 근거로 활용될 수 있다.

SOTP 가격 산정

SOTP 방식으로 접근할 때도 일반적인 가격 산정 절차를 그대로 따른다. 먼저 가격 배수를 선택하고, 시장에서 가격이 형성된 유사한 기업들을 찾고, 이 동종 기업들과 비교하여 차이를 보정한다. 그러나 SOTP 접근법에서는 이 과정을 기업 전체가 아니라 사업 부문별로 수행한다는 점에서 차이가 있다. 표 13.4에서는 SOTP 방식의 가격 산정 단계를 요약하고 기업 전체의 가격 산정과 비교했다.

기업의 각 부문에 모든 비용을 배분했음에도 두 가지 접근 방식에 따라 전체 기업의 가격이 서로 다를 수 있는 주요한 이유는 두 가지다. 첫째, SOTP 방식에서는 각

[표 13.4] 가격 산정 단계별 비교(기업 전체 대 SOTP)

단계	기업 전체	SOTP
가격 산정을 위한 배수 선택	가격 산정을 위한 기준 지표(매출, 이익 등)를 선정해서 기업의 가격 배수를 추정한다.	가격 산정을 위한 기준 지표(매출, 이익 등)를 사업 부문별로 선정한다. 기준 지표는 부문별로 다양하고 자유롭게 선택할 수 있다.
동종 기업 선정	위험, 성장, 현금흐름 등 가치평가의 기본적 요소(펀더멘털) 측면에서 '유사한' 상장기업을 찾아서 동종 기업군을 구성한다.	사업 부문별로 위험, 성장, 현금흐름 등 가치평가의 기본적 요소(펀더멘털) 측면에서 '유사한' 상장기업을 찾아서 동종 기업군을 구성한다.
차이 보정	가격 산정 대상 기업과 동종 기업 사이의 펀더멘털 차이를 보정한다.	가격 산정 대상 사업 부문과 동종 기업 사이의 펀더멘털 차이를 보정한다.
가격 산정	동종 기업의 가격 배수를 평가 대상 기업의 기준 지표에 적용하여 가격을 산정한다.	동종 기업의 가격 배수를 각 사업 부문의 기준 지표에 적용해 가격을 산정한 뒤 부문별 가격을 합산한다.

부문에 대해 서로 다른 기준(어떤 부문에는 매출, 다른 부문에는 EBITDA, 또 다른 부문에는 장부가치 등)을 적용하고, 부문별로 동종 기업을 선택할 수 있기 때문에 때로는 더 정교한 가격 산정이 가능하다. 둘째, 시장이 기업의 소유 구조나 경영진을 신뢰하지 않는다는 이유로 개별 부문의 가격에 비해 전체 기업을 할인하여 평가하는 경우가 있다. 연구자들에 따르면 복합기업에 대한 할인율은 7%에서 15% 사이로 추정된다. 이 할인율은 거의 전적으로 기업의 연결(consolidated) 가격과 SOTP 가격을 비교해 도출된 것으로, 대개 별도의 보정 없이 계산된 수치다.

청산가치 평가

이 장 서두에서 언급했듯이 일부 쇠퇴기 기업의 최종 결말은 계속기업으로서 존속하는 것이 아니라 청산이다. 기업의 청산가치란 기업의 자산을 (대개 압박 속에서) 시장에서 매각했을 때 받게 될 자산 가치의 총액으로, 거래 비용과 법률 비용을 차감한 이후의 가치를 의미한다. 청산가치를 독자적인 접근법으로 보고 내재가치 평가 및 가격 산정과 구분하려는 시도도 있지만, 청산가치는 독립적인 접근법이 아니라 가격 산정의 하위 범주라는 점에 유의해야 한다. 즉 청산으로 각 자산에 대해 받을 수 있는 금액을 추정하려면 유사한 자산들이 현재 시장에서 어떤 가격에 거래되고 있는지를 기준으로 투자자들이 오늘 얼마를 지불할지를 추정해야 하므로 이는 결국 가격 산정 작업이다.

그렇다면 청산 가격과 전통적인 방식으로 동종 기업과 비교해 산정한 기업 전체의 가격이 다른 이유는 무엇일까? 여기에는 크게 세 가지 이유가 있다.

- 첫째, 기업의 가격은 계속기업으로서 미래의 성장과 투자 가능성을 고려하여 산정한다. 반면 청산 가격은 기업이 보유한 자산의 가격만을 고려한다. 계속기업으로서의 가치가 위태로운 상황이라면 개별 자산을 최고가를 제시하는 구매자에게 매각하여 회수하는 총 수익이 오히려 더 클 수 있다.
- 둘째, 특히 청산이 강제적으로 이루어질 경우(부채 만기 도래, 부실 우려 등), 가격이 할인될

가능성이 크다. 기업이 당장 현금을 필요로 한다는 사실을 알고 잠재적 구매자들이 자산을 헐값에 사들이려 하기 때문이다.

- 셋째, 청산으로 세금 부담이 발생할 수 있다. 특히 장부가치가 매우 낮거나 사실상 없는 오래된 자산을 매각할 때 세금에 영향이 있을 수 있다.

대부분의 건실한 기업은 계속기업으로서의 가치가 청산가치보다 높게 평가된다. 특히 성장하는 기업의 경우 청산가치는 현재 보유한 자산에만 초점을 맞추고, 아직 실행하지 않은 미래 투자나 프로젝트는 매각하지 못하기 때문에 성장 잠재력을 반영한 계속기업 가치에 비해 훨씬 낮을 수밖에 없다. 기업이 성숙해짐에 따라 성장 자산을 반영하지 않는 것이 청산가치에 미치는 부정적인 영향은 줄어들 것이다.

사업에서 자본비용 이상의 이익을 창출하는 양호한 기업이라면 계속기업으로서의 가치가 여전히 청산가치보다 높게 유지되는 것이 일반적이다. 투자 대비 초과수익이 점차 사라지면 청산가치가 계속기업 가치에 근접하기 시작할 것이다. 그러나 유동성 부족과 세금 등으로 인한 할인을 적용하면 여전히 청산가치가 더 낮게 평가될 수 있다. 쇠퇴 국면에서는 계속기업으로 유지하면서 자본비용보다 낮은 이익을 올리는 것보다 가장 높은 가격을 제시하는 매수자들에게 자산을 개별적으로 매각하는 것이 더 큰 가치를 창출하는 시점이 얼마든지 올 수 있다.

기업의 자산이 사업적으로 얽혀 있어 자산을 개별적으로 평가할 수 없는 경우에는 청산가치 추정이 복잡해진다. 디즈니(Disney) 같은 기업의 청산가치를 추정한다면 방송, 영화, 테마파크 사업이 서로 긴밀하게 연결되어 있어 개별 가격을 산정할 수 없기 때문에 까다롭다. 또 청산이 긴급할수록 시장에서 자산이 적정 가치를 받을 가능성은 줄어들어서, 서둘러 자산을 청산해야 하는 기업은 적정 시장가치 대비 할인을 감수해야 한다. 마지막으로 주의할 점은 자산의 장부가치를 청산가치로 취급하는 것은 거의 언제나 부적절하다는 것이다. 대부분의 부실기업은 자산에서 기준 이하의 수익을 창출하는데, 청산가치는 자산 취득에 지불한 가격(감가상각 차감 후 장부가치)이 아니라 해당 자산의 수익 창출 능력을 반영한다.

부실기업의 주식을 옵션으로 보는 관점

기업의 주식에 투자하는 것은 기업이 계속기업으로 성공하여 현금흐름을 창출할 것이라는 희망과 기대를 바탕으로 한다. 이러한 관점에서 현금흐름, 성장, 위험을 기반으로 기업의 내재가치를 추정한다. 그러나 기업이 나이 들어 계속기업으로서 전망과 가치가 약화되고, 무엇보다 운영 과정에서 부채를 끌어다 쓴 경우에는 영업 자산의 가치가 잔존하는 부채보다 낮아질 가능성이 있다. 내재가치 관점에서 본다면 이러한 상황에서는 주식의 가치가 0이 되어야 하고, 주식을 계속기업에 대한 청구권으로 본다면 이러한 결론이 타당하다.

계약상 상장기업의 주식은 '잔여 청구권'이다. 즉 주식을 보유한 사람은 다른 재무적 청구권자(채권자, 우선주 주주 등)의 요구가 모두 충족되고 남은 현금흐름에 대해 권리를 가진다. 기업이 청산하는 경우에도 같은 원칙이 적용된다. 부채가 모두 상환되고 기타 재무 청구가 모두 정산된 이후 남는 것이 있다면 그것이 주주들의 몫이 된다.

한편 상장기업의 주주는 '유한책임(limited liability)'의 원칙으로 보호를 받는다. 즉 기업의 가치가 미상환 부채의 가치보다 낮을 경우 투자자의 최대 손실은 투자금으로 제한된다. 다시 말해 상장기업 주식의 가치는 0 아래로 떨어질 수 없다. 이는 부채가 계속기업으로서의 가치를 초과하는 심각한 부실기업의 주주들에게 독특한 지위를 부여한다. 즉 최악의 경우에도 주주의 손실은 투자한 금액을 넘지 않지만, 기업이 회생하여 계속기업으로서의 가치가 부채를 초과하게 되면 잠재적으로 무한대의 수익을 올릴 기회를 갖게 되는 것이다.

손실은 이미 알고 있는 금액으로 제한되고 이익은 기업 가치에 비례하여 무한대로 확장될 수 있는 이러한 구조는 심각한 부실기업의 주식에 콜옵션의 성격을 부여한다. 이때 부실기업의 자산 가치가 콜옵션에서 기초자산(underlying asset)의 가치가 되고 기업이 갚아야 할 부채는 행사가격(strike price) 역할을 한다. 그림 13.4에 이 구조를 요약했다.

옵션가격결정모형을 사용하여 부실기업 주식의 가치를 평가하는 것은 오히려 복

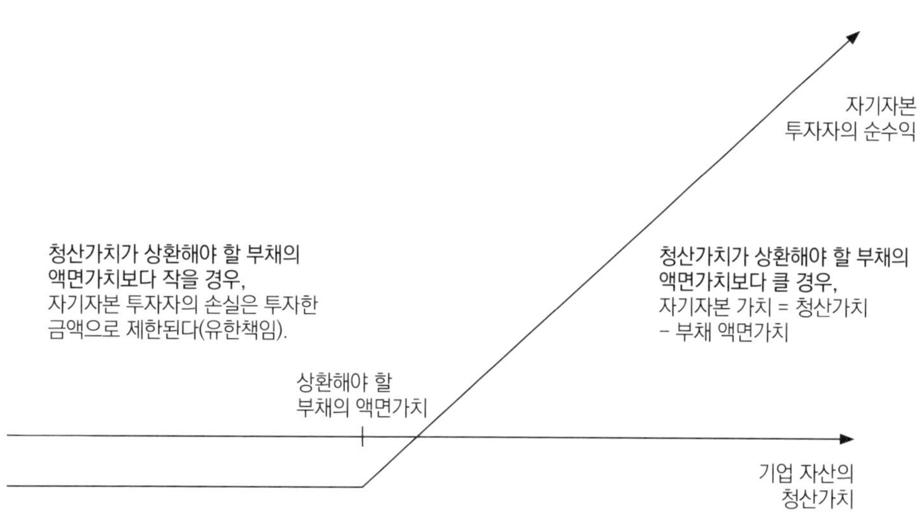

잡할 수 있다. 부실기업의 주식에 옵션 관점을 도입하는 것은 가치평가를 수월하게 하기 위해서가 아니라 부실기업의 주식 투자자에게 시사하는 바가 있기 때문이다.

1. **무기력하게 보여도**: 주식을 미상환 부채 보유 기업에 대한 콜옵션으로 본다면, 기업의 가치가 미상환 부채의 액면가보다 훨씬 낮아지더라도 부채 상환일까지 시간이 남아 있는 한 주식은 여전히 가치를 지닌다. 투자자, 회계사, 애널리스트에게 문제 있는 기업으로 보일 수는 있어도 주식이 가치가 전혀 없지는 않다는 것이다. 실제로 깊은 외가격(deep out-of-the-money) 옵션은 기초자산의 가치가 옵션의 행사가격을 크게 밑돌더라도 만기 이전에 가치가 상승할 가능성 때문에 시장에서 일정 가치를 인정받는다. 마찬가지로 이러한 기업의 주식도 부채 만기까지 남은 시간(time premium)과 그 기간 내에 자산 가치가 부채 액면가를 초과할 가능성 때문에 여전히 가치를 지닌다.

2. **위험을 아군으로**: 계속기업의 주식에 투자할 때 위험이 커지면 할인율이 상승하면서 내재가치 평가에서 기업의 가치가 감소한다. 그러나 기업이 충분히 부실해져서 주식이 일

종의 옵션이 되는 순간, 위험은 투자자에게 유리하게 작용한다. 그 이유는 직관적이고 단순하다. 투자자의 최대 손실은 주식을 매입할 때 지불한 금액으로 제한되는 한편, 자산 가치가 미상환 부채의 가치보다 낮을 수 있어 자산 가치의 변동성이 높아지면(즉 더 위험성이 커지면) 오히려 상승 가능성이 높아진다.

3. **부채와 주식의 대리인 문제:** 주식을 옵션으로 보는 관점은 기업 운영 방식을 두고 주주와 채권자 사이에 의견이 엇갈릴 수 있는 이유, 기업의 영업 실적이 악화되고 부채가 늘어날 수록 견해 차이가 심화되는 이유를 이해하는 데에도 도움이 된다. 주주의 의지에만 맡겨 둔다면 부실기업은 불확실한 투자에 점점 더 큰 베팅을 하게 될 것이다. 투자가 성공하면 주주들은 큰돈을 벌 수 있고, 실패하더라도 이미 자산 가치가 부채보다 낮은 상황에서 잃을 것도 없기 때문이다. 심각한 부실기업에 돈을 빌려준 채권자들은 수동적인 방관자가 되어서는 안 되며, 기업의 운영 방식을 결정하는 데 반드시 적극적으로 영향력을 행사해야 한다.

요약하면 기업이 성장 가능성이 별로 없고, 상당한 부채를 보유하고 있으며, 위험성이 크고 자본비용에 상응하는 수익을 내지 못하는 자산 기반을 가지고 있다면 이런 기업의 주식은 옵션의 성격을 띠게 될 가능성이 매우 높다. 이러한 조건은 모두 기업의 생애주기에서 쇠퇴기에 흔히 관찰되는 특징이다.

결론

10장에서 나는 초기 단계 기업의 가치평가가 어려운 이유로 불안정한 기준 연도 재무 자료, 사업모델의 불확실성, 파산 위험에 대한 우려를 강조했다. 이번 장에서 쇠퇴기 기업, 그중에서도 부채 부담이 큰 기업들을 살펴보면서도 원인은 다르지만 본질적으로 같은 문제에 직면했다.

첫째, 쇠퇴기 기업은 일반적으로 오랜 재무 이력을 보유하고 있지만 사업 구조 자체가 악화되었다면 영업 지표가 과거의 정상 수준으로 회복될 것이라는 가정은 타당하지 않다는 점이다. 둘째, 쇠퇴에 대한 경영진의 대응(부정, 절박함, 수용, 재창조)이 다양한 결과를 초래할 수 있다는 점이다. 이는 쇠퇴기 기업의 미래 전망에 상당한 불확실성을 발생시키는 요인이다. 셋째, 악화되는 영업 실적과 막대한 부채 부담이 결합될 경우 부실과 파산 위험은 더욱 커진다는 점이다.

젊은 기업들과 마찬가지로 이러한 문제에 대한 해답은 단순한 기계적 모델에서 나오지 않는다. 개별 기업 차원의 원인부터 산업 전반의 문제까지 기업이 쇠퇴하는 원인을 면밀히 분석하고, 경영진이 어떻게 대응할지, 그 대응이 기업의 운명을 되돌리기에 충분할지 신중하게 판단해야 한다. 이러한 판단을 근거로 기업과 주식에 부여할 가치를 결정하고, 동종 기업과 비교해 상대적인 가격을 산정한다.

THE CorPORATE LIFE CYCLE

4부. 투자철학과 생애주기

14장
생애주기를 반영한
투자 전략 설계

누구나 탁월한 투자자가 되기를 꿈꾸고, 누군가는 이 목표를 이루기 위해 엄청난 시간과 자원을 쏟아붓는다. 그러나 대부분은 온 힘을 다해도 '평범한' 수준을 넘어서지 못한다. 그럼에도 우리는 제2의 워런 버핏, 조지 소로스(George Soros), 피터 린치(Peter Lynch)를 꿈꾸며 전설적인 투자자들을 닮기 위해 계속 노력한다. 이러한 초일류 투자자들의 성공을 들여다보면 시장이 작동하는 방식에 대한 견해가 서로 다르고 투자 성공을 위한 접근 방식도 각기 다르지만 공통적으로 자신의 개성과 시장에 대한 신념을 반영하는 확고한 투자철학이 있음을 쉽게 알 수 있다.

이 장에서는 투자철학을 투자 전략 및 절차와 구분해 정의하고 이 정의를 바탕으로 투자자들이 고수하는 다양한 철학을 제시할 것이다. 또 투자철학과 기업의 생애주기를 연결해, 어떤 투자철학을 선택하느냐에 따라 생애주기의 어느 단계에 투자할지가 결정된다고 설명한다. 투자철학에 따라 젊은 성장 기업이 최적의 투자 대상이 될 수도 있고, 성숙한 기업과 쇠퇴하는 기업에서 저평가된 기회를 찾을 수도 있다.

투자철학이란 무엇인가?

투자철학이란 시장이 어떻게 작동하고 또 작동하지 않는지, 그리고 투자자 행동의 기저에 일관되게 존재하는 실수의 유형에는 어떤 것들이 있는지 논리적으로 사고하는 것이다. 투자철학에서 투자자의 실수를 가정할 필요가 있는 이유는 무엇일까? 대부분의 액티브 투자 전략은 일부 또는 전체 투자자들이 주식 가격을 책정할 때 저지르는 실수를 활용하기 위해 설계되어 있다. 이러한 실수는 결국 인간 행동에 대한 훨씬 더 근본적인 가정에 바탕을 두고 있다. 그 행동이 시장에서 실수로 나타나고, 투자자는 그 실수를 이용해 수익을 얻고자 하는 것이다.

이제 투자철학을 구성하는 요소들을 살펴볼 것이다. 시장에 대한 신념에서 출발해, 그 신념이 어떻게 투자 행동으로 이어지는지를 살펴보고, 투자자들이 이러한 행동을 어떻게 활용할 수 있는지를 검토한 뒤, 마지막으로 개인적 성향과 투자철학을 연결해 설명하겠다.

1단계: 시장에서 인간의 행동 혹은 일탈을 식별한다

모든 투자철학의 근간은 인간 행동에 대한 관점이다. 전통적인 재무 이론과 가치평가의 한 가지 약점은 인간의 행동에 대해 충분히 다루지 않는다는 것이다. 모든 투자자가 합리적이라고 가정하는 것은 아니지만 불합리한 행동이 무작위로 발생하여 궁극적으로 상쇄된다고 가정한다. 즉 군중을 따르는 투자자(모멘텀 투자자)가 있다면 군중과 반대 방향으로 가는 투자자(역발상 투자자)가 있고, 이들이 밀고 당기는 과정에서 결국 합리적인 가격이 형성된다고 가정하는 것이다. 이는 매우 긴 기간을 두고 보면 타당할지 몰라도 단기적으로는 현실적인 가정이 아니다.

'합리적인 투자자'라는 가정에 오래도록 회의적인 시각을 가졌던 이 분야의 학자들과 실무자들은 행동재무학이라는 분야를 발전시켰다. 행동재무학은 심리학, 사회학, 재무학을 융합하여 투자자가 행동하는 원인, 그 행동이 투자 전략에 미치는 영향을 설명한다. 당연히 모든 투자철학은 시장의 일탈(misbehavior)이 궁극적으로 분별력 있는 투자자들에게 이익으로 돌아온다는 관점에서 출발한다. 시장의 일탈은 매우 다양한 방식으로 나타난다.

- **개인적 일탈 대 집단적 일탈**: 투자자들의 실수가 개인적인 비합리성에서 비롯된다면 이러한 실수들은 전체 투자자 집단 내에서 상쇄될 가능성이 크다. 실제로 앞서 언급했듯이 이것이 바로 '효율적 시장'을 지탱하는 가정이며 모든 투자자가 합리적이라는 가정보다는 훨씬 덜 의심스럽다. 그러나 투자자들이 다른 사람들의 잘못된 행동에 영향을 받아 비이성적으로 행동하면 군중 효과가 발생한다. 이로 인해 비이성적 행동이 시장가격에 영향을 미칠 가능성은 훨씬 더 커지고, 이를 이용해 수익을 올릴 수도 있다.

- **학습 속도로 인한 실수**: 시장이 새로운 사업, 예상치 못한 거시경제적·정치적 변화 또는 새로운 투자 상품의 가격을 책정해야 할 때, 투자자들은 이러한 현상을 이해하고 학습해야만 이를 가격에 반영할 수 있다. 합리적인 시장에서는 비록 오류가 있더라도 이러한 학습이 거의 즉각적으로 이루어진다. 반면 학습 속도가 느리면 학습이 이루어지는 동안 가격 책정에 오류가 발생하게 된다. 다만 가격이 실제 가치보다 높게 매겨질지(고평가), 낮게 매겨질지(저평가)에 대해서는 의견이 엇갈린다.

- **정보에 대한 반응**: 시장의 주요 기능 중 하나는 새로운 정보(거시경제적 정보나 기업의 정보)의 영향을 가격에 반영하는 것이다. 따라서 기업이 실적을 발표하거나 다른 기업을 인수하겠다고 발표하면 투자자들은 이 정보가 기업의 미래 이익과 위험에 미칠 영향을 판단해서 주식의 가격을 새롭게 산정해야 한다. 이 과정에서 일탈에 대한 투자자들의 두 가지 상반된 관점이 존재한다. 첫째, 과잉 반응이다. 투자자들이 뉴스에 과도하게 반응하여 좋은 소식에는 가격을 지나치게 끌어올리고 나쁜 소식에는 가격을 지나치게 끌어내린다는 것이다. 둘째, 과소 반응이다. 투자자들이 뉴스에 과소 반응하여 좋은 소식에도 가격을 충분히 올리지 못하고 나쁜 소식에도 충분히 내리지 못한다는 것이다.

- **불확실성에 대한 대응**: 불확실성은 사업과 투자에서 떼려야 뗄 수 없는 부분이지만 투자자들은 대개 건강하지 못한(그리고 비합리적인) 방식으로 불확실성에 대응한다. 어떤 투자자들은 불확실성을 다루는 것이 불편해서 이를 부정하고 분석에서 사실상 지워버린다.

어떤 이들은 불확실성 때문에 마비되어 아무런 행동도 하지 못한다. 또 어떤 이들은 회피를 선택해서 불확실성이 큰 투자를 선택지에서 완전히 제외하기도 한다. 모두 이해할 만한 이러한 행동들이 가격 책정의 오류로 이어질 수 있고, 불확실성을 더 잘 감당하는 투자자들은 이러한 오류를 유리하게 활용할 수 있다.

- **액자 효과**: 행동재무학은 투자자의 일탈이 액자 편향(framing bias)에서 비롯될 수 있다는 사실을 밝혀왔다. 액자 편향은 선택지가 제시되는 방식에 따라 투자자의 의사결정이 달라질 수 있음을 설명한다. 예를 들어 어떤 투자의 장점에 대한 정보는 충분히 제공하고 단점에 대한 정보는 거의 주지 않는다면, 같은 투자라도 하방 위험을 강조하는 경우에 비해 투자자들이 그 기회를 선택할 가능성이 훨씬 높아진다. 행동재무학의 선구자인 대니얼 카너먼과 아모스 트버스키는 이를 '손실 회피'라는 개념으로 설명했다. 그들은 투자자들이 크기가 같아도 이익보다 손실을 더 크게 인식하는 경향이 있다고 지적하며, 손실이 발생한 투자를 지나치게 오래 보유하는 것이 이러한 심리에 기인한다고 주장했다.

시장에서 발생하는 모든 일탈을 망라할 수는 없지만 모든 투자철학은 인간의 나약함을 이해하는 데서 출발해야 한다.

2단계: 시장의 일탈과 실수를 분석한다

시장의 일탈이 투자자가 활용할 수 있는 가격 오류로 드러나지 않는다면 그것은 투자철학의 근거가 될 수 없다. 따라서 투자철학을 개발하는 두 번째 단계에서는 시장을 특징짓는다고 믿는 일탈이 어떻게 가격 오류로 이어지는지를 구체적으로 설명해야 한다. 예를 들어 시장이 새로운 정보에 과도하게 반응한다고 믿는다면 이러한 과잉 반응이 기업 고유의 사건(실적 발표나 인수)에서 더 자주 나타나는지, 아니면 시장 전체나 거시경제적 요인(예상치 못한 인플레이션 상승, 경기 둔화 보고서 등)에서 더 두드러지는지 분석해야 한다.

만약 기업 고유의 사건에서 과잉 반응이 더 자주 발생한다면 어떤 기업에서 더 크게 나타나는지도 고려해야 한다. 예를 들어 규모가 작고, 애널리스트들의 주목을 덜 받으며, 주식의 유동성이 낮은 기업에서 이러한 현상이 더 뚜렷하다는 점을 확인하는 것이다. 만약 느린 학습 속도가 시장의 주요한 일탈이라고 본다면 그것이 새로운 투자 상품이나 새로운 사업모델에서 특히 두드러지는지 여부를 살펴보고 환경에 따라 학습 속도가 달라지는지 여부도 생각해야 한다.

결국은 수정되기 마련인 이 가격 오류를 활용하고 일관성 있는 투자철학을 개발하려면 가격 수정이 왜, 언제 반드시 발생하는지 확신이 있어야 한다. 오늘의 가격 오류를 미래의 확실한 이익으로 고정하는 방법(차익거래)을 찾는 경우도 있을 수 있지만, 가격 오류 수정은 대개 촉매가 필요하다. 자본이 충분하다면 '스스로' 촉매 역할을 할 수도 있다. 가격 오류가 있는 투자 기회를 찾는 행동주의 헤지펀드나 행동주의 투자자가 여기에 해당한다. 스스로 촉매가 될 수 없다면 외부의 힘에 의존해야 한다. 잘 구성된 투자철학은 이러한 외부의 힘, 즉 촉매를 명확히 식별하고 있다.

모든 액티브 투자철학이 시장이 실수를 저지른다고 가정하지만, 시장의 어느 부분이 비효율적이고 그 비효율성이 얼마나 오래갈지를 보는 관점은 서로 다르다. 어떤 투자철학은 시장이 대체로 정확하지만 개별 기업에 대한 새롭고 중요한 정보가 공개될 때는 과도하게 반응한다고 가정한다. 호재에는 과도하게 오르고 악재에는 과도하게 하락한다는 것이다. 다른 투자철학은 시장이 전체적으로 실수를 저질러서 시장 전체가 과소평가되거나 과대평가될 수 있으며, 일부 투자자(예컨대 뮤추얼펀드 매니저)는 특히 더 자주 실수를 저지른다고 가정한다. 또 다른 투자철학에서는 정보(재무제표, 애널리스트 보고서, 언론 보도 등)가 풍부할 경우 시장에서 주식 가격을 정확히 책정하지만 정보가 부족할 때는 구조적으로 잘못된 가격을 책정한다고 가정하기도 한다.

3단계: 투자 전술과 전략을 개발한다

투자철학을 세운 후에는 그 핵심 철학에 기반한 투자 전략을 개발해야 한다. 예를 들어 앞서 설명한 시장의 과도한 반응에 대한 관점이 상반된 두 사람이 있다고 해보자. 한 사람은 특히 기업 고유의 정보에 대한 시장의 과잉 반응이 크다고 믿고, 다른 사람은 거시경제 뉴스에 대한 과잉 반응이 더 자주 나타난다고 생각한다. 시장이 개별 기업의 뉴스에 과잉 반응한다고 믿는 첫 번째 투자자는 예상을 크게 하회하는 실적이 발표된 후에는 주식을 매수하고, 반대로 예상을 크게 상회하는 실적이 발표된 후에는 주식을 매도하는 전략을 개발할 수 있다. 반면 거시경제 뉴스에 대한 시장의 실수를 믿는 두 번째 투자자는 예상하지 못한 부정적인 거시경제 뉴스가 발표된 직후 주식(혹은 전체 지수)을 매수하고, 긍정적인 뉴스가 발표된 직후 주식을 매도하는 전략을 세울 것이다.

하나의 투자철학에서 다양한 투자 전략이 파생될 수도 있다. 예를 들어 성장의 가치는 일관되게 과대평가되고 기존 자산의 가치는 항상 과소평가된다고 믿는다면, 이 철학은 저PER 주식을 매수하는 패시브 전략부터 저평가된 기업을 사서 그 자산을 청산하려는 행동주의 전략에 이르기까지 다양한 전략으로 이어질 수 있다. 다시 말해 이용할 수 있는 투자 전략의 수는 투자철학의 수보다 훨씬 더 많다.

4단계: 적합성을 검증한다

다양한 투자철학을 검토한 뒤 과거에 가장 많은 성공을 거둔 철학을 선택해 자신의 철학으로 삼을 수도 있을 것이다. 실제로 많은 투자자가 이런 방식으로 투자철학을 선택한다. 그러나 머지않아 그 '이기는' 철학이 과거의 성공과는 무관하게 기대한 수익을 가져다주지 않는다는 사실을 깨닫게 된다. 역사상 어떤 투자자보다 워런 버핏에 관한 책이 많이 쓰였지만 그 책들을 읽고 버핏의 투자철학과 전략을 재현하려 한 많은 사람 중에 버핏만 한 성공을 거둔 사람은 거의 없다고 장담한다. 어떤 투자철학이든 성공하기 위해서는 무작정 모방하는 것만으로는 부족하며, 개인적 특성이 중요하기 때문이다.

버핏이 고수하는 고전적인 가치투자 철학은 인내심을 요구한다. 버핏의 전략으로 성공하려면 시장에서 외면하는 기업을 오랫동안 보유해야 할 수도 있고, 동료들의 압력에 맞서는 의지가 필요할 수도 있다. 따라서 본래 성격이 조급하고 군중 심리에 쉽게 흔들리는 투자자는 버핏의 길을 따라 시작하더라도 버티지 못할 것이다. 경영이 부진한 기업에 사고의 전환을 압박해 수익을 내는 것이 최선의 방법이라는 투자 철학에 동의하는 경우도 있을 것이다. 이는 칼 아이칸(Carl Icahn)이나 빌 애크먼(Bill Ackman) 같은 행동주의 투자자들의 전략이다. 그러나 수억 달러에 이르는 자본을 마음대로 움직일 수 있는 상황이 아니라면 이 철학으로 성공을 거두기는 어렵다.

가치투자나 모멘텀 트레이딩을 옹호하는 사람들의 주장과는 달리 모든 투자자에게 맞는 단 하나의 '최고'의 투자철학은 존재하지 않는다. 그러나 자신에게 가장 잘 맞는 투자철학은 분명히 존재한다. 궁극적인 목표가 성공적인 투자자가 되는 것이라면 워런 버핏이나 피터 린치의 성공 비법을 이해하는 데 시간을 쏟기보다 자신을 이해하는 데 더 많은 시간을 들여야 한다.

투자철학은 왜 필요한가?

투자자 대부분은 투자철학이란 것이 없다. 많은 자산 운용 전문가, 투자 자문가도 마찬가지다. 이들은 최근에 다른 사람들이 효과를 본 전략을 따르다가 효과가 없으면 이내 버린다. 투자철학은 왜 필요할까? 답은 간단하다. 투자철학이 없으면 강력한 주장이나 최근의 성공 사례에 이끌려 이 전략 저 전략으로 수시로 갈아타기 쉽다. 이것은 포트폴리오에 세 가지 부정적인 영향을 미친다.

- 방향타 역할을 하고 중심이 되어주는 신념이 없다면, 시장을 이기는 마법의 전략을 찾았다는 사기꾼이나 가짜 전문가의 손쉬운 먹잇감이 될 것이다.
- 전략을 수시로 바꿀 때마다 포트폴리오를 변경해야 하므로 거래 비용과 세금 부담이 증가한다.
- 사람마다 목표, 위험 회피 성향, 특성이 다르기 때문에 남들에게는 효과적인 전략이라도 자신에게는 맞지 않을 수 있다. 그 결과 수익률은 시장 평균에 못 미치고 속쓰림은 덤으로 얻으며 더욱 심각한 상황에 처할 수도 있다.

자신만의 확고한 투자 신념이 있다면 스스로의 운명을 더욱 잘 통제할 수 있다.

시장에 대한 자신의 근본적인 신념에 맞지 않는 전략을 거부할 수 있고, 필요에 맞게 전략을 조정할 수도 있을 것이다. 나아가 다양한 전략 사이에서 진정한 차이점과 공통점을 더욱 큰 그림에서 볼 수 있게 될 것이다.

깊이 있는 투자철학을 가지고 있다고 자부하는 이들을 포함한 포트폴리오 매니저 대부분에게는 핵심 투자철학이 부족하다. 그들은 투자 전략을 철학으로 착각하고, 다른 사람을 모방하는 것을 진정성으로 오해한다. 이러한 결함은 당연히 성과에 반영된다. 과도한 트레이딩과 회전율, 일관성 없는 의사결정은 그들의 포트폴리오의 특징이다.

투자철학 분류하기

투자철학은 이 책의 핵심 주제가 아니기 때문에, 투자철학의 목록을 제시하고 각각의 세부 내용과 성공 기준을 설명하지는 않겠다. 여기에서는 투자철학을 넓은 범주로 나누고 기업의 생애주기와 밀접하게 연결해 살펴보겠다.

시점 선택 대 종목 선택

투자철학은 시장에서 매매 시점을 찾는 데 집중하는지, 아니면 개별 자산의 가격 오류를 찾는 것이 중심인지에 따라 크게 분류할 수 있다. 전자를 '매매 시점 선택(market timing)' 철학, 후자를 '종목 선택(security selection)' 철학으로 구분한다.

각 철학 안에도 수많은 분파가 존재하고 시장을 보는 관점도 매우 다양하다. 먼저 시점 선택을 살펴보자. 시점 선택 철학은 주식시장뿐 아니라 통화, 원자재, 채권, 부동산 시장 등 다양한 시장에 적용된다. 종목 선택 철학은 범위가 훨씬 더 넓고 차트와 기술적 지표, 펀더멘털(이익, 현금흐름, 성장률), 정보(실적 보고서, 인수 발표)를 아우른다. 시점을 제대로 선택했을 때는 보상이 크고, 바로 그 이유로 모두가 매력을 느낀다. 그러나 같은 이유로 너무 많은 투자자가 늘 시점을 맞히려고 시도하기 때문에 꾸준히 성공하기는 매우 어렵다.

이와 달리 증권이나 개별 자산을 선택하기로 했다면 차트, 펀더멘털, 성장 잠재력, 아니면 무엇을 기준으로 선택할지 어떻게 결정해야 할까? 시장을 보는 관점과 효과적인 방식에 대한 생각도 중요하지만 결국 자신의 개성에 따라 그 기준이 달라질 것이다.

이 두 가지 투자철학과 기업 생애주기 사이에는 어떤 연관이 있을까? 전체 시장이 상승과 하락 사이클을 거치는 동안 모든 주식이 영향을 받지만, 실제로 기업에 미치는 영향은 생애주기 단계에 따라 다르다. 시장이 활황이고 위험한 투자에 관심이 높을 때는 일반적으로 초기 단계 기업의 수혜가 가장 크다. 위험이 가장 크고 자본을 가장 필요로 하는 시기에 있기 때문이다.

반대로 시장이 하락하고 위험 자본이 시장을 떠날 때는 투자자들이 안전자산에 끌리면서 성숙기 기업의 가치가 더 잘 방어된다. 시장에서 시점을 잘 선택할 수만 있다면, 상승장이 예상될 때는 보유 자산을 더 젊은 기업으로 이동시키고 하락장이 예상될 때는 성숙한 기업으로 이동시켜 전략의 효과를 극대화할 수 있다.

3장에서 언급했듯이 기업이 위치한 생애주기 단계는 업종을 근거로 추론할 수 있다(예를 들어 기술 업종은 일반적으로 청년기 기업이 많고, 유틸리티 업종은 성숙기 기업이 많다). 시장 사이클에 따라 보유 업종을 계속 바꿔나가는 업종 순환(sector rotation) 전략은 시점 선택과 기업 생애주기를 연결한 대표적인 전략이다.

투자 대 트레이딩

투자에 대해 이야기할 때 흔히 '가치'와 '가격'을 같은 의미로 사용하지만 두 단어는 사실 호환되지 않는다. 9장에서 언급했듯이 가치는 현금흐름, 성장, 위험 같은 펀더멘털 요인에 의해 결정된다. 가격은 수요와 공급에 의해 결정되며, 그 안에는 분위기, 모멘텀, 다양한 행동 요인이 반영된다. 가치와 가격을 혼동하는 것은 서로 다른 진영의 사람들이 주식의 적정 가치를 두고 대화를 나누는 것이 불가능한 근본적인 이유다. 두 진영의 차이는 시장을 활용하는 방식에서도 드러난다. 나는 이것을 '가격 산정 게임(pricing game)'과 '가치평가 게임(value game)'이라고 부르겠다. 표

[표 14.1] 투자 대 트레이딩

	가격 산정 게임	가치평가 게임
기본 철학	가격은 행동 근거가 되는 유일한 실제 숫자다. 자산의 가치가 얼마인지는 아무도 알 수 없고, 그것을 추정하는 일은 별로 쓸모도 없다.	모든 자산에는 공정·진정한 가치가 존재한다. 오차가 있더라도 가치를 추정할 수 있으며, 가격은 결국 그 가치에 수렴한다.
방식	다음 기간에 가격이 어느 방향으로 움직일지 예측하고, 그 움직임에 앞서 거래하려고 한다. 이 게임에서 이기려면 방향에 대한 판단에서 맞히는 경우가 틀리는 경우보다 많아야 하며, 하락이 시작되기 전에 빠져나와야 한다.	자산 가치 추정 후 가격이 그보다 낮게(높게) 매겨졌다고 판단되면 자산을 매수(매도)한다. 이 게임에서 이기려면 가치에 대한 판단이 정확해야 하며, 시간이 흐름에 따라 시장가격이 그 가치로 수렴해야 한다.
주요 동인	가격은 수요와 공급에 의해 결정되고, 수요와 공급은 시장 분위기와 모멘텀의 영향을 받는다.	가치는 현금흐름, 성장, 위험에 의해 결정된다.
정보 효과	장기 가치에 영향이 미미한 뉴스, 루머, 스토리 등도 시장 분위기를 바꿔 가격을 움직인다.	현금흐름, 성장, 위험에 변화를 초래하는 정보만이 자산의 가치에 영향을 미친다.
사용 수단	1. 기술적 지표 2. 가격 차트 3. 배수 및 비교 대상 기업 4. 투자자 심리	1. 비율 분석 2. DCF 평가 3. 초과수익 모형
투자 기간	초단기(수분), 단기(수주, 수개월)	장기
핵심 역량	시장 분위기와 모멘텀 변화를 시장의 다른 참여자보다 먼저 포착할 능력을 갖추는 것이 핵심이다.	불확실성을 감안하여 자산의 '가치를 평가'할 수 있다.
주요 성격 특성	1. 시장 기억 상실증 2. 빠른 행동 3. 도박 본능	1. '가치'에 대한 믿음 2. 인내심 3. 또래집단의 압력으로부터의 면역
최대 위험 요소	모멘텀의 변화는 순식간에 일어날 수 있으며, 몇 달 동안 쌓은 수익이 몇 시간 만에 사라질 수 있다.	설령 가치평가가 맞더라도 가격이 그 가치에 수렴하지 않을 수도 있다.
부가적 이점	막대한 자금력과 많은 추종자를 바탕으로 가격을 움직일 영향력이 있다.	가격이 가치에 수렴하도록 유도하는 촉매 역할을 할 수 있다.
가장 착각이 큰 참가자	가치에 기반해 거래한다고 믿지만, 실제로는 가격 움직임에 반응하고 있는 트레이더	시장을 이성적으로 설득할 수 있다고 믿는 가치투자자

14.1에 이 둘의 차이점을 정리했다.

가격 산정 게임을 한다면 트레이더다. 가치평가 게임을 한다면 투자자다. 여기에 둘 중에 누가 더 낫다는 가치 판단은 없다. 일부 사람들과 달리 나는 트레이더가 투자자보다 깊이가 없다거나 시장의 기능에 덜 중요한 존재라고 생각하지 않는다. 트레이더가 벌어들인 100만 달러와 투자자가 번 100만 달러는 다르지 않다. 자신에게 맞는 아바타(가격 혹은 가치)는 궁극적으로 개인의 성향에 달려 있다. 경험상 성격이 조급하고 주변의 영향을 쉽게 받는 사람은 결코 훌륭한 가치투자자로 성공하지 못한다. 반대로 어떤 결정을 내리기 전에 모든 것을 철저히 저울질해야 하는 지나치게 분석적인 성격은 트레이더로 성공하기 어렵다.

이처럼 세상을 흑백으로 나누는 관점이 극단적으로 보일 수도 있다. 회색지대도 존재하지 않을까? 가치에 관심 있는 트레이더, 가격 산정 과정을 고려하는 투자자도 있을 수 있지 않을까? 그럴듯하게 들리지만 회색지대는 두 가지 이유로 존재하지 않는다. 첫째, 스스로 하이브리드 투자자라고 주장하는 이들 대부분은 실제로는 그렇지 않다. 명목상 가치투자를 언급하며 모멘텀 전략을 구사하는 트레이더이거나, 시장을 존중한다고 주장하지만 시장이 예상과 다르게 움직이면 쉽게 그 신념을 버리는 투자자일 뿐이다. 둘째, 낯선 영역은 위험하다. 가치를 이해한다고 착각하는 트레이더, 자신에게 유리한 시점에 언제든 시장을 드나들 수 있다고 믿는 투자자는 비효율을 자초하는 것이다.

트레이더와 투자자가 적절한 균형을 이루어야 건강한 시장이다. 트레이더는 없고 투자자만 있다면 시장에서 유동성이 사라질 것이다. 트레이더만 있고 투자자는 없다면 시장이 중심을 잃을 것이다. 역설적이게도 트레이더와 투자자는 생존을 위해 서로를 필요로 한다. 트레이딩과 모멘텀은 가격을 가치에서 멀어지게 만들어 투자자들이 노리는 저가 매수 기회를 만들어낸다. 투자자들이 그 기회를 이용하는 과정에서 가격이 조정되고 모멘텀에 변화가 발생하며, 이것이 트레이더의 기회가 된다.

트레이더와 투자자는 기업 생애주기의 모든 단계에 존재하지만 기업이 나이가 들어가면서 그 비율이 달라진다. 9장에서 나는 초기 단계 기업보다 성숙한 기업이 가격 산정과 가치평가가 더 수월하다고 설명했다. 초기 단계 기업은 사업모델의 모든 측면에 불확실성이 존재하고 과거 데이터도 거의 없기 때문에 가치평가를 시도조차 하지 않는 경우가 많다. 그 결과 젊은 기업은 거의 전적으로 트레이더의 영역이다. 반면 기업이 성숙해지고 불확실성이 줄어들수록 투자자들의 진입 가능성이 높아진다. 주가의 변동성이 감소하고 트레이딩 기회가 줄어들면서 트레이더들은 이 영역을 떠난다.

트레이딩: 모멘텀, 정보, 차익거래

트레이딩의 본질이 시장 분위기, 모멘텀, 과잉 반응을 활용하는 것이라면 트레이딩이라는 큰 범주 안에 여러 철학이 존재할 것이다. 여기에서는 다양한 트레이딩 철학을 기업 생애주기와 연결해 살펴보겠다.

모멘텀 트레이딩

모멘텀은 시장에서 무시할 수 없는 힘이다. 보통은 과거의 가격 추세가 지속되지만 가격에 반전이 일어날 가능성도 상당하기 때문이다. 시장이 존재하는 한 (상대 강도 같은) 가격 지표나 가격 차트 등 과거 가격 추세에서 정보를 얻어 활용하려는 트레이더는 언제나 존재한다. 학계와 실무 현장에서는 과거 가격에 예측 가능한 패턴이 존재한다는 생각을 일축해왔지만 이 게임으로 수익을 올리는 트레이더가 있는 것도 분명한 사실이다.

모멘텀 트레이딩을 하나의 투자철학으로 받아들인다고 해도, 이 철학으로 꾸준히 수익을 내기는 매우 어렵다. 그 이유는 금융시장의 가격 패턴에 대한 엇갈린 증거에서 찾을 수 있다. 금융시장, 특히 주식시장의 과거 가격 추이에 대한 연구 결과는 가격 패턴을 뒷받침하면서 동시에 상반된 결과를 보여주기도 한다.

- 단기를 몇 분에서 몇 시간, 길게는 며칠까지라고 정의하면, 가격은 단기적으로 같은 방향으로 움직인다는 증거가 있다. 이러한 양(+)의 상관관계는 예측을 통한 거래에서 수익을 내기에는 너무 미약하지만, 그럼에도 투자자들은 풍부한 데이터와 고성능 컴퓨터를 갖추고 기회를 이용하려는 시도를 멈추지 않는다.[1]
- 단기를 며칠이 아니라 몇 주 단위로 확장하면 가격이 반전하는 경향이 있다. 즉 지난 한

달 동안 상승한 주식은 다음 달에 하락할 가능성이 높고, 반대로 지난 한 달 동안 하락한 주식은 다음 달에 반등할 가능성이 높다.[2] 이러한 현상의 이유로는 보통 시장의 과잉 반응이 지목된다. 즉 어떤 주식이 최근 한 달 동안 가장 많이 상승하거나 하락했다면 그것은 시장이 호재나 악재에 과잉 반응한 결과이며, 이후의 가격 반전은 시장이 스스로를 바로잡는 과정이라는 것이다.

- 수개월에서 1년까지의 중기에는 다시 가격이 같은 방향으로 움직이는 양의 자기상관(serial correlation)이 나타나는 경향이 있다. 나라시만 제가디시(Narasimhan Jegadeesh)와 셰리던 티트먼(Sheridan Titman)은 주가에 몇 개월에 걸친 가격 모멘텀이 있다는 증거를 제시했다.[3] 최근 6개월간 상승한 주식은 계속 상승하는 경향이 있고 최근 6개월간 하락한 주식은 계속 하락하는 경향이 있다는 것이다. 1945년부터 2008년까지의 주식 종목을 전년도 주가 상승률을 기준으로 10분위로 나누고 최상위 분위 종목을 사서 1년간 가지고 있었다면, 최하위 분위 종목을 매수했을 때보다 연 수익률은 평균 16.5% 더 높았을 것이다. 더욱 매력적인 것은 모멘텀이 높은 주식들이 모멘텀이 낮은 주식들보다 (가격 변동성으로 측정한) 위험도 낮았다는 것이다.[4]

- 수년에 걸친 장기를 살펴보면 수익률에는 상당한 음의 상관관계가 있으며, 이는 시장이 매우 긴 시간에 걸쳐 스스로 반전하는 경향이 있음을 시사한다. 유진 파마는 1941년부터 1985년까지의 주식을 5년 단위로 수익률을 조사해 이 현상에 대한 증거를 제시했다.[5] 그는 1년 기간보다 5년 기간 동안의 수익률에서 음의 연속 상관관계가 더욱 두드러지며 특히 대형주보다 소형주에서 음의 상관관계가 더욱 뚜렷하다는 것을 발견했다.

시간의 흐름에 따른 모멘텀(양의 상관관계)과 반전(음의 상관관계) 간의 역학은 가격 기반 트레이딩이 결코 단일한 방식으로 이루어지지 않는 이유를 설명해준다.

앞에서 언급했듯 청년기 기업을 대상으로 한 시장의 활동은 대부분 투자자가 아닌 트레이더에 의해 이루어진다. 따라서 모멘텀이 존재한다면 성숙기 기업보다 청년기 기업에서 더욱 강하게 나타날 것이며, 반전도 청년기 기업에서 더욱 극단적일 것이다. 따라서 청년기 기업의 주가 변동성은 단순히 기저 사업의 불확실성 때문이 아니라 주주 구성에서 트레이더의 비중이 지배적이기 때문에 더욱 확대되는 것이다.

정보 기반 트레이딩

일부 트레이더들은 정보 발표, 특히 실적 보고나 인수 발표 같은 사건을 중심으로 거래하며, 기대치나 시장의 반응에서 발생하는 오류를 이용해 수익을 얻으려고 한다. 후자의 경우 시장의 효율성을 평가하는 가장 간단한 방법은 시장이 새로운 정보에 얼마나 빠르고 정확하게 반응하는지 살펴보는 것이다. 새로운 정보로 인해 발생하는 가치의 변화를 제대로 다시 평가하는지가 기준이 될 것이다. 자산의 가치는 현금흐름, 성장, 위험 등 가치의 구성 요소에 긍정적인 영향을 주는 새로운 정보가 시장에 도달하면 상승해야 한다. 그림 14.1에서 보듯 효율적인 시장에서는 자산 가격이 새로운 정보에 즉각 반응하며, 평균적으로 정확하게 조정된다.[6]

정보가 가치에 미치는 영향을 투자자들이 평가하는 데 시간이 걸릴 경우에 가격 조정은 더디게 이루어질 것이다. 그림 14.2에서는 자산 가격이 새로운 정보에 서서히 반응하는 모습을 보여준다. 정보가 도달한 후 가격이 점진적으로 상승하는 모습은 시장의 학습이 느리다는 의미다.

시장이 새로운 정보에 즉각 반응하며 정보가 가치에 미치는 영향을 과대평가할 수도 있다. 이 경우 긍정적인 발표에 가격이 실제 가치 변화보다 과도하게 상승하거나, 부정적인 발표에 실제 가치보다 과도하게 하락할 수 있다. 그림 14.3은 초기의 과잉 반응 이후 가격이 반대 방향으로 움직이는 모습이다.

시장의 과소 반응과 과잉 반응 가운데 어느 것이 더 일반적인지는 연구마다 결과가 엇갈린다. 그림 14.4는 예상을 벗어난 실적 발표에 대한 주가 반응을 보여준다. 예상을 벗어난 방향과 강도에 따라 '가장 부정적인' 어닝쇼크 그룹부터 '가장 긍정적인' 어닝서프라이즈 그룹까지로 분류했다.[7] 이 그림은 대부분의 실적 발표에서 확인된 다음 증거와 일치한다.

- 실적 발표는 분명 금융시장에 유용한 정보를 전달한다. 시장은 (누적 초과수익률 기준으로)

　　　　　　　　　　　　　　　4부 | 투자철학과 생애주기

[그림 14.1] 효율적 시장의 가격 조정

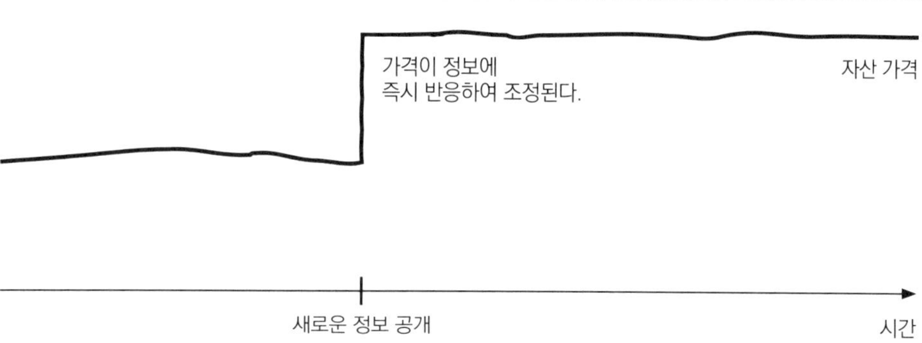

[그림 14.2] 반응이 느린 시장의 가격 조정

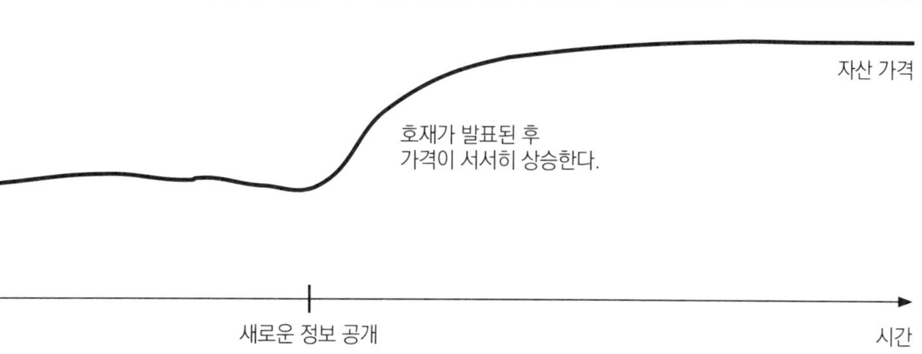

[그림 14.3] 과잉 반응하는 시장의 가격 조정

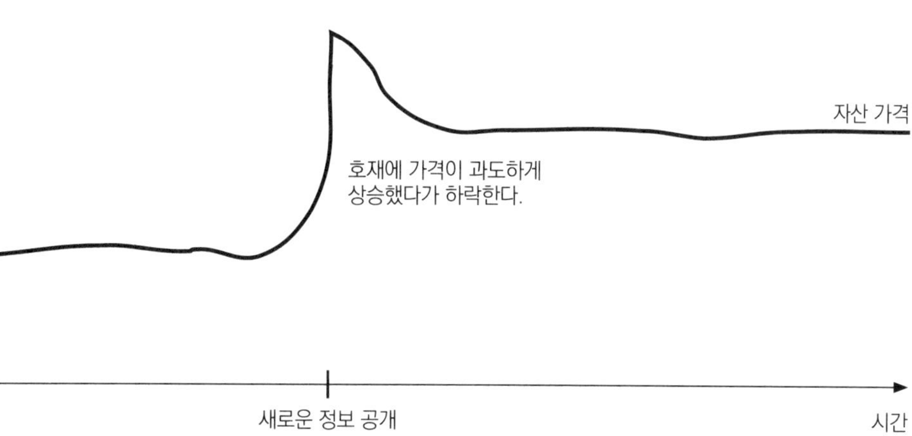

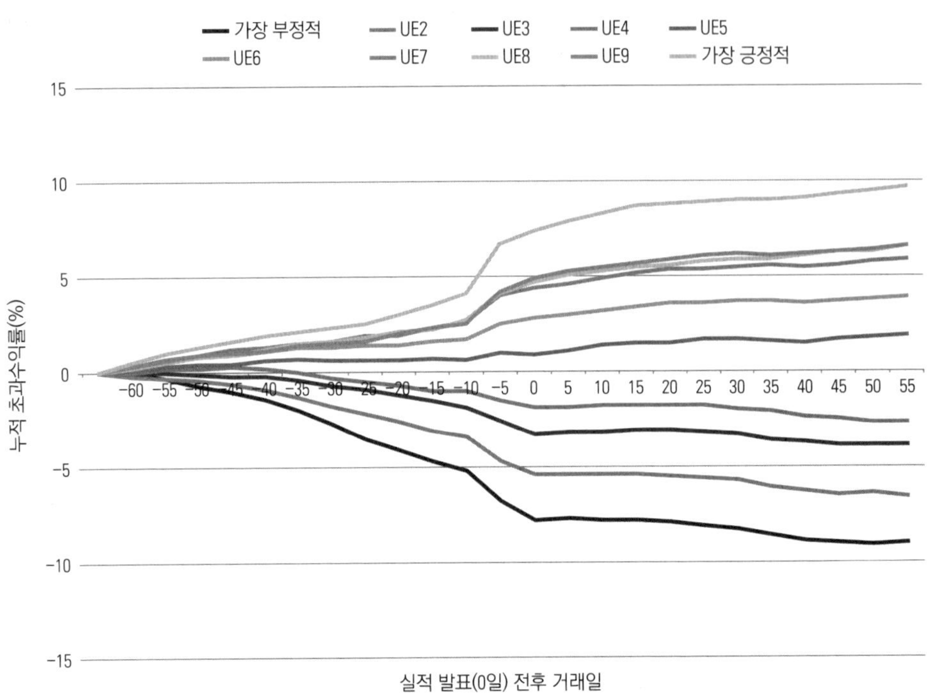

주: UE는 예상을 벗어난 실적(unexpected earnings)

긍정적인 발표에 초과 상승하고, 부정적인 발표에는 초과 하락한다.

- 실적 발표 직전 며칠 동안 주가는 해당 발표의 성격에 부합하는 방향으로 움직인다는 일부 증거가 있다. 즉 긍정적인 발표 전에 주가가 상승하고, 부정적인 발표 전에 주가가 하락하는 경향이 관찰된다. 이는 실적 발표에 앞선 내부자 거래이거나 선견지명에 의한 트레이딩의 증거로 해석될 수 있다.

- 실적 발표 후 며칠 동안 주가가 추세적으로 움직이는 현상을 보여주는 일부 증거도 있다. 그림 14.5에서 실적 발표 후의 영향만 분리해 이를 확인할 수 있다.

결론적으로 긍정적인(부정적인) 실적은 발표 당일 긍정적인(부정적인) 시장 반응을 불러일으키고, 발표 이후 며칠에서 몇 주 동안 초과수익(손실)이 발생한다. 이 그래

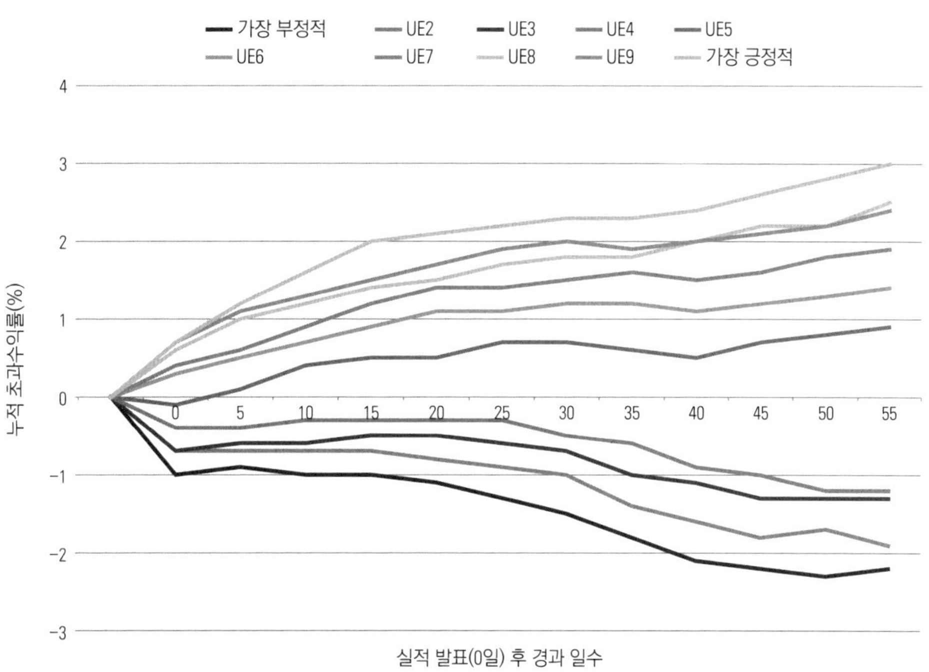

프에는 서로 다른 트레이딩 관점을 뒷받침하는 증거들이 담겨 있다. 실적 발표 전에 가격 모멘텀을 활용한 트레이딩으로 이익을 낼 수 있다고 믿는 이들에게는 그림 14.4에 나타난 실적 발표 전 가격 움직임이 그 믿음을 뒷받침하는 증거가 된다. 반면 실적 발표 후에도 가격이 계속 움직이는 현상은 시장이 느리게 학습한다는 관점을 뒷받침하며, 어닝서프라이즈를 발표한 주식을 매수하고 어닝쇼크를 발표한 주식을 공매도하는 트레이딩 전략의 근거가 된다.

정보 기반 트레이딩과 기업 생애주기 사이에는 어떤 연관성이 있을까? 나는 모든 기업에서 관찰되는 시장의 학습 오류가 성숙기 기업보다 청년기 기업에서 더 크게 나타날 수 있다고 주장한다. 실적 발표와 시장의 반응에 대한 여러 연구는 실적 발표 이후의 가격 움직임이 대형주보다 소형주에서 더 크게 나타나고,[8] 미래 실적에 대한 불확실성이 큰 기업일수록,[9] 기관투자자의 보유 비중이 작은 기업일수록 더 뚜렷하게 나타난다는 사실을 보여준다.[10] 우연일 수도 있지만 청년기 기업은 시가총액이 작고, 미래 실적에 대한 불확실성이 크며, 기관투자자의 보유 비중이 작은 경향이 있다.

차익거래

차익거래는 자금을 투자하지 않고 위험도 감수하지 않으면서 확실한 수익을 얻을 수 있는 투자의 성배로 여겨진다. 투자자들이 꿈꾸는 '돈을 찍어내는 기계'인 차익거래에는 크게 세 가지 형태가 있다.

- 첫 번째는 '순수 차익거래(pure arbitrage)'로 실제로는 아무런 위험을 감수하지 않고 무위험 이자율 이상의 수익을 얻을 수 있다. 순수 차익거래가 가능하려면 현금흐름이 동일한 두 자산이 같은 시점에 서로 다른 시장가치로 거래되고 있으며, 미래의 어느 시점에는 반드시 그 가치가 서로 수렴한다는 조건이 필요하다. 이러한 유형의 차익거래는 파생상품 시장(옵션 및 선물)이나 일부 채권시장에서 발생할 가능성이 가장 높다.
- 두 번째인 '유사 차익거래(near arbitrage)'는 현금흐름이 같거나 거의 같은 자산이 서로 다른 가격에 거래되고 있지만 반드시 가격이 수렴한다는 보장이 없고, 가격 수렴을 강제로 유도하는 데 상당한 제약이 있다.
- 세 번째는 '투기적 차익거래(speculative arbitrage)'인데 엄격히 말하면 차익거래라고 하기는 어렵다. 투자자는 가격에 오류가 있는 자산과 (동일하지는 않지만) 유사한 자산 사이의 가격 차이를 이용해 더 싼 자산을 매수하고 더 비싼 자산을 매도한다. 판단이 옳다면 시간이 지나며 자산 간 가격 차이가 좁혀지고 수익이 발생할 것이다. 나는 헤지펀드의 다양한 전략이 이 세 번째 유형에 해당한다고 생각한다.

모든 형태의 차익거래는 장기보다는 단기에 초점을 맞추고 있으며, 차익거래의 성공 여부는 투자 자체가 아니라 실행의 효율성(신속한 거래와 거래 비용 최소화)과 가격에 달려 있다.

차익거래와 보장된 수익에 대한 꿈은 많은 투자자와 트레이더를 자극하지만, 실제로 차익거래의 기회를 찾기는 매우 어렵다. 표면적으로는 차익거래처럼 보여도 실제로는 그렇지 않은 경우가 많은데 그 이유는 다음과 같다.

1. **동일하다는 착각:** 차익거래를 위해서는 동일한 시점에 서로 다른 가격에 거래되는 동일한 두 자산이 필요하다. 그러나 실제 시장에서는 동일한 자산이 아니라 매우 유사한 자산을 대상으로 거래하는 경우가 많아서, 두 자산의 미미한 차이가 가격 차이를 발생시킬 수 있다.

2. **거래 불가능성:** 동일하다고 믿는 두 개의 투자 대상이 서로 다른 가격에 거래될 때, 차익거래로 수익을 실현하려면 두 자산을 모두 사고팔 수 있어야 한다. 예를 들어 자국과 외국에 동시 상장한 신흥국 기업 주식은 동일한 자산과 서로 다른 가격이라는 조건을 만족시키는 듯 보인다. 하지만 차익거래를 통해 이익을 실현하려면 두 투자 상품 모두 사고팔 수 있어야 한다. 신흥국 기업의 주식이 자국과 외국 시장에서 다른 가격에 거래되는 것은 사실상 두 주식이 동일한 자산이 아니기 때문이다.

3. **거래 비용:** 동일한 자산이 서로 다른 가격에 거래되어 차익거래 기회가 존재하더라도, 거래 수수료와 가격 충격(거래로 인한 시장가격 변화) 등 차익거래 비용이 가격 차이를 압도할 만큼 크기 때문이다.

차익거래를 추구하는 과정에서 발생할 수 있는 더 은밀한 부작용은 사기의 표적이 되기 쉽다는 점이다. 찰스 폰지(Charles Ponzi)부터 버니 매도프(Bernie Madoff)에 이르기까지 투자 사기의 공통된 특징은 위험을 감수하지 않고도 무위험 수익률을 초과하는 이익을 보장한다고 투자자에게 약속했다는 것이다.

차익거래의 이익과 기업 생애주기의 관계는 복잡하다. 초기 단계 기업은 시장에서 존재감이 약하고 유동성이 적기 때문에 거래되는 증권에서 차익거래 기회가 나타날 가능성이 더 높다. 그러나 이러한 증권을 거래하는 데 발생하는 거래 비용(매도-매수 호가 차이, 가격 충격 등)이 크기 때문에 그 기회를 실제 이익으로 전환하기가 더 어려울 수 있다. 그러나 시장의 다른 투자자들보다 정보나 비용 측면에서 우위를 점할 수만 있다면 이러한 주식에서 차익거래로 수익을 내는 것도 가능하다.

가치투자 대 성장주 투자

투자는 개별 자산의 가치를 평가할 수 있고, 그 가치와 가격의 괴리를 유리하게 활용할 수 있으며, 가격과 가치의 차이가 사라질 때 이익을 얻는다는 전제를 바탕으로 한다. 이 정의 어디에도 젊은 기업이나 나이 든 기업, 성장기 기업이나 성숙기 기업에 투자가 편중된다는 의미는 없다. 하지만 실제로는 투자자 대부분이 한쪽을 다른 쪽보다 선호하며 그 성향에 따라 가치투자자와 성장주 투자자로 나뉜다.

투자철학 중에서 가치투자만큼 많이 다루어지고 표면적으로나마 많은 추종자를 거느린 투자철학은 없다. 그 이유는 두 가지다. 첫째, (16장에서 다룰 예정인) 투자 성공에 대한 학문적 연구는 지난 세기 동안 미국 주식시장에서 가치투자가 경쟁 철학인 성장주 투자보다 훨씬 우수한 성과를 거두었다는 가설을 뒷받침하는 것으로 보인다. 둘째, 장기간에 걸쳐 꾸준히 성공한 투자자 가운데 상당수가 가치투자 진영 출신으로 보이기 때문이다.

16장에서 가치투자가 주장만큼 압도적인 성공을 거두었는지를 다시 살펴볼 예정이지만, 이번 장에서는 먼저 가치투자의 정의부터 명확히 하고자 한다. 가치투자자는 가치를 중시하고 성장주 투자자는 그렇지 않다는 식의 주장은 터무니없다. 둘의 차이는 '어디에서' 가치를 찾는지에 있다. 그림 14.6에서는 앞서 소개한 금융 재무상태표 구조를 활용해 기업의 가치를 기존 자산과 성장 자산으로 구분하고 이를 활용해 가치투자자와 성장주 투자자의 차이를 보여준다.

간단히 말하자면 가치투자와 성장주 투자의 차이는 한쪽은 가치를 중시하고 다른 쪽은 가치를 무시한다는 것이 아니라, 투자자가 기업의 어디에 '가치의 오류'가 존재한다고 믿는지에 있다. 가치투자자는 자신들의 도구와 데이터가 기존 자산의 가치평가에서 발생하는 실수를 찾아내는 데 더 적합하다고 믿으며 이러한 믿음 때문에 기존 투자에서 대부분의 가치가 나오는 성숙한 기업에 초점을 맞춘다. 반면 성

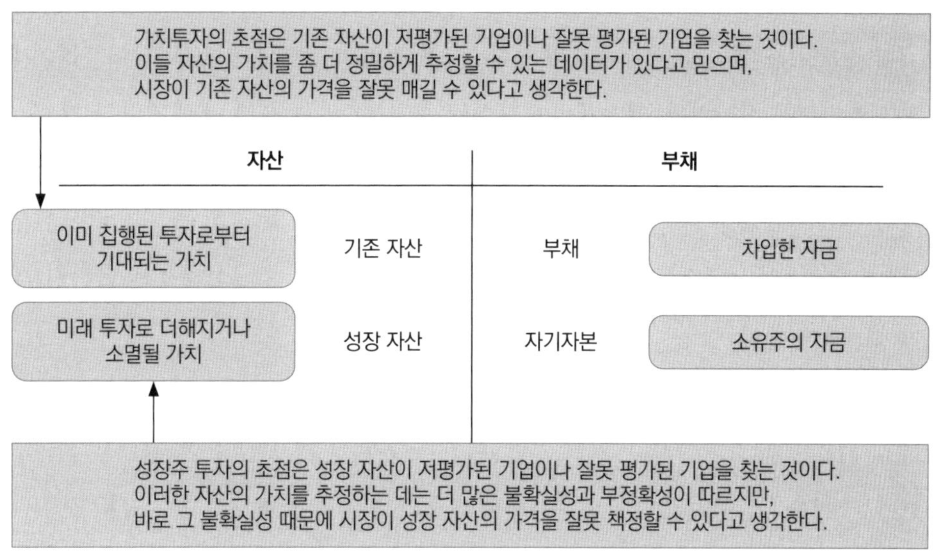

장주 투자자는 성장을 평가하는 것이 더 어렵고 부정확하다는 사실을 인정하면서도, 평가가 어렵기 때문에 성장 자산의 가치에 오류가 있을 가능성이 더 크다고 주장한다.

이러한 구분은 두 철학을 기업 생애주기와 직접적으로 연결한다. 가치투자자는 가치의 대부분 혹은 전부가 기존 자산에서 나오는 성숙한 기업에 매력을 느낀다. 반면 성장주 투자자는 가치의 대부분이 성장 자산에서 나오는 더 젊은 기업에 끌린다.

행동주의 투자 대 패시브 투자

아주 넓게 보면 투자철학은 행동주의 전략과 패시브 전략으로 분류할 수도 있다. '패시브 전략'에서는 주식이나 기업에 투자하고 수익이 실현되기를 기다린다. 전략이 성공할 경우 시장이 가치평가의 오류를 인식하고 수정하는 과정에서 수익을 얻게 된다. 예를 들어 PER이 낮고 이익이 안정적인 주식을 매수하는 포트폴리오 매니저는 세미패시브(semi-passive) 전략을 따르는 것이다. 인덱스펀드도 마찬가지다.

사실상 지수를 구성하는 모든 주식을 매수하는 인덱스펀드 매니저는 완전 패시브 전략을 취하는 것이다.

'행동주의 전략'에서는 기업에 투자한 후 그 기업의 운영 방식을 바꾸어 기업 가치를 높이려고 시도한다. 벤처캐피털리스트(VC)는 유망한 초기 단계 기업의 지분을 사들이는 것뿐만 아니라 기업의 경영 방식에 상당한 영향력을 행사하므로 행동주의 투자자로 분류할 수 있다. 자본력이 충분한 투자자들은 이러한 행동주의 철학을 상장기업에 적용하기도 하는데, 대규모 지분을 확보하고 그 영향력으로 기업의 운영 방식을 바꾼다.

행동주의 투자와 액티브 투자도 구분할 필요가 있다. 일반적으로 '액티브' 투자란 저평가된 자산군이나 개별 주식 및 자산에 자금을 투입해 시장을 이기는 전략을 말한다. 주식을 잘 선택해서 시장을 이기려는 모든 투자자는 액티브 투자자로 간주된다. 따라서 액티브 투자자는 패시브 전략과 행동주의 전략을 모두 채택할 수 있다.

마지막으로 행동주의 투자와 기업 생애주기 사이에도 연관성이 존재한다. 앞서 언급했듯이 창업 기업과 매우 젊은 기업에 투자한 VC는 여러 이유로 패시브 투자자일 수 없다. 첫째, 기업이 아이디어를 제품으로, 제품을 사업모델로 전환하는 과정에서 경영진에 대한 VC의 조언과 개입이 결정적인 역할을 할 수 있다. 둘째, VC의 투자 수익은 유리한 조건으로 투자금을 회수하는 데 달려 있다. 따라서 VC는 엑시트(투자 회수) 가치를 높이는 방향으로 기업을 이끌려고 할 것이다. 예를 들어 사용자 기반이 중요한 기업에서 사용자가 많을수록 엑시트 시점에 더 높은 가격을 받을 수 있다고 생각하는 VC는 사업모델을 구축하는 것보다 사용자 수를 늘리는 데 집중하도록 기업을 압박할 수 있다. 셋째, 추가 자본 조달(후속 투자 유치)로 지분이 쉽게 희석될 수 있으므로 VC는 투자 계약에 지분 희석을 방지하는 보호 장치를 포함시킨다.

하지만 기업이 성숙 단계로 접어들면서 이러한 행동주의적 성향은 점차 약화된다. 특히 기업의 주주 구성이 기관투자자와 패시브 투자자 중심으로 바뀌면서 이러한 변화는 더욱 두드러진다. 기업의 운영 방식에 불만이 있는 기관투자자들은 행동으로 의사를 표현한다. 즉 보유한 주식을 팔고 다른 투자 대상으로 옮겨 가는 것이다. 반면 기업이 쇠퇴기에 들어서면 행동주의가 다시 강화되는 모습을 볼 수 있다. 이때 투자자들은 기업의 운영 방향을 바꾸기 위해 적극적으로 나선다. 경우에 따라서는 기업을 인수해 직접 경영 방식을 바꾸기도 하고, 청산이나 분할을 요구하기도 한다.

투자 절차 관점에서 본 투자철학

그림 14.7에 제시된 내용을 바탕으로 투자 절차의 관점에서 투자철학의 차이를 비교해볼 수 있다. 그림에서 보듯 투자는 고객에 대한 판단에서 출발한다. 스스로 투자를 관리한다면 자기 자신이 고객이다. 이 단계에서는 고객이 감수할 수 있는 위험 수준, 포트폴리오의 투자 기간, 세금 관련 상황을 파악하는 것이 중요하다. 이후 포트폴리오를 구축하는 과정은 세 단계로 이루어진다(항상 그림에 제시된 순서대로 진행되는 것은 아니다).

첫째, 자산 배분(asset allocation) 단계에서는 포트폴리오에서 다양한 자산군과 지역을 대상으로 얼마를 투자할지 결정한다. 둘째, 종목 선택 단계에서는 각 자산군 내에서 어떤 개별 자산을 선택할지 구체화한다. 셋째, 실행 단계에서는 구체적인 거래 방식과 비용을 검토한다. 마지막으로 (일부 액티브 투자자는 이 단계를 피하고 싶어 하지만) 포트폴리오의 성과를 평가해야 한다. 이 단계에서는 위험 노출과 시장 전체의 성과를 고려했을 때 포트폴리오가 이론적으로 달성해야 했던 수익률과 실제 수익률을 비교한다.

위에서 개괄적으로 비교한 투자철학은 모두 투자 절차 속에 자연스럽게 들어맞는다. 시점 선택 전략은 주로 자산 배분 결정에 영향을 미친다. 특정 자산군(주식, 부동산 등)이 저평가나 고평가되었다고 강하게 믿을 경우, 해당 자산군으로 포트폴리오를 이동하거나 비중을 줄이게 된다. 기술적 분석, 펀더멘털, 비공개 정보 활용 등 다양한 형태의 종목 선택 전략은 모두 포트폴리오 관리 과정에서 종목 선택 단계에 초점을 맞춘다.

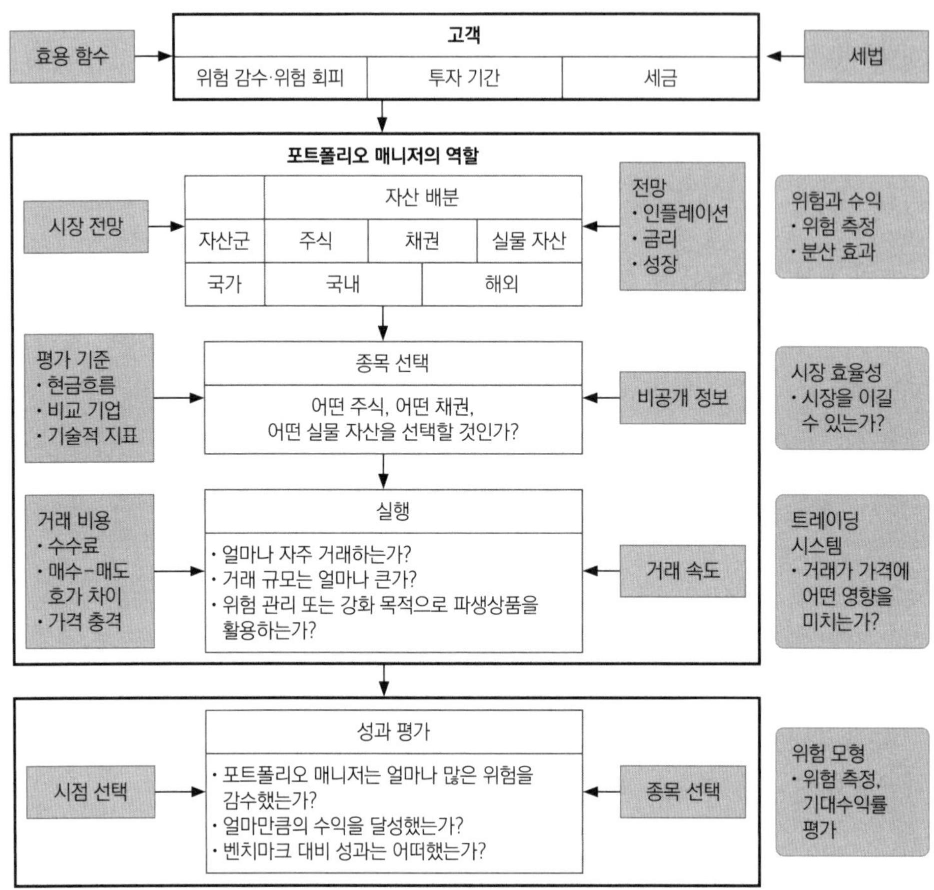

시장의 효율성에 대한 거시적 통찰에 기반을 두기보다는 시장에서 자산 가격의 일시적 오류를 이용하기 위해 설계된 전략들(차익거래)은 포트폴리오 관리의 실행 단계와 밀접하게 연결된다. 이러한 기회주의적 전략의 성공은 가격 오류를 활용하는 신속한 거래와 낮은 거래 비용에 달려 있다. 그림 14.8은 투자 절차 중 포트폴리오 구성 단계로, 다양한 투자철학이 어디에 해당하는지 보여준다.

투자철학에서 특히 흥미로운 것은 시장에 대한 상반된 관점을 바탕으로 한 철학이 공존한다는 점이다. 예를 들어 시점 선택에 집중하는 투자자 중에는 '가격 모멘

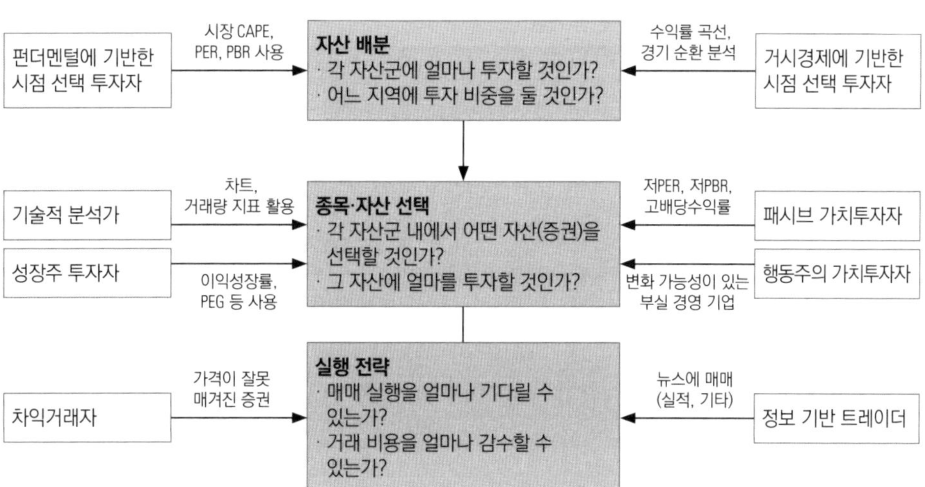

주: CAPE는 경기조정주가이익배수(cyclically adjusted price-to-earnings ratio)

텀'에 따라 거래하는 이도 있고 '역발상' 전략을 구사하는 이도 있다. 모멘텀을 추구하는 이들은 투자자들이 정보를 느리게 학습한다고 믿고, 반대로 투자하는 이들은 시장이 과도하게 반응한다고 믿는다. 펀더멘털 분석을 바탕으로 종목 선택에 집중하는 투자자 중에도 시장이 성장주를 과대평가한다고 믿고 가치주를 매수하는 '가치투자자'가 있고, 같은 논리를 정반대로 적용해 성장주를 매수하는 '성장주 투자자'도 있다.

이처럼 상반된 투자 성향이 공존한다는 것이 비합리적으로 보일 수도 있지만, 이는 오히려 시장의 균형을 유지하는 데 기여하는 건강한 현상이다. 투자철학이 서로 다른 투자자들이 시장에서 공존하는 것은 투자 기간, 위험에 대한 관점, 과세 여부가 다르기 때문이기도 하다. 예를 들어 세금이 면제되는 투자자에게는 고배당주가 매력적이겠지만 일반 소득세율로 배당소득에 세금을 내야 하는 과세 대상 투자자는 고배당주를 기피할 수 있다.

투자철학과 기업 생애주기

투자철학에 대한 서론을 바탕으로 이제 투자철학과 기업 생애주기를 연결해보자. 기업의 생애주기 단계별로 투자자들은 트레이딩과 투자 가운데 어느 쪽을 선택할지, 트레이딩과 투자 대상으로 각각 어떤 유형의 주식을 선택하며 그 결정은 어떻게 내리는지 살펴보겠다. 앞서 제시한 구분을 바탕으로 기업의 생애주기 단계별 특징을 함께 고려하면 다음과 같은 결론에 도달하게 된다.

1. **가격 대 가치**: 가치평가 과정이 펀더멘털에 좌우되고 가격 산정 과정이 수요와 공급에 좌우된다면, 바로 그 차이가 가격과 가치의 괴리를 설명할 것이다. 이러한 괴리는 기업의 생애주기 전반에 걸쳐 존재하겠지만 기업이 젊을수록 가격과 가치의 괴리가 더 크고 변동성도 크다고 예상할 수 있다. 젊은 기업일수록 불확실성이 크고, 과거 데이터가 없거나 있더라도 신뢰할 수 없으며, 투자자마다 가치평가의 방법과 결과가 크게 다를 수 있기 때문이다.

2. **투자 대 트레이딩**: 10장에서 언급했듯이 많은 투자자가 사업모델과 미래 전망에 대한 불확실성이 너무 크다는 이유로 젊은 기업의 가치평가를 꺼린다. 따라서 젊은 기업은 거의 전적으로 트레이더의 영역이다. 일부 트레이더는 젊은 기업의 극심한 주가 변동성을 이용해 수익을 얻는다. 기업이 성숙해지고 재무 구조가 안정되면서 투자자들이 젊은 기업에 진입할 가능성이 높아지고, 주주 구성에서 트레이더와 투자자가 균형을 이루게 된다.

3. **트레이딩의 초점**: 트레이더는 기업 생애주기의 모든 단계에서 활동하지만 트레이딩 기준은 생애주기 단계별로 달라진다. 창업 기업과 젊은 기업은 VC가 가격을 정하고, 그 가격은 거의 전적으로 다른 VC가 과거에 해당 기업이나 매우 유사한 기업에 매긴 가격을 기준으로 결정된다. 즉 모멘텀 기반이다. 이러한 기업들이 처음 상장할 때도 여전히 모멘텀이 트레이딩을 주도한다. 이는 성숙기 기업보다 성장기 기업에서 모멘텀이 더욱 강력하게 작용한다는 연구 결과를 뒷받침한다. 하지만 기업이 상장하고 시장가격이 안정되면 정보가 트레이딩을 주도한다. 애널리스트는 자원을 투입해 실적 발표 수치를 예측하고,

트레이더는 실적 발표 전이나 후에 매수나 매도에 나선다. 한편 성숙기 기업은 시장과 정보 모두 예상을 크게 벗어날 일이 없기 때문에 트레이더는 규모는 작더라도 차익거래가 가능한 시장 간의 차이나 잘못 매겨진 가격을 찾는다.

4. **투자의 초점**: 성장주 투자와 가치투자의 구분이 이미 기업 생애주기와의 연관성을 짐작하게 한다. 성장주 투자는 대부분의 가치가 미래 성장에서 비롯되는 젊은 기업에서 저평가된 기회를 찾는다. 가치투자는 기존 자산의 가치를 시장이 잘못 평가하고 있을 가능성을 찾기 때문에 주로 성숙기 기업이 투자 대상이다. 15장과 16장에서는 이 두 가지 투자철학의 차이점을 더 자세히 살펴보고 이러한 자기 선택 편향(self-selection bias)이 양쪽 투자철학 모두에 제약을 가할 수 있음을 논의할 것이다.

5. **행동주의 투자 대 관망형 투자**: 투자에서 나는 두 가지를 대비해 살펴보았다. 하나는 저평가된 종목을 찾아 매수한 후 시장이 가치를 바로잡기를 '관망하는' 투자이고, 다른 하나는 시장에서 가치가 바로잡히는 속도를 앞당길 뿐만 아니라 기업의 운영 방식 자체를 바꾸려는 행동주의 투자다.

기업 생애주기 관점에서 보면, 창업 기업이나 초기 단계 기업에 관망형 투자자는 극도로 위험하다. 창업자에게는 방향 제시와 감독이 모두 필요하기 때문이다. 반면 기업이 성장하며 주식을 상장하고 성숙 단계에 이르면 이때는 공시 의무와 강력한 기업 지배구조 시스템이 경영진을 견제할 것이라는 기대 아래 관망형 투자가 가능하다. 그러나 13장에서 살펴본 것처럼 기업이 쇠퇴기에 들어서면 행동주의 투자의 필요성이 다시 높아진다. 기업이 쇠퇴하는 현실을 부정하거나 절박해진 경영진이 투자자의 부를 심각하게 훼손할 수 있기 때문이다.

6. **패시브 투자 대 액티브 투자**: 마찰과 불확실성을 유리하게 활용할 수 있는 시장에서는 액티브 투자가 더 높은 수익을 낼 가능성이 있다는 주장에 동의한다면, 기업 생애주기의 초반이나 후반에 있는 기업, 즉 매우 젊은 성장기 기업이나 급격히 쇠퇴하는 기업에서는 액티브 투자로 더 높은 수익을 낼 가능성이 높다고 보는 것이 합리적이다. 반면 사업모델과 미래 전망에 대해 투자자 사이에 공통된 의견이 형성된 안정되고 성숙한 기업에서는 액티브 투자의 성과가 제한될 가능성이 크다.

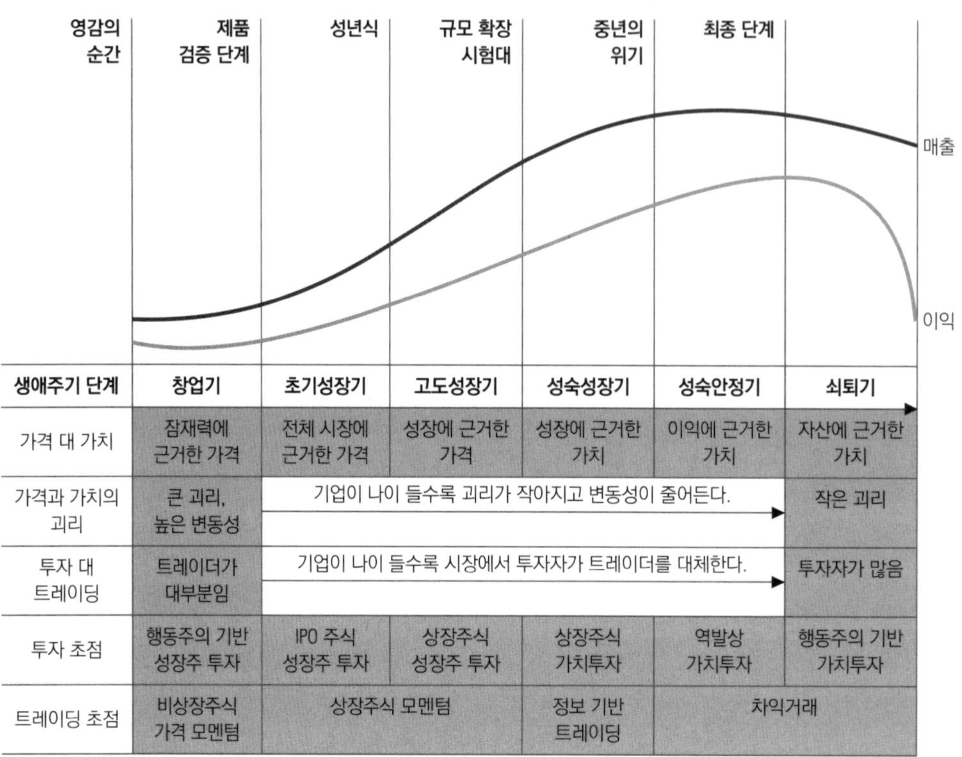

생애주기 단계	창업기	초기성장기	고도성장기	성숙성장기	성숙안정기	쇠퇴기
가격 대 가치	잠재력에 근거한 가격	전체 시장에 근거한 가격	성장에 근거한 가격	성장에 근거한 가치	이익에 근거한 가치	자산에 근거한 가치
가격과 가치의 괴리	큰 괴리, 높은 변동성	기업이 나이 들수록 괴리가 작아지고 변동성이 줄어든다.				작은 괴리
투자 대 트레이딩	트레이더가 대부분임	기업이 나이 들수록 시장에서 투자자가 트레이더를 대체한다.				투자자가 많음
투자 초점	행동주의 기반 성장주 투자	IPO 주식 성장주 투자	상장주식 성장주 투자	상장주식 가치투자	역발상 가치투자	행동주의 기반 가치투자
트레이딩 초점	비상장주식 가격 모멘텀	상장주식 모멘텀		정보 기반 트레이딩	차익거래	

그림 14.9는 기업 생애주기 단계에 따른 투자철학의 변화다.

그림에서 보듯 초기 단계 기업에서는 트레이딩이 훨씬 더 지배적이지만 트레이딩을 주도하는 것은 모멘텀이다. 기업이 성숙해지면서 정보 공개를 중심으로 한 트레이딩으로 초점이 이동하고, 적어도 일부는 기업의 가치를 평가하고 투자하려고 시도하게 된다. 한편 투자자가 기업의 운영 방식 변화에 적극적으로 관여하는 행동주의 투자는 기업 생애주기의 양쪽 끝에서 가장 큰 성과를 낼 가능성이 크다. VC가 초기 단계 기업의 창업자를 압박하는 것처럼 사모펀드와 행동주의 투자자는 쇠퇴기 기업에 매각, 청산, 분할을 요구할 것이다.

결론

투자철학은 본질적으로 시장과 투자자에 대한 일련의 신념 체계다. 우리는 투자철학에 따라 어디에서 수익을 낼지 판단하고, 그 결정에 따라 투자 전략을 선택한다. 투자철학의 광범위한 구조 안에는 기술적 분석과 차트 분석부터 데이터 기반의 정량적(퀀트) 투자에 이르기까지 매우 다양한 선택지가 존재한다. 모든 투자자에게 맞는 유일한 최고의 철학은 없지만 각자에게 가장 적합한 투자철학은 분명히 존재한다. 자신에게 맞는 투자철학을 찾으면 기업 생애주기에서 선호하는 단계도 자연스럽게 발견하게 될 것이다. 투자철학에 따라 젊은 고도성장기 기업을 선호할 수도 있고 성숙기 기업이나 쇠퇴기 기업에 끌릴 수도 있다.

15장
청년기 기업
: 벤처캐피털, 성장주 투자

앞서 기업 재무와 가치평가에 대해 설명하면서 나는 불확실성이 기업의 본질적 특징이며, 아무리 희망적인 생각이나 정교하게 만든 모형으로도 불확실성을 없앨 수는 없다고 언급했다. 불확실성은 투자에 걸림돌이 되기도 하지만 다른 한편으로는 상승 여력을 알리는 신호로 작용하며 투자자들을 끌어들인다.

이 장에서는 먼저 기업이 상장하기 전, 가장 초기 단계에 투자하는 VC들을 살펴보고 VC 투자의 성공과 실패의 역사를 검토할 것이다. 이어서 상장 주식시장의 역할을 하며 성장기 기업에 대한 투자나 트레이딩으로 수익을 기대하는 VC의 성장과 실패의 이력도 평가할 것이다. 또 앞서 초기 단계 기업과 성장기 기업에 대한 논의와 이해를 바탕으로 이들 기업에 투자해 성공하기 위한 점검 목록을 각각 제시할 것이다.

벤처캐피털

창업 기업과 아주 초기 단계 기업의 경우 VC는 창업자에게 사업 구축에 필요한 자금을 제공하고 그 대가로 기업의 지분을 받는다. 4장에서 언급했듯이 VC는 아이디어 단계의 사업을 성공적인 수익 모델로 전환하는 과정에서 중요한 역할을 한다. 그러나 이들은 투자로 감수하는 위험에 상응하는 수익을 얻고 있을까? 사실 VC는 투자자라기보다 오히려 가격 산정 게임을 하는 트레이더에 가깝다. 이 게임에서 승자와 패자가 누구인지 살펴보겠다.

가격 산정 게임

9장과 14장에서 설명한 가격과 가치의 차이를 바탕으로 나는 VC가 기업의 가치를 평가하는 것이 아니라 가격을 산정한다고 주장한다. 이는 VC를 비판하려는 것이 아니라 현실을 인정하자는 것이다. 사실 가격 산정이야말로 시장이 VC에 기대하는 일이고, 일반적인 VC와 최상위 VC를 가르는 핵심 요소이기도 하다.

앞서 10장에서 VC의 가치평가 접근법을 설명하며 그 방식이 실제로는 가치평가라기보다 가격 산정에 가깝다는 사실을 확인했다. 특히 할인율로 사용하는 목표 수익률이 임의로 설정된다는 점이 이를 뒷받침한다. 실제로 VC가 기업의 가격을 산정할 때 고려하는 요소는 다음과 같다.

1. **같은 기업에 매겨진 최근의 가격**: 가장 단순한 방식으로, 비상장기업에 투자하려는 예비 투자자나 기존 투자자는 직전 자금 조달 라운드에서 투자자들이 해당 기업에 매긴 가격을 참고해 현재 가격이 적절한지 판단한다. 예를 들어 우버는 2016년 6월 당시 사우디 국부펀드가 35억 달러를 투자하며 우버의 기업 가치를 625억 달러로 평가한 바 있다. 따라서 그 시점에 가까운 시점에서 투자하는 다른 투자자들에게는 625억 달러가 합리적인 기준점이 될 수 있다.

   그러나 이 접근 방식에는 가격 산정 오류를 비롯한 여러 가지 문제가 발생할 가능성이 있다. 만약 어느 신규 투자자가 기업 가치를 지나치게 높거나 낮게 평가하면 그 오류가 반복되거나 점점 확대될 수 있다. 즉 한 번의 고평가나 저평가가 여러 투자 라운드에 연쇄적으로 영향을 미치며 또 다른 고평가나 저평가를 초래하는 것이다.

2. **'유사한' 비상장기업의 가격:** 위의 방식보다 조금 더 확장된 접근법으로, VC는 '동종 업계'에 속한 유사한 기업에 투자자들이 지불하는 가격을 참고한다. 여기서 '유사한'이나 '동일한' 업계가 무엇인지는 주관적인 판단이 개입될 수밖에 없기는 하지만, VC는 해당 업계의 최근 투자 사례를 참고한 뒤 기업의 매출을 기준으로 가격을 조정한다(매출이 없는 경우는 사용자 수, 구독자 수, 다운로드 수 등 해당 산업에서 일반적으로 사용하는 핵심 지표를 활용한다). 예를 들어 승차공유 업계라면 최근의 우버 투자 사례를 참고해 리프트의 가격을 산정할 수 있다. 이때 우버의 매출이나 이용자 수 대비 리프트의 규모를 비교해 그 비율에 맞춰 가격을 산정하는 방식을 사용할 수 있다.

3. **상장기업을 참고해 가격을 산정한 후 사후 조정:** 드문 경우지만 비상장기업이 매출이나 이익 측면에서 일정 수준의 영업 실적을 갖추고 있고 같은 업계에 상장기업이 존재하는 경우, VC는 상장기업의 가격을 기준으로 비상장기업의 가격을 산정할 수 있다. 예를 들어 어느 비상장 게임회사의 매출이 1억 달러이고 상장한 게임회사들이 매출의 2.5배 가격에 거래되고 있다면 이 비상장 게임회사의 가격은 2억 5,000만 달러로 추정될 수 있다.

그러나 이러한 가격 산정 방식은 비상장기업을 상장기업처럼 가정하고 있다. 즉 상장기업처럼 유동성이 높아서 거래가 쉽고, 투자자들은 다양한 포트폴리오를 구성해 위험을 분산할 수 있다고 가정하는 것이다. 실제로는 비상장기업은 유동성 부족과 포트폴리오 다각화의 어려움을 반영해 할인율을 적용해야 한다. 하지만 정확한 할인율(20%, 30% 혹은 그 이상)을 산정하고 이를 정당화하는 것은 실무에서 상당히 어려운 문제다.

가격 산정 게임을 하는 것은 VC만이 아니다. (가치투자자를 자처하는 사람을 포함해) 상장기업 투자자 대부분이 가격 산정 게임에 참여한다. 다만 이들은 PER이나 EV/EBITDA처럼 오랜 역사를 가진 가격 산정 지표를 사용하며, 비교 대상으로 삼을 수 있는 상장기업의 표본이 훨씬 더 많다는 점에서 차이가 있다. 그러나 이러한 가격 산정 방식을 VC의 투자에 적용하는 데는 무엇보다 통계적 측면에서 몇 가지 어려움이 있다.

- **표본 수가 적다:** 다른 비상장기업의 투자 사례를 기준으로 가격을 산정할 경우, VC가 참고할 수 있는 표본의 크기는 상장기업 투자자에 비해 훨씬 작다. 예를 들어 2021년 미국의 상장 석유기업에 투자한다면 미국 내 351개 상장기업이나 전 세계 1,029개 상장기업을 참고해 상대 가치를 평가하고 가격을 산정할 수 있다. 하지만 승차공유기업의 가격을 산정하려는 VC가 참고할 수 있는 기업은 전 세계적으로 10개 미만에 불과하다.

- **최신 가격이 아니다:** 표본 수가 제한적이어서 발생하는 더 큰 문제는 거래가 활발하고 최신 가격이 바로 확인되는 상장기업과 달리 비상장기업은 거래 자체가 적고 간헐적으로 이루어진다는 점이다. 여러 측면에서 VC의 가격 산정 방식은 전통적인 주식보다는 최근에 거래된 유사한 부동산을 기준으로 가격을 매기는 부동산에 더 가깝다.

- **거래가 불투명하다:** VC의 가격 산정을 복잡하게 만드는 세 번째 문제는 거래의 불투명성이다. 상장기업의 주식은 주식마다 동일한 권리가 부여되고 주가에 발행주식 수를 곱해서 시가총액을 간단히 계산할 수 있다. 그러나 VC가 기업의 지분을 매수할 때 이 지분의 가격을 전체 기업 가치로 확장하는 과정은 복잡할 수밖에 없다. 왜 그럴까? 10장에서 언급했듯이 VC 투자는 자금 조달의 단계별로 구조가 다르고, 그 구조 안에 무수히 많은 장치가 있기 때문이다. 이러한 장치의 목적은 지분 희석이나 추가 투자 유치 시 보호받는 것이며, 앞으로 유리한 가격에 추가 투자할 기회를 얻으려는 것이기도 하다.

결과

VC가 최신이 아니고 해석하기도 어려운 몇몇 표본의 데이터를 바탕으로 기업의 가격을 산정한다면 다음과 같은 결과를 예상할 수 있다.

- **VC의 가격 산정에 잡음(오류)이 커진다:** 예를 들어 2016년 당시 우버, 디디, 그랩의 가격을 기준으로 리프트의 가격을 산정하면 추정치의 범위가 넓어지고 잘못 추정할 가능성도

더 커진다.

- **VC의 가격 산정이 더욱 주관적으로 기운다**: VC는 비교 기업을 자유롭게 선택할 수 있고, 데이터 갱신이 드물고 지분 구조가 복잡하다는 점을 감안해 자의적으로 평가를 조정할 여지도 많다. 앞에서도 언급했듯이 이 과정에서는 편향이 개입될 가능성이 훨씬 더 크다. 결과적으로 VC의 투자 수익률은 동일하게 산출되지 않는다. 공격적인 VC일수록 덜 공격적인 VC보다 더 높은 수익률을 보고하는 경향이 있고 특히 미실현 수익의 차이가 크다.

- **가격 산정이 시장에 후행한다**: VC 업계로 유입되는 자본은 시기에 따라 변동한다. 시장이 상승할 때는 거래 건수가 증가하고, 시장이 하락할 때는 거래도 감소한다. 특히 닷컴 버블 붕괴 직후와 같은 심각한 조정이 발생하면 거래가 아예 중단될 수 있고, 이로 인해 가격을 다시 산정하기가 매우 어렵거나 사실상 불가능해진다. 거래가 다시 활발해질 때까지 VC가 본격적인 가격 재산정을 미룰 경우, 초기 단계 기업의 가격 하락이 VC의 수익률에 반영되기까지 상당한 시차가 발생할 수 있다.

- **잘못된 가격 산정이 연쇄 효과를 일으킨다**: VC는 적은 표본과 드문 거래를 기반으로 가격을 산정하기 때문에 피드백 루프에 취약하다. 즉 어느 방향으로든 한번 가격이 잘못 형성되면 더 많은 거래에서 연쇄적으로 잘못된 가격이 매겨지는 것이다. 이러한 가격 왜곡은 양방향으로 더욱 극심해질 가능성이 크다.

- **투자 기간의 문제가 있다**: VC가 보유 자산에 가격을 매길 때 걸림돌이 되는 유동성 부족과 적은 표본 수는 가격 산정 과정에도 제약을 가한다. 상장 주식시장에서 유동성이 높은 주식은 몇 분, 심지어 몇 초 안에 가격이 매겨진다. 반면 비상장기업의 가격을 산정하는 데는 인내심이 필요하고 기업의 연령이 적을수록 더욱 그렇다. 다시 말해 VC의 가격 산정이 성공하려면 특정 창업 기업의 지분을 확보하고, 충분한 시간을 들여 그 기업을 성장시키고, 그 기업이 충분히 매력적이라고 판단해서 훨씬 더 높은 가격을 제시할 투자자가 나타날 때까지 기다려야 할 수도 있다.

마지막으로 반드시 짚고 넘어가야 할 것이 있다. VC시장과 상장 주식시장을 성격이 다른 별개의 영역으로 설명하면 간단하겠지만 사실 두 시장은 서로 밀접하게 연결되어 있다. VC는 기업을 상장하거나 상장기업에 매각하는 방식으로 투자금을 회수한다. 결국 상장 주식시장이 감기에 걸리면 VC시장은 심각한 폐렴에 걸리고 그 진단은 훨씬 늦어질 것이다.

VC의 수익: 승자와 패자

VC는 다른 투자자들보다 더 높은 수익을 올릴까? 그 수익은 VC가 감수하는 추가 위험을 보상할 만큼 충분할까? 그 증거를 찾기에 앞서 먼저 수익률을 측정하는 과정의 약한 고리를 짚어볼 필요가 있다. 상장기업에 투자할 때는 주식의 시장가격을 기준으로 미실현 수익률을 평가하고, 이 수익을 실현하는 과정도 비교적 간단하다. 그러나 VC의 미실현 수익률은 같은 업계의 다른 기업들에 대한 VC의 불투명한 투자 사례를 바탕으로 나온 추정치일 뿐이며, 미실현 수익의 현금화도 간단하지 않다. 이처럼 VC의 미실현 수익률은 추정 오류가 발생할 수 있을 뿐만 아니라 편향의 영향을 받을 수 있기 때문에 실현된 수익률에 비해 신뢰도가 낮다고 보아야 한다. 이러한 한계를 염두에 두고 VC 수익률에 대한 연구 결과를 살펴보자.

1. **평균적인 VC는 상장 주식시장의 평균적인 액티브 투자자 대비 초과수익을 달성한다:** VC와 상장주식 투자자 모두 가격 산정 게임을 하지만, 상장주식 투자자는 양질의 데이터를 더 많이 활용할 수 있다는 이점이 있다. 그럼에도 불구하고 장기적으로 VC의 수익률이 상장주식 투자자를 상회하는 것으로 보인다. 이는 그림 15.1에서 확인할 수 있다.

   물론 이는 위험을 반영하지 않은 수익률이므로 조정이 필요하다. 하지만 VC에 가장 큰 위험인 파산 위험은 이미 장기 수익률에 반영되어 있다. VC는 장기적(10년, 15년, 20년 단위)으로 보면 상장주식 투자자에 비해 다소 높은 수익률을 올리지만, 단기간에는 상대적으로 수익률이 저조하다. 그러나 장기적으로 보더라도 상장주식 투자자 대비 초과수익(20년 수익률 기준 연 1.3%, 15년 기준 연 4.2%)이 VC 투자의 추가 위험을 감당하기에 충분한지는 여전히 의문이다.

2. **VC는 수익 구조가 편중되어 있다:** VC 투자의 특성상 가장 성공적인 VC조차도 상당수,

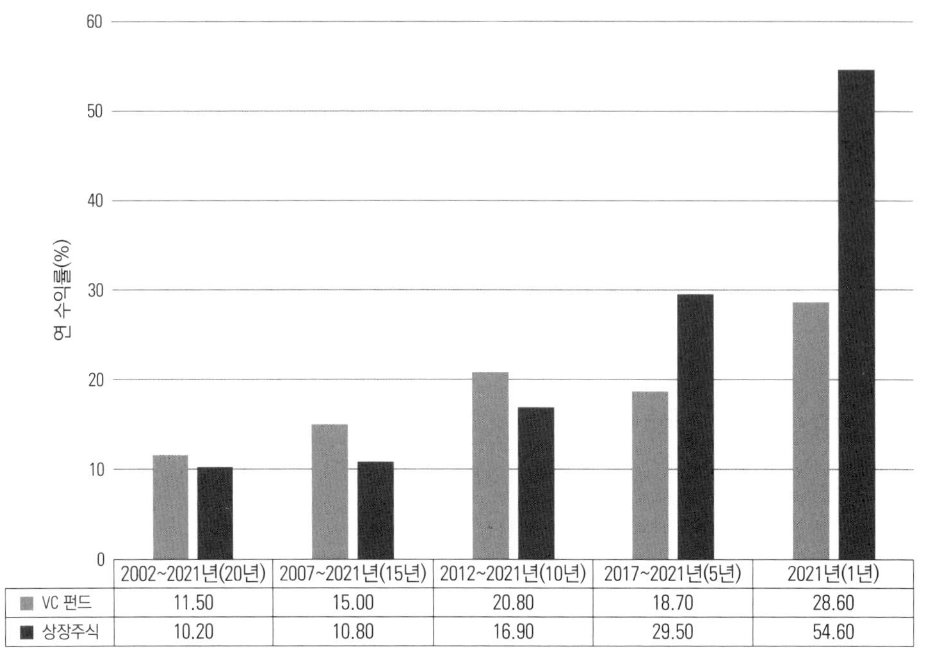

	2002~2021년(20년)	2007~2021년(15년)	2012~2021년(10년)	2017~2021년(5년)	2021년(1년)
■ VC 펀드	11.50	15.00	20.80	18.70	28.60
■ 상장주식	10.20	10.80	16.90	29.50	54.60

심지어 대부분의 투자에서 손실을 본다. 그러나 크게 성공한 일부 투자에서 나머지 모든 손실을 상쇄하고도 남을 만큼의 수익을 창출한다. 그림 15.2는 2004년부터 2013년까지 초기 단계 VC 투자의 수익 분포를 보여준다.

이는 10년간의 수익이지만 VC 투자의 수익 구조를 잘 보여준다. 기업의 연령에 따라 VC의 초기 단계 투자와 후기 단계 투자 수익 분포를 비교해서 보면, 후기 단계 투자에서는 손실을 보는 경우가 줄어드는 대신 투자 성공에서 얻을 수 있는 수익의 규모도 제한적이라는 사실을 알 수 있다.

3. **최상위 VC는 꾸준히 높은 수익률을 달성한다**: 수익률 최상위 VC들은 최상위 상장기업 투자자들보다 높은 수익을 올릴 뿐만 아니라 수익률의 일관성도 더 높다. 즉 최상위 VC는 장기간에 걸쳐 꾸준히 더 높은 수익을 창출하는 능력이 있다. 이는 VC가 상장기업 투자자들보다 투자 게임에서 더 오래 지속되는 경쟁우위를 갖추고 있음을 시사한다.

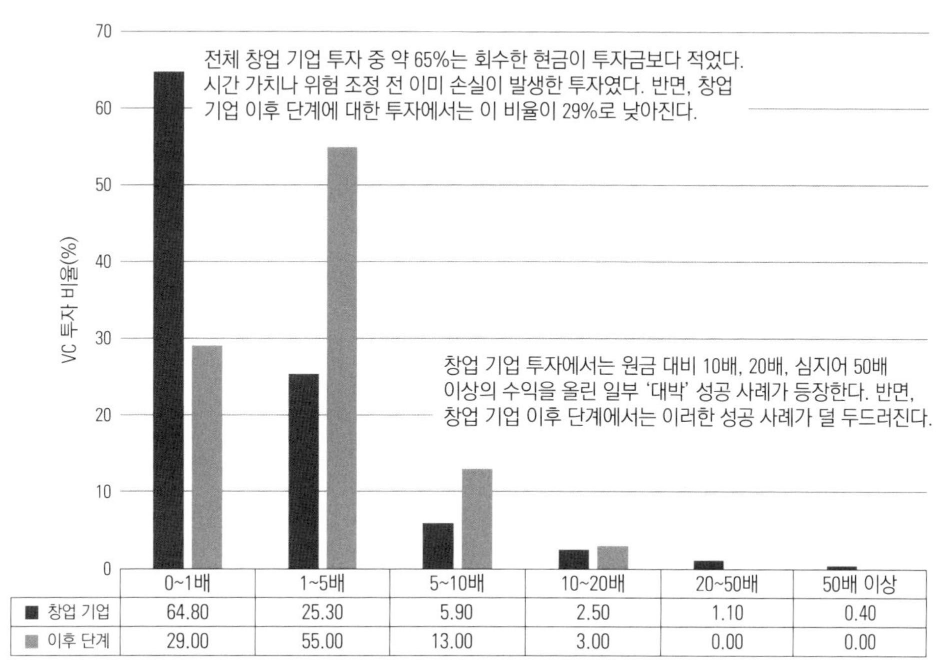

	0~1배	1~5배	5~10배	10~20배	20~50배	50배 이상
■ 창업 기업	64.80	25.30	5.90	2.50	1.10	0.40
■ 이후 단계	29.00	55.00	13.00	3.00	0.00	0.00

나는 VC의 가격 산정 게임에는 본질적으로 오류가 많고 잡음이 크다고 주장한다. 그럼에도 불구하고 VC는 이 가격 산정으로 수익을 내는 듯 보인다. 이 두 가지 사실을 어떻게 조화시킬 수 있을까? 나는 VC 투자의 가격 산정과 수익 달성을 어렵게 만드는 바로 그 요인들이 VC업계가 전체적으로 초과수익을 달성하는 이유가 되며, 최상위 VC를 일반 VC와 차별화하는 요인이라고 생각한다. 특히 최상위 VC는 다음 세 가지 측면에서 차별화된다.

1. **가격 산정 능력이 (상대적으로) 더 뛰어나다:** VC 투자자마다 투자에 매기는 가격은 크게 다를 수 있다. 모든 가격은 추정치이고 틀릴 수밖에 없지만 상대적으로 오차가 적은 가격이 있다. 가격 산정 게임에서 우위를 약간만 점해도 VC는 장기적으로 상당히 유리할 수 있다. 성공이 또 다른 성공을 낳고 성공을 지속할 수 있다. 창업 기업은 뛰어난 VC에 유리

한 투자 조건을 제시하며 이들을 유치하고, 이들의 참여를 활용해 다른 투자자들을 끌어들일 수 있다.

2. **투자한 기업에 더 큰 영향력을 행사할 수 있다:** 상장기업 투자자는 기업의 지표를 관찰할 수는 있어도 직접 바꾸지는 못한다. VC는 더욱 적극적인 역할이 가능하다. 경영진에게 비공식적으로 조언하거나 이사회 구성원으로서 공식적인 역할을 맡아 기업이 어떤 지표에 집중할지, 그 지표를 어떻게 개선할지, 언제 어떤 방식으로 수익을 실현할지(IPO나 매각) 결정하는 데 도움을 줄 수 있다.

3. **시점 선택에 더 뛰어나다:** 가격 산정 게임에서는 시점을 잡는 것이 관건이고 VC시장에서 그 중요성은 더욱 강조된다. VC가 성공하려면 적절한 시점에 기업에 진입해야 하고, 무엇보다도 적절한 시점에 빠져나오는 것이 중요하다. 크게 성공한 VC는 시장의 분위기와 모멘텀을 파악하고 최적 시점에 투자한 후 출구 전략을 실행하는 능력이 우수하다.

따라서 VC 펀드에 투자하는 투자자라면 실현 수익률과 미실현 수익률을 모두 살펴보는 것은 물론, 해당 펀드가 미실현 수익을 어떻게 측정하고 수익을 어떻게 창출해왔는지도 검토해야 한다. 실현된 수익이 단 한 번의 큰 성공에서 비롯된 것이라면 이는 장기간에 걸쳐 여러 차례 성공으로 얻은 수익보다는 실력을 보여주는 지표로서 설명력이 약하다. 상장기업 투자에서 운과 실력을 구분하기 어려운 것처럼 VC에서는 그 구분이 더욱 어려울 수 있다.

성공을 결정하는 요인

VC에 고수익은 보장된 것이 아니다. 그러나 일부 VC는 뛰어난 성과를 내며 탁월한 수익을 거두고 있다. 성공적인 VC는 어떤 점에서 차별화되며 그들의 성공에 어떻게 동참할 수 있을까? 그 핵심 요소는 다음과 같다.

1. **스토리를 평가하는 역량:** 10장에서 설명했듯이 창업 기업이나 매우 초기 단계 기업을 평가할 때는 과거 재무 데이터나 숫자가 아니라 스토리가 관건이다. 초기 단계 기업에 투자

하는 투자자는 창업자의 스토리를 잘 평가하고 3P 테스트를 통해 검증하는 능력을 갖춰야 할 뿐만 아니라, 투자로 이어질 자신만의 서사를 반드시 구성해야 한다.

2. **경영진과 창업자를 평가하는 역량:** 초기 단계 기업에서 가치평가 스토리의 실현 여부는 온전히 창업자와 경영자의 역량에 달려 있다. 최고의 VC는 창업자가 자신의 스토리를 실현할 역량과 신뢰성을 갖추었는지 정확히 판단하는 능력에서 차별화된다.

3. **기업이 성장하는 과정에서 투자 지분을 지키는 역량:** 기업이 성장하고 새로운 투자를 유치하는 과정에서 VC는 초기 투자자로서 신규 투자자들의 요구로부터 자신의 지분을 보호해야 한다.

4. **실패 위험을 평가하는 역량:** 소규모 비상장기업 대부분은 시장에서 제품이나 서비스의 수요를 찾지 못하거나 경영이 미숙해서 실패한다. 뛰어난 VC는 성공을 보장하지는 않더라도 성공 가능성을 높이는 아이디어와 경영진의 조합을 발굴하는 능력이 있다.

5. **현명한 분산 투자 역량:** 많은 VC 투자가 실패로 끝나는 만큼 투자를 분산하는 것은 필수적이다. 특히 (시드 투자 같은) 초기 투자일수록 투자 대상을 다각화하는 것이 중요하다.

성공적인 VC는 상대적으로 집중 투자된 고위험 포트폴리오를 운용한다. 이들의 포트폴리오는 작고 변동성이 큰 소수의 기업에 큰 지분을 투자하는 방식으로, 특히 동일한 산업 내에서 집중적으로 투자가 이루어져 분산이 제한적이다. 결론적으로 기업의 스토리와 창업자의 역량을 평가하는 역량뿐만 아니라 시장의 분위기와 모멘텀을 읽고 적절한 진입과 투자 회수 시점을 결정하는 트레이딩 능력이야말로 VC 투자에서 성공의 핵심이다.

성장주 투자와 트레이딩: 상장기업 주식

상장된 성장 기업에 투자하는 투자자들은 다양한 대리 지표와 선별 기법을 활용해 시장에서 저평가된 고성장주를 찾는다. 일부 투자자는 IPO에 참여해 상장 후 주가 상승에 따른 단기 차익을 노린다. 일부 투자자는 매출이나 이익성장률이 높을 것으로 예상되는 고성장 기업을 선별해 투자하는 전략을 설계한다. 일부 투자자는 성장주에 투자하되 합리적인 가격에만 매수하는 좀 더 정교한 전략을 구사한다.

IPO

앞서 4장에서 비상장기업이 상장 주식시장에 진입하는 과정을 살펴보면서, 투자은행이 주도하는 IPO에 대한 불만으로 변화가 시작되고 있음을 언급했다. IPO를 거치는 기업은 대부분 젊은 기업과 성장기 기업이며, 상장 주식시장에는 IPO 과정에서 발생하는 시장의 마찰과 실수를 이용해 시장을 초과하는 수익을 얻으려는 투자자들이 존재한다.

IPO 당일과 그 후

투자은행이 주도하는 IPO에서 투자은행은 발행 기업에 제공하는 공모가 보장(price guarantee) 조건 때문에 공모가를 의도적으로 낮추는 경향이 있으며, 이는 공공연한 관행이다. 그림 15.3은 상장 당일 주가의 움직임으로 IPO시장에 만연한 공모가 할인 현상을 확인할 수 있다.

상장 당일의 평균 주가 변동률은 매년 큰 폭의 양(+)의 값을 기록하고 있다. 이처럼 할인된 공모 가격은 실제로는 더 높은 가격에 지분을 팔 수 있었다는 의미이기 때문에 사실상 창업자와 해당 기업 지분을 보유한 VC의 손실이다.

IPO 전이 불확실하다면 IPO 당일이나 이후 며칠 동안 단기 매매로 차익을 노리는 것은 어떨까? 일반적으로 상장 직후 며칠 동안 매매를 주도하는 것은 장기적인 기업 가치를 평가하는 투자자들이 아니라 단기 가격 변동을 활용하려는 트레이더들이다. 따라서 이 기간에는 모멘텀이 주요한 가격 결정 요인이 된다. 그러나 이러한 맹렬한 단기 매매가 반드시 수익을 만들어낸다는 명확한 증거는 없다.

IPO 이후 수익률

IPO 당일 주가가 상승하는 경향은 뚜렷하게 나타나지만, 상장 후 몇 년 동안 꾸

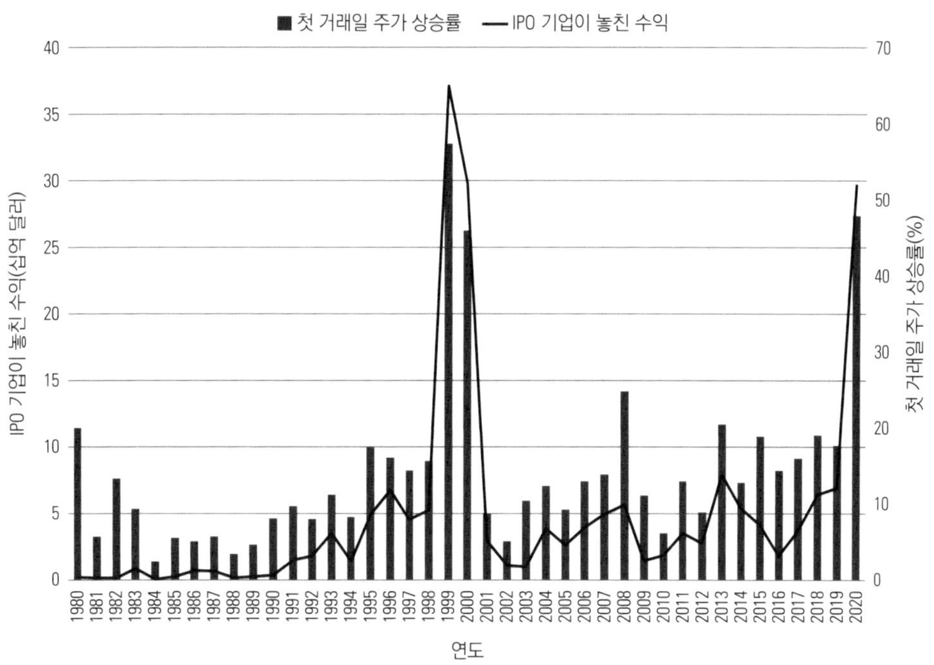

준히 좋은 투자 대상이 될지는 불확실하다. 팀 로프런(Tim Loughran)과 제이 리터는 총 5,821개 IPO 기업을 대상으로 상장 후 5년간 수익률을 추적하고, 같은 기간 IPO를 하지 않은 기업(비IPO)들의 수익률과 비교했다. 그림 15.4를 보자.

IPO 기업들은 비IPO 기업들에 비해 일관되게 저조한 수익률을 기록하며, 특히 상장 후 초기 몇 년 동안 수익률 부진이 가장 두드러진다. 대형 IPO도 다소 약하기는 하지만 이러한 현상이 존재한다. 즉 공모주 투자에서 가장 큰 수익의 기회는 상장 당일 거래 시작 시점에 이미 해당 주식을 보유하고 있을 때 발생한다.

이 연구를 활용해 1980년부터 2019년까지 있었던 IPO 기업의 상장 후 3년간 수익률을 분석했다. 그림 15.5를 보자.

앞서 인용한 연구 결과와 마찬가지로 이 그림에서도 IPO 주식에 공모가로 투자한 후 장기 보유하는 것은 성공적인 전략이 아님을 확인할 수 있다. 해당 기간 동안

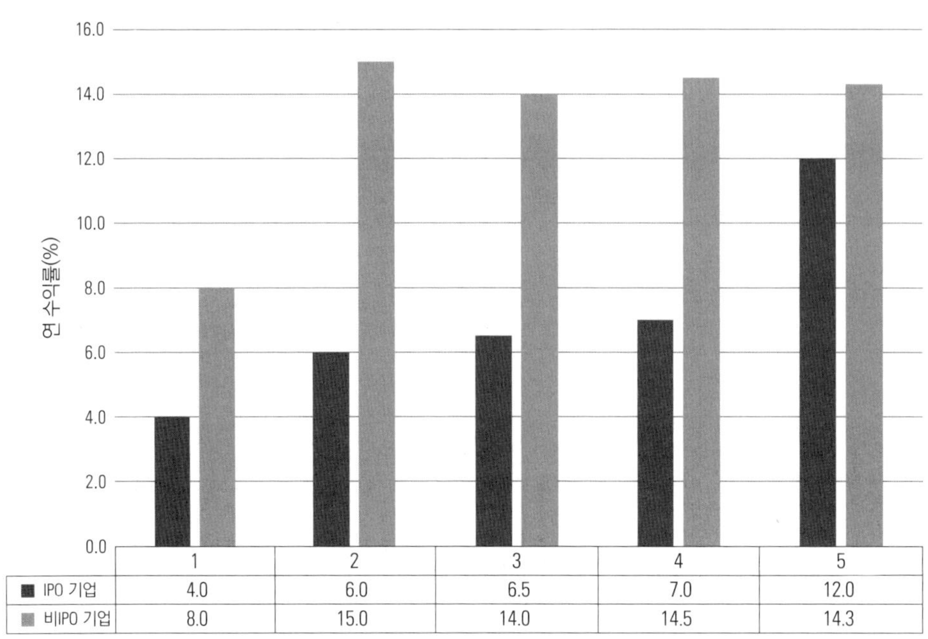

	1	2	3	4	5
■ IPO 기업	4.0	6.0	6.5	7.0	12.0
■ 비IPO 기업	8.0	15.0	14.0	14.5	14.3

IPO 주식의 연평균 수익률은 시장 수익률보다 6.45% 낮았고, 성장주 투자 인덱스 펀드보다 3.45% 낮았다.

투자 전략

공모주 가격 할인 현상과 상장 이후 몇 년간의 저조한 수익률을 감안할 때, 과연 공모주로 수익을 내는 투자 전략이 있을지 궁금할 것이다. 여기에서는 세 가지 접근 방식을 살펴보겠다. 첫째, 모든 IPO에 무차별적으로 참여해서 공모 주식을 확보하고 상장 당일 주가 상승으로 차익을 얻는 전략이다. 둘째, 모멘텀 투자를 변형해, 시장이 활황일 때 공모주에 투자하고 시장이 침체될 때는 공모주를 피하는 전략이다. 셋째, 모든 공모주가 아니라 투자자에게 확률적으로 유리한 공모주를 선별하여 투자하는 전략이다.

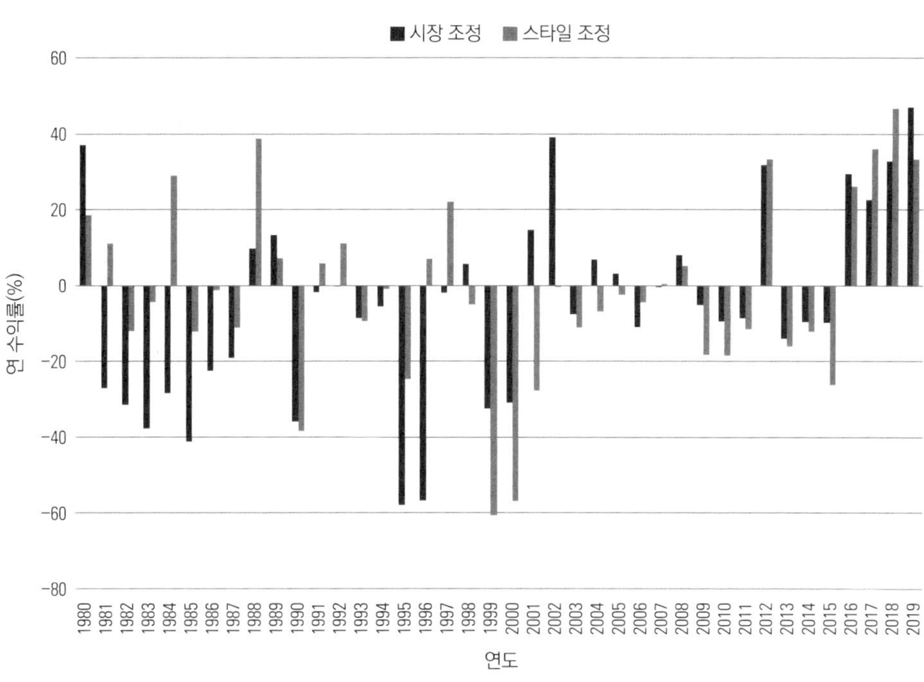

무차별 전략: 모든 공모주에 투자한다

공모가가 평균적으로 낮게 책정되는 경향이 있다는 강력한 증거에 비해 가격 오류와 시장의 마찰을 이용해 투자자가 수익을 낼 수 있다는 증거는 미미하다. 이러한 이상 현상은 거래 비용과 IPO 과정의 세부 사항으로 설명이 가능하다. 공모가가 일반적으로 낮게 책정된다면, 다수의 공모주에 청약한 다음 배정받은 공모주로 포트

---

*   시장 조정 수익률(market-adjusted returns)은 IPO 종목의 수익률에서 전체 시장(벤치마크 지수) 수익률을 뺀 값으로서 IPO 종목이 시장 평균 대비 얼마나 초과 상승 또는 초과 하락했는지를 보여준다. 스타일 조정 수익률(style-adjusted returns)은 시장 전체가 아니라 유사한 스타일지수(성장주)와 비교한 값이다. 즉 두 지표는 IPO의 성과를 상대적 기준(시장 평균, 성장주지수 평균)으로 조정한 수익률이다. 그림에서 세로축 0%를 기준으로 위(+)는 IPO 주식의 초과 상승, 아래(-)는 초과 하락을 의미한다. 막대 대부분이 음수 구간에 분포한 것으로 보아 IPO 주식은 전체 시장에 비해서나 성장주에 비해서나 공통적으로 낮은 성과를 기록했다.

폴리오를 구성하는 것이 가장 직관적인 투자 전략일 것이다.

그러나 공모주 배정 과정의 문제가 걸림돌이 될 수 있다. 공모주에 청약할 때 배정받는 주식의 수는 해당 IPO 기업의 저평가 여부와 정도에 따라 달라진다. 크게 저평가된 IPO는 청약 경쟁률이 높아지므로 신청한 주식의 일부만 배정받게 된다. 반면, 적정하거나 고평가된 IPO에서는 신청한 물량을 모두 배정받을 가능성이 크다. 결국 투자자의 포트폴리오에는 저평가된 공모주의 비중은 작고 고평가된 공모주의 비중은 커지는 구조적 문제가 발생할 수 있다.

그렇다면 공모주 배정의 불균형을 극복하고 수익을 낼 수 있는 방법이 있을까? 성공을 보장하지는 못하지만 두 가지 전략이 가능하다. 첫째, 편향된 공모주 배정의 수혜자가 되는 것이다. 저평가된 IPO에서 투자은행은 특정 투자자에게 신청한 것보다 더 많은 물량을 배정해주는 경우가 있는데 이를 활용하는 것이다. 둘째, 군중과 반대로 상장 직후 공매도하고 이후 주가 하락으로 수익을 얻는 전략이다. 그러나 이 전략에는 위험이 따른다. IPO 주식은 시장의 분위기와 모멘텀에 의해 움직이기 때문에 주가가 조정을 받기까지 상당한 고평가 상태가 장기간 지속될 가능성이 있다.

파도에 올라타기: IPO시장이 활황일 때만 공모주에 투자한다

IPO시장은 전체 시장의 흐름에 따라 활발해졌다가 위축되는 흐름을 반복한다. IPO 기업 수와 가격 할인 정도 역시 이러한 사이클을 따른다. 시장에 IPO가 넘쳐나고 공모가 대비 주가 상승 폭이 큰 시기가 있고 IPO가 뜸해지고 가격 할인 정도도 작아지는 시기가 있다.

4장에서 그림 4.9를 통해 이러한 IPO시장의 흐름을 살펴보았다. 특히 1990년대 후반에는 IPO 기업 수가 이례적으로 빠르게 늘었고 2001년에는 IPO가 거의 중단되었다고 할 정도로 수가 감소했다. IPO시장의 흐름을 타는 전략은 IPO시장이 활황일 때, 즉 IPO 기업이 많고 공모가 할인 현상이 두드러질 때 공모주에 투자하고, IPO 침체기에는 공모주 투자를 피하는 접근 방식이다.

이 전략은 본질적으로 모멘텀 투자 전략과 유사하며 따라서 수반하는 위험도 유사하다. 첫째, 이 전략이 '활황기' 전체로 볼 때 평균적으로 수익을 창출하는 것은 사실이지만, 실제로 수익을 거둘 수 있을지는 IPO 활황기의 시작과 끝을 얼마나 빠르게 인지하느냐에 달려 있다. 즉 활황기의 시작을 늦게 감지하면 진입이 지연되면서 기대수익이 낮아질 수 있고, IPO가 실패할 가능성이 가장 높은 활황기 막바지에 진입하면 손실 위험이 커진다. 둘째, 특정 시기의 IPO는 대개 특정 산업에 집중되는 경향이 있다. 예를 들어 1999년 IPO 기업은 대부분이 젊은 기술기업과 통신기업이었다. 이러한 IPO에만 투자한다면 시장이 활황일 때조차도 특정 산업에 과도하게 집중된 포트폴리오가 형성되어 분산 투자가 어려울 가능성이 크다.

IPO를 선별해 투자하기

IPO 투자 전략에서 가장 큰 위험은 고평가된 주식에 발이 묶이는 것이다. 이는 고평가된 IPO에서 신청한 물량을 모두 배정받거나 IPO시장 활황기의 마지막에 진입한 결과일 것이다. 가치 중심 접근법을 도입하면 이러한 위험을 일부 피할 수 있다. 즉 시기에 관계없이 모든 IPO에 투자하거나 단순히 활황기에만 투자하는 것이 아니라, 저평가 가능성이 높은 IPO를 선별해서 투자하는 전략을 취하는 것이다. 이를 위해서는 IPO 전에 상당한 시간과 자원을 투입해 분석을 수행해야 한다. 기업이 제출한 투자설명서와 기타 공시 자료를 활용하고, 내재가치 평가 혹은 상대가치 평가 모델을 적용해 기업 가치를 분석하고, 분석 결과로 얻은 가치 추정치를 바탕으로 투자할 IPO와 피해야 할 IPO를 선별하는 것이다.

그러나 이 전략에는 잠재적인 함정이 두 가지 있다. 첫째, 기업 가치평가와 가격 산정 능력이 매우 정교해야 한다. 상장기업보다 IPO를 앞둔 기업을 평가하고 가격을 매기는 것이 훨씬 더 어렵기 때문이다. IPO 기업은 재무 상태와 공모 자금 사용 계획에 대한 정보를 제공해야 하는데, 이들은 대부분 젊은 고성장 기업이다. 10장과 11장에서 언급했듯이, 젊은 고성장 기업을 평가하려면 스토리와 숫자를 분석하는 능력이 필요하며, 이 두 가지 역량을 모두 갖추기는 쉽지 않다. 둘째, IPO시장에는 사이클이 있다. 시장이 식으면 저평가된 IPO의 수도 급격히 줄어든다. 이 경우,

투자자는 저평가된 IPO를 찾는 것이 아니라, 가장 덜 과대평가된 IPO를 선별해서 조정을 받기 전에 주식을 매도하는 적절한 출구 전략을 마련해야 한다.

성장주 투자

포트폴리오 관리자로서 선택할 수 있는 주식의 폭이 매우 넓다면 특정 기준을 통과하는 주식을 선별해 포트폴리오를 구축하는 것이 가장 효과적일 것이다. 다시 말해 미래에도 강력한 실적 성장을 지속할 기업이 더 높은 수익률을 낸다는 암묵적인 가정 아래, 이 기준을 충족하는 주식을 찾는 것이다. 성장을 평가하는 방법으로는 과거 성장률, 즉 역사적 성장을 분석하는 방식과 미래 성장에 대한 기대치를 반영하는 방식이 있다. 과거 성장률을 기준으로 하면 데이터를 쉽게 확보할 수 있는 장점이 있지만, 미래 성장 기대치를 활용하면 보다 앞을 내다보는 투자 전략을 수립할 수 있다는 이점이 있다.

과거의 성장률을 활용하는 경우

과거 재무 데이터를 보유한 기업의 경우, 적자 기업이라면 매출성장률, 흑자 기업이라면 이익성장률을 추정하는 것이 일반적으로 쉽다. 고성장을 추구하는 투자자들은 성장주를 선별하는 기준으로 이런 과거 성장률을 자주 활용한다. 그러나 과거 성장률은 미래 성장률을 예측하는 데 유용한 지표일까? 많은 투자자가 과거 성장률을 미래 성장의 예측 지표로 활용하지만 여기에는 세 가지 문제가 있다.

- **제한된 이력:** 과거 성장률을 추정하려면 재무 이력이 필요하다. 그러나 성장률이 특히 높은 기업들, 특히 생애주기 초기에 있는 기업들은 과거 데이터가 제한적이고 설령 과거 데이터가 있더라도 특별히 유용한 정보가 아닐 가능성이 크다. 재무 이력이 상당한 기업이라도 선택한 기간, 분석 대상 지표(매출, 영업이익, 순이익, 주당순이익), 평균 계산 방식(산술평균 혹은 기하평균)에 따라 기대성장률이 크게 달라질 수 있다.
- **낮은 예측 능력:** 1962년 이언 리틀(Ian Little)은 과거 성장률과 미래 성장률의 관계를 분

석해 특정 기간에 빠르게 성장한 기업이 다음 기간에도 고성장을 지속할 가능성은 낮다는 사실을 발견했다. 그는 이를 '오락가락하는 성장'[1]이라고 표현했다. 연속된 기간의 기업 이익성장률을 비교한 결과, 한 기간에 이익이 성장하거나 하락하면 다음 기간에는 이익이 반대로 움직이는 음(-)의 상관관계를 보이는 경우가 오히려 많았으며, 전체적으로는 평균 상관계수가 0.02로 거의 무작위 수준이었다. 평균적인 기업에서 과거 이익성장률이 미래 성장률을 예측하는 데 신뢰할 만한 지표가 아니라면, 성장률의 변동성이 더욱 심한 작은 기업에서는 이러한 현상이 더욱 두드러질 것이다.

그림 15.6은 미국 기업을 시가총액 기준으로 세 그룹으로 분류하고 연속된 기간(5년, 3년, 1년)의 이익성장률과의 상관관계를 분석한 결과다. 세 그룹 모두 공통적으로 1년의 이익성장률이 3년, 5년의 이익성장률보다 상관관계가 높은 경향이 있는데, 일관되게 기업 규모가 작을수록 상관관계가 낮게 나타난다. 이는 특히 소형주의 경우, 과거 성장률(특히 과거 이익성장률)을 기반으로 미래 성장을 예측할 때 더욱 신중해야 한다는 점을 시사한다.

- **평균회귀**: 업계 평균보다 훨씬 높은 성장률을 기록하는 기업들은 시간이 지나면서 점차 시장이나 업계 평균 수준으로 성장률이 하락하는 경향을 보인다. 데이비드 드레먼(David Dreman)과 에릭 러프킨(Eric Lufkin)은 이익성장률 최상위 기업들과 최하위 기업들로 포트폴리오를 구성하고 이후 5년간의 성장률을 추적했다.[2] 그 결과, 포트폴리오를 구성한 첫해에는 이익성장률 최상위 그룹의 평균 성장률이 하위 그룹의 성장률보다 20% 높았지만 5년 후에는 두 그룹 간 성장률의 차이가 거의 0에 수렴했다.

과거 성장률을 예측에 사용할 수밖에 없다면 이익성장률보다는 매출성장률이 일관성과 예측 능력에서 앞선다. 매출은 이익에 비해 회계 처리 방식의 차이로 인한 영향을 훨씬 덜 받기 때문이다. 이는 미래 성장을 예측하는 데는 과거 매출성장률이 이익성장률보다 훨씬 더 유용한 지표임을 의미한다.

정리하자면 과거 성장률은 미래 성장을 예측하는 데 신뢰할 만한 지표가 아니며, 과거 성장률이 높은 기업에 투자해 의미 있는 초과수익을 얻는다는 증거도 없다. 높은 프리미엄을 지불하고 고성장 기업에 투자할 경우, 평균회귀 현상으로 인해 오히

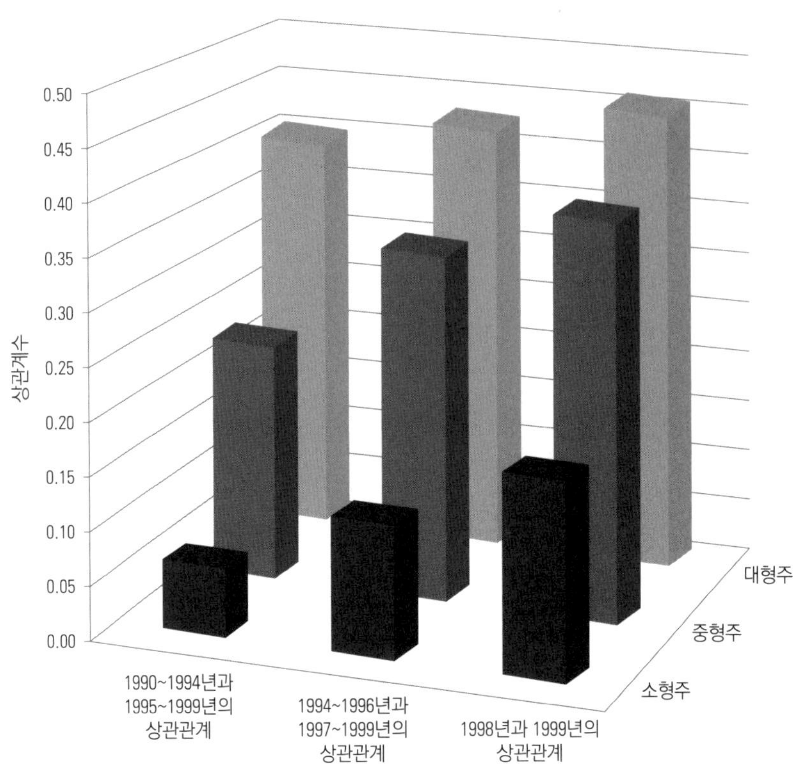

려 포트폴리오에 손실이 발생할 가능성이 크다.

미래의 성장률을 활용하는 경우

가치는 궁극적으로 과거의 성장보다는 미래의 성장에 의해 결정된다. 따라서 역사적 성장률이 아니라 기대성장률이 높은 주식에 투자하는 것이 더 나은 선택처럼 보인다. 그러나 여기에서도 실질적인 문제가 발생한다. 수천 개, 많게는 수백 개 종목이 상장된 시장에서 모든 기업의 기대성장률을 직접 추정하는 것은 불가능하기 때문에 결국 애널리스트의 추정치에 의존할 수밖에 없다. 지금은 이러한 정보에 쉽게 접근할 수 있으니 높은 이익성장률이 기대되는 주식을 선택해 매수할 수 있다.

이 전략이 높은 수익을 내기 위해서는 몇 가지 조건이 충족되어야 한다. 첫째, 애널리스트의 장기 이익성장률 예측이 정확해야 한다. 둘째, 시장가격에 성장 전망이 이미 반영되어서는 안 된다. 가격이 전망을 이미 반영하고 있다면 고성장 기업으로 초과수익을 내기는 어렵기 때문이다.

그러나 현실은 불리하다. 애널리스트는 미래 성장률을 과대평가하는 경향이 있으며, 특히 장기적 예측에서 오류가 크다. 또 동일한 주식을 분석하는 애널리스트들의 예측 오류는 높은 상관관계를 보이는 경우가 많다. 실제로 단순한 시계열 모델을 활용해 과거 성장률을 기반으로 장기 성장률을 예측할 때, 애널리스트들의 전망과 비슷하거나 오히려 더 정확한 예측이 가능하다는 연구 결과도 있다. 성장률이 주가에 반영되는 방식을 보면 역사적으로 시장은 성장률을 과소평가하기보다는 과대평가하는 경향이 있다. 특히 시장 전반의 이익성장률이 높은 시기에는 이러한 과대평가 현상이 더욱 두드러졌다.

성장주 투자자의 실적

고성장 기업 투자자들이 시장을 능가하는 수익을 창출하는지 여부를 평가한다면, 먼저 사실은 그렇지 않다는 점을 인식해야 한다. 예상 이익성장률과 PER 사이에는 상관관계가 존재하며, 성장률이 높은 기업일수록 높은 PER로 거래되는 경향이 있다. 따라서 PER을 기준으로 주식을 분류하여 수익률을 분석하면 성장주 투자의 실적을 간단히 검증할 수 있다. 그림 15.7은 1951년부터 2021년까지 이익수익률(PER의 역수)이 낮은(고PER) 주식과 이익수익률이 높은(저PER) 주식의 포트폴리오를 매수했을 때 연 수익률 차이를 보여준다.[3] 동일 비중 방식과 가치 가중 방식 모두에서, 이익수익률이 낮은(고PER) 주식은 이익수익률이 높은(저PER) 주식보다 수익률이 저조했다.

이처럼 부진한 성과에도 불구하고 투자자들이 성장주 투자 전략에 끌리는 이유는 무엇일까? 그 이유는 시장의 사이클에 있다. 역사적으로 고PER 주식이 저PER 주식보다 장기간에 걸쳐 더 높은 수익을 기록한 시기가 있었다. 그림 15.8처럼 저

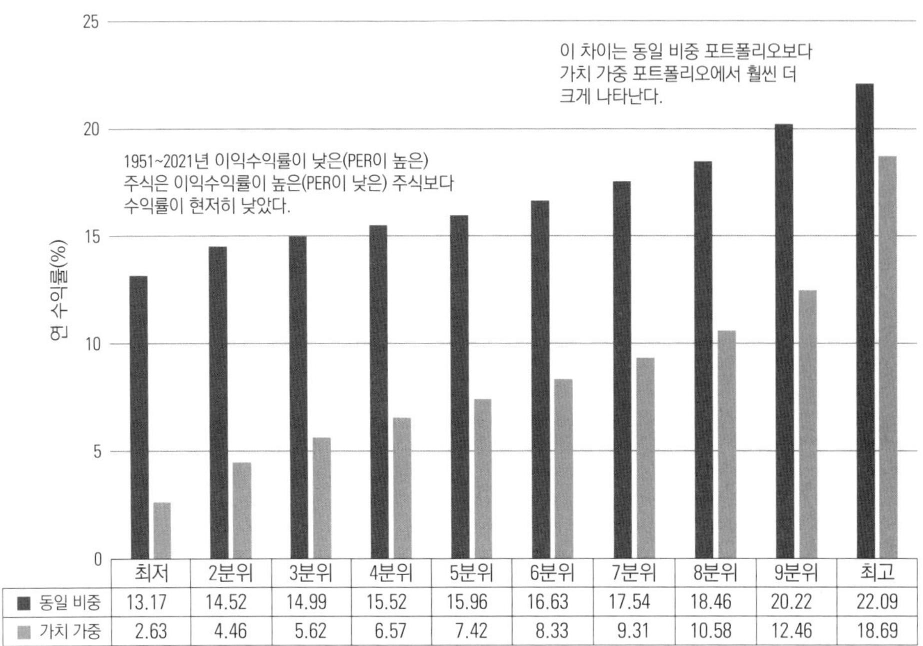

	최저	2분위	3분위	4분위	5분위	6분위	7분위	8분위	9분위	최고
동일 비중	13.17	14.52	14.99	15.52	15.96	16.63	17.54	18.46	20.22	22.09
가치 가중	2.63	4.46	5.62	6.57	7.42	8.33	9.31	10.58	12.46	18.69

PER 주식보다 고PER 주식의 수익률이 이익성장률과 연관성이 있어 보인다.

나는 성장주와 가치주의 성과를 측정하기 위해 PER 상위 10%에 해당하는 주식(성장주) 포트폴리오와 PER 하위 10%에 해당하는 주식(가치주) 포트폴리오의 수익률 차이를 분석했다. 이 값이 양수라면 해당 연도에 고PER 성장주가 저PER 가치주보다 더 높은 수익을 기록했음을 의미한다. '성장주 투자는 일반적으로 이익성장률이 낮은 해에 더 나은 성과를 보이는 경향'이 있는데 이는 이익성장률이 낮은 시기, 즉 성장이 희소한 시기에 성장주가 선호되기 때문일 수 있다.[4] 같은 맥락에서 모든 기업이 전반적으로 높은 이익성장률을 기록하는 시기에는 투자자들이 성장주에 프리미엄을 지불하려는 경향이 줄어드는 것으로 보인다.

성장주 투자는 수익률 곡선이 평탄하거나 하향하는 시기에 더 좋은 성과를 보이는 반면, 가치투자는 수익률 곡선이 가파르게 상승할 때 훨씬 더 좋은 성과를 거두

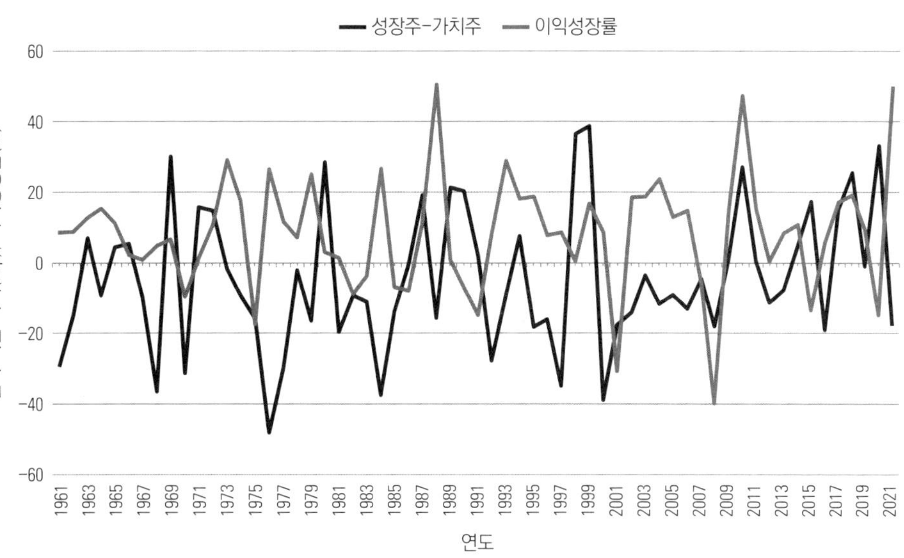

는 경향이 있다. 그림 15.9는 수익률 곡선의 기울기와 성장주 투자 성과 간의 관계를 보여준다. 여기서 수익률 곡선의 기울기는 10년 만기 국채 수익률과 3개월 만기 국채 수익률의 차이다. 성장주 투자의 성과는 PER 상위 10%와 하위 10% 포트폴리오의 연 수익률 차이로 측정했다.

상관관계가 약하기는 하지만 고PER 주식이 수익률 곡선이 평탄하거나 하락하는 시기에 비해 가파르게 상승하는 시기에 상대적으로 더 나은 성과를 보이는 경향이 있다는 증거도 있다. 수익률 곡선의 가파른 상승은 일반적으로 강력한 경제 성장의 전조로 해석된다.

하지만 성장주 투자에 관한 가장 흥미로운 증거는 각자의 벤치마크 지수를 능가한 액티브 운용 펀드매니저의 비율에 있다. 각자의 벤치마크 지수와 비교했을 때 액티브 성장주 투자자의 수익률이 성장주지수를 앞서는 경우가, 액티브 가치투자자가 가치주지수를 앞서는 경우보다 더 많아 보인다.

1995년 버턴 맬킬(Burton Malkiel)의 뮤추얼펀드 연구는 이 현상에 대한 추가 증거

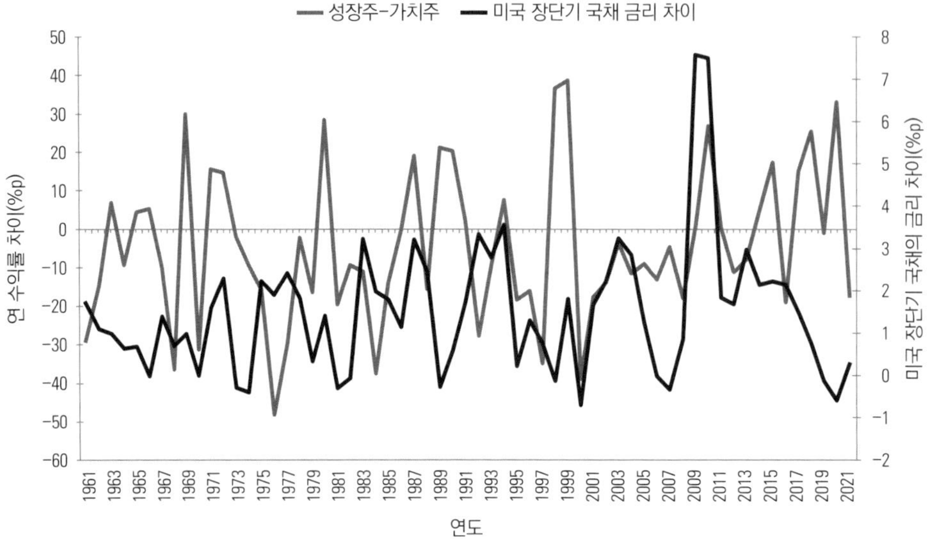

를 제시한다.[5] 그는 1981년부터 1995년까지 액티브 운용 가치주 펀드 수익률이 액티브 운용 성장주 펀드 수익률을 연 16bp(basis point, 1bp = 0.01%) 상회하는 데 그친 반면, 가치주지수는 성장주지수를 연 47bp 앞섰다고 지적했다. 그는 이 31bp 차이를 성장주 투자 펀드매니저가 가치투자 펀드매니저에 비해 초과 창출한 부가가치라고 설명했다.

성장주 투자 전략

14장에서 투자자가 상승 모멘텀이 이어질 것으로 기대하며 최근 기간에 가장 많이 오른 주식을 매수하는 가격 모멘텀 전략을 이야기했다. 이익 모멘텀 기반으로도 유사한 전략을 구축할 수 있다. 즉 이익성장률 자체가 아니라 성장률 변화를 기준으로 이익 모멘텀이 높은 주식을 매매하고 그 상승 흐름을 타는 방식이다. 따라서 이익성장률이 10%에서 15%로 가속화된 기업은 성장률이 20%에서 정체된 기업보다 더 긍정적으로 평가된다.

단순히 이익성장률 자체를 보는 방법도 있지만 대부분의 이익 모멘텀 전략은 애널리스트들의 예상치 대비 기업의 실제 실적에 초점을 맞춘다. 실제로 애널리스트들이 이익 전망을 상향 조정하는 주식을 매수하고, 이러한 이익 전망 조정에 따라 주가가 상승할 것을 기대하는 모멘텀 전략도 있다.

증거

미국에서 진행된 여러 연구는 애널리스트들의 이익 전망 수정 정보를 활용해 초과수익을 얻는 것이 가능하다는 결론을 제시한다. 이에 관한 초기 연구로 댄 기볼리(Dan Givoly)와 조셉 래코니쇼크(Josef Lakonishok)는 이익 전망 수정을 기준으로 3개 업종에서 49개 종목을 추려 포트폴리오를 구성했다. 그 결과, 이익 전망이 가장 크게 상향 조정된 주식들이 이후 4개월 동안 4.7% 초과수익을 달성했음을 확인했다.[6]

유진 호킨스(Eugene Hawkins), 스탠리 체임벌린(Stanley Chamberlin), 웨인 대니얼(Wayne Daniel)은 I/B/E/S(Institutional Brokers' Estimate System, 기관 브로커 추정 시스템) 데이터베이스에서 이익 전망이 가장 크게 상향 조정된 20개 주식으로 포트폴리오를 구성했다. 그 결과, 이 포트폴리오는 연 14%의 수익을 기록한 반면 시장지수는 7% 수익을 기록하는 데 그쳤다.[7]

또 다른 연구에서 릭 쿠퍼(Rick Cooper), 시어도어 데이(Theodore Day), 크레이그 루이스(Craig Lewis)는 초과수익의 대부분이 이익 전망을 수정하기 전후 몇 주 동안 집중적으로 발생한다는 사실을 밝혔다. 구체적으로, 전망 수정이 이루어지기 전 일주일은 1.27%, 수정 후 일주일은 1.12%의 초과수익이 발생했다. (예측의 시의성, 영향력, 정확성 등에서) 업계 '선두주자'인 애널리스트들이 이익 전망을 수정할 때 거래량과 주가에 미치는 영향이 훨씬 더 크다는 사실도 확인했다.[8]

2001년 존 캡스태프(John Capstaff), 크리슈나 파우디얄(Krishna Paudyal), 윌리엄 리스(William Rees)는 연구 범위를 확장하여 다른 국가들의 이익 전망 수정과 수익률 간의 관계를 분석했다. 그 결과, 이익 전망이 가장 많이 상향 조정된 주식을 매수해서 초과수익을 얻을 수 있었다는 결론을 내렸다. 구체적으로 영국에서는 4.7%, 프

랑스에서는 2%, 독일에서는 3.3%의 초과수익을 얻을 수 있었다.[9]

연구자들이 이익 전망 수정 데이터를 심층적으로 분석하는 과정에서 몇 가지 흥미로운 사실이 드러나고 있다.

- 첫째, 컨센서스에서 크게 벗어난 과감한 수정일수록 주가에 미치는 영향이 훨씬 크며, 정확한 전망일 가능성이 높다. 그러나 이러한 과감한 전망 수정은 흔하지 않다. 애널리스트 대부분은 군중 심리에 따라 움직이며, 같은 방향으로 비슷한 크기의 수정을 하는 경향이 있기 때문이다.[10]
- 둘째, 전망 수정의 시점이 중요하다. 애널리스트의 이익 전망 수정이 빠를수록 주가에 미치는 영향도 훨씬 더 크다.
- 셋째, 애널리스트가 소속된 투자은행이나 증권사의 규모가 클수록 전망 수정이 주가에 미치는 영향이 더욱 크다. 이는 더 넓은 네트워크와 높은 인지도를 보유하고 있기 때문일 가능성이 크다.

결론적으로 애널리스트들이 이익 전망을 상향 조정하는 기업은 모멘텀을 타고 더 높은 수익을 창출할 가능성이 있다는 증거가 있다. 다만 거래 비용과 시장 마찰을 감안했을 때 이러한 초과수익이 얼마나 지속될지는 불확실하다.

잠재적 함정

이익 전망 수정을 활용한 전략에는 한계가 있다. 이 전략은 기업의 이익 보고서와 애널리스트의 이익 전망에 의존하는데, 이 둘은 금융시장에서 특히 취약한 요소다. 최근 들어 나는 기업이 단순히 이익을 관리하는 수준을 넘어 회계상의 편법을 이용해 이익을 조작할 능력이 있음을 더욱 구체적으로 인식하고 있다. 애널리스트들의 전망이 편향되어 있다는 사실도 확인했다. 분석 대상 기업과 지나치게 관계가 밀접한 것도 원인 중 하나일 것이다.

설령 초과수익이 지속된다고 하더라도 애초에 왜 초과수익이 존재하는지를 생각해야 한다. 애널리스트들이 고객의 매매에 실제로 영향을 미친다면 이들이 이익 전망을 수정할 때도 가격에 영향을 줄 가능성이 크다. 애널리스트들의 영향력이 클수록 가격에 미치는 효과도 커지겠지만 문제는 그 효과가 지속되는지 여부다. 이 전략으로 더 높은 수익을 얻는 한 가지 방법은, 모든 애널리스트의 전망을 반영한 컨센서스를 따르는 것이 아니라 주요 애널리스트를 파악해서 그들의 전망 수정에 기반한 투자 전략을 구축하는 것이다. 즉 영향력이 큰 애널리스트들을 중심으로 과감하고 시의적절한 전망 수정에 맞춰 매매할 때 성공 확률도 높아진다.

끝으로 이익 전망 수정을 활용한 전략은 몇 주에서 몇 개월에 이르는 투자 기간 동안 소폭의 초과수익을 기대할 수 있는 단기 전략이라는 점을 인식해야 한다. 시장이 기업의 실적 발표와 애널리스트들의 전망에 점점 더 회의적인 태도를 보이는 현재의 환경은 이 전략에 불리하게 작용한다. 전망 수정과 깜짝 실적 자체만으로 높은 수익을 내는 포트폴리오를 구축하기는 어렵지만 이를 이용해 장기적인 주식 선별 전략을 보완할 수 있다.

가격이 합리적인 성장주(GARP) 투자

많은 성장주 투자자는 고PER 주식을 매수하는 전략에 거부감을 보이며, 단순히 고PER 주식을 사는 것이 아니라 저평가된 '성장'주를 찾는 것이 목표라고 주장한다. 이러한 주식을 찾기 위해 이들은 기대성장률과 현재 주가를 함께 고려하는 다양한 전략을 개발했다. 여기에서는 그 가운데 두 가지 전략을 살펴볼 것이다. 하나는 PER이 기대성장률보다 낮은 주식을 매수하는 것이고, 다른 하나는 PER을 성장률로 나눈 값(PEG, 주가이익성장배수)이 낮은 주식을 매수하는 것이다.

PER이 기대성장률보다 낮은 주식

가격이 합리적인 성장주(Growth at a Reasonable Price, GARP)에 투자하는 전략의 가장 단순한 형태는 기대성장률보다 낮은 PER에 거래되는 주식을 매수하는 것이다. 예를 들어 PER이 12배이고 기대성장률이 8%인 주식은 고평가, PER이 40배이면서 기대성장률이 50%인 주식은 저평가 상태로 간주한다. 이 전략은 확실히 간단하다는 장점이 있다. 다만 몇 가지 이유로 위험할 수도 있다.

- **금리 효과:** 성장은 미래의 이익을 창출한다. 성장률이 같다면 금리가 높을 때보다 금리가 낮을 때 (현재가치가 높아지기 때문에) 성장으로 창출하는 가치도 더욱 커진다. 따라서 이 전략을 사용하는 포트폴리오 매니저들은 금리가 높은 시기에 저평가된 주식을 훨씬 더 많이 발견하고, 금리가 높은 경향이 있는 여러 신흥시장에서 많은 주식이 저렴하게 보이는 현상을 경험한다.

  국채 금리 변화에 따라 기대성장률보다 낮은 PER로 거래되는 기업의 비율이 어떻게 달라지는지를 살펴보면 금리가 PER과 성장률의 관계에 미치는 영향을 쉽게 이해할 수 있다. 1981년 국채 금리가 12%에 달했을 때는 전체 기업의 65% 이상이 기대성장률보다 낮은 PER로 거래되었다. 1991년에는 금리가 약 8%로 하락하면서 이 비율도 약 45%로 감소했다. 1990년대 말 국채 금리가 5%까지 떨어졌을 때는 이 비율이 약 25%로 감소했고 2021년 국채 금리가 2% 미만으로 하락했을 때는 10%까지 감소했다.

- **성장률 추정치:** 이 전략을 방대한 종목군에 적용하면 여러 애널리스트의 전망을 종합한 컨센서스 수치를 사용해 기대성장률을 추정할 수밖에 없다. 이 경우에는 애널리스트별 추정치의 질적 차이를 고려해야 하고 추정 시점이나 투자 기간 측면에서 같은 선상에서 비교가 가능한지도 고민해야 한다.

PEG

단순히 PER을 기대성장률과 비교하는 것보다 더 유연한 접근 방식으로, PER을 기대성장률로 나눈 값을 살펴보는 방법이 있다. PEG는 성장주를 분석하는 애널리스트와 포트폴리오 매니저 사이에서 널리 사용되고 있다.

$$PEG = \frac{PER}{기대성장률}$$

예를 들어 PER이 40배이고 기대성장률이 50%인 기업의 PEG는 0.8배다. PEG가 1보다 낮아야만 매력적이라고 주장하는 투자자도 있지만 그것은 단순히 PER이 기대성장률보다 낮은 주식을 선호하는 접근법과 다르지 않다.

일관성을 유지하려면 이 추정에 사용하는 성장률은 EPS 성장률이어야 한다. 그렇다면 PER은 여러 가지 정의 가운데서 어떤 것을 사용해서 PEG를 추정해야 할까? 그 답은 기대성장률을 계산하는 기준에 따라 달라진다. 만약 기대 EPS 성장률을 가장 최근 연도의 이익(현재 이익)을 기준으로 산출했다면 현재 PER을, 과거 이익을 기준으로 산출했다면 과거 PER을 사용해야 한다. 선행(미래) PER은 성장률을 이중으로 계산하는 결과를 초래할 수 있기 때문에 일반적으로 이 계산에서 사용해서는 안 된다.[11]

일관성을 유지한다는 개념을 확장하면 PEG를 추정할 때는 표본 내 모든 기업에 동일한 성장률 추정치를 사용해야 한다. 예를 들어 어떤 기업에는 5년 성장률을 적용하고 다른 기업에는 1년 성장률을 적용해서는 안 된다. 모든 기업의 EPS 성장률 데이터를 동일한 출처에서 가져오면 이러한 일관성을 보장할 수 있다. 예를 들어 I/B/E/S와 잭스(Zacks)는 미국 기업 대부분의 향후 5년간 EPS 성장률에 대한 애널리스트 컨센서스 전망을 제공한다. 하지만 PEG를 사용하는 애널리스트 다수가 단기 이익성장률을 이용해 PEG를 계산하는 것을 선호한다.

애널리스트들은 PEG를 어떻게 활용할까? PEG가 낮은 주식은 성장에 지불하는 비용이 적기 때문에 저평가된 것으로 간주된다. PEG는 성장 중립적인 지표로서 기대성장률이 높은 주식과 낮은 주식을 좀 더 공정하게 비교할 수 있다. 1998년에 발표된 한 연구에서, 모건스탠리는 PEG가 낮은 주식을 매수하는 전략으로 S&P500 지수 대비 큰 초과수익을 얻을 수 있었다고 밝혔다. 이 연구에서는 1986년 1월부터 1998년 3월까지 매년 미국과 캐나다 증권거래소에서 시가총액 상위 1,000개 주식을 분석해 PEG를 기준으로 10개 그룹으로 나누어 비교했다. 그 결과 PEG가 가장 낮은 100개 주식의 연평균 수익률은 18.7%로 같은 기간 시장 평균 수익률 약 16.8%를 크게 넘어섰다. 연구에서는 위험 조정에 대한 언급은 없었으나, 이러한 차이는 단순한 위험 조정으로 설명할 수 있는 수준을 넘어선다는 설명이 있었다.

나는 이 연구를 토대로 1991년부터 2021년까지 이 전략의 성과를 분석했다. 이 기간 동안 연말 PEG를 기준으로 포트폴리오 5개를 구성한 뒤 다음 해의 수익률을 조사했다. 그림 15.10은 1991~1996년, 1997~2001년, 2002~2011년, 2012~2021년이라는 4개 기간 동안 PEG 그룹별 포트폴리오의 연평균 수익률이다. PEG가 낮은 주식은 PEG가 높은 주식 포트폴리오보다 분석 기간 전체에 걸쳐 (위험 조정 전 기준) 연평균 2~3%포인트 높은 수익률을 기록했다.

이러한 초과수익이 매력적으로 보일 수 있지만 PEG 전략에는 위험을 고려하지 않았다는 결정적인 결함이 있다. PEG를 결정하는 요소들을 간단히 분석해보면 고위험 주식은 저위험 주식보다 PEG가 낮게 형성되는 것이 자연스럽다는 사실을 알 수 있다. 즉 저PEG 주식의 수익률이 더 높은 것은 단순히 더 높은 위험을 감수했기 때문일 가능성이 크며, 따라서 이는 초과수익이라기보다 위험에 상응하는 정당한 보상일 뿐일 수도 있다.

성장주 선별 전략의 성공 요인

전반적인 실증적 증거를 살펴보면, 성장주 선별(screening)의 효과는 가치주 선별보다 덜 긍정적이다. 저PEG, 고PER 같은 성장주 선별 전략이 초과수익을 가져오는 시기가 있기는 하지만 장기적으로는 저PER, 저PBR 같은 가치주 선별 전략의 성과가 성장주 선별 전략을 압도한다. 성장주 선별 전략의 성공을 결정짓는 핵심 요인은 세 가지로 요약할 수 있다.

- **정확한 성장률 추정**: 성장주에서 기업 가치의 핵심 요소는 성장이다. 따라서 성장률을 정확하게 추정할수록 성공 가능성이 높아진다. 소수의 기업에 집중하는 성장주 투자자라면 직접 성장률을 추정해볼 수도 있다. 시장 컨센서스보다 더 정확하게 성장률을 예측할 수 있다면 그에 대한 보상을 얻게 될 것이다. 수백 개 기업의 성장률을 직접 추정할 자원이 부족하다면 기대성장률 데이터를 제공하는 여러 곳의 과거 추정치를 비교해 가장 신뢰할

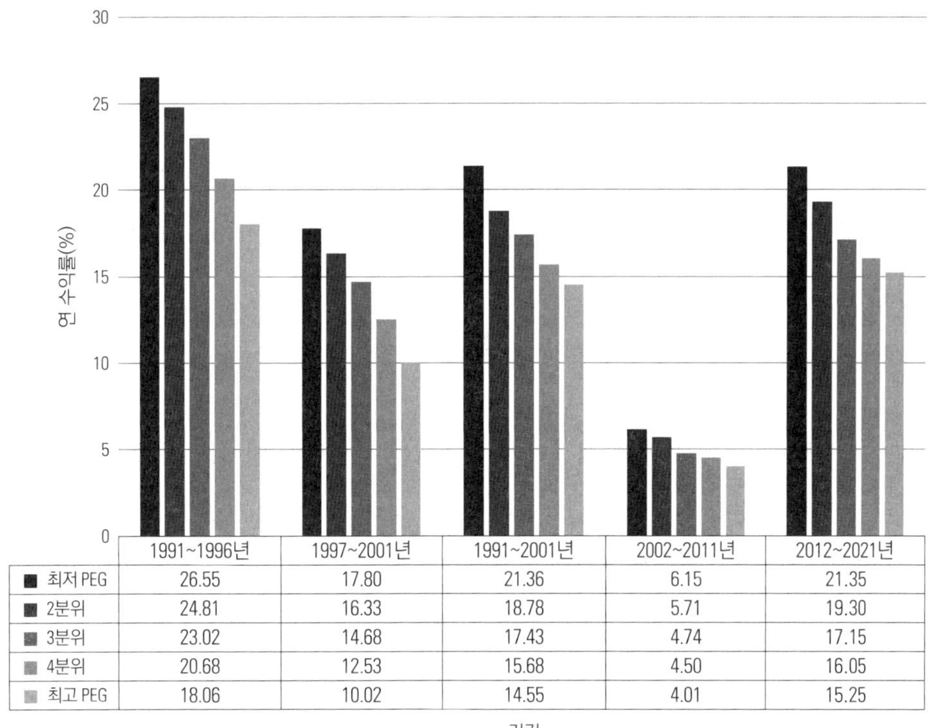

	1991~1996년	1997~2001년	1991~2001년	2002~2011년	2012~2021년
최저 PEG	26.55	17.80	21.36	6.15	21.35
2분위	24.81	16.33	18.78	5.71	19.30
3분위	23.02	14.68	17.43	4.74	17.15
4분위	20.68	12.53	15.68	4.50	16.05
최고 PEG	18.06	10.02	14.55	4.01	15.25

수 있는 출처의 자료를 활용하는 것이 중요하다.

- **장기 관점:** 전반적으로 모든 기업에 장기적 관점으로 접근하는 것이 성공 확률을 높여주지만, 특히 젊은 기업이나 성장 기업에 투자할 때는 그 중요성이 더욱 커진다. 14장에서 언급했듯이 고성장주의 영역에는 분위기와 모멘텀을 기반으로 거래하는 트레이더의 비중이 투자자의 비중보다 훨씬 크다. 이러한 트레이더들은 저평가된 주식을 더욱 저평가되도록 만들거나, 고평가된 주식을 더욱 고평가되게 만들 수 있으며, 이러한 영향은 단기적으로 더욱 두드러진다.

- **거시경제 예측 능력:** 성장주 선별 전략이 탁월한 효과를 발휘하는 장기 사이클이 있는가 하면 오히려 역효과를 내는 사이클도 존재한다. 기업의 실적 성장이나 전체 경제 성장의 사이클을 파악하고 이에 맞춰 매매 시점을 선택할 수 있다면 수익을 크게 높일 수 있을

것이다. 이러한 사이클의 상당수가 전체 시장의 흐름과 관련되는 만큼 결국 시점 선택 능력이 중요해진다.

이처럼 성장 기업에 투자해 성공하기 위해서는 상당한 역량이 요구된다. 이런 어려움을 감안할 때 오히려 모멘텀과 그 변화에 기민하게 반응하는 트레이더들이 성장주 투자에서 적어도 단기적으로 더 큰 수익을 거두는 것은 어쩌면 당연한 일이다.

결론

고도성장기 기업에 투자해 성공하기 위해서는 성숙한 기업에 투자할 때와는 전혀 다른 역량과 정신적 태도가 필요하다. 첫째, 성장 기업에서는 불확실성을 감수하고 미래를 최대한 정확하게 예측해야 하고, 그 예측이 틀렸거나 때로는 크게 빗나간 것일 수도 있음을 인정해야 한다. 둘째, 인내심과 대담함이 필요하다. 성장 기업에 대한 전반적인 평가가 옳았더라도 내가 추정한 가치와 실제 주가의 괴리가 오랫동안 지속될 수도 있기 때문이다. 셋째, 성장 기업 투자는 거시경제 환경의 영향을 훨씬 더 크게 받으므로 시장의 금리나 경제 성장 흐름을 예측하는 역량이 있다면 투자 수익을 더욱 높일 수 있다.

이처럼 까다로운 요구 조건을 충족할 수 있다면 성장 기업에 대한 액티브 투자 전략은 성공할 가능성이 있다. 생애주기 초기 단계의 기업일수록 그 증거는 더욱 뚜렷하다. VC는 초기 단계 기업에 대한 투자로 평균적으로 높은 수익을 올리며, 특히 뛰어난 VC들은 지속적으로 우수한 수익률을 달성하고 있다. 반면 상장 주식시장에서 성장 기업에 투자하는 경우에는 액티브 전략의 효과가 다소 약하지만, 그럼에도 불구하고 성숙한 기업보다 성장 기업에서 액티브 전략이 유리하다는 증거가 있다.

16장
중년기 기업
: 가치투자

많은 투자자가 자신의 투자철학을 설명하며 스스로를 가치투자자라고 표현한다. 가치투자란 무엇일까? 이번 장에서는 이 질문에서 출발해 가치투자자의 다양한 형태를 논의하고자 한다. 가치투자자 가운데 일부는 특정 기준을 사용해 저평가된 주식을 선별하고 장기적으로 보유한다. 일부는 강력한 매도세 이후에 가장 좋은 기회가 있다고 믿으며 주가가 하락했을 때가 매수의 적기라고 주장한다. 우량한 사업을 영위하고 유능한 경영진이 있는 기업을 찾아 장기적으로 보유하는 것이 성공적인 투자의 핵심이라고 주장하는 가치투자자도 있다. 이들에게 공통점이 있다면 성숙한 기업에서 투자 기회를 찾는다는 것이다. 결국 가치투자의 성공과 실패를 평가하는 것은 성숙기 기업에 대한 투자를 평가하는 것과 같다.

가치투자의 몇 가지 방식

14장에서는 재무제표를 활용해 성장주 투자와 대비되는 가치투자를 정의했다.

그리고 가치투자자들이 성장 자산이 아닌 기존 자산의 가치평가에 시장의 오류가 있을 가능성이 가장 높다고 믿기 때문에 기업의 기존 투자에 초점을 맞춘다고 설명했다. 이 정의만으로도 가치투자가 주로 성숙기 기업에서 저평가된 투자 기회를 찾는 이유를 설명할 수 있다. 한편 가격 오류가 있는 성숙한 기업을 보는 관점에 따라 가치투자자를 세 가지 유형으로 분류할 수 있다.

1. **선별 투자자:** 성숙한 기업 중에서도 특히 안정적인 이익과 견고한 현금흐름을 보유한 기업들이 지루하고 예측 가능하다는 이유로 투자자들 사이에서 저평가되는 경향이 있다고 믿는다. 가장 단순한 전략은 PER이나 PBR 같은 가격 지표를 활용해 시장에서 가장 저렴한 주식을 선별하고, 저PER이나 저PBR에 거래되는 주식에 투자하는 것이다. 또한 이 접근법을 확장해 낮은 주가 배수 외에도 저위험, 고수익 기준을 추가로 설정해 좀 더 정교하게 투자 대상을 선별한다. 기업의 데이터가 더 풍부해지고 데이터에 대한 접근성이 높아지면서 패시브 가치투자자들이 활용하는 선별 기준 또한 이러한 데이터를 활용하는 방향으로 발전해왔다.

2. **역발상 투자자:** 성숙한 기업이 시장에서 대체로 적정하게 평가되고 있다고 전제하나, 실적이나 경영진 교체 같은 중요한 정보가 발표된 이후에는 시장이 과도하게 반응하면서 잘못 평가될 가능성이 있다고 생각한다. 성숙기 기업은 부정적인 소식이 발표된 이후 저렴해지기 때문에 역발상 투자자에게 좋은 매수 기회가 되고, 반대로 긍정적인 소식이 발표된 이후에는 비싸지기 때문에 좋은 매도 기회가 된다.

3. **장기 보유 투자자:** 우량한 사업을 영위하며 뛰어난 경영진이 있는 기업이 장기적으로 시장 대비 초과 상승할 것이라고 믿는다. 장기 보유 전략에서 성공의 관건은 훌륭한 기업을 찾고, 매수하고, 장기적으로 보유하는 것이다.

이 세 가지 접근 방식은 상호 배타적인 것이 아니며 혼합하여 사용되기도 한다. 벤저민 그레이엄은 첫 번째 유형(선별 투자자)에 속하는 대표적인 가치투자자로, 저평가된 기업을 선별하는 다양한 기준을 개발했다. 반면 워런 버핏은 연례 주주 서한에서, 좋은 가치투자는 저렴한 기업을 찾는 것으로 출발해 좋은 경영진과 강력한 경쟁우위(해자) 등 추가 요소를 고려해야 한다고 강조했다. 지난 수십 년 동안 실제 가치투자 관행은 성숙기 기업에 대한 투자와 밀접하게 연결되어 있었다. 따라서 가치투자의 장단점을 분석하는 것은 성숙기 기업에 대한 투자를 평가하는 것이나 다름없다.

가치투자를 위한 변명

모든 투자자가 자신의 투자 방식이 최선이라고 믿겠지만, 내 경험상 가치투자자들은 단순한 믿음을 넘어 자신들의 접근법이 결국에는 승리할 것이라는 거의 의심 없는 믿음을 드러낸다. 이러한 확신이 어디에서 비롯되는지를 이해하려면 지난 100년의 가치투자 역사를 살펴볼 필요가 있다. 스토리와 실전 기반, 숫자와 학문적 연구 기반이라는 두 가지 흐름이 결속하는 역사를 거치면서 가치투자는 다른 어떤 투자철학과도 비교할 수 없는 강력한 힘을 갖게 되었다.

스토리 관점

주식시장이 아직 초기 단계였을 때, 투자자들은 두 가지 문제에 직면했다. 첫째, 기업 정보 공개 의무가 사실상 존재하지 않았기 때문에 투자자들은 제한된 정보나 소문, 스토리에 의존해야 했다. 둘째, 채권 가격 책정에 익숙했던 당시 투자자들은 채권을 평가하는 방식으로 주식의 가치를 평가하려고 했다. 그 결과 (채권의 쿠폰금리에 해당하는) 배당금을 지급하는 기업이 늘었다. 물론 이러한 환경 속에서도 한발 앞서 나간 투자자들이 존재했다.

최초의 가치투자 스토리는 대공황의 피해 속에서 등장했다. 버나드 바루크(Bernard Baruch)와 같은 일부 투자자들은 이 시기에도 부를 지켜내고 오히려 불려 나갔다. 그러나 현대적 가치투자의 기초를 다진 인물은 바루크의 젊은 동료였던 벤저민 그레이엄이다. 그레이엄은 1934년 출간한 《증권분석(Security Analysis)》에서 주식 매수와 투자에 대한 체계적인 접근법을 정립했으며, 투자를 '철저한 분석을 통해 원금의 안전성과 적절한 수익을 보장하는 것'[1]이라고 정의했다. 이후 1938년, 존 버 윌리엄스(John Burr Williams)는《The Theory of Investment Value(투자 가치 이론)》에서 현재가치 개념과 현금흐름할인 평가 모형을 소개했다.[2] 이어서 그레이엄은《현명한 투자자(The Intelligent Investor)》에서 자신의 가치투자 철학을 더욱 발전시켰으며, 저평가된 주식을 찾기 위해 관찰 가능한 수치를 바탕으로 한 선별 기준을 제시했다.[3]

그레이엄은 성공한 투자자로서 자신의 많은 저술을 실제 투자에 적용했지만 컬럼비아대학교에서 교육자로서 가치투자에 더 크게 공헌했다. 그레이엄의 많은 제자가 전설적인 투자자로 자리 잡았고 그중에서도 워런 버핏은 가치투자의 개념을 체현했다.

버핏이 직접 설립한 투자조합을 1969년 해산하기로 결정한 것은 유명하다. 그는 투자 기회를 찾기 위해 자신의 투자철학을 굽히는 것과 투자하지 않는 것 중에서 하나를 선택해야 한다면 후자를 택하겠다고 선언했다. 1969년 5월, 파트너들에게 보낸 마지막 서한에 남긴 다음 문장은 가치투자에서 그의 위상을 확립하는 데 결정적인 역할을 했다. "좋은 한 해가 될 수 있다는 합리적인 희망을 주는 기회가 전혀 보이지 않습니다. 타인의 돈으로 그저 운을 바라고 어둠 속을 더듬고 싶지는 않습니다."[4]

그는 당시 어려움을 겪고 있던 섬유제조업체 버크셔 해서웨이(Berkshire Hathaway)의 주식을 받을 기회를 파트너들에게 주었고, 그 이후는 모두가 아는 대로 역사가 되었다. 버크셔 해서웨이는 보험회사로 변모했고, 버핏이 운용하며 상장기업과 일부 비상장기업에 투자하는 폐쇄형 뮤추얼펀드를 내재한 구조를 갖추게 되었다.

버핏은 그레이엄을 높이 평가했지만 가치투자에 대한 접근 방식에는 차이가 있었다. 버핏은 그레이엄보다 질적 요소(경영진의 역량, 경쟁우위 등)를 더욱 중요하게 고려했고, 투자한 기업의 경영 방식에 더욱 적극적으로 개입했다. 만일 1965년이나 그 무렵에 버크셔 해서웨이에 투자해 지금까지 보유하고 있다면 엄청난 부를 축적

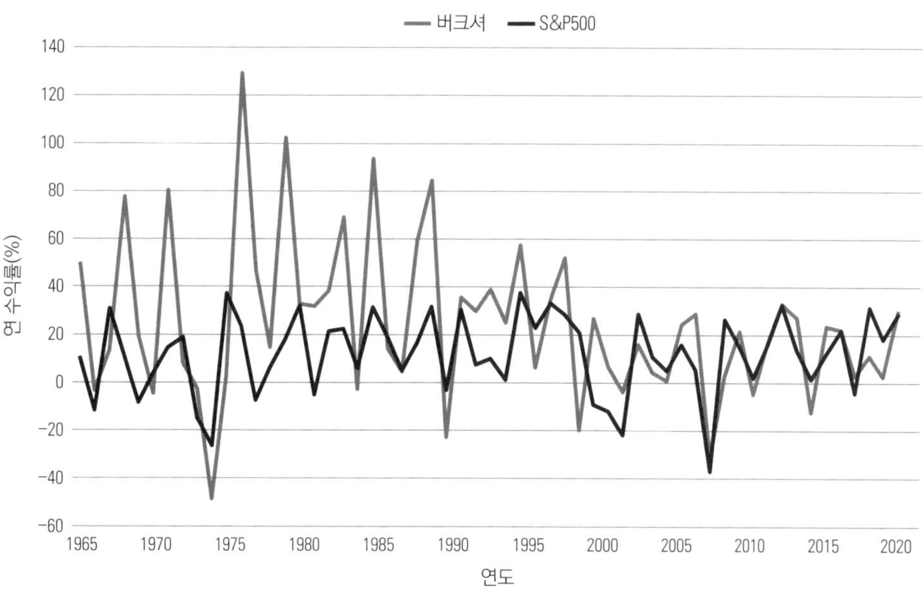

했을 것이다. 이는 그림 16.1에서 확인할 수 있다.

숫자가 모든 것을 말해준다. 이것이 이례적인 성과이며 운이나 우연으로는 설명할 수 없는 뛰어난 결과라는 결론을 내리는 데 통계적 유의성을 따질 필요조차 없다. 버크셔 해서웨이는 S&P500지수 수익률의 2배에 달하는 연평균 복리 수익률을 기록했을 뿐만 아니라 그 성과를 일관되게 유지해서 총 57년 중 38년 동안 시장 수익률을 넘어섰다(물론 최근 20년간 수익률은 이전보다 평범해 보이는 것이 사실이다. 이 부분은 이 장의 후반부에서 다시 다루겠다.)

이 과정에서 버핏은 가치투자의 비범한 대변자로 자리매김했다. 이는 그가 경이적인 수익률을 기록했기 때문만이 아니라 매년 주주들에게 보내는 서한을 통해 보여준, 가치투자를 소박하고도 인상 깊게 설명하는 능력 덕분이기도 하다.[5] 1978년에는 찰리 멍거(Charlie Munger)가 합류했다. 찰리 멍거의 투자 격언들 역시 투자자들의 관심을 끄는 데 효과적이었다. 그 내용은 《가난한 찰리의 연감(Poor Charlie's

Almanack)》[6]에 잘 정리되어 있다.

물론 가치투자자로서 성공을 거둔 인물은 또 있다. 이들의 공로를 과소평가하는 것은 아니지만, 우리가 알고 있는 가치투자가 그레이엄과 버핏의 가르침을 중심으로 형성되었다는 사실은 아무리 강조해도 지나치지 않다. 버핏의 전설은 1969년 투자조합 해산 당시 쓴 서한과 같은 인상적인 사건뿐만 아니라 그가 선택한 기업들의 스토리를 통해 더욱 빛을 발한다. 가치투자에 입문한 초보자조차도 1963년 버핏이 아메리칸익스프레스(American Express)에 투자한 일화를 들어보았을 것이다. 버핏은 샐러드유 사기극에 휘말린 대출 사고로 주가가 급락한 아메리칸익스프레스에 투자해 빠르게 투자금을 2배로 불렸다.

숫자 관점

가치투자가 설득력을 갖는 것은 단순히 위대한 가치투자자들의 스토리와 그들의 업적 때문만은 아니다. 숫자로 뒷받침되지 않았다면 가치투자는 지금과 같은 영향력을 가질 수 없었을 것이다. 가치투자자들이 그다지 높이 평가하지 않는 '학자'들이 이 숫자 기반의 연구를 수행했다는 사실이 역설적이다. 이러한 학문적 공헌을 이해하기 위해서는 현재 우리가 알고 있는 형태의 재무학이 형성된 1960년대로 거슬러 올라가야 한다.

당시 재무 이론은 대체로 시장이 효율적이라는 강한 믿음을 바탕으로 발전했다. 사실 가치투자자들이 경시하는 CAPM 역시 1964년에 개발되었다. 이후 약 15년 동안 재무 분야의 연구자들이 이 모델을 검증하기 위해 커다란 노력을 기울였다. 그러나 기대와 달리 CAPM은 한계가 분명했고 특정 유형의 주식에서 수익률을 지속적으로 잘못 추정했다. 1981년 롤프 반츠(Rolf Banz)는 시가총액이 작은 기업들이 CAPM으로 위험을 조정한 후에도 대형주보다 훨씬 높은 수익률을 기록했다는 사실을 밝힌 논문을 발표했다.[7]

이후 1980년대에 연구자들은 이론적으로는 설명되지 않지만 '초과수익'과 일관되게 상관관계를 보이는 기업 특성을 발견했다. 흥미로운 것은 초기 연구에서는 이러한 현상을 '비효율성(inefficiencies)'이 아니라 '이상 현상(anomalies)'이라고 불렀다는 점이다. 즉 시장이 가격을 잘못 매긴 것이 아니라 연구자들이 위험을 잘못 측정하고 있다는 시각을 반영한 표현이었다.

1992년, 유진 파마와 케네스 프렌치는 이러한 기업 특성에 관한 기존 연구들을 종합하는 연구를 수행했다. 이 연구에서 그들은 기존 연구 방식과는 정반대로 접근했다. 기존 연구들은 베타, 기업 규모, 수익성이 주식의 수익률에 영향을 미치는지를 살펴보았지만, 파마와 프렌치는 먼저 주식의 수익률을 분석한 후 수익률 차이를 가장 잘 설명하는 기업 특성을 찾는 방식을 택했다.[8]

그 결과 1963년부터 1990년까지 주식의 수익률 변동성 대부분은 '시가총액(기업의 규모)'과 '시장가격 대비 장부가치 비율(PBR의 역수)'로 설명이 가능했다. 다른 변수들은 이 두 변수에 의해 설명되거나 수익률 차이를 설명하는 데 미미한 역할을 했다. 장부가치를 핵심 지표로 여겨온 가치투자자들의 오랜 신념이 이 연구를 통해 정당성을 인정받는 셈이었다.

실제로 주식의 수익률과 시장가격 대비 장부가치 비율 간의 관계는 시간이 지난 지금도 여전히 가치투자 전략의 핵심 논거로 자리 잡고 있다. 케네스 프렌치는 이후 파마-프렌치 팩터(Fama-French factors) 데이터를 꾸준히 업데이트해 공개하고 있다. 우리는 이를 통해 2021년까지의 수익률과 PBR의 연관성을 분석할 수 있게 되었다. 그림 16.2에서 이 관계를 확인할 수 있다.

이 연구는 미국 주식시장에서 여러 차례 반복적으로 검증되었다. 전 세계적으로도 저PBR 주식이 높은 수익률을 기록한다는 증거가 존재한다. 엘로이 딤슨(Elroy Dimson), 폴 마시(Paul Marsh), 마이크 스탠턴(Mike Staunton)은 매년 전 세계 시장의 수익률을 조사해 발표하는데, 100년 이상의 데이터를 분석한 24개국 가운데 16개국에서 저PBR 주식의 가치 프리미엄(저PBR 주식이 시장 대비 초과수익을 기록하는 현상)이 양(+)의 값을 기록했다고 밝혔다.[9]

가치투자자들은 이러한 학문적 연구의 결과를 가치투자 전략의 근거로 재빠르게 인용하면서도, 가치 프리미엄의 원인에 대한 연구자들의 견해가 분명히 나뉜다는

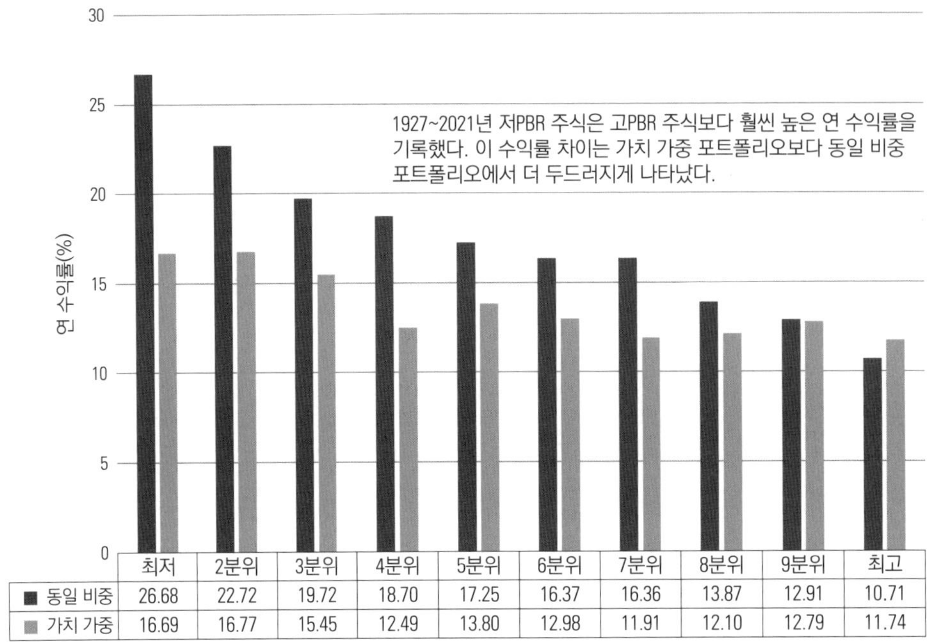

	최저	2분위	3분위	4분위	5분위	6분위	7분위	8분위	9분위	최고
■ 동일 비중	26.68	22.72	19.72	18.70	17.25	16.37	16.36	13.87	12.91	10.71
■ 가치 가중	16.69	16.77	15.45	12.49	13.80	12.98	11.91	12.10	12.79	11.74

PBR 분위

사실은 쉽게 인정하지 않는다.

1. **가치 프리미엄은 누락된 위험의 대리 지표라는 가설:** 1992년 논문에서 파마와 프렌치는 저PBR로 거래되는 기업들이 부실에 처해 있을 가능성이 높으며, 위험과 수익을 평가하는 기존 모형들이 이러한 위험을 적절히 반영하지 못하고 있다고 주장했다. 그들은 기존 연구가 가치투자의 타당성을 입증하는 것이 아니라, 단기 수익률이나 전통적인 위험-수익 모델에는 드러나지 않지만 결국에는 발현되어 초과수익을 설명하게 될 위험의 존재를 시사한다고 보았다. 쉽게 말해 가치투자자들의 관점에서는 자신들이 한동안 시장을 능가하는 것처럼 보이겠지만 언젠가 보이지 않는 위험이 결국 현실화되어 포트폴리오 가치가 하락할 것이라는 주장이다.

2. **시장 비효율성의 신호라는 가설:** 1980년대에 행동재무학이 주목받기 시작하면서 학계

에서도 시장이 체계적인 실수를 저지르며, 이러한 행동적 편향에서 자유로운 투자자들은 그 실수를 이용할 수 있다는 개념을 점차 받아들이기 시작했다. 이러한 연구자들에게 저 PBR 주식이 시장에서 더 높은 수익을 제공한다는 연구 결과는 투자자의 비합리성이 초과수익을 설명할 수 있다는 행동재무학의 이론들을 뒷받침하는 근거가 되었다.

시장 비효율성 가설은 가치투자자들이 스스로 시장보다 우월하다고 믿는 이유를 더욱 강화한다. 그들은 가치투자자의 초과수익이 단순한 운이 아니라 인내와 철저한 분석에 대한 보상이라고 생각한다. 즉 충동적이고 미성숙한 트레이더들로 가득한 시장에서 어른스럽게 처신한 대가라고 여기는 것이다.

앞서 기업의 가치평가에 관한 장에서 가치가 스토리와 숫자 사이를 연결하는 다리 역할을 하며, 강력한 스토리와 탄탄한 숫자의 흔치 않은 조합이 어떻게 탁월하고 가치 있는 기업을 만드는지 설명했다. 투자철학의 영역에서 가치투자는 이러한 조합을 무기로 활용했다. 즉 성공한 가치투자자들과 그들이 성공한 방식이라는 스토리, 그리고 다른 철학에 비해 좋은 성과를 거두며 이를 뒷받침한 숫자가 가치투자에 있었다. 많은 투자자가 자신의 투자철학을 설명하며 '가치투자자'를 자처하는 것은 단순히 가치투자의 뛰어난 성과 때문만이 아니라 가치투자의 탄탄한 지적·학문적 기반 때문이기도 하다.

가치투자에 대한 반론

미국 시장에서 1926년 이후 저PBR 주식이 고PBR 주식 대비 연평균 5%포인트 높은 수익을 기록했음을 보여주는 그림 하나만으로도 가치투자의 승리를 선언하기에 충분하다고 생각하는 가치투자자들도 있을 것이다. 그러나 그 장밋빛 기록에는 좀 더 면밀히 들여다봐야 할 문제점이 존재한다.

변동성이 큰 가치 프리미엄

그림 16.3은 가치 프리미엄의 연간 변화를 보여준다. 여기서 가치 프리미엄은 PBR 기준 최저 10%와 최고 10%에 해당하는 주식의 연 수익률 격차를 의미한다.

1926~2021년에 저PBR 주식이 고PBR 주식보다 연 수익률이 평균적으로 더 높았던 것은 사실이다. 다만 시기별로 편차가 매우 커서, 연구 대상 기간 총 95년 중 45년은 고PBR 주식의 수익률이 더 높았다는 점에 유의해야 한다. 실제로 가치투자가 한창 각광받던 시기에도 성장주 투자자들은 가치와 성장의 사이클을 적절히 맞힐 능력만 있다면 성장주 투자로도 성공할 수 있다는 주장을 펼쳤고, 이 주장은 어느 정도 설득력을 얻었다.

요약하면 PBR 기준으로는 가치주가 성장주보다 높은 수익률을 냈다는 사실 때문에, 20세기에도 오히려 성장주가 더 좋은 성과를 거둔 시기가 있었다는 점이 잘 보이지 않는다. 성장주는 전체 기간의 거의 절반에서 가치주를 이겼고 심지어 몇 년

[그림 16.3] 가치주와 성장주의 연 수익률 비교 자료: Kenneth French

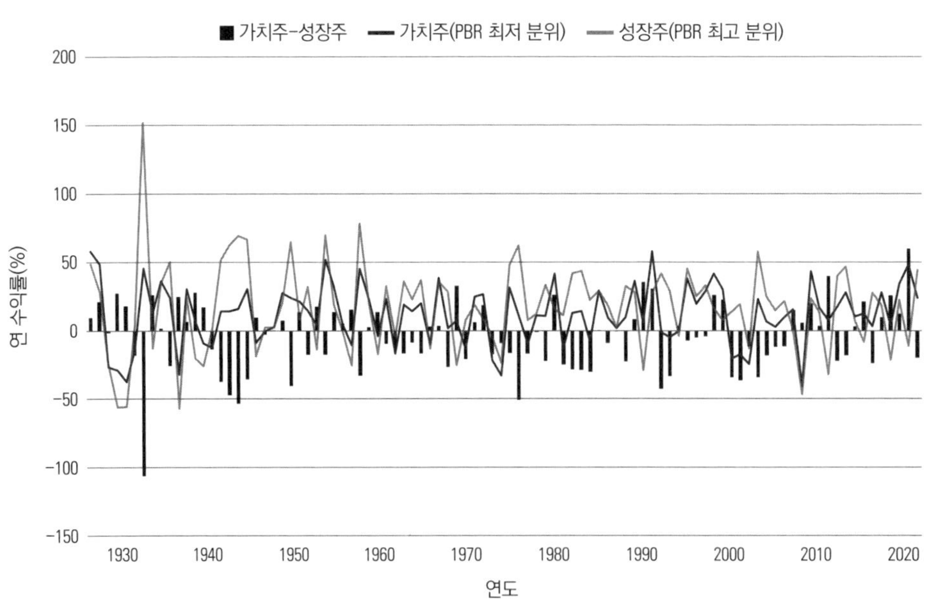

연속으로 성장주가 더 잘나간 시기도 있었다.

액티브 가치투자의 수익

단순히 저PER이나 저PBR 주식에 투자하는 것은 가치투자자 대부분이 생각하는 진정한 가치투자에 해당하지 않는다. 실제로 가치투자자 대부분은 저PER이나 저PBR 주식이 출발점이 될 수는 있지만 가치투자의 진정한 수익은 추가 분석에서 나온다고 주장하며 (벤저민 그레이엄의 방식처럼) 또 다른 정량적 선별 기준을 적용하거나 (버핏이 집중한 우수한 경영진, 해자 같은) 정성적 요소를 고려한다.

이러한 접근법을 '적극적인 형태의 가치투자'라고 한다면, 가치투자의 원칙과 관행에 따라 개별 주식을 선별해 투자했을 때 단순히 저PBR이나 저PER 주식으로 구성한 가치지수 펀드보다 높은 수익률을 올릴지 여부가 가치투자의 진정한 시험대가 될 것이다. 가치투자 방식에 따라 다소 차이는 있지만 이렇게 정의한 액티브 가치투자자가 단순히 PER이나 PBR과 같이 표면적인 숫자만 볼 때보다 효과적이라는 강력한 증거는 존재하지 않는다.

선별적 투자자

벤저민 그레이엄이 저평가된 주식을 찾는 선별 기법의 기초를 확립한 만큼, 그레이엄의 선별 기준이 실제로 높은 수익을 창출하는지 검토한 초기 연구들이 있다. 헨리 오펜하이머(Henry Oppenheimer)가 그레이엄의 기준에 따라 선별한 주식의 1970~1983년 수익률을 분석한 결과, 이 주식들의 연 수익률은 29.4%로 같은 기간 시장지수의 수익률 11.5%를 크게 상회했다. 비슷한 시기에 그레이엄의 선별 기법을 검증한 다른 연구들도 대체로 같은 결론에 도달했다. 그러나 이러한 연구들에는 두 가지 근본적인 문제가 있다.

- 대부분의 가치투자 선별 기준에는 저PER과 저PBR이 필수적으로 포함된다. 저PER, 저PBR 주식이 20세기에 시장 평균보다 훨씬 높은 수익률을 기록했다는 사실은 이미 잘 알

려져 있다. 추가 선별 기준(그레이엄은 12개 이상을 제시했다)이 수익률을 유의미하게 높였는지는 연구 결과로도 불분명하다.

- 결국 투자철학의 유효성을 평가하는 기준은 이론이 아니라 실제 투자에서 그 전략을 활용해 수익을 창출할 수 있는지 여부다. 그러나 이론상의 전략을 실제로 적용하는 과정에서 여러 변수가 개입하며 선별 기법으로 꾸준히 시장 대비 초과수익을 낸 투자자를 찾기는 쉽지 않다.

요약하면 학계의 이론은 가치투자로 손쉽게 수익을 낼 수 있을 것처럼 제시하고 실제로 연구 논문 수백 편이 알파(초과수익)와 특정 선별 기준의 연관성을 기록하고 있지만, 실전에서 수익을 실현하기는 매우 어렵다.

역발상 투자자

역발상 투자 연구는 패자주, 즉 이전 일정 기간 동안 가장 큰 하락을 기록한 주식들을 매수할 경우 얻을 수 있는 수익률을 분석하는 것에서 시작되었다. 1980년대 중반 발표된 초기 연구는 그림 16.4처럼 '패자주가 오히려 이기는 투자'라는 가설을 뒷받침하는 인상적인 결과를 제시했다.[10] 이 연구는 패자주, 즉 과거 1년 동안 가장 많이 하락한 주식이 승자주, 즉 같은 기간 가장 많이 상승한 주식보다 약 45% 더 높은 수익률을 달성한다고 제시한다.

그러나 이 연구를 근거로 패자주를 매수하기 전에 후속 연구에서 지적된 두 가지 문제점을 참고할 필요가 있다. 첫째, 초기 연구에서 다룬 패자주 가운데 상당수가 주당 1달러 미만의 저가 주식이었고, 거래 비용을 고려하면 기대할 수 있는 수익이 크게 줄어든다. 둘째, 그림 16.5에서 보는 바와 같이 오히려 승자주를 매수해야 한다고 주장하는 또 다른 연구도 있다.[11]

승자주는 분석한 두 기간 모두 포트폴리오가 구성되고 첫 12개월 동안 꾸준히 높은 수익률을 기록했다. 다만 이러한 초과수익은 그 이후 몇 개월에 걸쳐 점차 사라졌다. 간단히 말해 패자주에 투자한 뒤 조급함이나 불안감 때문에 너무 빨리 매도하

[그림 16.4] 승자주와 패자주의 비정상 수익률 누계

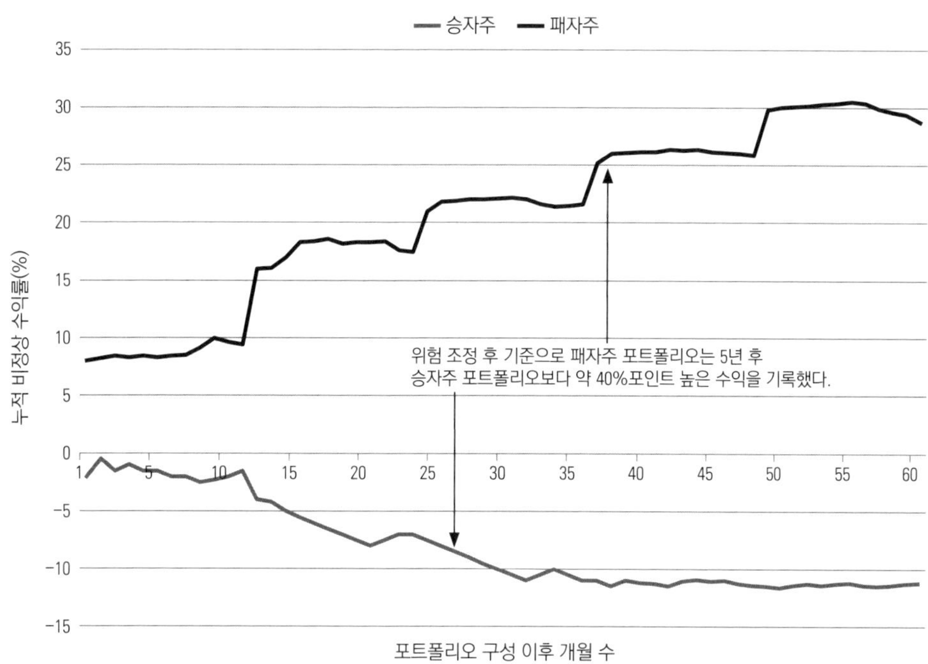

[그림 16.5] 승자주 포트폴리오와 패자주 포트폴리오의 수익률 차이

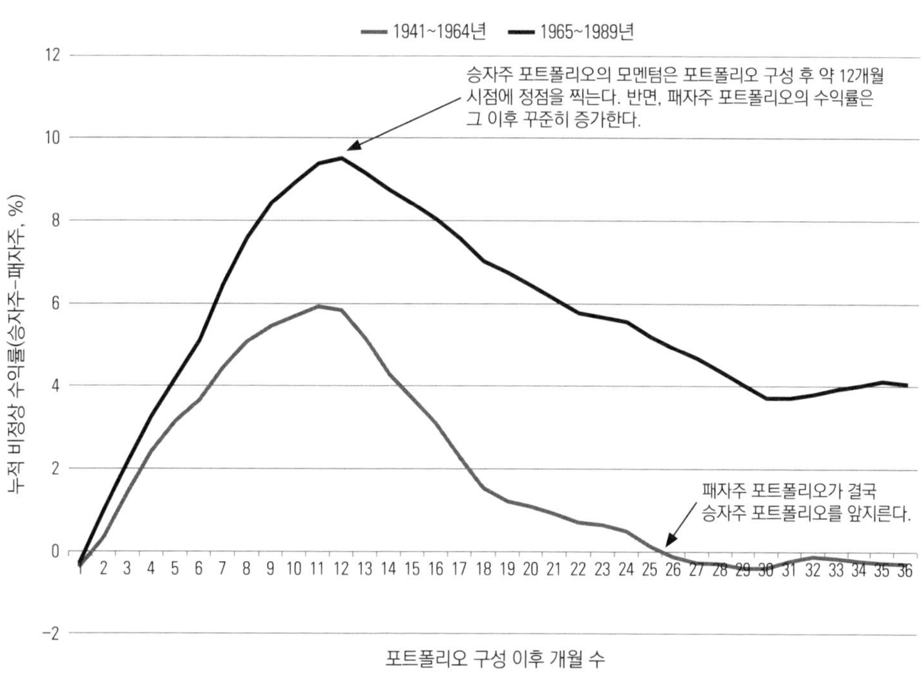

면 패자주 전략은 기대한 수익을 가져다주지 못할 것이다.

가치주지수 투자자

많은 가치투자자는 가치투자지수 펀드에 투자하는 사람들을 같은 부류로 묶는 것에 거부감을 느낄 수도 있지만, 전통적인 가치투자 팩터(저PBR, 소형주, 낮은 변동성)에 치우친 지수 펀드에 자금이 유입되어온 것은 부정할 수 없는 사실이다.

이러한 펀드의 판매 전략은 단순히 높은 수익률에 초점을 맞추지 않는다. 포트폴리오가 특정 팩터에 치우치도록 설계되어 있기 때문에 더 높은 수익률 자체보다는 동일한 위험 수준(표준편차)에서 더 높은 수익률(표준편차 대비 수익률)을 추구한다는 점을 강조한다. 이러한 접근 방법에 대해 최종 판단은 아직 내려지지 않았지만, 나는 '특정 팩터에 치우친 펀드'라는 개념이 본질적으로 모순이라고 생각한다. 오히려 이러한 펀드는 거래를 최소화하여 비용을 낮추는 데 초점을 맞춘 '미니멀리스트 가치주 펀드'로 분류하는 것이 더 적절할 것이다.

액티브 가치투자 전략의 실패를 가장 잘 보여주는 통계는 이를 신봉한다고 주장하는 뮤추얼펀드 매니저들의 성과에서 찾을 수 있다. 초기 연구들은 뮤추얼펀드를 하나의 집단으로 분석한 결과 전체적으로 시장 대비 낮은 성과를 기록했다고 결론지었다. 이후 연구들은 뮤추얼펀드를 소형주와 대형주, 가치주와 성장주 등으로 분류하고 각 펀드의 매니저가 상응하는 지수 펀드 대비 실제로 우수한 성과를 냈는지 조사했다. 그러나 어떤 연구에서도 가치주 펀드 매니저가 지수 펀드 대비 초과수익을 달성할 가능성이 성장주 펀드 매니저보다 높다는 증거는 발견되지 않았다.

가치투자자들이 스스로 투자에 가치를 더하는 역할을 한다고 주장하면서 관련 연구를 거의 인용하지 않는다는 사실은 시사하는 바가 크다(물론 증거로 제시할 만한 연구 결과가 거의 없기 때문이기도 하다.) 대신 그들은 워런 버핏을 내세워 가치투자를 정당화한다. 수십 년에 걸친 버핏의 성공에는 의심의 여지가 없지만 여전히 그의 이름에 기대는 현실이 오히려 가치투자의 약점을 드러내는 것은 아닌지 생각해볼 필요가 있다.

길을 잃었나? - 2010년대의 가치투자

20세기의 가치투자에 대한 내 분석이 전반적으로 성공적인 기록을 남긴 전략에 트집을 잡는 것으로 보일 수도 있다. 그러나 나는 지난 10년(2010~2019년)이 가치투자에는 과거에 없었던 새로운 검증의 시간이었다고 생각한다. 2010년대가 얼마나 이례적인 시기였는지는 표 16.1에서 10년 단위로 비교한 저PBR 주식과 고PBR 주식의 수익률 차이를 보면 알 수 있다.

1990년대에는 닷컴 붐에 힘입어 성장주가 가치주를 앞지른 것이 사실이지만 수익률 차이가 그렇게 크지 않았고 그마저도 주로 후반 몇 년에 집중되었다. 반면 2010~2019년은 10년 중 7년 동안 성장주 수익률이 가치주를 큰 차이로 앞지르며 비교조차 불가능한 결과가 나왔다.

더구나 액티브 가치투자자, 특히 뮤추얼펀드 매니저의 성과는 가치주지수의 부진한 수익률에도 미치지 못했다. 나는 위험-수익 모델이나 학계 연구를 인용하며 포트폴리오 이론에 대한 논쟁을 시작할 생각은 없다. 대신 훨씬 더 단순하면서도 효과적인 비교 방법을 활용하고자 한다. S&P의 SPIVA(S&P Indices Versus Active)는 매우 유용한 성과 지표로, 유형별 펀드매니저들의 수익률을 각 유형의 벤치마크 지수

[표 16.1] 가치 대 성장: 미국 주식의 10년 단위 수익률(%)

	최저 PBR	최고 PBR	차이(%p)	최저 PER	최고 PER	차이(%p)
1930~1939	6.04	4.27	1.77	N/A	N/A	N/A
1940~1949	22.96	7.43	15.53	N/A	N/A	N/A
1950~1959	25.06	20.92	4.14	34.33	19.16	15.17
1960~1969	13.23	9.57	3.66	15.27	9.79	5.48
1970~1979	17.05	3.89	13.16	14.83	2.28	12.54
1980~1989	24.48	12.94	11.54	18.38	14.46	3.92
1990~1999	20.17	21.88	−1.71	21.61	22.03	−0.41
2000~2009	8.59	−0.49	9.08	13.84	0.61	13.23
2010~2019	11.27	16.67	−5.39	11.35	17.09	−5.75

(가치 펀드는 가치주지수, 성장 펀드는 성장주지수 등)와 비교해 지수 수익률을 능가한 매니저의 비율을 제시한다. 그림 16.6은 SPIVA 데이터 기준으로 2005~2019년 각 벤치마크 지수 대비 저조한 성과를 기록한 대형주, 중형주, 소형주 가치 펀드 매니저의 비율이다.

가치 펀드의 매니저 대부분은 수수료를 감안한 순수익 기준으로 가치지수를 능가하지 못했다. 심지어 수수료 차감 전 총수익 기준으로 보더라도 펀드매니저 절반 이상이 벤치마크 지수를 하회했다.

2010년 이후 10년 동안 전설적인 가치투자자들조차도 투자 감각을 잃은 것처럼 보인다. 심지어 워런 버핏의 선택도 평균적인 성과에 그쳤을 뿐이다. 버핏은 그동안 장부가치를 활용해 기업의 내재가치를 평가하고 자사주 매입을 결코 하지 않았으나 여러 가지 이유로 이 같은 오랜 투자 원칙을 몇 가지 포기했다. 시장이 버핏의 종

[그림 16.6] 액티브 가치투자의 수익률: SPIVA 지표

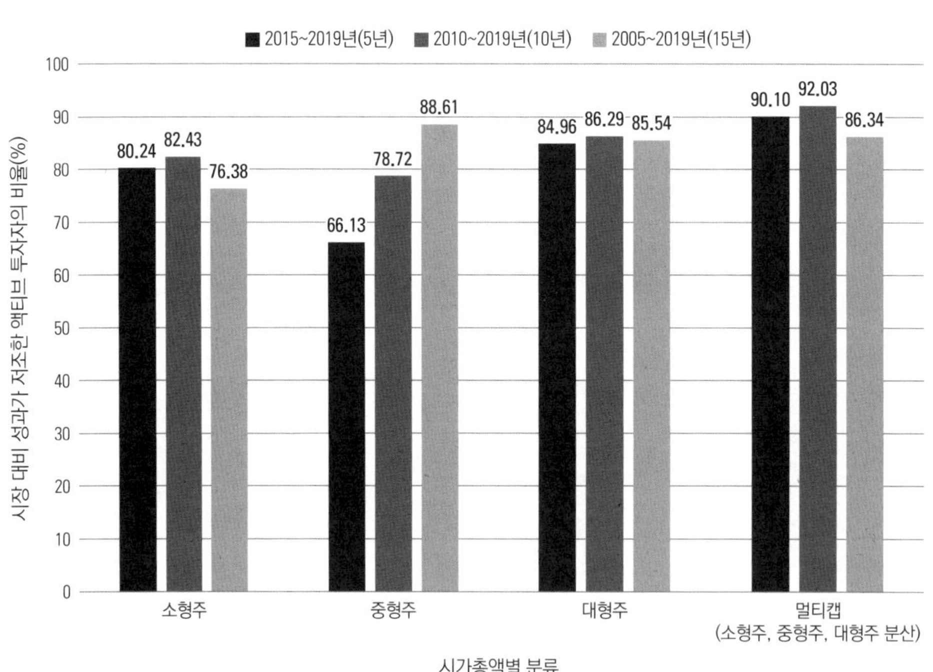

목 선택 능력을 낮게 평가하기 시작했다는 가장 명확한 지표는 최근 몇 년 동안 버크셔 해서웨이의 PBR 추이 변화다. 그림 16.7을 보자.

버크셔 해서웨이의 자산은 대부분 상장기업에 투자된 상태이며, 이러한 투자는 전체 기간 동안 시장가격으로 평가되었다. 따라서 투자자들이 버크셔에 지불하는 장부가치 이상의 프리미엄 가운데 일부는 투자할 기업을 선택하는 인물인 '버핏' 프리미엄이라고 볼 수 있다. 다만 버크셔의 보험업에 대한 프리미엄도 일부 있을 수 있으므로 나는 버크셔의 PBR을 미국 상장 보험사들의 평균 PBR과 비교해보았다. 2010년 초, 버크셔의 PBR은 1.54배로 미국 보험업계 평균인 1.10배보다 훨씬 높았다. 그러나 10년 후인 2021년 말에는 버크셔의 PBR이 1.47배로 하락해 당시 미국 보험업계 평균인 2.06배보다 오히려 낮았다.

버핏 프리미엄의 소멸은 버핏의 행보를 주시하는 사람들에게는 당혹스러울 수

[그림 16.7] 버크셔 해서웨이의 버핏 프리미엄

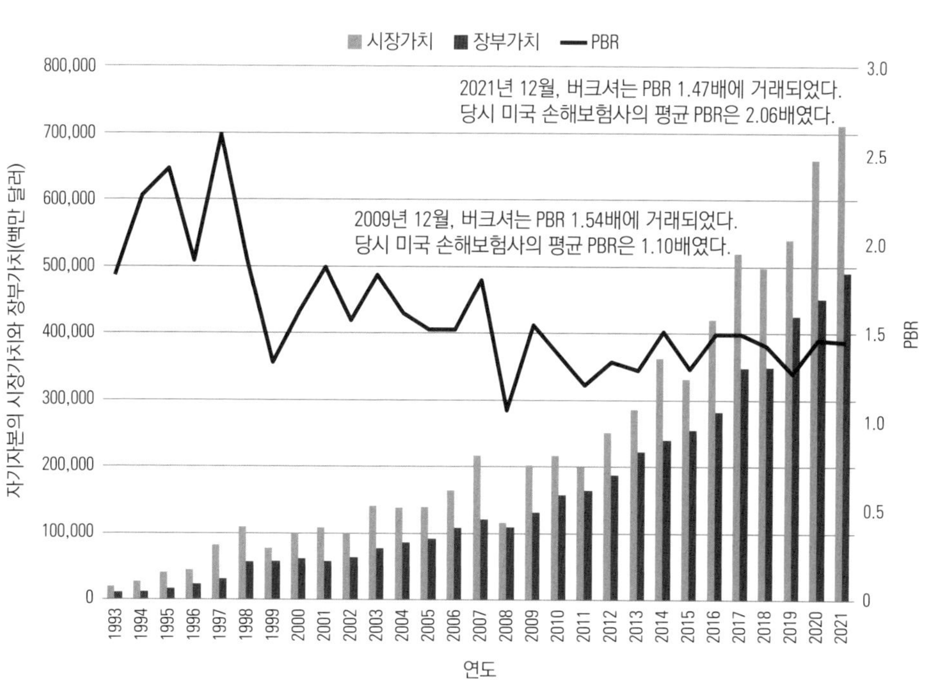

있다. 버핏은 여전히 투자 분야에서 신적인 존재로 추앙받고 있으며, 2017년 애플 투자부터 2020년 스노우플레이크(Snowflake) IPO 투자까지 버크셔 해서웨이의 모든 의사결정의 배후로 여겨진다. 그러나 버핏의 투자 성과는 과거 어느 때보다 평균적인 투자자에 근접해 있다. 또 고령으로 인해 더 이상 버크셔에서 주요 투자 결정을 주도하지 않을 가능성이 높다. 내 해석으로는 이에 대해 시장이 덜 감성적이고 좀 더 현실적인 평가를 하고 있는 것으로 보인다.

가치투자의 부진에 대한 설명 혹은 변명

2010년 이후 10년간 가치투자에 일어난 일을 파악하는 것은 단순히 과거를 설명하는 차원을 넘어선다. 그 원인을 어떻게 해석하는지에 따라 기존 가치투자 원칙을 그대로 유지할지, 새로운 현실을 반영해 수정할지, 아니면 완전히 포기하고 새로운 전략을 찾을지를 결정하게 될 것이기 때문이다. 지난 10년간 부진했던 원인으로 가치투자자들이 내놓은 설명은 크게 네 가지다. 이를 가치투자 관행에 미치는 영향에 따라 비교적 덜 중요한 것부터 가장 중요한 것까지 정리하면 다음과 같다.

1. **일시적인 현상일 뿐이다!**

   진단: 20세기에 가치투자가 황금기를 누리던 시기에도 1990년대처럼 저PER, 저PBR 주식이 고PER, 고PBR 주식보다 성과가 부진했던 적이 있었다. 그러나 이런 시기가 지나가면 결국 가치주는 다시 투자 세계에서 우위를 되찾았다. 지난 10년도 과거와 마찬가지로 일탈에 불과하며, 이 또한 지나갈 것이다.

   처방: 인내하라. 시간이 지나면 가치투자는 다시 우월한 수익을 가져다줄 것이다.

2. **연준 때문이다!**

   진단: 2008년 금융위기 이후 전 세계 중앙은행은 시장에서 훨씬 더 적극적인 역할을 수행해왔다. 연준과 기타 중앙은행들은 양적 완화를 통해 인위적으로 저금리 상태를 유지

　　　　　　　　　　　　　

했다. 이는 위험을 감수하는 투자자에게는 보호막을 제공하고 보수적인 투자 전략에는 불리한 환경을 조성했다.

처방: 중앙은행들이 영원히 금리를 낮게 유지할 수는 없고, 위험을 감수하는 투자자들을 무한히 구제할 수 있는 자원을 보유하고 있지도 않다. 이런 방식은 계속될 수 없고 결국 통화가치 하락, 정부 예산 파탄, 인플레이션과 금리 상승을 초래할 것이다. 그때 가치투자자들은 다른 투자자들보다 상대적으로 타격이 적을 것이다.

3. 투자 세계가 평준화되었다!

진단: 1949년에 벤저민 그레이엄이 좋은 투자 대상을 선별하는 기준을 제시했을 때, 이를 실전에 적용하려고 해도 투자자 대부분은 데이터와 도구에 접근하기가 어려웠고 인내심도 요구되었다. 투자자는 제각각인 회계 기준으로 작성한 연간 보고서(10-K)를 직접 뒤져야 했고, 각종 재무 비율(PER, PBR, 부채비율 등)을 직접 계산해야 했으며, 수작업으로 기업을 분류했다. 1980년대까지도 데이터와 분석 도구에 대한 접근은 전문 펀드매니저들에게만 제한적으로 주어졌고 이것이 그들의 경쟁우위였다.

하지만 현재는 데이터를 쉽게 구할 수 있고 회계 기준이 더 표준화되었으며 분석 도구도 널리 보급되었다. 이에 따라 단순히 재무제표로 PER, PBR, 부채비율 등을 계산하고 이를 바탕으로 저평가된 주식을 찾는 전략의 경쟁우위가 거의 사라졌다.

처방: 경쟁우위를 확보하려면 가치투자자는 창의적인 접근법으로 새로운 선별 기준을 개발해야 한다. 즉 정성적 요소를 찾거나 재무제표를 벗어나야 한다. 대중에게 공개된 데이터를 처리하는 새로운 방식을 창의적으로 개발해 저평가된 주식을 찾을 수도 있다.

4. 세계 경제가 변화했다!

진단: 다소 진부하게 들릴 수도 있지만 경제 권력이 기술 기반의 거대한 사용자 플랫폼을 보유한 글로벌 기업들로 이동하면서 과거의 가치투자 원칙들 중 상당수가 무의미해졌다.

처방: 가치투자는 새로운 경제 환경에 적응해야 한다. 실무에서 가치를 평가할 때 재무제표에 집중하는 대신 좀 더 유연하게 접근해야 한다. 즉 가치투자자들이 전통적으로 선호

했던 영역(실물 자산 기반의 성숙한 기업)을 벗어나 기업 생애주기의 다른 단계에서도 새로운 가치투자 기회를 찾아야 한다.

다양한 가치투자자들의 의견을 종합하면 아직 가치투자 철학이 안고 있는 문제가 무엇인지 합의된 의견은 없지만 생각의 변화가 있는 것은 분명해 보인다. 성과가 부진한 기간이 길어지면서, 이를 일시적 현상으로 치부하고 인내심만 있으면 다 지나갈 일이라고 믿는 가치투자자는 점점 줄고 있다. 많은 가치투자자가 여전히 부진한 성과의 책임을 연방준비제도(및 기타 중앙은행들)의 탓으로 돌리고 있다. 나 역시 중앙은행의 지나친 개입이 시장을 왜곡시킨다는 데 동의하면서도 이러한 믿음이 가치투자의 핵심 문제를 직시하지 않기 위한 편리한 변명이 되고 있다고도 생각한다.

버크셔 해서웨이 주주총회에 참석한 적이 없고 가치투자 신봉자를 자처한 적도 없는 나로서는 가치투자에 뿌리 깊은 문제가 존재한다고 생각한다. 나는 그 원인을 세 가지 변화에서 찾을 수 있다고 본다.

1. **지나치게 경직되었다:** 벤저민 그레이엄이 《증권분석》을 출간한 이후 수십 년 동안, 가치투자는 융통성이 없는 투자 규칙을 발전시켜왔다. 일부 규칙은 가치투자 역사의 산물(유동비율과 당좌비율을 활용한 선별)이고, 일부는 과거에 머물러 있는 개념이며, 일부는 단순히 고집에 지나지 않는 것처럼 보인다. 예를 들어 가치투자는 시장가격에 비해 상당한 유형자산을 보유한 기업이 저평가된 기업이라는 견해를 고수해왔고, 이러한 관점 때문에 지난 30년 동안 많은 가치투자자가 기술주를 외면했다. 마찬가지로 배당을 중시하는 가치투자 원칙은 젊은 기업들이 자사주 매입을 통해 현금을 주주에게 환원하는 방식으로 전환하는 동안에도 이러한 변화를 반영하지 못하고 유틸리티기업, 금융서비스기업, 전통적인 소비재기업에 투자를 집중하도록 유도했다.

2. **종교가 되었다:** 가치투자는 이제 일종의 종교가 되었다. 해마다 오마하로 순례하듯 모여드는 버크셔 해서웨이 주주총회 참석자들, 《현명한 투자자》와 《증권분석》을 읽지 않으면 투자를 배웠다고 할 수 없다는 주장, 워런 버핏이나 찰리 멍거의 말이라면 무조건 옳

  4부 | 투자철학과 생애주기

다는 거의 절대적인 믿음이 이런 생각을 뒷받침한다.

3. 도덕적 우월감을 갖게 되었다: 모든 투자자가 자신이 선택한 '투자 방식'이 좋은 성과를 가져오리라고 믿지만, 일부 가치투자자는 단순한 믿음을 넘어 가치투자 원칙과 의식을 철저히 지킨다는 이유만으로 높은 수익을 받을 자격이 있다고 느끼는 듯하다. 심지어 다른 길을 선택한 투자자는 깊이가 부족한 투기꾼으로 간주하며 장기적으로 실패할 운명이라고 확신한다.

한마디로 가치투자는 적어도 일부 신봉자들에게는 철학이 아니라 하나의 종교로 변해버렸다. 이들은 가치투자 외의 다른 투자 방식을 단순히 잘못된 접근법이 아니라 도덕적으로 그릇된 행위이며 처벌을 받아야 마땅하다고 여긴다.

좋은 기업 대 좋은 투자

가치투자에서는 흔히 경영진의 중요성을 강조한다. 잘 운영되는 기업에 투자하면 좋은 수익을 얻을 수 있다는 것이다. 이 논리를 바탕으로 많은 가치투자자가 우수한 경영진과 탄탄한 재무 구조를 갖춘 성숙한 기업을 선호하고, 반대로 경영이 미숙하고 재무 상태가 불안정한 기업은 피하는 경향이 있다. 그러나 나는 이 관점에 문제가 있다고 주장한다. 시장이 해당 기업에 매긴 가격이라는 변수가 빠졌기 때문이다.

'좋은' 기업이란?

좋은 기업의 요건이 무엇인지부터 살펴보자. 여러 기준이 있을 수 있지만 모든 기준에는 한계가 존재한다. 우선 일반적으로 수익성이 더 높은 기업이 더 좋은 기업이라고 생각할 수 있다. 그러나 수익성이 높더라도 자본 집약적이고 투입된 자본에 비해 이익이 크지 않은 사업이거나 언제든 경쟁자가 진입할 수 있는 위험이 큰 사업이라면 반드시 좋은 기업이라고 할 수 없다. 성장성이 기준이 될 수도 있다. 그러나 앞서 언급했듯이 성장은 긍정적일 수도 있고 부정적이거나 중립적일 수도 있다.

기업 가치를 훼손하면서 빠르게 성장하는 기업도 있다. 내가 생각하는 기업의 질을 평가하는 가장 좋은 기준은 초과수익률이다. 즉 투하자본이익률(ROIC)이 자본비용 (WACC)보다 월등히 높은 기업이다.

기업의 초과수익이나 손실을 전적으로 경영진의 공과로 돌리는 것은 위험하다. 기업의 성과가 '좋다' '나쁘다'는 단순히 경영진의 능력이 아니라 기업의 성장 단계, 진입장벽, 거시경제 요인(환율 변동, 국가 리스크, 원자재 가격 변동 등) 같은 외부적 요인 일 수도 있다. 훌륭한 경영진은 기업이 현재 생애주기의 어느 단계에 있는지를 현실 적으로 평가하고 이에 맞춰 전략을 조정한다.

앞서 기업 재무에서 설명했듯이 기업의 미래는 다음 세 가지 주요 의사결정에 좌 우된다. 첫째, 한정된 자원을 어디에 투자할지 결정하는 투자 의사결정, 둘째, 얼마 만큼의 부채를 어떤 형태로 조달할지 결정하는 자금 조달 의사결정, 셋째, 소유주(주 주)에게 얼마만큼의 현금을 어떤 방식으로 반환할지 결정하는 배당 의사결정이다.

초기성장기 기업에서 '좋은' 경영은 주로 투자 의사결정을 최적화하는 것을 의미 한다. 이는 높은 성장성을 실현할 수 있는 훌륭한 투자 기회를 발굴하고 실행하는 것이다. 이 단계에서는 부채 조달이나 배당 지급은 지양해야 한다. 기업이 성숙기에 접어들면 '좋은' 경영은 경쟁자의 공격으로부터 브랜드와 사업 가치를 보호하는 방 어적인 전략을 취하는 것으로 전환될 수 있다. 이 단계에서는 자금 조달과 배당 정 책을 활용해 기업 가치를 조정하는 것 또한 중요해진다. 쇠퇴기에 접어든 기업에서 '좋은' 경영이란 단순히 새로운 투자를 지양하는 것에 그치지 않고, 기존 투자를 정 리하고 기업의 청산을 원활하게 이끄는 것이다.

나는 경영진의 역량을 판단하기 위해 기업 가치를 두 번에 걸쳐 평가한다. 먼저 기존 경영진 체제에서 기업 가치를 평가하고, 새로운(더 나은) 경영진이 있을 경우를 가정해 다시 한번 평가하는 방식이다.

기대의 게임

이제 좋은 기업과 좋은 경영자에 대한 실질적인 정의를 세웠으니 '좋은' 투자에 대해 생각해보자. 어떤 기업이 좋은 투자 대상이 되려면 그 기업의 사업과 경영 특성을 고려할 때 적정한 가격에 거래되고 있어야 한다. 매우 우수한 기업이고 유능한 경영진이 이끌고 있더라도 시장이 그 기업을 훌륭한 기업이자 탁월한 경영진을 보유한 기업으로 평가해 너무 높은 가치를 매기고 있다면, 이는 나쁜 투자다. 반대로 경영이 부실할 뿐만 아니라 본래 수익이 자본비용에도 미치지 못하는 열악한 사업을 영위하는 기업이라도 시장이 그보다 더 나쁜 기업으로 평가해 낮은 가격을 매기고 있다면, 이는 좋은 투자일 수 있다.

즉 투자란 기업을 그 가치보다 낮은 가격에 매수하는 것이며, 이를 평가하려면 시장이 그 기업에 기대하는 바와 그에 따라 매긴 가격을 고려해야 한다. 그림 16.8에서는 9장에서 소개한 가치평가와 가격 산정 과정을 활용해 투자자로서 특정 기업에 대한 자신의 기대를 시장의 기대와 어떻게 비교해야 하는지 제시한다.

기업에 대한 개인의 기대와 시장의 기대 간의 차이에 따라 투자 판단은 크게 달라진다.

- 기업이 나쁘든, 평범하든, 좋든, 훌륭하든 투자자의 기대가 시장의 기대와 일치하면 투자는 중립적이다. 시장가격에 그 기대가 반영될 것이며 공정한 수익률을 제공할 것이다.
- 기업이 시장의 기대보다 더 나은 경영을 펼치고 더 뛰어난 실적을 기록할 것이라고 예상한다면, 좋은 투자 기회가 될 가능성이 높다. 시장이 주가를 너무 낮게 책정해 투자자는 초과수익을 얻을 가능성이 높아진다.
- 기업의 경영이 시장의 기대와 달리 부실하고 실적도 시장의 기대보다 저조할 것이라고 판단한다면, 주가가 너무 높게 책정되었을 가능성이 있다. 이런 기업을 매수하면 시장 평균보다 낮은 수익률을 기록할 가능성이 크다.

즉 투자는 기대의 게임이다. 기대가 지나치게 높게 설정되면 아무리 훌륭한 기업이라도 그 기대에 부합하기가 어렵고 이런 기업은 좋은 투자 대상이라고 보기 어렵다.

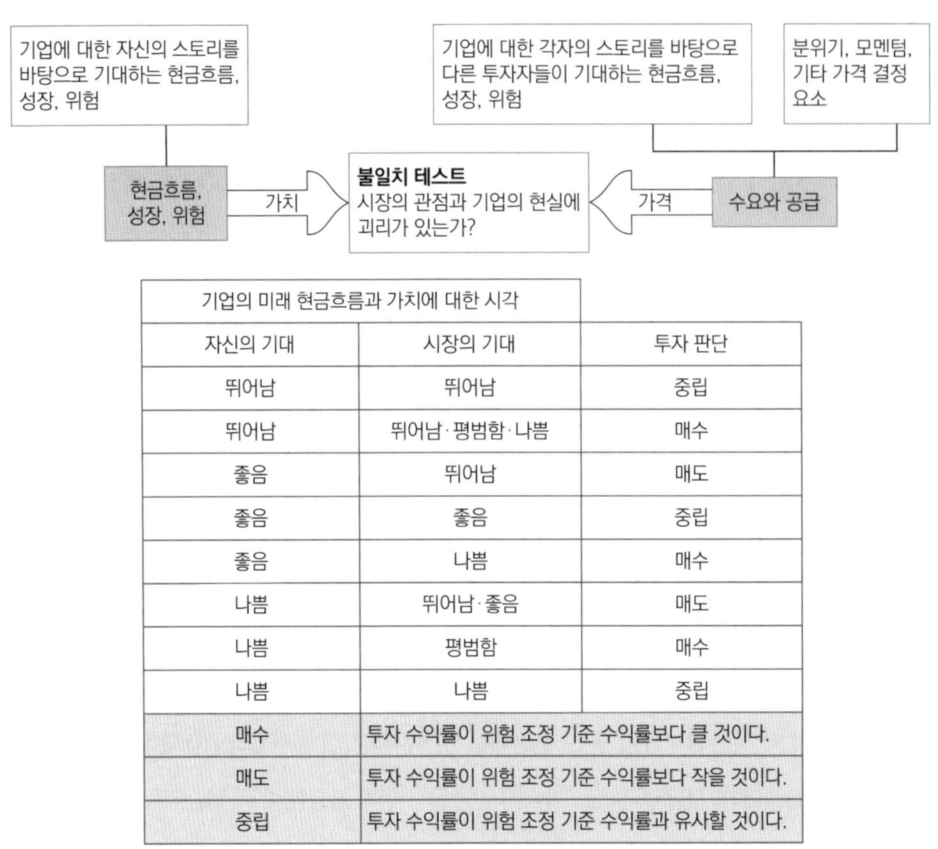

기업의 미래 현금흐름과 가치에 대한 시각		
자신의 기대	시장의 기대	투자 판단
뛰어남	뛰어남	중립
뛰어남	뛰어남·평범함·나쁨	매수
좋음	뛰어남	매도
좋음	좋음	중립
좋음	나쁨	매수
나쁨	뛰어남·좋음	매도
나쁨	평범함	매수
나쁨	나쁨	중립
매수	투자 수익률이 위험 조정 기준 수익률보다 클 것이다.	
매도	투자 수익률이 위험 조정 기준 수익률보다 작을 것이다.	
중립	투자 수익률이 위험 조정 기준 수익률과 유사할 것이다.	

가격 오류 찾기

앞서 설명한 내용을 이해했다면 PER이나 EV/EBITDA 같은 배수를 활용해 저평가된 주식을 찾는 접근법이 실제 투자에서 널리 사용되는 이유를 알 수 있을 것이다. 결국 투자에 성공하려면 시장의 오류를 찾아야 한다. 즉 사업성과 경영진의 역량이 뛰어난데도 시장에서 나쁘게 혹은 평범하게 가격이 매겨진 기업을 찾아 '매수'하는 것이다.

이러한 목표를 염두에 두고 주가 배수를 활용해 가격 오류를 찾는 방법을 살펴보겠다. 여기서는 PER을 예로 들어 설명한다. 매우 기초적인 평가 모델에서 출발해 PER을 결정하는 주요 요인을 도출해낼 수 있다. 그림 16.9를 보자.

이제 어떻게 해야 할까? 그림 16.9의 방정식은 PER을 성장성, 위험(자기자본비용을 통해 측정), 성장의 질(배당성향 또는 ROE)이라는 세 가지 변수와 연결한다. 이 방정식에서 각 변수에 값을 대입해보면 저성장, 고위험, 극히 낮은 ROE의 조합을 가진 기업은 낮은 PER에 거래되어야 한다. 반대로 고성장, 저위험, 견고한 ROE가 조합된 기업은 높은 PER로 거래되어야 한다. 기업의 가격과 가치에 괴리가 있는 좋은 투자 기회를 찾는다면 낮은 PER과 높은 성장성, 낮은 자기자본비용, 높은 ROE가 조합된 기업을 찾아야 한다. 같은 방식으로 표 16.2에서는 가격 배수 몇 가지를 해체해서, 가치와 가격의 불일치를 통해 저평가 기업과 고평가 기업을 선별하는 조합을 제시했다.

표에서 자기자본 위험과 영업 위험의 차이가 궁금하다면 그 답은 간단하다. 영업 위험은 기업이 영위하는 사업 자체의 위험을 반영하는 반면, 자기자본 위험은 재무 레버리지에 의해 확대된 영업 위험을 의미한다. 영업 위험은 자본비용으로 측정하

[그림 16.9] PER 결정 요인

단순 배당할인모형에서 출발한다.

$$\text{주당 자기자본 가치} = \frac{\text{다음 해 예상 주당 배당금}}{(\text{자기자본비용} - \text{기대성장률})}$$

양변을 EPS로 나눈다.

$$\frac{\text{주당 자기자본 가치}}{\text{EPS}} = \text{PER} = \frac{\text{배당성향}}{(\text{자기자본비용} - \text{기대성장률})}$$

배당성향 = 주당 배당금/EPS

PER = f(배당성향, 자기자본비용, 기대성장률)
고성장 → 고PER
고위험(자기자본비용) → 저PER
고ROE(배당성향) → 고PER

[표 16.2] 가격 배수의 불일치와 가격 오류

배수	저평가 기업	고평가 기업
PER	낮은 PER 높은 성장성 낮은 자기자본 위험 높은 배당성향	높은 PER 낮은 성장성 높은 자기자본 위험 낮은 배당성향
PEG	낮은 PEG 낮은 성장성 낮은 자기자본 위험 높은 배당성향	높은 PEG 높은 성장성 높은 자기자본 위험 낮은 배당성향
PBR	낮은 PBR 높은 성장성 낮은 자기자본 위험 높은 ROE	높은 PBR 낮은 성장성 높은 자기자본 위험 낮은 ROE
EV/투자자본	낮은 EV/투자자본 높은 성장성 낮은 영업 위험 높은 ROIC	높은 EV/투자자본 낮은 성장성 높은 영업 위험 낮은 ROIC
EV/매출액	낮은 EV/매출액 높은 성장성 낮은 영업 위험 높은 영업이익률	높은 EV/매출액 낮은 성장성 높은 영업 위험 낮은 영업이익률
EV/EBITDA	낮은 EV/EBITDA 높은 성장성 낮은 영업 위험 낮은 세율	높은 EV/EBITDA 낮은 성장성 높은 영업 위험 높은 세율

고 자기자본 위험은 자기자본비용에 반영된다.

투자에 주는 교훈

좋은 기업과 나쁜 기업을 구분하기는 쉽다. 경영을 잘하는 기업과 그렇지 못한 기업을 구분하는 것은 조금 더 복잡하다. 가장 어려운 것은 어떤 기업이 좋은 투자 대상인지 정의하는 것이다. 좋은 기업은 강력한 경쟁우위를 갖추고 성장하는 시장에서 활동하며 성과(높은 이익률과 ROC)로 그 경쟁우위를 입증한다. 경영을 잘하는 기업은 투자 정책, 자금 조달 정책, 배당 정책이 기업 가치를 극대화하는 방향으로 결정된다. 따라서 좋은 기업이지만 경영이 비효율적인 경우도 있고, 나쁜 기업이지만 경영을 잘하는 기업도 있을 수 있다.

좋은 투자란 기업의 사업 특성과 경영 상태를 고려한 내재가치보다 낮은 가격에 매수하는 것이다. 따라서 좋은 기업이라도 (가격이 너무 높다면) 나쁜 투자 대상이 될 수 있고, 나쁜 기업이라도 좋은 투자 대상이 될 수 있다. 물론 누구나 훌륭한 경영진이 있는 훌륭한 기업을 저렴한 가격에 매수하고 싶어 하지만, 모든 면에서 훌륭한 기업은 투자자들의 관심을 끌어 가격이 상승하기 때문에 현실적으로 쉽지 않다.

나는 좀 더 실용적인 결론을 내리려고 한다. 적정한 가격이라면 사업이 부진하고 경영진이 평범하더라도 매수한다. 잘못된 가격이라면 아무리 뛰어난 경영진이 있더라도 투자하지 않는다. 기업의 사업 특성과 경영진의 질, 시장가격을 종합적으로 고려한 다양한 조합을 정리하고 그에 따른 투자 결정을 표 16.3에 제시했다.

[표 16.3] 투자 결정의 3요소: 사업, 경영진, 시장

사업	경영진	가격	투자 결정
좋음(강력한 경쟁우위, 성장하는 시장)	좋음(최선의 투자, 자금 조달, 배당 결정)	좋음(가격 < 가치)	강력 매수
	나쁨(차선의 투자, 자금 조달, 배당 결정)	좋음(가격 < 가치)	매수, 경영진 교체 기대
나쁨(경쟁우위 없음, 정체 또는 축소되는 시장)	좋음(최선의 투자, 자금 조달, 배당 결정)	좋음(가격 < 가치)	매수, 경영진 유지 기대
	나쁨(차선의 투자, 자금 조달, 배당 결정)	좋음(가격 < 가치)	매수, 경영진 교체 기대, 생존 기원
좋음(강력한 경쟁우위, 성장하는 시장)	좋음(최선의 투자, 자금 조달, 배당 결정)	나쁨(가격 > 가치)	감탄하되 매수하지 않음
	나쁨(차선의 투자, 자금 조달, 배당 결정)	나쁨(가격 > 가치)	경영진 교체를 기다림
나쁨(경쟁우위 없음, 정체 또는 축소되는 시장)	좋음(최선의 투자, 자금 조달, 배당 결정)	나쁨(가격 > 가치)	매도
	나쁨(차선의 투자, 자금 조달, 배당 결정)	나쁨(가격 > 가치)	강력 매도

가치투자의 새로운 패러다임

가치투자가 그 뿌리를 재발견하고 다시 효과적인 전략으로 자리 잡기 위해서는 근본적인 변화가 필요하다고 생각한다. 이러한 변화 가운데 어떤 것들은 특히 수십 년 동안 가치투자 세계에서 활동한 사람에게는 이단적인 발상으로 들릴 수도 있을 것이다.

1. **가치와 가격을 명확히 구분하라:** 일부 시장 전문가와 투자자는 '가치'와 '가격'을 혼용한다. 그러나 이 둘은 도출하는 과정이 완전히 다르고, 평가와 예측에 필요한 도구도 다르다. 9장에서 언급했듯이 가치는 현금흐름, 성장, 위험의 함수이며, 미래 현금흐름을 명시적으로 예측하거나 위험을 조정하지 않는 내재가치 평가 모형은 핵심 요소가 결여된 것이다. 가격은 수요와 공급에 의해 결정되고 시장의 분위기와 모멘텀에 의해 변동한다. 자산의 가격을 평가할 때는 시장이 유사한 자산에 어떤 가격을 매기고 있는지를 살펴봐야 한다.

   나는 많은 가치투자자가 내재가치 평가를 일종의 투기적 행위로 간주하고 대신 가격 배수(PER, PBR 등) 비교에 분석을 집중하는 것이 놀랍다. 결국 기업의 가치는 미래 현금흐름과 그 현금흐름에 대한 불확실성에서 비롯된다는 점에는 이견이 없을 것이다. 내재가치를 평가하는 과정에서 투자자는 미래 현금흐름을 예측하고 위험을 조정하려고 하지만 사실 두 가지 모두 오류 가능성이 존재한다. 그러나 단순히 가격 배수를 사용하거나 평가 과정을 단축한다고 해서 이러한 오류나 불확실성이 사라지는 것은 아니다.

2. **불확실성을 회피하지 말고 직면하라:** 많은 가치투자자가 불확실성을 '나쁜 것'으로 간주하고 이를 회피하려 한다. 이러한 시각 때문에 가치투자자들은 미래 예측이 필수인 성장 기업에 투자를 기피하고, 대신 유형자산을 보유한 성숙한 기존 기업에 투자를 집중하는 경향이 있다. 그러나 불확실성은 투자에서 제거해야 할 오류가 아니라 본질적인 요소다. 아무리 성숙하고 안정적인 기업이라도 그 크기만 다를 뿐 불확실성은 존재한다.

   나는 기업의 생애주기 전반에 걸쳐 불확실성이 어떻게 전개되는지 분석한 뒤 기업이 나이 들어감에 따라 불확실성의 크기와 유형이 변화한다는 점을 주목했다. 비록 안정적인 시장에서 더 성숙한 기업을 평가할 때 불확실성이 적은 것이 사실이지만, 시장의 오류를 발견할 가능성이 가장 큰 기업은 젊거나, 재무가 부실하거나, 거시경제 여건이 어려워서 미래에 대한 불확실성이 큰 곳이다. 실제로 불확실성은 내재가치 평가의 거의 모든 부분에 영향을 미친다. 이 불확실성은 기업 내부의 미시적 요소뿐만 아니라 거시경제 요소에서도 비롯될 수 있다.

분석에서 이러한 불확실성을 처리하려면 가치투자자도 확률분포, 의사결정 트리, 몬테카를로 시뮬레이션 등 기본적인 통계 기법으로 분석 도구를 확장할 필요가 있다.

3. **안전마진은 위험의 대리 지표가 아니다:** 가치투자자들이 전통적인 위험-수익 모델을 불신하는 경향이 있다는 사실은 잘 알고 있다. 그러나 내재가치 평가는 베타나 현대 포트폴리오 이론에 무조건적인 충성을 요구하지 않는다. 실제로 베타가 마음에 들지 않는다면 수익성 지표, 부채 수준, 회계 비율 등 선호하는 다른 위험 측정 척도로 대체할 수 있을 만큼 내재가치 평가는 충분히 유연하다.

일부 가치투자자는 안전마진이 위험을 평가하는 더 나은 척도라고 주장한다. 그러나 안전마진은 기업에 대한 평가 '이후'에 적용되는 개념이며, 기업의 가치를 평가하려면 먼저 위험을 측정해야 한다는 점을 강조할 필요가 있다. 안전마진을 사용하면 특정 유형의 실수를 피하는 대신 다른 형태의 실수를 감수해야 할 수도 있는 상충 관계가 존재한다. 그림 16.10에서 이를 확인할 수 있다.

안전마진이 크다는 것이 긍정적인지 부정적인지는 결국 가치투자자가 얼마나 까다롭게 투자 대상을 선정할 수 있는지에 따라 달라진다. 안전마진이 지나치게 높게 설정되었는지 여부는 포트폴리오의 현금 비중으로 간단히 확인할 수 있다. 포트폴리오에 현금 비중이 지나치게 크다는 것은 투자 기준을 너무 엄격하게 설정한 나머지 실제로 투자할 만한 주식이 거의 없다는 의미일 수 있다.

4. **회계 수치를 그대로 믿어서는 안 된다:** 가치투자는 회계적 접근 방식을 기반으로 하며, 이익과 장부가치가 투자 전략의 중심이 되는 것이 사실이다. 그러나 오늘날에는 과거보다 이러한 숫자를 덜 신뢰해야 하는 몇 가지 이유가 있다. 첫째, 기업들이 더욱 공격적으

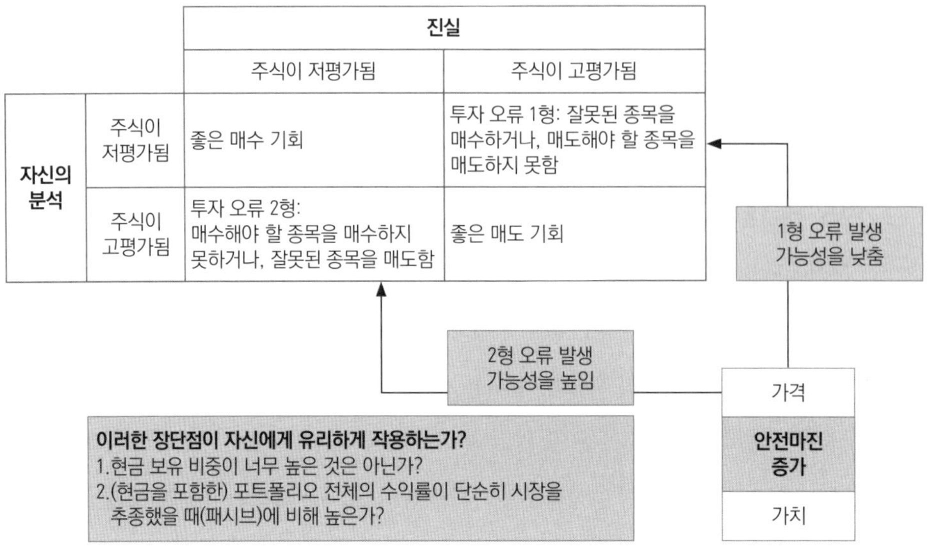

로 회계 게임을 벌이며 추정 손익계산서를 활용해 숫자를 자사에 유리하게 왜곡하고 있다. 둘째, 경제의 중심이 제조업에서 기술과 서비스 산업으로 이동하면서 기존 회계 방식이 이러한 변화를 따라잡지 못하고 있다. 실제로 연구개발비를 처리하는 방식 때문에 기술기업과 제약기업의 장부가치가 과소평가되는 문제가 발생하고 있다.

5. **선별 투자와 분산 투자는 동시에 가능하다:** 모든 가치투자자가 집중 투자를 고집하는 것은 아니지만, 많은 가치투자자는 집중된 포트폴리오를 가치투자의 전형적인 특징으로 여긴다. 이들은 너무 많은 종목에 투자하면 수익이 희석된다고 주장한다.

그러나 좋은 종목을 고르는 것과 포트폴리오를 분산하는 것은 양자택일의 문제가 아니며, 둘 다 수행하지 못할 이유가 전혀 없다. 상장 주식시장에는 선택할 수 있는 상장기업이 수천 개 있다. 분산 투자는 최고 1개 종목, 최상위 5개 종목에 모든 자금을 투자하는 대신 20개, 30개 혹은 40개의 우수한 종목을 보유하는 것을 의미한다. 아무리 철저히 조사하고 검증한 투자라도 수익 실현에는 불확실성이 존재한다는 전제가 분산 투자의 근거다. 이러한 불확실성은 기업의 가치를 평가할 때 중요한 요소를 간과했거나 시장에서 가

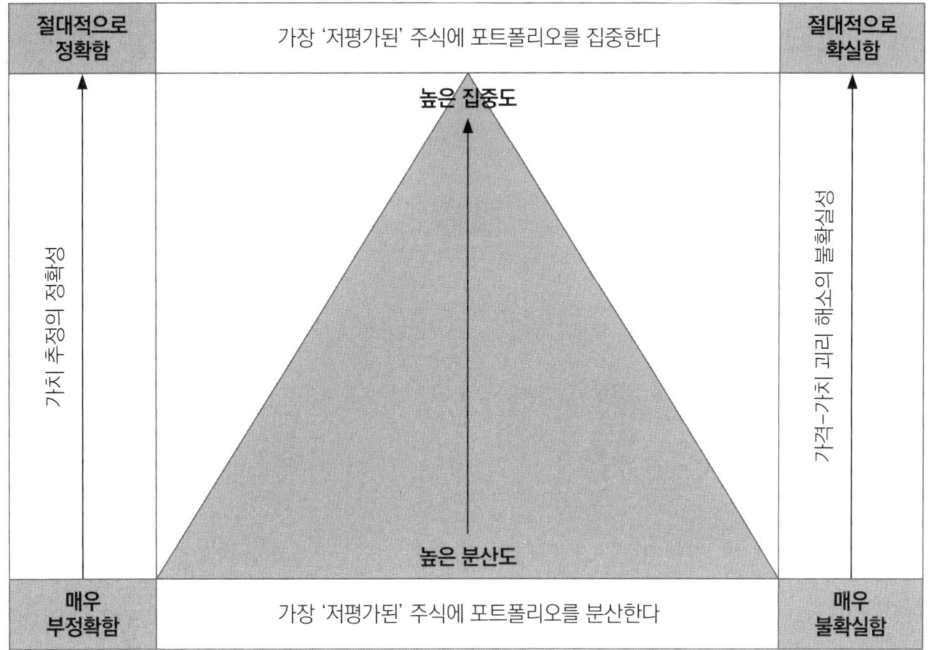

격 오류가 수정되지 않을 수도 있다는 데 기인한다. 그림 16.11에서는 집중 투자와 분산 투자의 선택을 기업 가치평가, 가격과 가치의 괴리 해소와 관련한 불확실성의 관점에서 설명하고 있다.

나는 분석을 철저히 수행하고 성숙한 기업에 집중하면 정확한 가치를 산출할 수 있다는 전제가 가치투자자들을 불안정한 기반 위에 올려둔다고 생각한다. 시장이 가격 오류를 적시에 바로잡을 것이라고 믿는 것은 더욱 불안정한 가정이다. 오늘날 시장에서는 가장 성숙한 기업들도 사업모델이 흔들리고 있으며, 지수를 추종하는 매매가 시장의 모멘텀을 더욱 강화하고 있다. 이러한 환경에서 집중 포트폴리오를 고수하는 것은 무모한 전략이다.

6. **미덕에 보상을 기대해서는 안 된다:** 투자는 권선징악의 연극이 아니고, 돈을 버는 도덕적으로 완벽한 방법이란 없다. 투자와 투기는 구분이 미묘하며, 결국 개인의 관점에 따라 판단이 달라진다. 특정한 투자철학이 다른 투자 방식보다 우월하다고 생각하는 것은 오만이

며, 시장이 그 태도를 바로잡을 것이다. 가치투자는 개인의 선택이지만 그렇다고 해서 다른 투자자들을 존중하지 않거나, 수익을 개선하는 수단으로서 그들의 전략을 배척해서는 안 된다. 오히려 다른 투자자들을 존중하고 열린 마음으로 다른 투자철학을 고려한다면 다른 전략에서 유용한 요소를 차용해 가치투자 전략의 수익을 높일 수 있을 것이다.

결론

투자자들에게 투자철학을 선택하라고 하면 많은 이가 가치투자로 기우는 경향이 있다. 이는 가치투자가 시장을 바라보는 방식과 시장에서 성공을 거둔 오랜 역사 때문이다. 20세기 대부분 기간 동안 가치투자의 우위는 의심할 여지가 없었다. 저PER, 저PBR 주식은 고PER, 고PBR 주식보다 월등히 높은 수익률을 기록했다.

그러나 시장에서 지난 10년간 나타난 변화는 가치투자자들의 완고한 신념을 흔들어놓았다. 일부는 이를 일시적인 현상으로 여기거나 중앙은행의 과도한 개입 때문이라고 해석하지만 나는 가치투자가 경쟁력을 잃어가고 있다고 본다. 이는 가치투자가 오랫동안 의존해온 척도와 지표가 점점 의미를 잃고 있기 때문이기도 하고, 전 세계 경제 변화의 여파 때문이기도 하다.

가치투자가 경쟁력을 되찾으려면 불확실성에 대한 거부감을 극복하고 가치의 개념을 훨씬 폭넓게 정의할 필요가 있다. 즉 단순히 측정 가능한 유형자산과 기존 실물 자산에만 집중하는 것이 아니라 무형자산과 성장 자산까지 포함하는 방식으로 접근해야 한다.

17장
쇠퇴기 기업, 부실기업
: 사모펀드, 행동주의, 벌처 투자

쇠퇴하는 기업에 투자한다는 개념은 직관에 부합하지 않는다. 미래에 매출 감소가 예상되고, 이익률이 정체되거나 축소될 가능성이 높으며, 부실의 위험이 실제로 존재하고 심지어 임박하기까지 한 기업의 일부를 사서 득이 될 것이 있을까?

이처럼 부정적인 요인에도 불구하고 쇠퇴하는 기업은 몇 가지 이유에서 좋은 투자 기회가 될 수 있다. 첫째, 해결 가능한 문제라면 기업이 정상화된 후 상당한 가치를 회복할 수 있다. 이는 실적이 부진한 기업이 구조조정의 목표가 되는 바이아웃 투자 세계에서 사모펀드가 제시하는 약속이기도 하다. 둘째, 어떤 기업은 계속기업으로 남는 것보다 청산하거나 사업부를 분할할 때 더 가치가 올라간다. 청산을 추진할 자원과 영향력이 있다면 투자자는 이 과정에서 상당한 이익을 얻을 수 있다. 셋째, 시장은 기업의 주식이나 부채의 가격을 잘못 매길 가능성이 있고 트레이더들은 이 가격 오류를 이용해 차익을 실현할 수 있다.

사모펀드와 행동주의 투자자: 문제 해결사인가?

사모펀드를 넓게 정의하면 사적으로 소유한 비상장기업에 투자된 자본을 포함한다. 따라서 앞서 청년기 기업 투자에서 다뤘던 VC도 사모펀드의 일부로 볼 수 있다. 이 장에서는 (대부분 상장기업인) 성숙기와 쇠퇴기 기업에 투자하는 사모펀드에 초점을 맞춘다. 이들은 기존 경영진과 협력하는 경우가 많다. 또 4장의 개요를 바탕으로 사모펀드에 대한 설명을 이어가려고 한다. 이들은 기업을 비상장 상태로 전환하고 문제를 해결한 뒤 재상장해 투자금을 회수한다는 전략으로 투자에 나선다.

사모펀드와 기업 생애주기

사모펀드를 이해하기 위해 먼저 기업의 자연스러운 노화 과정을 살펴보면 비상장기업이던 젊은 기업이 성숙한 기업으로 전환되며 주식을 상장하고, 소유 구조도 창업자와 내부자 중심에서 상장 주식시장 투자자, 그중에서도 기관투자자 중심으로 변화한다. 그림 17.1은 기업이 나이 들어감에 따른 소유 구조의 변화를 보여준다.

시간이 지나며 창업자의 지분과 경영권이 희석됨에 따라 상장기업을 운영하는 사람들과 소유한 사람들, 즉 경영진과 주주의 간극은 더욱 커진다. 이러한 기업 지배구조상의 격차는 모든 기업에 존재하지만 성장기에는 비교적 문제가 되지 않는다. 창업자와 소유주가 여전히 경영진으로 참여하고 있고, 투자 기회가 풍부하며, 자금 조달과 배당 결정이 상대적으로 덜 중요하기 때문이다. 그러나 성숙 단계의 후반부, 특히 쇠퇴기에 접어들수록 경영과 소유의 분리는 훨씬 더 큰 역기능을 초래할 가능성이 있다. 나는 13장에서 쇠퇴하는 기업의 경영진이 현실을 부정하거나 절박한 상태에서 행동할 때 발생하는 가치 파괴를 다룬 바 있다.

4장에서는 사모펀드의 투자 절차를 설명하고 인수와 출구 전략의 일정을 제시했다(그림 4.16). 나는 사모펀드의 역할이 비효율적으로 운영되는 기업을 찾아내 실질적인 경영권을 확보하는 것이라고 설명했다. 때로는 비상장 상태에서 변화를 도모하는 것이 더욱 빠르고 비용 측면에서 효율적일 수 있다. 비상장기업으로 전환하기

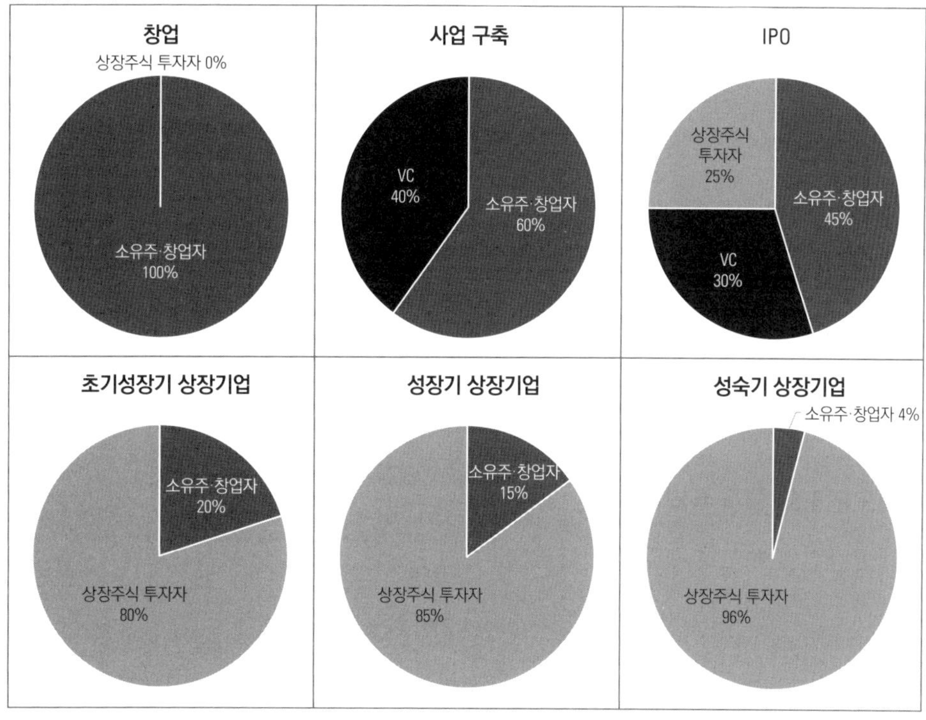

위해 타인자본을 활용해야 하는 경우도 있고 과도하게 부채를 부담하기도 한다. 기업 인수, 큰 부채 부담, 비상장 전환이라는 세 가지 요소가 결합될 때, 이를 차입매수(LBO)라고 한다.

인수의 최종 결말이 기업의 운영 방식을 변화시키고 관성이나 경영진과 주주의 분리로 인해 발생한 비효율성을 제거하는 것이라면, 행동주의 투자의 목표도 본질적으로 동일하다. 그러나 행동주의 투자와 사모펀드의 인수 사이에는 중요한 차이점이 있다. 첫째, 행동주의 투자자는 기업 전체를 인수하는 대신 일부 지분을 취득한 후 이를 활용해 기업 가치를 높이는 데 필요하다고 생각하는 변화를 추진한다. 둘째, 행동주의 투자자는 상장기업의 주주로서 위임장 대결(proxy fight)이나 이사회 대표권을 활용해 목표를 달성하고자 한다.

(VC를 제외한) 사모펀드와 행동주의 투자자가 기업 생애주기 전반에 걸쳐 다양한 기업을 대상으로 삼는 데는 제약이 없다. 다만 이들이 가치를 창출하는 방식의 특성상 성숙기 혹은 쇠퇴기에 있는 기업이 목표가 되는 경향이 있다. 첫째, 부채 활용을 늘려 가치를 창출하는 것은 바이아웃의 핵심 요소이자 많은 행동주의 투자 전략의 일부다. 부채를 더 많이 사용하기 위해서는 안정적인 현금흐름이 뒷받침되어야 하는데 안정적인 현금흐름은 성장기 기업보다는 성숙기나 쇠퇴기 기업의 특징이다. 둘째, 기업 운영의 비효율성은 어느 단계에나 존재할 수 있지만 기존 투자를 개선하는 것이 더 즉각적인 성과를 창출하는 경향이 있다. 이 역시 사모펀드나 행동주의 전략이 노화된 기업에 집중되는 경향을 강화한다.

사모펀드와 행동주의 투자자

상장기업의 지분을 취득하거나 완전히 인수한 후 운영 방식의 변화를 시도하는 일반적인 형태의 사모펀드는 항상 시장의 일부로 존재해왔다. 그러나 제도화된 형태의 사모펀드는 비교적 최근에 등장했으며 1980년대에 KKR, 블랙스톤, 칼라일그룹 같은 기업이 대형 상장사를 대상으로 차입매수를 적극적으로 추진하면서 사모펀드시장이 폭발적으로 성장했다. 현재도 이 세 기업이 업계를 주도하는 가운데 사모펀드는 최근 몇 년간 영역을 더욱 확장하고 있다.

사모펀드에서 차입매수 부문의 성장을 살펴보기 위해 미국 상장기업을 대상으로 한 차입매수 규모의 변화를 분석했다. 물론 이는 전체 사모펀드 거래의 일부에 불과하다. 그림 17.2를 보자.

2021년 미국에서는 약 9,000억 달러가 차입매수에 투자되었다. 상당히 큰 규모이지만 이는 사모펀드가 투자한 전체 금액의 일부에 불과하다. 사모펀드는 점점 더 많은 비상장기업을 목표로 삼고 있으며 그중 다수는 가족 소유 기업이다. 상장기업 투자와 마찬가지로 구조조정을 통해 가치를 극대화할 수 있기 때문이다. 2021년 한 해 동안 미국에서 사모펀드가 인수한 거래는 약 8,600건에 달했고 상장기업과 비상장기업을 모두 포함한 거래 규모는 1조 2,000억 달러에 이르렀다.

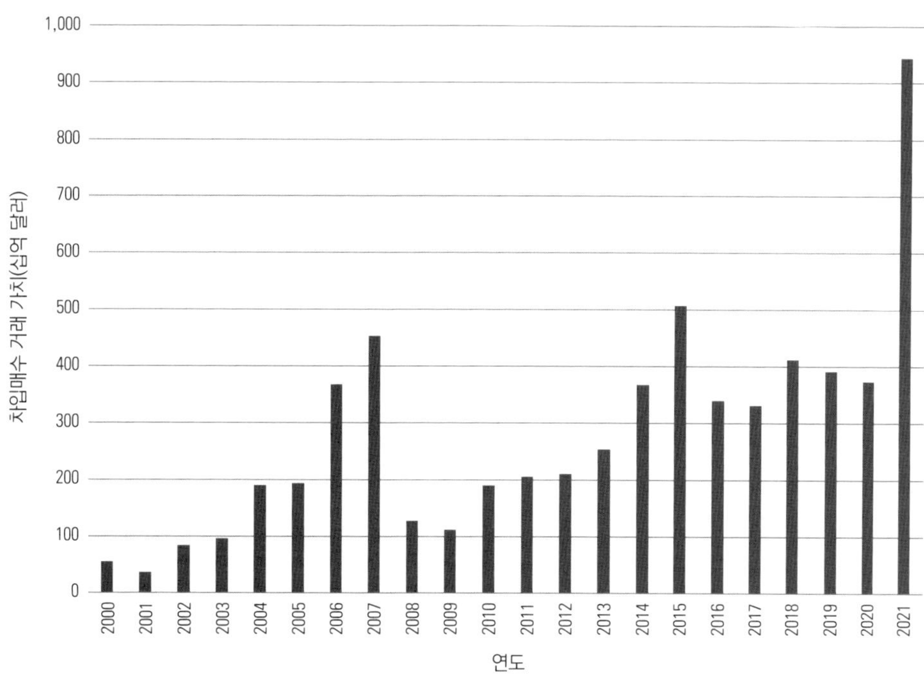

지난 10년 동안 인수 거래의 유형도 달라져 규모가 큰 기업이 대상이 되고 사모펀드 거래에 참여하는 딜메이커(dealmaker) 수도 급증했다. 표 17.1은 2022년 초 기준 10대 바이아웃 펀드다. 이러한 사모펀드가 접근 가능한 자본의 규모가 커진 것은 물론이고 규모가 가장 큰 KKR과 블랙스톤을 포함한 일부 사모펀드 자체가 상장기업이라는 점도 주목할 만하다.

이들 중 일부는 바이아웃을 넘어 행동주의 투자 전략을 병행한다. 즉 기업을 인수해서 비상장기업으로 전환하는 대신, 행동주의 투자자로서 상장기업의 운영 방식이나 자본 구조의 변화를 요구하는 것이다. 특정 의제를 가지고 기업을 겨냥하는 칼 아이칸과 빌 애크먼 같은 행동주의 투자자도 있다. 행동주의 투자는 처음에는 미국 기업에 집중되었지만 점차 세계로 확대되었다. 그림 17.3은 연도별로 행동주의 투자의 대상이 된 전 세계 기업의 수와, 그중 미국 외에 본사를 둔 기업의 비율이다.

[표 17.1] 최대 사모펀드

기관	본사	출자금(백만 달러)
KKR	뉴욕	126,508
블랙스톤	뉴욕	82,457
EQT	스톡홀름	57,287
CVC캐피털파트너스	룩셈부르크	55,414
토마브라보	샌프란시스코	50,257
칼라일	워싱턴 D.C.	48,441
제너럴애틀랜틱	뉴욕	44,832
클리어레이크캐피털그룹	캘리포니아주 산타모니카	42,350
헬먼앤드프리드먼	샌프란시스코	40,925
인사이트파트너스	뉴욕	40,131

[그림 17.3] 연도별 행동주의 투자 대상 기업

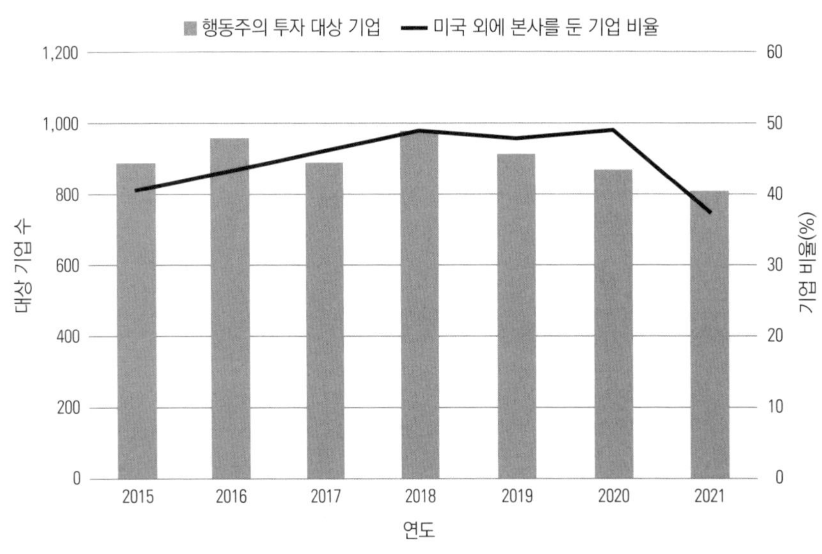

뒤에서 살펴보겠지만 행동주의 투자는 더욱 정교한 전략과 도구로 경영진에게 변화를 압박해왔다. 경영진 또한 행동주의 투자자들의 개입에 맞서 더욱 효과적으

로 대응하는 방법을 익혀가고 있다. 행동주의 투자도 성장하고 있는 것이다.

사모펀드와 행동주의 투자자의 대상

기업의 경영 방식을 변화시켜 투자 수익을 얻는 것이 행동주의 투자의 목적이라면 비효율적으로 운영되는 기업을 겨냥해야 할 것이다. 실제로 행동주의 투자 기관과 개인은 실제로 동종 업계 경쟁사보다 수익성이 낮고 주주 수익률이 저조한 기업을 목표로 삼는다. 반면 사모펀드는 다른 곳에 주목하는 듯하다.

우선 상장기업 주식시장에서 바이아웃 대상이 되는 전형적인 기업에 관한 연구부터 살펴보자. 1980년대 이후 차입매수 대상 기업을 분석해 거래의 주요 동기를 밝히려는 연구들이 진행되어왔다. 압도적인 합의라고 할 만한 결론은 없지만 사모펀드의 바이아웃 대상이 된 기업에는 몇 가지 공통점이 있어 보인다.

1. **잉여현금흐름:** 많은 바이아웃 거래가 타인자본을 활용해 인수 자금을 조달하는 만큼, 바이아웃 대상 기업의 공통점은 영업 잉여현금흐름이 대규모로 발생한다는 점이다. 이 잉여현금흐름은 인수 후 이자를 지급하고 부채를 상환하는 데 활용될 수 있다.
2. **저렴한 가격:** 바이아웃의 최종 목표는 비효율적으로 운영되는 기업을 개선해 더 높은 가격으로 시장에 되파는 것이다. 목표 기업을 저렴한 가격에 인수할 수 있다면 사모펀드는 고수익을 올릴 가능성이 커진다. 차입매수 대상 기업은 일반적으로 낮은 가격 배수에 거래되며, 그중에서도 EV/EBITDA가 대표적으로 활용된다. 기업은 오랜 기간 시장에서 저조한 성과를 보인 후 저평가되는 경우가 많다. 바이아웃 대상 기업 중 상당수는 바이아웃 직전 수년간 동종 업체 대비 주가가 부진한 경향을 보인다.
3. **영업 개선 잠재력:** 바이아웃 대상 기업의 영업이익률이나 ROIC를 동종 업계와 비교해 영업 개선 잠재력을 간단하게나마 평가할 수 있다. 연구 결과 역시 수익성과 투자 수익률이 동종 업계 대비 낮은 기업일수록 바이아웃 대상이 될 가능성이 높다는 사실을 뒷받침한다.

바이아웃 붐이 시작된 1980년대부터 1990년대 초반까지 사모펀드와 바이아웃 대상 기업의 경영진은 대개 대립하는 관계였고, 많은 바이아웃이 적대적 인수 형태로 이루어졌다. 그러나 이후의 연구들은 차입매수 과정과 대상 선정에 모두 변화가 있었음을 보여주며, 대상 기업의 경영진이 사모펀드와 협력하여 바이아웃을 추진하는 사례들이 나타나고 있음을 밝혀냈다.

행동주의 투자자들이 어떤 유형의 기업을 타깃으로 삼아 변화를 추구하는지에 대한 연구를 살펴보면 동기와 대상 선정에 더 많은 공통된 견해가 있는 것으로 보인다. 다만 그 결과는 행동주의 헤지펀드인가, 개인 행동주의 투자자인가에 따라 달라지는 경향이 있다.

- 2001년부터 2005년 사이 행동주의 헤지펀드가 벌인 캠페인 888건을 분석한 한 연구에 따르면 이들이 주로 겨냥한 기업은 소형에서 중형 규모의 기업이며, 시장 유동성이 평균 이상이고, PBR이 낮으며, 탄탄한 현금흐름과 수익성을 갖추고 있고, 동종 기업들보다 CEO 보수가 더 높은 경향이 있었다.
- 행동주의 헤지펀드의 동기에 관한 또 다른 연구는 이들의 주요 동기가 저평가에 있다는 사실을 밝혀냈다. 이는 그림 17.4에서 확인할 수 있다.[1]

[그림 17.4] 바이아웃 동기　　자료: Brav, Jiang, Kim(2010). 일부 기업은 두 가지 이상의 동기를 언급함.

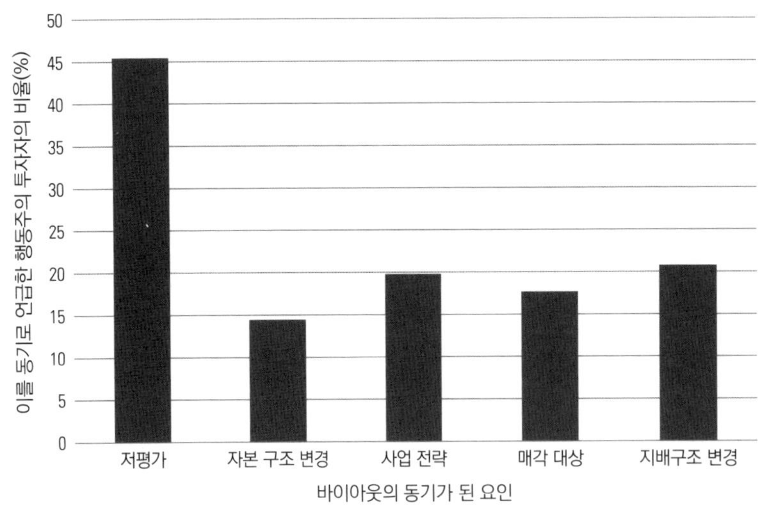

요약하면 전형적인 행동주의 헤지펀드는 경영이 부실한 기업을 찾는 행동주의 투자자라 기보다는 저평가된 기업을 찾는 패시브 가치투자자에 가깝다. 개인 행동주의 투자자는 경영이 부실한 기업을 겨냥하고 적극적으로 변화를 요구한다.

■ 행동주의 투자는 다양한 산업과 시가총액 규모를 대상으로 하지만 성장이 둔화되고 이익 률 유지에 어려움을 겪는 노화된 산업에 집중되는 경향이 있다. 소규모 기업도 주요 대상 이 되는데 상대적으로 적은 비용으로 대규모 지분을 확보할 수 있고 변화를 실행하기가 상대적으로 쉽기 때문이다. 표 17.2는 최근 몇 년간 행동주의 투자자들의 목표 기업을 업 종과 시가총액 기준으로 분류한 것이다.

[표 17.2] 사모펀드의 목표 기업: 업종과 시가총액 기준

행동주의 투자 대상(업종)			
업종	2018	2019	2020
기초 소재	9%	11%	9%
통신서비스	3%	4%	3%
경기 소비재	16%	15%	13%
경기 방어 소비재	5%	6%	4%
에너지	6%	5%	4%
금융서비스	11%	12%	13%
투자펀드	3%	5%	5%
헬스케어	10%	10%	10%
산업재	17%	14%	18%
부동산	5%	4%	5%
기술	11%	12%	12%
유틸리티	3%	3%	4%
행동주의 투자 대상(시가총액)			
	2018	2019	2020
대형주(100억 달러 이상)	23%	21%	27%
중형주(20~100억 달러)	17%	18%	16%
소형주(2.5~20억 달러)	23%	24%	25%
마이크로캡(5,000만~2.5억 달러)	18%	19%	18%
나노캡(5,000만 달러 미만)	18%	18%	14%

결과는 다소 놀랍다. 대상 기업이 다양한 업종에 걸쳐 있을 뿐만 아니라 예상외로 시가총액이 큰 기업도 상당히 많이 포함되어 있다는 점이 눈에 띈다.

사모펀드와 행동주의 투자자의 활동

우선 바이아웃 거래를 중심으로 사모펀드가 기업을 비상장 상태로 전환한 뒤 어떤 변화를 가져오는지 살펴보자. 여기서 제시되는 증거는 사모펀드를 옹호하는 측과 비판하는 측 모두를 만족시키지 못할 가능성이 크다. 바이아웃을 다룬 초기의 연구들은 부채를 활용하고(이에 따른 절세 효과) 운영을 개선해 가치가 창출된다고 보았지만, 이후의 연구들은 특히 운영 개선 효과에 대해서 엇갈린 결과를 보여준다.

- **자산 배분:** 사모펀드를 비판하는 사람들은 사모펀드가 자산을 매각하고 신규 투자를 차단해서 기업을 내부적으로 고갈시키는 자산 수탈자라고 비난한다. 일부 바이아웃 사례에서 이런 행태가 실제로 일어나지만 적어도 이러한 약탈적 행위가 일반적이라는 증거는 거의 없다. 바이아웃에 관한 연구에 따르면 사모펀드에 인수된 기업들은 자본적 지출을 미미하게 줄이기는 해도 연구개발이나 기타 투자 활동을 줄이지는 않는다. 사모펀드는 대상 기업으로부터 자본을 빼내고 기업을 축소시키기보다는 비핵심 사업에서 핵심 사업이나 신규 사업으로 자본을 재배치하는 것으로 보인다.
- **수익성:** 사모펀드가 비효율적으로 운영되는 기업을 대상으로 삼아 기업을 변화시켜 실제로 운영 효율성이 개선된다면, 그 결과 영업 지표가 향상될 것이다. 초기 연구들은 바이아웃 이후 해당 기업의 영업이익률이 개선되었다는 증거를 제시했다.[2] 표 17.3을 보자. 1980년부터 1986년까지 이루어진 바이아웃 48건을 분석한 연구에 따르면 바이아웃된 기업들은 바이아웃 이후 3년 동안 영업이익과 영업이익률이 업계 평균보다 훨씬 큰 폭으로 증가했다.

  그러나 이후 연구들은 바이아웃된 기업과 업계 벤치마크 기업 간의 운영 지표에서 큰 차이가 없다는 점을 발견해 앞선 연구에 의문을 제기했다. 특히 1990~2006년에 완료된 바이아웃 192건을 분석한 2014년 연구에 따르면 바이아웃 기업의 운영 성과 개선은 바

[표 17.3] 바이아웃 대상 기업의 영업이익과 영업이익률 변화

자료: Kaplan(1989),
1980~1986년 바이아웃 48건 기준

바이아웃 전후 기간	영업이익(%)		영업이익률(%)	
	바이아웃 대상 기업	산업 조정	바이아웃 대상 기업	산업 조정
2년 전~1년 전	11.4	−1.2	−1.7	−1.9
1년 전~1년 후	15.6	−2.7	7.1	12.4
1년 전~2년 후	30.7	0.7	11.9	23.3
1년 전~3년 후	42.0	24.1	19.3	34.8

주: 산업 조정: 바이아웃 기업의 변화 − 동종 업계 표본 기업의 변화(중앙값)

이아웃되지 않은 벤치마크 기업들과 비슷하거나 오히려 뒤처졌다. 또 바이아웃 기업에서 창출한 가치의 대부분은 레버리지 확대에서 비롯된 것이었다.[3]

- **재무 레버리지:** 많은 바이아웃 거래는 과도하게 부채에 의존해 자금을 조달하기 때문에 바이아웃 이후 대상 기업의 부채 부담이 급격히 증가하는 경향이 있다. 표 17.4에서 이를 확인할 수 있다.[4]

바이아웃이 이루어진 해에 부채비율이 급격히 상승한 것은 예상된 결과지만 이후 몇 년 동안도 부채비율이 지속적으로 높은 수준을 유지한다는 점은 주목할 만하다. 이는 바이아웃 이후 부채가 빠르게 상환된다는 일반적인 인식과는 다소 다른 결과다. 추가 부채 부담은 세금 절감 효과를 창출해 기업 가치 상승에 기여하지만, 동시에 부실 위험을 증가시

[표 17.4] 바이아웃 대상 기업의 부채비율

자료: Cohn, Mills, and Towery (2014),
1995~2007년 바이아웃 317건 기준

바이아웃 전후 기간	초과 현금흐름 LBO		현금 부족 LBO		전체	
	평균(%)	중앙값(%)	평균(%)	중앙값(%)	평균(%)	중앙값(%)
2년 전	45.3	40.0	48.8	41.7	47.5	41.0
1년 전	41.3	40.8	46.8	44.1	44.7	43.2
LBO 당해	73.1	69.5	75.8	77.5	74.8	75.4
1년 후	74.8	69.6	76.7	78.7	76.0	77.6
2년 후	80.0	76.0	84.5	77.6	82.7	77.5

키고 기업이 채무불이행에 빠질 가능성을 높이는 요인이 될 수 있다.

- **배당과 현금 환원:** 바이아웃 자체는 바이아웃 이전의 주주들에게 상당한 현금 수익을 제공하지만 기업을 인수한 사모펀드 투자자들이 그 즉시 스스로에게 거액의 배당금을 지급할 거라고 우려하는 이들도 있다. 그러나 연구에 따르면 이러한 특별 배당(special dividends)은 드문 편이다. 1993~2009년 사모펀드 바이아웃 대상 기업 788개를 추적한 연구에서는 사모펀드 투자자들에게 특별 배당을 지급한 사례가 42건에 불과한 것으로 나타났다.

요약하면 바이아웃 대부분에서 사모펀드는 약속한 변화를 이행하기는 하지만, 운영 효율성을 개선하기보다는 부채를 늘려 세금 절감 효과를 극대화하는 등 주로 자본 구조 측면에서 이루어진다. 그리고 사모펀드는 바이아웃한 기업을 다시 상장할 수 있을 때 가장 큰 수익을 올린다. 이를 고려하면 바이아웃 투자의 성과는 기업의 실질적인 변화뿐만 아니라 적절한 시점에 거래를 성사시키는 타이밍 전략에서도 상당 부분 결정된다고 보는 것이 타당하다.

이제 행동주의 투자를 살펴보자. 행동주의 투자 전략의 본질은 기존 경영진에 대한 도전이다. 그렇다면 이러한 도전은 어떤 측면에서 제기되며 실제로 얼마나 성공할까? 2000년부터 2007년까지 진행된 행동주의 투자 캠페인 1,164건을 분석한 2013년 연구는 행동주의 투자자들의 요구 사항이 무엇인지, 그리고 각 요구가 기업에서 얼마나 성공적으로 관철되었는지를 분석했다(표 17.5).[5]

행동주의 투자자들의 요구 사항은 기업 운영 방식 변화부터 공시 확대에 이르기까지 다양하며, 요구 사항에 따라 성공률 차이도 크다. 연구에서는 행동주의 투자에 관한 흥미로운 사실 몇 가지도 제시한다.

1. 행동주의 투자는 실패율이 매우 높다. 행동주의 투자자의 3분의 2는 대상 기업에 공식적인 요구를 하기 전에 중도 포기한다.

2. 요구를 지속하는 행동주의 투자자 중에서도 이사회 의석을 요구하는 비율은 20% 미만

   4부 | 투자철학과 생애주기

[표 17.5] 행동주의 투자자의 요구 사항과 성공률

행동주의 투자자의 요구 사항	캠페인 수	비율(%)	성공률(%)
전략과 영업 변화			
제삼자에 기업 매각	159	31.55	32.08
영업 구조조정	69	13.69	34.78
상장기업에서 비상장기업으로 전환	52	10.52	40.38
자본 구조와 배당 정책			
배당 확대, 자사주 매입	78	15.48	16.67
부채 부담 증가	22	4.37	31.82
인수합병			
발표된 합병 계획 철회	63	12.50	28.57
기업 지배구조			
CEO 해임, CEO와 이사회 의장 분리	27	5.36	18.52
임원 보수 삭감	20	3.97	15.00
공시 확대	14	2.78	35.71

이고, 위임장 대결을 경고하는 경우는 약 10%이며, 실제로 위임장 대결을 실행하는 경우는 단 7%에 불과하다.

3. 경영진을 상대로 관철한 행동주의 투자자의 요구 가운데 특히 성공률이 높았던 것은 비상장기업 전환(성공률 41%), 기업 매각(32%), 비효율적인 운영 구조 재편(35%), 공시 확대(36%) 요구였다. 반면 배당 지급과 자사주 매입 확대(17%), CEO 해임(19%), 임원 보상 체계 변경(15%) 요구는 특히 성공률이 낮았다. 전체적으로 행동주의 투자자들은 경영진을 상대로 요구한 것 가운데 약 29%를 관철시킨다.

이 연구에서는 또한 행동주의 헤지펀드의 보유 지분 중앙값이 약 7%이며, 우호적인 개입과 적대적인 개입 간에 큰 차이가 없음을 발견했다. 즉 행동주의 헤지펀드 대부분은 비교적 적은 지분을 보유한 상태에서 기업의 경영 방식을 변화시키려 하며, 평균 보유 기간은 약 2년이지만 중앙값 기준으로는 약 250일로 훨씬 짧다.

바이아웃과 마찬가지로 행동주의 투자자가 개입하거나 지배한 기업을 살펴보면 이들이 추진하는 변화는 잠재적인 가치 향상 조치로서 네 가지 범주로 분류할 수 있다.

- **자산 활용과 영업 성과:** 이에 대한 증거는 행동주의 투자자의 유형과 분석 기간에 따라 엇갈린다. 행동주의 투자자가 개입한 기업은 자산 매각이 증가하는 경향이 있지만 변화가 급격한 것은 아니다. 개인 행동주의 투자자가 개입한 기업은 동종 업계 대비 ROIC와 기타 수익성 지표가 실제로 개선된 반면, 헤지펀드 행동주의 투자자가 개입한 기업에서는 수익성 지표에서 뚜렷한 개선이 관찰되지 않았다.
- **자본 구조:** 재무 레버리지와 관련해서 행동주의 헤지펀드가 개입한 기업은 부채비율이 소폭(약 10%) 증가하지만 증가 폭이 급격하지 않으며 통계적으로 유의미한 수준도 아니다. 행동주의 투자자가 개입한 일부 기업에서 재무 레버리지가 급격히 증가하는 사례가 있기는 해도 행동주의 투자자가 과도하게 부채를 활용한다는 통념은 전체 표본으로 뒷받침되지 않는다. 다만 한 연구에서는 바이아웃 대상 기업의 채권 보유자들이 우려할 만한 현상이 발견되었는데, 행동주의 투자자가 개입한 후 몇 년간 해당 기업의 채권 가격이 3~5% 하락했고 신용등급이 강등될 가능성도 높아지는 것으로 나타났다.
- **배당 정책:** 행동주의 투자자가 개입한 기업은 일반적으로 배당을 늘리고 주주에게 더 많은 현금을 환원하는 경향이 있다. 행동주의 투자자가 개입한 후 이익 대비 환원된 현금이 평균 10~20% 증가하는 것으로 나타났다.
- **기업 지배구조:** 행동주의 투자자가 가장 큰 영향을 미치는 것은 기업 지배구조다. 행동주의 투자자의 표적이 된 기업에서는 CEO 교체 가능성이 크게 높아져서, 개입 1년 전에 비해 약 5.5% 높아지는 경향을 보인다. 또 행동주의 개입 후에는 해당 기업 CEO의 보수가 감소하고, 보상이 성과와 더욱 밀접하게 연동되는 경향을 보인다.

요약하면 사모펀드 투자자들은 목표 기업에서 변화를 추구하지만 많은 경우 기대보다 적은 성과에 만족하거나 너무 빨리 포기하는 경향이 있다. 행동주의 투자자

가운데 기존 경영진과 지속적으로 협력해 기업에 실질적인 변화를 일으키는 역량
과 인내심을 가진 이는 극소수에 불과하다.

사모펀드와 행동주의 투자자의 수익률

지금까지 바이아웃과 행동주의 투자자에 대해서 살펴보았다. 이 시점에서 사모
펀드와 행동주의 투자자가 상장 주식시장 투자자보다 더 높은 수익을 올리는지 궁
금할 것이다.

사모펀드

사모펀드가 투자자들에게 초과수익을 창출하는지 여부를 확인하기 위해 그림
17.5에서 사모펀드와 주식시장의 연 수익률을 비교했다.

사모펀드는 10~20년의 장기 수익률 기준으로는 주식시장을 앞섰지만 최근 몇
년간은 시장 수익률을 하회하고 있다. 실제로 사모펀드 투자자들이 초기에는 초과
수익을 올렸을지 몰라도 시장이 점점 붐비고 경쟁이 치열해지면서 초과수익이 줄
어들었다는 증거가 있다.

바이아웃 펀드 수익률에 대한 2015년 연구도 이를 뒷받침한다. 2005년 이전까
지는 바이아웃 펀드가 상장주식 펀드보다 연평균 3~4%포인트 더 높은 수익을 올
렸지만 이후 이러한 초과수익이 감소하면서 주식시장과 비슷한 수준이 되었다. 이
러한 변화는 S&P500 대비 사모펀드의 알파(초과수익)를 보여주는 그림 17.6에서
확인할 수 있다.[6]

물론 이러한 결과는 모든 사모펀드 투자자를 포함한 평균적인 결과이며 VC와 마
찬가지로 최상위 사모펀드들은 평균 수익률보다 훨씬 더 높은 수익률을 더욱 일관
되게 기록했을 가능성이 있다. 연구에 따르면 2000년 이전까지는 사모펀드 투자자
가 지속적으로 높은 수익을 올리는 경향이 있었고 성공한 펀드가 계속 성공하는 모
습이 확인되었으나 2000년 이후 이러한 지속성은 대부분 사라진 것으로 보인다.[7]
사모펀드의 수익률을 평가할 때는 이 수익률이 포트폴리오에 보유한 비상장 투자

[그림 17.5] 사모펀드와 주식시장의 기간별 연 수익률 비교

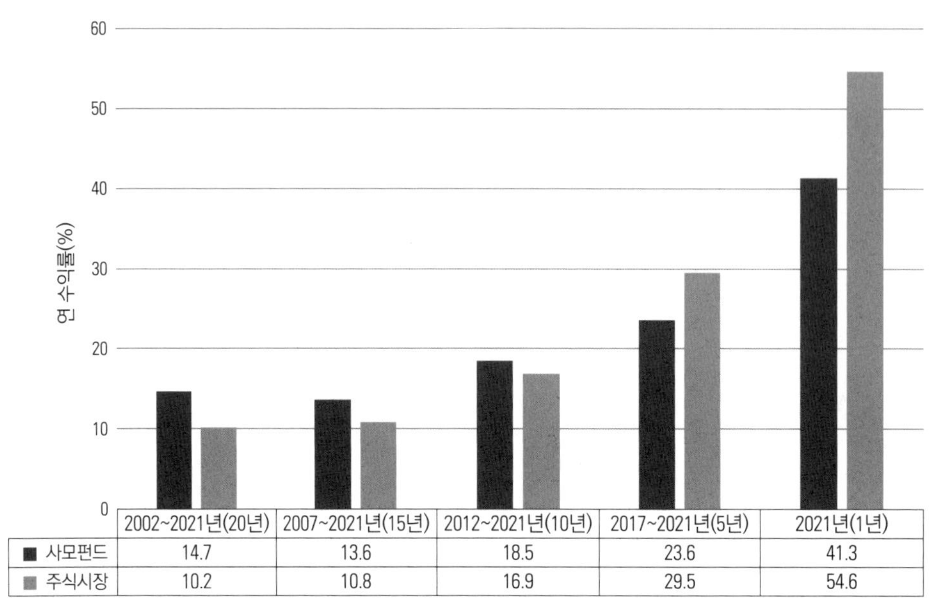

	2002~2021년(20년)	2007~2021년(15년)	2012~2021년(10년)	2017~2021년(5년)	2021년(1년)
■ 사모펀드	14.7	13.6	18.5	23.6	41.3
■ 주식시장	10.2	10.8	16.9	29.5	54.6

[그림 17.6] 사모펀드의 S&P500 대비 초과수익률(알파)

자료: Brown and Kaplan(2019)

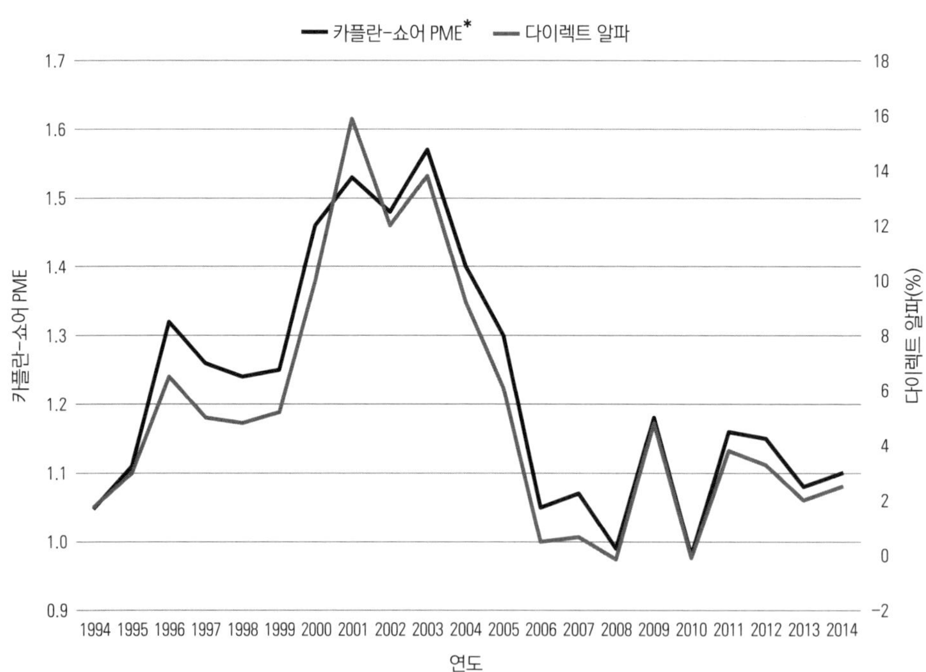

---

*　　PME(public market equivalent): 주식시장 등가. 사모펀드의 성과를 주식시장의 평균 수익률과 비교해 객관적으로 평가하는 지표로 사용된다.

자산의 평가 가치에 기반하고 있다는 점 또한 유의해야 한다. VC가 보고하는 수익률과 마찬가지로 이러한 수익률을 숫자 그대로 받아들이기보다는 신중하게 해석할 필요가 있다.

행동주의 투자

행동주의 투자자들이 실제로 수익을 올리는지에 대한 증거는 연구 대상이 되는 행동주의 투자자의 유형과 수익률 측정 방식에 따라 전반적으로 결과가 엇갈린다.

1. 행동주의 뮤추얼펀드는 가장 저조한 성과를 기록하는 것으로 보이며 대상 기업의 지배구조, 경영 성과, 주가에도 거의 변화가 없었다. 시장도 이를 인식하고 있는 것으로 보인다. 위임장 대결과 관련된 연구에서는 행동주의 기관투자자의 의결권 대리 행사 권유(proxy proposals)에 대해 주가가 거의 또는 전혀 반응하지 않는 것으로 나타났다. 반면 행동주의 헤지펀드는 상당한 초과수익을 올리는 경향이 있으며, 연간 기준으로 낮게는 7~8%, 높게는 20% 이상인 경우도 있다. 개인 행동주의 투자자의 성과는 기관투자자보다는 높고 헤지펀드보다는 낮은 중간 수준으로 보인다.
2. 헤지펀드와 개인 행동주의 투자자는 시장 대비 양(+)의 평균 초과수익률을 달성하지만 수익률의 변동성이 크고, 비교 대상이 되는 벤치마크와 위험 조정 방식에 따라 수익률의 민감도가 높다. 즉 행동주의 투자자는 주주 행동주의 캠페인에서 빈번하게 좌절을 겪으며, 그에 따른 보상이 보장되거나 예측 가능한 것도 아니다.

적절한 기업을 목표로 삼고, 그 기업의 주식을 취득하고, 이사회 진입을 요구하고, 위임장 대결을 벌이는 일련의 과정은 모두 많은 비용이 든다. 따라서 행동주의가 성공하기 위해서는 개입한 기업 전반에서 얻는 수익이 비용을 초과해야 한다. 지금까지 언급한 연구들은 이러한 비용을 고려하지 않았다. 비용을 반영한 다른 연구에서는 평균적인 기업을 대상으로 한 행동주의 캠페인의 비용이 1,071만 달러에 달하며, 이 비용을 감안하면 행동주의 투자에서 얻는 순수익은 거의 0에 가깝다는 결론을 내렸다.

행동주의 투자자 전체의 평균 수익률은 수익률 분포가 한쪽으로 치우쳐 있다는 중요한 사실을 가리고 있다. 가장 높은 수익률을 기록한 상위 25% 행동주의 투자자가 초과수익 대부분을 창출하며, 행동주의 활동의 비용까지 감안하면 수익률이 중위 수준에 해당하는 행동주의 투자자는 간신히 손익분기점을 맞출 가능성이 크다.

행동주의 투자가 초과수익을 창출하는 전략인지는 의견이 분분하다. 다만 상장기업의 주주 입장에서 보면 행동주의 투자자의 유입은 긍정적인 신호다. 행동주의 투자자가 기업의 주주 명단에 등장하면 주가는 바이아웃 발표 시점에 크게 상승하며, 이후에도 계속해서 우상향하는 경향을 보인다.

그림 17.7은 행동주의 투자 수익률에 관한 연구에서 발췌한 것으로, 대상 기업의 주가가 행동주의 캠페인 발표에 어떻게 반응하는지 보여준다.[8] 이러한 발표는 보통 미국 증권거래위원회(SEC)에 제출하는 13D 보고서의 형태로 이루어진다.

다만 행동주의 투자자의 개입을 시장이 실질적으로 알게 되는 순간인 13D 보고서 제출 시점에 주가가 급등할 뿐만 아니라 그 전후로도 주가가 점진적으로 상승하는 경향이 있다는 데 유의해야 한다. 13D 보고서 제출일 이전의 주가 상승은 내부자 거래 가능성을 시사할 수도 있으며, 이후의 상승은 모멘텀 트레이딩의 영향일 수 있다. 같은 연구에서는 행동주의 헤지펀드의 수익률을 전체 헤지펀드와 상장주식의 수익률과 비교해 행동주의 투자의 성과를 분석했다. 그림 17.8은 그 결과다.

행동주의 헤지펀드에 투자했을 때의 누적 수익은 전체 헤지펀드의 수익을 상회하며 상장주식의 투자 수익은 둘 모두에 뒤처진다.

마지막으로 VC와 마찬가지로 행동주의 투자에서도 최상위 투자자들이 평균보다 높은 수익을 올리며 이를 꾸준히 유지한다는 일부 증거가 존재한다. 2008~2014년 행동주의 투자 캠페인을 분석한 한 연구에서는 적절한 기업을 목표로 선정하는 능력과 해당 기업에 지속적으로 개입해 변화를 이끌어내는 능력을 입증함으로써 강력한 영향력과 전문성을 구축했다고 평가받는 헤지펀드를 다루면서, 이러한 행동주의 헤지펀드가 새로운 기업을 목표로 삼을 때 훨씬 더 큰 주가 반응을 유발하며

[그림 17.7] 바이아웃 발표 전후 거래량과 초과수익률

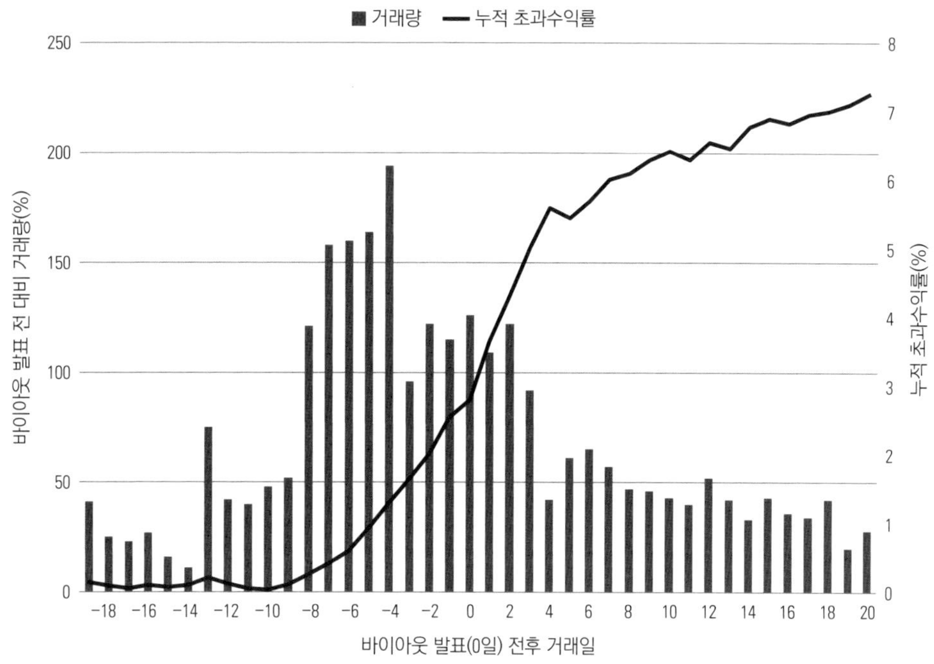

[그림 17.8] 행동주의 헤지펀드의 수익률

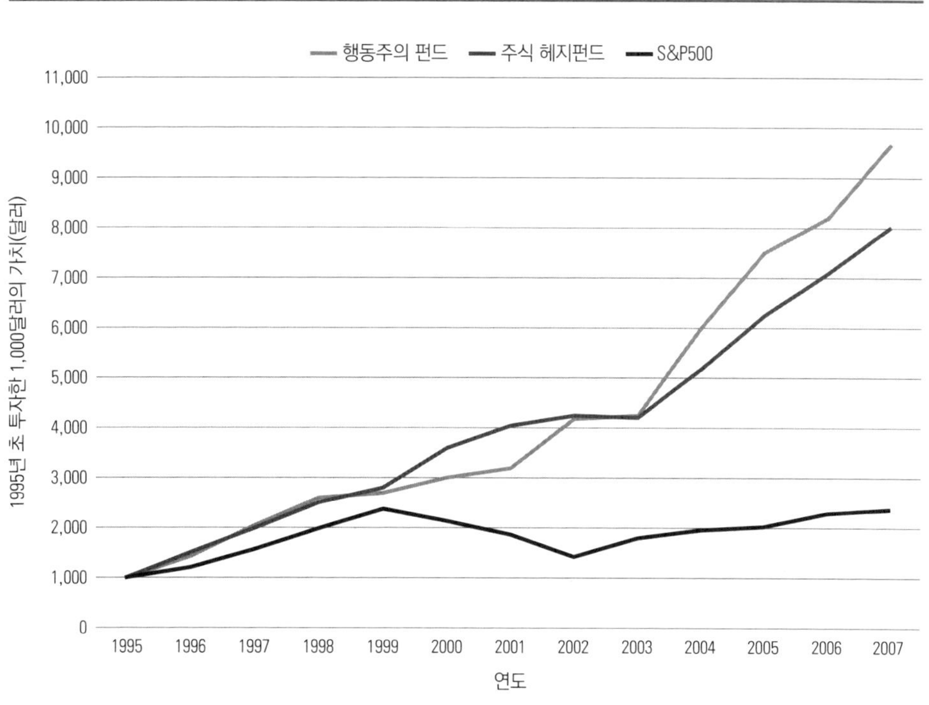

더 높은 수익을 올리는 것으로 나타났다.[9]

벌처 투자

사모펀드와 행동주의 투자자는 개입한 기업의 운영 방식을 변화시키는 데 초점을 맞추기 때문에 성숙기나 쇠퇴기에 있는 기업들을 주로 검토한다. 한편 전혀 다른 동기에서 같은 유형의 기업에 관심을 갖는 또 다른 부류의 투자자가 존재한다. 이들은 대상 기업의 운영 방식이나 자금 조달 구조를 바꾸려 하기보다는 청산하거나 기업을 분할할 경우 더 높은 가치를 창출할 수 있다고 판단하며 이러한 조치를 추진함으로써 수익을 얻고자 한다.

벌처 투자란?

벌처(vulture) 투자자의 형태는 다양해도 쇠퇴하거나 부실한 기업이 투자나 트레이딩의 대상이 된다는 공통점이 있다. 그리고 이들은 이러한 투자로 높은 위험 조정 수익률을 달성할 수 있다고 믿는다. 다음은 벌처 투자자의 대표적인 유형이다.

1. **청산 투자자**: 13장에서 부실하거나 쇠퇴하는 기업의 가치를 평가하면서, 경영진이 현실을 부정한 채 운영을 지속하는 일부 기업의 계속기업 가치가 청산 시 자산 가치보다 낮을 수 있다는 점을 언급한 바 있다. 일부 투자자는 이러한 차이를 포착하여 해당 기업을 목표로 삼아 인수한 뒤 청산해 수익을 얻는다. 만약 초기 판단대로 청산가치가 계속기업 가치보다 크고 청산 수익이 인수 비용보다 크다면 그 차이가 투자자의 수익이 된다.

   이 전략을 실행하는 데는 세 가지 주요한 걸림돌이 있다. 첫째, 처음에 내린 계속기업 가치와 청산가치에 대한 판단이 틀릴 수 있다. 둘째, 초기 판단이 맞았다 하더라도 기업을 인수하는 과정에서 주가가 과도하게 올라 차익이 사라질 수 있다. 셋째, 청산 과정에 많은 비용과 시간이 소요될 수 있으며, 청산이 오래 지연되거나 자산을 청산하며 과도한 할인율을 받아들이면 초과수익이 사라질 수 있다.

2. 분할 전문 투자자: 청산 투자자와 마찬가지로 이들도 대상 기업이 계속기업으로 운영을 지속해서는 안 된다는 전제에서 출발한다. 하지만 자산을 청산하는 대신 기업을 더 작은 사업 단위로 분할하거나 분사해서 각각 독립된 계속기업으로 운영되도록 하는 것을 목표로 한다. 이 접근 방식이 성공하기 위해서는 적절한 기업을 목표로 삼는 것뿐만 아니라 인적분할, 물적분할 또는 매각 여부를 제대로 판단해야 한다.

3. 트레이더: 이 유형의 벌처 투자자들은 쇠퇴하는 기업이 암울한 미래를 앞두고 있을지라도 그 쇠퇴와 부실이 진행되는 과정에서 트레이딩으로 수익을 얻을 수 있다고 믿는다. 이러한 수익은 파산의 법적 절차와 그에 수반되는 기업 구조조정 과정에 대한 이해를 바탕으로, 시장에 이러한 변화가 반영되기 전에 주식이나 부채를 거래함으로써 발생하기도 한다. 쇠퇴하는 기업이 발행한 다양한 증권의 가격이 상대적으로 잘못 책정되었다고 판단하고 가격 오류를 활용해 수익을 낼 수도 있다. 예를 들어 쇠퇴기 기업이 발행한 주식, 채권, 전환사채가 시장에서 거래되고 있다면, 그 가격을 비교해서 상대적으로 저평가된 증권은 매수하고 고평가된 증권은 공매도함으로써 위험을 거의 제거한 포지션을 구축할 수 있다.

벌처 투자의 흐름

청산 투자 전략을 따르는 투자자를 가늠하는 일은 기업 청산 사례를 모두 살펴보는 데서 출발할 수 있다. 청산 사례 가운데 상당수는 파산에 따른 강제 청산으로 법원이 시기와 절차를 감독한다. 하지만 청산 투자 전략의 핵심은 법적 압박이나 채권자의 요구 때문이 아니라 기업이 스스로 자산을 청산하기로 결정하는 자발적인 기업 청산에 있다. 한편 인적분할과 물적분할은 좀 더 명확한 통계를 확인할 수 있다. 그림 17.9는 2008년부터 2021년까지 연간 발생한 인적분할 건수다.

최근 인적분할을 실시한 기업에는 잘 알려진 기업도 다수 존재하는데 인적분할의 이유는 기업마다 다르다. 알트리아그룹(Altria Group)이 식품사업부(크래프트하인즈)를 분할한 것은 담배 사업이 다른 사업의 평판에 부정적인 영향을 미칠 수 있다는 우려 때문이었다. HP는 성장성과 수익성의 둔화에 직면한 상황에서 새로운 성

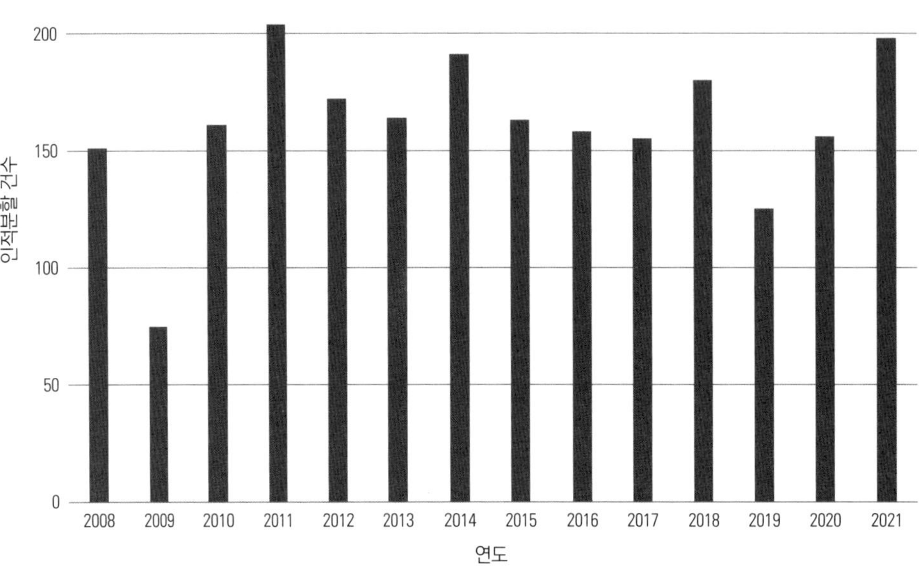

장 경로를 모색하기 위해 분할을 택했다. 델(Dell)은 시장에서 높은 가격으로 평가받는 자회사(VM웨어)가 더 높은 가치를 인정받을 수 있도록 분할을 선택했다.

트레이딩 측면에서 보면 투자자가 부실기업의 부채나 주식을 매수하거나 공매도하는 부실기업 유가증권시장이 최근 몇 년 사이 크게 성장했다. 특히 부채 부문에서 성장이 눈에 띄는데 신규로 발행된 하이일드 채권이 이미 발행되었다가 후에 부실 상태에 빠진 기존 채권을 보완하고 있다. 그림 17.10은 신용등급이 낮은 기업의 부채 구성과 연도별 변화 추이를 보여준다.

부실 부채를 거래하는 시장의 잠재 규모가 확대되면서 이 시장을 겨냥한 펀드들도 함께 성장해왔다. 그림 17.11은 2000년부터 2020년까지 부실 채권 펀드의 운용자산(AUM) 규모다.

요약하면 벌처 투자는 다양한 형태로 지난 10년간 성장해왔으며 각기 다른 최종

[그림 17.10] 저등급 회사채시장의 성장세

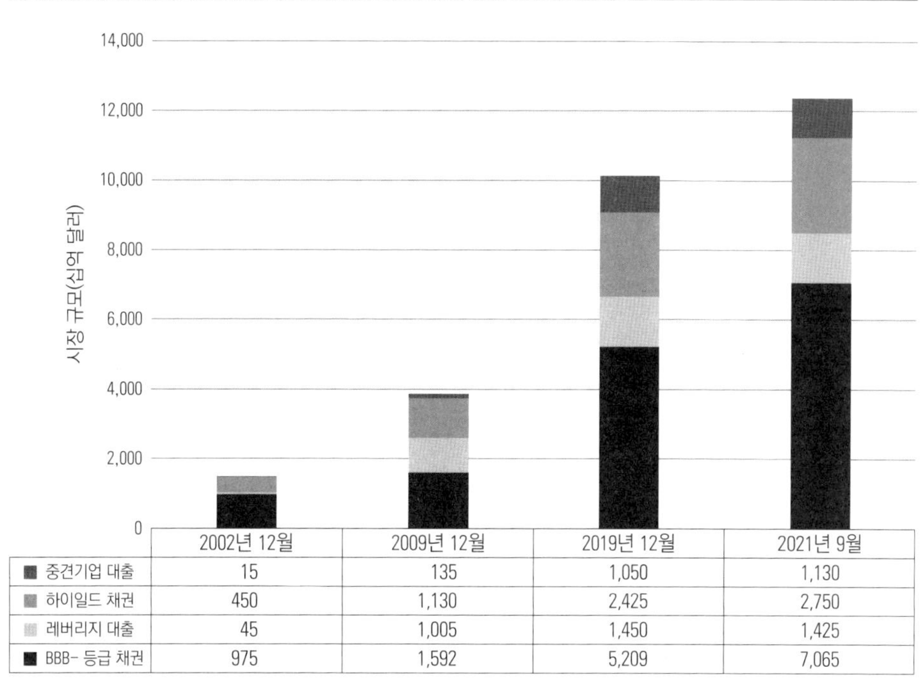

	2002년 12월	2009년 12월	2019년 12월	2021년 9월
■ 중견기업 대출	15	135	1,050	1,130
■ 하이일드 채권	450	1,130	2,425	2,750
▨ 레버리지 대출	45	1,005	1,450	1,425
■ BBB- 등급 채권	975	1,592	5,209	7,065

[그림 17.11] 부실 채권 펀드의 운용자산

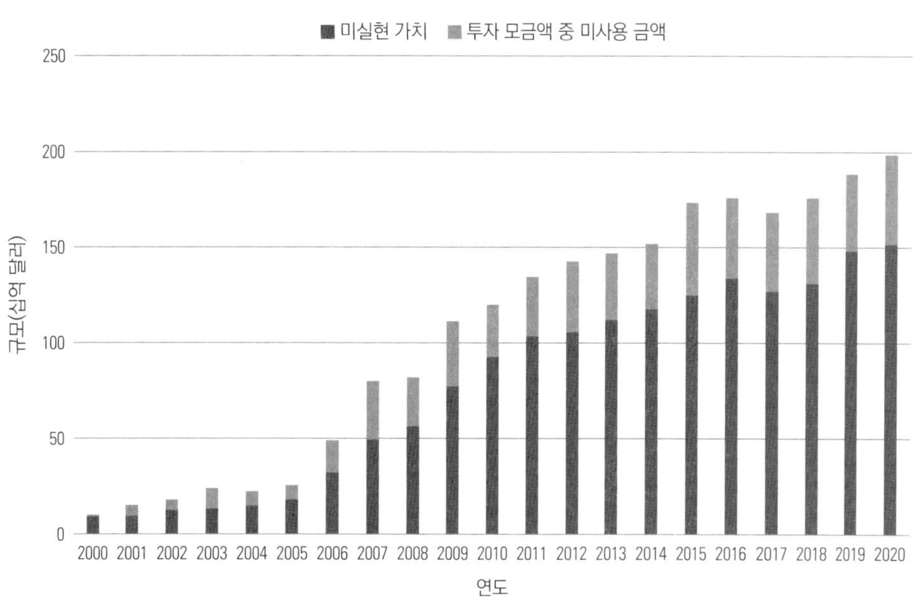

목적을 가진 다양한 투자자가 이 시장에 참여하고 있다.

벤처 투자의 작동 방식

기업 생애주기를 따라가며 살펴보면 창업기와 초기성장기 기업에 대한 투자는 대체로 소극적인 방식에 머물지 않는다. 앞서 언급했듯이 VC는 단순히 자금을 제공하는 데 그치지 않고 기업이 실질적으로 작동하는 사업모델을 구축하는 과정에서 지원과 조언을 아끼지 않아야 한다. 기업 생애주기가 진행되어 더 많은 기업이 상장하게 되면 좀 더 소극적인 방식의 투자가 가능해서, 저평가된 주식을 찾아 매수한 뒤 보유하는 전략을 활용할 수 있다. 그러나 생애주기의 쇠퇴기에는 다시 행동주의적 접근이 요구된다. 사모펀드가 기업의 운영 방식이나 자본 구조에 변화를 요구하는 경우든, 벤처 투자자로서 청산이나 기업 분할을 추진하는 경우든, 쇠퇴기 기업에 추구하는 변화는 투자자가 적극적으로 영향력을 행사하지 않고서는 실현되기 어렵기 때문이다.

자발적 청산

기업의 청산이 최종 목표라면 청산가치가 계속기업으로서의 가치를 초과한다고 판단하기 때문일 것이다. 그렇다면 기업의 경영권을 확보한 뒤 일정한 절차를 따라야 한다.

1. 먼저 이사회가 청산에 동의해야 한다. 이사회가 청산을 승인하면 청산인을 임명한다.

2. 청산인은 시장에서 자산을 매각해 현금 및 현금성 자산으로 전환하며 일반적으로 기업을 대신해 법적 권한을 행사할 수 있다.

3. 자산이 청산된 후 청산인은 채무 변제 순서에 따라 의무를 이행한다. 선순위 부채(senior debt)부터 변제한 다음 후순위 부채(subordinated debt)와 메자닌(mezzanine) 증권을 상환한다. 부채를 상환하고 남은 현금은 주주(자기자본 투자자)에게 돌아간다.

자발적 청산으로 수익을 실현하기 위한 핵심 요건이 있다. 첫째, 대상 기업을 인수할 때 그 가격이 청산가치보다 높아지지 않도록 해야 한다. 당연한 전제처럼 보여도 실제로는 지키기 어려운 경우가 많다. 둘째, 청산 비용을 철저히 통제해야 한다. 여기에는 더 빨리 매각하기 위해 감수해야 할 할인이나 납부해야 할 세금 등이 포함되며 이러한 비용을 통제해 최종적으로 초과수익이 남도록 해야 한다. 셋째, 대상 기업의 자산이 본래 유동성이 높고, 해당 부실기업의 시장가격이 보유한 자산의 청산가치에 비해 훨씬 낮을 때 청산 투자가 성공할 가능성이 높아진다.

분할

쇠퇴기 기업을 겨냥하는 투자자들은 기업의 숨겨진 가치를 발굴하기를 기대하며 사업의 일부 또는 상당 부분을 분할하거나 기업 전체를 분할하기도 한다. 이들의 선택을 이해하기 위해 각 방식의 공통점과 차이점을 구분해 설명하겠다.

a. **인적분할**(spin-off): 모회사가 자회사나 특정 지역 사업 등 일부 사업 부문을 분리해서 별도의 지배구조를 갖춘 독립적인 기업을 설립하는 방식이다. 이 경우 모회사 주주들은 분사된 신설 회사의 주식을 기존 보유 지분 비율에 따라 받게 된다.

b. **물적분할**(split-off): 모회사가 일부 사업 부문을 분리해 독립된 회사를 설립한다는 점에서는 인적분할과 유사하지만 이 경우 모회사 주주들은 선택권을 갖는다. 즉 보유한 모회사 주식을 신설 회사의 주식으로 교환할지, 아니면 계속해서 모회사의 주주로 남을지를 선택할 수 있다.

c. **완전분할**(split-up): 모회사를 2개 이상의 회사로 분할한 뒤, 기존 모회사를 청산하고 기존 주주들에게 새롭게 설립된 회사들의 주식을 분배하는 방식이다.

간단히 말해 인적분할, 물적분할, 완전분할의 가장 중요한 차이는 분할 후 모회사 주주들이 보유하게 되는 지분 구조와 그에 따른 세금 효과에 있다.

인적분할, 물적분할, 완전분할의 이점은 매우 다양하다.

a. **시장의 오류:** 가장 단순한 논리로, 시장이 전체 기업의 가치를 개별 사업 부문을 합산한 가치보다 낮게 평가하고 있기 때문에, 개별 사업을 독립적으로 운영하면 더 높은 가치를 실현할 수 있다는 판단이다.

b. **부분의 오염:** 기업의 한 사업 부문이 실제적이건 잠재적이건 막대한 법적 책임을 안고 있거나 시장에서 그렇게 인식되어 그 부담이 기업 전체의 가치평가를 저해하는 경우가 있다. 예를 들어 담배회사는 흡연자들의 소송으로 수십억 달러 규모의 배상금을 부담할 가능성이 높아지면서 담배 외 사업 부문을 분리하는 인적분할을 했다. 마찬가지로 엄격한 규제를 받거나 경영에 제약이 있는 자회사를 보유한 기업은 해당 자회사의 규제와 제약이 다른 사업 부문까지 영향을 미쳐 수익성이 낮아질 수 있다.

c. **효율성 논리:** 1960~1970년대에는 복합기업이 규모가 작은 경쟁사들보다 더 큰 경쟁력을 가진다는 가정하에 여러 사업을 아우르는 기업들이 설립되었다. 그러나 지난 30여 년간의 연구들은 이러한 낙관적인 가정이 잘못되었음을 시사하며, 복합기업이 경쟁사보다 비효율적이고 수익률과 이익률이 오히려 더 낮은 경향이 있음을 보여준다. 여러 사업 부문을 운영하는 기업이 경쟁사보다 경영 효율성이 떨어진다면 경영진이 지나치게 여러 사업 부문을 동시에 관리하면서 집중도가 분산되거나, 한 사업 부문의 수익이 다른 부문을 보조하는 교차 보조(cross-subsidization) 구조 때문일 가능성이 크다. 따라서 이러한 기업들을 개별 사업 부문으로 분할하면 효율성과 수익성이 개선되면서 기업 가치가 상승할 수 있다.

d. **단순화 논리:** 다각화된 대기업은 경영이 더 어려울 뿐만 아니라 가치평가도 더 복잡해지는 경향이 있다. GE와 유나이티드테크놀로지스(United Technologies) 같은 기업은 위험 수준, 현금흐름, 성장 특성이 다른 다양한 사업 부문을 운영하고 있기 때문에 이를 통합해 평가하는 것이 쉽지 않다. 경기가 좋을 때는 투자자들이 이러한 복잡성을 무시하고 경영진을 신뢰하며 기업 가치를 높이 평가할 수도 있지만, 경기가 나빠지면 투자자들은 기업의 복잡성을 부담으로 인식해 기업 가치를 할인 평가할 가능성이 크다. 기업을 개별 사업 단위로 분할하면 평가하기가 더 수월해져 투자자들이 더 높은 가치를 부여할 가능성이 있으며, 특히 위기 상황에서는 이러한 전략이 더욱 효과적일 수 있다.

e. **절세 논리:** 세법이 복잡한 경우 기업은 분할을 통해 세금 부담을 줄일 수도 있다. 예를 들어 미국 법인이 해외에서 벌어들인 이익에 대해 미국 정부가 이익이 발생한 연도에 미국 법인세율을 적용해 과세하기로 결정한다고 가정해보자(현재 법률상으로는 이익이 미국으로 환류될 때 과세된다). GE와 코카콜라처럼 과세 소득 중 상당한 부분을 세율이 낮은 해외 시장에서 창출하는 다국적 기업은 국내 사업과 해외 사업을 서로 다른 주주 구조, 경영진, 지배구조를 갖춘 독립적인 법인으로 분할하면 전체적인 세금 부담을 낮출 수 있다.

기업 분할의 단점도 있다.

a. **규모의 경제 상실:** 여러 사업부를 하나의 기업으로 통합하면 비용 절감 효과를 얻을 수 있다. 예를 들어 여러 소비재 사업을 하나의 기업으로 운영하면 광고비와 유통 비용을 공유해 비용이 절감된다. 기업을 분할하면 이러한 비용 절감 효과가 사라진다.

b. **자본 접근성 저하와 비용 증가:** 외부 자본시장(주식과 채권)이 충분히 발달하지 않았거나 불안정한 경우에는 여러 사업을 하나로 통합하는 것이 자본에 접근하는 데 유리할 수 있다. 특히 현금흐름이 풍부한 사업 부문의 초과 현금을 현금이 부족한 사업의 재투자 자금으로 활용할 수 있다.

c. **시너지 상실:** 일부 다각화 기업에서는 각 사업 부문이 서로의 성공에 영향을 주어 전체가 부분의 합보다 더 큰 가치를 만들어내기도 한다.

따라서 기업을 분할함으로써 얻는 보상은 긍정적인 요소가 부정적인 요소를 능가하는지 여부에 달려 있다.

부실과 파산

부실과 파산에 초점을 맞춘 투자 전략에서는 기업이 부실에 처했을 때 절차가 진행되는 순서를 이해하는 것이 필요하다. 그림 17.12를 보자.

사적 워크아웃이든, 상장기업으로서 워크아웃을 하든, 법원의 개입 없이 재무 구

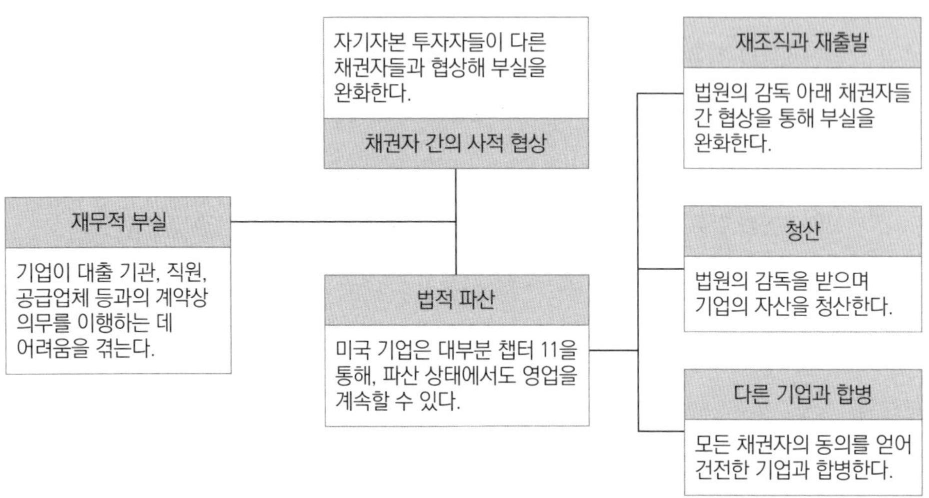

조조정을 실시하는 것이 부실기업에 가장 고통이 적은 경로다. 그러나 구조조정이 실패하면 기업은 파산법(US Bankruptcy Code)에 따라 파산을 신청해야 하며, 이는 두 가지 방식으로 진행될 수 있다. 챕터 7 파산을 신청하면 영업을 중단해야 한다. 챕터 11 파산을 신청하면 법적 보호를 받으면서 영업을 지속할 수 있지만 법원의 감독을 받는다. 챕터 7은 청산으로 이어지는 반면, 챕터 11을 선택한 기업은 다음 세 가지 출구 전략이 가능하다.

a. **청산**: 파산 절차에 따른 청산은 자발적 청산과 구조적으로 유사하지만 두 가지 중요한 차이가 있을 수 있다. 첫째, 청산인은 이사회나 주주가 아니라 파산법원에 의해 임명되며 그 법원에 책임을 진다. 둘째, 법원이 주도하는 청산은 일반적으로 비용이 더 많이 들고 청산 비용이 처분 수익을 크게 저해할 수 있다.

b. **재조정**: 파산 신청 후 법원이 주도하는 청산 가능성이 압박으로 작용하면서 기업의 다양한 청구권자들은 자신의 청구권을 구조조정해서 부실을 해소하려고 할 수 있다. 이때 어떤 계획이든 채권자, 회사채 보유자, 주주의 투표를 거쳐 승인을 받아야 하고 법원의 확

인을 받아야 한다. 법원은 해당 계획이 채권자와 주주를 공정하게 대우한다고 판단하면 투표 결과와 관계없이 계획을 승인할 수 있다.

   c. 합병: 세 번째 선택지는 건전한 기업과의 합병을 통해 부실을 줄이거나 파산 위기의 긴급성을 완화하는 방식으로 파산 절차에서 벗어나는 방법이며, 제한적인 경우에만 가능하다.

이러한 구조에서 투자자가 초과수익을 창출할 수 있는 네 가지 경로가 존재한다.

1. **영업 회복:** 가장 덜 고통스럽게 파산에서 벗어나는 방법은 부실기업이 영업에서 수익성을 회복하고 나아가 성장을 이루는 것이다. 경제 회복이나 산업 전반의 호황이 이러한 회복을 견인할 수도 있고, 기업 내부의 변화가 영업 실적을 개선하는 계기가 될 수도 있다. 영업 회복을 기대하고 부실기업의 부채나 주식을 매수하는 투자자는 예측이 맞을 경우 이익을 얻을 수 있다.

2. **청산가치와 합병 가치평가:** 영업 회복이 현실적으로 어려운 경우, 부실기업에 투자한 투자자는 청산 수익이 예상보다 높거나 인수자가 해당 기업에 프리미엄을 지불할 때 이익을 얻을 수 있다.

3. **재조정 기회 포착:** 사적 재조정이든 법원 감독하에 이루어지는 재조정이든, 청구권이 구조조정되는 과정에서 일부 청구권자는 다른 청구권자의 손실을 대가로 더 유리한 위치를 차지하게 된다. 특정 청구권을 보유하고 구조조정 과정에서 유리한 입장을 차지한다면 청구권을 행사해 이익을 실현할 수 있다.

4. **시장가격 오류 활용:** 챕터 11 절차에 있는 기업이 발행한 증권은 시장에서 계속 거래된다. 투자자들은 기업의 부실 상황이 어떻게 전개될지 예상하고 그 예상을 반영해 가격을 책정한다. 그러나 시장이 가격을 잘못 평가하는 경우, 트레이더들은 저평가된 증권을 매수하거나 고평가된 증권을 공매도해서 차익을 실현할 수 있다. 이러한 가격 오류를 활용해 위험 없이 수익을 보장하는 무위험 차익거래 전략을 실행할 수도 있다.

벌처 투자의 수익률

부실기업과 쇠퇴기 기업에 대한 투자에 관심이 점차 증가하고 이 전략을 추종하는 펀드가 늘어나는 가운데 이러한 투자자들의 성과가 시장을 능가했는지, 시장과 비슷했는지, 아니면 시장에 뒤처졌는지 살펴볼 필요가 있다. 이 질문에 대한 연구는 크게 두 가지로 나뉜다. 첫 번째는 청산, 분할의 발표나 실행 시점 전후의 주가 변동을 분석하는 연구이고, 두 번째는 부실기업에 집중 투자하는 투자자들의 수익률을 분석하는 연구다.

주가가 특정 사건에 어떻게 반응하는지를 추적하고 기록하는 첫 번째 유형의 연구 사례로, 그림 17.13에서 기업 분할에 대한 주가 반응을 확인할 수 있다. 이 연구에서는 2010년부터 2016년까지 이루어진 모든 인적분할 사례를 분석했다.

결과는 엇갈린다. 분할된 회사의 주가는 상승하는 반면 모회사의 주가는 하락해서, 분할 회사의 주식을 받은 모회사 주주들에게는 실질적으로 큰 영향이 없었다. 또 다른 사례로 부실이 시작될 무렵 부실기업의 주식과 채권 가격이 어떻게 변동하는지 분석한 연구 결과를 그림 17.14에서 확인할 수 있다.[10]

예상대로 부실이 특히 심각한 기업들의 주식과 채권 가격은 부실이 본격화되기 전부터 하락하지만 이후 회복해, 상대적으로 부실이 적은 기업들의 수익률과 거의 비슷한 수준까지 도달한다. 즉 장기적으로는 큰 영향이 없으나 매매 시점을 잘 맞힐 수만 있다면 부실기업을 매매해 수익을 창출할 근거가 없는 것은 아니다.

두 번째 유형의 연구는 부실기업에 집중 투자하는 투자자들의 수익률을 시장 전체, 그리고 건전한 기업에 투자하는 투자자들의 수익률과 비교해 상대적인 성과를 분석한다. 그림 17.15에서는 부실 채권에 투자하는 헤지펀드, 기업 채권 헤지펀드, 주식 헤지펀드의 수익률을 다양한 기간에 걸쳐 비교했다.

분석 결과를 보면 부실 채권에 투자하는 헤지펀드는 평균적으로 주식 헤지펀드와 기업 채권 헤지펀드보다 높은 수익률을 기록했다. 다만 투자 기간이 길어질수록 수익률 차이는 점차 줄어드는 경향을 보인다.

[그림 17.13] 인적분할에 대한 주가 반응

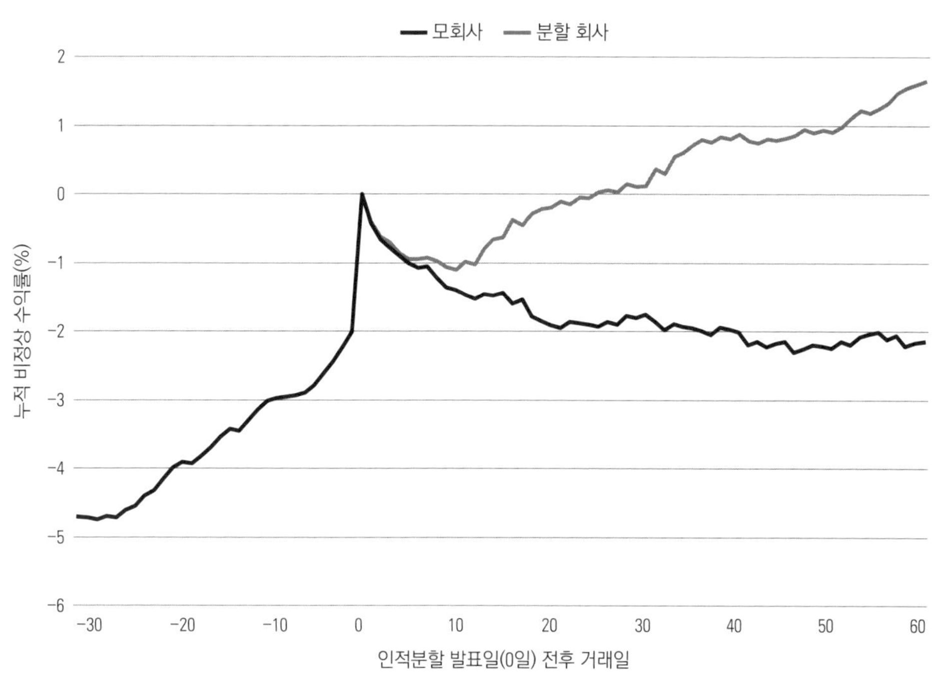

[그림 17.14] 부실 시작 시점 전후의 주식과 채권 가격   자료: Avramov, Chordia, Jostova, Philipov(2022)

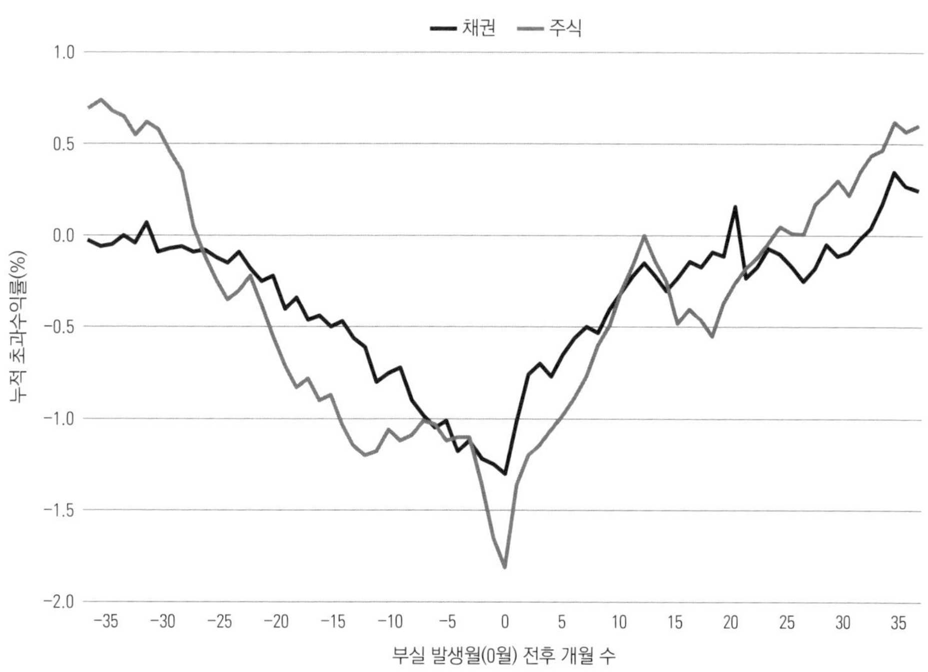

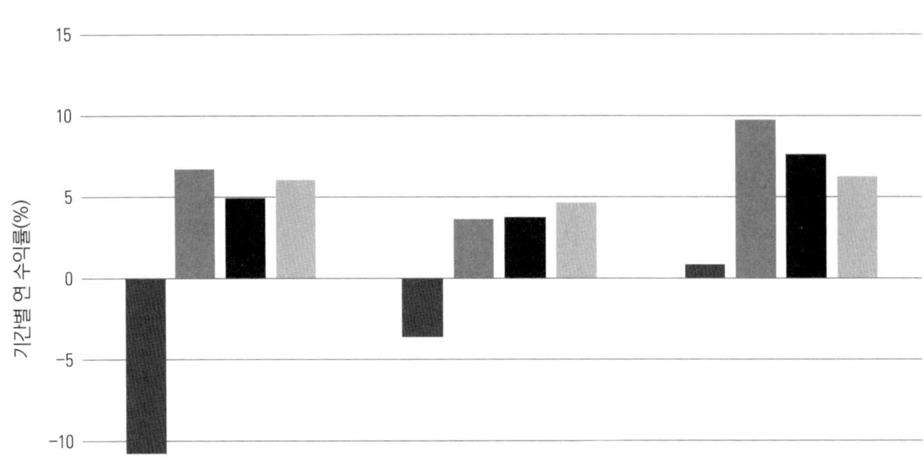

	주식 헤지펀드	기업 채권 헤지펀드	부실 채권 헤지펀드
■ 1년	-10.76	-3.63	0.83
■ 3년	6.71	3.62	9.76
■ 5년	4.92	3.76	7.64
■ 10년	6.07	4.64	6.26

결론

기업이 쇠퇴하는 중이고 부실까지 겹쳤다면 매력적인 기업으로 보기 어렵지만 일부 투자자에게는 좋은 투자 대상이 될 수 있다. 이번 장에서는 이러한 영역에 집중하는 투자자들을 살펴보았다.

먼저 가치가 저평가되었지만 개선이 필요한 기업을 인수해 구조조정을 실시한 후 다시 상장하는 사모펀드를 다루었다. 이와 유사한 형태로 기업의 지분을 매입한 후 경영진에게 운영 방식을 바꾸도록 압박하는 행동주의 투자자도 있다. 이 두 투자자 그룹 모두 평균적으로 초과수익을 기록한 사례가 있지만 이러한 전략의 수익률이 점차 감소하고 있으며 각 그룹 내에서도 소수의 투자자만이 실제로 높은 수익을 실현한다는 사실이 확인되었다.

이 장의 후반부에서는 다양한 최종 목적을 가지고 쇠퇴하거나 부실한 기업을 공략하는 투자자들에 초점을 맞추었다. 먼저 청산 투자자를 살펴보았다. 이들은 계속기업으로 남기보다 청산하거나 개별 사업 부문으로 분할할 때 더 높은 가치를 창출할 것으로 판단되는 기업을 인수한다. 마지막으로 부실 상태에 놓이거나 파산 절차를 진행하는 기업을 대상으로 가격 오류나 파산 절차의 비효율성을 이용해 수익을 창출하려는 트레이더들이 있다. 투자 관점에서 볼 때 이러한 투자자들이 실제로 수익을 내는지에 대한 증거는 엇갈린다. 다만 많은 기업이 결국 청산 절차로 이어지는 만큼, 초과수익은 대개 법률적 전문성을 갖춘 일부 투자자에게 집중되는 경향이 있다.

THE CorPORATE
LIFE CYCLE

5부. 경영과 생애주기

18장
생애주기와 경영진의 역할

기업 생애주기를 다양한 측면에서 살펴보면서 강조하고자 했던 핵심 주제가 있다면, 모든 기업에 적용되는 단일한 해답은 존재하지 않는다는 것이다. 기업 재무를 다룬 장에서는 기업이 생애주기를 거치며 경영의 초점뿐 아니라 투자, 자금 조달, 배당 결정 방식 또한 달라진다는 점을 강조했다. 기업 가치평가를 다룬 장에서는 젊은 기업이 성숙기와 쇠퇴기로 이동하면서 가치평가에서 직면하는 과제도 달라진다고 설명했다. 투자 관련 장에서는 시장의 오류를 범하고 이를 수정하는 과정에 대한 견해에 따라 투자자들이 목표로 삼는 생애주기 단계가 어떻게 달라지는지 분석했다.

이번 장에서는 기업이 생애주기를 따라 나아가며 마주하게 되는 경영의 과제들을 살펴보고, 젊은 기업과 성숙기, 쇠퇴기에 접어든 기업에서 양질의 경영을 구성하는 요소들이 어떻게 달라지는지 논의하고자 한다. 경영진의 역량이 기업이 처한 상황과 어긋나는 경우, 즉 경영진의 역량과 기업이 필요로 하는 역량이 일치하지 않는 경영진 부조화(management mismatch) 현상 또한 살펴본다. 이러한 부조화가 발생하는 주요 원인을 분석하고 이러한 부조화를 바로잡을 수 있는지, 그렇다면 어떻게 해야 하는지도 함께 검토할 것이다. 이는 기업 지배구조와 관련한 핵심 질문이다.

경영진과 기업의 생애주기

기업의 최고경영진, 특히 CEO가 수행하는 다양한 기능과 역할을 논의하겠다. 기업이 생애주기를 거치면서 이러한 기능과 역할의 중요성이 어떻게 변하는지를 살펴보고 이를 바탕으로 위대한 CEO에 대한 통념과 달리 단 하나의 정형화된 성공 모델은 존재하지 않으며, 기업에 적합한 CEO는 그 기업의 고유한 상황과 청년기에서 노년기까지 생애주기의 위치를 반영해 정의된다는 점을 논증하겠다.

경영진의 역할

기업에서 경영진은 어떤 역할을 수행할까? 기업을 창립하고 성장시키며 운영하는 데 필요한 업무가 매우 많다는 점을 고려하면 그 역할이 다양한 것은 당연하다. 경영진의 역할을 몇 가지 주요 범주로 분류했다.

1. **스토리텔러:** 9장에서 언급했듯이 모든 기업은 하나의 스토리를 중심으로 구축되며, 이 스토리가 기업의 가치평가와 때로는 가격 형성을 이끈다. 이 스토리는 기업의 제품과 목표 시장에 기반을 두고 있지만 스토리를 빚어내고 투자자, 직원, 소비자에게 전달하는 것은 최고경영자의 역할이다. 기업이 생애주기의 어느 단계에 위치하느냐에 따라 CEO가 수행하는 이 역할의 중요성은 달라지며, 특히 생애주기의 양극단에서 중요성이 가장 커진다.

2. **기업의 관리자:** 자신이 맡은 기업을 관리하는 것은 당연히 최고경영진의 핵심 역할이지만 기업의 생애주기에 따라 초점이 달라질 수 있다. 초기 단계 기업에서는 사업모델을 구축하는 것이 주요 과제가 되고, 고도성장기 기업에서는 확장 전략을 모색해야 한다. 성숙기 기업에서는 기존 사업모델을 유지하고 방어하는 것이 핵심이 되며, 기업이 쇠퇴기에 접어들면 사업모델을 축소하는 과정이 중요한 과제가 된다.

3. **사람을 이끄는 리더**: 기업은 공급업체, 직원, 고객을 포함한 사람들로 이루어져 있으며, 이러한 구성원들을 이끄는 것이 최고경영진에게 주어진 역할이다. 그러나 기업의 생애주기 단계에 따라 리더십의 성격은 달라질 수 있다. 초기 단계에서는 기업이 사업모델을 찾고 실패의 위험에 직면하기 때문에 리더십은 비전과 방향성을 제시하며 구성원들에게 영감을 주는 역할을 해야 한다. 기업이 성장하고 성숙해지면 경쟁사가 인재를 빼앗아 가려는 상황에서 직원들이 남을 수 있도록 기업문화를 형성하는 것이 중요하다. 쇠퇴기에 접어든 기업에서는 인력 감축과 축소가 불가피하지만 직원들의 사기를 해치지 않으면서 가능한 한 인도적인 방식으로 이러한 과정을 관리하고 연착륙을 유도하는 것이 경영진의 과제가 된다.

4. **대외적 얼굴**: 좋든 싫든 CEO는 투자자, 규제 당국, 기타 이해관계자 등에게 대외적으로 기업을 대표하는 얼굴이 된다. 이 역할은 상대방과 기업의 생애주기에 따라 달라진다. 투자자와의 관계에서 청년기 기업의 최고경영진은 비전과 스토리를 제시하고 새로운 자본을 유치하는 데 핵심 역할을 한다. 성숙한 기업, 특히 상장기업의 최고경영진은 기관투자자와 소통하며 기대치를 조율하고 경영 성과를 효과적으로 전달한다. 규제 당국과 정치권과의 관계에서는 기업이 논란의 중심에 있거나 규제 당국의 조사를 받을 경우 방어해야 하며, 때로는 경쟁사를 견제하는 공격적인 역할을 하기도 한다.

5. **승계 계획 수립자**: 최고경영진의 역할에서 간과되기 쉽지만 기업의 생애주기를 연장하는 데 중요한 요소가 바로 승계 계획을 준비하는 것이다. 이는 새로운 경영진이 적절한 시기에 원활하게 경영권을 넘겨받을 수 있도록 대비하는 과정이다. 특히 최고경영진이 나이가 들수록 승계 계획의 중요성이 커지며, 기업이 생애주기의 한 단계를 지나 다음 단계로 전환하는 시점에서는 더욱 필수적인 과제가 된다.

결국 최고경영진이 수행해야 하는 역할과 기능은 다양하면서도 기업이 생애주기 단계에 따라 강조되는 역할과 기능이 달라진다. 기업의 나이에 따라 경영진에게 어떤 역할이 요구되는지 이해하는 것은 기업에 적합한 최고경영진을 찾는 데 매우 중요하다.

경영진의 중요성

지난 100년간의 체계적인 경영 교육은 경영진이 기업의 성패를 좌우할 수 있으며 훌륭한 경영진을 갖추는 것이 성공과 실패를 가르는 핵심 요소라는 전제에 기반하고 있다. 이 전제 자체에 이의를 제기하는 것은 아니다. 다만 경영진의 영향력이 더 크게 작용하는 기업이 있고 상대적으로 작은 기업이 있다. 이러한 차이는 네 가지 요인에 의해 결정된다.

1. **거시적 요인 대 미시적 요인**: 금리나 원자재 가격 같은 거시경제 요인에 크게 영향을 받는 기업은 어떤 제품을 만들지, 가격을 얼마나 매길지, 어디에 판매할지 같은 기업 고유의 의사결정에 따라 성패가 좌우되는 기업에 비해 경영진의 영향을 덜 받는다. 따라서 경영진의 의사결정에 따라 기업의 성패가 좌우되는 소비재기업에서는 원자재기업에 비해 경영진의 역할이 더욱 중요하다.

2. **기업 생애주기**: 일반화의 위험은 있지만 경영진의 역할은 창업 기업과 매우 초기 단계에 있는 기업에서 더욱 중요하다. 이 단계에서 경영진은 단순히 비전을 제시하는 것을 넘어 사업을 구축해야 하기 때문이다. 반면 강력한 경쟁우위를 갖추고 재무적으로 안정된 성숙기 기업은 말하자면 자동운항 모드로 기업을 운영할 수 있다. 그러나 기업이 쇠퇴기에 접어들면 다시금 경영진의 역할이 중요해진다. 현실을 부정하거나 절박한 상태에 있는 경영진이 주주들에게 막대한 손실을 초래할 수 있기 때문이다.

3. **경쟁우위**: 기업이 보유한 경쟁우위의 성격 또한 경영진의 중요성에 영향을 미칠 수 있다. 끊임없이 경쟁우위를 재정립해야 하는 기업과 달리, 오랜 기간 지속된 전통적인 경쟁우위를 가진 기업은 경영진의 역할이 유지·관리에 가깝다. 예를 들어 코카콜라와 아람코(Aramco)의 경영진이 직면한 과제를 과소평가할 의도는 없지만, 이들에 비해서는 격변하는 환경 속에서 치열한 경쟁을 벌이는 코스트코(Costco) 경영진이나 끊임없이 기술적 우위를 재확립해야 하는 반도체기업 엔비디아(NVIDIA) 경영진의 과제가 더욱 까다로울 것이다.

4. **전환기**: 기업이 전환점을 맞이할 때 경영진의 역할은 더욱 중요해진다. 예를 들어 처음으로 벤처캐피털의 투자를 유치하려는 창업 기업, IPO를 앞둔 기업, 구조조정을 준비하는

성숙 기업이나 쇠퇴하는 기업은 경영진의 의사결정이 성공과 실패를 가르는 중요한 요인이 될 수 있다. 투자자들의 반응 역시 경영진에 대한 신뢰도에 크게 좌우될 수 있다.

5. **상승 가능성과 하방 위험:** 기업의 경영진에 대한 평가 기준은 해당 산업에서 성패의 관건이 상승 가능성을 창출하는 데 있는지, 아니면 하방 위험을 방어하는 데 있는지에 따라 달라진다. 전자는 기회를 포착해 유리하게 활용하는 것이 중요하고 후자는 위험 관리에 초점을 맞춘다. 젊은 기업에서는 상승 가능성 창출이 경영의 핵심이 되지만 기업이 성숙할수록 위험 관리가 더욱 중요해진다.

경영진의 역할은 항상 중요하지만 그 영향력의 크기는 기업마다 다르다. 기업의 생애주기는 이러한 차이를 결정하는 중요한 요인이다.

위대한 CEO라는 신화

위대한 CEO를 만드는 특정한 자질이 존재할까? 이 질문에 답하기 위해 '위대한' CEO라는 개념에 깊이 몰두해 이를 발전시키는 데 많은 시간을 쏟는 두 기관을 살펴본다.

- 첫 번째 기관은 하버드 경영대학원이다. 이들의 야망을 충족시킬 만한 자리가 턱없이 부족하다는 현실에도 불구하고 이곳에서는 MBA 프로그램 입학생 모두를 미래의 CEO로 대한다. 〈하버드 비즈니스 리뷰〉는 특별히 대성한 CEO들의 특징을 분석한 여러 기사를 오랜 기간에 걸쳐 게재해왔는데 2017년 기사에서도 성공한 CEO들의 공통적인 네 가지 자질을 강조했다. 신속하고 자신 있는 의사결정 능력, 직원과 대외 관계에서 발휘하는 확실한 영향력, 변화하는 환경에 대한 선제적 적응력, 일관된 성과를 내는 실행력이다.[1]
- 두 번째 기관은 맥킨지다. 이곳의 컨설턴트 다수가 고객 기업의 CEO로 취임하면서 'CEO 양성소'로 불리기도 한다. 그림 18.1은 맥킨지가 제시한 성공적인 CEO들의 사고방식과 실천 방식이다.[2]

이러한 기관들이 대중이 인식을 형성하는 데 끼치는 영향력은 상당하다. 모든 기업에 적용할 수 있는 '위대한 CEO'의 정형화된 모델이 존재한다고 믿고, 새로운 CEO를 찾는 이사회 역시 이러한 틀을 기준으로 삼아야 한다는 인식이 자리 잡고 있는 것도 이 때문이다.[3]

이러한 관점은 실존 인물과 가상 인물을 막론하고 성공한 CEO를 소재로 한 책과 영화에서 더욱 강화된다. 워런 버핏, 잭 웰치(Jack Welch), 스티브 잡스(Steve Jobs)는 매우 다른 인물이지만 경영 서적과 대중문화에서 위대한 CEO로서 신화적인 존재가 되었다. 버핏을 다룬 많은 책은 전기라기보다는 그의 카리스마에 매료된 저자들의 찬양에 가까운데, 그를 신격화함으로써 오히려 그에게 해를 끼치고 있다. GE의 몰락으로 명성이 다소 퇴색하기는 했지만 전성기의 잭 웰치는 모든 CEO가 본받아야 할 인물로 여겨졌다. 스티브 잡스의 인생을 다룬 책과 영화에서는 혁신적이며 위험을 감수하는 개척자로서 잡스의 이미지를 강조하지만 1980년대 애플의 창립 CEO로서 그의 험난했던 첫 임기는 대체로 간과한다.

획일적인 '위대한 CEO' 모델의 문제는 이를 면밀히 살펴보면 설득력이 없다는 점이다. 하버드 경영대학원과 맥킨지가 제시한 CEO 성공 기준을 그대로 받아들인다 해도 근본적인 문제점과 놓치는 부분이 남아 있다.

1. **선택적, 일화적 증거:** 성공한 CEO들이 공통적으로 두 기관이 제시한 자질을 갖추고 있다 해도, 이러한 자질만으로 CEO로 성공하는 것은 아니다. 그렇다면 그중 일부만이 성공할 수 있었던 결정적인 요소가 따로 있는 것일까? 만약 그렇다면 그것은 무엇일까? 이 질문에 대한 답에는 명백한 선택 편향이 작용하며, 이 문제가 해결되지 않는 한 이 증거들은 설득력을 갖기 어렵다.

2. **완벽한 자질:** 성공한 CEO의 성향을 나열한 목록에 논란의 여지가 있는 특성은 전혀 없다는 것은 다소 이상하다. 연구에 따르면 과도한 자신감 역시 CEO들의 공통 성향이다. 실제로 그들의 결단력 있는 행동과 장기적인 시각은 이러한 과도한 자신감에서 나오는 것일 수 있다. 낮은 확률을 딛고 성공하면 위대한 CEO로 평가받지만, 실패하면 역사 속으로 사라진다. 한마디로 성공한 CEO들이 공유하는 가장 중요한 요소는 '운'일 가능성이 크며 이것은 하버드 경영대학원이나 맥킨지가 가르칠 수도, 전수할 수도 없는 요소다.

3. **예외적인 사례:** 성공한 CEO 중에는 두 기관이 제시한 특성을 거의 갖추지 않았을 뿐만 아니라 오히려 반대되는 특성을 가진 경우도 분명히 존재한다. 예를 들어 테슬라의 일론 머스크와 세일즈포스(Salesforce)의 마크 베니오프(Marc Benioff)를 위대한 CEO라고 했을 때, 과연 그들은 하버드 경영대학원과 맥킨지가 제시한 성공적인 CEO의 기준을 얼마나 충족할까?

4. **결함 있는 성공:** 잡지 기사에서 성공 사례로 언급된 CEO들조차도 인생에서 실패를 겪었거나, 시간이 지나면서 업적이 퇴색되는 경우가 있다. 스티브 잡스는 애플에서의 두 번째 임기에서 전설적인 반전을 이루어냈지만, 첫 번째 CEO 임기 동안 디자인에 대한 고집과 실수를 인정하지 않으려는 완고함으로 회사를 파산 직전까지 몰고 갔다. GE에서 재임한 동안 크게 찬사를 받은 잭 웰치의 성공은 그가 떠난 후 GE의 실패를 초래한 기반이 되었다는 점에서 사후적으로 의문이 제기되었다.

위대한 CEO라는 획일적인 개념을 판매하는 것이 경영학자와 컨설턴트에게는 유용할 수 있지만 현실은 단순하지 않다. 실제로 성공한 CEO들은 모습도 성향도 제각각이고 이들을 하나로 묶을 만한 공통점은 거의 없어 보인다. 더욱이 가장 크게 성공한 CEO들에게도 결점과 실패의 경험이 있다.

기업 생애주기 관점에서 CEO 적임자

위대한 CEO의 조건에 대한 논의가 결함을 가질 수밖에 없는 이유는 간단하다. 모든 기업에 적용될 수 있는 단 하나의 틀은 존재하지 않기 때문이다. 기업이 창업기(탄생)에서 성숙기(중년)를 거쳐 쇠퇴기(노년)에 이르는 동안 직면하는 경영 과제가 어떻게 다른지 살펴보면 그 이유를 이해할 것이다. 생애주기의 단계마다 기업의 초점이 달라지며, 성공을 위해 최고경영진이 기여해야 하는 자질 또한 변화한다.

- 생애주기의 초기 단계에서는 아직 충족되지 않은 수요를 겨냥한 사업 아이디어를 가지고 기업의 동력을 찾기 위해 분투한다. 이 단계에는 기존의 틀을 깨고 창의적으로 사고하면서 직원과 투자자들을 자신의 비전에 끌어들이는 역량을 갖춘 비전가형 CEO가 필요하다.
- 역사적으로 볼 때 아이디어를 제품이나 서비스로 전환하는 과정에서 순수한 비전보다는 실용주의가 더 큰 성과를 거두었다. 아이디어 기업을 실제 비즈니스로 전환하려면 설계, 생산, 마케팅 측면에서 여러 타협이 불가피하기 때문이다. 기업이 제공하는 제품이나 서비스가 구체화됨에 따라 사업을 구축하는 역량이 최우선이자 핵심 과제로 떠오른다. 생산 설비를 구축하고 공급망을 마련하는 등의 과정은 사업을 성공시키는 데 매우 중요하지만 확실히 비전을 제시하는 것만큼 흥미롭지는 않다.
- 초기 아이디어가 사업적으로 성공을 거두고 나면 확장을 지속하기 위해 기존 제품 라인을 증설하거나 새로운 지역으로 진출해야 할 필요성이 생길 수 있다. 이 단계에서는 기회를 포착하고 신속하게 실행하는 CEO가 큰 차이를 만들어낼 수 있다.
- 기업이 중년기의 후반부에 접어들면 새로운 시장을 개척하는 것보다 기존 시장점유율을 방어하는 것이 더욱 중요한 과제가 된다. 나는 이 단계를 기업이 '참호전'을 벌이는 시기라고 생각하는데, 이 시기에는 신제품 개발보다 해자를 더욱 견고히 하는 것이 우선순위

를 차지한다.

- 가장 어려운 단계는 쇠퇴기다. 기업이 해체되면서 개별 사업 부문을 매각하거나 폐쇄해야 하므로 누가 이 일을 맡든 고통스러운 결정을 내리는 것이 불가피하며 부정적인 언론 보도도 감수해야 한다.

그림 18.2에서는 기업 생애주기 단계별로 사업과 경영의 성공에 핵심인 요소와 적합한 CEO의 유형을 제시하고 있다.

젊은 기업에서 회사의 스토리를 구성하고 이를 통해 투자자들이 자본을 투입하

[그림 18.2] 생애주기 단계와 적합한 CEO의 유형

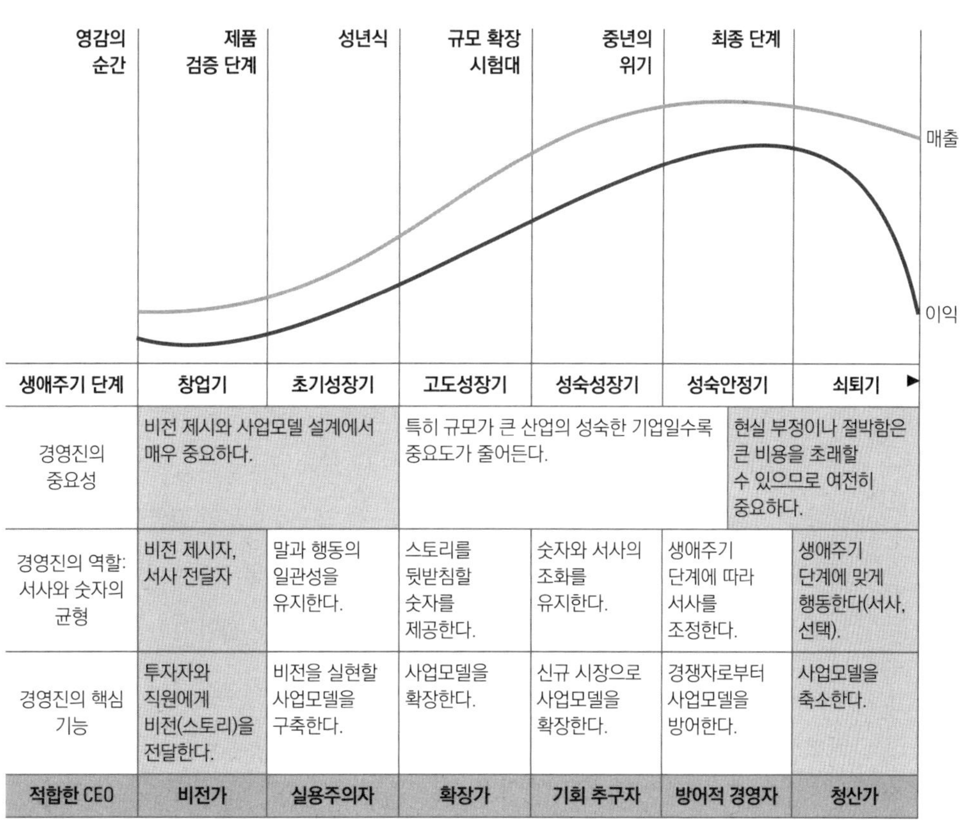

생애주기 단계	창업기	초기성장기	고도성장기	성숙성장기	성숙안정기	쇠퇴기 ▶
경영진의 중요성	비전 제시와 사업모델 설계에서 매우 중요하다.		특히 규모가 큰 산업의 성숙한 기업일수록 중요도가 줄어든다.			현실 부정이나 절박함은 큰 비용을 초래할 수 있으므로 여전히 중요하다.
경영진의 역할: 서사와 숫자의 균형	비전 제시자, 서사 전달자	말과 행동의 일관성을 유지한다.	스토리를 뒷받침할 숫자를 제공한다.	숫자와 서사의 조화를 유지한다.	생애주기 단계에 따라 서사를 조정한다.	생애주기 단계에 맞게 행동한다(서사, 선택).
경영진의 핵심 기능	투자자와 직원에게 비전(스토리)을 전달한다.	비전을 실현할 사업모델을 구축한다.	사업모델을 확장한다.	신규 시장으로 사업모델을 확장한다.	경쟁자로부터 사업모델을 방어한다.	사업모델을 축소한다.
적합한 CEO	비전가	실용주의자	확장가	기회 추구자	방어적 경영자	청산가

도록 유도하며 직원들을 고무시키는 데 능한 뛰어난 CEO라고 하더라도 성숙한 기업에는 부적합할 수 있다. 성숙한 기업에서는 기존의 경쟁우위를 보호하고 경쟁자나 규제 당국에 맞서 방어 전략을 펼치는 능력이 성공적인 CEO에게 요구되는 역량이기 때문이다.

경영진과 기업의 부조화

아무리 높이 평가받는 경영진이라도 기업과 맞지 않을 수 있다. 여기에서는 먼저 이러한 부조화가 발생하는 근본적인 이유를 논의하고, 이어서 기업과 CEO가 성장해 상장기업이 되는 과정에서 이러한 부조화가 어떻게 나타나는지 살펴보겠다. 비상장기업이나 가족 소유 기업에서는 부조화가 어떻게 전개되는지도 함께 살펴볼 것이다.

부조화의 원인

충분한 역량을 갖춘 경영진도 기업과 맞지 않을 수 있을까? 당연히 그렇다. 기업과 경영진 사이에 부조화가 발생하는 데는 여러 가지 이유가 있다.

1. **경영진과 기업의 노화:** 기업과 경영진 모두 나이가 들고 그 과정에서 변화한다. 기업이 창업기에서 성장기를 거쳐 성숙기로 접어들수록 초점은 사업모델을 구축하는 데서 그것을 방어하는 데로, 더 많은 위험을 감수하는 데서 더 적은 위험을 감수하는 쪽으로 이동한다. 최고경영자도 나이가 들면서 변화가 생기는데 연구에 따르면 경영자들도 나이가 들수록 위험 감수나 기존 제품을 잠식할 가능성이 있는 혁신을 꺼리는 경향을 보인다.[4] 드문 경우지만 CEO와 기업이 같은 속도로 변화한다면 기업이 창업기에서 쇠퇴기에 이르기까지 전 과정을 동일한 경영진이 이끌더라도 효율성을 잃지 않을 수 있을 것이다. 하지만 일반적인 경우는 CEO와 기업이 서로 다른 속도로 나이 들고 위험 선호도 역시 다르게 변화하기 때문에 경영진과 기업의 부조화가 생길 수 있다. 이를 뒷받침하는 근거로 기

업 가치와 CEO 재임 기간의 관계를 분석한 한 연구에 따르면 장기 재임한 CEO의 경우 평균적으로 재임 초 10년 동안 기업 가치가 상승하다가 약 12년을 정점으로 해서 이후에는 하락하는 경향이 나타났다.[5]

2. **변화하는 기업의 고착된 경영진**: 더 미묘한 문제도 있다. 특정 시점에는 CEO와 기업이 잘 맞았지만 기업이 생애주기를 거치며 변화하는 동안 CEO는 그대로인 경우다. 기업이 생애주기 속에서 변화를 겪는 이유는 다양하다. 사업모델이 진화하면서 기업의 성격이 달라질 수도 있고, 외부 세력에 의해 산업 전체에 파괴적 혁신이 일어나면서 안정적이고 예측 가능했던 사업이 갑자기 위험성이 크고 쇠퇴하는 사업으로 전환될 수도 있다. 대표적인 사례가 야후다. 검색엔진 분야의 초기 개척자였던 야후를 설립한 제리 양(Jerry Yang)과 데이비드 파일로(David Filo)는 한때 비전을 갖춘 성공적인 경영자로 평가받았으나, 구글이 업계를 뒤흔들면서 불과 10년 만에 실패한 인물로 평가가 뒤바뀌었다. 21세기 초반 수많은 오프라인 유통업체의 상황도 마찬가지다. 당시 이들 기업에는 견고하게 자리 잡고 높이 평가받던 경영진이 있었지만 아마존이 업계에 파괴적 혁신을 가져오면서 길을 잃고 말았다.

3. **잘못된 임명**: 최고경영자가 물러나고 후임자를 찾을 때 이사회는 기업을 잘 이끌어갈 수 있는 인물을 선임하려 하지만 때때로 실수를 저지르기도 한다. 성공한 CEO를 영입하더라도 전혀 다른 생애주기 단계에 있는 기업에서 이룬 성공이라면 새로운 기업과 부조화가 발생할 위험이 있다. 우버는 2017년 CEO를 선임하는 과정에서 이러한 위험을 피할 수 있었던 사례다. 당시 우버는 제프 이멜트(Jeff Immelt)를 후보로 고려했지만 최종적으로 그를 선택하지 않았다. 이멜트가 이전 직장 GE에서 성공한 CEO였지만(이 평가도 엇갈린다) 우버는 기업의 연령뿐만 아니라 거의 모든 면에서 GE와는 완전히 다른 기업이니 우버의 CEO로서는 나쁜 선택이었을 가능성이 크다.

4. **재탄생을 위한 도박**: CEO의 특성이 기업에 긍정적인 영향을 끼쳐 변화를 이끌어내기를 기대하며 이사회가 의도적으로 기업과 성향이 맞지 않는 CEO를 선임하는 경우도 있다. 대개 성숙기나 쇠퇴기에 접어든 기업이 비전가 유형의 CEO를 영입해 성장 기업으로 환생할 수 있을 것이라고 생각할 때 발생한다. 젊음을 되찾고 싶은 충동은 이해할 만하지만

이런 도박이 성공할 확률은 낮다. 결국 CEO의 명성이 실추되고 기업의 상황은 더욱 악화될 위험이 크다. 야후가 2012년 머리사 메이어(Marissa Mayer)를 CEO로 영입한 사례가 대표적이다. 당시 야후는 메이어가 구글에서 거둔 성공이 야후에서 재현되기를 기대했지만 이 실험은 결국 야후와 메이어 모두에게 좋지 않은 결과로 끝났다.

CEO와 기업의 부조화는 심각한 문제를 초래할 수 있고 그 영향은 가벼운 수준에서 치명적인 수준까지 다양하게 나타날 수 있다. 이에 관한 구체적인 사례와 영향을 그림 18.3에서 확인할 수 있다.

기업과의 부조화를 인식한 CEO가 자신을 내려놓고 회사에 필요한 역량을 갖춘 파트너나 공동 경영자를 찾는다면 가장 바람직할 것이다. 스티브 잡스는 애플에서 CEO로서 첫 임기 당시 자신의 비전을 제어 없이 밀어붙이며 기업을 파괴 직전까지 몰고 갔다. 반면 두 번째 임기에는 역사상 가장 인상적인 기업 회생 사례 중 하나를 이끌어냈다. 내가 보기에 스티브 잡스의 두 번의 애플 시절에서 가장 큰 차이는 팀 쿡(Tim Cook)을 최고운영책임자로 선택하고 운영 권한을 기꺼이 위임한 것이다. 다시 말해 잡스는 계속해서 자신의 비전을 구현하는 데 집중할 수 있었고, 쿡은 잡스의 약속을 제품으로 실현했다.

[그림 18.3] 기업과 CEO의 부조화가 기업 가치에 미치는 영향

CEO와 기업의 부조화: 결과		
온건한 시나리오 기업과 맞지 않는 CEO가 이를 인식하고, 그 빈틈을 메우기 위해 파트너나 공동 경영자를 영입한다.	**중간 시나리오** 손상이 발생한 이후이기는 하지만 CEO가 교체된다. 시간이 지체되면 더 큰 손상이 발생한다.	**악성 시나리오** 기업과 맞지 않는 CEO가 견제 없이 계속 파괴적인 행동을 한다.

기업 가치에 미치는 영향

작거나 거의 없음 ← → 크거나 치명적임

부적합한 CEO가 자리를 고수하고 기업을 파멸로 이끄는 길로 계속해서 나아가는 것은 최악의 경우다. 이는 이사회가 형식적인 승인 기관으로 전락했거나 (차등 의결권 주식 등) 의결 구조가 기존 CEO에게 유리하게 설계된 탓일 수 있다. 그보다는 나은 경우로 행동주의 투자자와 대형 주주의 압박을 받은 이사회가 결국 CEO 교체를 추진할 수도 있다. 그러나 이때는 이미 기업에 적지 않은 피해가 발생했을 것이다.

부조화의 유형

기업과 경영진의 부조화는 생애주기의 모든 단계에서 발생할 수 있으며 비상장 기업, 가족 경영 기업, 상장기업을 포함한 모든 유형의 기업에서 나타날 수 있다.

기업의 생애주기별 불일치 유형

최고경영진이 기업 생애주기의 단계마다 직면하는 과제를 감당할 역량을 제대로 갖추지 못한 경우가 존재할 수 있다. 이러한 사례를 인식한다면 이후에 발생할 수 있는 부조화 문제에 좀 더 효과적으로 대응하는 데 도움이 될 것이다.

1. **창업기와 초기 단계:** 창업 기업과 젊은 기업에서는 창업자이자 경영자, 기업 자체가 적합성을 검증할 만한 과거 실적이 없기 때문에 경영자와 기업 사이에 부조화가 흔하게 발생한다.

    a. **순수주의 창업자:** 창업기 기업에서 흔히 발생하는 부조화는 순수주의자인 창업자가 시장이나 사업의 필요에 맞도록 제품이나 서비스를 변경, 조정하는 것을 거부하는 경우다. 특히 기술기업에서 고객의 요구를 충족시키고 사업모델을 구축하기 쉬운 '충분히 좋은' 제품보다는 '완벽한' 소프트웨어나 하드웨어를 만드는 데 집착하는 기술자 출신의 창업자와 부조화가 발생할 수 있다.

    b. **경영권 집착:** 창업 기업과 젊은 기업은 아이디어를 제품으로 전환하고 사업모델을 구축하기 위해 현금흐름이 필요하지만 부채를 감당할 여력이 부족하다. 따라서 성공을 위해서는 창업자가 일정 지분을 투자자에게 양도하고 자본을 조달해야 한다. 그러나

경영권을 온전히 유지하는 데 집중하는 창업자는 비효율적인 방법으로 자금을 조달하거나 자금 확보 자체를 포기할 수 있다. 즉 경영권을 지키기 위해 사업의 성장 가능성을 희생하는 것이다.

c. **사업 구축에 대한 관심과 역량 부족**: 아이디어를 소비자가 원하는 제품이나 서비스로 전환한 후에는 이 제품을 실제로 전달할 사업모델을 구축하는 것이 경영진의 과제다. 그러나 이 과정에 필요한 실무 작업과 세밀한 부분에 주의를 기울이고 시간을 들이기를 원하지 않거나 그럴 만한 역량이 부족한 창업자도 있다. 사업 구축을 전담할 적절한 인물이 없다면 제품이나 서비스를 상업화하는 데 어려움을 겪는다.

2. **고도성장기 기업**: 이 시기에는 작은 규모로 성공한 사업을 얼마나 효과적으로 확장할 수 있는지가 핵심 과제다. 그러나 일부 창업자는 이 과정에서 극단으로 치우치는 실수를 범한다.

   a. **어떤 대가를 치르더라도 확장**: 경영진이 매출 성장에만 지나치게 집착한 나머지 그 욕구가 모든 의사결정의 중심이 되는 경우가 있다. 이러한 기업은 성장은 할 수 있어도 수익성을 확보하는 경로를 찾는 데는 실패하고 인수, 신제품 개발에 막대한 투자를 감행하는 대가를 치른다.

   b. **확장 거부**: 경영진이 이익과 현금흐름의 흑자 전환에 집착한 나머지, 손실이나 현금흐름 적자가 더 오래 이어질 것을 우려해서 사업을 확장할 수 있는 가치 창출 기회를 외면하는 경우도 있다.

3. **성숙성장기 기업**: 성장률이 둔화되기 시작하는 시기이지만 경영진이 기회를 잘 포착한다면 여전히 높은 성장을 달성할 수 있다. 이 단계에서 경영진은 매출 성장과 수익성 사이에서 선택의 기로에 서게 되는데, 높은 성장을 추구할수록 수익성이 낮아질 가능성이 있다. 이러한 선택이 기업 가치에 미치는 영향은 긍정적일 수도 있고 부정적일 수도 있다.

   a. **이익보다 확장**: 고도성장기를 거쳐 이 단계에 이른 기업은 이익보다 늘 성장이 우선이었다. 경영진이 여전히 그 사고방식에 머무르면 신규 프로젝트, 대규모 인수에 과도한

투자를 감행하고, 결과적으로 과도하게 성장하지만 이익은 미미한 기업을 만들게 된다.

b. 과거를 좇는 경영: 고도성장기에는 가용 자본보다 투자 기회가 더 많고, 부채 부담이 거의 없으며, 투자자에게 현금을 돌려주지 않는 것이 일반적이다. 하지만 성숙성장기 단계로 전환하면서 상황이 달라진다. 수익성이 개선되면서 부채를 감당할 여력이 생기고 배당이나 자사주 매입을 통해 주주들에게 현금을 환원할 수 있는 기반이 마련된다. 그럼에도 불구하고 일부 경영진은 변화를 거부하고 과거에 효과적이었던 방식을 고수하며 차입이나 현금 환원을 하지 않으려 한다.

4. 성숙안정기 기업: 성숙하고 안정적인 단계에 접어든 기업의 최고경영진이 취할 수 있는 가장 합리적이고 신중한 전략은 낮아진 성장률을 받아들이면서도 기존의 해자(경쟁우위)를 방어하고 더욱 강화해 지속적으로 이익을 창출하는 것이다.

a. 성장을 재개한다는 착각: 대부분의 성숙기 기업에서 저성장은 일반적인 결과이지만 일부 기업에는 고도성장기로 회귀하기를 갈망하며 그에 따라 행동하는 최고경영자가 있다. 이들은 내부에 성장 프로젝트가 부족한 상황에서 인수 기회로 눈을 돌리고 점점 더 큰 규모의 인수를 추구한다. 그 과정에서 과도한 가격을 지불하는 것이 예외가 아닌 관행이 되어버리고 시간이 지나며 실수의 규모와 대가도 점점 커진다.

b. 제국 건설자: 일부 기업에서는 최고경영진이 수익성 있고 지속 가능한 사업을 구축하기보다 제국을 건설하는 데 더 집중한다. 이러한 현상은 특히 장기 재임한 CEO가 이사회를 장악한 기업에서 두드러지며, 이들은 어떤 대가를 치르더라도 기업의 규모(매출 또는 직원 수 기준)를 키우는 데 집착한다. 1970년대 찰스 블루돈(Charles Bluhdorn)은 인수를 거듭하며 걸프앤드웨스턴(Gulf and Western)을 복합기업으로 변모시키는 전략을 사용했다. 잭 웰치의 GE 재임 시기를 돌아보며 그가 회사를 혁신한 것인지 아니면 제국을 세우려 했던 것인지 의문을 제기하는 이들도 있다.

c. 해자의 혼동과 방치: 성숙기 기업의 핵심 가치의 원천이 해자, 즉 경쟁우위라면 경영진은 이를 정확히 인식하고 변화 추이를 파악하며 보호해야 한다. 최고경영진이 기업의 해자를 잘못 인식할 경우, 예를 들어 실제 경쟁우위는 규모의 경제인데 경영진이 브랜

드 가치에 우위가 있다고 오판하면 결국 기존의 경쟁우위를 위태롭게 만들 수 있다.

5. 쇠퇴기 기업: 앞서 쇠퇴기 기업의 가치평가와 투자에 관한 논의에서 강조했듯이 기업의 쇠퇴가 불가피하고 명백하더라도 경영진이 이를 받아들이기는 매우 어려울 수 있다. 그 결과 이러한 기업의 최고경영진은 문제를 악화시키는 다양한 경로를 따른다.

a. 부정: 매출 감소와 수익성 하락을 특수 상황이나 거시경제의 변화, 운 때문이라고 믿고 기업의 쇠퇴가 영구적인 현상임을 부정하는 경영진은 과거의 투자, 재무, 배당 정책을 고수한다. 이러한 경영진이 오랫동안 자리를 지킨다면 기업은 결국 현실에 먹힐 것이며, 그때는 이미 투자 가치가 없는 사업에 막대한 자본이 매몰된 상태일 것이다.

b. 절박함: 경영진이 기업이 쇠퇴하고 있다는 사실을 인지하고도 금전적 보상이나 명성 같은 개인적 동기로 인해 한 번의 대박을 기대하며 성공 확률이 낮은 대규모 베팅을 감행하는 경우가 있다. 이러한 기업의 주주들은 대체로 손실을 입지만 성공을 거둔 경영자는 '기업 회생 전문가'라는 명성을 얻으며 스타가 되고, 자신의 이익 창출 능력을 높여 다른 기업으로 자리를 옮긴다.

c. 수단과 방법을 가리지 않는 생존: 일부 쇠퇴기 기업의 최고경영진은 기업의 건전성보다 생존 자체에 우선순위를 두고 그에 따라 행동한다. 그 결과, 살아 있기는 하지만 시간이 지날수록 가치를 잃는 나쁜 좀비기업을 만들어낸다.

압축된 생애주기 효과

3장에서 언급했듯이 모든 기업은 창업, 노화, 쇠퇴의 과정을 거치며, 이 과정이 진행되는 속도는 기업이 속한 산업에 따라 다르다. 구체적으로 보면 진입에 많은 자본이 필요하고 기존 시장 참여자(생산자, 고객 등)의 관성이 강한 산업일수록 창업기에서 성숙 성장기로 이동하는 데 더 오랜 시간이 걸린다. 그러나 동일한 힘이 반대로 작용하면서 성숙한 상태를 더 오래 유지할 수 있고 쇠퇴도 훨씬 더 완만하게 진행된다.

3장에서 나는 기업의 생애주기가 최근 수십 년 동안 압축되었다고 주장했다. 특히 기술기업들이 시장과 경제 전반에 뚜렷한 존재감을 드러내면서 이러한 변화가 두드러졌다. 20세기의 위대한 기업들은 본격적인 성장 궤도에 오르기까지 수십 년이 걸렸고, 그 과정에서 막대한 인프라 투자가 필요했으며, 확장까지는 오랜 시간이 소요되었다. 이들은 성숙한 기업으로서 오랜 기간 동안 현금흐름을 창출하며 버텼고, 이후에는 대체로 길고 점진적인 쇠퇴 과정을 겪었다.

예를 들어 시어스(Sears)와 GE는 100년 가까운 기간 동안 성공적인 기업으로 활동했고, 결국 시간과 환경의 변화에 따라 한계에 부딪히게 되었다. GM과 포드는 제조 역량을 구축하고 제품 라인업을 조정하기 위해 30년 가까이 고군분투한 끝에 비로소 성공의 결실을 누릴 수 있었다. 반면 야후는 1994년에 설립되어 2000년대에 들어설 때 시가총액 1,000억 달러에 도달했지만 시장에서 우위를 누린 기간은 불과 몇 년에 불과했다. 구글이 등장해 시장을 장악하면서 야후는 쇠퇴의 길을 걷다가 결국 2017년 버라이즌에 인수되었다.

나는 압축된 기업 생애주기가 경영진과의 부조화 문제에 중요한 영향을 미친다고 생각한다. 20세기를 대표했던 장수 기업들은 기업과 경영진이 함께 나이 들어가며 자연스럽게 전환이 이루어질 수 있었다. 이를 이해하려면 20세기의 대표적인 대기업인 포드에서 기업 지배구조가 어떻게 작동했는지를 살펴보면 된다.

1906년부터 1945년까지 포드의 CEO로 재직한 헨리 포드(Henry Ford)는 의심할 여지 없는 비전가였지만 괴짜 같은 면모도 있었다. 그는 모델 T를 통해 대중이 좀 더 쉽게 감당할 수 있는 가격의 자동차를 만들겠다는 비전을 제시했고, 이는 포드의 성공에 결정적인 역할을 했다. 그러나 재임 말기인 1945년경 그의 경영 방식은 이미 기업과 어긋나 있었다. 시간과 자연스러운 세대교체가 이 문제를 해결해주었고 그의 손자인 헨리 포드 2세가 이후 수십 년간 기업을 더욱 안정적으로 이끌었다. 간단히 말해 기업이 100년 동안 존속하면 시간의 흐름이 경영진의 부조화와 승계 문제를 자연스럽게 해결해준다.

반면 블랙베리(Blackberry)는 단기간에 급부상했고, 정점에 머문 시간도 짧았으며, 스마트폰시장에 경쟁사들이 진입하면서 급격히 몰락했다. 블랙베리의 공동 창업자 마이크 라자리디스(Mike Lazaridis)와 1992년 CEO로 영입된 짐 발실리(Jim

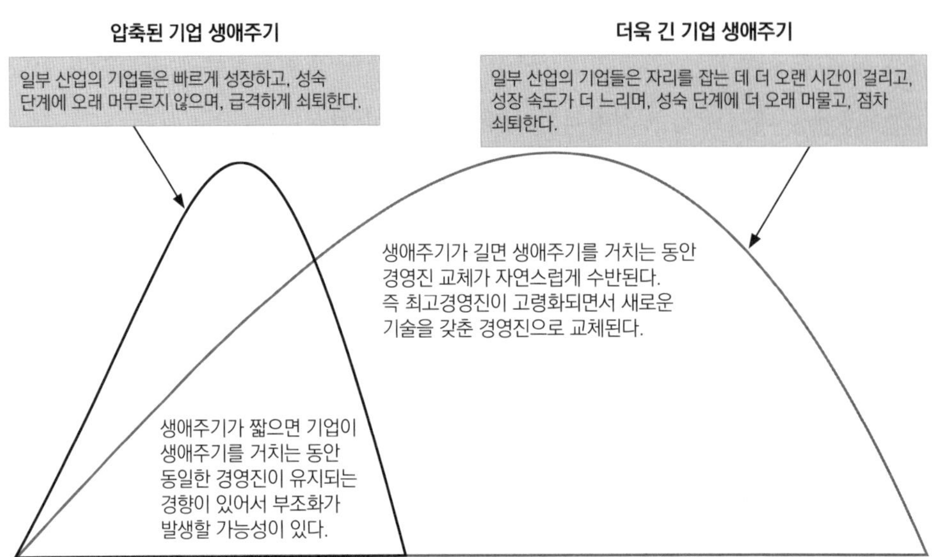

Balsillie)는 기업의 성공기에 경영을 주도하며 훌륭한 경영자로 찬사를 받았지만 기업이 몰락하면서 찬사가 야유로 바뀌었다. 결국 2012년이 되어서야 경영진 교체가 이루어졌지만 변화가 너무 미미하고 늦었다는 평가가 나왔다.

그림 18.4는 압축된 생애주기가 경영진과 기업의 부조화를 초래할 수 있음을 보여준다.

기술기업은 '개의 나이'로 늙는다. 20년 된 기술기업은 100년 된 제조기업처럼 낡은 사업모델을 짊어지고 파괴적 혁신에 직면한다. 나는 압축된 생애주기로 인해 앞으로 10년 동안 더 많은 갈등이 발생할 것이라고 본다. 내가 기업의 경영 사례를 연구하는 사람이라면 성공한 기술기업 CEO에 대한 사례 연구 결과나 책을 성급하게 집필하지 않을 것이다. 불과 몇 년 후 그 CEO 가운데 많은 이가 실패 사례의 주인공이 될 가능성이 높기 때문이다.

경영진 부조화 해결하기

기업 지배구조는 이사회 구성 방식부터 주주총회에서 누가 의결권을 행사해야 하는지까지 수많은 세부 사항을 포함한다. 그러나 내 생각에 기업 지배구조의 핵심은 경영진이 기업의 필요에 부합하지 않을 때 경영진을 교체할 권한을 소유주(주주)가 갖고 있는지 여부에 관한 문제다. 이제 비상장기업과 상장기업에서 경영진이 교체되는 과정을 살펴보고, 이러한 과정이 기업의 생애주기 전반에 걸쳐 미치는 영향을 검토하겠다.

경영진 교체: 절차

최고경영진이 기업과 맞지 않을 때 가장 분명한 해결책은 경영진을 교체하는 것이지만 이러한 교체가 반드시 이루어지는 것은 아니다(경영진 교체 여부를 결정하는 변수에 대해서는 곧이어 다루겠다). 그리고 설령 교체가 이루어진다고 해도 그 과정이 항상 쉽거나 시의적절하게 진행되는 것은 아니다.

1. **비상장기업:** 비상장기업에서 경영진과 기업이 맞지 않는 경우, 특히 소유주가 곧 경영자라면 해결이 쉽지 않다. 이러한 상황은 대개 창업 기업과 상장 이전의 매우 젊은 기업, 가족 소유 기업에서 나타난다. 소유주와 경영자가 겹치는 구조에서는 경우에 따라 변화가 불가능해지기도 하지만 창업자가 운영하는 기업, 가족 소유 기업 모두 변화가 이루어질 수 있는 방식이 몇 가지 존재한다.

   창업자가 운영하는 기업에서는 VC와 외부 투자자가 변화를 주도할 수 있다. 이들은 보유 지분을 활용해 창업자를 해임하고 새로운 경영진을 선임할 수 있다. 실제로 1995년부터 2008년까지 VC가 투자한 1만 1,929개 창업 기업을 분석한 연구에 따르면, 이 기간 동안 최소 15%의 기업에서 창업자가 교체되었다.[6] 가족 경영 기업이 변화하려면 반드시 가족 내부의 결단이 있어야 한다. 이는 주로 기업의 실적 부진이 계기가 되며 기존의 가족 경영자를 다른 가족 구성원으로 교체하거나 외부인을 영입하는 방식으로 진행된다.

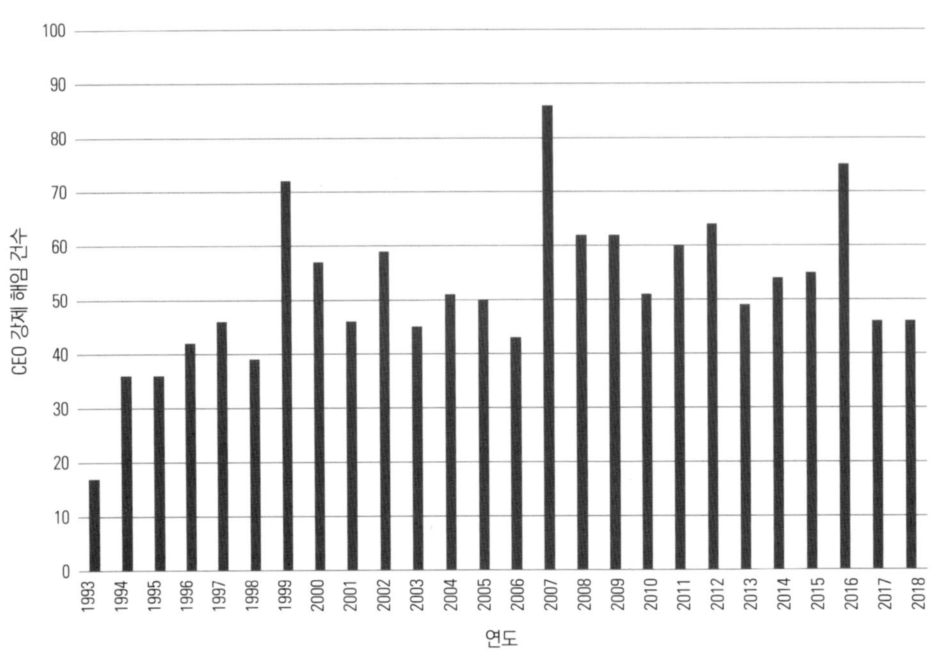

2. 상장기업: 기업이 상장하면 경영진 교체는 이사회를 통해 이루어져야 한다. 기존 경영진이 이사회 구성원을 선임하면 기본적으로 현 경영진을 유지하려는 경향이 강할 수밖에 없다. 그러나 기업의 실적이 시장의 예상에 부합하지 못하고 주가가 부진할 경우 경영진 교체 압력은 점점 커지고, 임계점에 도달하면 이사회가 경영진을 교체하게 된다. 기업 지배구조의 변화를 측정하는 지표 중 하나는 이사회에 의해 해임된 CEO의 수다. 그림 18.5는 1993년부터 2018년까지 S&P1500 기업에서 해임된 CEO의 통계다.

그림에서 보듯 CEO 강제 해임(또는 해고) 건수는 시기에 따라 다른데 2007년에 정점을 찍었다. 그러나 정점에 도달한 해조차도 강제 해임 건수는 비교적 낮은 수준을 유지하고 있다. 이는 대부분의 기업에서 기존 경영진을 유지하려는 강한 힘이 작용하고 있음을 시사한다. 그 힘에 대해서는 뒤에서 살펴보겠다.

경영진 교체: 촉매와 걸림돌

기업이 필요로 하는 역량과 경영진의 역량 간에 부조화가 발생했을 때, 변화가 빠르게 일어나는 기업도 있지만 변화가 느리게 진행되거나 아예 일어나지 않는 기업도 있다. 그 이유는 무엇일까? 이러한 질문에 답하기 위해 경영진 교체를 촉진하는 요인과 변화를 가로막는 요인을 살펴보고, 기업의 생애주기에 따라 이러한 요인들이 어떻게 변화하는지 분석하겠다.

촉매

기업 내에서 변화가 필요하다는 공감대가 형성되었다고 해도 실제로 변화가 이루어지려면 이를 촉진하는 요인이 있어야 한다. 이러한 촉매의 존재 여부가 기업 생애주기의 어떤 단계에서는 변화가 더 자주 일어나고 다른 단계에서는 그렇지 않은 이유를 설명한다.

- **비상장 창업 기업과 매우 초기 단계 기업**: 대개 VC가 변화의 촉매가 된다. 이들은 기업에 상당한 자금을 투자한 이해관계자로서 기존 경영진(대개 창업자나 공동 창업자)이 기업을 운영할 역량이 부족하다고 판단하면 변화를 요구한다.
- **초기성장기 기업**: IPO 직후와 상장 초기 몇 년 동안에는 내부 투자자들이 변화를 주도하는 경우가 많다. 이들은 IPO 이전부터 지분을 보유했거나 공모 과정에서 상당한 지분을 확보한 주주다.
- **고도성장기 기업**: 변화의 필요성은 대개 대규모 지분을 보유한 행동주의 성향의 개인이나 기관투자자들이 전면에 부각한다. 이들이 영향력을 행사하기 위해서는 상당한 지분을 보유해야 하며, 다른 주주들을 변화 요구에 동참하도록 설득하려면 행동주의적 접근이 필수적이다. 이러한 움직임의 성공 여부는 기업의 확장 과정이 얼마나 성공적이었는지에 크게 좌우된다. 확장 과정이 순조롭지 못했다면 경영진 교체 압박은 더욱 커질 것이다.
- **성숙성장기 기업**: 기존 CEO의 은퇴나 사망으로 인한 자연스러운 전환 과정이 변화의 촉매가 될 수 있다. 신임 CEO 대부분은 전임 CEO가 구축해놓은 경로를 그대로 따른다. 이

는 기존 CEO가 선임해 구성한 이사회와 경직된 기업문화에 제약을 받기 때문이다. 그러나 이러한 전환기를 기업의 방향성을 재설정하는 기회로 활용하는 CEO들도 있다. 예를 들어 2013년 마이크로소프트의 CEO로 스티브 발머(Steve Ballmer)가 은퇴하고 사티아 나델라(Satya Nadella)가 취임했을 당시, 사업모델과 사업 구성에 중대한 변화가 있을 것이라고 예상한 사람은 거의 없었다. 그러나 나델라가 단행한 변화는 마이크로소프트를 완전히 새로운 방향으로 전환해 훨씬 더 수익성 높은 기업으로 성장시켰다.

- **상장된 성숙한 기업**: 행동주의 투자자와 헤지펀드가 기업의 실적 부진과 주가 하락에 대응해 변화를 촉진한다. 이들은 신규 투자, 특히 인수 활동을 제한할 것을 요구하며 자본 구조에서 부채 비중을 확대하고 주주에게 더 많은 현금을 환원할 것을 요구한다.
- **쇠퇴기 기업**: 사모펀드가 인수해 비상장기업으로 전환하고 운영과 재무 구조를 변경하는 과정이 변화의 촉매가 된다. 사모펀드는 기업을 계속기업으로 유지하는 것보다 자산을 청산해서 더 높은 가치를 창출할 수 있다고 판단되면 청산을 추진할 수 있다. 기업 전체보다 개별 사업 부문의 가치가 더 높다고 판단되면 인적분할이나 물적분할을 실시할 수도 있다.

걸림돌

기업에서는 경영진이 기업과 맞지 않는다는 공감대가 형성되더라도 기존 경영진을 유지하려는 강력한 편향이 존재한다. 먼저 모든 기업에 공통으로 적용되는 경영진 교체의 제도적 제약을 살펴보고, 생애주기에 따라 달라지며 경영진 교체를 어렵게 만드는 기업 고유의 제약에 대해서도 논의하겠다.

a. 제도적 제약

첫 번째 걸림돌은 제도적 제약으로, 정도는 기업마다 다르지만 모든 상장기업에 영향을 미친다. 제도적 제약은 경영진 교체를 추진하기 위한 자본 조달의 어려움에서 비롯될 수도 있고, 적대적 인수에 대한 각국의 규제, 기업 내부의 관성에 기인하기도 한다.

1. **자본 제약**: 부실하게 운영되는 기업의 경영진을 교체하는 가장 신속하면서도 결정적인 방법은 자본을 조달해 그 기업을 인수하는 것이다. 이 과정에 제약이 존재하면 경영진 교체가 어려워질 수 있다. 이러한 관점에서 볼 때 자본시장(주식시장과 채권시장)이 발달하지 않은 경제에서 경영진 교체가 상대적으로 덜 빈번한 것은 당연하다. 실제로 지난 100년 동안 유럽의 많은 부실 경영 기업은 활발한 회사채시장의 부재와 은행 대출 중심의 자금 조달 구조 덕분에 경영진 교체 압력에서 상당 부분 보호받을 수 있었다. 따라서 금융시장이 개방되어 있고 (대기업이나 신용도가 높은 기업뿐만 아니라) 다양한 투자자들이 쉽게 자금을 조달할 수 있는 환경일수록 부실 경영을 지속하는 기업의 경영진이 교체될 가능성이 더 높다.

   자본 제약은 기업 규모에 따라 불균등한 영향을 미치는데, 시가총액이 큰 기업이 작은 기업보다 상대적으로 더 강한 보호를 받는다. 일반적으로 신생 기업보다 오래된 기업이 시가총액이 더 큰 경향이 있기 때문에, 자본 조달이 어려운 환경에서는 오래된 기업의 경영진 교체가 지연되거나 불가능해질 가능성이 높다.

2. **인수와 주주 투표에 대한 국가적 제약**: 많은 국가에서 정부가 기존 경영진을 보호하는 입장을 취하며 경영진 교체를 더욱 어렵게 만든다. 일부 국가에서는 적대적 인수나 행동주의 투자를 제한하거나 전면적으로 금지한다. 보유 기간에 따라 의결권의 비중을 달리하는 방식으로 주주 의결권 행사에 제약을 두는 국가도 있다. 최근에 진입한 주주보다 오랫동안 주식을 보유한 주주의 의결권에 더 큰 영향력을 부여하는 방식이다. 이러한 규제는 기업 의사결정에서 장기적인 관점을 강화하기 위한 목적으로 도입되었지만, 적어도 상장기업에서는 기존 경영진에게 유리하게 작용한다.

경영진 교체를 어렵게 만드는 자본 제약과 국가적 제약은 일부 지역과 생애주기의 특정 단계에 경영진 교체가 상대적으로 덜 빈번한 이유를 설명한다. 기업 생애주기 후반, 즉 성숙한 상장기업에 비해 생애주기 초반에 있는 소규모 비상장기업에서 경영진 교체가 더욱 빈번한 것도 이러한 제약 때문이다.

b. 기업 고유의 제약

경영진이 기업과 맞지 않더라도 주주들의 압력으로부터 보호받을 수 있도록 기업이 자체적으로 장치를 마련하는 경우도 있다. 이러한 보호 장치는 기업 지배구조의 규칙을 경영진에게 유리하게 왜곡한다. 경영진을 보호하는 장치는 기업 정관 개정, 복잡한 순환출자 구조, 차등 의결권 주식, 경영진과 내부자의 대규모 지분 보유 등 다양하다. 그러나 변화에 대한 저항은 기업마다, 지역마다 다르게 나타난다.

이어서 살펴보겠지만 경영진 교체를 방해하는 제약의 유형은 기업 생애주기마다 다르게 나타나고, 이것이 기업 지배구조 개혁이 대개 실패로 끝나는 이유다. 성숙한 기업에서 경영진 교체를 가능하게 하는 개혁의 방식이 젊은 기업에서는 큰 효과를 발휘하지 못할 수 있다.

마지막으로 최근 이해관계자의 부의 극대화와 ESG를 추구하는 움직임이 강화되면서 주주들이 기업 경영에 변화를 요구하는 것이 더욱 어려워졌다. 이해관계자의 부의 관점에서 경영진은 모든 이해관계자(직원, 채권자, 사회 등)에게 책임을 지도록 요구되는데, 이는 주주에 대한 경영진의 책임을 희석하고 결국 누구에게도 명확히 책임을 지지 않는 상황을 초래한다. ESG가 오히려 기업 지배구조를 약화할 수 있다는 점이 의아하게 느껴질지 모르지만, 이는 ESG의 지배구조가 모든 이해관계자를 포괄하도록 확장된 개념이기 때문이다.

변화의 가능성

경영진과 기업의 부조화를 해결하는 가장 직접적인 방법은 경영진 교체다. 이를 실현하기 위해서는 변화의 촉매가 필요하며, 동시에 시장 전반 및 기업별로 변화를 저해하는 요인을 극복해야 한다. 이와 관련해 경영진과 투자자 모두에게 실질적으로 중요한 질문은 기업에서 변화가 일어나기 전에 그 가능성을 미리 평가할 수 있는지 여부다.

통계적 접근 방식인 로짓(logit)이나 프로빗(probit) 모델을 활용하면 과거에 경영진 교체가 이루어진 기업의 특성과 그렇지 않은 기업의 특성을 비교해 특정 기업에서 경영진 교체가 발생할 확률을 추정할 수 있다. 연구자들은 이 기법으로 적대적 인수와 CEO 강제 교체 사례를 분석하고 이러한 사건이 발생할 가능성이 높은 기업의 특성을 밝혀냈다. 적대적 인수와 관련된 연구 결과는 다음과 같다.

- 크리슈나 팔레푸(Krishna Palepu)의 연구는 인수 대상이 된 기업과 아닌 기업을 비교하여 인수 가능성을 평가한 최초의 연구 중 하나다. 이 연구에서 팔레푸는 인수 대상 기업이 비대상 기업보다 규모가 작고 비효율적으로 투자하는 경향이 있다고 지적했다(1986년).[7]
- 이후 데이비드 노스(David North)는 내부자와 경영진의 지분 보유율이 낮은 기업이 인수 대상이 될 가능성이 더 높다는 결론을 내렸다(2001년).[8] 다만 두 연구 모두 적대적 인수만 특정해서 분석한 것은 아니었다. 이후 로빈 너톨(Robin Nuttall)은 적대적 인수의 대상이 된 기업이 다른 기업보다 PBR이 낮은 경향이 있다고 밝혔고(1999년), 찰리 위어(Charlie Weir)는 이러한 기업들이 ROIC도 낮다고 덧붙였다(1997년).[9]
- 반면 리 핀코위츠(Lee Pinkowitz)는 현금 보유량이 많은 기업이 적대적 인수의 주요 표적이 될 가능성이 높다는 통념을 뒷받침하는 증거를 찾지 못했다(2003년).[10]

요약하면 적대적 인수 대상 기업의 주요 특징은 상대적으로 규모가 작고, PBR이 낮으며, ROIC가 낮다는 것이다.[11]

최근에는 강제적인 CEO 교체가 발생할 가능성이 높은 조건에 대한 연구도 활발히 이루어지고 있다.

- 첫 번째 요인은 주가와 실적이다. 동종 업계나 시장 기대치에 비해 실적이 부진한 기업에서 CEO 강제 교체가 더 자주 발생한다.[12] 인수에 과한 가격을 지불하는 것은 경영진의 무능을 보여주는 사례다. 연구에 따르면 과도한 인수 가격을 지불한 기업의 CEO가 교체될 확률은 그렇지 않은 CEO보다 훨씬 높다.[13]
- 두 번째 요인은 이사회의 구조다. 이사회가 작고,[14] 외부 인사 위주로 구성되며,[15] CEO가 의장을 겸임하지 않을 경우[16] CEO 강제 교체 가능성이 높아진다.

- 세 번째 요인은 기업의 소유 구조와 관련이 있다. 기관투자자의 지분율이 높고 내부자의 지분율이 낮은 기업에서 CEO 강제 교체가 더욱 자주 발생한다.[17] 또 신규 자본 조달을 위해 주식시장에 크게 의존하는 기업에서도 강제 교체가 빈번하다.[18]
- 마지막 요인은 산업의 구조다. 경쟁이 치열한 산업일수록 기업의 CEO가 교체될 가능성이 높다.[19]

요약하면 CEO 강제 교체가 발생하는 기업과 적대적 인수 대상이 되는 기업은 모두 경영 상태가 부실하며 운영이 비효율적이라는 공통점이 있다. 그러나 CEO 강제 교체가 이루어지는 기업은 훨씬 더 효율적인 이사회를 갖추고 있으며, 기업을 적대적 인수자에게 넘기지 않고 경영진 교체를 추진할 수 있는 행동주의 투자자의 개입이 더욱 적극적이다.

기업 지배구조와 생애주기

경영진 교체의 핵심 동력은 경영진과 기업의 부조화이며, 경영진 교체 여부를 결정하는 구조적 요인은 기업 지배구조다. 이 개념을 바탕으로 기업 생애주기의 각 단계에서 기업 지배구조가 어떻게 형성되고 변화하는지 살펴보겠다.

창업 기업과 초기 단계 기업(상장 전)

기업에는 늘 창업자가 있어왔고 창업자와 조직 내 다른 구성원 간의 갈등도 오랫동안 존재해왔다. 그러나 기업의 생애주기가 압축되면서 긴장이 더 심해지고 문제가 더욱 확대되었다. 특히 창업자 CEO에 대한 연구에서는 상반된 두 가지 결과가 도출되었다. 첫째, 창업자 CEO가 물러나거나 해임되는 비율은 기존 기업보다 초기 단계 기업에서 훨씬 높았다. 둘째, 기업을 안정적인 단계까지 키우고 상장시킨 창업자 CEO는 성숙한 기업의 CEO보다 더욱 단단히 자리를 지켰다.

첫 번째 현상, 즉 아주 초기 단계 기업에서 창업자 CEO의 교체율이 높은 이유를 이해하기 위해, 이 주제를 집중적으로 연구해온 노엄 와서먼의 연구를 다시 인용하겠다.[20] 그는 비상장기업이 대부분인 초기 단계 기업의 최고경영진 교체 데이터를 분석한 결과, CEO의 약 30%가 창업 후 몇 년 안에 교체되며, 주로 신제품 개발이나 신규 자금 조달 시점에 교체가 이루어진다는 사실을 발견했다. 상당한 지분을 보유한 VC 투자자들이 경영진 교체를 요구하는 경우가 대부분이었지만 자발적인 사임도 있었다.

와서먼은 창업자가 자발적으로 CEO 자리에서 물러나는 이유를 창업자의 딜레마 개념으로 설명한다. 가치가 훨씬 낮은 기업의 경영권을 온전히 가질지, 아니면 가치가 훨씬 큰 기업의 경영권을 일부 가질지 선택해야 하는 갈림길에 서게 된다는 것이다. 기업 생애주기 관점에서 보면 창업자나 자본 제공자는 기업이 지속적으로 성장하려면 기존 경영진과는 다른 역량을 갖춘 사람이 조직의 최상위에 필요하다는 점을 인식하게 된다. 특히 기업이 생애주기의 한 단계에서 다음 단계로 전환하는 과정에서 이러한 필요성이 더욱 뚜렷해진다.

초기성장기 상장기업

비상장기업이 상장기업으로 전환될 때 VC의 압박을 견뎌내고 살아남은 창업자는 상장 후에도 경영권을 유지하는 경우가 많다. 이들이 기존 기업의 CEO에 비해 더 높은 평가를 받는 현상이 이해가 가지 않는 것은 아니지만, 일부는 창업자 숭배라는 위험한 형태로 변질되기도 한다. 창업자를 절대적인 존재로 여기고 권위에 대한 어떤 도전도 부정적인 것으로 간주되는 분위기에서는 경영진 교체가 더욱 어렵다.

경영진에 대한 도전을 막기 위해 게임의 규칙을 변경하려는 시도가 등장하면서 경영진 교체는 더욱 복잡해지고 있다. 1980년 이전만 해도 미국에서 한 기업 내에 의결권이 다른 주식이 있는 경우는 매우 드물었다. 그러나 그림 18.6에서 보듯, 차등 의결권 구조는 더 이상 예외가 아닌 일반적인 현상이며 특히 기술기업에서 더욱 두드러진다.

2021년 상장된 기술기업의 거의 절반이 차등 의결권 주식을 발행하며 경영진이 기업 지배구조에 대한 도전에 대응할 권한을 강화했다. 그러나 이는 기업의 생애주

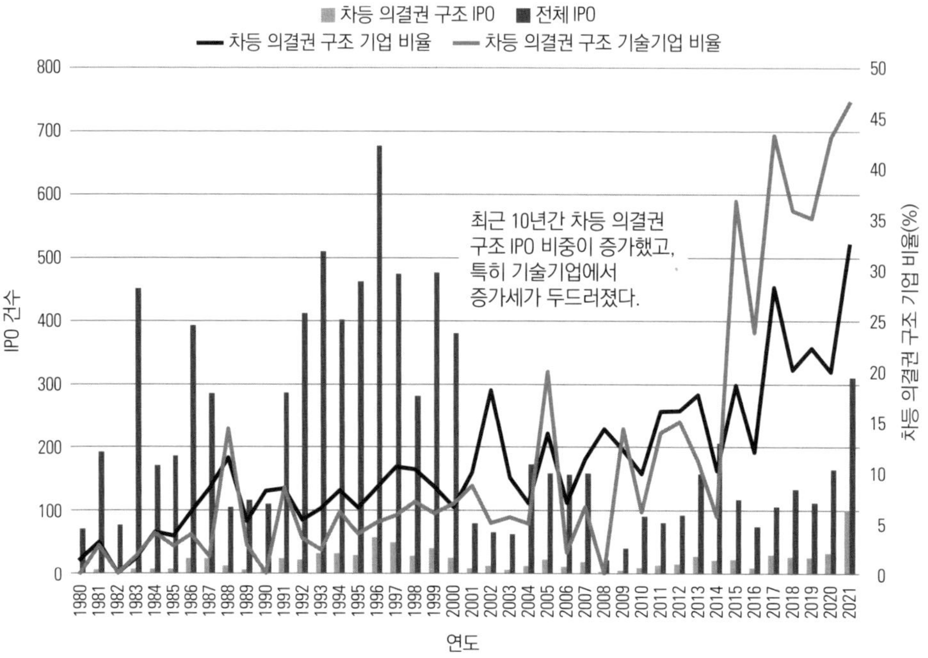

기가 압축된 환경에서는 특히 부적절한 선택으로 보인다. 앞서 언급했듯이 기업 생애주기가 짧아질수록 창업자 CEO와 기업의 부조화가 완화되기보다 오히려 더 자주, 더 이른 시기에 드러날 가능성이 높기 때문이다. 나는 기업 생애주기의 압축으로 인해 향후 10년 동안 이러한 갈등이 더욱 빈번하게 나타날 것으로 예상한다.

나는 젊은 기술기업에 투자하는 것은 단순히 숫자를 기반으로 한 추론이 아니라 그 기업의 스토리에 투자하는 것이라고 오랫동안 주장해왔다. 기업의 생애주기가 압축되고, 이에 따라 CEO와 기업의 부조화 가능성이 커지며, 의결권이 있는 주식과 없는 주식이 공존함에 따라 경영진 교체가 어려워지는 현실은 기업 가치평가에 또 다른 불확실성을 더한다. 즉 젊은 기업의 스토리를 평가할 때는 기업이 제시하는 성장 스토리를 실현할 역량이 경영진에게 있는지 함께 평가해야 한다. 다만 경영진의 역량을 잘못 판단할 경우 그들의 결정에 계속해서 발목이 잡힐 수 있다.

초기 단계 기업이 성숙한 성장 기업으로 전환될 때 대주주가 경영진이라면 경영진 교체가 어려울 수 있다. 오라클(Oracle)을 생각해보자. 창업자이자 CEO인 래리 엘리슨(Larry Ellison)은 기업이 성장해 성숙성장기 기업이 되었을 때에도 여전히 발행주식의 약 25%를 보유하고 있었다. 이 지분율 덕분에 그는 적대적 인수 시도와 행동주의 투자자의 개입을 효과적으로 저지할 수 있었다.

또 성숙성장기 기업이 투자를 늘려 성장 기조를 유지할지, 부채를 늘리고 주주들에게 현금을 환원하며 더욱 성숙한 기업으로 자리 잡을지 기로에 서 있을 때, 투자자 사이에도 최적의 방향에 대해 의견이 엇갈리고 이는 변화에 대한 합의를 더욱 어렵게 만든다. 성숙성장기 기업은 과거의 성공이 일종의 보호막 역할을 하기도 한다. 즉 과거에 영업을 성장시키고 높은 수익률을 제공한 경험이 있기 때문에 주주들은 경영진의 판단에 순응하려는 경향을 보인다.

성숙한 상장기업

성숙한 기업에서 경영진을 교체하는 것은 언제나 어려운 일이며 가장 큰 장애물은 기업의 주식 소유 구조다. 성숙한 기업에서는 기관투자자의 보유 비중이 높고 내부자와 개인 투자자의 비중은 줄어드는 경향이 있기 때문이다. 기관투자자는 대체로 소극적인 태도를 보이며 경영이 부실하다고 판단되는 기업의 주식을 매도하는 방식으로 의견을 표출한다. 따라서 기존 경영진이나 그들의 의사결정을 직접적으로 반대하기보다는[21] 대체로 경영진의 결정을 따르는 경향이 있다.

여기에 더해 많은 성숙기 기업에서 정관을 변경해 경영진 교체에 어려움을 가중시킨다. 예를 들어 매년 일부 이사만 교체할 수 있도록 하는 분할 이사회 선거(staggered board elections) 조항, 주요 변경 사항에 단순 과반 이상의 승인을 요구하는 초다수(supermajority) 결의제 조항을 삽입한다. 도입 의도가 무엇이었건 이러한 개정 조항은 결과적으로 기업의 변화를 더욱 어렵게 만든다.

그럼에도 불구하고 지난 수십 년 동안 경영진 교체의 가능성은 여러 이유로 점차 증가해왔다. 첫째, 사모펀드와 헤지펀드가 운용하는 자본 규모가 30~40년 전보다 훨씬 커졌다. 이에 따라 더 많은 기업과 더 큰 기업을 대상으로 변화를 요구하는 것이 더욱 용이해졌다. 둘째, 기술이 발전하고 정보 공유가 확대되면서 변화를 위한 연대가 더욱 쉬워졌다. 위임장 대결도 이제는 온라인 중심으로 이루어져서, 경영진에게 맞서는 투자자는 경영진을 교체하기 위해 주주들에게 직접 접근해 대리 투표권을 확보할 수 있다. 이와 같은 맥락에서 투자자들은 소셜미디어를 활용해 경영진의 공식 입장에 도전하고 반대 의견을 제시하기도 한다.

기업 경영권시장을 개방하는 또 다른 요인은 세계화다. 기업에 대한 투자가 전 세계적으로 이루어짐에 따라 과거에 자국 시장의 투자자들로부터 별다른 의문이나 도전을 받지 않았던 기업들도 이제는 세계 투자자들의 질문에 노출되고 있다. 예를 들어 유럽에서는 EU 출범 전까지 투자자 대부분이 해당 기업이 설립된 국가 출신이었고 경영진에 대한 도전이 드물었다. 그러나 투자자 기반이 유럽 전역으로 확대되면서 경영진에 대한 도전도 증가하는 모습을 보인다. 독일 투자자들은 프랑스 기업에, 프랑스 투자자들은 독일 기업에 도전하는 데 상대적으로 거리낌이 적은 것으로 보인다.

쇠퇴하고 부실한 상장기업

생존을 위해 변화가 절실히 필요한 상황임에도 쇠퇴기 기업의 변화를 어렵게 하는 두 가지 중요한 장애물이 존재한다.

첫 번째 장애물은 새로운 경영진이 도입할 변화의 본질에 있다. 기업의 쇠퇴는 정리해고와 사업 부문 폐쇄를 수반하기도 하고 이는 이해관계자 그룹과 사회 전체에 부정적인 영향을 끼친다. 기업을 주제로 한 할리우드 영화에서 차입매수를 실행하는 사모펀드가 최고 악당으로 묘사되는 것은 우연이 아니다.

쇠퇴기 기업을 변화시키려고 할 때 정말로 어려운 점은 변화 자체가 아니라 그 변화를 어떻게 포장하고 전달할 것인가다. 많은 변화가 기업의 이해관계자인 직원과 공급업체뿐만 아니라 사회 전체에도 고통을 유발하기 때문이다. 이것이 사모펀드가 변화의 주체로서 쇠퇴하는 상장기업을 인수해 비상장기업으로 전환하려는 이유

중 하나다. 기업을 비상장화하면 추진하려는 변화에 대한 주목이 덜하고 반발도 줄어들 수 있다. 최근 들어 사모펀드는 상장기업뿐 아니라 제약을 받고 있거나 변화가 필요하다고 판단되는 비상장기업까지 활동 범위를 확대하고 있다.

두 번째 장애물은 기업이 쇠퇴하면서 법적 문제에 얽히게 된다는 점이다. 특히 재정적 어려움이 동반될 경우 이는 변화의 속도를 늦추는 요인이 된다. 기업이 파산을 선언하고 챕터 11에 들어가면 시간을 벌 수는 있지만 법원이 변화 과정의 일부가 된다. 즉 일단 파산을 선언하면 이후 모든 변화는 법원의 승인을 받아야 한다. 파산 절차가 지나치게 느리고 비용이 많이 든다면 변화는 경제적으로 실현 불가능해지고, 해당 기업은 스스로 살아남기 위해 발버둥 치는 상황에 놓이게 되며, 이는 더 나은 용처가 있을 수 있는 자원과 자본을 낭비하는 결과로 이어진다. 실제로 이러한 기업에서 변화를 추구하는 투자자들은 인내심을 시험받고, 버틸 수 있는 이들만이 끝까지 남게 된다.

가족 소유 및 가족 경영 기업

전 세계적으로 많은 기업이 상장 후에도 여전히 가족 경영 체제로 운영된다. 최고 경영진이 가족 구성원일 경우, 특히 창업자의 2세, 3세가 경영진에 합류하거나 가족이 새로운 사업에 진출할 경우, 기업과 CEO 간의 부조화 문제가 발생할 가능성이 높다.

가족 기업 집단의 생애주기 구조를 이해하려면 가족 집단이 여러 사업 분야에 걸쳐 기업을 지배하며 그 영향력 면에서는 실질적으로 복합기업을 연상시키지만 개별 기업 형태로 구조화되어 있다는 점을 기억해야 한다. 따라서 한 가족 집단이 생애주기의 여러 단계에 있는 기업을 동시에 지배하는 것이 가능할 뿐 아니라 오히려 흔한 일이다. 즉 한쪽 끝에는 젊고 성장 중인 기업이 있고, 다른 한쪽 끝에는 쇠퇴기에 접어든 기업이 존재할 수 있다.

사실 상장 주식시장이 발달하지 않은 경제 환경에서도 가족 기업 집단이 생존하고 번창할 수 있었던 것은 성장 중인 사업의 자본 수요를 성숙하거나 쇠퇴하는 사업에서 창출된 현금으로 충당할 수 있었기 때문이기도 하다. 이러한 가족 집단 내부의 자본시장은 가족 기업이 상장되면 균형을 맞추기가 더욱 까다로워진다. 자본 이전에는 주주의 동의가 필요하기 때문이다. 가족 집단 기업에서는 허술한 기업 지배구조가 예외가 아니라 오히려 일반적인 특징이기 때문에, 현금을 창출하는 성숙한 기업의 주주들이 같은 가족 집단에 속한 성장하는 젊은 기업에 자금을 강제로 투자하게 되는 일이 얼마든지 일어날 수 있다.

가족 경영 기업의 CEO 교체에 대한 연구 결과는 예상과 크게 다르지 않다. CEO 4,601명을 가족 출신과 외부 영입으로 분류해 분석한 어느 연구의 결과를 보면 가족 출신 CEO는 강제 교체될 확률이 훨씬 낮았다.[22] 다시 말해 가족 출신 CEO는 해임될 가능성이 낮고 (대개 가족 내에서) 후임자가 나올 때까지 자리를 유지할 가능성이 더 크다. 이는 기업의 연속성 측면에서는 긍정적일 수 있어도 기업과 CEO 사이에 부조화 문제가 있는 경우에는 문제 해결이 지연되면서 기업 경영에 장기간 악영향을 미칠 수 있기 때문에 부정적이다.

그렇다면 가족 기업 집단은 이러한 부조화에 어떻게 대응할 수 있을까? 특히 파괴적 혁신으로 인해 성숙기와 성장기 기업이 쇠퇴기로 접어들고, 신재생에너지나 기술 분야의 신생 기업으로 자본이 이동함에 따라 부조화의 가능성이 커지는 상황에서는 그 대응이 더욱 중요하다. 첫째, 가족 내 권한을 강력한 가족 리더에게 집중하기보다는 가족 위원회로 분산해야 한다. 위원회는 생애주기의 서로 다른 단계에 있는 여러 사업을 성공시키는 데 필요한 다양한 관점을 제공하는 역할을 한다. 둘째, 가족 기업 집단 내 각 기업이 생애주기의 어느 단계에 있는지를 철저히 재평가해야 하며, 특히 한 단계에서 다음 단계로 전환 중인 기업에 주의를 기울여야 한다.

최고경영진 자리가 가족 구성원에게만 제한된다면 가족이 해결해야 할 과제는 생애주기 전 단계에 걸쳐 기업을 운영하는 데 필요한 자질을 갖춘 인물을 찾는 것이 될 것이다. 예를 들어 많은 가족 기업 집단이 높은 성장 가능성에 이끌려 기술 분야에 진출하고 있지만 가장 큰 제약은 가족 내에서 비전 있는 스토리텔러를 찾는 일이 될 수 있다. 가족 안에 적합한 인물이 없을 때, 과연 외부 인사를 영입해서 성장하는 젊은 기업의 운영을 맡기고 충분한 자율성을 부여할 용의가 있는지가 문제로 떠오른다. 마지막으로 가족 구성원인 CEO에 부조화 문제가 발생할 경우, 가족 내부에서 일어날 갈등과 충돌을 감수하고서라도 그 가족 구성원을 경영에서 물러나게 할 수 있는 결단력이 반드시 필요하다.

가족 경영이 기업에 도움이 되는 경우와 해가 되는 경우를 이해하려면 기업 생애주기 개념을 다시 살펴볼 필요가 있다. 기업 생애주기에서 인내심과 안정성이 요구되는 단계에서는 가족 출신 CEO의 존재가 기업의 가치를 높일 수 있다. 가족으로서 단기적인 이익이나 주가 변동보다는 장기적인 가치 창출을 우선 고려할 것이기 때문이다. 반면 가족 출신 CEO가 성장기에서 성숙기로, 성숙기에서 쇠퇴기로 전환 중인 기업에 고착되어 있으면서 기업을 운영하는 방식을 유연하게 조정하지 못한다면 이는 기업 가치에 부정적이다. 따라서 전자의 범주에 속하는 기업들로 주로 구성된 가족 기업 집단은 프리미엄을 적용받는 반면, 파괴적 혁신의 대상이 된 기업이나 신생 기업의 비중이 지나치게 높은 가족 기업 집단은 불리한 평가를 받게 된다.

상장기업이면서도 여전히 가족이 경영권을 유지하는 기업에서는 변화에 저항하는 무기로 더욱 복잡한 지배구조를 활용하는데, 피라미드 구조와 상호출자 구조가 대표적이다. 피라미드 구조에서는 한 기업에 대한 지배력을 활용해 다른 기업을 지배한다. 상호출자 구조에서는 기업들이 서로의 주식을 보유해, 그룹의 지배주주가 발행주식의 50% 미만을 보유하고 사실상 전체 기업을 통제할 수 있다. 이러한 구조는 기업의 변화를 더욱 어렵게 만든다. 실제로 1980~1990년대 일본의 게이레쓰(系列, 기업집단)와 한국의 재벌 들은 상호출자 구조를 활용해 주주들의 압력에서 경영진을 보호했다.

기업 생애주기와 경영진 교체: 요약

이 장에서는 기업에서 왜 부조화가 발생하는지, 기업이 경영진을 교체하게 만드는 요인은 무엇이고 이러한 변화를 어렵게 만드는 요인은 무엇인지 살펴보았다. 나는 이 이유와 요인이 기업마다 차이가 있으며, 기업 생애주기가 이러한 차이의 핵심이라고 주장했다. 그림 18.7에서는 기업 생애주기 단계별로 기업의 변화를 촉진하는 요인과 저해하는 요인을 정리했다.

이처럼 기업과 꼭 맞는 경영진을 찾는 일은 기업과 경영진이 함께 나이 들어가는 동안 지속적으로 요구되는 과제다. 이는 생애주기의 모든 단계에서 중요하지만 창업기업과 초기 단계 기업 및 부실한 기업에서 특히 중요하다.

[그림 18.7] 생애주기 단계별 경영진 부조화와 변화

생애주기 단계	창업기	초기성장기	고도성장기	성숙성장기	성숙안정기	쇠퇴기
부조화의 원인	1. 실용주의보다 순수주의 2. 통제에 집착 3. 사업 구축에 대한 낮은 관심과 역량		1. 어떤 대가를 치르더라도 확장 2. 확장하기에는 과도한 위험 회피적 성향	1. 수익성보다 확장 2. 과거에 안주	1. 성장 착각 2. 제국 건설 3. 해자에 소홀	1. 부정 2. 절박함 3. 어떤 대가를 치르더라도 생존
경영진 교체 촉발 요인	불만을 품은 VC, 불행한 공동 창업자	대규모 지분을 가진 내부 주주	확장 전략에 견해가 다른 행동주의 투자자	최고경영진 교체(자발적)	다른 주주들과 연합해 변화를 추진할 능력이 있는 행동주의 기관투자자	사모펀드, 행동주의 투자자
경영진 교체 저해 요인	창업자의 지배적 지분	1. 창업자에 대한 숭배 2. 차등 의결권 주식	1. 창업자 지분 2. 확장에 대한 합의 부재	1. 내부 소유자 2. 과거 성공의 잔상	1. 패시브 투자자 기반 2. 정관 수정 3. 복잡한 구조	1. 사회적 반발 2. 법적 절차

결론

홀륭한 경영진의 요건에 단 하나의 정답은 존재하지 않는다. 기업이 창업기에서 성숙기를 거쳐 쇠퇴기로 이동하는 과정에서 경영진의 역할과 핵심 기능이 달라지기 때문이다. 초기 단계에서는 스토리텔링(비전)과 사업을 구축하는 능력이 CEO를 평가하는 기준이 되지만, 기업이 성숙할수록 경쟁우위(해자)를 보호하고 목표 실적을 달성하는 역량을 중심으로 평가가 이루어진다. 결국 기업에 적합한 CEO는 그 기업이 위치한 생애주기 단계를 비추는 인물일 것이다.

이러한 맥락에서 나는 아무리 유능하고 자격을 갖춘 인물일지라도 기업과 불일치가 발생할 수 있다는 점을 지적했다. 이유는 다양하다. 시간이 흐르며 기업과 경영진이 모두 달라졌기 때문일 수도 있고, 이사회가 부적절한 후임자를 선택했거나 거시경제 환경이 변화하며 기업이 위험에 노출되는 구조가 달라졌기 때문일 수도 있다. 이러한 부조화가 방치되면 기업의 성장성과 수익성에 부정적인 결과를 초래하며, 극단적인 경우에는 기업의 파산으로 이어질 수도 있다. 결국 이 부조화를 바로잡는 과정이야말로 기업 지배구조의 본질이며, 경영진 교체를 유도하는 촉매와 변화를 저해하는 요인은 기업의 생애주기 단계에 따라 달라진다.

19장
노화에 대응하기

대부분의 기업에서 노화에 대응하는 최선의 전략은 나이 듦을 수용하고 나이를 반영해 경영 전략을 조정하는 것이다. 이것이 바로 이 책에서 말하고자 하는 핵심이다. 이번 장에서는 기업의 소유주나 주주의 관점에서 이것이 가장 성공 확률이 높은 전략일 뿐만 아니라 위험과 수익의 균형이라는 측면에서도 가장 유리한 선택임을 논의할 것이다.

일부 기업은 노화에 맞서 싸우기를 선택하고 때로는 성공한다. 기업이 노화에 맞서도록 유도하는 요인은 다양하다. 일부는 기업 규모가 축소되는 것을 실패로 인식하고 성장을 성공으로 간주하는 심리적 요인에서 비롯한다. 경영진에게 주어지는 보상도 유인이 된다. 경영진은 자신들에게 큰 이익이 돌아올 가능성이 있을 때, 성공 확률이 낮지만 큰 수익이 기대되는 베팅을 타인의 자본으로 감행하기도 한다.

이번 장에서는 기업이 노화 과정을 멈추거나 되돌리기 위해 사용하는 다양한 전략을 살펴볼 것이다. 단순한 외형 변화부터 사업모델의 혁명적인 변화까지 다양한 접근 방식을 살펴보고, 노화와 싸워 성공한 기업의 공통점을 분석할 것이다. 균형

잡힌 시각에서 조망하기 위해 이러한 변화를 시도했으나 실패할 경우도 이야기한다. 실패한 기업이 어떻게 급격하게 몰락하거나 돌연 사망에 이르고 좀비기업으로 전락하는지 살펴보겠다.

노화를 수용하기

앞서 설명했듯이 기업이 나이 들어감에 따라 경영의 초점도 변화한다. 즉 '얼마를 어디에 투자할 것인가'에서 '투자 자금을 부채와 자본 중 어떤 방식으로 조달할 것인가' 그리고 '현금이 발생했다면 주주들에게 얼마나 환원할 것인가'로 점차 달라진다. 기업이 노화를 수용하면 경영진은 기업의 생애주기 단계에 맞춰 투자, 재무, 배당 정책을 조정한다. 이는 저성장, 성장 정체, 심지어 역성장을 의미할 수도 있으며 경우에 따라서는 기업의 죽음으로 이어질 수도 있다. 그러나 어떤 기업이든 성장을 위한 성장이나 생존 자체를 위한 생존은 최종 목표가 될 수 없다.

수용의 전략

기업이 품위 있게 나이 들기 위해서는 경영진이 먼저 기업의 나이를 받아들이고 성공과 실패의 기준을 새롭게 정의해야 한다. 간단히 말해 고성장이 성공의 필수 조건으로 정의된다면 성숙기나 심지어 쇠퇴기에 접어든 기업조차 어떤 대가를 치르더라도 운명에 맞서 성장할 방법을 찾으려고 할 것이다.

이 때문에 나는 18장에서 성숙기나 쇠퇴기 기업의 CEO에게는 기존과는 크게 다른 사업적 사고방식이 요구된다고 주장했다. 이 시기의 CEO는 야망보다 현실에 단단히 기반을 두어야 하며, 생애주기 초반에 있는 기업을 이끄는 CEO와는 전혀 달라야 한다. 만일 기업이 현재 위치한 생애주기 단계에 적합한 경영진을 갖추고 있다면 그 후의 전략은 자연스럽게 전개될 것이다.

1. 생애주기 단계에 맞는 서사: 기업의 서사를 창조하고 전달하는 것이 최고경영진의 역할

이라면, 노화를 수용하는 경영진은 기업의 현재 생애주기 단계를 반영하는 스토리를 구성해야 한다. 성숙기 기업의 스토리는 저성장을 중심으로 하되, 이익률과 투자 수익률에 대한 낙관적인 전망을 포함할 수 있다. 쇠퇴기 기업의 스토리는 축소되는 시장에 대응하여 자산 규모를 줄이고 기업이 점점 더 작아지는 과정을 반영해야 한다.

2. **일관된 투자 정책:** 현실에 기반을 둔 스토리는 경영진이 행동으로 그 스토리에 대한 신념을 뒷받침할 때 신뢰를 얻는다. '성숙한 기업의 스토리'를 말하는 성숙기 기업의 경영진은 대규모 인수나 신규 사업 투자를 지양해야만 신뢰를 얻을 것이다. 성장 스토리를 말하는 경영진이 재무적으로 건전한 투자임에도 불구하고 확장에 필요한 투자를 거부한다면 그 스토리는 신뢰를 잃을 것이다.

3. **일관된 자금 조달과 현금 환원:** 자금 조달과 배당 정책에 관한 장에서 기업이 성장하면서 재무 구조와 현금 환원 방식도 전환된다고 설명했다. 생애주기 초기 단계에는 부채를 사용하지 않고 성숙기에는 더 많은 부채를 활용한다. 청년기에는 자기자본에 의존하지만 성숙기에는 배당과 자사주 매입을 늘린다. 노화를 수용하는 경영진은 이러한 흐름에 따라 초기성장기 기업에서는 부채를 거부하거나 부득이한 경우에만 최소한으로 활용하고, 성숙기 기업에서는 차입을 늘리고 자사주를 매입할 것이다.

4. **서사에 공감하는 투자자들과 함께:** 14장에서 17장에 걸쳐 나는 위험과 성장에 대한 선호가 다른 투자자들이 생애주기의 다양한 단계에 있는 기업들을 어떻게 선택하는지 살펴보았다. 기업이 생애주기 단계에서 어느 위치에 있는지를 받아들이고 이에 맞는 경영을 할 때 자연스럽게 성향이 비슷한 투자자들을 끌어들이게 되며 이로써 합리적인 정책을 유지하기가 수월해진다. 실제로 이러한 기업들은 자신의 생애주기 단계에서 제공할 수 있는 것과 투자자의 선호가 일치하지 않을 경우, 단기적인 주가 하락을 감수하고서라도 투자자들을 밀어낸다.

반면 단지 자본이 필요하다는 이유로 자신이 제공할 수 없는 것을 원하는 투자자들을 끌어들이려는 기업은 실패와 마찰을 자초하는 셈이다. 따라서 배당을 선호하고 원하는 투자자들을 찾아 나서는 초기성장기 기업들이나 이익의 고성장을 바라는 투자자들을 끌어들이는 성숙한 기업은 압박 속에서 기업과 투자자 모두를 불행하게 만들 것이다.

결국 기업이 위치한 생애주기 단계를 받아들이는 경영진은 운영이나 재무 의사 결정에서 무리한 선택을 하지 않는다. 성장과 수익성에 대해 과도한 약속을 하지 않으며, 기업이 지킬 수 있는 약속에 만족할 뿐만 아니라 약속 이행에 실제로 프리미엄을 지불할 의사가 있는 투자자 고객을 찾아 유치한다.

수용이 어려운 이유

기업이 생애주기 중 어디에 있는지를 받아들이면 경영은 좀 더 단순해지고 오류도 줄어든다. 그러나 많은 기업이 노화를 수용하지 못하고 경영진은 생애주기 단계와 맞지 않는 계획을 세우고 행동한다. 이러한 현실과의 분리는 여러 이유로 발생한다.

1. **지루함**: 성장기 기업을 경영하는 것이 성숙기나 쇠퇴기 기업을 운영하는 것보다 훨씬 더 흥미롭다는 것은 부정할 수 없는 사실이다. 나방이 불빛에 이끌리듯, 성숙기와 쇠퇴기 기업의 경영진은 성장이라는 자극에 끌린다.

2. **희망**: 인간은 본능적으로 낙관적이며 상황이 더 나아질 것이라는 희망을 품도록 설계되어 있다. 많은 성숙기와 쇠퇴기 기업의 경영진도 마찬가지다. 이들은 자신이 상황이나 특수한 사건의 희생자일 뿐이라고 믿는다. 게다가 곧 변화가 일어날 것이며 이를 통해 기업의 노화를 되돌리거나 최소한 멈출 수 있다고 믿는 경향이 있다.

3. **경영진에 대한 보상**: 상장기업, 특히 생애주기의 성숙기와 쇠퇴기에 있는 기업의 경영진은 주주와는 다른 보상 구조와 이해관계에 따라 기업을 운영한다. 경영진에 대한 보상이 기업의 이익과 매출의 절대적 규모나 성장률에 연계된 구조라면 경영진은 비용이 얼마가 들더라도 성장을 추구할 유인을 가지고, 이는 주주들에게 불리한 결과를 초래한다.

4. **동종 업계의 압력**: 설령 경영자가 앞서 언급한 장벽을 극복하고 기업의 생애주기를 수용하더라도 이러한 태도를 유지하는 데는 또 다른 장벽이 존재한다. 특히 같은 업계의 경쟁 기업들이 여전히 성장을 추구하고 있다면 압력은 더욱 커진다. 경영진이 매출 성장의 야망을 줄이고 사업에 대한 재투자 계획을 축소하는 기업은 동종 업계에서 예외적인 존재가 될 것이다. 더 높은 성장을 더욱 큰 기업 가치와 동일시하는 애널리스트는 이러한 기

업을 성장이 부진한 기업으로 낙인찍고 부정적인 투자 의견을 제시할 것이다. 이러한 분석에 동의하는 투자자들이 주식을 매도해 주가가 하락한다면 이는 경쟁사와 행동을 같이 하라는 압력으로 작용할 수 있다.

끝으로 성숙기나 쇠퇴기에 있음을 받아들이려는 기업의 시각을 바꾸도록 압박하는 생태계가 존재한다. 냉소적으로 들릴 수도 있겠지만 경영 컨설턴트와 투자은행가들이 벌어들이는 수수료의 상당 부분은 노화를 되돌릴 수 있다고 기업을 설득하고 그 믿음에 따라 행동하도록 유도하는 능력에서 나오는 것임을 지적하고 싶다.

수용의 사례

기업이 생애주기에서 자신의 위치를 받아들이지 못하도록 방해하는 강력한 힘이 존재한다는 것은 생애주기 단계에 맞는 의사결정을 내리는 성숙기나 쇠퇴기 기업이 극히 드물다는 사실에서도 잘 드러난다. 달리 말하면 산업이 쇠퇴한다는 명확하고 반박할 수 없는 증거가 존재하는 업종에서도 개별 기업은 여전히 성장을 열망하며, 성장이 실현되지 않더라도 포기하지 않는다.

러시아 철강기업 세베르스탈(Severstal)은 이러한 경향에 역행한 사례다. 이 기업의 매출액, 영업이익, 영업이익률을 담은 그림 19.1을 보자. 2011~2016년에 글로벌 철강 산업의 수익성이 급격히 악화되자 세베르스탈은 같은 기간 러시아 외 지역의 사업을 대거 매각하면서 매출이 60% 이상 감소했다. 그러나 그 결과 더욱 수익성이 높은 러시아 시장에 집중할 수 있게 되었다. 규모는 작아졌지만 세베르스탈은 더 높은 수익성과 가치를 지닌 기업으로 변모했다.

대부분의 기업은 성장을 회복하고 노화를 되돌리려는 야심 찬 계획을 시도한 후에야 비로소 현실을 받아들인다. GE는 이 과정이 얼마나 지난한지를 보여주는 대표적인 사례다. 오랜 성공의 역사를 지닌 기업으로서 GE는 21세기로 접어들 당시에도 강력한 입지를 유지하고 있었다. 새로운 세기에 들어서서도 GE는 전 세계에 걸친 다종다양한 사업을 성공시키기 위해 분투했다.

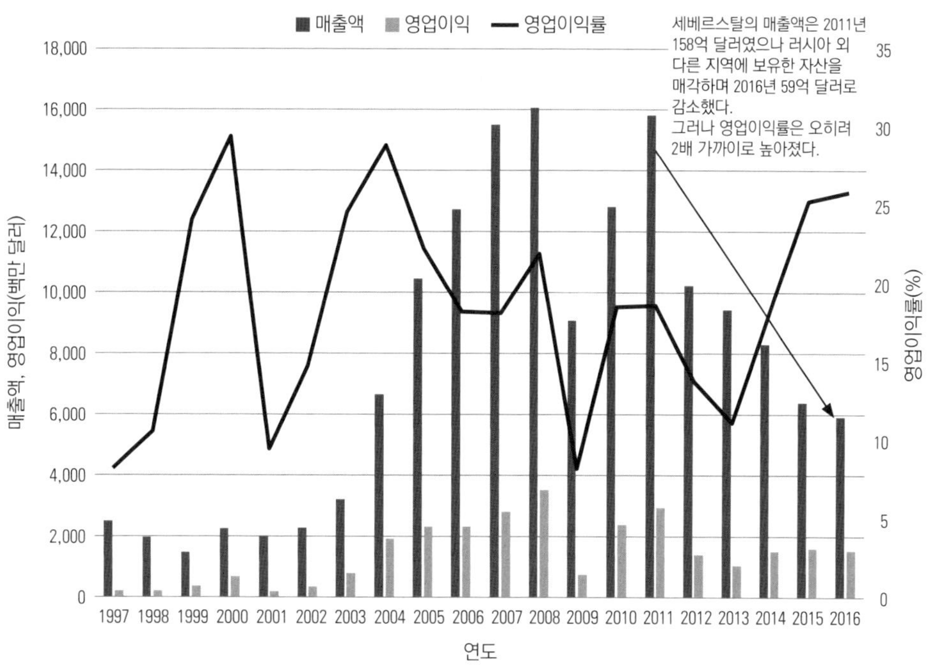

2001년 제프 이멜트는 전설적인 CEO 잭 웰치의 뒤를 이어 GE의 경영을 책임졌다. 웰치는 GE를 거대 기업으로 성장시킨 장본인이었다. 이멜트는 GE를 온전히 유지하는 것은 물론이고 웰치가 구축한 인수와 성장 전략을 이어가야 한다는 압박감을 느꼈다. 그러나 2017년 이멜트가 CEO 자리에서 물러날 무렵 GE는 분명히 위기에 처해 있었다. 그럼에도 불구하고 GE는 2명의 CEO를 더 거치고 추가로 3년간의 경영 위기를 겪은 후에야 비로소 기업을 해체하고 더 작은 기업으로 전환하는 계획을 발표했다.

수용을 결정하는 요인

세베르스탈은 철강시장 경제 변화에 신속하게 대응한 반면 GE는 수십 년이 걸린 이유를 이해하려면, 기업이 얼마나 빠르게 현실을 받아들이고 얼마나 적극적으로 대응하는지 결정하는 요인이 무엇인지 살펴볼 필요가 있다.

1. **경영진의 이해관계:** 변화하는 환경에 빠르게 대응하는 기업은 대개 비상장기업이거나 가족 소유 기업이며, 상장기업이라도 경영진이 상당한 지분을 보유한 경우가 많다. 세베르스탈 사례를 보면 2011년부터 2016년까지 기업의 대주주이자 실질적인 경영권을 가진 인물은 알렉세이 모르다쇼프(Alexey Mordashov)였다. 반면 GE는 주주 기반이 대부분 기관투자자로 구성되어 있었으며, 최고경영진이 보유한 지분 비율은 매우 낮았다.

2. **장기적인 영업 실적 악화:** 기업이 실적 부진을 보고하면 처음에는 많은 경영진이 이를 일시적인 외부 요인(거시경제 변화, 예외적인 사건 등) 때문이라고 해석하고 기존의 경영 관습을 유지하려고 한다. 하지만 영업 실적 부진이 수년간 지속되면 이러한 변명은 점점 설득력을 잃고 결국 경영진도 현실을 인정할 수밖에 없다.

3. **투자자의 압력:** 성숙기나 쇠퇴기의 기업에서 경영진이 현실을 외면하고 있을 때 투자자들이 변화를 요구하면 기업이 노화를 받아들이는 속도가 빨라질 수 있다. 행동주의 투자자가 경영진에게 도전하고 책임을 묻는 환경이 시장에 긍정적인 이유가 여기에 있다. 이 원칙은 기업 지배구조의 핵심으로, 지배구조가 강력한 시장에서는 기업이 나이에 맞게 행동하기를 거부할 가능성이 지배구조가 취약하거나 부재한 시장에 비해 훨씬 적다.

4. **시장 분위기와 모멘텀:** 좋은 시기에는 시장이 활황을 맞고 주가가 상승하면서 기업들도 비교적 여유로운 환경에 놓인다. 이때는 성숙기나 쇠퇴기 기업이라도 나쁜 투자로 성장을 추진하는 데 따른 비용이 간과될 수 있다. 그러나 시장 분위기가 변하고 주가가 하락하면 이러한 완충 장치는 빠르게 사라지며 기업의 약점과 한계가 더욱 분명하게 드러날 가능성이 높다.

5. **부채 활용과 접근성:** 1980년대에 최초의 차입매수 물결이 시장을 강타하면서 마이클 젠슨(Michael Jensen)은 부채가 일부 기업에서 일종의 규율 장치로 작용할 수 있다고 주장했다. 기업의 생애주기를 명시적으로 언급하지는 않았지만 요점은 성숙기나 쇠퇴기 기업의 경영진이 투자 결정을 내릴 때 더욱 신중해질 수 있다는 것이었다. 이는 더 많은 부채를 차입하고 계약상 반드시 상환해야 하는 이자비용을 부담할 경우, 이 시기의 경영진이 무

리한 확장을 시도하거나 부실한 사업에 투자할 가능성이 줄어들 것이라는 암묵적인 주장이었다.

요약하면 성숙기나 쇠퇴기에 있으며, 경영진이 기업의 성과에 대한 직접적인 이해관계가 적고, 변화를 요구하는 투자자의 압력도 거의 없다면, 이러한 기업은 나이에 맞게 행동하기를 거부할 가능성이 매우 크다. 이들은 성장 기업처럼 투자하고, 주주 가치를 훼손하고, 더 젊은 성장기 기업이었다면 훨씬 더 생산적으로 활용했을 자본을 소진하게 될 것이다.

노화에 맞서기

현실을 수용하지 않으려는 힘은 강력하다. 따라서 성숙기나 쇠퇴기 기업 대부분이 노화를 멈추거나 되돌릴 방법을 모색한다. 일부 기업은 이에 성공해서 주주들에게 막대한 이익을 안겨주고 최고경영진의 명성을 더욱 빛나게 한다. 그러나 또 다른 일부 기업은 평생 쌓아온 가치를 무너뜨리며 처참하게 실패한다.

노화에 맞서기는 어렵지만 적어도 기업 생애주기에서 불가능한 일은 아니다. 이제 기업들이 노화 과정을 되돌리기 위해 취하는 다양한 조치들을 살펴볼 것이다. 먼저 기존 사업을 다시 성장시키기 위해 '수정'하는 쇄신(renewal), 다음으로 새로운 시장과 제품으로 사업을 확장하는 재편(revamp), 마지막으로 사업 자체를 변화시켜 노화의 시계를 다시 처음으로 되돌리려는 재탄생(rebirth)에 대해 논의할 것이다. 물론 쇄신, 재편, 재탄생의 경계는 대개 모호하다. 예를 들어 인수 같은 기업 활동은 여러 범주에 속할 수도 있다. 쇄신이나 재편으로 시작해서 재탄생으로 이어질 수도 있다.

쇄신

쇄신은 기업이 성숙기나 쇠퇴기에 접어든 기존 산업 내에 머무르면서 변화를 통해 단기적으로나마 성장기로 돌아가려는 전략이다. 기업이 추구할 수 있는 가장 덜 공격적인 노화 방지 전략으로, 실패하더라도 손실이 상대적으로 작다.

쇄신을 위한 조치

쇄신의 범주에 속하는 조치는 단순히 겉모습만 바꾸고 실질적인 변화는 거의 없는 외적 변화부터 제품 생산 방식, 마케팅 전략, 심지어 소비자 인식까지 바꾸는 실질적인 변화에 이르기까지 다양하다.

1. **기업명 변경**: 기업이 이름을 바꾸는 이유는 다양하다. 쇄신 전략의 일환이라면 그 목적은 기업에 대한 인식을 변화시키고 시장을 확장하는 것이다. 기업은 브랜드 인지도 구축에 막대한 비용을 들인다. 따라서 잘 알려진 이름을 포기하는 데는 명백한 비용이 따르지만, 그럼에도 기업명을 변경할 때의 이득이 비용을 초과하는 경우가 있다.

   a. **제품군 확장이나 업데이트**: 기업명이 제품 및 서비스의 시장을 제한하는 경우, 이름을 변경해 더 넓은 시장을 공략할 수 있다면 합리적인 선택이 될 것이다. 예를 들어 보스턴치킨(Boston Chicken)은 원래 치킨을 주력으로 판매하는 패스트푸드 체인이었으나 메뉴를 확장하면서 다각화된 제품 구성을 반영하기 위해 보스턴마켓(Boston Market)으로 이름을 변경했다.

   b. **부정적 이미지 탈피**: 언론 보도나 기업 행동 때문에 기업명이 부정적인 이미지가 형성되면 그 이름이 기업 운영에 오히려 독이 되는 경우가 있다. 예를 들어 세계 최대 담배 회사였던 필립모리스(Philip Morris)는 담배의 발암 위험성과 기업의 허위 정보 유포가 논란이 되자 부정적인 인식을 희석하고자 알트리아로 사명을 변경했다. 세계적으로 가장 잘 알려진 기업 중 하나였던 페이스북이 수년간 이어진 부정적인 보도 이후 메타(Meta)로 사명을 변경하기로 결정한 것도 비슷한 맥락일 것이다.

   c. **유망 업종에 편승**: 1990년대 닷컴 붐과 최근 10년간 소셜미디어가 급성장하는 동안, 이 '유망 업종'에 속한 것처럼 보일 수 있도록 이름을 변경해 투자자와 소비자들에게 새로운 이미지를 각인시키려고 한 기업이 많았다. 실제로 1990년대 닷컴 붐 당시 사명에 '.com'을 추가한 기업은 운영상의 변화가 전혀 없었음에도 불구하고 주가가 급

등했다는 연구 결과가 있다.[1]

2. **전략적 재편:** 나는 '전략적'이라는 표현이 숫자로 정당화하기 어려운 결정을 합리화하는 데 흔히 쓰이는 모호한 단어라고 생각한다. 그럼에도 불구하고 기업의 투자, 재무, 배당 정책 의사결정을 이끄는 로드맵은 전략적인 성격을 가지며, 이러한 로드맵의 변화는 향후 기업의 의사결정 방식이 변할 것임을 시사한다. 저성장에 직면한 기업 중 일부는 미래를 바꾸기 위한 첫 번째 단계로, 투자자와 소비자에게 변화의 청사진을 제시한다. 이에 대한 시장의 반응은 변화를 주도하는 경영진의 신뢰도에 크게 좌우되며 기존 경영진보다는 새로운 CEO와 경영진이 변화를 선언할 때 더욱 신뢰를 얻는 경우가 많다. 2013년 알카텔-루슨트(Alcatel-Lucent)는 신임 CEO 미셸 콤브(Michel Combes)의 지휘 아래, 기존 통신장비 사업 중심에서 네트워크 제품과 광대역 사업으로 초점을 전환한다고 발표했고, 발표 직후 주가는 7% 급등했다.[2]

3. **리마케팅과 리브랜딩:** 기존 제품이나 서비스를 새로운 방식으로 마케팅함으로써 성장의 기회를 찾는 경우가 있다. 이러한 접근 방식은 기존 고객의 구매를 늘리거나 새로운 고객을 유치하는 것을 목표로 한다. 특히 소비재기업에서 자주 시도되는 접근법으로, 경쟁 제품과의 실질적인 차이보다는 브랜드 인지도와 소비자의 인식이 시장점유율과 성공을 좌우하는 경우에 더욱 효과적이다. 애버크롬비앤드피치(Abercrombie & Fitch)는 원래 아웃도어 장비 판매로 출발했으나 마케팅 전략을 활용해 1990년대에는 젊은 쇼핑객이 찾는 대표적인 패션 브랜드로 자리 잡았다.[3]

4. **제품 재설계:** 오래된 브랜드를 보유한 일부 기업은 제품과 서비스를 재설계해 새로운 고객층에게 소구하는 것이 성장의 열쇠가 된다. 레고(Lego)는 이 전략을 성공적으로 활용한 대표적인 사례다. 2003년 레고는 창사 후 거의 변한 적이 없던 기존 제품을, 영화를 기반으로 한 제품(스타워즈, 마블, 자체 제작 영화)과 게임 마니아를 겨냥한 마인크래프트 레고 등 다양한 제품으로 확장해 새로운 활력을 얻었다. 물론 1985년 뉴코크를 출시했다가 처참한 결과를 맞은 코카콜라 사례도 있다.

쇄신 전략의 성과

성장 둔화에 직면한 기업 대부분이 쇄신 계획을 수립하지만 성공하는 기업은 일부에 그치고 대부분은 수억, 수십억 달러를 투입하고도 별다른 성과를 거두지 못한다. 나는 다음과 같은 요소들이 쇄신 계획의 성공 가능성과 성공의 크기를 결정한다고 생각한다.

1. **표면적 변화 대 실질적 변화**: 기업명 변경 같은 표면적 변화로 투자자의 인식에 영향을 미칠 수는 있겠지만 이 효과는 시간이 지나면서 사라진다는 것이 내 생각이다. 1990년대 후반 '.com'을 기업명에 추가하며 주가가 급등했던 기업들은 2001년 닷컴 버블 붕괴와 함께 그 상승분을 모두 반납했다. 알카텔이 발표한 것과 같은 전략적 계획은 시장의 긍정적인 반응을 이끌어낼 수 있지만, 계획에 부합하는 운영상 변화가 없다면 주가 상승분이 사라지는 것은 물론이고 경영진에 대한 신뢰도 하락해 앞으로 변화를 추진할 동력이 약화할 것이다.

2. **시장가격 대 실제 운영**: 많은 상장기업이 쇄신을 위한 변화를 추진할 때 실제 운영 변화와 성장, 가치 창출을 위한 방안을 제시하기보다, 변화가 진행 중이며 기업 가치를 높일 것이라는 확신을 투자자들에게 심어주는 데 집중하는 경향이 있다. 투자자가 쇄신 과정에 포함되어야 하는 이유는 이해하지만 가치를 창출할 수 있는 운영상 변화가 쇄신 계획의 핵심일 때 기업이 성장 궤도로 복귀할 가능성도 높아진다.

3. **개별 기업 대 업종 전체**: 업종은 호황인데 어려움을 겪는 개별 기업이 쇄신을 추진하는 경우도 있고, 업종 내 기업 대부분이 동시에 운영상의 어려움에 직면해서 쇄신에 나서는 경우도 있다. 업종 전체가 아니라 개별 기업에 문제가 있는 경우라면 명확한 쇄신 계획을 수립하기가 더 쉽다. 이유는 간단하다. 같은 업종이나 집단에서 많은 기업이 동시에 성장 둔화를 겪고 있다면 각자가 내놓는 쇄신 계획도 매우 유사할 가능성이 크고 이는 쇄신의 효과를 약화할 것이다. 아마존이 유통업을 혁신했을 때, 오프라인 유통업체 대부분은 일제히 기존 매장의 비용을 절감하고 온라인 판매를 확장하는 전략으로 대응했고 결국 효과를 거두지 못했다. 독창적이고 차별화되며 기업 고유의 강점을 기반으로 한 쇄신 계획

일수록 성공 가능성이 높다는 교훈을 주는 사례다.

4. **기존 고객 대 신규 고객**: 새로운 고객을 유치하려는 것은 당연한 목표지만 이를 위해 변화를 추진하는 과정에서 기존 고객을 소외시켜 부정적인 결과를 초래하는 경우도 있다. 갭(Gap)은 1990년대에 성장 둔화에 직면하자 트렌디한 시장을 공략하기 위해 브랜드 리뉴얼을 단행했지만 그 과정에서 연령대가 높은 기존 소비자라는 핵심 시장을 잃었다. 일반적으로 기업의 핵심 시장 자체를 바꾸는 쇄신 계획은 기존 시장을 기반으로 한 전략보다 더 큰 위험을 수반한다.

재편

기업이 노화에 맞서 취하는 다양한 조치 가운데 재편은 쇄신보다 더 큰 변화를 요구한다. 재편은 당연히 더 많은 비용이 들지만 성공할 경우 긍정적 효과도 훨씬 더 크다. 성숙기나 쇠퇴기 기업이 스스로를 재편하는 방법을 알아보자.

재편을 위한 조치

재편은 기업이 신제품을 추가해 제품 포트폴리오를 확장하거나, 기존 시장에서 벗어나 새로운 시장으로 진출하는 과정을 의미한다. 기존 제품과 서비스에서 더 나은 영업 성과와 성장률을 달성할 수 있도록 사업모델을 변경하는 것도 재편에 포함될 수 있다.

1. **새로운 제품과 서비스**: 경쟁 심화나 시장 혁신으로 인해 성장의 한계에 부딪혔을 때 기업은 제품과 서비스를 확장해 새로운 성장의 경로를 찾을 수 있다. 예를 들어 신문 산업이 온라인 광고에 광고 수익을 빼앗기자 뉴욕타임스(New York Times)는 자사의 강점을 살려 온라인에서 영향력을 확대하며 생존과 성장을 동시에 이루어냈다. 여성 운동복시장의 성장으로 수혜를 입은 룰루레몬(Lululemon)은 경쟁이 치열해지면서 성장세가 둔화되자 여성과 남성용 캐주얼 정장 라인을 출시하며 새로운 시장을 모색하고 있다.

2. **신규 시장**: 기존 제품의 새로운 고객층을 확보하거나 새로운 지역으로 시장을 확장해 성

장을 재발견하는 열쇠를 찾기도 한다. 미국 식품 제조업체인 고야(Goya)는 1980년대까지 주로 히스패닉 시장을 타깃으로 운영했으나, 이후 그 외 소비자층을 적극 공략하면서 성장의 기회를 찾았다.[4] 인도 이륜차 제조업체 바자즈오토(Bajaj Auto)는 인도 소비자에게 스쿠터를 판매하기 시작해 세계 시장으로 영역을 확장하며 성장을 이어갔다.

3. **새로운 사업모델:** 제품이나 서비스를 생산하고 판매하는 방식 자체를 변경함으로써 성장 궤적을 바꿀 수 있다. 어도비는 개별 소프트웨어를 판매하고 업데이트하던 기존 방식에서 벗어나 2013년 구독 모델로 전환했다. 이러한 변화로 어도비는 더욱 안정적인 매출을 확보했고 다시 성장 기업으로 자리매김할 수 있었다.

이러한 재편 전략은 상호 배타적인 것이 아니다. 기업은 신제품을 출시하면서 동시에 새로운 시장에 진출하고 사업모델도 변경할 수 있다. 그러나 너무 많은 변화를 한꺼번에 시도하면 과부하가 걸릴 위험이 있다.

재편의 성과

재편은 효과가 있을까? 그 답은 재편의 성격과, 재편을 시도하는 기업이 보유한 경쟁우위에 달려 있다. 앞서 언급한 사례를 다시 살펴보고 재편에 성공한 기업이 공유하는 특징을 알아보자.

- 뉴욕타임스가 온라인 시장 진출에 성공한 것과 달리, 같은 시도를 한 다른 신문사 대부분이 실패했다. 뉴욕타임스가 성공할 수 있었던 것은 전 세계의 뛰어난 기자, 광범위한 독자를 보유한 오피니언 칼럼니스트, 심지어 퍼즐 콘텐츠(크로스워드, 워들)를 포함해 강력한 자체 콘텐츠 기반을 갖추었기 때문이다. 반면 지역과 전국 단위 신문 대부분은 비용 절감을 이유로 수년간 자체 콘텐츠를 줄여왔고, 그 결과 온라인 독자에게 제공할 콘텐츠가 부족했다.
- 고야가 1980년대에 성공적으로 시장을 확장할 수 있었던 것은 당시 미국 시장에서 거의 유일한 히스패닉 식품 제조업체로서 강력한 브랜드 인지도를 확보하고 있었기 때문이다.

소비자들은 캠벨(Campbell)이나 크래프트의 유사한 제품보다 전통 있는 고야의 검은콩 통조림을 더 선호했다.

- 바자즈오토는 인도 제조 설비의 낮은 원가 구조 덕분에 경쟁력을 확보할 수 있었다. 이러한 비용 우위는 특히 이탈리아, 일본의 스쿠터 제조업체와 경쟁할 때 큰 강점으로 작용했으며 세계 시장에서 빠르게 점유율을 확대할 수 있었던 배경이기도 하다.
- 어도비의 구독 모델 전환이 성공할 수 있었던 것은 어도비의 소프트웨어가 이미 시장에서 지배적인 위치를 차지하고 있었고 포토샵, 아크로뱃 등의 제품이 전반적인 온라인 전환의 흐름 속에서 큰 수혜를 누렸기 때문이다.

재편을 계획하는 기업이 가장 먼저 할 일은 자사의 해자(경쟁우위)와 강점을 파악하는 것이다. 이를 기반으로 신규 제품과 서비스 개발, 신규 시장 개척, 신규 사업모델 구축을 추진해야 한다. 많은 기업과 투자자가 성장 계획을 평가할 때 진출하려는 시장의 규모에 몰두한 나머지, 정작 그 시장에서 실질적으로 점유율을 확보하게 해줄 기업 고유의 강점은 간과하는 실수를 저지른다. 인공지능(AI)이 업계의 화두가 되고 모든 기업이 AI 분야에서 수익을 창출할 방법을 개발하는 중이라고 주장하는 지금, 이것은 반드시 기억해야 하는 교훈이다.

재탄생

쇄신은 기존 제품과 사업모델을 유지하면서 리브랜딩과 재설계를 통해 시장을 확장하고 새로운 성장 기회를 찾는 과정이다. 재편은 한 단계 더 나아가 신규 제품과 서비스, 신규 시장, 신규 사업모델이 동력이 되는 성장 과정이다. 재탄생은 기업이 기존의 모습에서 완전히 벗어나 새로운 기업으로 스스로를 다시 만드는 과정이다.

재탄생의 매력

'생로병사'는 인간의 현실을 직시하게 하지만 희망적인 메시지는 아니다. 사람들은 이 운명에서 벗어날 방법을 찾는다. 그중 한 가지 선택지가 거의 모든 종교에서 제시하는 사후 세계의 가능성이다. 그리고 결국은 그 종교의 가르침을 충실히 따라야 한다는 영리한 결론으로 이어진다.

생애주기의 마지막 단계에 접어든 기업에는 천국도 없고(하버드 경영대학원 사례 연구에 등장하는 것을 영광으로 여긴다면 모를까) 지옥도 없지만(파산 법정은 지옥에 가깝다고 볼 수도 있다), 또 다른 선택지가 있다. 기업은 재탄생이나 환생이 가능하다. 완전히 새로운 길을 개척한 사람들의 이야기는 언제나 영감을 준다. 예를 들면 운동선수가 성공적인 사업가로 변신하거나 배우가 대통령이 되는 경우다. 이 점에서 기업은 개인보다 유리하다. 기업은 법적으로 독립된 실체이기 때문에 기존의 정체성을 유지하면서도 새로운 모습으로 거듭날 수 있다.

생애주기의 법칙을 거스르며 쇠퇴를 극복하고 성공적인 기업으로 재탄생한 사례들이 있다. IBM과 애플이 대표적이다. IBM은 1980년대에 영광을 누리고 쇠락했지만 1990년대에 건실하고 수익성 높은 기업으로 다시 태어났다. 애플은 1997년의 암흑기를 극복하고 2012년에는 시가총액 1위 기업으로 올라섰다. 그러나 이 사례를 쉽게 떠올릴 수 있다는 사실 자체가 이들이 일반적인 경우가 아닌 예외적인 존재임을 시사한다.

이처럼 냉정한 현실에도 불구하고 이러한 성공 사례들을 면밀히 들여다보는 일은 여전히 유익하다. 이 기업들이 성공할 수 있었던 요인을 이해하는 데 도움이 될 뿐만 아니라 앞으로의 투자를 위해 활용할 수 있는 미래 지향적인 기준을 마련하는 데에도 도움이 되기 때문이다.

성공의 요소

먼저 분석을 진행하며 개인적으로 조심스러운 마음이 든다는 점을 밝혀두고 싶다. 첫째, 나는 기업 역사학자나 전략가가 아니며 '재탄생'의 기준을 정리하는 과정에서 간과하는 부분이 분명히 있을 것이다. 둘째, 단편적인 사례에서 일반적인 교훈을 도출할 때 잘못된 결론에 도달하기 쉽다는 것을 잘 알고 있으며, 이를 경계하고 있다. 그럼에도 불구하고 성공적인 재탄생 사례에서 공통적으로 발견되는 몇 가지 요소가 있다는 사실은 분명하다.

1. **과거의 방식은 더 이상 통하지 않음을 인정하기**: 기업이 다시 태어나기 위해서는 과거에는 성공적이었을지라도 이제 더 이상 통하지 않는 기존 방식들을 받아들이고 인정하는 과정이 필요하다. 그러나 앞서 언급했듯이 이러한 현실을 받아들이는 과정은 쉽지 않고 빠르지도 않다. 특히 기업의 역사가 길고 전통이 깊을수록 이를 인정하는 데 더 많은 시간이 걸린다. 1980년대 후반 IBM의 CEO들은 예술의 경지에 가깝게 줄줄이 변화의 필요성을 부정하며 기업을 거의 도태 위기로 몰아넣었다. 변화를 수용한다는 것은 단순한 선언에 그쳐서는 안 되며 과거의 중요한 부분을 과감히 떼어낼 의지가 있음을 실제 행동으로 증명해야 한다.

2. **변화의 주체**: 진부한 표현일 수도 있지만 변화는 가장 위에서부터 시작된다. IBM의 재탄생은 1993년 루 거스너(Lou Gerstner)가 CEO로 취임하면서 본격적으로 시작되었다. 애플에서 변화의 주체는 10년 전 집중력이 부족하다는 이유로 쫓겨났다가 1997년 CEO로 복귀한 스티브 잡스였다. 변화를 주도하는 인물을 반드시 외부에서 영입해야 하는 것은 아니다. 평생을 그 기업에서 일한 내부 인사라도 기존 방식을 과감히 뒤흔들 의지가 있다면 변화의 주체가 될 수 있다. 다만 변화의 주체는 소극적인 성향과는 거리가 멀고 현재 상태와 과감히 단절할 준비가 된 인물이라는 것은 분명한 사실이다.

3. **구체적인 변화 계획**: 기존 방식이 더 이상 통하지 않는다고 지적하는 것은 중요하지만 새로운 목표와 방향 설정이 없다면 이러한 문제 제기는 무의미하다. IBM에서 거스너는 CEO 재임 초기에 기업과 직원들의 사고방식을 바꾸어놓았는데, 기존 방식이 얼마나 깊이 뿌리내려 있었는지를 감안하면 놀라운 성과였다. RJR나비스코(RJR Nabisco) 출신인 거스너는 고객 중심 사고와 과거의 실수(OS/2를 기억하는 사람이 있을까?)를 과감히 털어버리는 유연함을 바탕으로 지금의 IBM을 만들어냈다. 스티브 잡스는 마이크로소프트와 화해하면서 애플 직원들을 놀라게 했다. 마이크로소프트는 애플에 현금 1억 5,000만 달러를 투자했고 맥 전용 오피스 프로그램 개발을 지속하겠다고 약속했다. 대신 잡스는 업데이트된 윈도(Windows)가 맥 운영 체제를 베꼈다는 것을 법적으로 문제 삼지 않기로 했다.

이 협상으로 시간을 번 잡스는 애플을 컴퓨터 제조업체가 아닌 엔터테인먼트기업으로 새롭게 정의했고 그 후는 모두가 말하듯 역사가 되었다.

4. 기존 강점을 기반으로: 기업의 쇄신, 재편, 재탄생을 관통하는 공통 주제가 있다면 그것은 새로운 사업에서 스스로를 재창조하려는 기업은 반드시 기존 강점을 기반으로 해야 한다는 점이다. 스티브 잡스가 이끈 애플이 디자인 역량과 독자적인 운영 체제 개발 능력을 기반으로 스마트폰시장에서 성공한 것처럼, 마이크로소프트가 사티아 나델라 CEO 체제에서 클라우드 사업에 성공적으로 진출할 수 있었던 것은 자사 소프트웨어 엔지니어들의 전문성이 이를 뒷받침했기 때문이다.

5. 기존 사업을 과감히 흔들기: 재탄생은 기존 제품 사업에서 발생하는 매출과 이익을 포기해야 할 수도 있다는 의미이므로 기존 사업을 운영하는 이들의 강한 반발에 부딪힐 수 있다. 특히 이들은 신규 사업이 기존 사업을 잠식하는 카니발리제이션을 우려하며 새로운 사업의 도입 속도를 늦추라고 주장할 가능성이 크다. 이러한 현상은 클레이튼 크리스텐슨(Clayton Christensen)의 지적과도 일맥상통한다. 그는 산업의 파괴적 혁신을 주도하는 세력은 대개 기존의 대형 기업이 아니라 잃을 것 없는 신규 진입자들이라고 설명한다. 성공적인 재탄생을 위해서는 새로운 기업으로 전환할 책임을 맡은 의사결정권자들이 파괴적 혁신가의 사고방식으로 무장해야 하며 CEO는 기존 사업을 운영하는 이들의 반발로부터 이들을 보호해야 한다 .

6. 운: 성공은 전적으로 뛰어난 역량 덕분이고 실패는 단순히 부실한 경영 때문이라고 단정하면 간단하겠지만 재탄생의 성공을 좌우하는 결정적인 요인은 운이다. 거스너가 IBM에서 변화를 추진했던 1990년대는 전반적으로 강력한 경제 성장기였고 특히 기술기업에 유리한 시기였다. 스티브 잡스는 맹목적으로 현상 유지 투자에 집중한 무능한 경쟁자들, CD 판매에만 집중한 음반회사, 휴대전화를 기존 유선전화의 연장선으로만 생각한 휴대전화기업의 덕을 본 셈이다.

물론 이 목록은 완전하지 않고 누락된 항목도 있겠지만 하나의 출발점이 될 것이다. 가치 함정에 빠졌거나 목숨만 이어가는 좀비기업이 될 운명에 놓인 기업도 재탄생의 길을 찾을 수 있다면 훌륭한 투자처가 될 수 있다. 1993년에 IBM 주식을 샀거나 1997년에 애플 주식을 산 투자자라면 이들 기업의 재탄생에서 막대한 수익을 얻었을 것이다.

투자 연습의 일환으로 오랜 기간 주가가 정체된 기업들의 목록을 만들어보고, 그중에서 재탄생의 요소를 갖춘 곳이 있는지 확인해볼 수 있다. 즉 더 이상 기존 방식이 통하지 않는다는 인식(그리고 이를 뒷받침하는 투자, 자금 조달, 배당 결정 등의 구체적인 증거), 변화의 주체(새로운 경영진), 새로운 방향성(그리고 실행력)을 갖추고 있는지를 점검하는 것이다. 마지막 요소인 운은 평가할 수 있는 영역은 아니지만 올바른 선택을 하는 데 도움이 된다면 별자리를 보거나 찻잎 점을 보는 것도 나쁘지 않을 것이다.

내리막길: 급락, 돌연사, 좀비기업

모든 성숙기와 쇠퇴기 기업의 꿈이 쇄신, 재편, 재탄생의 길을 찾는 것이라면 그 꿈을 향해 나아가는 과정에서 때로는 악몽 같은 상황이 벌어지기도 한다. 과거의 운영 궤도에서 급격히 이탈하거나 경우에 따라서는 아예 문을 닫게 되기도 한다. 기업들이 맞닥뜨리는 이러한 비극적 결말과, 특정 기업이 이러한 위험에 더 취약한 이유를 설명하는 요인들을 살펴보고자 한다.

급락

겉보기에 오랫동안 수익성 있는 미래가 예상되던 기업이 성장 단계나 성숙 단계에서 쇠퇴기로 급격히 추락하는 경우도 있다. 이러한 급락에는 다양한 원인이 있으며 그중 일부는 비교적 방어가 가능하지만 방어하기 어려운 경우도 있다.

1. **핵심 인물에게 의존**: 사업이 창업자 CEO처럼 특정 인물을 중심으로 구축되어 있고 그 인물이 기업의 대외적인 얼굴이자 모든 주요 의사결정에 핵심 역할을 한다면, 그 인물을 잃

는 순간 기업의 가치가 하락하거나 경우에 따라서는 회복이 불가능해질 위험에 노출된다. 이는 내가 테슬라에 투자하는 데 우려를 갖는 이유이기도 하다. 테슬라는 한 인물의 영향력 아래에서 성장한 기업이며 그 CEO의 이해관계와 기업의 이해관계가 깊이 얽혀 있어 테슬라에 낙관적인 주주는 곧 테슬라와 일론 머스크에게 동시에 베팅하는 셈이다. 이에 비해 마이크로소프트의 빌 게이츠(Bill Gates)와 아마존의 제프 베이조스(Jeff Bezos)는 개인의 영향력을 넘어서 수조 원의 시장가치를 지닌 기업을 구축하고 자신들이 물러난 후에도 지속될 수 있는 전문 경영팀을 만들어냈다. 소규모 기업, 특히 개인의 전문 서비스에 기반한 사업에는 이러한 '핵심 인물 효과'가 있고 그 핵심 인물의 존재 여부에 따라 가치가 좌우된다.

2. **정치적 연줄**: 세계 일부 지역에서는 정치적 연줄이 기업의 중요한 경쟁우위가 된다. 정치적 연줄을 이용해 사업 운영을 위한 인허가를 받고, 확장과 인수 승인에서 유리한 위치를 점할 수 있기 때문이다. 권력층과의 탄탄한 관계를 활용해 기업의 성장과 수익성을 높일 수 있겠지만 여기에는 위험이 따른다. 특정 정치 세력과의 연줄 덕분에 성공한 기업이라는 낙인이 찍히면, 반대 세력이 집권하거나 기존 연줄이 약화될 경우 심각한 위험에 처할 수 있다.

   디디, 알리바바(Alibaba), 텐센트(Tencent) 같은 중국의 대형 기업이 대표적인 사례다. 이들은 중국 정부가 지원하고 보조금을 제공한다는 인식 덕분에 오랫동안 시장에서 높은 가치를 인정받았다. 그러나 지난 2년 동안 중국 정부가 이들 기업에 대해 우호적 태도를 버리고 적대적으로 돌아서면서 이들의 영업 지표와 시장가치는 급락했다.

3. **집중된 성공 의존도**(제품, 지역, 고객): 한두 개 핵심 제품, 몇몇 대형 고객 덕에 영업과 시장에서 성공을 거둔 대기업들이 있다. 이러한 집중도는 마케팅 비용을 절감하고 매출과 수익성의 예측 가능성을 높일 수 있지만 핵심 제품, 핵심 고객이 위협을 받으면 수익성과 기업 가치가 급락할 위험이 있다. 애플 주주로서 내가 우려하는 부분은 애플의 기업 가치 대부분이 하나의 제품, 즉 아이폰에 지나치게 의존하고 있어 큰 붕괴 위험에 노출되는 요인이 될 수 있다는 것이다.

4. **파괴적 혁신**: 앞의 세 가지 요인은 기업 내부에서 발생하는 문제이지만 기업 외부의 요인

도 매출의 가파른 추락을 초래할 수 있다. 이러한 요인들은 파괴적 혁신이라는 개념으로 느슨하게 묶을 수 있다. 대표적인 예로 2008년 뉴욕의 택시업계를 들 수 있다. 당시 뉴욕에서는 택시가 사실상 차량서비스시장을 독점하고 있었으며 택시 면허(옐로캡 메달리온) 가격은 150만 달러를 넘겼다. 택시 면허 소유자들은 업계의 높은 진입장벽을 이유로 이처럼 높은 가격이 정당하다고 주장했다. 그러나 우버, 리프트를 비롯한 승차공유서비스가 등장하면서 뉴욕시의 택시 산업은 초토화되었고 메달리온의 가치는 15만 달러 이하로 폭락했다.

5. **불가항력:** 인류 역사에서 기업이 직면한 가장 큰 위협 중 하나는 불가항력적인 자연재해였다. 홍수, 화재, 허리케인 같은 재해는 번창하던 사업을 한순간에 무너뜨렸다. 고도로 발달한 보험과 위험 관리 상품이 등장하면서 이러한 위협이 과거의 문제라고 여겨지기도 했지만 2020년 코로나19 봉쇄 조치는 이러한 위험이 여전히 현실임을 상기시켰다. 팬데믹 당시 침체를 겪은 기업 대부분은 바이러스가 종식된 후 회복할 것으로 전망되었지만 크루즈 산업 같은 일부 업종은 피해가 장기간 이어질 가능성이 있다고 예상되었다.

위에서 언급한 세 가지 요인(인물 의존, 정치적 연줄, 집중된 성공 의존도)으로 급격한 추락을 겪을 가능성을 줄이기 위해 기업이 취할 수 있는 조치들은 분명히 존재한다. 단독 경영자의 역할을 경영팀 체제로 전환하고, 특정 정치 세력과의 지나친 유착을 피하며, 제품 포트폴리오와 매출 고객 기반을 다변화하는 것이다. 그러나 이 과정에서 단기적으로 상당한 이익을 포기해야 할 수도 있다.

자연재해나 예상치 못한 파괴적 혁신에 대응해 기업이 할 수 있는 일이 많지는 않겠지만 사업모델에 더 큰 복원력을 구축하는 것은 가능하다. 사전 경고도 없이 매출이 급감하면 고정비가 높고 부채가 많은 기업일수록 더욱 큰 위험에 노출된다. 이러한 상황에 대비해 매출이 감소할 때 비용도 신속히 조정할 수 있는 유연한 비용 구조를 만드는 것이 중요하며, 이는 기업이 심각한 충격에도 생존할 수 있도록 돕는다.

돌연사

고도성장기 기업이나 성숙기 기업이 갑자기 죽음을 맞을 가능성이 있을까? 흔한 일은 아니지만 충분히 가능하다. 이를 초래하는 치명적인 사건은 기업 내부에서 발생할 수도 있고 거시적 환경 변화에서 비롯할 수도 있으며, 두 요인이 결합하여 나타날 수도 있다. 기업은 끊임없이 실패하지만 대부분의 경우 실패는 핵심 사업의 장기적 쇠퇴나 무리한 부채 활용에서 비롯되어 서서히 진행된다. 반면 돌연한 죽음을 겪는 기업은 아직 생애주기의 성장기나 성숙기에 있는 상태에서 예기치 못한 붕괴를 맞이한다는 점에서 차이가 있다.

돌연한 죽음의 이유는 여러 가지가 있겠지만 최소한 다음 세 가지를 중요한 원인으로 꼽을 수 있다.

1. **법적 위험**: 성장을 기록하고 수익성이 높으며 높은 가치를 인정받는 기업이라도 핵심 자산에 소유권을 주장하는 대형 소송에 휘말리거나, 기업의 제품과 서비스가 소비자와 사회에 막대한 비용을 초래했다는 법적 주장이 제기되면 모든 것을 잃을 수도 있다. 이는 지난 수십 년 동안 여러 사례로 확인되었다. 예를 들어 존즈맨빌(Johns Manville)은 경량 건축 자재인 석면이 장기간 노출된 작업자들에게 암을 유발했다는 소송이 이어지면서 1981년 파산에 이르렀다. 담배와 제약 업계에서는 소송이 매우 흔한 일이기 때문에 기업들은 소송 관련 위험을 사업모델에 아예 반영하고 위험을 피하거나 대비하는 전략을 개발해왔다.

2. **규제 조치**: 금융서비스나 통신 산업처럼 규제 승인이 필수적인 사업에서는 규제 요건이나 규정을 위반할 경우 단순한 처벌을 넘어 사업 중단으로 이어질 수도 있다. 예를 들어 2008년 금융위기 당시 일부 은행은 사업을 지속하는 데 필요한 자기자본이 충분하지 않다는 우려에 따라 강제 폐쇄되거나 다른 은행과의 합병을 강요받았다.

3. **사기와 범죄 행위**: 법적, 회계적 사기를 저지르며 오랜 기간 투자자와 소비자를 속이거나 잘못된 정보를 제공하다가 결국 그 거짓이 드러나는 경우 기업은 한순간에 문을 닫을 수 있다. 엔론(Enron)이 대표적이다. 엔론은 1990년대에 불법 행위가 밝혀진 뒤 시가총액

700억 달러 규모의 기업에서 순식간에 자산도 사업도 없는 빈껍데기 기업으로 전락했다.

그렇다면 돌연사를 막을 수 있을까? 확실한 방법 중 하나는 충격에도 버틸 수 있는 완충 장치를 내부에 구축해 위기에 대비하는 것이다. 은행업계에서는 규제를 충족하는 최소 기준의 자본만으로는 돌연사를 피할 수 없다고 판단한 신중한 은행들만이 2008년 금융위기에서 살아남았다.

그리고 모든 기업이 반드시 염두에 두어야 하는 또 하나의 교훈은 '모범 시민 기업(corporate good citizen)'의 원칙을 사업 의사결정에 반영하면 장기적으로 이익이라는 것이다. 다시 말해 단기적으로 수익성과 기업 가치를 높일 수 있는 투자라도 불법과 합법 또는 옳고 그름의 경계를 위태롭게 넘나든다면 투자하지 않기로 선택해야 한다.

좀비기업

지금까지 기업의 생애주기를 인간의 생애와 비교했지만 둘 사이에는 결정적인 차이가 있다. 인간은 제아무리 투지를 갖고 생명을 연장하려고 노력해도 결국 죽음을 피할 수 없다. 반면 기업은 사업모델이 수명을 다한 후에도 좀비처럼 활보하며 투자자와 이해관계자들에게 피해를 초래할 수 있다.

이 책에서 나는 이러한 좀비기업과 죽음 이후에도 기업이 계속 운영되도록 만드는 경영진과 투자자들의 이해관계에 대해 여러 차례 언급했다. 좀비기업의 특징을 다시 한번 정리하면 다음과 같다.

1. **망가진 사업모델:** 사업모델이 수명을 다하는 원인은 기업마다 다르다. 경영진의 무능, 강력한 경쟁자, 거시경제의 충격 때문일 수도 있고 그저 불운일 수도 있다. 이유가 무엇이든 회생 가능성은 거의 없으며 복귀는 더욱 기대하기 어렵다. 이런 기업들의 징후는 명확하다. 매출이 급감하고 이익률이 하락하며 신규 사업, 신규 제품, 신규 투자가 거듭 실패한다.

2. **현실을 부정하며 자리만 지키는 경영진:** 이러한 기업의 경영진은 마치 회생이 가능하다는 듯 행동한다. 실패한 사업에 자금을 계속 투입하고, 새로운 제품과 서비스를 출시하며 영원한 젊음의 샘을 찾은 듯 주장한다. 이러한 태도는 허술하거나 아예 존재하지 않는 기업 지배구조에 의해 더욱 공고해진다. 가족 소유 기업이나 가족 경영 체제에서는 가족 간의 유대가 이러한 태도를 강화하기도 한다.

3. **조장하는 생태계:** 주변 환경도 현실을 부정하는 경영진을 돕고 부추긴다. 컨설턴트는 회춘의 묘약을 팔아 수수료를 챙기고, 은행가는 기업의 절박한 상황을 이용해 돈을 번다. 언론은 무지해서든 다른 기삿거리가 마땅치 않아서든, 해결책을 찾아 발버둥 치는 기업을 다룬다.

4. **낭비할 자원:** 거의 모든 쇠퇴하는 기업이 앞서 언급한 세 가지 특징을 공유하지만 좀비기업은 아무런 방향성 없이 법적, 규제적, 세무적 이유로 억지로 생명을 이어가야 하며, 여기에 필요한 자원에 접근이 가능하다는 점에서 구별된다. 기존에 보유한 현금이나 정부의 긴급 자금 지원, 이성을 잃은 자본시장 등이 무의미한 생명을 연장시킨다.

좀비기업에 투자할 때 가장 큰 문제는 기업 경영진이 합리적으로 행동할 것이라는 가정을 기반으로 가치를 평가할 수 없다는 점이다. 즉 좋은 투자를 하고, 적절한 부채와 자본 비율로 자금을 조달하며, 불필요한 현금을 주주들에게 환원할 것이라는 일반적인 가정이 통하지 않는다.

13장에서 언급했듯이 가치평가를 현실적으로 하려면 경영진이 때때로 왜곡된 행동을 취할 수 있다고 전제해야 한다. 이들은 성공 가능성은 낮지만 잠재적 수익은 큰 (복권과도 같은) 투자에 자금을 투입하고, 부채와 자본을 이상하게 조합해 조달하며(이미 방향을 잃은 길 위에 있다면 누구를 끌어들이든 개의치 않을 것이기 때문이다), 현금을 주주에게 돌려주지 않고 쥐고 있으려 할 수 있다. 이러한 경영진의 의사결정을 가치평가에 반영하면 해당 기업의 가치는 더 낮게 산출될 것이다.

이때 적용되는 할인율의 크기는 경영진과 소유주의 분리 정도(남의 돈일수록 파괴적인 의사결정을 내리기 쉽다), 경영진이 가치를 훼손할 자금 여력(기업 규모가 클수록 경영진이 접근 가능한 현금과 자본의 규모가 크다), 경영진의 행동을 제약하는 장치(계약 조항, 규제 제한, 행동주의 투자자 등)에 따라 결정된다. 극단적으로는 파괴적 충동에 제약이 없는 경영진이 충분하게 주어진 시간 동안 기업의 모든 가치를 소멸시킬 수도 있다.

가치투자자들에게 이러한 기업은 흔히 '가치 함정'이 된다. 거의 모든 가치투자 지표상으로 저평가된 것처럼 보이지만, 실제로는 경영진이 모든 단계에서 스스로의 계획을 무너뜨리기 때문에 약속된 수익을 결코 실현하지 못한다.

2011년 12월, 나는 블랙베리(당시 기업명은 리서치인모션)에 관한 글에서, 이 기업이 이제는 자신의 위치를 인정하고 스마트폰시장에서 대중 시장의 강력한 경쟁자가 될 수 없음을 받아들여 틈새시장을 공략하는 전략으로 전환해야 한다고 주장했다.[5] 당시 시가총액이 73억 달러였던 블랙베리에 대해 나는 새로운 태블릿이나 휴대폰 출시를 포기하고 단일 모델로 돌아갈 것을 제안했다. 예를 들면 직원들의 페이스북 접속이나 게임 실행을 원하지 않는, 보안에 민감한 기업 고객에 특화된 '블랙베리보링(Blackberry Boring, 따분한 블랙베리라는 의미로 내가 만든 이름이다)'에 집중하는 것이다. 나는 블랙베리가 5개년 청산 계획을 세워 주주들에게 현금을 돌려주는 방향으로 가야 한다고 제안했다.

당시 내 주장은 지나치게 비관적이며 암울하다는 비판을 받았다. 하지만 3년 후 블랙베리의 시가총액은 53억 달러로 감소했고, 2011년 이후 3년 동안 연구개발에 43억 달러를 지출하고도 연 매출은 2011~2012년 184억 달러에서 2014~2015년 41억 달러로 급감했다. 또 2011~2012년 연간 18억 5,000만 달러를 기록했던 영업이익은 2014~2015년 27억 달러 영업손실로 돌아섰다.

블랙베리가 출시한 새로운 모델이 기술적으로는 뛰어난 제품이었을지 몰라도 스마트폰시장은 해당 기기에서 이용할 수 있는 앱과 액세서리 생태계의 규모가 경쟁력을 결정했다. 2011년에는 블랙베리가 운영 체제시장에서 애플, 구글과 경쟁하기 어려운 정도였다면, 2015년에는 그 격차가 더욱 벌어져서 거대 기업들이 푼돈으로 블랙베리를 인수할 수 있을 정도가 되었다(당시 애플의 보유 현금은 1,630억 달러, 구글의 보유 현금은 630억 달러였고, 블랙베리의 기업 가치는 41억 달러에 불과했다). 내가 놓친 부분이 있을 수도 있지만 블랙베리가 스마트폰시장에서 살아남을 희망의 빛은 전혀 보이지 않았다.

2015년에는 블랙베리가 선택할 수 있는 길이 2011년보다 훨씬 적었다. 틈새시장 공략이라는 선택지조차 더 이상 현실적인 대안으로 보이지 않았다. 나는 블랙베리가 남은 가치를 현금화할 방법은 단 두 가지라고 보았다. 첫 번째 방법은 자금력이 풍부한 전략적 구매자가 블랙베리의 기술에서 가치를 발견하고 인수해주기를 기대하는 것이었다. 두 번째 방법으로 나는 좀 더 급진적인 아이디어를 떠올렸다. 페이스북, 트위터, 링크드인(LinkedIn) 같은 소셜미디어기업이 막대한 가치를 인정받으며 사용자 1인당 약 100달러의 추가 시가총액을 창출하는 상황에서, 블랙베리는 스스로를 소셜미디어기업으로 리브랜딩하고 블랙베리클럽(Blackberry Club)을 만들어 사용자들을 연결하는 방안을 고려할 수도 있었다.

선택하라

기업의 경영자는 현실에 기반을 둔 결정을 내려야 한다. 즉 바라는 조건이 아니라 주어진 상황에서 최선을 다해야 한다. 이처럼 현실을 받아들이는 자세야말로 훌륭한 경영의 핵심이다. 강력한 경쟁우위와 성장하는 시장을 가진 고도성장기 기업을 이끌고 있다면 기업 운영에서 성공적인 성과를 내기가 비교적 쉬울 것이다. 반면 경쟁우위가 거의 남아 있지 않고 부채 부담이 큰 쇠퇴기 사업을 운영하고 있다면 경영은 훨씬 더 어려울 것이다. 이러한 상식적인 통찰은 다음과 같은 시사점을 제공한다.

- **경영진의 자질 평가하기**: 재무 분석에는 재무제표의 숫자를 활용하여 매출성장률, 영업이익률, ROIC 같은 영업 지표와 비율을 계산하고, 이를 바탕으로 기업의 성공뿐만 아니라 경영진의 자질도 평가하도록 훈련한다. 그러나 경영진의 자질은 단순히 절대적인 숫자가 아니라 경영진의 존재와 행동이 이러한 수치에 어떤 영향을 미치는지를 통해 판단해야 한다는 점을 강조할 필요가 있다.

저비용으로 천연자원에 접근할 권리나 수백 년 된 브랜드 가치처럼 타고난 경쟁우위가 있는 기업이 있다. 이런 경우에는 경영진이 기업의 성공에 기여하는 바가 거의 없거나 경영진이 오히려 해를 끼칠 가능성이 크다. 반면 경쟁우위가 거의 없고 성숙한 시장에서 자본비용을 간신히 충당할 정도의 수익을 내는 기업들이 있다. 이런 기업에서는 경영진이 유능하다면 적게나마 초과수익을 창출할 가능성이 있다. 가장 단순한 방법으로 기업의 이익률이나 수익률을 업계 평균과 비교할 수 있지만 이는 모든 기업이 동일한 특성을 공유한다는 잘못된 가정을 기반으로 한 조잡한 해결책에 불과하다.

- **단편적인 사례의 위험:** 지난 수십 년 동안 가장 성공한 기업들과 가장 실패한 기업들은 연구자들에게 인기 있는 분석 대상이었다. 연구자들은 이러한 기업들의 모든 요소를 샅샅이 분석해서 공통점을 발견하고, 이를 활용해 차세대 성공 기업의 모형을 구축하거나 대형 실패를 피할 방법을 찾고자 한다. 스토리텔링에는 분명 가치가 있으며 특히 능숙한 전달자가 있을 때 그 가치가 더욱 커진다. 그러나 성공과 실패에서 얻은 교훈을 보편적으로 적용하는 데는 한계가 있으며 때로는 오로지 운과 시기가 성공과 실패를 가를 수도 있다.

- **기대의 게임:** 금융시장은 경영진의 영향력을 더욱 정확히 평가한다. 시장에 형성된 기대를 바탕으로 투자자들이 동등한 수준에서 경쟁을 벌이고, 그 결과 사업 성과 평가를 잘하더라도 시장에서 초과수익을 내기가 어렵기 때문이다. 이 점에 대해서는 앞서 16장에서 좋은 기업과 좋은 투자를 대비하며 자세히 설명했다. 어떤 면에서 경영진은 수익성이 정점에 있고 빠르게 성장하는 기업보다 경쟁우위가 거의 없고 쇠퇴하는 기업에서 시장의 기대를 충족시키기가 더 쉬울 수 있다. 전자에 대해서는 투자자들의 기대가 거의 없지만 후자에 대해서는 기대가 매우 높기 때문이다.

결론

성숙기의 후반부나 쇠퇴기 직전에 있는 기업들은 선택의 기로에 선다. 대부분의 기업에 성공 가능성이 가장 높고 변화의 부담을 최소화하는 선택은 기업의 성숙과 쇠퇴를 경영진이 수용하고 그에 걸맞게 행동하는 것이다.

그러나 많은 기업은 노화를 멈추려고, 더 나아가 노화를 되돌릴 방법을 찾으려고 한다. 이유는 두 가지다. 첫째, 기업의 보상 체계가 이러한 경로를 택한 경영진에게 유리하게 설계되어 있기 때문이다. 성공하면 대단한 경영자가 되고, 실패해도 특히 나 타인의 돈이라면 책임이 별로 없다. 둘째, 노화를 되돌릴 수 있다고 약속하며 각 종 지표와 도구를 판매하는 컨설턴트, 인수와 거래를 성사시켜 수수료를 챙기는 투 자은행가로 구성된 생태계가 존재하기 때문이다.

노화를 멈추거나 되돌리려는 기업은 단순히 기업 이름을 바꾸는 것 같은 외형적 조치부터 사업의 내용과 모델을 완전히 바꾸는 전면적 쇄신에 이르기까지 다양한 행동을 취할 수 있다. 성공 가능성은 낮지만 기존의 강점을 바탕으로 쇄신, 재편, 재 탄생을 시도하는 기업은 성공할 가능성이 더 크다.

반대로 기업은 급격한 몰락의 위험 또한 인식해야 한다. 특히 핵심 인물이나 특 정 인물의 영향력에 의존하는 기업, 단일 제품과 소수 고객에 의존하는 기업, 정치 적 연줄을 주요 경쟁력으로 삼는 기업은 더 큰 위험에 처할 수 있다. 심지어 법이나 규제에 따른 판결이나 핵심 사업의 붕괴로 급작스러운 종말을 맞을 수도 있다. 지난 20년간 이어진 위기와 혼란 속에서 배웠어야 할 교훈이 있다면, 더욱 유연한 기업 을 구축하는 것이 기업의 생존에 유리하다는 사실이다.

20장
우아하게 나이 들기

지금까지 이 책의 핵심 주제인 기업의 생애주기를 이용해, 기업이 창업에서 성숙기 그리고 쇠퇴기로 이동함에 따라 경영의 초점이 어떻게 변화하는지 기업 재무 장에서 논의했고, 젊은 기업과 성숙한 기업의 가치평가 방식이 어떻게 달라지는지 가치평가 장에서 설명했다. 투자철학 장에서는 생애주기의 각 단계에서 투자 성공을 결정짓는 요인이 무엇인지 살펴보았고, 기업이 나이 들어감에 따라 훌륭한 경영자의 자질이 어떻게 변화하는지도 다루었다.

이 장에서는 기업을 경영하고 평가하며 투자하는 과정에서 우리가 궁극적으로 추구해야 할 덕목이 '평정심(serenity)'임을 강조하며 논의를 마무리하고자 한다. 그리고 지금까지 살펴본 '기업 생애주기의 교훈'을 기업의 경영자나 소유주를 위한 교훈과 기업의 투자자를 위한 교훈으로 나누어 다시 한번 정리한다. 마지막으로 기업 생애주기에 대한 이해를 바탕으로 시장 규제 기관과 경제 정책 입안자들이 얻을 수 있는 포괄적인 교훈을 제시하며 글을 마무리할 것이다.

평정심의 본질

평정심은 단순한 영적 수행이 아니라 종교적 가치이기도 하다. 불교에서 평정심(사마타 바와나)은 통찰(위빠사나 바와나)의 문을 여는 열쇠이며, 힌두교에서는 깨달음의 길에 들어서기 위해 추구해야 할 덕목으로 여겨진다. 평정심을 향한 탐구는 성경의 가르침에도 깊은 뿌리를 두고 있고, 미국의 신학자 라인홀트 니버(Reinhold Niebuhr)가 쓴 '평정심의 기도(Serenity Prayer)'는 일상에서 가지는 평정심을 잘 묘사하고 있다.

평정심은 이처럼 보편적으로 공감하는 개념이지만, 평정심을 추구한다고 말하는 많은 사람조차 그 의미를 잘못 정의하거나 오해하고 있다. 먼저 일부의 생각과 달리 평정심은 나쁜 일이 절대 일어나지 않을 것이라는 믿음이 아니다. 평정심을 찾았다고 해서 인생에서 좋은 일과 나쁜 일에 노출되는 정도가 달라지지는 않는다. 다만 평정심에 이르렀을 때 우리는 좋은 일이든 나쁜 일이든 훨씬 더 건강한 방식으로 대처할 수 있다. 둘째, 평정심은 모든 것을 포기한 채 나쁜 일이 일어나도 그저 받아들인다는 의미도 아니다. 이는 왜곡된 운명론적 해석이자 패배주의적 관점이다. 평정심을 가진 사람은 이길 수 없는 싸움에서 스스로를 소모하지 않는다는 점에서 차이가 있다.

사실 평정심의 기도의 핵심 구절은 평정심의 본질을 정확히 담고 있다. 바꿀 수 없는 것을 받아들이는 마음, 바꿀 수 있는 것을 변화시킬 용기, 그리고 그 둘을 구별하는 지혜가 바로 평정심의 본질이다.

이러한 평정심의 정의는 기업 환경에 어떻게 적용될까? 내가 이 책에서 전달하고 싶은 교훈이라면 기업은 노화의 양상 하나하나에 필사적으로 맞서 싸우는 것, 그리고 완전히 체념해 모든 변화를 노화 탓으로 돌리고 굴복하는 것 사이에서 적절한 균형을 찾아야 한다는 것이다. 기업이 변화시킬 수 있는 노화의 양상과 변화시킬 수 없는 것을 구별하는 지혜는 고객, 경쟁 환경, 무엇보다도 스스로의 강점과 약점을 깊이 이해하는 데서 비롯된다.

경영자와 주주를 위한 평정심의 교훈

앞서 5장에서 8장까지는 기업의 생애주기 단계에 따라 기업 재무의 초점이 어떻게 변화하는지 살펴보았다. 18장에서는 기업 생애주기 단계별로 경영자가 갖추어야 할 핵심 역량에 대해 논의했다. 이제 이러한 내용을 정리해 기업의 경영자와 주주들을 위한 교훈으로 제시하고자 한다.

나이가 드는 일은 수월하지 않고, 저절로 되는 것도 아니다

뉴욕 양키스의 전설적인 야구 선수 조 디마지오(Joe DiMaggio)를 보며 사람들은 그가 특별히 힘들이지 않고 경기한 것처럼 보인다고 말한다. 그러나 그의 유려한 스윙과 외야 수비는 부단한 노력과 연습의 결과임이 분명하다. 기업도 마찬가지다. 기업은 노화를 피할 수 없으며 그 과정에서 고통이 따르는 조정을 동반한다는 사실을 인식해야 한다.

첫째, 기업이 생애주기의 한 단계에서 다음 단계로 넘어갈 때는 전환 비용이 발생하고 경영 방식에도 변화가 필요하다. 예를 들어 창업 기업이 첫 VC 투자를 유치하면 소유주는 지분을 일부 포기해야 하고 VC 경영 의사결정에도 투자자들의 관여를 받아들여야 한다. 비상장기업이 기업공개를 통해 상장기업이 되면 새로운 공시 의무와 투자자 관계(IR) 활동을 관리해야 하는 부담이 따른다.

둘째, 기업은 성장하면서 다양한 한계를 마주하게 된다. 확장을 거쳐 규모를 키우는 데 따르는 제약과 경쟁 심화에 따르는 한계가 생길 수 있다. 셋째, 기업이 나이 먹을수록 역사가 쌓인다. 과거에 큰 성공을 거둔 경험이 있다면 지나간 영광에 대한 향수가 운영과 사업에서 잘못된 판단으로 이어질 위험이 있다. 예를 들어 고도성장기를 지나 성숙기로 접어든 유통업체가 시장 환경이 달라졌음에도 여전히 과거의 전략을 고수하며 신규 매장을 매년 수십 개씩 늘린다면 문제가 될 수 있다.

살아남아야 잠재력을 실현한다

대부분의 기업에서 실패는 공개적으로 논의되지 않는다. 부정하면 없는 일이 될 것이라는 희망 때문이거나, 실패를 논하거나 대비하는 것이 나약함으로 여겨지기 때문일 것이다. 이런 태도는 기업이 안정적인 상태(성장기나 성숙기)에 있을 때는 괜찮을 수 있어도 기업 생애주기의 양 끝단에서는 치명적인 문제가 될 수 있다.

- 앞서 여러 차례 언급했듯이 청년기 기업에 실패의 위험은 현실적이며 상당히 크다. 일부 투자자처럼 실패 위험의 존재를 무시하거나 이를 할인율에 반영하는 방식으로 단순하게 처리한다고 해서 위험이 사라지는 것은 아니며, 이러한 접근 방식은 오히려 실패에 대한 노출을 더욱 키울 수 있다. 반대로 실패 위험을 인정하고 그 원인을 분석하는 것이 경영진이 실패 가능성을 줄이는 의사결정을 내리는 데 도움이 될 수 있다. 예를 들어 청년기 기업이 한꺼번에 대규모 투자를 받는 대신 단계적으로 투자를 유치하거나 자금력이 탄탄한 VC 파트너를 확보하는 전략을 택하면, 투자가 성공했을 때 기대할 수 있는 수익은 줄어들겠지만 동시에 실패 위험도 크게 줄일 수 있다.

- 쇠퇴기 기업은 실패의 정의 자체가 어려운 문제다. 사업을 지속하는 것이 성공의 기준이라면 쇠퇴하는 산업에 속한 기업이 자산을 청산하고 투자자들에게 현금을 반환하는 것은 실패에 해당할 것이다. 그러나 기업의 미래 전망을 고려하면 이것이 오히려 올바른 결정일 수 있다. 실패를 파산이나 채무불이행으로 정의한다면, 쇠퇴기 기업은 생산성이 가장 낮은 자산을 매각하고 부채를 상환하면서 규모를 점차 축소하는 방식으로 실패 위험에 대한 노출을 줄일 수 있다.

- 모든 기업은 거시경제적 요인으로 인해 실패 위험에 처할 수 있다. 예를 들어 경기에 민감한 기업은 심각한 경기 침체 시기에, 원자재기업은 원자재 가격이 급락할 때 실패 위험

이 커진다. 그러나 이러한 위험을 인지하고 대비하는 것만으로도 실패 위험을 줄일 수 있다. 예를 들어 경기에 민감한 기업은 경제 사이클의 고점과 저점이 아니라 중간 수준에서 창출하는 이익을 기준으로 부채를 조달해야 한다.

> **교훈** 실패 위험의 존재를 인정하고 실패 가능성을 결정하는 요인들을 고려한 뒤, 이를 회피할 조치를 취해야 한다. 차입 여력을 여유 있게 유지해 유동성을 확보하고, 위험 관리 상품을 활용하며, 더욱 유연하고 변화에 대응하기 쉬운 사업모델을 구축하는 것이 여기에 포함된다.

사업은 선택의 연속이고 모든 선택에는 대가가 따른다

기업 운영은 끊임없이 득실을 따지는 선택의 과정이며, 전적으로 득이 되기만 하는 선택은 거의 없다. 이러한 상충 관계를 인식하고 그것이 시간에 따라 어떻게 전개될지 명확히 고려하는 것은 기업이 우아하게 나이 들기 위한 핵심적인 단계다. 한편 나이가 들어가며 기업이 직면하는 선택의 유형도 달라진다. 몇 가지 예를 들면 다음과 같다.

- 생애주기의 시작 단계에서 사업모델을 선택해야 할 때 자본 집약도가 낮은 사업모델과 높은 사업모델 사이에서 선택을 고민하게 될 수 있다. 자본 집약도가 낮은 사업모델은 시장 진입에 필요한 투자 규모가 작아 빠른 성장이 가능하지만 그만큼 경쟁자들이 쉽게 따라올 수 있어 진입장벽이 낮다. 자본 집약도가 높은 사업모델은 초기 투자가 많이 필요해서 성장은 더딜 수 있지만 장기적인 방어력은 더욱 높아진다.
- 젊은 기업이 빠른 확장(고성장)과 더 탄탄한 사업모델을 구축하는 것(장기 지속) 사이에서 무엇을 우선순위에 둘지 고민한다면, 야심 찬 성장과 장기 지속 가능성이 서로 충돌할 수 있다는 점을 인식할 필요가 있다. 세계에서 가장 오래 지속된 기업 중에는 규모는 작지만 집중력을 유지해온 가족 소유의 틈새시장 기업이 있다.
- 규모가 크지만 이미 성숙한 시장에서 경쟁이 치열한 사업을 운영하는 성숙한 기업은 성

장을 추구해서 매출 규모를 키우는 것과 수익성을 높이는 것 사이에서 고민해야 할 수 있다. 더 높은 성장을 추구하기 위해서는 제품 가격을 낮게 유지하고 시장점유율 경쟁에 나서야 할 수도 있다.

- 쇠퇴하는 기업의 경우 시장 규모가 축소되고 수익성이 하락하는 상황에서 계속기업으로서 존속할지 아니면 사업을 종료할지 선택해야 할 수 있다. 즉 자본비용에도 못 미치는 수익을 힘겹게 추구하며 기업을 유지할지, 아니면 자산을 청산하여 수익을 확보할지 선택하는 것이다.

상충하는 선택지 앞에서 모두에게 통하는 정답은 없지만, 특정 기업에 맞는 올바른 선택은 존재한다. 장기적으로 지속시키고자 하는 가족 기업이라면 성장 속도를 늦추고 새로운 시장 진출에 더욱 신중을 기할 수 있다. 반면 상장기업의 경영자는 단기적인 성과를 내야 한다는 압박을 느낄 수 있다. 기업의 의사결정권자는 궁극적인 목표를 명확히 하고 그에 따라 행동해야 한다.

> **교훈**　어떤 결정이나 행동에 오로지 득만 있고 실은 전혀 없다는 주장은 의심할 필요가 있다. 언제나 득과 실을 함께 생각해야 한다.

사업을 구축하는 일은 영감이 아니라 땀과 노력의 산물이다

기업이 아이디어 단계에서 실제 제품으로 발전해나갈 때, 초점은 아이디어 창출과 자금 조달에서 사업 구축으로 이동한다. 일반적으로 사업을 구축하는 데는 창의적인 영감보다 끈기와 노력이 훨씬 더 많이 요구되며, 세부 사항에도 철저히 주의를 기울여야 하고 실무적인 문제를 직접 해결하려는 태도가 필요하다.

아이디어를 발전시키는 과정에서 흥분을 느끼고 투자자나 직원에게 비전을 제시하는 데서 아드레날린을 얻는 창업자에게는 비용 면에서 더 효율적인 생산 방식을 찾거나 공급망을 최적화하는 작업이 지루하게 느껴질 수 있다. 그러나 단조롭다는 이유로 이러한 작업을 뒷전으로 미룬다면 제대로 시작도 해보지 못한 채 사업 자체가 좌초될 위험이 크다.

앞서 언급한 바와 같이 많은 '연쇄 창업가'가 사업의 생존과 실패를 직접 경험하며 이와 같은 교훈을 깨닫고 이후 새로운 창업에 반영한다. 이 교훈은 스티브 잡스가 애플에서의 첫 번째 재임 시절에 뼈아프게 배운 것이기도 하다. 그는 두 번째이자 더 성공적인 재임 시절에는 사업 운영에 강점을 지닌 팀 쿡을 최고운영책임자로 영입함으로써 문제를 해결했다.

> **교훈** 창업자로서 사업을 구축하는 데 시간을 쓰고 싶지 않다면 그 역할을 수행할 적임자를 찾아야 한다. 그리고 그가 업무상 중요한 결정을 자유롭게 내릴 수 있도록 보장하고, 그 결정을 의심하거나 간섭하지 않아야 한다.

확장은 쉽지 않으며, 항상 현명한 선택도 아니다

우리는 성장이 미화되는 세상에 살고 있다. 기업을 더 크게 키우는 것은 축소시키는 것보다 훨씬 더 가치 있게 여겨진다. 비즈니스 세계의 영웅들은 제국을 건설한 인물들이다. CEO든 신생 기업 창업자든 관계없이 이들은 학계와 실무 현장에서 찬사를 받는다. 이 책에서 나는 그러한 통념에 의문을 제기하며 기업을 확장하는 데는 비용이 따른다는 점을 지적했다.

성장의 대가 중 하나는 수익성 전환이 지연된다는 것이며, 또 다른 하나는 확장을 위해 재투자가 필요하다는 것이다. 어떤 기업은 규모를 키우기보다 소규모 상태에서 수익성을 유지하는 것이 더 적절할 수 있다. 또 어떤 기업은 단순히 사업의 규모가 커지기 때문이 아니라 가치가 높아지고 있기 때문에 확장이 타당할 수 있다. 앞서 가치평가를 다룬 장에서는 확장이 기업의 가치를 증가시키는 방식을 설명했고, 매출 성장의 이점과 확장에 따른 비용(수익성 하락, 재투자 부담 증가)을 함께 고려해 그 순효과가 기업 가치에 미치는 영향을 계산했다.

경영진이 규모나 성장에 따라 보상을 받는 구조일 때, 자기 자금이 아닌 다른 사람들(주주) 돈을 투자할 때 확장의 유인이 더욱 커진다. 이러한 상황에서는 사모펀드 투자자나 행동주의 헤지펀드가 개입해 균형을 맞추려는 시도가 이루어지기도 한다.

> **교훈** 확장을 추진할 때는 그에 따르는 비용과 편익을 명확히 파악해야 한다. 순효과가 부정적인데도 불구하고 확장을 선택한다면, 그것이 누구의 이익을 위한 결정인지 솔직해져야 한다.

좋은 공격으로 키우고, 좋은 수비로 지킨다

창업 기업이나 젊은 기업으로서 시장을 혁신하거나 새로운 사업에 진출할 때는 거의 언제나 공격적인 전략을 취한다. 이유는 단순하다. 아직 지켜야 할 것이 없기 때문이다. 이 시기에는 큰 위험을 감수할 여유가 있다. 성공하면 큰 보상을 얻고, 실패해도 잃을 것이 상대적으로 적다. 그러나 기업이 성장하고 성숙해지면서 점점 더 많은 자산을 보유하게 되고, 이때부터는 위험을 감수했을 때 따르는 손실의 가능성도 커진다. 이러한 역학 관계는 '산업 내에서 파괴적 혁신은 거의 항상 기존 기업이 아닌 신규 진입자로부터 발생한다'는 클레이튼 크리스텐슨의 이론의 배경이 된다.

기업이 생애주기를 따라 이동하면서 새로운 시장이나 성장을 추구하는 능력 이상으로 경영진에게 요구되는 것이 지금까지 구축해온 것을 방어하는 역량이다. 스포츠에 비유하자면 훌륭한 공격력은 언제나 중요하지만 성숙한 기업에서는 수비의 역할이 더욱 중요해진다고 볼 수 있다.

> **교훈** 기업의 소유주나 경영자라면 현재 기업이 생애주기의 어느 단계에 있는지를 고려해 공격할 때인지 수비할 때인지를 판단해야 한다. 만약 수비해야 하는 단계라면 지켜야 할 경쟁우위나 해자를 명확히 파악해야 한다.

영생은 기업의 최종 목표가 아니다

최근 비즈니스에서 '지속 가능성'은 중요한 화두가 되었다. 이 개념에는 긍정적인 면도 있지만 가장 해로운 형태로는 기업이 더 오래, 심지어 영원히 존속할 방안에 대한 논의로 변질될 수 있다. 이러한 목적을 염두에 두고 컨설턴트와 투자은행가는 기업의 수명을 연장하기 위한 실행 계획을 제시하지만, 이는 수익성과 기업 가치를 희생시키기도 하고 결과적으로 전형적인 좀비기업을 만들어낸다.

기업의 수명을 연장하고 싶은 유혹을 느낀다면 두 가지 단순한 진실을 기억해야 한다. 첫째, 아무리 창의적이고 똑똑한 컨설턴트를 동원해도 영원히 지속되는 기업은 없다. 둘째, 기업은 법적 실체일 뿐이며, 그 존재 이유(지속 가능하고 수익성 있는 사업을 운영하는 것)가 사라졌다면 가장 합리적인 선택은 기업을 소멸하게 두는 것이다. 기존의 껍데기만 유지한 채 그 안에 새로운 내용을 채우려는 시도는 일반적으로 비효율적이며 생산적이지도 않다.

> **교훈**　노래 가사를 빌리자면 기업을 운영할 때는 '잡을 때'와 '접을 때'를 알아야 한다. 좀비기업이 되어서는 안 된다.

재탄생과 환생

낮은 성공 가능성에도 불구하고 나이 들어가는 기업이 재탄생이나 환생에 끌리는 이유는 이해할 만하다. 결국 젊어지고 싶지 않은 사람이 누가 있겠는가. 그러나 이 길을 선택하는 경영자들에게 나는 세 가지 조언을 하고자 한다.

첫째, 재탄생 계획이 성공하려면 수많은 외적 요인이 유리하게 작용해야 한다. 적절한 시기에 올바른 위치에 있어야 하며 경쟁자들이 잘못된 선택을 해야 한다. 둘째, 성공 가능성을 높이려면 기존 강점을 중심으로 전략을 세워야 하며, 지름길은 없다는 사실을 인식해야 한다. 셋째, 최고의 재탄생 전략을 조언하겠다며 접근하는 컨설턴트나 투자은행가로 주변을 채워서는 안 된다. 그들에게 최선의 선택이 기업에도 최선은 아니다.

기업의 노화에는 시간표가 따로 없다

기업 노화에서 까다로운 점은 정해진 시간표에 따라 노화가 진행되지 않는다는
것이다. 앞서 압축된 생애주기에서 설명했듯이 자본 집약도가 낮고 확장이 용이한
산업에 속한 기업은 인프라 산업에 속한 기업에 비해 더욱 빠르게 성장하고, 더 짧
은 기간 동안 정점에 머무른 뒤, 더욱 급격히 쇠퇴한다. 게다가 파괴적 혁신이 점점
더 많은 산업에서 현실적인 위협으로 다가오면서 파괴적 혁신의 대상이 된 기업들
의 생애주기 진행이 가속화되고 성숙 단계에서 단기간 내에 존폐 위기로 몰리는 기
업이 많아지고 있다.

나는 기업의 나이를 생애주기상의 위치를 추정하는 대리 지표로 사용했지만, 기
업의 진정한 노화 정도를 반영하는 것은 영업 지표(매출성장률, 영업이익률, 재투자)다.
미래를 내다보는 경영진은 이러한 지표들을 지속적으로 추적해 기업의 노화로 인
해 성장 속도가 둔화되고 있는지 여부를 사전에 감지할 것이다.

기업의 운명이 항상 스스로의 손에 달려 있는 것은 아니다

나는 기업의 운명이 경영진의 손에 달려 있으며, 따라서 좋은 기업의 경영진은 유
능하고 나쁜 기업의 경영진은 무능하다고 배워왔다. 이러한 주장은 경영대학원이
고액의 학비를 정당화하는 데는 유용할 수 있지만 현실은 훨씬 더 복잡하다.

기업의 성과는 거시경제 변수의 움직임, 국가 위험의 변화, 정치적 변화에 크게 영향을 받으며, 이 가운데 경영진이 통제할 수 있는 것은 없다. 때로는 경쟁사의 실수나 불운이 유리하게 작용하고 예상치 못한 규제 변경이나 법적 환경이 변화해 타격을 입을 수도 있다.

18장에서 언급했듯이 경영진이 기업에 끼치는 영향력은 (좋은 방향이든 나쁜 방향이든) 생애주기의 처음과 끝에서 가장 크며, 생애주기의 중간 단계에서는 상대적으로 약하다. 냉소적으로 들리겠지만 기존의 (몸값이 비싼) 경영진을 대신해 자동운항 장치나 로봇에 운영을 맡겨도 별다른 차이가 없을 기업도 있다.

> **교훈** 경영진이 불가항력적인 사건이나 예상치 못한 거시경제 변화까지 미리 알 수는 없다. 그러나 경계심을 갖고 주의를 기울이며 변화에 빠르게 대응할 수 있는 유연한 기업을 구축하는 것은 가능하다.

투자자를 위한 교훈

기업의 생애주기는 투자자에게도 교훈을 제공한다. 기업이 나이가 들어감에 따라 투자나 트레이딩을 할 때 직면하는 문제도 달라지기 때문이다. 앞서 9장에서 17장까지 기업 생애주기 단계별로 기업의 가치평가와 투자 측면에서 직면하는 문제들을 자세히 살펴보았다. 이제 그 내용을 요약하고, 투자자들을 위한 교훈을 정리하고자 한다.

불확실성은 결함이 아니라 기본값이다

기업의 가치를 평가하거나 투자할 때, 투자자는 언제나 미래를 예측하는 데 따르는 불확실성에 직면하지만 기업이 나이 들어감에 따라 불확실성의 크기와 유형도 달라진다.

사업 이력이 거의 없고 사업모델도 정립되지 않은 신생 기업은 불확실성이 가장 크고, 기업이 성숙해질수록 불확실성은 점차 줄어든다. 투자자가 불확실성을 피해야 할 문제로만 인식한다면 결국 성숙한 기업 위주로 투자가 이루어질 것이다. 이는 긍정적으로 보일 수도 있지만 그만큼 투자 기회도 제한된다. 반대로 불확실성의 존재를 부정하거나 VC들이 설정한 목표 수익률 같은 임의의 기준을 적용해 불확실성을 다룬다면 위험을 제대로 평가하지 못한 채 초기 단계 기업에 투자를 진행하게 될 것이다.

앞으로 나아간다는 것은 불확실성을 회피하는 것이 아니라 정면으로 마주하는 것이다. 보유한 정보를 바탕으로 최선의 추정을 하고 시나리오 분석이나 시뮬레이션 같은 통계 도구를 활용해 다양한 결과에 따른 불확실성을 처리해야 한다. 10장과 15장에서 각각 창업 기업에 대한 가치평가와 투자를 논의하며, 나는 이 원칙을 실제로 적용하려고 노력했다. 불확실성은 무시한다고 사라지지 않는다. 가장 큰 수익은 가장 큰 불확실성에서 나온다는 투자의 역설을 기억해야 한다.

> **교훈**　불확실성을 직시하고 그 존재를 인정하며 오히려 유리하게 활용하기 위해 노력하라.

자신의 편향을 인정하라

투자자와 애널리스트는 객관적이어야 한다는 강박관념이 있지만 사실은 항상 편향되어 있다. 신생 기업의 경우 특정 창업자에게 더 호감을 느끼거나 그들이 쓰는 사업 스토리에 매료되기도 한다. 이런 일이 벌어지면 우리는 그 스토리가 사실이기를 바라며 자신의 믿음을 뒷받침해줄 근거들을 선택적으로 수집한다. 성숙한 기업의 경우 과거의 좋았거나 나빴던 투자 경험, 그 기업의 주식을 보유했던 경험, 존경하는 투자자들의 해당 기업에 대한 의견에서 편향이 비롯될 수 있다. 어떤 경우든 편향은 투자자로서의 역량을 저하시킨다. 편향이 작용하면 분석을 소홀히 하거나 모순된 데이터를 무시하게 되어 결국 합리적인 조치를 취할 시기를 놓치게 된다.

편향을 완전히 없애기는 어렵다. 그러나 편향을 인정하면 자신의 가정과 결정에 편향이 어떤 영향을 미치는지 자각하게 되고 자신의 분석을 그대로 따르는 데 더욱 신중해질 수 있다. 자신과 투자 의견이 다른 사람들의 스토리를 경청하고 그들의 관점을 고려하거나 일부 반영하는 것도 도움이 된다.

> **교훈** 자신의 편향을 솔직하게 인정하라. 편향을 완전히 제거할 수는 없겠지만 자신과 생각이 다른 사람들을 주변에 두고 다양한 피드백을 수용할 수 있는 환경을 조성해야 한다.

투자는 비대칭 게임이다

성공적인 투자자라도 대부분의 개별 투자에서는 시장을 이기지 못할 것이다. 성공적인 투자자의 전체 포트폴리오 수익률이 시장을 앞서는 것은 극소수의 대박 투자 덕분이다. 이러한 수익의 비대칭성은 모든 생애주기 단계에서 나타나고 젊은 기업일수록 더욱 두드러진다. 15장에서 살펴본 것처럼 성공적인 VC 투자자조차 창업 기업 투자의 약 60%에서 손실을 본다. 그러나 극소수의 성공적인 투자가 이 모든 손실을 메울 뿐만 아니라 추가적인 수익을 창출한다. 이러한 비대칭성은 투자자 간에도 존재한다. 투자자 대부분은 시장 평균을 따라잡지 못하며, 일관되게 시장을 초과하는 수익을 내는 투자자는 극소수에 불과하다. 이 현상은 특히 젊은 기업에 투자할 때 더욱 극명하게 나타난다. 성숙한 기업의 투자자보다 젊은 기업에 투자한 VC에서 성공과 실패의 간극이 훨씬 더 크다.

투자 수익의 비대칭성은 투자와 트레이딩에서 통용되는 격언을 신중하게 받아들여야 함을 시사한다. 소수의 기업에 자금을 집중 투자하는 집중 포트폴리오가 투자자의 확신을 나타내는 증거라는 생각은 가치투자 전통의 일부가 되었지만, 엄격한 선정 기준이 오히려 가장 크게 상승할 주식을 놓치게 만든다면 시장을 이길 수 없다. 마찬가지로 트레이더 말대로 차트와 기술적 지표를 활용한 매매 시점 선택 전략을 따랐다가 큰 수익이 날 주식을 상승 직전에 팔아버리거나, 큰 손실이 발생할 주식을 하락 직전에 매수하게 될 수 있다.

경영진의 영향을 현실적으로 평가하라

기업에 투자할 때 경영진에 대해 고려해야 할 두 가지 핵심 사항이 있다. 첫째는 경영진의 역량으로, 유능한 경영진은 기업 가치를 높이고 무능한 경영진은 오히려 기업 가치를 훼손할 수 있다. 둘째는 경영진과 주주 간의 이해 충돌이다. 즉 경영진에게 좋은 결정이 반드시 주주에게도 좋은 결정은 아닐 수 있다.

창업자나 내부자가 상당한 지분을 보유하고 있으며 경영진의 역량이 기업 가치에 큰 영향을 미칠 수 있는 신생 기업에 투자하는 경우에는 경영진의 자질에 초점을 맞춰야 한다. 특히 이런 기업들은 과거 실적 데이터가 부족하기 때문에 경영진의 자질을 평가할 방법을 찾는 것이 중요하다. 15장에서 언급했듯이 성공적인 VC들이 아이디어를 실제 사업으로 전환하는 창업자의 역량을 평가하는 데 뛰어난 이유가 바로 여기에 있다.

성숙한 기업에서는 경영진이 기업 가치에 미치는 영향이 상대적으로 적으며 경영진이 보유한 지분도 적은 경우가 많다. 따라서 이 단계에서 투자자에게 더 큰 과제는 기업 지배구조를 평가하는 것이다. 경영진과 주주의 이해관계는 다를 수 있다. 이 사실을 인식하면 나이에 걸맞지 않은 기업의 행동에 좌절하는 대신 자금을 어디에 투입할지 더욱 명확히 판단할 수 있다. 예를 들어 소유주가 직접 운영하고 있거나 경영진이 주주의 이익에 부합하는 행동을 하도록 유인 구조가 설계된 기업에 투자하는 전략을 세울 수 있다.

평균회귀는 효과적이지만 한계가 있다

평균회귀의 핵심은 기업의 영업 지표와 가격이 과거 평균이나 업계 평균으로 수
렴한다는 것이다. 투자자들은 이를 바탕으로 투자 전략을 수립하지만 둘 사이에는
중요한 차이가 있다.

- 투자자들은 매출성장률, 영업이익 같은 영업 지표나 원자재 가격이 과거의 평균 수준으
  로 회귀한다고 전제하는 경우가 있다. 그리고 이러한 가정에 따라 유가가 낮을 때 석유기
  업을 매수하고, 역사적 평균보다 이익률이 하락한 소비재기업을 매수해 반등에 따르는
  수익을 기대한다.
- 영업 지표(영업이익률, 자본이익률)뿐만 아니라 가격 지표(PER, EV/EBITDA)가 업계 평균으
  로 회귀한다고 전제하는 경우도 있다. 실제로 많은 액티브 투자 전략은 기업의 주가 배수
  가 업계 평균보다 현저히 높거나 낮을 경우 결국 조정이 이루어져 업계 평균에 수렴한다
  고 전제한다. 동종 업계 평균보다 낮은 PER에 거래되는 주식을 매수하면 결국 업계 평균
  PER에 수렴해 수익을 얻을 수 있다는 것이다.

평균회귀는 강력한 힘이 있고 상당 부분 효과를 발휘하지만 두 가지 한계가 있다.
첫째, 시점의 문제다. 장기적으로는 평균으로 수렴해도 투자 기간이 너무 짧으면 그
효과를 누릴 수 없다. 둘째, 기본 절차나 시스템에 구조적 변화가 없을 때만 평균회
귀가 유효하다. 예를 들어 2000년대의 첫 10년을 돌이켜 보면 전통적인 오프라인
유통업체의 영업이익률과 성장률이 과거 평균으로 회귀할 것이라고 가정한 투자
전략은 치명적인 실수가 되었을 것이다. 아마존이 유통 산업에 일으킨 파괴적 혁신
이 기존의 시장 역학을 근본적으로 변화시켰기 때문이다.

평균회귀는 기업의 생애주기 전반에 걸쳐 작용하는 힘이지만 사용 가능한 과거 데이터가 많을수록 그 유혹은 더욱 커지고, 따라서 성숙한 기업이나 역사가 오래된 산업에서 더욱 강력한 투자 동인으로 작용한다. 그러나 평균회귀에 대한 과신은 가치투자에서 특히 두려운 시나리오 중 하나인 가치 함정을 초래할 수 있다. 기업이 역사적 평균이나 업계 대비 저평가된 것처럼 보여 투자했지만 기업의 펀더멘털이 악화되면서 시간이 지날수록 가치가 더욱 하락하는 것이다.

> **교훈** 파괴적 혁신이나 거시경제 환경의 변화 같은 구조적 변화가 일어나는 상황에서 평균회귀에 기대는 것은 거짓 위안에 불과하다.

기업을 평가하기는 쉽지만 투자 대상으로서 평가하기는 어렵다

16장에서 가치투자를 논의하면서 나는 좋은 기업과 좋은 투자의 차이를 강조했다. 좋은 기업은 성장률, 이익률, ROIC 등 영업 지표로 평가되지만 좋은 투자는 시장가격에 따라 결정된다. 이 차이는 투자의 초점이 신생 기업인지 좀 더 성숙한 기업인지에 따라 다른 방식으로 나타난다.

- 창업기와 초기 단계 기업의 경우, 기업의 질은 시장 규모의 잠재력, 단위 경제성, 경쟁우위를 기준으로 평가할 수 있다. 그러나 일부 투자자들은 잠재력이 큰 양질의 기업이라면 어떤 가격이든 정당화될 수 있다고 믿는 경향이 있다. 물론 이것은 사실이 아니다. 기대 수준이 현실을 반영해 내려오는 과정에서 결국 가격 조정이 이루어지는 것을 자주 목격할 수 있다.

- 성숙한 기업의 경우, 기업의 질을 평가할 때는 이익 창출 능력(earnings power)에 초점을 맞춘다. 더 높은 이익(및 현금흐름)을 창출하는 기업일수록 더 높은 가치가 부여된다. 더 크고 지속 가능한 해자를 보유한 기업 또한 더 큰 가치가 인정된다. 하지만 투자 분석이 여기서 끝난다면 훌륭한 기업, 특히 시장 전체가 인정하는 위대한 기업에 지나치게 높은 가격을 지불할 위험이 있다.

나는 사업 측면에서의 질과 투자 대상으로서의 질이 불일치하는 기업에 최고의 투자 기회가 있다고 주장했다. 초기 단계 기업의 경우, 시장에서 성장 가능성이 크지 않다고 평가되지만 실제 시장은 훨씬 더 큰 기업이 최고의 투자 대상이다. 성숙한 기업의 경우 시장에서 해자가 없다고 평가하지만 실제로는 강력하고 지속 가능한 경쟁력을 가진 기업이 가장 좋은 투자 대상이다.

> **교훈** 투자에서 성공하려면 단순히 기업의 질이나 경영진의 역량을 평가하는 것만으로는 충분하지 않으며 시장의 공통된 견해와는 다른 자신만의 평가가 필요하다.

자신만의 강점이 없다면 큰 수익을 기대할 수 없다

투자에서 성공하려면 자기만의 고유한 것, 적어도 흔하지 않은 무언가를 가지고 있어야 한다. 다른 투자자와 똑같은 데이터를 사용하고 똑같은 도구를 활용하고서 특별한 수익을 기대할 수 있을까? 성공하는 투자자들은 자신만의 틈새를 찾고 경쟁 우위를 키운다. 그 틈새나 우위는 투자하는 생애주기 단계에 따라 달라질 수 있다.

- 초기 단계 기업의 경우, 창업자의 역량, 실패 위험, 아직 완전히 형성되지 않은 제품이나 서비스의 잠재 시장 규모를 평가하는 능력이 뛰어난 투자자가 경쟁에서 우위를 점할 수 있다.
- 고도성장기 기업의 경우, 어떤 기업이 더 빠르게 확장하면서도 높은 수익성을 유지할 수 있는지, 어떤 기업이 확장 과정에서 어려움을 겪거나 수익성을 희생하게 될지 더욱 잘 구분하는 능력이 투자의 성패를 가르는 결정적인 요소다.
- 더 성숙한 기업에 투자할 때는 해자를 정확히 평가하는 능력과 더불어 파괴적 혁신을 예측하는 능력이 투자 성공의 핵심이다.

인내심 그리고 동료 투자자들의 압박을 견뎌낼 수 있는 의지야말로 모든 생애주기 단계에서 투자 수익을 높이는 데 도움이 되는 개인적 자질이다.

위험을 감수한다고 해서 수익이 보장되지는 않는다

위험은 투자의 일부이며, 금융에서 모든 위험-수익 모델은 높은 위험이 높은 기대수익과 연결된다는 개념을 기반으로 한다. 그러나 연결고리가 반드시 보장되지는 않는다. 투자자가 위험을 감수한다고 해서, 철저히 분석하고 장기 투자 관점을 유지한다고 해서 고수익을 보장받지는 못한다.

이 사실을 강조하는 것은 많은 투자자가 노력한 만큼 보상을 받아야 한다고 믿고, 기대만큼 수익을 얻지 못하면 시장을 탓하며 씁쓸해하기 때문이다. 이러한 투자자들은 손실을 만회하기 위해 무리하게 투자 비중을 늘리고 결국 손실을 키우며 더욱 좌절한다. 그리고 이 악순환은 반복된다.

이러한 역학이 전개되는 방식은 투자자가 자신의 투자철학에 맞춰 어떤 기업을 목표로 삼느냐에 따라 달라진다. 초기 단계 기업에 투자한 경우, 거시경제 요인을 탓하거나 시장이 기업의 진가를 알아보지 못했다며 다른 투자자들의 단기적인 사고방식을 비판한다. 공매도가 가격 하락의 원인일 때 공매도 투자자를, 시장을 파괴해 이득을 보는 단순한 투기꾼으로 낙인찍는 것도 흔한 반응이다. 성숙한 기업에 투자한 경우, 시장보다 수익이 부진하면 나머지 시장이 거품이라고 주장하며 단기 트레이더나 피상적인 투자자들이 비이성적으로 가격을 끌어올리고 있다고 비판한다.

투자자인가, 트레이더인가?

14장에서 나는 투자자와 트레이더를 구분하는 요소를 설명하기 위해 가치(펀더멘털에 의해 결정)와 가격(분위기와 모멘텀에 따라 변동)의 차이를 제시했다. 투자자는 가치를 평가하고, 그 가치보다 낮은 가격에 매수한 뒤, 가격이 가치에 수렴하는 과정에서 수익을 얻는다. 트레이더의 게임은 좀 더 단순하다. 트레이더는 어떤 도구든 활용해 모멘텀의 강도와 변화를 포착해서 낮은 가격에 매수해 더 높은 가격에 매도한다.

투자자와 트레이더는 기업 생애주기 전반에 걸쳐 존재하지만 각 단계에서 차지하는 비중은 달라진다. 투자자는 초기 단계 기업 고유의 불확실성을 감당할 의지나 여력이 없어 쉽게 접근하지 못하기 때문에 트레이더가 이 시장을 주도한다. 반면 기업이 성숙할수록 투자자가 추정하고 불확실성을 다루는 일이 좀 더 수월해지면서 투자 활동이 증가한다.

트레이딩이 아닌 투자를 선택한다면 전통적인 접근법에 따라 성숙한 기업에만 집중할 수도 있고, 흐름을 거슬러 생애주기 초기 단계에 있는 저평가된 기업을 찾아 투자할 수도 있다. 시장에서 가격 오류를 더 많이 발견할 가능성은 크지만 초기 단계 기업의 가치를 평가하는 일은 훨씬 더 까다롭다. 단기적으로는 가격이 가치에 수렴하기보다 트레이딩에 의해 오히려 차이가 더 벌어질 수 있다는 우려도 더욱 크다.

트레이딩을 선택한다면 기업의 생애주기 단계에 따라 매매 전략도 달라질 것이다. 생애주기의 초기 단계에서는 모멘텀이나 반전 트레이딩에 더 집중하게 될 것이고, 더 성숙한 기업에 대해서는 실적 공개나 합병 발표 같은 정보 기반 매매가 중심이 될 것이다.

> **교훈** 자신이 어떤 게임을 하고 싶은지, 왜 그 게임에서 이길 수 있다고 생각하는지를 분명히 하고 더 이상 자신을 속이지 말아야 한다. 요컨대 트레이딩을 하고 있다면 투자자인 척하거나 가치에 대해 논하지 말고, 투자를 하고 있다면 가격의 움직임에 휘둘러서는 안 된다.

운이 실력을 이긴다

지난 100년 동안 많은 사람이 투자를 하나의 학문으로 정립하고자 했고, 일부는 투자에서 나오는 방대한 데이터를 활용해 투자가 과학이라고 주장하기도 했다. 그러나 투자자들이 통제할 수 없는 요소가 너무 많기 때문에 현실적으로 투자가 과학을 닮을 가능성은 거의 없다. 이는 투자 성과를 평가할 때 운과 실력을 구분하는 것이 매우 어렵고, 어쩌면 불가능할 수도 있다는 뜻이다. 특히 젊은 기업 중 성공한 기업은 적고 실패한 기업이 훨씬 많다. 이처럼 편향된 분포에서는 투자자든 트레이더든 승자를 매수하기만 하면 그 이유가 아무리 터무니없더라도 결국 성공한 것처럼 보인다.

여기에서 투자자가 얻을 수 있는 두 가지 교훈이 있다. 첫째, '적절한 시기에 적절한 곳에 있었던 것'이 자신의 성공에 얼마나 기여했는지 솔직하게 인정할 때 더 나은 투자자가 될 것이다. 둘째, 투자에서 성공했을 때 겸손한 태도를 유지하는 것이 가장 현명한 태도다. 이는 단순히 인간적인 호감을 높일 뿐만 아니라 실패했을 때도 더 나은 보호막이 되어준다. 성공을 온전히 자신의 공으로 돌린다면 실패의 책임 또한 온전히 스스로 져야 한다.

> **교훈** 투자에서 성공과 실패는 동전의 양면과 같아서 어느 쪽도 자신의 인간적 가치나 투자자로서의 역량을 평가하는 척도가 될 수 없다.

증권 규제 당국을 위한 교훈

지금까지 기업의 생애주기를 따라 다양한 기업을 살펴보았지만 주로 경영자와 투자자의 관점에서 접근했다. 기업은 무엇을 공시할지, 어떻게 구조화될지 규제 당국의 규칙과 제약으로 결정되는 시장 속에서 활동한다. 이 장에서는 규제 당국이 기업의 생애주기 단계에 맞춰 공시 기준, 기업 지배구조, 투자자 보호 조치를 조정해야 한다는 점을 논의하고자 한다.

공시

지난 몇십 년 동안, 특히 상장기업을 중심으로 공시 요구 사항이 폭발적으로 증가했다. 공시를 강화한 취지는 투자자들에게 더 많은 정보를 제공하는 것이지만, 오히려 역효과를 초래해 투자자들이 더 많은 정보를 얻는 것이 아니라 중요한 정보를 놓치는 결과로 이어지고 있다. 나는 현재의 공시 규제가 두 가지 기본 전제에 기반을 두고 발전해왔기 때문에 이러한 현상이 발생했다고 지적한다.

1. **일률적 적용**: 현재 공시 규제의 기본 원칙은 '일률 적용'이다. 모든 기업이 간접적인 관련만 있어도 공시 요건의 적용을 받는다. 이러한 관행은 공정하고 형평성 있는 조치로 옹호되지만 실상은 공시 과잉을 초래한다. 일부 기업을 평가하는 데 유용한 공시가 정보로서 가치가 거의 없는 기업에도 동일하게 요구되기 때문이다. 뒤에서 다루겠지만 초기 단계 기업의 투자자들이 가치평가에 필요로 하는 정보는 성숙한 기업의 투자자들이 요구하는 정보와 크게 다르다.

2. **많을수록 좋다?**: 공시는 많을수록 반드시 더 좋은 것일까? 그렇다고 믿는 사람들은 필요하지 않은 공시는 무시하고 필요한 정보만 선택적으로 활용하면 된다고 주장한다. 이러한 관점은 점점 더 확장되어 누구든 어디서든 공시된 데이터를 유용하게 활용할 가능성이 있다면 반드시 공시되어야 한다는 논리에 이른다. 그러나 '정보 과부하'에 대한 많은 연구는 이러한 전제가 틀렸음을 보여준다. 데이터가 과도하게 많으면 투자자들은 덜 이성적이고 덜 논리적인 결정을 내릴 가능성이 있다. 그 이유는 다음 세 가지로 설명할 수 있다.

   a. 인간의 주의력은 쉽게 분산된다. 공시 자료가 길고 장황해질수록 핵심 정보를 놓치고 부차적인 내용에 집중할 가능성이 높아진다.

   b. 공시 정보가 늘어나고 있지만 모든 정보가 동일한 중요도를 갖는 것은 아니다. 250쪽에 달하는 연간보고서(10-K)나 증권신고서(S-1)를 읽고 불필요한 데이터 속에서 중요

한 정보를 가려내기는 훨씬 더 어렵다.

c. 행동 연구에 따르면 사람들은 너무 많은 데이터에 압도될 경우 오히려 사고가 마비되어 '정신적 지름길'을 찾는다. 즉 결정을 돕기 위해 제공된 데이터의 대부분, 심지어 전부를 무시한 채 단순한 의사결정 도구에 의존하는 것이다.

다시 말해 투자자들은 공시의 홍수 속에 있지만 오히려 정보의 수준은 낮아지고 제대로 된 이해도 점점 더 어려워지고 있다. 이 공시의 미로에서 벗어나려면 기존의 공시 방식 자체를 근본적으로 재고해야 한다.

3. **적을수록 좋다:** 현재의 환경은 추가 공시가 투자자에게 제공하는 가치가 점점 줄어드는 수확 체감의 한계를 훌쩍 넘어서 있어 간소화될 필요가 있다. 그러나 말처럼 쉬운 일은 아니다. 공시 요건을 늘리는 것보다 줄이는 것이 훨씬 더 어렵기 때문이다.

그럼에도 불구하고, 물론 각각의 제안에 반대하는 이해관계자도 있겠지만, 공시 개혁을 위해 세 가지 개선책을 제안하고자 한다. 첫째, 공시를 줄이는 한 가지 방법은 회계사나 변호사가 아닌 투자자에게 직접 해당 공시가 실제로 유용한지를 묻는 것이다(더 객관적인 방법으로는 특정 공시에 대한 시장가격 반응을 분석할 수 있다. 주가 반응이 거의 없다면 해당 공시는 투자자에게 도움이 되지 않는다고 볼 수 있다.) 둘째, 새로운 공시 요구 사항을 추가할 때마다 분량이 비슷한 기존 공시 항목 하나를 반드시 삭제하는 것이다. 물론 다양한 공시 항목 사이에 우선순위를 정해야 하겠지만 이러한 조정은 바람직한 일이다. 셋째, 틀에 박힌 문구가 과도하게 포함된 공시는 축소하거나 완전히 삭제한다(특히 위험 요인 관련 항목은 실질적으로 도움이 되지 않는 법률 용어로 가득 차 있는 경우가 많은 것으로 악명이 높다.)

4. **조건부 공시:** 공시가 더 간결하면서도 더 많은 정보를 전달해야 한다고 말하면 상충하는 것처럼 들릴 수 있다. 그러나 공시 과부하는 사실 기업이 더 많은 정보를 공개하도록 하려는 선의의 노력에서 비롯되었다고 볼 수 있다.

조건부 공시(triggered disclosures)가 해결책이 될 수 있다. 조건부 공시는 기업의 특성과 상황에 맞춰 공시 내용을 조정하는 방식으로, 기업이 공개하는 정보는 해당 기업의 투자자들이 가치평가에서 가장 중요하다고 여기는 요소를 반영하게 된다. 기업의 생애주기를 기준으로 공시 내용을 조정하면 기업의 생애주기 단계에 맞는 정보를 제공할 수 있다. 이는 그림 20.1에서 확인할 수 있다.

창업 기업에 투자하는 투자자들의 관심은 재무상태표에 기재된 운전자본의 세부 내역보다는 아이디어가 어떻게 제품이나 서비스로 구체화되고 있는지, 그 제품이나 서비스의 잠재 시장이 얼마나 클지에 있다. 소유 구조 및 자본과 관련된 공시에서는 기업이 VC 투자를 얼마나 받았고 어떤 조건으로 자금을 유치했는지가 창업기업의 가치를 평가하는 데 중요한 요소가 된다.

[그림 20.1] 기업 생애주기별 공시 요구 사항

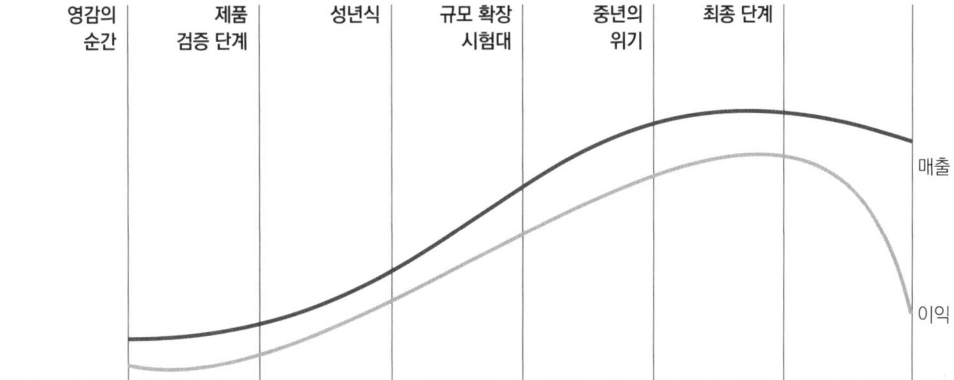

	영감의 순간	제품 검증 단계	성년식	규모 확장 시험대	중년의 위기	최종 단계

생애주기 단계	창업기	초기성장기	고도성장기	성숙성장기	성숙안정기	쇠퇴기
가치를 좌우하는 요인	제품, 서비스의 전체 시장	사업 모델 구축 진척 상황	규모 확대 성공 여부, 확대의 비용	확장된 규모에서의 성장 및 수익성 추이	기업 해자의 크기	쇠퇴 및 부실에 노출 시 대응
주요 영업 공시	1. 제품 개발 진행 상황 2. 전체시장 규모	1. 단위 경제성 2. 비용 역학	1. 매출성장률 2. 재투자 필요성 및 유형	1. 성장 추이 2. 이익률 추이	1. 투하자본 이익률(ROIC) 2. 상세한 인수 내역	1. 청산 및 분할 가치 2. 부채 부담
주요 지분 및 자본 공시	1. 자본 조달 (조건 포함) 2. 창업자 지분	1. 출구 계획 (IPO, 매각) 2. 창업자 지분 희석	1. 신규 자본 조달 2. 주식 기반 보상	1. 주식 수 (제한부 주식 포함) 2. 임직원 스톡옵션	1. 주식 기반 인수 2. 현금 환원 계획	1. 물적분할, 인적분할 2. 행동주의 펀드 및 사모펀드 보유 지분

매출

이익

젊은 기업에서 기업의 가치는 단위 경제성에 의해 결정되며, 기업 가치를 평가하는 데 가장 유용한 정보는 제품 한 단위를 생산하는 데 드는 비용(또는 신규 사용자, 구독자 1인을 확보하는 데 드는 비용)과 그 단위를 제공하는 데(또는 사용자 1인에게 서비스를 제공하는 데) 드는 한계 비용에 관한 것이다. 초기 단계 기업의 가치를 평가하는 데는 해당 기업의 소유주가 어떤 출구 전략을 가지고 있는지, 즉 기업을 비상장 상태로 유지할지, 상장기업에 매각할지, 기업공개를 추진하려는지 파악하는 것이 도움이 될 수 있다.

조건부 공시 개념은 공시 법규를 완전히 개정하라고 요구하지 않는다. 기업은 생애주기의 어느 단계에 있든 손익계산서와 재무상태표, 현금흐름표 같은 기본적인 재무제표는 모두 제공해야 한다. 그러나 추가로 요구되는 공시는 기업이 현재 위치한 생애주기 단계의 특성을 반영해야 한다. IPO 공시에 관한 연구에서 나는 사용자나 구독자를 기반으로 하는 기업이라면 사용자 경제성에 대한 상세한 정보가 포함되어야 하며, 인프라기업이라면 인프라 프로젝트의 진행 일정에 대한 구체적인 정보가 공시되어야 한다고 주장한 바 있다.[1]

기업 지배구조

기업 스캔들이 발생해 주주에 대한 경영진의 책임을 강화해야 한다는 압력이 커질 때면 기업 지배구조 개선을 위한 규제 당국이 움직인다. 미국에서는 엔론, 타이코(Tyco), 월드컴(WorldCom)의 회계부정 사태 이후, 의회는 기업 지배구조를 강화하는 세부 규정을 포함한 사베인스-옥슬리법(Sarbanes-Oxley Act)을 제정하도록 압박을 받았다. 미국 증권거래위원회 역시 위임장 투표와 주주 활동 관련 규정을 강화했다.

그러나 미국을 비롯한 국가에서 이루어진 기업 지배구조 개혁의 상당 부분은 기업 주식을 충분히 보유하지 않은 경영진이 주주의 관점에서 생각하지 않아 이해 충돌이 발생한다는 전제를 바탕으로 이루어졌고, 해결책 또한 이 이해 상충 해소에 초점이 맞춰졌다. 경영진에게 주식 기반 보상이라는 당근을 제공하거나, 이사회 구성의 독립성을 강화하고 이사의 임기를 제한하는 채찍을 마련해 이사회의 주주 대표성을 강화하고 이사회가 주주들의 요구에 더 민감하게 반응하도록 했다.

이러한 유형의 기업 지배구조 개혁은 성숙한 기업에서는 효과적일 수 있다. 성숙한 기업의 경영진은 일반적으로 기업 지분을 거의 보유하지 않거나 매우 적은 지분만을 보유해서 주주보다 자기 이익을 우선시하는 경향이 있기 때문이다. 그러나 기업의 생애주기 전체로 보면 기업이 위치한 단계에 따라 지배구조 문제도 달라진다.

창업기와 초기 단계 기업에서는 창업자나 내부 주주가 상당한 지분을 보유한 동시에 기업 경영을 책임진다. 이러한 구조에서는 기존의 기업 지배구조 개혁이 해결하려는 핵심 과제인 이해 충돌 문제 대신 내부 주주 및 창업자와 외부 주주의 이익 사이에 갈등이 발생한다. 주주 보호가 목적인 사베인스-옥슬리법 도입 이후 20년 간의 기업 환경을 보면 이러한 양상이 분명히 드러난다. 특히 기술 분야의 젊은 기업들은 차등 의결권 주식 구조를 도입해 내부 주주의 지배력을 압도적으로 강화해 왔다.

투자자 보호

마지막으로 규제와 관련한 세 번째 우려 요인인 투자자 보호에 대해 생각해보자. 우리가 투자자 보호라고 인식하는 많은 부분은 위험과 투자자의 전문성에 관한 세 가지 가정에 기반을 두고 있다.

1. **위험 인식**: 공시와 규제의 근본 전제는 투자자들이 위험을 제대로 인식하지 못하기 때문에 위험이 큰 투자를 선택한다는 것이다. 달리 말하자면 규제 당국은 투자자들이 위험을 충분히 인지하기만 하면 투자를 하지 않을 것이라고 가정하는 듯하다. 그러나 이는 위험이 상승 가능성과 하락 가능성을 모두 의미한다는 사실을 간과한 것이다. 하방 위험이 큰 투자일수록 상방 잠재력 또한 크다. 요컨대 위험한 기업에 투자하는 사람들은 바로 그 위험성 때문에 투자하는 것이며, 위험을 100쪽에 걸쳐 공시한들 그들의 판단이 달라지지는 않을 것이다.

2. **투자자의 전문성:** 투자자 보호와 관련된 규제 조치는 대체로 개인과 소매 투자자에 대해 보호주의적 관점을 취한다. 특히 규제 당국은 개인 투자자들이 스스로 정보를 습득하고 위험과 수익 간의 균형을 합리적으로 판단할 능력이 부족하다고 가정할 뿐만 아니라 자신의 실수로부터도 보호받아야 한다고 여기는 듯하다. 그러나 현실은 훨씬 더 복잡하다. 개인 투자자들도 기관투자자들과 동일한 기본 재무 정보에 접근할 수 있으며, 이 정보를 활용해 매수와 매도 결정을 내릴 능력을 충분히 갖추고 있다. 개인 투자자들은 기관투자자들보다 감정(즉 성과에 대한 압박)이나 패닉에 휩쓸린 트레이딩을 할 위험도 오히려 적다.

3. **기업 위험과 포트폴리오 위험:** 규제 당국은 기업별 위험을 규제하는 것이 자신의 역할이라고 보는 것 같다. 그러나 투자자들은 여러 기업에 투자를 분산할 수 있으며 대부분 그 기회를 활용한다. 이것은 어떤 의미일까? 개별 기업의 위험이 포트폴리오 전반에서 평균적으로 상쇄될 수 있다는 뜻이다. 따라서 규제 당국은 개별 기업의 위험을 관리하고 규제하느라 자원을 소진하기보다는 포트폴리오에 직접 영향을 끼치는 거시경제적 위험이나 시장 전반의 위험에 더 집중해야 한다.

당연한 이야기일 수 있지만 투자자 보호 규정은 보호 대상인 투자자들의 특성을 고려해 마련되어야 한다. 초기 단계 기업에 투자하는 사람들은 일반적으로 더 높은 위험을 감수하며 시장의 분위기와 모멘텀을 이용해 수익을 내려는 트레이더다. 따라서 이들에게 '당신의 투자는 위험하다'고 알리는 것은 실효성이 없으며 이들을 모욕하는 일이다. 반면 성숙한 기업은 기관투자자 비중이 크다. 이들이 원하는 것은 경영진의 전횡으로부터의 보호이지, 기업 운영상의 실수나 위험으로부터의 보호가 아니다.

요약

이 장에서 나는 공시, 기업 지배구조, 투자자 보호와 관련된 규제와 제한이 기업과 투자자에 대한 근본적인 오해에 근거하고 있음을 지적했다. 다만 규제 당국을 변호하자면 현재 시행되는 핵심 규제 중 상당수는 20세기에 미국 주식시장을 규제하기 위해 도입된 것임을 감안할 필요가 있다. 당시 상장기업 대부분은 성숙한 기업이거나 성숙 단계에 가까웠고 투자자 구성도 비교적 균질했다. 그러나 규제 당국의 문제는 시장 환경이 달라지고 있다는 것이다. 오늘날 상장된 기업의 생애주기 단계는 훨씬 더 다양하고 투자자 구성도 훨씬 더 이질적이다. 결국 접근 방식을 수정하지 않는다면 규제 당국은 존재 의미를 잃을 것이다.

정책 입안자를 위한 교훈

경제 정책 입안자들도 기업의 생애주기에 관심을 가져야 할까? 나는 그래야 한다고 생각한다. 그 이유를 살펴보는 것으로 이 책을 마무리하고자 한다. 경제를 그 안에 속한 모든 기업으로 구성된 포트폴리오로 간주한다면, 각 경제에서 기업이 생애주기의 어느 단계에 위치해 있는지에 따라 포트폴리오의 특징도 달라질 것이다.

- 성숙기 기업이 대부분이거나 전부인 경제는 전반적으로 안정성이 높지만 혁신과 성장을 희생한 포트폴리오다.
- 창업 기업과 초기성장기 기업이 대부분인 경제는 시장과 경제 모두 더욱 혁신적이고 활기가 있겠지만 경기에 따른 변동성이 큰 포트폴리오다.
- 쇠퇴기 기업이나 부실기업이 주를 이루고 있다면 포트폴리오도 이러한 특성을 반영할 수밖에 없다.

건강한 경제는 생애주기 전 단계에 걸쳐 균형을 유지해야 한다. 성숙한 기업이 경제 안정성의 기반을 형성하고, 창업 기업과 젊은 기업이 혁신을 주도하며, 쇠퇴하는 기업은 청산되거나 분할되어 경제에 필요한 구조조정이 이루어져야 한다.

생애주기의 다양한 단계에 있는 기업들로 이루어진 경제를 구축하는 것이 목표라면, 이처럼 이상적인 구조로 전환하는 과정에서 정책 입안자가 직면할 과제를 생각해볼 수 있다. 성숙기나 쇠퇴기 기업 중심의 경제에서 창업 기업과 초기성장기 기업 수를 늘리려는 정책 입안자에게는 이를 실현하려고 시도했던 국가나 지역을 분석하며 내가 얻은 교훈이 유용할 것이다.

1. **위험 자본 대 보조금 자본**: 기업가 계층을 빠르게 육성하려는 많은 국가가 정부 보조 대출이나 보조금 형태로 직접 자금을 제공하는 방식으로 접근해왔다. 그러나 안타깝게도 이러한 방식은 결국 수십억 달러를 소진하고 그 과정에서 몇몇 집단만 부유하게 만들 뿐, 자립 가능한 새로운 기업을 키우는 데는 별다른 도움이 되지 않는다. 지속 가능한 장기적인 해법은 투자자들이 위험이 큰 기업(창업 기업과 젊은 기업)의 실패 가능성을 인지하면서도 동시에 높은 수익을 기대하고 자금을 투입할 의지를 갖는 환경을 조성하는 것이다. 나는 이처럼 위험을 감수하는 문화는 어떤 환경에서도 조성될 수 있다고 생각한다. 그러나 이를 실현하기 위해서는 반드시 시장의 유동성을 강화하고 법과 제도의 공정성을 확보해야 한다.

2. **하향식 접근 대 상향식 접근**: 정책 입안자들은 자신들이 투자자와 기업가의 사고방식을 변화시킬 수 있다며 스스로의 능력을 과대평가하는 경향이 있다. 그 결과 단순히 정책을 선언하거나 미세하게 조정하기만 해도 실제로 행동이 달라질 것이라고 믿는다. 그러나 투자자들이 위험을 감수하는 문화가 단기간에 조성되지 않는 것처럼, 안정적인 고소득 직장을 떠나 창업에 나서는 기업가정신도 자연스럽게 아래에서부터 형성되어야 한다.

   차이를 만들어내는 한 가지 요소는 주변에서 실제로 목격할 수 있는 성공한 기업가의 사례다. 예를 들어 오랫동안 가족 기업이 지배해온 인도 경제는 위험 감수는 경시되고 수익 창출 능력이 중시되었으며, 사회적·정치적 인맥이 가장 주요한 진입장벽이었다. 그러나 1980~1990년대에 기술기업가 몇몇이 인적 자본만을 기반으로 창업해 성공적이고 가치 있는 기업으로 성장시키면서 위험 감수에 대한 인식이 변화하기 시작했다.

3. **일정표**: 정책 입안자들은 대개 현실을 반영하기보다 선거 주기나 관료 체제의 임기와 관련된 일정표를 기준으로 움직인다. 그러나 경제 구조의 전환에 인위적이고 비현실적인 기한을 설정하는 것은 일찌감치 성공 가능성을 차단할 뿐만 아니라, 그 시도를 컨설턴트들의 돈벌이 수단이나 사기, 사업을 가장한 부정한 행위로 전락하게 만든다. 이것이야말

로 정부 주도의 경제 전환 계획에 회의적인 시각을 가져야 하는 또 하나의 이유다.

결론

나는 기업과 시장에서 관찰되는 많은 현상을 설명하는 유용한 틀로서 기업 생애주기를 소개하며 이 책을 시작했다. 기업의 생애주기 단계는 기업이 재무의 어떤 영역(투자, 자금 조달, 현금 환원)에 가장 집중해야 하고, 어떤 분석 방법을 사용해야 하며, 나이에 맞지 않게 행동할 때 어떤 결과가 따를지를 설명한다. 기업의 가치를 결정하는 핵심 요인과 최선의 추정치를 도출하기 위해 필요한 정보(혹은 정보의 부재)를 이해하는 것은 생애주기 전반에 걸쳐 기업을 평가하는 데 매우 중요하다. 마지막으로 다양한 투자철학의 차이는 젊은 기업에 투자하는 투자자의 사고방식이 왜 성숙한 기업의 투자자들과 크게 다를 수 있는지 설명한다.

이 장에서는 처음으로 돌아가 기업의 생애주기에서 얻을 수 있는 교훈을 정리했다. 이 교훈은 기업의 경영자와 투자자뿐만 아니라 공시, 기업 지배구조, 투자자 보호와 관련된 새로운 규정을 마련하는 규제 당국, 그리고 성장하는 활력 있는 경제를 구축하려는 정책 입안자에게도 의미가 있다. 개인이든 기업이든 노화에 저항하고 싶은 유혹을 느낀다면, 노화는 피할 수 없지만 성숙한 개인이나 기업이 되는 것은 스스로 선택할 수 있다는 사실을 기억해야 한다.

주석

1장. 보편적 이론을 향하여

1. "Harry M. Markowitz Biographical," The Nobel Prize, accessed October 18, 2023,
   https://www.nobelprize.org/prizes/economic-sciences/1990/markowitz/biographical

2. E. F. Fama, "Efficient Capital Markets: A Review of Theory and Empirical Work," *Journal of Finance* 25, no. 2 (May 1970): 383–417.

3. S. A. Ross, "The Arbitrage Theory of Capital Asset Pricing," *Journal of Economic Theory* 13, no. 3 (December 1976): 341–60.

4. E. F. Fama and K. R. French, "The Cross-Section of Expected Stock Returns," *Journal of Finance* 47, no. 2 (June 1992): 427–65.

5. C. R. Harvey, Y. Liu, and C. H. Zhu, "…And the Cross-Section of Expected Returns," *Review of Financial Studies* 29, no. 1 (January 2016): 5–68.

6. G. Zuckerman, *The Man Who Solved the Market: How Jim Simons Launched the Quant Revolution* (New York: Portfolio, 2019).

7. A. Tversky and D. Kahneman, "Judgment under Uncertainty: Heuristics and Biases," *Science* 185, no. 4157 (September 27, 1974): 1124–31.

8. G. A. Akerlof and R. J. Shiller, *Animal Spirits: How Human Psychology Drives the Economy, and Why It Matters for Global Capitalism* (Princeton, NJ: Princeton University Press, 2009).

9. I. Adizes, *Managing Corporate Lifecycles* (New York: Prentice Hall Press, 1999).

10. D. Miller and P. H. Friesen, "A Longitudinal Study of the Corporate Life Cycle," *Management Science* 30, no. 10 (October 1984): 1161–83.

11. A. Damodaran, *The Dark Side of Valuation: Valuing Young, Distressed, and Complex Businesses* (New York: Pearson FT Press, 2018).

2장. 생애주기의 이해: 기업의 탄생, 성장, 성숙, 소멸

1. P. Azoulay, B. F. Jones, J. D. Kim, and J. Miranda, "Research: The Average Age of a Successful Startup Founder Is 45," *Harvard Business Review*, July 11, 2018,
   https://hbr.org/2018/07/research-the-average-age-of-a-successful-startup-founder-is-45

2. M. Frese and M. M. Gelnick, "The Psychology of Entrepreneurship," *Annual Review of Organizational Pyschology and Organizational Behavior* 1 (March 2014): 413–38.

3. N. Wasserman, "The Founder's Dilemma," *Harvard Business Review* 86, (February 2008): 102–19.

4. N. Wasserman, "Founder-CEO Succession and the Paradox of Entrepreneurial Success," *Organizational Science*

14, no. 2 (March–April 2003): 149–72.

3장. 생애주기의 측정: 기준과 결정 요인

1. M. J. Mauboussin, D. Callahan, D. Majd, *"Measuring the Moat"*, Credit Suisse, 2016.

4장. 생애주기의 전환: 한 단계에서 다음 단계로

1. T. Nicholas, *VC: An American History* (Cambridge, MA: Harvard University Press, 2019).

2. VC는 투자로 풋옵션을 부여받는 셈이다. 이 풋옵션의 가치가 1,500만 달러라고 가정하면 VC는 실제로 5,000만 달러가 아닌 3,500만 달러(5,000만 달러−1,500만 달러)를 투자해 5% 지분을 확보하는 것이다. 따라서 기업의 실제 가치는 10억 달러가 아니라 7억 달러에 불과하게 된다.

3. "Attractive M&A Targets: Part 1: What do buyers look for?" Cass Business School, City University London, and Intralinks, September 2016,
https://www.mergermarket.com/assets/Attractive_M&A_Targets_PART%201_v2.pdf

6장. 투자: 생애주기별 과제

1. 비록 자기자본비용이 명시적으로 표시되지 않더라도 주식 1주당 지불하는 가격에는 투자자가 예상하는 위험과 요구수익률이 반영된다. 기대 현금흐름이 일정하다고 가정할 때 자기자본비용이 증가할수록 주식에 투자자가 지불하려는 가격은 낮아진다.

7장. 자금 조달: 부채냐, 자기자본이냐

1. 머턴 밀러(Merton Miller)와 프랑코 모딜리아니(Franco Modigliani)는 세금이나 채무불이행 위험이 없는 세계에서는 기업 가치가 부채 선택과 무관하다는 주장을 설득력 있게 펼쳤다. 그러나 세금이나 채무불이행 위험 중 하나 이상이 존재할 경우 이들의 결론은 뒤집힌다.

8장. 현금 환원: 언제, 어떻게, 얼마나

1. 이러한 주장을 뒷받침하는 증거가 있다. 일반적으로 배당 확대 발표는 주가 상승을 동반하고, 배당 축소 발표는 주가 하락을 동반하는 경향이 있다. 다만 위에서 설명한 배당의 신호 효과(signaling effect)는 지난 몇십 년 동안 약화된 것으로 보인다.

2. L. Pinkowitz and R. Williamson, "What Is the Market Value of a Dollar of Corporate Cash?" *Journal of Applied Corporate Finance* 19, no. 3 (September 10, 2007): 74–81.

10장. 창업기, 초기성장기 기업: 불확실성 vs 큰 보상

1. 전문 용어를 사용해 설명하면 재투자는 '순자본지출(자본적 지출에서 감가상각을 차감한 금액)'과 운전자본의 변동으로 구분된다. 내가 추정하는 재투자 금액은 이 두 가지 항목을 통합한 개념으로서 인수합병, 연구개발, 심지어 고객 획득 비용까지 포함한다.

2. 많은 애널리스트가 기업이 보유한 현금을 운영 목적 현금과 그 외에 활용 가능한 초과 현금으로 구분하고,

이 중 초과 현금만을 가치에 반영한다. 그러나 나는 소모성 현금과 비소모성 현금이라는 구분이 더 적절하다고 본다. 여기서 비소모성 현금은 국채나 회사채 같은 유가증권에 투자되어 적정 수익률을 창출하는 자금을 말하며, 이 비소모성 현금을 가치에 반영해야 한다. 대부분의 기업은 보유한 현금의 상당 부분을 시장성 있는 유가증권에 투자하고 있으므로, 결국 기업이 보유한 전체 현금 잔액을 더하는 것이 바람직하다고 본다.

3. 옵션의 가치는 다양한 옵션가격결정모형을 이용해 평가할 수 있다. 산출되는 옵션 가치는 해당 옵션이 미래에 행사될 가능성을 반영하며, 오늘 당장 옵션을 행사해 얻을 수 있는 현금흐름에 시간 프리미엄이 추가된다.

11장. 고도성장기 기업: 성장성 vs 위험

1. A. Metrick, *Venture Capital and the Finance of Innovation* (New York: John Wiley & Sons, 2006

2. 나는 2013년에 럭셔리 자동차기업으로서 테슬라의 가치를 다음과 같이 평가했다. Aswath Damodaran, "Valuation of the Week 1: A Tesla Test," *Musings on Markets* (blog), September 4, 2013, https://aswathdamodaran.blogspot.com/2013/09/valuation-of-week-1-tesla-test.html

12장. 성숙기 기업: 안정성 vs 관성

1. 가치평가 당시 유로화의 무위험 이자율은 2.1%였고, 전 세계에서 유니레버가 매출을 창출하는 지역을 고려한 주식 위험 프리미엄은 7.20%였다.

2. 통계적 설명을 보충하자면 이것은 단순 선형 회귀분석이다. 영업이익률의 차이가 EV/매출액 변동의 38%(R^2=0.38)를 설명하며, 회귀계수 아래 괄호 안에 표시된 숫자는 t 통계값이다. 일반적으로 이 값이 2 이상이면 통계적으로 유의미한 것으로 간주된다.

3. M. Sweney, "Top Investor Castigates Unilever After Failed £50bn Bid for GSK Arm," *Guardian* (London), January 20, 2022, https://www.theguardian.com/business/2022/jan/20/top-investor-castigates-unilever-after-failed-pounds- 50bn-bid-for-gsk-arm-terry-smith

4. S. Chaudhuri, "Unilever to Add Activist Investor Nelson Peltz to Board," *Wall Street Journal*, May 31, 2022, https://www.wsj.com/articles/unilever-to-add-activist-investor-nelson-peltz-to-board-11653980567

13장. 쇠퇴기 기업: 절박함 vs 최후

1. 회귀베타는 장기간의 과거 수익률을 사용해 계산된다. 따라서 해당 기간 중 일부 기간 동안 기업이 건전했다면(혹은 현재보다 건전했다면) 회귀베타는 현재의 높아진 위험 수준을 반영하지 못하고 실제 위험을 과소평가할 가능성이 있다.

2. 나는 파산 위험 평가에 신용등급별 채권의 디폴트 확률에 대한 데이터를 사용해왔다. 예를 들어 2008년에 발행된 B1 등급 채권의 약 23.74%가 발행 후 10년 이내에 디폴트 상태에 빠졌다.

14장. 생애주기를 반영한 투자 전략 설계

1. 지난 10년 동안 기관투자자들이 강력한 컴퓨터와 실시간 데이터를 활용해 대규모 트레이딩을 하면서 고빈

도(high-frequency) 트레이딩이 주목을 받았다. 그러나 데이터와 컴퓨터 성능이 경쟁 트레이더들 사이에 보편화되면서 그들의 수익도 빠르게 사라졌다.

2. N. Jegadeesh, "Evidence of Predictable Behavior of Security Returns," *Journal of Finance* 45, no. 3 (July 1990): 881–98; B. N. Lehmann, "Fads, Martingales, and Market Efficiency," *Quarterly Journal of Economics* 105, no. 1 (February 1990): 1–28.

3. N. Jegadeesh and S. Titman, "Returns to Buying Winners and Selling Losers: Implications for Stock Market Efficiency," *Journal of Finance* 48, no. 1 (March 1993): 65–91; N. Jegadeesh and S. Titman, "Profitability of Momentum Strategies: An Evaluation of Alternative Explanations," *Journal of Finance* 56, no. 2 (April 2001): 699–720.

4. K. Daniel, "Momentum Crashes," Working Paper, SSRN #1914673, 2011.

5. E. F. Fama, "Market Efficiency, Long Term Returns and Behavioral Finance," *Journal of Financial Economics* 49, no. 3 (September 1, 1998): 283–306.

6. K. C. Brown, W. V. Harlow, and S. M. Tinic, "Risk Aversion, Uncertain Information, and Market Efficiency," *Journal of Financial Economics* 22, no. 2 (December 1988): 355–85.

7. R. Ball, P. Brown "An Empirical Evaluation of Accounting Income Numbers," *Journal of Accounting Research* 6, no. 2 (Autumn 1968): 159–78.은 이 현상에 대한 최초의 연구다. V. Bernard, J. Thomas, "Post-Earnings Announcement Drift: Delayed Price Response or Risk Premium?" *Journal of Accounting Research* 27 (1989): 1–48. 에서는 분기 실적 발표 전후의 일별 데이터를 활용해 이 연구를 업데이트했다. 본문의 그래프는 이를 업데이트한 연구인 D. C. Nichols, J. M. Wahlen, "How Do Accounting Numbers Relate to Stock Returns: A Review of Classic Accounting Research with Updated Numbers," *Accounting Horizons* 18, no. 4 (January 2005): 263–86.을 기반으로 작성되었다.

8. V. Bernard and J. Thomas, "Post-Earnings Announcement Drift: Delayed Price Response or Risk Premium?" *Journal of Accounting Research* 27 (1989): 1–36.

9. C. Y. Liang and R. Zhang, "Post-Earnings Announcement Drift and Parameter Uncertainty: Evidence from Industry and Market News," *Review of Quantitative Finance and Accounting*, 55 (2020): 1–44.

10. E. Bartov, S. Radhakrishnan, and I. Krinsky, "Investor Sophistication and Patterns in Stock Returns After Earnings Announcements," *Accounting Review* 75, no. 1 (January 2000): 43–63.

15장. 청년기 기업: 벤처캐피털, 성장주 투자

1. I. M. D. Little, "Higgledy Piggledy Growth," *Oxford Bulletin of Economics and Statistics* 24, no. 4 (November 1962): 387–412.

2. D. Dreman and E. Lufkin, "Do Contrarian Strategies Work Within Industries?" *Journal of Investing* 6, no. 3 (Fall 1997): 7–29; D. Dreman and E. Lufkin, "Investor Overreaction: Evidence That Its Basis Is Psychological," *Journal of Psychology and Financial Markets* 1, no. 1 (2000): 61–75.

3. 주식을 PER이 아니라 이익수익률 기준으로 분류하는 것은 적자를 기록한 기업이 표본에서 제외되는 것을 방지하기 위해서다. 예를 들어 주가가 10달러이고 주당순이익(EPS)이 –0.50달러인 기업의 PER은 무의미하거나

계산이 불가능하다고 간주되지만 이익수익률(EPS/주가)은 −5%로 계산되어 분석에 활용할 수 있다.

4. 통계적으로 유의미하기는 하지만 이익성장률과 성장주 성과의 상관관계는 약 6%에 불과하다. 이는 해당 전략이 장기적으로 수익을 낼 가능성은 있으나 그 과정에서 성과의 변동성이 상당할 수 있음을 시사한다.

5. B. G. Malkiel, "Returns from Investing in Equity Mutual Funds 1971 to 1991," *Journal of Finance* 50, no. 2 (1995): 549–72.

6. D. Givoly and J. Lakonishok, "The Quality of Analysts' Forecasts of Earnings," *Financial Analysts Journal* 40, no. 5 (September–October 1984): 40–47.

7. E. H. Hawkins, S. C. Chamberlin, W. E. Daniel, "Earnings Expectations and Security Prices," *Financial Analysts Journal* 40 no. 5 (September/October 1984): 20–38.

8. R. A. Cooper, T. E. Day, and C. M. Lewis, "Following the Leader: A Study of Individual Analysts Earnings Forecasts," *Journal of Financial Economics* 61, no. 3 (September 2001): 383–416.

9. J. Capstaff, K. Paudyal, and W. Rees, "Revisions of Earnings Forecasts and Security Returns: Evidence from Three Countries," Working Paper, SSRN #253166, 2000.

10. C. Gleason and C. M. C. Lee, "Analyst Forecast Revisions and Market Price Discovery," *Accounting Review* 78, no. 1 (January 2003): 193–225.

11. 향후 1년간 급성장해 예상 미래 이익이 증가하고 그 결과 향후 5년 성장률도 높게 계산될 경우에는 PEG가 과소평가될 것이다.

16장. 중년기 기업: 가치투자

1. B. Graham, *Security Analysis: The Classic 1934 Edition* (New York: McGraw–Hill Education, 1996 reprint).

2. J. B. Williams, *The Theory of Investment Value* (Flint Hill, VA: Fraser Publishing Company, 1997 reprint).

3. B. Graham, *The Intelligent Investor* (New York: Harper Business, 2007).

4. W. E. Buffett to Limited Partners, May 29, 1969, Buffett Partnership Letters, Ivey Business School, 129, accessed December 13, 2023, https://www.ivey.uwo.ca/media/2975913/buffett-partnership-letters.pdf

5. "Berkshire Hathaway Inc., Shareholder Letters," Berkshire Hathaway, accessed November 28, 2023, https://www.berkshirehathaway.com/letters/letters.html.

6. C. T. Munger, *Poor Charlie's Almanack: The Wit and Wisdom of Charlie T. Munger* (Marceline, MO: Walsworth Publishing Company, 2005).

7. R. W. Banz, "The Relationship between Return and Market Value of Common Stocks," *Journal of Financial Economics* 9, no. 1 (March 1981): 3–18.

8. E. F. Fama and K. R. French, "The Cross–Section of Expected Return," *Journal of Finance* 47, no. 2 (June 1992): 427– 65.

9. Credit Suisse Global Investment Returns Yearbook 2022, Credit Suisse.

10. W. F. M. DeBondt and R. Thaler, "Does the stock market overreact?" *Journal of Finance* 40, no. 3 (July 1985): 793–805.

11. N. Jegadeesh and S. Titman, "Returns to Buying Winners and Selling Losers: Implications for Stock Market

Efficiency," *Journal of Finance* 48, no. 1 (March 1993): 65–91.

17장. 쇠퇴기 기업, 부실기업: 사모펀드, 행동주의, 벌처 투자

1. A. Brav, W. Jiang, and H. Kim, "Hedge Fund Activism: A Review," Columbia Business School Research Archive, 2010, accessed November 28, 2023, https://business.columbia.edu/faculty/research/hedge-fund-activism-review

2. S. Kaplan, "The Effects of Management Buyouts on Operating Performance and Value," *Journal of Financial Economics* 24, no. 2 (1989): 217–54.

3. S. Guo, E. Hotchkiss, and W. Song, "Do Buyouts (Still) Create Value?" *Journal of Finance* 66, no. 2 (April 2011): 479–517

4. J. B. Cohn, L. F. Mills, and E. M. Towery, "The Evolution of Capital Structure and Operating Performance after Leveraged Buyouts: Evidence for US Corporate Tax Returns," *Journal of Financial Economics* 111, no. 2 (February 2014): 469–94.

5. N. Gantchev, "The Costs of Shareholder Activism: Evidence from a Sequential Decision Model," *Journal of Financial Economics* 107, no. 3 (March 2013): 610–31.

6. G. W. Brown and S. N. Kaplan, "Have Private Equity Returns Really Declined?," *Journal of Private Equity*, no. 22 (2019): 11–18.

7. R. S. Harris, T. Jenkinson, S. N. Kaplan, and R. Stucke, "Has Persistence Persisted in Private Equity? Evidence from Buyout and Venture Capital Funds," Working Paper, SSRN #2304808, 2020.

8. A. Brav, W. Jiang, F. Partnoy, and R. Thomas, "Returns to Hedge Fund Activism," *Financial Analysts Journal* 64, no. 6 (November/December 2008): 45–61.

9. C. N. V. Krishnan, F. Partnoy, and R. S. Thomas, "The Second Wave of Hedge Fund Activism: The Importance of Reputation, Clout, and Expertise," *Journal of Corporate Finance* 40 (October 2016): 296–314.

10. D. Avramov, T. Chordia, G. Jostova, and A. Philipov, "The Distress Anomaly Is Deeper than You Think: Evidence from Stocks and Bonds," *Review of Finance* 26, no. 2 (March 2022): 355–405.

18장. 생애주기와 경영진의 역할

1. E. L. Botelho, K. R. Powell, S. Kincaid, and D. Wang, "What Sets Successful CEOs Apart," *Harvard Business Review*, May/June 2017, https://hbr.org/2017/05/what-sets-successful-ceos-apart

2. C. Dewar, M. Hirt, and S. Keller, "The Mindsets and Practices of Excellent CEOs," McKinsey, October 25, 2019,

3. S. Ireland, "What Makes a Great CEO," *CEOWORLD*, October 12, 2020,

4. D. C. Hambrick and P. A. Mason, "Upper Echelons: The Organization as Reflection of Its Top Managers," *Academy of Management Journal* 9, no. 2 (April 1984): 193–206.

5. F. Brochet, P. Limbach, M. Schmid, and M. Scholz-Daneshgari, "CEO Tenure and Firm Value," *Accounting Review* 96, no. 6 (November 2021): 47–71.

6. Ewens, M. and M. Marx, "Founder Replacement and Startup Performance," *Review of Financial Economics* 31,

no. 4 (2018).

7. K. G. Palepu, "Predicting Take-Over Targets: A Methodological and Empirical Analysis," *Journal of Accounting and Economics* 8, no. 1 (March 1986): 3–35.

8. D. S. North, "The Role of Managerial Incentives in Corporate Acquisitions: The 1990s Evidence," *Journal of Corporate Finance* 7, no. 2 (June 2001): 125–49.

9. R. Nuttall, "Take-Over Likelihood Models for UK Quoted Companies," Working Paper, SSRN #155168, 1999; C. Weir, "Corporate Governance, Performance and Take-Overs: An Empirical Analysis of UK Mergers," *Applied Economics* 29, no. 11 (1997): 1465–75.

10. L. Pinkowitz, "The Market for Corporate Control and Corporate Cash Holdings," Working Paper, SSRN #215191, 2003. 이 연구는 1985년부터 1994년까지의 적대적 인수 사례를 분석한 결과, 현금 보유액이 많은 기업일수록 적대적 인수의 대상이 될 가능성이 높은 것이 아니라 오히려 낮다는 결론을 내렸다.

11. 이에 반하는 결과로 Julian Franks와 Colin Mayer의 연구(1996)는 영국의 적대적 인수 대상 기업에서 성과 부진의 증거를 발견하지 못했다. 다음 논문을 참고하라. J. Franks and C. Mayer, "Hostile Takeovers and the Correction of Management Failure," *Journal of Financial Economics* 40, no. 1 (January 1996): 163–81.

12. J. Warner, R. Watts, and K. Wruck, 1988, "Stock Prices and Top Management Changes," *Journal of Financial Economics* 20, no. 1–2 (1992): 461–92; K. Murphy and J. Zimmerman, "Financial Performance Surrounding CEO Turnover," *Journal of Accounting and Economics* 16, no. 1–3 (January–July 1993): 273–316; S. Puffer and J. B. Weintrop, "Corporate Performance and CEO Turnover: The Role of Performance Expectations," *Administrative Science Quarterly* 36, no. 1 (March 1991): 1–19.

13. K. Lehn and M. Zhao, " CEO Turnover after Acquisitions: Are Bad Bidders Fired?" Working Paper, SSRN #444360, 2006.

14. O. Faleye, "Are Large Boards Poor Monitors? Evidence from CEO Turnover," Working Paper, SSRN #498285, 2003. 비례 위험 모형을 사용해, 이사회에 이사가 한 명 추가될 때마다 최고경영자 교체가 강제로 이루어질 확률이 13% 감소한다는 사실을 밝혀냈다.

15. M. Weisbach, "Outside Directors and CEO Turnover," *Journal of Financial Economics* 20 (January–March 1988): 431–60.

16. V. K. Goyal and C. W. Park, "Board Leadership Structure and CEO Turnover," *Journal of Corporate Finance* 8, no.1 (January 2002): 49–66.

17. D. J. Denis, D. K. Denis, and A. Sarin, "Ownership Structure and Top Executive Turnover," *Journal of Financial Economics* 45, no. 2 (August 1997): 193–221.

18. S. Linn, D. Hillier, and P. McColgan, "Equity Issuance, Corporate Governance Reform and CEO Turnover in the UK," Working Paper, SSRN #484802, 2003. 이 연구는 CEO가 신주 발행이나 배정 직전에 강제로 해임될 가능성이 높다는 사실을 발견했다.

19. M. L. DeFondt and C. W. Park, "The Effect of Competition on CEO Turnover," *Journal of Accounting and Economics*, 27, no. 1 (February 1999): 35–56.

20. N. Wasserman, "Founder-CEO Succession and the Paradox of Entrepreneurial Success," *Organizational Science*

14, no. 2 (March–April 2003): 149–172.

21. R. Parrino, R. W. Sias, and L. T. Starks, "Voting with Their Feet: Institutional Ownership Changes around Forced CEO Turnover," *Journal of Financial Economics* 68, no. 1 (April 2003): 3–46. 이 연구에 따르면 CEO 강제 교체가 있기 직전 해에 기관투자자의 총보유 지분이 약 12% 감소한 반면, 개인 투자자의 보유 지분은 증가했다. 정보 접근성이 더 높고 신중한 주식 운용을 더욱 중시하는 기관투자자들이 이 시기에 주식을 매도한 것으로 보인다.

22. B. H. Hamilton, S. Hanna, A. Hincapié, and N. Lyman, "Family CEOs, Turnover, and Firm Performance," Working Paper, Washington University of St. Louis, 2020.

19장. 노화에 대응하기

1. M. J. Cooper, O. Dimitrov, and P. R. Rau, "A Rose.com by Any Other Name," *Journal of Finance* 56, no. 6 (December 2001): 2371–88.

2. Leila Abboud, "New CEO Begins Alcatel Makeover," *Reuters*, June 19, 2013, https://www.reuters.com/article/us-alcatel-reorganisation/new-ceo-begins-alcatel-makeover-idUKBRE95I06O20130619

3. 애버크롬비앤드피치는 1990년대에 눈부신 성공을 거두었으나 10년 뒤 인종차별 혐의로 비난을 받으며 추락했다. 다음 참조. A. Horton, " 'Discrimination Was Their Brand': How Abercrombie & Fitch Fell Out of Fashion," *Guardian*, April 19, 2022, https://www.theguardian.com/film/2022/apr/19/abercrombie-fitch-netflix-documentary-fashion-discrimination

4. "Goya Sales Target: Not Just Hispanic," *New York Times*, March 26, 1984,

5. Aswath Damodaran, "Living within Your Limits: Thoughts on Research In Motion(RIM)," Musings on Markets (blog), December 16, 2011, https://aswathdamodaran.blogspot.com/2011/12/living-within-your-limits-thoughts-on.html

20장. 우아하게 나이 들기

1. M. Cohen, A. Damodaran, and D. McCarthy, "Initial Public Offerings: Dealing with the Disclosure Dilemma," Working Paper, SSRN #3936750, 2021

찾아보기

사이먼스, 짐(Jim Simons) 26
상향식(bottom-up) 252, 253, 598
상호출자 541
샤프, 윌리엄(William F. Sharpe) 23
서던컴퍼니(Southern Company) 83
서터힐벤처스(Sutter Hill Ventures) 97
선반 등록(shelf registration) 제도 112
선택 편향 70, 515
성장주 투자(growth investing) 19, 31, 34, 35, 94, 140, 345,
    400, 401, 405, 407, 408, 410, 419, 422, 426, 429~432, 435,
    438~441, 450, 454, 455
성장주지수 431, 432, 456
세베르스탈(Severstal) 548, 549
세일러, 리처드(Richard Thaler) 27, 28
세일즈포스(Salesforce) 83, 515
소로스, 조지(George Soros) 381
수익률 곡선 405, 430~432
순현재가치(net present value, NPV) 135, 136, 160, 164~166,
    168, 170
순환출자 339, 532
스내플(Snapple) 83
스노우플레이크(Snowflake) 458
스위기(Swiggy) 258
스즈키(Suzuki Motor Corp.) 303, 304
스탠턴, 마이크(Mike Staunton) 447
스텔란티스(Stellantis NV) 303, 304
스톡옵션 53, 57, 104, 280, 282, 593
스포티파이(Spotify) 52
승자주 452, 453
시간 가중 수익률(time-weighted return) 131, 135
시간 가중 현금흐름 수익률 135, 160, 165
시간 지평(time horizon) 78
시세이도(Shiseido Company) 333
시어스(Sears) 525
시점 선택(market timing) 388, 389, 403~405, 418, 440, 583
시카고상업거래소(Chicago Mercantile Exchange) 83
신화에너지(China Shenhua Energy) 331

실러, 로버트(Robert Shiller) 27, 28
실패 확률 97, 232, 233, 251, 254~255, 262, 263, 300, 323,
    329, 341, 361
실효세율 177, 178
아디제스, 이차크(Ichak Adizes) 29, 30
아람코(Aramco) 512
아마존(Amazon) 59, 90, 269, 335, 351, 353, 359, 519, 554,
    562, 585
아마존푸드(Amazon Food) 258, 263
아메리칸 리서치 앤드 디벨롭먼트 코퍼레이션(ARD) 96
아메리칸익스프레스(American Express) 446
아이칸, 칼(Carl Icahn) 387, 477
아이폰(iPhone) 562
안전 버퍼(safety buffer) 180
안전마진(margin of safety) 180, 469, 470
알리바바(Alibaba) 562
알리페이(Alipay) 259
알카텔-루슨트(Alcatel-Lucent) 554
알트리아그룹(Altria Group) 493, 552
압축된 생애주기 84~86, 524~526, 536, 580
애버크롬비앤드피치(Abercrombie & Fitch) 553
애크먼, 빌(Bill Ackman) 387, 477
애플(Apple) 31, 59, 103, 170, 458, 514, 515, 520, 558~562,
    567, 577
액자 편향(framing bias) 384
액티브(active) 투자 382, 385, 402, 403, 407, 415, 431, 432,
    440, 451, 454~456, 585
앤트파이낸셜(Antfinancial) 259
앵글로아메리칸(Anglo American) 331
야성적 충동(animal spirits) 28
야후(Yahoo!) 86, 519, 525
양, 제리(Jerry Yang) 519
양도제한조건부주식(restricted stock) 255
어닝서프라이즈 394, 397
어닝쇼크 394, 397
어도비(Adobe) 188~192, 201, 202, 556, 557
언스트앤드영(Ernst & Young) 70

다모다란의 기업 생애주기

초판 1쇄　| 2026년 1월 20일

지은이　　| 애스워드 다모다란
옮긴이　　| 김인정

펴낸곳　　| 에프엔미디어
펴낸이　　| 김기호
편집　　　| 정소연, 양은희, 안진영
기획·관리 | 문성조
홍보　　　| 진유림
디자인　　| 채홍디자인

신고　　　| 2016년 1월 26일 제2018-000082호
주소　　　| 서울시 용산구 한강대로 295, 503호
전화　　　| 02-322-9792
팩스　　　| 0303-3445-3030
이메일　　| fnmedia@fnmedia.co.kr
홈페이지　| http://www.fnmedia.co.kr

ISBN 979-11-94322-21-4 (03320)
값 33,000원

* 파본이나 잘못된 책은 구입한 서점에서 바꿔드립니다.